GRUNDRISSE DES RECHTS

Christian Calliess · Staatsrecht III

Staatsrecht III

Bezüge zum Völker- und Europarecht

von

Dr. Christian Calliess, LL.M. Eur
o. Professor an der Freien Universität Berlin

2014

C.H.BECK

www.beck.de

ISBN 978 3 406 66834 0

© 2014 Verlag C. H. Beck oHG
Wilhelmstraße 9, 80801 München
Druck und Bindung: Nomos Verlagsgesellschaft
In den Lissen 12, 76547 Sinzheim

Satz: Thomas Schäfer, www.schaefer-buchsatz.de

Gedruckt auf säurefreiem, alterungsbeständigem Papier
(hergestellt aus chlorfrei gebleichtem Zellstoff)

Vorwort

Unser Grundgesetz konzipiert die Bundesrepublik Deutschland als offenen Verfassungsstaat. Geprägt von den Erfahrungen zweier Weltkriege und der im Zuge der NS-Diktatur begangenen Verbrechen sahen die Mütter und Väter der deutschen Verfassung die Zukunft Deutschlands in einem Staatswesen, das sich in die internationale Staatengemeinschaft und ihr Wertesystem integriert. In diesem Kontext betonten sie bereits in der Präambel des Grundgesetzes, dass sich Deutschland verpflichtet, „als gleichberechtigtes Glied in einem vereinten Europa dem Frieden der Welt zu dienen".

Im Hinblick auf die Perspektive der europäischen Integration unternahm der Verfassungsgeber sogar noch einen bis dahin neuen Schritt, indem er die Übertragung von Hoheitsgewalt auf eine Internationale Organisation möglich machte. Auf dieser Basis konnte Deutschland von der Montanunion angefangen bis hin zur heutigen Europäischen Union erfolgreich bei der Gestaltung eines vereinten Europas mitwirken.

Die so skizzierte Konzeption des offenen Verfassungsstaates war aus heutiger Sicht geradezu visionär. Sie birgt aber auch ganz neue Herausforderungen für das staatliche Verfassungsrecht. Diese reichen weit über die klassischen Felder der sog. Auswärtigen Gewalt in Form der Außen-, Handels-, Sicherheits- und Verteidigungspolitik hinaus. Im Kontext der Globalisierung und Europäisierung geht es insoweit längst um die gemeinsame Wahrnehmung von Aufgaben der Innenpolitik in Internationalen Organisationen, von der Umwelt-, Gesundheits- und Verbraucherschutzpolitik angefangen bis hin zur Regulierung der Finanzmärkte. Mit den damit verbundenen Einwirkungen des internationalen und europäischen Rechts auf den Freiheitsschutz des Einzelnen und das demokratische Zustandekommen von politischen Entscheidungen ist ein Verlust bzw. eine Veränderung von souveräner Staatlichkeit verbunden, die für unser Verfassungsrecht ganz neue Perspektiven und Aufgaben bereithält. Die Ausbildungs- und Prüfungsordnungen tragen dieser Einsicht Rechnung, indem sie die Bezüge des Staatsrechts zum Europa- und Völkerrecht zum verpflichtenden Prüfungsstoff des ersten Staatsexamens gemacht haben.

In diesem Kontext will das vorliegende Lehrbuch einen Beitrag leisten. Es unternimmt den Versuch, die vorstehend skizzierten Prozesse in einem kohärenten Aufbau zu spiegeln, der sowohl den Besonderheiten des Zusammenwirkens von Völkerrecht und Verfassungsrecht als auch denjenigen von Europarecht und Verfassungsrecht gerecht wird. Hierfür mussten an den relevanten Stellen die zum Verständnis notwendigen Grundlagen des Völker- und Europarechts dargestellt werden. Auf diese Weise spricht das Lehrbuch nicht nur die zentralen, sondern auch viele aktuelle Fragestellungen (z. B. Auslandseinsätze der Bundeswehr, Maßnahmen im Rahmen der Krise im Euroraum) an.

Das Lehrbuch basiert auf meiner Vorlesung Staatsrecht III, die ich erstmals im Jahre 2003 im Zuge meiner Berufung an die Universität Göttingen und dann jährlich gehalten habe. Verschiedene Mitarbeiter aus dieser Zeit haben mich bei der Vorbereitung der Vorlesungen unterstützt. Insoweit ist *Morten Göke, Norbert Schleper* und Dr. *Stefan Korte* zu danken.

Im Gespräch mit Herrn Dr. *Johannes Wasmuth* vom Verlag C.H. Beck entstand zu dieser Zeit auch die Idee, ein Lehrbuch zum Themenkreis zu verfassen, dass die bewährten Lehrbücher der Kollegen *Harmut Maurer* und *Friedrich Hufen* in der Reihe der Grundrisse sinnvoll ergänzt. Bedingt durch meinen Wechsel an die Freie Universität Berlin, aber auch im Zuge der Erfahrungen aus den Vorlesungen, hat sich die Fertigstellung des Lehrbuchs immer wieder verzögert. Aber auch der Aufbau sowie der Anspruch, entlang der Konzeption des offenen Verfassungsstaates eine institutionell und materiell in sich stimmige und damit didaktisch zielführende Darstellung der Materie, die zugleich wissenschaftlichen Anforderungen genügt, zu verfassen, machte immer wieder Überarbeitungen, Kürzungen im Hinblick auf das Format der Grundrisse und den Entwicklungen geschuldete Aktualisierungen erforderlich. In einer Phase des daraus resultierenden Stillstands war die Unterstützung durch meine Mitarbeitern *Dana Burchardt* von großem Wert. Ihr unverstellter Blick half die notwendigen Änderungen und Ergänzungen am Text vorzunehmen und das Lehrbuch fertigzustellen. Ihr bin ich daher zu großem Dank verpflichtet, so dass es mir konsequent erscheint, ihre Mitarbeit hier besonders hervorzuheben. Zu danken ist schließlich Herrn Dr. *Johannes Wasmuth*, der nicht nur durch seine Offenheit und geduldige Unterstützung, sondern auch durch sein beharrliches Nachfragen das Entstehen des Lehrbuchs begleitet hat.

Berlin, am 9. Mai 2014 *Christian Calliess*

Inhaltsübersicht

Inhaltsverzeichnis XI
Abkürzungsverzeichnis XXI
Literaturverzeichnis XXV

1. Teil. Grundlagen

A. Bedeutung und systematische Stellung von „Staatsrecht III" 1
B. Vom geschlossenen zum offenen Staat 2
 I. Herausforderungen der Globalisierung und Europäisierung ... 2
 II. Verfassungsrechtliche Öffnung des Staates 6
 III. Gegenstand der verfassungsrechtlichen Öffnung 8
  1. Völkerrecht 8
  2. Europarecht 40

2. Teil. Öffnung zum Völkerrecht: Deutschland in der internationalen Staatengemeinschaft

A. Grundgesetz und kompetenzieller Gehalt der Öffnung zum Völkerrecht 62
 I. Horizontale Dimension der Auswärtigen Gewalt (Organkompetenz) 64
  1. Vorschriften des GG im Lichte von Rspr. und Lehre 65
  2. Parlamentarisierung der Auswärtigen Gewalt 76
 II. Vertikale Dimension der Auswärtigen Gewalt (Verbandskompetenz) 84
  1. Grundzuständigkeit des Bundes, Art. 32 Abs. 1 GG 85
  2. Föderale Ausnahme des Art. 32 Abs. 3 GG 86
  3. Auswärtige Gewalt zwischen Bund und Ländern in der konkreten Handhabung 87
B. Grundgesetz und materieller Gehalt der Öffnung zum Völkerrecht 91
 I. Verhältnis von nationalem Recht und Völkerrecht im offenen Verfassungsstaat 91
  1. Konzeptualisierung des Verhältnisses von nationalem Recht und Völkerrecht 91
  2. Differenzierender Ansatz des Grundgesetzes 102
  3. Grundsatz der Völkerrechtsfreundlichkeit des Grundgesetzes 115
 II. Integrationshebel des Art. 24 Abs. 1 GG als Zentralnorm des offenen Staates 117
  1. Inhaltliche Bedeutung von Art. 24 Abs. 1 GG 118

2. Voraussetzungen 120
3. Grenzen 123
4. Tatsächliche Bedeutung gestern und heute 125
5. Hoheitsrechtsübertragung auf grenznachbarschaftliche Einrichtungen nach Art. 24 Abs. 1a GG 128

III. Zusammenspiel zwischen Verfassungs- und Völkerrecht bei Friedenssicherung und Verteidigung im offenen Verfassungsstaat 129
1. Einordnung des Bundes in ein System der gegenseitigen kollektiven Sicherheit nach Art. 24 Abs. 2 GG 130
2. Völkerrechtliche Friedenssicherung 132
3. Verbot friedensstörender Handlungen gem. Art. 26 Abs. 1 GG und Kontrolle von Kriegswaffen gem. Art. 26 Abs. 2 GG 156
4. Verfassungsrechtliche Grundlagen von Auslandseinsätzen der Bundeswehr 160
5. Spannungs- und Verteidigungsfall gem. Art. 80a GG und Art. 115a ff. GG 165

3. Teil. Öffnung zum Unionsrecht: Deutschland im europäischen Staaten- und Verfassungsverbund

A. Europäische Union als Staaten- und Verfassungsverbund 169
 I. Begriff der EU als Staaten- und Verfassungsverbund 169
  1. EU als dynamischer Integrationsverband 169
  2. Zwischen Staat und Internationaler Organisation 170
  3. Versuche einer Neukategorisierung 171
  4. Inhalt und Bedeutung des Verbundkonzepts 173
 II. Akteure im Staaten- und Verfassungsverbund 181
  1. Organe der EU 181
  2. Mitgliedstaaten und ihre Organe 193
  3. Bundesländer (und Regionen) in der EU 196

B. Verfassungsrechtliche Anforderungen an die Mitwirkung am europäischen Integrationsprozess 200
 I. Integrationsauftrag des Grundgesetzes 200
  1. Staatsziel europäische Integration 200
  2. Integrationsverfahren nach Art. 23 Abs. 1 S. 2, 3 GG 201
  3. Integrationsvoraussetzungen der Struktursicherungsklausel des Art. 23 Abs. 1 S. 1 GG 204
  4. Integrations- und Budgetverantwortung im Lichte des Art. 23 GG 221
 II. Verfassungsrechtliche Grenzen europäischer Integration 224
  1. Bestandssicherungsklausel des Art. 23 Abs. 1 S. 3 GG als Integrationsgrenze 225
  2. Integration durch Verfassungsablösung gem. Art. 146 GG 231

Inhaltsübersicht

C. Verfassungsrechtliche Strukturparallelität im europäischen Staaten- und Verfassungsverbund 233
   I. Demokratie in der EU 233
      1. Der Bürger als Ausgangspunkt der Demokratie in der EU 233
      2. Demokratische Legitimation im europäischen Staaten- und Verfassungsverbund 240
   II. Gesetzgebung in der EU im Lichte des Subsidiaritätsprinzips 255
      1. Grundsätze der Kompetenzverteilung in der EU 256
      2. Kompetenzkategorien 256
      3. Drei Prüfschritte des Art. 5 EUV 259
      4. Subsidiaritätsrüge und -klage 262
   III. EU als Rechtsgemeinschaft 269
      1. Grundlagen der Rechtstaatlichkeit in der EU 270
      2. Inhalte des Rechtsstaatsprinzips 270
   IV. Unionsbürgerrechte: Grundrechte- und Grundfreiheitenschutz 277
      1. Grundfreiheiten 277
      2. Charta der Grundrechte der Europäischen Union 280
      3. Bindung der Mitgliedstaaten an die Unionsgrundrechte 283
      4. Systematik der Unionsbürgerrechte 287

D. Rechtsanwendung im Europäischen Staaten- und Verfassungsverbund 290
   I. Unmittelbare Anwendbarkeit und Wirkung des Unionsrechts 290
      1. Unmittelbare Wirkung von Primärrecht 290
      2. Unmittelbare Wirkung von Sekundärrecht 292
   II. Anwendungsvorrang des Unionsrechts 295
      1. EuGH zur Rangfrage 295
      2. Rangfrage in der Rechtsprechung des BVerfG 299
   III. Innerstaatlicher Vollzug des Unionsrechts 302
      1. Grundprinzip der Unionstreue (Art. 4 Abs. 3 EUV) 302
      2. Vollzug des Unionsrechts durch die Verwaltung 305
   IV. Unionsrecht und nationale Gerichte 314
      1. Rolle des nationalen Richters für die Anwendung des Unionsrechts – Vorlageverfahren gem. Art. 267 AEUV 314
      2. Grundsätze der Effektivität und Äquivalenz 318
      3. Einstweiliger Rechtsschutz 320
      4. Richtlinienkonforme Auslegung nationalen Rechts 321
      5. Sonderverhältnis BVerfG – EuGH 324

Sachverzeichnis 335

Inhaltsverzeichnis

Inhaltsübersicht VII
Abkürzungsverzeichnis XXI
Literaturverzeichnis XXV

1. Teil. Grundlagen

A. Bedeutung und systematische Stellung von „Staatsrecht III"   1

B. Vom geschlossenen zum offenen Staat 2
    I. Herausforderungen der Globalisierung und Europäisierung   2
    II. Verfassungsrechtliche Öffnung des Staates 6
    III. Gegenstand der verfassungsrechtlichen Öffnung 8
        1. Völkerrecht 8
            a) Begriff des Völkerrechts 8
            b) Verbindlichkeit und Durchsetzung des Völkerrechts   8
            c) Berechtigte und Verpflichtete des Völkerrechts
               (Völkerrechtssubjekte) 11
            aa) Staaten 12
               (1) Begriff 12
                   i. Konstitutive Elemente des Staates 12
                   ii. „Geburt" und Untergang eines Staates ... 15
                   iii. Staatenverbindungen 17
               (2) Anerkennung 17
               (3) Staatenimmunität 18
                   i. Relativität der Staatenimmunität 18
                   ii. Staatenimmunität im Vollstreckungsverfahren 19
                   iii. Immunität von Staatsoberhäuptern 20
            bb) Internationale Organisationen 21
               (1) Internationale Organisationen „im engeren
                   Sinne" (zwischenstaatliche Organisationen)   21
               (2) Nichtregierungsorganisationen/ internationale Organisationen „im weiteren Sinne" 23
               (3) Supranationale Organisationen 24
            cc) Individuen 25
               (1) Mediatisierung durch den Staat 25
               (2) Diplomatischer und konsularischer Schutz   26
               (3) Stärkung durch den internationalen Menschenrechtsschutz 27
                   i. UN-Recht (insbes. UN-Pakte, Institutionen) 28

ii. Regionales Völkerrecht 30
d) Rechtsquellen des Völkerrechts 32
  aa) Völkerrechtliche Verträge 32
    (1) Organe des Vertragsabschlusses 32
    (2) Verfahren des Vertragsabschlusses 33
  bb) Völkergewohnheitsrecht 35
  cc) Allgemeine Rechtsgrundsätze 37
  dd) Beschlüsse internationaler Organisationen 38
2. Europarecht 40
  a) Begriff des Europarechts 40
    aa) Völkerrecht und Europarecht 42
    bb) Europarat, Europäische Menschenrechtskonvention (EMRK) und Europäischer Gerichtshof für Menschenrechte (EGMR) 42
      (1) Europarat 43
      (2) Europäische Menschenrechtskonvention (EMRK) und Europäischer Gerichtshof für Menschenrechte (EGMR) 43
    cc) Europäische Union (EU) 48
      (1) Von der EGKS zum Vertrag von Lissabon ... 48
      (2) Vorrang des Unionsrechts und Supranationalität der EU 53
  b) Rechtsquellen des Europarechts 54
    aa) Vertrags- bzw. Verfassungsrecht der EU (sog. primäres Unionsrecht) 55
      (1) Vertragstexte 55
      (2) Ungeschriebenes Primärrecht 55
    bb) Gesetzesrecht der EU (sog. sekundäres Unionsrecht) 56
      (1) Verordnungen 57
      (2) Richtlinien 58
      (3) Beschlüsse 59
      (4) Empfehlungen und Stellungnahmen 59

2. Teil. Öffnung zum Völkerrecht: Deutschland in der internationalen Staatengemeinschaft

A. **Grundgesetz und kompetenzieller Gehalt der Öffnung zum Völkerrecht** 62
   I. Horizontale Dimension der Auswärtigen Gewalt (Organkompetenz) 64
      1. Vorschriften des GG im Lichte von Rspr. und Lehre 65
         a) Rolle des Bundespräsidenten, Art. 59 Abs. 1, 58 GG, § 11 GOBReg 65
         b) Rolle der Exekutive im Rahmen der Auswärtigen Gewalt 67

	c) Rolle des Bundestages, Art. 59 Abs. 2 GG	69
	aa) Kontrollfunktion der Legislative	69
	bb) Reichweite der parlamentarischen Zustimmung gem. Art. 59 Abs. 2 GG	70
	cc) Einwirkungsmöglichkeiten und Initiativrecht des Parlaments im Bereich der Auswärtigen Gewalt	72
	d) Rolle der Rechtsprechung	73
2.	Parlamentarisierung der Auswärtigen Gewalt	76
	a) Rechtsprechung des BVerfG	76
	b) Streit im Schrifttum und Bewertung	81
II.	Vertikale Dimension der Auswärtigen Gewalt (Verbandskompetenz)	84
1.	Grundzuständigkeit des Bundes, Art. 32 Abs. 1 GG	85
2.	Föderale Ausnahme des Art. 32 Abs. 3 GG	86
3.	Auswärtige Gewalt zwischen Bund und Ländern in der konkreten Handhabung	87
	a) Art. 32 GG und das Lindauer Abkommen	87
	b) Nebenaußenpolitik der Länder	90

B. Grundgesetz und materieller Gehalt der Öffnung zum Völkerrecht 91

I.	Verhältnis von nationalem Recht und Völkerrecht im offenen Verfassungsstaat	91
1.	Konzeptualisierung des Verhältnisses von nationalem Recht und Völkerrecht	91
	a) Grundgesetz zwischen Monismus und Dualismus	92
	aa) Monistische Theorien	92
	bb) Dualistische Theorien	93
	cc) Theorienstreit unter dem Blickwinkel des Grundgesetzes	95
	b) Innerstaatliche Geltung des Völkerrechts	97
	aa) Adoptionstheorie	98
	bb) Vollzugslehre	98
	cc) Transformationstheorie	99
	c) Innerstaatliche Anwendbarkeit des Völkerrechts	100
2.	Differenzierender Ansatz des Grundgesetzes	102
	a) Grundsatz der Öffnung des Grundgesetzes für das Völkerrecht gem. Art. 25 GG	102
	aa) Anwendungsbereich	103
	bb) Innerstaatliche Geltung (Art. 25 S. 1 GG)	105
	cc) Innerstaatlicher Rang (Art. 25 S. 2 1. HS GG) ...	106
	dd) Innerstaatliche Anwendbarkeit (Art. 25 S. 2 2. HS. GG)	108
	b) Innerstaatliche Wirkung spezifischer Völkerrechtsquellen	110
	aa) Völkerrechtliche Verträge, Art. 59 Abs. 2 GG	110

bb) Beschlüsse internationaler Organisationen 114
3. Grundsatz der Völkerrechtsfreundlichkeit des Grundgesetzes 115
II. Integrationshebel des Art. 24 Abs. 1 GG als Zentralnorm des offenen Staates 117
 1. Inhaltliche Bedeutung von Art. 24 Abs. 1 GG 118
 2. Voraussetzungen 120
 3. Grenzen 123
 4. Tatsächliche Bedeutung gestern und heute 125
 5. Hoheitsrechtsübertragung auf grenznachbarschaftliche Einrichtungen nach Art. 24 Abs. 1a GG 128
III. Zusammenspiel zwischen Verfassungs- und Völkerrecht bei Friedenssicherung und Verteidigung im offenen Verfassungsstaat 129
 1. Einordnung des Bundes in ein System der gegenseitigen kollektiven Sicherheit nach Art. 24 Abs. 2 GG 130
 2. Völkerrechtliche Friedenssicherung 132
  a) Systeme der völkerrechtlichen Friedenssicherung 133
   aa) Vereinte Nationen als kollektives Sicherheitssystem 133
    (1) Feststellung des Friedensbruchs 135
    (2) Ermächtigung zur Durchführung von Zwangsmaßnahmen 136
   bb) Kollektive Sicherheit in Regionalorganisationen 137
  b) Völkerrechtliche Grundprinzipien zur Friedenssicherung 139
   aa) Souveräne Gleichheit aller Staaten 139
   bb) Gewaltverbot 141
    (1) Herausbildung des Gewaltverbots 141
    (2) Inhalt des Gewaltverbots 142
   cc) Interventionsverbot 144
  c) Recht der individuellen und kollektiven Selbstverteidigung 146
   aa) Rechtsgrundlagen 146
   bb) Selbstverteidigungsfall eines „bewaffneten Angriffs" 147
   cc) Erforderlichkeit und Verhältnismäßigkeit 148
  d) Aktuelle Sonderprobleme 149
   aa) Humanitäre Interventionen 149
   bb) Präventivschläge 152
 3. Verbot friedensstörender Handlungen gem. Art. 26 Abs. 1 GG und Kontrolle von Kriegswaffen gem. Art. 26 Abs. 2 GG 156
  a) Verfassungsrechtliche Sicherung des völkerrechtlichen Gewaltverbots durch Art. 26 Abs. 1 GG 156

b) Verfassungswidrigkeit friedensstörender Handlungen
  gem. Art. 26 Abs. 1 GG 156
c) Kontrolle der Kriegswaffen gem. Art. 26 Abs. 2 GG 159
4. Verfassungsrechtliche Grundlagen von Auslandseinsätzen
  der Bundeswehr 160
5. Spannungs- und Verteidigungsfall gem. Art. 80a GG und
  Art. 115a ff. GG 165

3. Teil. Öffnung zum Unionsrecht: Deutschland im europäischen Staaten- und Verfassungsverbund

A. Europäische Union als Staaten- und Verfassungsverbund 169
  I. Begriff der EU als Staaten- und Verfassungsverbund 169
    1. EU als dynamischer Integrationsverband 169
    2. Zwischen Staat und Internationaler Organisation 170
    3. Versuche einer Neukategorisierung 171
    4. Inhalt und Bedeutung des Verbundkonzepts 173
      a) Staatenverbund als Ausgangspunkt 174
      b) Verfassungsverbund als Komplementärbegriff 174
        aa) Europäisches Verfassungsrecht 175
        bb) Verständnis des Verfassungsverbunds 177
      c) Zusammenhang von Staaten- und Verfassungsverbund 178
  II. Akteure im Staaten- und Verfassungsverbund 181
    1. Organe der EU 181
      a) Europäischer Rat, Art. 15 EUV 182
      b) Rat, Art. 16 EUV 183
        aa) Zusammensetzung 183
        bb) Aufgaben und Beschlussfassung 184
      c) Europäische Kommission, Art. 17 EUV 185
        aa) Zusammensetzung 185
        bb) Aufgaben und Beschlussfassung 186
      d) Europäisches Parlament, Art. 14 EUV 187
        aa) Zusammensetzung 187
        bb) Aufgaben 187
      e) Europäischer Gerichtshof (EuGH und EuG), Art. 19 EUV 188
        aa) Zusammensetzung 189
        bb) Aufgaben 189
      f) „Außenminister" der EU 191
        aa) Aufgaben und Befugnisse 191
        bb) Verhältnis zum Präsidenten des Europäischen Rates 192
      g) EZB und Rechnungshof 192
    2. Mitgliedstaaten und ihre Organe 193
    3. Bundesländer (und Regionen) in der EU 196

B. Verfassungsrechtliche Anforderungen an die Mitwirkung am europäischen Integrationsprozess 200

I. Integrationsauftrag des Grundgesetzes 200
  1. Staatsziel europäische Integration 200
  2. Integrationsverfahren nach Art. 23 Abs. 1 S. 2, 3 GG 201
  3. Integrationsvoraussetzungen der Struktursicherungsklausel des Art. 23 Abs. 1 S. 1 GG 204
     a) Auslegung der Strukturmerkmale 205
     b) Einzelne Strukturmerkmale 207
     c) Verfassungsprinzipien der EU als europarechtliche Entsprechung der Strukturprinzipien 209
        aa) Grundwerte (Art. 2 EUV) 209
           (1) Bedeutung der Grundwerte in Art. 2 EUV 209
           (2) Einzelne Werte 211
           (3) Absicherung der Werte (Art. 7 und 49 EUV) 214
        bb) Unionstreue und nationale Identität (Art. 4 EUV) 217
  4. Integrations- und Budgetverantwortung im Lichte des Art. 23 GG 221
     a) Konzept der Integrationsverantwortung 221
     b) Konzept der Budgetverantwortung 222
II. Verfassungsrechtliche Grenzen europäischer Integration 224
  1. Bestandssicherungsklausel des Art. 23 Abs. 1 S. 3 GG als Integrationsgrenze 225
     a) Verfassungsidentität und Ewigkeitsgarantie 225
     b) Art. 79 Abs. 3 GG als Integrationsgrenze 227
        aa) Grenze des Demokratieprinzips und der souveränen Staatlichkeit in der Rechtsprechung des BVerfG 227
        bb) Kritik an der Bestimmung der Integrationsgrenzen durch das BVerfG 230
  2. Integration durch Verfassungsablösung gem. Art. 146 GG 231

C. Verfassungsrechtliche Strukturparallelität im europäischen Staaten- und Verfassungsverbund 233

I. Demokratie in der EU 233
  1. Der Bürger als Ausgangspunkt der Demokratie in der EU 233
     a) Status als Unionsbürger 235
     b) Verhältnis der Unionsbürgschaft zur Staatsbürgerschaft 237
  2. Demokratische Legitimation im europäischen Staaten- und Verfassungsverbund 240
     a) Prinzip der dualen Legitimation 240

b) Vermittlung demokratischer Legitimation durch das nationale Parlament ... 243
   aa) Information und Beteiligung des Bundestages ... 246
      (1) Art. 23 Abs. 2 und 3 GG i. V. m. dem EUZBBG ... 246
      (2) Integrationsverantwortungsgesetz ... 250
   bb) Beteiligung des Bundesrates: Art. 23 Abs. 4 und 5 GG i. V. m. dem EUZBLG ... 252
   cc) Ländervertreter im Rat der EU: Art. 23 Abs. 6 GG i. V. m. § 6 EUZBLG ... 253

II. Gesetzgebung in der EU im Lichte des Subsidiaritätsprinzips ... 255
  1. Grundsätze der Kompetenzverteilung in der EU ... 256
  2. Kompetenzkategorien ... 256
    a) Ausschließliche Zuständigkeiten ... 256
    b) Geteilte Zuständigkeiten ... 257
    c) Unterstützungs-, Koordinierungs- und Ergänzungsmaßnahmen ... 257
    d) Flexibilitätsklausel ... 258
  3. Drei Prüfschritte des Art. 5 EUV ... 259
    a) „Kann-Frage" ... 259
    b) „Ob-Frage" ... 259
    c) „Wie-Frage" ... 261
  4. Subsidiaritätsrüge und -klage ... 262
    a) Unionsrechtliche Regelungen ... 262
      aa) Subsidiaritätsrüge ... 263
      bb) Subsidiaritätsklage ... 266
    b) Art. 23 Abs. 1a GG i. V. m. dem IntVG ... 267

III. EU als Rechtsgemeinschaft ... 269
  1. Grundlagen der Rechtstaatlichkeit in der EU ... 270
  2. Inhalte des Rechtsstaatsprinzips ... 270
    a) Aspekte formeller Rechtstaatlichkeit ... 271
      aa) Vorbehalt des Gesetzes ... 271
      bb) Normenhierarchie ... 271
      cc) Institutionelles Gleichgewicht als Surrogat der Gewaltenteilung ... 272
    b) Aspekte materieller Rechtstaatlichkeit ... 273
      aa) Verhältnismäßigkeitsprinzip ... 273
      bb) Rechtssicherheit ... 274
      cc) Ne bis in idem ... 275
      dd) Grundsatz der ordnungsgemäßen Verwaltung .. 275
      ee) Effektiver Rechtsschutz ... 276
      ff) Grundrechtsschutz ... 276

IV. Unionsbürgerrechte: Grundrechte- und Grundfreiheitenschutz ... 277
  1. Grundfreiheiten ... 277

2. Charta der Grundrechte der Europäischen Union 280
      a) Verbindliche Geltung der Grundrechtecharta 280
      b) Überblick über die von der Grundrechtecharta gewährleisteten Grundrechte 281
   3. Bindung der Mitgliedstaaten an die Unionsgrundrechte 283
      a) Bindung der Mitgliedstaaten an die Unionsgrundrechte bei der Durchführung von Unionsrecht 284
      b) Bindung der Mitgliedstaaten an die Unionsgrundrechte bei der Einschränkung von Grundfreiheiten .. 285
   4. Systematik der Unionsbürgerrechte 287

D. **Rechtsanwendung im Europäischen Staaten- und Verfassungsverbund** 290
   I. Unmittelbare Anwendbarkeit und Wirkung des Unionsrechts 290
      1. Unmittelbare Wirkung von Primärrecht 290
      2. Unmittelbare Wirkung von Sekundärrecht 292
         a) Verordnungen und Beschlüsse 292
         b) Sonderfall: unmittelbare Wirkung von Richtlinien 293
   II. Anwendungsvorrang des Unionsrechts 295
      1. EuGH zur Rangfrage 295
      2. Rangfrage in der Rechtsprechung des BVerfG 299
   III. Innerstaatlicher Vollzug des Unionsrechts 302
      1. Grundprinzip der Unionstreue (Art. 4 Abs. 3 EUV) 302
      2. Vollzug des Unionsrechts durch die Verwaltung 305
         a) Vollzug durch Unionsorgane 305
         b) Vollzug durch mitgliedstaatliche Behörden 305
            aa) Vollzugsformen 306
            bb) Behördliche Mitwirkungs- und Aufhebungspflichten 308
            cc) Verwaltungszuständigkeit für den innerstaatlichen Vollzug des Unionsrechts im Bundesstaat .. 309
               (1) EU-Eigenverwaltung und indirekter Vollzug von Unionsrecht 309
               (2) Direkter Vollzug von Unionsrecht 310
               (3) Auswirkungen der Bundestreue 311
   IV. Unionsrecht und nationale Gerichte 314
      1. Rolle des nationalen Richters für die Anwendung des Unionsrechts – Vorlageverfahren gem. Art. 267 AEUV .. 314
      2. Grundsätze der Effektivität und Äquivalenz 318
      3. Einstweiliger Rechtsschutz 320
      4. Richtlinienkonforme Auslegung nationalen Rechts 321
         a) Voraussetzungen 322
         b) Grenzen 323
      5. Sonderverhältnis BVerfG – EuGH 324
         a) Verhältnis im Allgemeinen 324

b) Kontrollvorbehalte 326
   aa) Grundrechtskontrolle 327
   bb) Ultra-Vires-Kontrolle 329
   cc) Identitätskontrolle 330

Sachverzeichnis 335

Abkürzungsverzeichnis

a. A.	anderer Ansicht
Abs.	Absatz
AEMR	Allgemeine Erklärung der Menschenrechte
AEUV	Vertrag über die Arbeitsweise der Europäischen Union
AJIL	American Journal of International Law
AMRK	Amerikanische Menschenrechtskonvention
AöR	Archiv des öffentlichen Rechts
Art.	Artikel
AU	Afrikanische Union
Aufl.	Auflage
AVR	Archiv des Völkerrechts
AWACS	Airborne Warning and Control System
Bd.	Band
BVerfG	Bundesverfassungsgericht
BVerfGE	Entscheidungen des Bundesverfassungsgerichts
BVerwG	Bundesverwaltungsgericht
BVerwGE	Entscheidungen des Bundesverwaltungsgerichts
bzgl.	bezüglich
bzw.	beziehungsweise
d. h.	das heißt
DÖV	Die öffentliche Verwaltung
DVBl	Deutsches Verwaltungsblatt
EAG	Europäische Atomgemeinschaft
EEA	Einheitliche Europäische Akte
EFTA	European Free Trade Association
EG	Europäische Gemeinschaft
EGKS	Europäische Gemeinschaft für Kohle und Stahl
EGMR	Europäischer Gerichtshof für Menschenrechte
EGV	Vertrag zur Gründung der Europäischen Gemeinschaft
ELRev	European Law Review
EMRK	Europäische Menschenrechtskonvention
EPIL	Max Planck Encyclopedia of Public International Law
EU	Europäische Union
EuG	Europäisches Gericht

EuGH	Europäischer Gerichtshof
EuGRZ	Europäische Grundrechte-Zeitschrift
EuR	Europarecht
EUV	Vertrag über die Europäische Union
EUZBBG	Gesetz über die Zusammenarbeit von Bundesregierung und Deutschem Bundestag in Angelegenheiten der Europäischen Union
EUZBLG	Gesetz über die Zusammenarbeit von Bund und Ländern in Angelegenheiten der Europäischen Union
EuZW	Europäische Zeitschrift für Wirtschaftsrecht
evtl.	eventuell
EWG	Europäische Wirtschaftsgemeinschaft
EWGV	Vertrag zur Gründung der Europäischen Wirtschaftsgemeinschaft
EWR	Europäischer Wirtschaftsraum
EZB	Europäische Zentralbank
ff.	folgenden
FS	Festschrift
GA	General Assembly (UN)
GASP	Gemeinsame Außen- und Sicherheitspolitik
GG	Grundgesetz
GOBReg	Geschäftsordnung der Bundesregierung
GOBT	Geschäftsordnung des Bundestags
GRCh	Charta der Grundrechte der Europäischen Union
Hrsg.	Herausgeber
HStR	Handbuch des Staatsrechts
i. e. S.	im engeren Sinne
i. S. d.	im Sinne des, der
i. S. v.	im Sinne von
i. V. m.	in Verbindung mit
i. w. S.	im weiteren Sinne
ICJ	International Court of Justice
IGH	Internationaler Gerichtshof
IGO	Intergovernmental Organisation
IntVG	Integrationsverantwortungsgesetz
IPbürgR	Internationaler Pakt über bürgerliche und politische Rechte
IPwirtR	Internationaler Pakt über wirtschaftliche, soziale und kulturelle Rechte
IWF	Internationaler Währungsfonds

JA	Juristische Arbeitsblätter
JöR	Jahrbuch des öffentlichen Rechts der Gegenwart
JURA	Juristische Ausbildung
JuS	Juristische Schulung
JZ	Juristenzeitung
Kap.	Kapitel
m. w. N.	mit weiteren Nachweisen
n. F.	neue Fassung
n. n. i. Slg.	noch nicht in Sammlung
NATO	North Atlantic Treaty Organisation
NGO	Non-Governmental Organisation
NJW	Neue Juristische Wochenschrift
NVwZ	Neue Zeitschrift für Verwaltungsrecht
OAS	Organisation of American States
OAU	Organisation of African Unity
OECD	Organisation for Economic Cooperation and Development
OSZE	Organisation für Sicherheit und Zusammenarbeit in Europa
ParlBG	Gesetz über die parlamentarische Beteiligung bei der Entscheidung über den Einsatz bewaffneter Streitkräfte im Ausland
PCIJ	Permanent Court of International Justice
PJZS	Polizeiliche und Justitielle Zusammenarbeit in Strafsachen
RdC	Recueil des Cours de l'Académie de Droit International
Rn.	Randnummer
Rs.	Rechtssache
Rspr.	Rechtsprechung
SDÜ	Schengener Durchführungsübereinkommen
Slg.	Sammlung der Rechtsprechung des Gerichtshofes und des Gerichts erster Instanz der Europäischen Gemeinschaften
sog.	so genannte (r,s)
TA Luft	Technische Anleitung zur Reinhaltung der Luft

UN	United Nations
UNO	United Nations Organisation
UNYB	United Nations Year Book
verb.	verbundene
VerwArch	Verwaltungsarchiv
vgl.	vergleiche
VVDStRL	Veröffentlichungen der Vereinigung der Deutschen Staatsrechtslehrer
VwGO	Verwaltungsgerichtsordnung
WEU	Westeuropäische Union
WTO	World Trade Organisation
WVK	Wiener Vertragsrechtskonvention
z. B.	zum Beispiel
ZaöRV	Zeitschrift für ausländisches öffentliches Recht und Völkerrecht
ZAR	Zeitschrift für Ausländerrecht und Ausländerpolitik
ZEuS	Zeitschrift für Europarechtliche Studien
ZRP	Zeitschrift für Rechtspolitik
ZUR	Zeitschrift für Umweltrecht

Literaturverzeichnis

1. Lehrbücher
a) Völkerrecht
Ipsen, Knut, Völkerrecht, 6. Auflage 2014
Herdegen, Matthias, Völkerrecht, 13. Auflage 2014
Hobe, Stephan, Einführung in das Völkerrecht, 10. Auflage 2014
Vitzthum, Wolfgang /Proelß, Alexander (Hrsg.), Völkerrecht, 6. Auflage 2013
Ruffert, Matthias/Walter, Christian, Institutionalisiertes Völkerrecht, 2. Auflage 2014
Grabenwarter, Christoph/Pabel, Katharina, Europäische Menschenrechtskonvention, 6. Auflage 2014
Peters, Anne/Altwicker, Tilmann, Europäische Menschenrechtskonvention, 2. Auflage 2012
Stein, Torsten/von Buttlar, Christian, Völkerrecht, 13. Auflage 2012

b) Europarecht
Bieber, Roland/Epiney, Astrid/Haag, Marcel, Europarecht, 10. Auflage 2013
von Bogdandy, Armin/Bast, Jürgen (Hrsg.), Europäisches Verfassungsrecht, Theoretische und dogmatische Grundzüge, 2. Auflage 2009
Calliess, Christian, Die neue Europäische Union nach dem Vertrag von Lissabon, 2010
Ehlers, Dirk (Hrsg.), Europäische Grundrechte und Grundfreiheiten, 3. Auflage 2009
Haltern, Ulrich, Europarecht, 2. Auflage 2007
Haratsch, Andreas/ Koenig, Christian/ Pechstein, Matthias, Europarecht, 9. Auflage 2014
Herdegen, Matthias, Europarecht, 16. Auflage 2014
Lenaerts, Koen/van Nuffel, Piet, European Union Law, 3. Auflage 2011
Oppermann, Thomas/Classen, Claus Dieter/Nettesheim, Martin, Europarecht, 6. Auflage 2014
Streinz, Rudolf, Europarecht, 9. Auflage 2012

c) Nationales Recht, insbesondere mit Bezügen zum Europa und Völkerrecht
Degenhart, Christoph, Staatsrecht I, Staatsorganisationsrecht mit Bezügen zum Europarecht, 29. Auflage 2013
Geiger, Rudolf, Grundgesetz und Völkerrecht, 6. Auflage 2013
Hermann, Christoph, Examens-Repetitorium Europarecht/Staatsrecht III, 4. Auflage 2013
Korioth, Stefan, Staatsrecht I, Staatsorganisationsrecht unter Berücksichtigung internationaler und europäischer Bezüge, 2. Auflage 2014

Maurer, Hartmut, Staatsrecht I, Grundlagen, Verfassungsorgane, Staatsfunktionen, 6. Auflage 2010
Von Münch, Ingo/Mager, Ute, Staatsrecht I, Staatsorganisationsrecht unter Berücksichtigung der europarechtlichen Bezüge, 8. Auflage 2014
Sauer, Heiko, Staatsrecht III, 2. Auflage 2013
Schweitzer, Michael, Staatsrecht III, 10. Auflage 2010

2. Kommentare und Handbücher
a) Völkerrecht
Karpenstein, Ulrich/Mayer, Franz C. (Hrsg.), EMRK - Konvention zum Schutz der Menschenrechte und Grundfreiheiten, 2012
Peukert, Wolfgang/Frowein, Jochen Abraham, Europäische Menschrechtskonvention, 2009
Simma, Bruno/Kahn, Daniel-Erasmus/Nolte, Georg/Paulus, Andreas (Hrsg.), The Charter of the United Nations, 3. Auflage 2012

b) Europarecht
Calliess, Christian/ Ruffert, Matthias (Hrsg.), EUV/AEUV, 4. Auflage 2011
Frenz, Walter, Handbuch Europarecht, Band 1, 2. Auflage 2012; Band 2, 2006; Band 3, 2007; Band 4, 2009; Band 5, 2010; Band 6, 2011
Grabitz, Eberhard/Hilf, Meinhard/Nettesheim, Martin (Hrsg.), Das Recht der Europäischen Union: EUV/AEUV, Loseblattausgabe, Stand: 05/2014
Hatje, Armin/Müller-Graff, Peter-Christian (Hrsg.), Enzyklopädie Europarecht, 10 Bände, 2013-2014
Heselhaus, Sebastian/Nowak, Carsten (Hrsg.), Handbuch der Europäischen Grundrechte, 2006
Jarass, Hans D., Charta der Grundrechte der Europäischen Union: GRCh, 2. Auflage 2013
Schulze, Reiner/Zuleeg, Manfred/Kadelbach, Stefan (Hrsg.), Europarecht, Handbuch für die deutsche Rechtspraxis, 2. Auflage 2010
Schwarze, Jürgen (Hrsg.), EU-Kommentar, 3. Auflage 2012
Streinz, Rudolf (Hrsg.), EUV/AEUV, 2. Auflage 2012

c) Nationales Recht, insbesondere mit Bezügen zum Europa und Völkerrecht
Von Bogdandy, Armin/Huber, Peter M. (Hrsg.), Handbuch Ius Publicum Europaeum, Band I–V, 2007–2014
Dörr, Oliver/Grote, Rainer/Marauhn, Thilo (Hrsg.), EMRK/GG, Konkordanzkommentar zum europäischen und deutschen Grundrechtsschutz, 2 Bände, 2. Auflage 2013
Dreier, Horst (Hrsg.), Grundgesetz-Kommentar, Band I, 3. Auflage 2013; Band II, 2. Auflage 2006; Band III, 2. Auflage 2008
Isensee, Josef/Kirchhof, Paul (Hrsg.), Handbuch des Staatsrechts der Bundesrepublik Deutschland, Band I–XII, 3. Auflage 2003-2014
Jarass, Hans D./Pieroth, Bodo, Grundgesetz für die Bundesrepublik Deutschland, 13. Auflage 2014

Von Mangoldt, Hermann/Klein, Friedrich/Starck, Christian (Hrsg.), Bonner Kommentar zum Grundgesetz, drei Bände, 6. Auflage 2010
Maunz, Theodor/Düring, Günter u.a. (Hrsg.), Grundgesetz, Loseblatt-Kommentar, Stand 03/2014
Von Münch, Ingo/Kunig, Philipp (Hrsg.), Grundgesetz-Kommentar, zwei Bände, 6. Auflage 2012
Sachs, Michael (Hrsg.), Grundgesetz-Kommentar, 6. Auflage 2011

3. Fallsammlungen
a) Völkerrecht
Kempen, Bernhard/Hillgruber, Christian, Fälle zum Völkerrecht, 2. Auflage 2012
Kunig, Philip/Uerpmann-Wittzack, Robert, Übungen im Völkerrecht, 2. Auflage 2006

b) Europarecht
Knauff, Matthias (Hrsg.), Fälle zum Europarecht: unter Berücksichtigung der Bezüge zum deutschen und internationalen Recht, 2011
Musil, Andreas/Burchard, Daniel, Klausurenkurs im Europarecht, 3. Auflage 2013

c) Nationales Recht, insbesondere mit Bezügen zum Europa und Völkerrecht
Degenhart, Christoph, Klausurenkurs im Staatsrecht II, 6. Auflage 2013
Höfling, Wolfram, Fälle zum Staatsorganisationsrecht, 5. Auflage 2014
Paulus, Andreas, Staatsrecht III, 2010

4. Entscheidungs- und Materialsammlungen
a) Völkerrecht
Brownlie, Ian (Hrsg.), Basic Documents in International Law, 6. Auflage 2009
Dörr, Oliver, Kompendium völkerrechtlicher Rechtsprechung, 2004
Heintschel von Heinegg, Wolf, Casebook Völkerrecht, 2005
International Legal Materials (ILM), Beiheft zum American Journal of American Law, 1962 ff.
Sammlung der Rechtsprechung des Europäischen Gerichtshofs für Menschrechte (Série A/Series A, ab 1996 Receuil des Arrêts et Décisions/Reports of Judgments and Decisions), auch im Internet einsehbar unter „Case-Law" auf http://www.echr.coe.int; deutsche Übersetzungen der Deutschland betreffenden Entscheidungen finden sich auf der Homepage des Bundesministeriums der Justiz

b) Europarecht
Bermann, Georg A./Goebel, Roger J./Davey William J./Fox Eleanor M., Cases and Materials on European Union Law, 3. Auflage 2011
Chalmers, Damian/Davies, Gareth/Monti, Giorgio, European Union Law, Cases and Materials, 2. Auflage 2010

Craig, Paul/de Búrca, Gráinne, EU Law, Text Cases and Materials, 5. Auflage 2011

Hufeld, Ulrich/Epiney, Astrid/Merli, Franz, Europäisches Verfassungsrecht, Textsammlung, 3. Auflage 2014

Hummer, Waldemar/Vedder, Christoph/Lorenzmeier, Stefan, Europarecht in Fällen, 5. Auflage 2011

Pechstein, Matthias, Entscheidungen des Europäischen Gerichtshofs, 8. Auflage 2014

Schütz, Hans-Joachim/Bruha, Thomas/König, Doris, Casebook Europarecht, 2004.

Sammlung der Rechtsprechung des Gerichtshofs der Europäischen Union (Teil I: Entscheidungen des Gerichtshofs; Teil II: Entscheidungen des Gerichts erster Instanz), auch im Internet einsehbar unter http://www.curia.eu

c) Nationales Recht

Bumke, Christian/Voßkuhle, Andreas, Casebook Verfassungsrecht, 2013

Grimm, Dieter/Kirchhof, Paul/Eichberger, Michael (Hrsg.), Entscheidungen des Bundesverfassungsgerichts, Studienauswahl, zwei Bände, 3. Auflage 2007

Sammlung der Entscheidungen des Bundesverfassungsgerichts – BVerfGE, auch online verfügbar unter https://www.bundesverfassungsgericht.de/entscheidungen.html

5. Zeitschriften und Jahrbücher für das Völker- und Europarecht
a) Völkerrecht

American Journal of International Law
Annuaire de l'Institut de Droit International
Annuaire français de droit international
Archiv des Völkerrechts
Austrian Journal of Public and International Law
British Yearbook of International Law
Clunet (Journal de droit international)
Columbia Journal of Transnational Law
European Journal of International Law
German Yearbook of International Law
Harvard International Law Journal
Human Rights Law Journal
International Legal Materials
Journal of World Trade
Michigan Journal of International Law
Netherlands International Law Review
Rabels Zeitschrift für ausländisches internationales Privatrecht
Recueil des Cours (de l'Academie de Droit International)
Vandebilt Journal of Transnational Law
Vereinte Nationen
Virginia Journal of International Law

The Yale Journal of International Law
Zeitschrift für ausländisches öffentliches Recht und Völkerrecht (Heidelberg Journal of International Law)

b) Europarecht
Cahiers de droit européen
Columbia Journal of European Law
Common Market Law Review
Europarecht
European Constitutional Law Review
Europäische Grundrechte-Zeitschrift
Europäische Zeitschrift für Wirtschaftsrecht
European Law Journal
European Law Review
Recht der Internationalen Wirtschaft
Revue du Marché commun et de l'Union européenne
Revue trimestrielle de droit européen
Yearbook of European Law
Zeitschrift für Europarechtliche Studien

6. Internetadressen
a) Völkerrecht
Europäischer Gerichtshof für Menschenrecht: http://www.echr.coe.int
Nato: http://www.nato.int
OAS: http://www.oas.org
OECD: http://www.oecd.org
Vereinte Nationen: http://www.un.org
Weltbank: http://www.worldbank.org
Welthandelsorganisation: http://www.wto.org
Inter-Amerikanischer Gerichtshof für Menschenrecht: http://www.corteidh.or.cr/index.cfm
Internationaler Gerichtshof: http://www.icj-cij.org
International Law Commission: http://www.un.org/law/ilc
American Society of International Law: http://www.asil.org

b) Europarecht
Offizielle Seite der Europäischen Union: http://www.europa.eu, mit weiterführenden Links zum Rat der Europäischen Union, der Europäischen Kommission, dem Europäischen Parlament, dem Gerichtshof der Europäischen Union und der Europäischen Zentralbank
Rund um die Gesetzgebung in Europa: http://www.eur-lex.europa.eu
Europarat: http://www.hub.coe.int/de/
Organisation für Sicherheit und Zusammenarbeit in Europa: http://www.osce.org
Westeuropäische Union: http://www.weu.int

c) Nationales Recht
Bundestag: http://www.bundestag.de
Bundesrat: http://www.bundesrat.de
Bundesregierung: http://www.bundesregierung.de
Online-Zugang zum Bundesgesetzblatt http://www.bgbl.de

1. Teil. Grundlagen

A. Bedeutung und systematische Stellung von „Staatsrecht III"

Die als Staatsrecht III bezeichnete Materie legt das Fundament für 1
das Verständnis der **Verzahnung des Verfassungsrechts mit dem Völker- und Europarecht**. Die bereits im Vorwort zu diesem Buch angedeutete tatsächliche und rechtliche Entgrenzung des Staates macht die Vorlesung Staatsrecht III zu einer immer bedeutsamer werdenden Veranstaltung. Sie ist daher völlig zu Recht in den meisten juristischen Fakultäten zu einer **Pflichtfachveranstaltung** geworden. Dies insbesondere, nachdem die Prüfungsordnungen die Bezüge des Staatsrechts zu Europa- und Völkerrecht zum verpflichtenden **Prüfungsstoff** des ersten Staatsexamens gemacht haben. Die Vorlesung Staatsrecht III – und somit auch das vorliegende Lehrbuch – legen so gesehen das Fundament für die Vorlesungen Europarecht und Völkerrecht, die an und für sich allerdings zu den Wahlfachveranstaltungen gehören. Staatsrecht III stellt mit anderen Worten ein Bindeglied zwischen den Rechtsebenen dar. Es erläutert, wie die Rechtskreise des nationalen Verfassungsrechts und des Völker- und Europarechts zusammenwirken und welche rechtlichen Konsequenzen dies hat. Demgemäß ist es erforderlich, dass die auf die Außenbeziehungen gerichteten Bestimmungen des Grundgesetzes (Art. 23, 24, 25, 26, 59, 80a und 115a GG) in einen Bezug zum Völker- und Europarecht gesetzt werden. Indem also einerseits die einschlägigen Verfassungsbestimmungen und andererseits die Grundlagen des Europa- und Völkerrechts im Kontext erklärt werden, können verfassungsrechtliche Probleme, wie sie z. B. in der Rechtsprechung des Bundesverfassungsgerichts zum Grundrechtsschutz oder in den Entscheidungen des Bundesverfassungsgerichts zu den Auslandseinsätzen der Bundeswehr zum Ausdruck kommen, verständlich gemacht werden.

Das Grundgesetz konstituiert die Bundesrepublik Deutschland als 2
offenen Verfassungsstaat. Damit geht ein fundamentaler Wandel des Staatsverständnisses einher (vgl. *Wahl*, JuS 2003, 1145 ff.), der im Lichte der Herausforderungen, denen sich der Staat im Zuge der

Globalisierung und Europäisierung gegenüber sieht, als geradezu visionär gelten kann. Diese **Herausforderungen** betreffen die gesamte nationale Rechtsordnung, insbesondere aber das Öffentliche Recht, einschließlich des Verfassungsrechts (vgl. *Ruffert*, Die Globalisierung als Herausforderung an das Öffentliche Recht, 2004).

B. Vom geschlossenen zum offenen Staat

I. Herausforderungen der Globalisierung und Europäisierung

1   Traditionell ist der Nationalstaat in den Außenbeziehungen der zentrale Akteur. Er agiert als eine von der Gesellschaft isolierte Einheit, die durch ihn mediatisiert wird. Diese traditionelle Sichtweise wird jedoch durch verschiedene Entwicklungen herausgefordert, die gemeinhin unter den Stichworten der Globalisierung, Internationalisierung und Europäisierung zusammengefasst werden.

2   Der **Begriff der Globalisierung**, vor allem auch die Frage, ob es sich überhaupt um ein neues Phänomen handelt, ist umstritten. In der politisch-ökonomischen, aber auch der rechtswissenschaftlichen Debatte besteht jedoch Einigkeit darüber, dass es spezifische Begründungszusammenhänge gibt, die den besonderen Charakter des gegenwärtigen **Globalisierungsprozesses** prägen: Aus der dynamischen Entwicklung des Welthandels, die sich immer mehr vom intersektoralen (Austausch unterschiedlicher fertiger Güter) zum intrasektoralen Handel (Produktion eines Gutes an verschiedenen Standorten) bewegt, resultiert eine verstärkte Konkurrenz in den Weltmarktbranchen, die durch die wachsende Vernetzung der Produktionsstandorte und den sukzessiven Abbau von nationalen handelspolitischen Schranken und Steuerungsoptionen (z. B. Zöllen, nichttarifären Handelshemmnissen) im Rahmen der WTO noch weiter verschärft wird. Die rapide gesunkenen Transport- und Kommunikationskosten haben in Verbindung mit den neuen Kommunikationsinstrumenten (insbesondere des Internets) neuartige Möglichkeiten für eine **weltweit vernetzte Produktion** eröffnet, von denen zunehmend nicht nur die transnationalen Konzerne, sondern auch bislang national orientierte Unternehmen Gebrauch machen. Unternehmen können sich auf diese Weise zumindest sektoral den nationalen Arbeitsmärk-

ten, Sozialsystemen und ordnungspolitischen Regulierungsmodellen entziehen, es droht der sog. Export von Arbeitsplätzen. Angesichts immer mobilerer Investoren in den global weitgehend deregulierten Finanzmärkten, **konkurrieren die Staaten** überdies um investitionsfreundliche Standortbedingungen. Die klassische Steuerung des freien Marktes durch Regulierung, seine im Allgemeininteresse liegende Flankierung durch gesetzliche Rahmenbedingungen, gerät damit verstärkt unter den Druck, die Standortfaktoren (sprich: Kostenfaktoren durch Deregulierung) zu verbessern.

Im Zuge dieser Entwicklungen ist der klassische Territorialstaat in die Defensive geraten. Aufgrund des grenzüberschreitenden Austausches von Waren, Dienstleistungen, Informationen usw. haben sich Handlungszusammenhänge zwischen **nichtstaatlichen Akteuren** herausgebildet, von denen viele – etwa im Bereich der grenzüberschreitenden Finanzgeschäfte (z. B. Banken, Börsen, Ratingagenturen) oder Datentransfers (z. B. Google, Facebook) – der staatlichen Kontrolle in großem Umfange entglitten sind. Hinzu kommt, dass die nationalstaatliche Regulierungskompetenz angesichts der **grenzüberschreitenden Dimension** vieler Regelungsprobleme – gerade im Bereich der staatlichen Kernaufgabe der Gewährleistung von physischer Sicherheit – auch rein tatsächlich und im wahrsten Sinne des Wortes an ihre Grenzen stößt.

Vor dem so skizzierten Hintergrund der Globalisierung **reorganisiert sich der Staat** auf der internationalen Ebene, indem er sich durch Kooperation und Integration in Internationalen (bzw. Supranationalen) Organisationen internationalisiert. Damit wandelt sich das Völkerrecht vom Koordinationsvölkerrecht autonomer Staaten zum Kooperations- und Integrationsvölkerrecht. Dieses besteht inzwischen weniger aus zwischenstaatlichen Verträgen mit Austausch- und Koordinierungscharakter, die jeweils in die innerstaatliche Ordnung transformiert werden müssen, sondern verstärkt aus objektiven Regelungsstrukturen (sog. „Regime") im Kontext **Internationaler Organisationen**, die grenzüberschreitende Gemeinwohlbelange (wie z. B. Umwelt- und Klimaschutz, Gesundheitsschutz) aufnehmen und auf internationaler Ebene zu regulieren suchen. Das so geschaffene **internationale Recht wird zunehmend zur Maßstabnorm** für das nationale Recht, überlagert und durchdringt dieses oder formt es um. Diese, mit der Globalisierung in engem Zusammenhang stehende, aber stärker die Kooperation staatlicher Akteure in den Fokus nehmende, Entwicklung läßt sich als **Internationalisierung** bezeichnen.

5   Die erwähnten „Regime" entstehen aber nicht nur „im Großen", auf Regierungsebene, sondern gerade auch – der Herkunft Internationaler Organisationen als Verwaltungsorganisationen entsprechend – „im Kleinen", auf **Ebene der eher technischen Verwaltungskooperation**. Neben öffentlich-rechtlichen Körperschaften oder Behörden sind hier auch private Akteure tätig. So sind z. B. im Hinblick auf die Regulierung der internationalen Märkte für Finanzdienstleistungen, etwa im Bereich der Bankenaufsicht über international tätige Banken (sog. Baseler Übereinkünfte), nichtstaatliche Ausschüsse zuständig, die sich wie der sog. Basler-Ausschuss aus Vertretern der Notenbanken und anderen für die Bankenaufsicht zuständigen Behörden zusammensetzen. Mögen diesbezügliche Übereinkünfte auch ausdrücklich rechtlich unverbindlich sein, so steht dennoch ihre Beachtung durch die Aufsichtsbehörden in der Rechtsanwendung nicht in Frage. Die mit diesen Entwicklungen einhergehende Pluralisierung hat nicht zuletzt zur Folge, dass auch **Private**, von den Non Governmental Organisations, den NGOs (z. B. Amnesty International), angefangen über multinationale Unternehmen bis hin zum einzelnen Menschen, verstärkt zum Träger international verliehener Rechte und Pflichten werden.

6   Auf **regionaler Ebene** spiegelt sich diese Entwicklung in der **europäischen Integration**, die zunächst auf die Verwirklichung eines Binnenmarktes und damit den Wegfall der Grenzen für den freien Verkehr von Waren, Dienstleistungen und Kapital sowie die Freizügigkeit von Personen angelegt war. Die darüber definierte Wirtschaftsgemeinschaft war von Beginn an jedoch kein Selbstzweck. Vielmehr sollte sie, wie schon die Gründungsverträge der Europäischen Wirtschaftsgemeinschaft (EWG) u. a. mit ihrer Präambelformulierung „an ever closer union" deutlich machten, durch Verflechtung der Wirtschaft der Friedenssicherung dienen und in der Folge eine Integration der europäischen Staaten und Völker auch auf der politischen Ebene motivieren. Zur Erreichung dieser Ziele wurde 1951 die Europäische Gemeinschaft für Kohle und Stahl (EGKS), 1957 dann die EWG und 1992 schließlich die Europäische Union (EU) gegründet. Ihnen wurden seitens der Mitgliedstaaten eigene Zuständigkeiten (und insoweit Hoheitsrechte) übertragen, die im Zuge der jeweiligen Vertragsänderungen sowie der den Verträgen immanenten Integrationsdynamik immer mehr Bereiche des wirtschaftlichen und politischen Lebens erfassten (siehe unten Teil 1, B, Rn. 123 ff.; ausführlich dazu *Calliess*, Die neue EU, 2010, S. 15 ff.).

B. Vom geschlossenen zum offenen Staat

Durch diese Form der schrittweisen Übertragung von Hoheitsrechten entstand eine neue Form der Internationalen Organisation, die **Supranationale Organisation**. Sie definiert sich zuvorderst durch ihr vorrangiges und in den Mitgliedstaaten unmittelbar anwendbares, d. h. mit Durchgriffswirkung auf den Bürger ausgestattetes Unionsrecht. Die mit eigenen Gesetzgebungszuständigkeiten ausgestatteten Institutionen und ihr in den Mitgliedstaaten unmittelbar verbindliches, vom Europäischen Gerichtshof in Luxemburg (EuGH) abgesichertes Recht machen die EU förmlich zum Modell für die Bewältigung der oben skizzierten Folgen der Globalisierung. Denn in den klassischen Internationalen Organisationen des Völkerrechts, etwa den Vereinten Nationen (UNO) oder der Welthandelsorganisation (WTO), fehlt es an eigenständigen, mit Gesetzgebungskompetenzen ausgestatteten Institutionen, die unmittelbar demokratische Legitimation vermitteln können. Anders liegt es im Rahmen der EU, die man insoweit als **Gegenentwurf** zu einer grenzenlosen Ökonomisierung und Entdemokratisierung der Lebenswelten verstehen kann. Aufgrund der ihr im Konsens von den nationalen Parlamenten übertragenen Zuständigkeiten ist es so zumindest im europäischen Raum möglich, die entgrenzten Märkte durch eine sozial- und umweltpolitische Flankierung des demokratisch legitimierten europäischen Gesetzgebers einzuhegen und auf diese Weise einen „Markt ohne Staat" zu verhindern. Den Markt flankierende Gemeinwohlbelange können im Zuge dessen, statt wie bisher durch nationale, nunmehr durch europäische Gesetzgebung verwirklicht werden.

Die damit einhergehende Verzahnung der Rechtsordnungen bringt jedoch wieder ganz eigene **Herausforderungen für das Verfassungsrecht** mit sich. In der EU wird Deutschland zum Mitgliedstaat, der seine Souveränität beschränkt hat und sich im Interesse der europäischen Rechtseinheit dem vorrangigen Unionsrecht unterwirft. Je weiter die Zuständigkeiten der EU reichen, desto geringer wird nicht nur der politische Gestaltungsspielraum des Bundestages, sondern auch der unabhängige Wirkungsbereich des Grundgesetzes und des seine Einhaltung kontrollierenden BVerfG. Denn die **europarechtliche Überformung** („Europäisierung") des nationalen Rechts erfasst nicht nur das Gesetzesrecht, sondern auch das Verfassungsrecht. Offenbar wurde diese Herausforderung zunächst im Bereich des Grundrechtsschutzes, zunehmend entfaltet sie aber auch Bedeutung für die anderen konstituierenden Verfassungsprinzipien des Grundgesetzes, das Demokratieprinzip, das Rechtsstaatsprinzip sowie künftig möglicherweise auch das Sozialstaatsprinzip. Aus Sicht des nationalen Verfassungsrechts geht es insoweit darum, die über den Anwendungsvorrang vermittelte Europäisierung der Verfassung unter Achtung der europäischen Rechtseinheit zu flankieren, einzuhegen und zu begrenzen. In diesem Sinne hat das BVerfG in seiner Rechtsprechung Schritt für Schritt verschiedene – aus europarechtlicher Sicht im Hinblick auf den Vorrang sensible – **Kontrollvorbehalte** hinsichtlich des Unionsrechts entwickelt, die in Kooperation mit dem EuGH dem Grundrechtsschutz, der Einhaltung der europäischen Kompetenzordnung und dem Schutz der Verfassungsidentität dienen sollen.

II. Verfassungsrechtliche Öffnung des Staates

9   Vor diesem Hintergrund führen Globalisierung, Internationalisierung und Europäisierung nicht etwa zum oftmals beschworenen „Ende des Staates", sondern vielmehr geht es darum, die klassische hierarchische Steuerung des Nationalstaates in einem Umfeld nichthierarchischer und grenzüberschreitender Herausforderungen neu zu organisieren und damit den drohenden Bedeutungsverlust staatlicher Politikgestaltung durch ein **„Denken im offenen Verfassungsstaat"** zu kompensieren. Neben der im Vorwort bereits zitierten Präambel machen verschiedene Artikel des Grundgesetzes deutlich, dass unsere Verfassung auf diese Entwicklung gut vorbereitet ist. Da ist zum einen die **Öffnungsklausel des Art. 24 Abs. 1 GG**, die als paradigmatisch für den offenen Verfassungsstaat gelten kann. Sie ist das Tor, das den Staat zur supra- und internationalen Kooperation befähigt, indem in genereller Weise die Übertragung von Hoheitsrechten ermöglicht wird. Diese Funktion nimmt speziell **für die Europäische Union Art. 23 GG** ein. Er öffnet den Staat der Bundesrepublik Deutschland für das Recht der Europäischen Union und ermöglicht damit die Entwicklung hin zu einem europäischen Staaten- und Verfassungsverbund. Aber auch Art. 25 GG, der bestimmte Normen des Völkerrechts zum Bestandteil des deutschen Rechts erklärt, ist Ausdruck dieser Rezeptionsoffenheit des Grundgesetzes. Durch diese Öffnungsklauseln wird die innerstaatliche Rechtsordnung für internationales oder supranationales Recht geöffnet. Das BVerfG betont insoweit zu Recht die **„Völkerrechtsfreundlichkeit"** (BVerfGE 6, 309, 362 f. und E 111, 307, 318) und die **„Europarechtsfreundlichkeit"** (BVerfGE 123, 267 und E 126, 286, 303) des Grundgesetzes.

B. Vom geschlossenen zum offenen Staat

Im Zuge dessen entsteht eine rechtliche Bindung, die den Staat und sein Verfassungsrecht fest mit der europäischen und internationalen Rechtsordnung vereint. Insoweit lässt sich eine Verflechtung der Rechtsordnungen konstatieren, die zur Entstehung eines internationalen und (konkreter) europäischen Verfassungsrechts führt.

Immer aber bleibt der Staat die notwendige Basis jeder internationalen und supranationalen Kooperation und Organisation. Es entsteht freilich ein neuer Staatstyp, der **Staatstyp des offenen Verfassungsstaates**. In ihm werden die konstituierenden drei Staatselemente – Staatsgebiet, Staatsgewalt, Staatsvolk – in gewissem Umfang verändert. Im offenen Verfassungsstaat verändert sich die Staatsgewalt z. B. dadurch, dass die Souveränität im Falle eines Friedensbruchs oder im Falle von Menschenrechtsverletzungen zugunsten der Einwirkung von internationalen Organisationen beschränkt wird. Mit Blick auf das Staatsgebiet ist von Bedeutung, dass die Grenzen im Falle der Friedenssicherung, des Menschenrechtsschutzes, aber auch beim Umweltschutz oder beim Handel durchlässiger werden und insoweit eine gewisse Entterritorialisierung stattfindet. Hinsichtlich des Staatsvolkes reduziert der offene Verfassungsstaat die Mediatisierung des Einzelnen durch den Staat, wie sie bisher im Völkerrecht zum Ausdruck kam. Hierzu zählen z. B. die völkerrechtliche Pflicht zur diskriminierungsfreien Behandlung von Nicht-Staatsangehörigen, der Minderheitenschutz und die Entwicklung eines Unionsbürgerstatus in der EU, der die Staatsbürger der Mitgliedstaaten zu Unionsbürgern macht.

Vom geschlossenen zum offenen Staat

Der geschlossene Staat		Der offene Staat
Souveränität als zentrales Charakteristikum		Leitprinzip: Aufbrechung staatlicher Souveränität
↓	- neue internationale Ordnung - internationale Kooperation - Friedenssicherung	↓
- Nationalstaat - Nationalsprache - Nationalkultur - Nationalökonomie		- offene Staatlichkeit - internationale Offenheit - entgrenzter Verfassungsstaat - kooperativer Verfassungsstaat

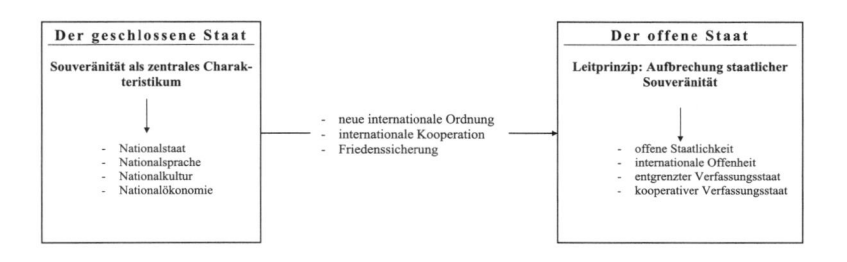

III. Gegenstand der verfassungsrechtlichen Öffnung

11   Um zu verstehen, auf welche Weise das nationale Verfassungsrecht den Herausforderungen der Globalisierung und Europäisierung begegnet, muss zunächst ein Blick auf diejenigen Rechtsordnungen geworfen werden, zu denen sich das nationale Verfassungsrecht hin öffnet. Insoweit ist zwischen dem Völkerrecht und dem Europarecht zu unterscheiden, da sie – bei allen Gemeinsamkeiten – den verfassungsrechtlichen Öffnungsprozess unterschiedlich determinieren.

1. Völkerrecht

12   **a) Begriff des Völkerrechts.** Der Begriff des Völkerrechts wird vom Grundgesetz in Art. 25, 59 Abs. 1 S. 1 und Art. 100 Abs. 2 GG vorausgesetzt. Während sich der Ausdruck „Völkerrecht" bis heute im deutschen, skandinavischen und slawischen Sprachraum erhalten hat, ist im angelsächsischen und romanischen Sprachraum dagegen die Bezeichnung „internationales Recht" oder „internationales öffentliches Recht" (in Unterscheidung zum internationalen Privatrecht) üblich geworden. Der deutschsprachige Ausdruck geht auf das lateinische *„ius gentium"* zurück und ist insoweit irreführend, als er verdeckt, dass im Zentrum der Weltgemeinschaft bis heute nicht die Völker, sondern die Staaten stehen, auch wenn der Kreis der Völkerrechtssubjekte nach der rund 200 Jahre dauernden Beschränkung auf die Staaten erweitert worden und der Einzelne zum Träger von im Völkerrecht begründeten Rechten geworden ist.

13   Ausgangspunkt aller Begriffsannäherungen ist folgende Feststellung: Völkerrecht ist die **Rechtsordnung, welche die Beziehungen zwischen Völkerrechtssubjekten regelt**. Diese Formulierung lässt erkennen, dass es einer Definition bedarf, die die Quellen, Subjekte und Gegenstände dieser Rechtsordnung in Bezug nimmt. Dies ermöglicht es, die Fortentwicklung dieser Rechtsmasse im Wege eines dynamischen Begriffsverständnisses zu reflektieren. Im Folgenden wird der Begriff des Völkerrechts daher im Sinne des internationalen öffentlichen Rechts verwendet.

14   **b) Verbindlichkeit und Durchsetzung des Völkerrechts.** Die Frage nach der Verbindlichkeit und Durchsetzung des Völkerrechts ist eine besonders seit dem 19. Jahrhundert gestellte Frage nach dem letzten **Geltungsgrund** des Völkerrechts. Als eine genuin koordina-

B. Vom geschlossenen zum offenen Staat

tionsrechtliche Ordnung unterscheidet sich das Völkerrecht von nationalen Rechtsordnungen durch das Fehlen einer übergeordneten Zentralgewalt, von der sich ein Geltungsgrund ableiten ließe.

Blickt man in die Völkerrechtsgeschichte, werden drei Begründungsansätze zur **Herleitung** eines Geltungsgrundes genutzt, die bis heute den völkerrechtlichen Diskurs beeinflussen. Gemeinsam ist allen drei Ansätzen, dass sie versuchen, den Geltungsgrund des Völkerrechts durch Rückführung auf ein außerhalb der Völkerrechtsordnung gelegenes Bezugssystem zu erfassen.

Meta-juristische Grundaussagen, die der Völkerrechtsordnung zugrunde liegen und dem souveränen Staat vorgegeben sein sollen, nimmt die **Naturrechtslehre** zum Anknüpfungspunkt. So sieht etwa die *spanische Rechtsschule* (*Francisco de Vitoria*, 1483 – 1546; *Francisco Suarez*, 1548 – 1617) den Geltungsgrund des Völkerrechts in dem mit der göttlichen Ordnung vorgegebenen Gemeinwohl der natürlichen Gesellschaft und Gemeinschaft der Menschen. Für den *Rationalismus* des 18. Jahrhunderts (*Christian Wolff*, 1679 – 1754) liegt der letztgültige Grund der Völkerrechtsordnung im Abstraktum einer richtigen, natürlichen oder allgemeinen Vernunft. Sowohl gegen die religiös motivierter als auch die säkularisierten Naturrechtslehren lässt sich jedoch einwenden, dass die Ansichten über die Natur des Menschen in den unterschiedlichen Kulturen der Welt zu heterogen sind, um Maßstab für eine universell akzeptierte Weltordnung zu sein. Teilweise wird aber auch heute wieder vertreten, dass sich jüngere Rechtsentwicklungen auf einen dem Völkerrecht vorausliegenden Wertekanon zurückführen lassen. Dies gelte für zwingende (nicht vertragspositive) Standards der Menschenrechte ebenso wie für aufkeimende Anforderungen an die staatliche Binnenstruktur (wie ein Mindestmaß an demokratischen Elementen). Ebenso fänden mit dem Solidaritätsgedanken des modernen Kooperationsvölkerrechts, aber auch mit dem Prinzip des *„common heritage of mankind"* ursprünglich naturrechtliche Vorstellungen Eingang in die Völkerrechtslehre. So hat in den 80er Jahren eine Renaissance der naturrechtlich orientierten Geltungserklärungen stattgefunden (*Mosler*, The International Society as a Legal Community, 1980, S. 82: „[L]aw is based on the nature of man and natural justice […].").

Die **Staatswillenstheorien** erklären die Geltung des Völkerrechts aus dem souveränen Staat und dem Positivismus heraus, wonach der Wille der Staaten das Völkerrecht schafft, seine Geltung begründet und schließlich auch gegebenenfalls seine Beseitigung bewirkt. Die

Selbstverpflichtungstheorie ist die konsequenteste Ausprägung dieser Theorienkategorie. Danach ist Art, Umfang und Zeitdauer der Geltung einer Völkerrechtsnorm durch den sie tragenden Staatswillen bestimmt. Demgegenüber versucht die *Vereinbarungslehre* die Geltung des Völkerrechts vom jeweiligen einseitigen Staatswillen zu lösen. Sie stützt die Geltung auf die Übereinstimmung der Staaten und unterscheidet dabei zwischen Vertrag und Vereinbarung. Während der Vertrag ausschließlich Rechte und Pflichten der Vertragsparteien begründet, vermag die Vereinbarung „einen zur Erzeugung von objektivem Recht fähigen Gemein-Willen" zu schaffen. Dieser „Gemein-Wille" ist ein den vereinbarungsbeteiligten Staaten überlegener Wille, dem sich der vereinbarungsbeteiligte Staat nicht mehr einseitig entziehen kann (*Triepel*, Völkerrecht und Landesrecht, 1899 – unveränderter Nachdruck 1958, S. 88.). Mit dieser Fiktion wird der streng positivistische Ansatz der Selbstverpflichtungstheorie verlassen. Die dritte Spielart, die *„common consent"*-Lehre, die besonders im anglo-amerikanischen Bereich vertreten wird, sucht den Geltungsgrund des Völkerrechts in der (ausdrücklichen oder stillschweigenden) Zustimmung der überwältigenden Mehrheit der Staatengemeinschaft (etwa *Jennings/Watts* (Hrsg.), Oppenheim's International Law, 9. Aufl. 1992, Band I/1, § 5). Von der Vereinbarungslehre unterscheidet sich diese Theorie dadurch, dass der „Gemein-Wille" nicht nur in Bezug auf die vereinbarungsbeteiligten Staaten fingiert wird, sondern auch auf eine kleine Minderheit nicht zustimmender Staaten.

18 Die **normativistische (oder auch: neo-positivistische) Theorie** sucht den Geltungsgrund des Völkerrechts allein in der positiven Norm und blendet gleichsam den Staatswillen, der sie geschaffen hat, aus. Soll der Geltungsgrund des Völkerrechts in der Völkerrechtsnorm selbst liegen, dann muss er notwendigerweise für alle Normen des Völkerrechts identisch sein. Die Verbindlichkeit einer völkerrechtlichen Norm lässt sich danach nicht durch Bezugnahme auf ein Sein, sondern nur damit begründen, dass eine Norm höheren Ranges ihr Verbindlichkeit zuspricht (Sollen). Da aber die höhere Norm ihrerseits der Legitimierung bedarf, ist denknotwendige Folge die Existenz einer sog. Grundnorm. Das ist diejenige Norm, die an der Spitze einer Normenpyramide „die – durch das gegenseitige Verhalten der Staaten konstituierte – Gewohnheit als rechtserzeugenden Tatbestand einsetzt" (*Kelsen*, Reine Rechtslehre, 2. Aufl. 1969, S. 324 f.).

19 Letztlich „gilt" Völkerrecht schlicht und ergreifend, weil es in der Rechtspraxis als geltend behandelt wird. Das „geltende" Völkerrecht ist das angewendete Völkerrecht. Die Wertvorstellungen der Rechtsanwender bilden dabei die Grundlage der Anwendung, nicht aber den Geltungsgrund. Anders formuliert: Das Völkerrecht gilt, weil es **angewendet** wird.

Die Einordnung des Völkerrechts als Recht lässt sich nicht mit der Begründung bestreiten, dass ihm die **Zwangsgewalt** fehle. Zwar ist der Zwang im internationalen Rechtsleben einerseits unorganisiert, nämlich der öffentlichen Meinung überlassen – deren Bedeutung indessen nicht unterschätzt werden darf –, andererseits dezentralisiert, nämlich den einzelnen Staaten überlassen. Deren Zwangsbefugnis ist allerdings durch das in Art. 2 Abs. 4 UN-Charta ausgesprochene Verbot der Gewaltanwendung wesentlich eingeschränkt worden. Die einseitige Vorstellung aber, dass nur Recht sei, was notfalls im Wege des physisch wirkenden Zwanges durchgesetzt werden könne, ist lebensfremd. Es gibt nicht nur herrschaftliches, auf der Überlegenheit einer Zentralgewalt beruhendes, sondern auch genossenschaftliches Recht, das auf dem Zusammenwirken gleichberechtigter Genossen beruht. Nicht nur ein großer Teil des Völkerrechts, auch das inländische Recht, namentlich das Verfassungsrecht, ist keineswegs immer erzwingbar, sondern oft nur eine *lex imperfecta*.

Literatur: *Grewe*, Epochen der Völkerrechtsgeschichte, 2. Aufl. (2000); *G. Jellinek*, Die rechtliche Natur der Staatenverträge (1880); *Kelsen*, Reine Rechtslehre, 2. Aufl. (1969); *Kennedy*, International Legal Structures (1987); *Mosler*, Völkerrecht als Rechtsordnung, in ZaöRV 36 (1976), S. 6 ff.; *ders.*, The International Society as a Legal Community (1980); *Paulus*, Die internationale Gemeinschaft im Völkerrecht (2001); *Purvis*, Critical Legal Studies in Public International Law, in HarvILJ 32 (1991), S. 81 ff.; *Scelle*, Précis de droit des gens, Bd. I (1932); *Triepel*, Völkerrecht und Landesrecht (1899).

c) Berechtigte und Verpflichtete des Völkerrechts (Völkerrechtssubjekte). Völkerrechtssubjekte genießen „**Rechtspersönlichkeit**", „Rechtssubjektivität" oder auch „Rechtsfähigkeit" im Völkerrecht. Sie sind in der Lage, völkerrechtliche Rechte und Pflichten innezuhaben. Völkerrechtssubjekte sind mithin diejenigen Einheiten, deren Verhalten unmittelbar durch das Völkerrecht bestimmt wird. Art und Umfang dieser Rechte und Pflichten richten sich nach der Natur des einzelnen Völkerrechtssubjekts und nach seiner Stellung in der Völkerrechtsordnung.

Dagegen setzt Völkerrechtssubjektivität **keine rechtliche Handlungsfähigkeit**, also die Fähigkeit, eigene Rechte in eigenem Namen geltend machen und den eigenen Pflichten nachkommen zu können, voraus. Zwar ist handlungsfähig nur, wer auch rechtsfähig ist; umgekehrt muss aber nicht handlungsfähig sein, wer rechtsfähig ist.

23 Als **Beispiel** hierfür lässt sich das **Deutsche Reich** anführen. Nachdem das Deutsche Reich zunächst mit seinem Zusammenbruch seine handlungsfähigen Organe verloren hatte, übernahmen die Alliierten im Juni 1945 die oberste Regierungsgewalt. Dadurch hat das Deutsche Reich nicht seine völkerrechtliche Rechtsfähigkeit verloren und ist nicht als Völkerrechtssubjekt untergegangen. Diese Annahme spiegelte sich z. B. im Verhalten der Alliierten als Besatzungsmächte wieder, die für die besetzten Gebiete geltendes Völkerrecht beachteten.

24 Von größter Bedeutung für die jüngere Völkerrechtsentwicklung ist die Anerkennung eigener Rechte (Menschenrechte) und Pflichten für das Individuum. Demnach ist der einzelne Mensch als Rechtsträger nicht mehr völlig durch seinen Heimatstaat mediatisiert, sondern für schwerwiegende Verletzungen völkerrechtlicher Pflichten (etwa Kriegsverbrechen) auch persönlich zur Verantwortung zu ziehen. Die so gegebene **Völkerrechtssubjektivität des Individuums** beschränkt sich allerdings auf Menschenrechte und gewisse Grundpflichten, wie das Verbot von Kriegsverbrechen.

25 Der modernen Völkerrechtsentwicklung Rechnung tragend darf deshalb auch der Begriff der Völkerrechtssubjektivität nicht unzeitgemäß auf Völkerrecht*setzungs*subjekte, also solche, die aktiv bei der Setzung konkreter Völkerrechtsnormen mitwirken, verengt werden (so aber *Schweisfurth*, Völkerrecht, 2006, 1. Kap, Rn. 12.). Denn nur so kann der Existenz von Völkerrechtsnormen, welche sich an Rechtssubjekte richten, die am Normsetzungsprozess selbst nicht beteiligt sind, sowie insbesondere dem Status von Individuen als Berechtigten und Verpflichteten des Völkerrechts Rechnung getragen werden.

26 aa) **Staaten.** Die Staaten stellen auch heute noch die maßgebliche Gruppe der Völkerrechtssubjekte dar. Sie sind als „**originäre**" oder „**geborene**" Völkerrechtssubjekte die vorgegebene Größe des Völkerrechts. Nur Staaten können gem. Art. 3 und 4 UN-Charta Mitglied der Vereinten Nationen sein, gem. Art. 35 UN-Charta den UN-Sicherheitsrat anrufen oder gem. Art. 34 IGH-Statut als Partei vor dem Internationalen Gerichtshof (IGH) auftreten.

27 (1) **Begriff. i. Konstitutive Elemente des Staates.** Das Völkerrecht kennt einen **eigenen Staatsbegriff**, der sich von den Besonderheiten des jeweiligen Verfassungsrechts löst. Bei Bundesstaaten gilt

B. Vom geschlossenen zum offenen Staat

nur der Gesamtstaat als Staat im Sinne des Völkerrechts; aber auch die einzelnen Bundesstaaten können eine abgeleitete Völkerrechtssubjektivität innehaben, wie Art. 32 Abs. 3 oder Art. 24 Abs. 1a GG belegen.

28 Der Staatsbegriff im Völkerrecht ist ein empirischer Begriff, der nicht wertgebunden und damit sehr weit ist. Grundsätzlich gilt für die Bestimmung eines Staates im Völkerrecht die **"Drei-Elementen-Lehre"** von *Georg Jellinek* (vgl. *Jellinek*, Allgemeine Staatslehre, 3. Aufl. 1914, S. 396 ff.). Danach muss ein Staat drei Voraussetzungen erfüllen: Erstens muss er über ein *Staatsgebiet* verfügen, zweitens ein *Staatsvolk* aufweisen und schließlich *Staatsgewalt* ausüben.

• Staatsgebiet

29 Das Staatsgebiet ist ein **dreidimensionales Gebilde**, welches das Segment der Erdoberfläche, die darüber liegende Luftsäule und das darunter liegende Erdreich umfasst. Eine exakte Grenzziehung des Staatsgebietes ist nicht notwendig. Komplettiert wird dieses Staatsgebiet von einem Küstenstreifen von 12 Seemeilen (eine Seemeile = 1,852 Kilometer). Staatsgebiet kann grundsätzlich nur natürliche, *nicht künstliche* Landfläche sein, da anderenfalls die Gefahr des zufälligen Unterganges von Staaten sowie ihrer unkontrollierbaren „Vermehrung" bestünde.

30 In diesem Sinne hat auch das Verwaltungsgericht Köln im kuriosen Fall „*Principality of Sealand*" entschieden, dass eine von einem britischen Major besetzte, 1300 m² große, ehemalige britische Flakstellung in der Nordsee, die durch Pfeiler mit dem Meeresgrund verbunden ist, nicht als Staatsgebiet tauge, weil es an „einer auf natürliche Art gewachsenen Erdoberfläche" fehle (VG Köln, DVBl. 1978, 510).

31 Das Staatsgebiet ist Gegenstand der territorialen Souveränität eines Staates. Diese kongruiert regelmäßig mit der **Gebietshoheit**, also der faktischen Ausübung der Staatsgewalt auf dem betreffenden Gebiet. In Ausnahmefällen können beide jedoch auseinanderfallen und damit durch unterschiedliche Staaten ausgeübt werden, wie das Beispiel des Flottenstützpunktes Guantánamo Bay auf Kuba verdeutlicht.

• Staatsvolk

32 Ein Staat versteht sich zuvorderst als ein auf Dauer angelegter Zusammenschluss von Menschen zu einem **Herrschaftsverband**. Dabei ist weder eine Mindestbevölkerungszahl noch eine Homogenität in kultureller, ethnischer oder ähnlicher Richtung erforderlich. Die Zuordnung eines Menschen zu einer gemeinsamen Herrschafts- und Rechtsordnung erfolgt durch Erlangung einer besonderen rechtlichen

Eigenschaft des Einzelnen – der **Staatsangehörigkeit**. Somit bestimmt die Staatsangehörigkeit, verstanden als Mitgliedschaft in einer staatsbildenden Gebietskörperschaft, jenen Personenkreis, der in seiner Gesamtheit das Staatsvolk ausmacht. Die Anknüpfungspunkte für die Verleihung der Staatsangehörigkeit und die konkrete Rechtsstellung der Staatsangehörigen richtet sich nach innerstaatlichem Recht.

33 Anknüpfungspunkt **für die deutsche Staatsangehörigkeit** ist nach § 3 Staatsangehörigkeitsgesetz (StAG) unter anderem: *(1) Geburt*, wenn ein Elternteil die deutsche Staatsangehörigkeit besitzt (sog. *„jus sanguinis"*, Recht des Blutes). *(2) Geburt* in Deutschland, wenn die Eltern nicht die deutsche Staatsangehörigkeit besitzen. Voraussetzung dafür ist, dass ein Elternteil seit acht Jahren rechtmäßig seinen gewöhnlichen Aufenthalt in Deutschland hat und eine Aufenthaltsberechtigung oder seit drei Jahren eine unbefristete Aufenthaltserlaubnis besitzt (§ 4 Abs. 3 StAG, sog. eingeschränktes *„jus soli"*, Recht des Bodens). *(3) Einbürgerung* auf Antrag eines Ausländers, der am 1. Januar 2000 rechtmäßig seinen gewöhnlichen Aufenthalt in Deutschland und das 10. Lebensjahr noch nicht vollendet hat, wenn seit seiner Geburt die Voraussetzungen des § 4 Abs. 3 StAG vorliegen.

34 Obwohl jeder Staat grundsätzlich die Kriterien für die Verleihung seiner Staatsangehörigkeit frei bestimmen kann, muss eine solche durch andere Staaten aber nur insofern als rechtsverbindlich anerkannt werden, als die zugrunde gelegten Kriterien sich an der Leitlinie einer effektiven Staatsangehörigkeit ausrichten. Erforderlich ist demnach eine *„genuine connection"* bzw. ein *„genuine link"* zwischen dem potentiellen Staatsangehörigen und dem Staat. Eine solche besteht dann, wenn zwischen der betreffenden Person und der Bevölkerung des die Staatsangehörigkeit verleihenden Staates eine engere Verbindung als zu der jedes anderen Staates zu verzeichnen ist.

35 Der Internationale Gerichtshof (**IGH**) hatte 1955 in seiner **Leitentscheidung** im Fall des deutschen Staatsangehörigen *Nottebohm* grundsätzlich entschieden, für den diplomatischen Schutz sei der Staat zuständig, zu dem der Betroffene die engste Beziehung habe. Allerdings hatte die Entscheidung damals die Staatsangehörigkeit *aufgrund Einbürgerung* durch Liechtenstein zum Gegenstand, ohne dass Nottebohm einen Wohnsitz, einen dauernden Aufenthalt, Absicht auf Niederlassung oder gar wirtschaftliche Betätigung vorzuweisen hatte, *nicht aber eine durch Geburt vermittelte* Staatsangehörigkeit. Der IGH entschied, dass die Verleihung der Staatsangehörigkeit durch Liechtenstein völkerrechtlich nicht beachtlich gewesen sei und Liechtenstein daher auch keine Schutzrechte für Herrn Nottebohm beanspruchen könne.

- Staatsgewalt

Staatsgewalt i. S. d. Völkerrechts bedeutet die Fähigkeit, eine Ordnung auf dem Staatsgebiet zu organisieren (**innere Souveränität** oder Verfassungsautonomie) und nach außen selbstständig sowie von anderen Staaten rechtlich unabhängig im Rahmen und nach Maßgabe des Völkerrechts zu handeln (**äußere Souveränität**). Erst die Staatsgewalt formt aus den Elementen Staatsvolk und Staatsgebiet den Staat. 36

Die **Gestaltung** der Staatsgewalt ist vom Völkerrecht nicht geregelt; sie ist interne Sache eines jeden Staates. Das Völkerrecht ist in dieser Beziehung wertneutral. Es schreibt weder eine demokratische Verfassung vor, noch verbietet es diktatorische Systeme. Die Voraussetzung der Staatsgewalt fordert lediglich ein Mindestmaß an Effektivität, nicht Legitimität der Ausübung der Gewalt. Das Völkerrecht kann gemäß seinem in Art. 2 Nr. 1 UN-Charta angesprochenen Prinzip der Nichteinmischung in die inneren Angelegenheiten der Staaten nur die Beziehungen zwischen den Staaten unmittelbar regeln. Allerdings gibt es seitens der Vereinten Nationen und auf regionaler Ebene neuerdings Tendenzen, demokratische Binnenstrukturen eines Staates einzufordern. 37

Ein **neues Verständnis** von Souveränität kommt etwa in dem am 2. Dezember 2004 vorgelegten Bericht der Vereinten Nationen *„A more secure world: our shared responsibilities"* zum Ausdruck (UN Doc. A/59/565 vom 2. Dezember 2004). Danach soll das Souveränitätsprinzip nicht lediglich ein Recht der Staaten darstellen, sondern auch die Grundlage „gemeinsamer Verantwortlichkeiten", also staatlicher Verantwortlichkeiten gegenüber der internationalen Gemeinschaft. Allerdings müsse die internationale Gemeinschaft immer dann einen Teil dieser Verantwortlichkeiten selbst wahrnehmen, wenn die einzelnen Staaten in bestimmten Situationen dazu nicht gewillt oder in der Lage sind. 38

ii. „Geburt" und Untergang eines Staates. Staaten entstehen bei erstmaligem **Vorliegen der drei Wesenselemente** eines Staates (Staatsvolk, Staatsgebiet, Staatsgewalt). Man kann zwischen Staaten-„Geburten" mit Untergang und solchen mit Fortexistenz des oder der Vorgängerstaaten unterscheiden. Ein Untergang liegt bei dauerndem Wegfall eines konstituierenden Wesenselements des Staates ohne Aussicht auf die Wiedererrichtung staatlicher Strukturen vor. Das Völkerrecht nimmt allerdings im Interesse klarer Zuordnung auf das Bestandsinteresse von Staaten Rücksicht. Erst bei mit Evidenz feststellbarem, endgültigem Verlust der Staatsgewalt oder anderer Staatsmerkmale gilt ein Staat als untergegangen. 39

Beispiele für einen untergegangenen Staat bilden die Deutsche Demokratische Republik mit ihrem Beitritt zur Bundesrepublik Deutschland oder Österreich-Ungarn, das 1918 auseinanderbrach.

40 Die bloße Änderung der **Regierungsform** führt nicht zum Untergang eines Staates, wie ein Blick auf die Weimarer Republik oder das Sowjetregime verdeutlicht. Auch eine militärische Kapitulation ist nicht mit dem Untergang des Staates gleichzusetzen.

41 Ebenfalls in den Zusammenhang der Fortexistenz eines Staates fällt die völkerrechtliche **Kontinuitätsthese**, der zufolge die Bundesrepublik Deutschland mit dem Deutschen Reich identisch ist. So ging das BVerfG im Grundlagenvertragsurteil vom 31. Juli 1973 davon aus, dass die Staatsgewalt des Deutschen Reiches ruhte, während noch zwei deutsche Staaten existierten. Das Deutsche Reich sei „(...) allerdings als Gesamtstaat mangels Organisation, insbesondere mangels institutionalisierter Organe selbst nicht handlungsfähig" (BVerfGE 36, 1, 15 f.).

42 Fraglich ist, ob auch im Falle eines sog. *Failed State*, das heißt eines machtlosen, zerfallenen, gescheiterten Staates, von einem Untergang auszugehen ist (*Calliess,* in: ders. (Hrsg.), Äußere Sicherheit im Wandel, 2005, S. 13, 26). In der Konstellation eines Failed State sind zwar Staatsgebiet und Staatsvolk vorhanden, es fehlt jedoch an der notwendigen Staatsgewalt (eingehend *Liebach,* AYIL 5 (1997), 23, 27). Dies drückt sich in zwei faktischen Merkmalen aus, die freilich miteinander in Verbindung stehen: Im Zentrum steht der Zusammenbruch des Gewaltmonopols als Kern der Staatlichkeit. Die staatliche Gewalt ist erodiert oder nicht mehr existent, sie wird oftmals durch private Gruppen (geführt von sog. War Lords) zweckentfremdet. In der Folge entsteht das zweite faktische Merkmal, welches das äußere Erscheinungsbild des Failed State prägt: politisches Chaos sowie eine unbegrenzte Brutalität und Intensität der Gewaltanwendung, die weite Teile der Gesellschaft als Täter und/oder Opfer erfasst. Das Beispiel Somalia zeigt, dass zudem auch das für ein Staatsvolk erforderliche Zugehörigkeitsgefühl verlorengehen kann. So kann eine zuvor existierende Staatsgewalt wegbrechen, wenn dieses staatstragende Bewusstsein schwindet. Entscheidend ist letztlich jedoch, dass der Staat durch die Auflösung der Staatsgewalt nur seine Handlungsfähigkeit verloren hat, nicht aber zugleich seine Völkerrechtssubjektivität. Es ist also davon auszugehen, dass auch der Failed State fortbesteht, solange sich auf dem Territorium dieses Staates kein neuer Staat auf der Basis des Selbstbestimmungsrechts des be-

treffenden Volkes gebildet hat. Allerdings sind einem Failed State gegenüber völkerrechtliche Grundsätze wie das Interventionsverbot abgeschwächt.

iii. Staatenverbindungen. Staaten im Sinne des Völkerrechts können auch Staatenverbindungen sein, also auf Dauer angelegte Zusammenschlüsse von Staaten. Klassischerweise unterscheidet man zwischen Staatenbund und Bundesstaat. Bei **Bundesstaaten** kann den Gliedstaaten eine eigene, wenn auch eingeschränkte Völkerrechtssubjektivität zukommen, sofern ihnen durch die jeweilige Staatsverfassung eine partielle Zuständigkeit in auswärtigen Angelegenheiten eingeräumt wird (z. B. den Bundesländern in Art. 32 Abs. 3 oder 24 Abs. 1a GG). Die Völkerrechtssubjektivität der Gliedstaaten unterscheidet sich von der des Bundesstaates dadurch, dass sie von der Völkerrechtssubjektivität des jeweiligen Bundesstaates abgeleitet, also nicht originär ist. Ein **Staatenbund** umfasst zwei oder mehrere Staaten aufgrund eines völkerrechtlichen Vertrages. Er verfügt über eine eigene Völkerrechtssubjektivität. Dabei behalten aber die Mitgliedstaaten ihre ursprüngliche, unbeschränkte Völkerrechtssubjektivität. Einen solchen Staatenbund bildete der Deutsche Bund von 1815–1866.

Literatur: *Allot*, Eunomia – New Order for a New World (2001); *Baer*, Der Zerfall Jugoslawiens im Lichte des Völkerrechts (1995); *Blum*, UN Membership of the „New" Yugoslavia: Continuity or Break?, in AJIL 86 (1992), S. 880 ff.; *Cansacchi*, Identité et continuité des sujets internationaux, RdC 130 (1970) II, S. 1 ff.; *Hummer*, Probleme der Staatensukzession am Beispiel Jugoslawiens, SZIER 1993, S. 433 ff.; *G. Jellinek*, Allgemeine Staatslehre, 3. Aufl. (1914); *Krieger*, Das Effektivitätsprinzip im Völkerrecht (2000); *Poeggel u. a.*, Staatennachfolge im Völkerrecht (1986); *Schweisfurth*, Das Recht der Staatensukzession, in BDGV 35 (1996), S. 49 ff.; *Silagi*, Staatsuntergang und Staatennachfolge (1996); *Stoll*, Völkerrechtliche Praxis der Bundesrepublik Deutschland im Jahre 1994, ZaöRV 56 (1996), S. 998 ff.; *Thürer*, Der Wegfall effektiver Staatsgewalt : „The failed state", BDGV 34 (1996), S. 9 ff.

(2) Anerkennung. Umstritten ist, ob die Anerkennung der Staatlichkeit eines völkerrechtlichen Gebildes durch andere Staaten eine **konstitutive oder deklaratorische Wirkung** hat. Als Anerkennung wird die Bekundung eines Staates über eine für ihn bestehende Rechtslage zur Klärung zweifelhafter Rechtslagen verstanden. Eine konstitutive Wirkung der Anerkennung hätte zur Folge, dass die Staatseigenschaft eines völkerrechtlichen Gebildes nur bei Anerkennung vorläge, während die Staatseigenschaft unter der Prämisse einer deklaratorischen Wirkung unabhängig von einer Anerkennung durch andere Staaten bestünde (vgl. *Chen*, The International Law of Recognition, 1951; *Hillgruber*, Die Aufnahme neuer Staaten in die Völkerrechtsgemeinschaft, 1998). Letzteres entspricht auch der herrschenden Meinung (vgl. etwa *Epping/Gloria*, in: Ipsen, Völkerrecht, § 5, Rn. 175), die die Entstehung eines neuen Staates als einen grundsätzlich politisch-soziologischen Vorgang begreift, der anerkennungsunabhängig nach dem *Effektivitätsprinzip* zu beurteilen ist (dazu *Krieger*, Das Effektivitätsprinzip im Völkerrecht, 2000).

45 Die **vorzeitige Anerkennung** der Staatseigenschaft wird als völkerrechtswidrig angesehen, da die drei konstitutiven Voraussetzungen der Staatseigenschaft Staatsgebiet, Staatsvolk und Staatsgewalt eine gewisse Dauerhaftigkeit erfordern. Somit darf in Bürgerkriegssituationen und anderen Fällen der Staatswerdung unter Abspaltung von einem anderen Staat die Anerkennung erst ausgesprochen werden, wenn sich der neue Staat hinreichend fest etabliert hat. Eine vorzeitige Anerkennung verletzt das völkerrechtliche Interventionsverbot (dazu unten Teil 2, B, Rn. 123 ff.). Die EG – unter Federführung der Bundesrepublik Deutschland – musste sich 1991 den Vorwurf der vorzeitigen Anerkennung von Kroatien und Slowenien gefallen lassen (dazu *Axt*, Europa-Archiv 48 (1993), 351, 355 ff.).

Literatur: *Axt*, Hat Genscher Jugoslawien entzweit?, Europa-Archiv 48 (1993) S. 351 ff.; *Chen*, The International Law of Recognition (1951); *Hillgruber*, Die Aufnahme neuer Staaten in die Völkerrechtsgemeinschaft (1998); *Krieger*, Das Effektivitätsprinzip im Völkerrecht (2000); *Verhoeven*, La reconnaissance internationale dans la pratique contemporaine (1975); *Warbrick*, The New British Policy on Recognition of Governments, ICLQ 30 (1981), S. 568 ff.

46 **(3) Staatenimmunität.** Ein weiteres Element für das Verständnis des völkerrechtlichen Staatsbegriffs bildet das Konzept der Staatenimmunität. Dem Grundsatz der Staatenimmunität entsprechend muss ein Staat keinerlei Unterwerfung unter die **Gerichtsbarkeit** eines anderen Staats erdulden. Diesem liegt der Gedanke souveräner Gleichheit und Unabhängigkeit aller Staaten zugrunde, ausgedrückt in dem Grundsatz *par in parem non habet imperium*.

47 **i. Relativität der Staatenimmunität.** Die Staatenimmunität wurde bis ins 20. Jahrhundert hinein als absolut verstanden, hat sich aber mittlerweile zu einer relativen bzw. restriktiven Staatenimmunität ge-

wandelt. Die Relativität des Konzepts kommt darin zum Ausdruck, dass eine Unterwerfung unter fremde Gerichtsbarkeit nur noch im Hinblick auf hoheitliches Handeln verboten ist. Man unterscheidet heute zwischen *actae iure imperii* (Hoheitsakten) und *actae iure gestionis* (nichthoheitlichen, geschäftlichen Akten). Für die Differenzierung ist die objektive Natur der staatlichen Handlung oder des entstandenen Rechtsverhältnisses maßgeblich. Hoheitliches Handeln liegt demnach nicht vor bei kommerziellen Transaktionen des Staates, da der Staat dabei wie ein Privater auf dem Markt auftritt.

So ist der Auftrag eines Heizungsmechanikers durch den Kanzler einer deutschen Botschaft zur Reparatur der Heizung nicht-hoheitliches Handeln (BVerfGE 16, 27, 61 f.). Hoheitliches Handeln ist dagegen die Versenkung eines ausländischen Schiffes durch Streitkräfte im Rahmen eines international bewaffneten Konflikts.

In jüngerer Zeit wurde die Staatenimmunität vor dem Hintergrund der Kriegsgräueln des 2. Weltkriegs immer vehementer hinterfragt. So wurde gefordert, dass die Staatenimmunität selbst bei *actae iure imperii* durchbrochen werden sollte, sobald ein Verstoß gegen zwingende Normen des Völkerrechts, insbesondere schwerwiegende Menschenrechtsverletzungen, vorliegt (so das oberste griechisches Zivilgericht in seiner vielfach kritisierten *Distomo*-Entscheidung vom 4. Mai 2000, auszugsweise abgedruckt in KJ 2000, 427 ff.; ebenso der italienische Kassationshof in der *Ferrini*-Entscheidung vom 11. März 2004). Eine solche Durchbrechung der Staatenimmunität wurde jedoch durch den IGH ausdrücklich abgelehnt (Urteil v. 03.02.2012, Deutschland/Italien, Rn. 89 ff). Dem gegenwärtigen Stand des Völkergewohnheitsrechts sei **keine Ausnahme** zum Grundsatz der Staatenimmunität für besonders schwerwiegende Völkerrechtsverletzungen zu entnehmen. 48

Eine **Durchbrechung** der Staatenimmunität bei als hoheitlich zu qualifizierendem Handeln strebt allerdings der geänderte *US Foreign Sovereign Act von 1976* an, demzufolge sich ausländische Staaten bei terroristischen Akten nicht auf die Staatenimmunität berufen können sollen. Die herrschende Meinung verneint diesen Ansatz – jedenfalls noch –, da nach geltendem Völkerrecht zwischenstaatliche Entschädigungsregeln für kriegsbedingte Schäden Vorrang vor individueller Rechtsdurchsetzung haben müssten. 49

ii. Staatenimmunität im Vollstreckungsverfahren. Des Weiteren ist eine Unterscheidung zwischen dem Immunitätsschutz im Erkenntnisverfahren (dem eigentlichen Gerichtsverfahren) und dem Immunitätsschutz im Vollstreckungsverfahren (der zwangsweisen 50

Durchsetzung des Gerichtsurteils) zu treffen. Letzterer wird etwa dann relevant, wenn in das **Vermögen eines fremden Staates** auf der Grundlage einer Verurteilung zu Schadenersatz durch ein nationales Gericht vollstreckt werden soll. Dem generellen Immunitätsverständnis entsprechend wird auch die Immunität des Staates im gerichtlichen Vollstreckungsverfahren (*Vollstreckungsimmunität*) heute nur noch relativ verstanden. Ein Vollstreckungszugriff ist daher bei allen Gütern mit nicht-hoheitlicher (also privat-rechtlicher) Zweckbestimmung möglich. Ein Verstoß gegen die Vollstreckungsimmunität ist daher etwa gegeben, wenn in das Vermögen einer Botschaft vollstreckt werden soll und diese Vollstreckung die Funktionsfähigkeit der Botschaft gefährdet (vgl. BVerfGE 46, 342 ff.).

51 iii. **Immunität von Staatsoberhäuptern.** Eine weitere Ausprägung der Staatenimmunität ist die Immunität von Staatsoberhäuptern, die als Repräsentanten des Staates auch an dessen Schutz teilhaben. Für die Dauer ihrer Amtszeit sind Staatsoberhäupter sowohl im Hinblick auf amtliches als auch auf privates Handeln im Sinne einer **absoluten** Immunität von einer Unterwerfung unter ausländische Gerichtsbarkeiten befreit. Aus der Intention der Immunität ergibt sich zudem eine Kopplung des Schutzes an die Existenz des Staates, dem die Staatsoberhäupter angehören. Im Zusammenhang mit der Haftung von Organen der ehemaligen DDR hat dies auch das BVerfG ausdrücklich bestätigt (BVerfGE 95, 96, 129).

52 Im Zusammenhang mit dem Auslieferungsverfahren des ehemaligen chilenischen Staatschefs *Augusto Pinochet* kam jedoch die Frage auf, ob die Immunität von Staatsoberhäuptern für hoheitliche Akte inhaltlich **beschränkt** ist. So wurde hinterfragt, ob Staatsoberhäupter auch vor der Verfolgung wegen Verbrechen gegen die Menschlichkeit geschützt sind. Im Vordringen begriffen ist die Meinung, dass Amtshandlungen während der Amtszeit, die besonders schwerwiegende Verbrechen darstellen (Verbrechen gegen die Menschlichkeit oder Kriegsverbrechen) nicht der Immunität unterliegen. Die herrschende Ansicht geht nach wie vor von einer umfassenden Immunität der Staatsoberhäupter und Regierungsmitglieder – zumindest während ihrer Amtszeit – aus (a. A. *Ruffert*, NILR 48 (2001), 171 ff.).

Literatur: *Bianchi*, Immunity versus Human Rights: The Pinochet Case, EJIL 10 (1999), S. 237 ff.; *Bröhmer*, Diplomatic Immunity, Head of State Immunity, State Immunity: Misconceptions of a Notorious Human Rights Violator, LJIL 12 (1999), S. 361 ff.; *Cremer*, Entschädigungsklagen wegen schwerer Menschenrechtsverletzungen und Staatenimmunität vor nationaler Zivilgerichtsbarkeit, AVR 41 (2003), S. 137 ff.; *De Sena/De Vittor*, State Immunity and Human Rights: The Italian Supreme Court Decision on the Ferrini Case, *EJIL* 16 (2005), S. 89 ff.; *Dörr*, Staatliche Immunität auf dem Rückzug?, AVR 41 (2003), S. 201 (209); *Hobe*, Durchbrechung der Staatenimmunität bei schweren Menschenrechtsverletzungen – NS-Delikte vor dem Areopag, IPRax 2001, S. 368 ff.; *Fastenrath*, Das Recht der Staatensukzession, BDGV 35 (1996), S. 43 ff.; *Maierhöfer*, Der EGMR als „Modernisierer" des Völkerrechts? Staatenimmunität und ius cogens auf dem Prüfstand, in EuGRZ 2002, S. 391 ff.; *Ruffert*, Pinochet Follow Up: The End of Sovereign Immunity?, NILR 48 (2001), S. 171 ff.; *Steinberger*, State Immunity, EPIL (2000), Vol. IV S. 615 – 638.

bb) Internationale Organisationen. Neben die Staaten als originäre bzw. „geborene" Völkerrechtssubjekte treten die internationalen Organisationen, die auch als **derivative bzw. „gekorene" Völkerrechtssubjekte** bezeichnet werden. Unter dem Oberbegriff „internationale Organisation" werden NGOs (non-governmental organizations, Nichtregierungsorganisationen) und *zwischen*staatliche internationale Organisationen (international governmental organizations, IGOs) zusammengefasst. Von völkerrechtlicher Bedeutung sind vor allem die IGOs; die Nichtregierungsorganisationen werden zwar ebenfalls international tätig, unterliegen aber nur dem nationalen Recht. Bekannte NGOs sind Greenpeace oder Amnesty International, aber auch Sportverbände wie der Weltfußballverband FIFA und das Internationale Olympische Komitee (IOC).

(1) Internationale Organisationen „im engeren Sinne" (zwischenstaatliche Organisationen). Im Laufe des 20. Jahrhunderts ist die Bedeutung von internationalen Organisationen (IGOs) wesentlich gewachsen, insbesondere für die (sicherheits-)politische und wirtschaftliche Zusammenarbeit der Staaten, aber auch in technischen Angelegenheiten (*Ruffert/Walter*, Institutionalisiertes Völkerrecht § 2 und § 3). Seit dem grundlegenden Rechtsgutachten des IGH vom 14. November 1949 über den Ersatz von im Dienste der UN erlittenen Schäden (IGH, *Bernadotte*, ICJ Reports 1949, S. 174 ff.) hat sich mittlerweile als allgemeine Auffassung durchgesetzt, dass zwischenstaatlichen internationalen Organisationen **grundsätzlich Völkerrechtssubjektivität** zukommt. Uneinigkeit herrscht jedoch im Hinblick auf die Frage, welche Elemente für eine IGO konstituierend sind. Folgende **Merkmale** können jedoch für eine IGO als charaktergebend angesehen werden: 1.) ein völkerrechtlicher Gründungsvertrag zwischen zwei oder mehreren Völkerrechtssubjekten, 2.) ein selbständiger Aufgabenbereich, 3.) mindestens ein eigenes, handlungsbefugtes Organ und 4.) die Rechts- und Handlungsfähigkeit der IGO.

- Völkerrechtlicher Gründungsvertrag zwischen zwei oder mehreren Völkerrechtssubjekten

55 Der Gründungsakt einer IGO muss den Charakter einer völkerrechtlichen Willenseinigung haben. Grundsätzlich handelt es sich um einen **völkerrechtlichen Vertrag**, der die häufig als „Verfassung" (*constitution*) bezeichnete Satzung enthält, die den Organisationszweck, den institutionellen Aufbau und das Verfahren festlegt. Mitglieder einer IGO können nur Völkerrechtssubjekte sein, neben Staaten also auch andere IGOs.

56 Die Gründungsverträge können besondere Bestimmungen zu ihrer **Änderung** (z. B. Art. 108 UN-Charta oder Art. 48 EUV) oder zur **Beendigung** (z. B. durch Austritt eines Mitglieds oder durch Auflösung der Organisation) enthalten. Diese Bestimmungen gehen den allgemeineren Regeln der Wiener Vertragsrechtskonvention (WVK) vor. Auf der Grundlage der Souveränität der Staaten wird auch ohne explizite vertragliche Regelung ein Austrittsrecht angekommen. Lediglich für den Fall, dass ein solches Austrittsrecht dem Vertragszweck entgegenstünde, muss differenziert werden. So war z. B. die rechtliche Zulässigkeit des Austritts aus der EU bis zum Inkrafttreten des Vertrags von Lissabon, der mit Art. 50 EUV eine ausdrückliche Austrittsmöglichkeit geschaffen hat, umstritten.

- Selbstständiger Aufgabenbereich

57 Zweck einer IGO ist es, diejenigen hoheitlichen Aufgaben zu erfüllen, die einzelne Staaten nicht allein übernehmen können. Dazu wird ihr durch den Gründungsvertrag ein Aufgabenbereich zur selbständigen Ausführung zugewiesen. Die hoheitliche Natur dieser Aufgaben bringt es mit sich, dass zumeist auch den Organen der Organisation Entscheidungsbefugnisse übertragen werden. Diese können ausdrücklich vertragliche geregelt sein oder sich (auch komplementär) als sog. *implied powers* aus dem Vertragszweck im Sinne einer dynamischen Auslegung der Kompetenzen der IGO ergeben. Diese implizit ermittelten **Kompetenzen** müssen sich jedoch im Rahmen des Gründungsvertrages bewegen, da die IGO nicht über eine „Kompetenz-Kompetenz" verfügt. Dies unterscheidet sie von den „geborenen" Völkerrechtssubjekten, den Staaten.

- Handlungsbefugte Organe

58 Damit die IGO einen eigenen, sich von den Willen der Gründungsparteien unterscheidenden Willen bilden und danach selbst

handeln kann, bedarf die IGO **mindestens eines Organs** (a. A. *Stein/ von Buttlar*, Völkerrecht, Rn. 378, der mindestens zwei handlungsfähige Organe annimmt), in dem alle Mitglieder vertreten sind. In komplexen, besonders großen Organisationen können bestimmte Entscheidungsbefugnisse einem speziellen Exekutivorgan übertragen werden. Darüber hinaus können IGOs ein eigenes Justizorgan besitzen (Bsp.: IGH, EGMR).

Für die strukturelle Repräsentation der Mitglieder der IGOs bildet der **Grundsatz der Einstimmigkeit** – als Ausfluss des Prinzips der souveränen Gleichheit der Staaten – den tradierten Ausgangspunkt. Faktische Zwänge, die insbesondere im Hinblick auf die Handlungsfähigkeit von IGOs mit großer Mitgliederzahl entstehen, sowie die unterschiedliche politische und wirtschaftliche Gewichtung der Staaten haben jedoch zu einer Relativierung des Einstimmigkeitsprinzips geführt. So erkennen viele IGOs besonderen Staaten einen privilegierten Status zu (vgl. die Position der fünf ständigen Mitglieder des Sicherheitsrates gem. Art. 23 Abs. 1 S. 2 UN-Charta) oder sehen Mehrheitsentscheidungen mit Stimmenwägung vor (Bsp.: Gouverneursrat des Internationalen Währungsfonds (IWF) gem. Art. XII Abs. 2, lit. e, Abs. 5 IWF-Abkommen). 59

• Rechts- und Handlungsfähigkeit der IGO

Die Rechts- und Handlungsfähigkeit internationaler Organisationen ergibt sich entweder aus einer expliziten Bestimmung im Gründungsvertrag oder implizit aus den gründungsvertraglichen Vorschriften über Rechte und Pflichten der internationalen Organisation. Sie bestimmt, inwiefern eine IGO **im innerstaatlichen Privatrechtsverkehr** auftreten kann. Inhaltlich unterliegt die Rechts- und Handlungsfähigkeit jedoch der Beschränkung durch den Organisationszweck. Zudem erstreckt sich die Rechtspersönlichkeit grundsätzlich nur auf das Verhältnis der IGO zu den Mitgliedstaaten; darüber hinaus ist eine entsprechende Anerkennung durch Drittstaaten, die **anders als bei Staaten konstitutive Wirkung** hat, erforderlich (einzige Ausnahme: die UN, deren inhaltlich beschränkte Rechtspersönlichkeit *erga omnes* wirkt; vgl. hierzu IGH, *Bernadotte*, ICJ Reports 1949, S. 174). 60

(2) Nichtregierungsorganisationen/ internationale Organisationen „im weiteren Sinne". Nichtregierungsorganisationen (NGOs) sind privatrechtliche Organisationen mit grenzüberschreitendem Tätigkeitsbereich und internationaler Mitgliedschaft. Ihnen kommt 61

grundsätzlich keine Völkerrechtssubjektivität zu. Sie können aber im Einzelfall eine partielle Völkerrechtssubjektivität aufweisen, je nach Einbindung durch völkerrechtliches Primär- oder Sekundärrecht – derzeit vor allem auf dem Gebiet der Menschenrechte und im Umweltschutz (*Hobe*, AVR 37 (1999), 152 ff.; *Loible/ Seidl-Hohenveldern*, Das Recht der internationalen Organisationen, 7. Aufl. 2000, Rn. 1228 ff.). Beispiele für Berechtigungen bzw. Verpflichtungen von NGOs auf dem Gebiet der Menschenrechte durch völkerrechtliches Primärrecht bietet z. B. die EMRK in Art. 11 Abs. 1 (grundsätzliche Gewährleistung eines Vereinigungsrechts) und Art. 34 (Verfahrensbeteiligung von NGOs).

62 **(3) Supranationale Organisationen.** Eine Fortentwicklung der internationalen Organisationen stellen die sog. supranationalen Organisationen dar (*Ipsen*, Europäisches Gemeinschaftsrecht, 1972, S. 67 ff.). Supranationale Organisation zeichnen sich dadurch aus, dass ihnen **Hoheitsrechte** von den Mitgliedstaaten übertragen wurden. Während rechtserhebliche Handlungen klassischer IGOs sich nur an die Staaten richten, nur diese gegebenenfalls verpflichten können und zur Erlangung innerstaatlicher Geltung immer erst in das innerstaatliche Recht „umgesetzt" werden müssen, können Rechtsakte supranationaler Organisationen unmittelbar in den innerstaatlichen Rechtsraum der Mitgliedstaaten eindringen und dort direkte Wirkungen entfalten. Dies gilt u. U. selbst dann, wenn diese Rechtsakte durch Mehrheitsbeschluss zustande gekommen sind (**Durchgriffswirkung**). Allerdings ist die Integration im Rahmen supranationaler Organisationen noch nicht so weit fortgeschritten, dass bereits der Status eines Bundesstaates erreicht wäre. Die Europäische Union (EU) ist das Paradebeispiel einer supranationalen Organisation (dazu unten, Teil 1, B, Rn. 139 ff.).

Literatur: *Amerasinghe*, Principles of International Law of International Organizations (2005); *Dupuy*, Manuel sur les organisations internationales, 2. Aufl. (1998); *Hempel*, Die Völkerrechtssubjektivität internationaler nichtstaatlicher Organisationen (1999); *Hobe*, Der Rechtsstatus der Nichtregierungsorganisationen nach gegenwärtigem Völkerrecht, AVR 37 (1999), S. 152 ff.; *Hummer*, Internationale nichtstaatliche Organisationen im Zeitalter der Globalisierung – Abgrenzung, Handlungsbefugnisse, Rechtsnatur, BDGV 39 (2000), S. 45 ff.; *Ipsen*, Über Supranationalität, in Europäisches Gemeinschaftsrecht in Einzelstudien (1984), S. 97 ff.; *Loible/Seidl-Hohenveldern*, Das Recht der internationalen Organisationen einschließlich der supranationalen Gemeinschaften, 7. Aufl. (2000); *Lindblom*, Non-Governmental Organisations in International Law (2005); *Köck/Fischer*, Das Recht der internationalen Organisationen, 3. Aufl. (1997); *Sapiro*, Changing the CSCE into OSCE: Legal Aspects of a Political Transformation, AJIL 89 (1995), S. 631 ff.; *Schermers/ Blokker*, International Institutional Law, 4. Aufl. (2003); *Uibopuu*, Kopernikanische Wende in der sowjetischen Völkerrechtstheorie, ROW 1988, S. 242 ff.

cc) Individuen. Weil das moderne Völkerrecht dem Einzelnen sowohl eigene Rechte zugesteht als auch Pflichten auferlegt, wird heute überwiegend angenommen, dass auch dem Individuum eine eigene, jedoch **nur partielle Völkerrechtssubjektivität** zukommen kann (a. A. in der heutigen Völkerrechtslehre *Schweisfurth*, Völkerrecht, 2006, 1. Kap., Rn. 144). 63

(1) Mediatisierung durch den Staat. Die traditionelle Völkerrechtslehre gestand dem Einzelnen zunächst keine eigenständige Rechtsstellung zu, sondern sah diesen grundsätzlich als Objekt des Völkerrechts an. So wird etwa in der **Entscheidung *Barcelona Traction*** des IGH den Individuen nur mittelbar Bedeutung für die Völkerrechtsordnung zuerkannt (ICJ Reports 1970, S. 3). Denn es sei der Staat, der immer dann, wenn er sich im völkerrechtlichen Rechtsverkehr auf die Rechte seiner Staatsangehörigen berufe, *eigene* Rechte geltend mache. Rechtsträger bzw. Rechtsverpflichteter bleibt dabei der Staat, nicht aber die Individuen selbst. So war es im Fall der belgische Staat, der „in der Person seiner Staatsangehörigen" eine Rechtsverletzung erlitten hatte. 64

Konsequenz dessen ist, dass das Individuum nur über das Medium des Staates mit dem Völkerrecht verbunden ist und somit der **Einzelne** auf der Völkerrechtsebene **primär als Angehöriger eines Staates** Bedeutung erlangt hat, ohne selbst Subjekt zu sein. Mediatisierung bedeutet folglich, dass Staatsangehörige bei völkerrechtswidriger Behandlung durch einen fremden Staat nur über den Heimatstaat Rechtsschutz erlangen können. Diese Praxis beruht auf der Ansicht, dass lediglich der Heimatstaat, nicht sein Staatsangehöriger in seinem Recht auf diplomatischen Schutz verletzt sein und Ansprüche auf Wiedergutmachung geltend machen kann. 65

Die Mediatisierung des Individuums durch den Staat besteht grundsätzlich fort, die Entwicklung des Völkerrechts – insbesondere nach dem Zweiten Weltkrieg – hat jedoch die „absolute Staatsunterworfenheit der Menschen" gelockert. Zwar werden die einschlägigen völkerrechtlichen Normen nach wie vor im zwischenstaatlichen Rechtserzeugungsprozess geschaffen, doch können sie den **Men-** 66

schen als Subjekt im Sinne des Wortes, nämlich als Zuordnungsperson völkerrechtlicher Rechte oder Pflichten ausweisen. Dies zeigt sich vor allem auf dem Gebiet des völkerrechtlichen **Schutzes der Menschenrechte.**

67 **Kontrovers** beurteilt wird, ob die zwischenstaatliche Verpflichtung zur Beachtung von Individualrechten für sich genommen schon ausreicht oder ob das Individuum seine Rechte im internationalen Verkehr auch *selbst* **geltend machen können muss**, um partielles Völkerrechtssubjekt zu sein. Nach einer Auffassung ist die völkerrechtliche Subjektqualität des Individuums abhängig von der Bereitstellung eines völkerrechtlichen Verfahrens zur Durchsetzung der zugeordneten Rechte (grundlegend *Kelsen*, Principles of International Law, 1966, S. 143 f.). Hiernach könnte eine eigene Subjektqualität nur in einem sehr eingeschränkten Umfang angenommen werden, da die meisten existierenden Konventionen kein entsprechendes Durchsetzungsverfahren zugunsten des Einzelnen vorsehen. Die Gegenauffassung beurteilt die Völkerrechtssubjektivität des Individuums hingegen anhand des Inhalts der Menschenrechtsbestimmungen und bejaht damit im Ergebnis die Subjektqualität auch dann, wenn das Individuum diese nicht selbst durchsetzen kann (*Lauterpacht*, International Law and Human Rights, 1950, S. 61 u. 160.; *Doehring*, Völkerrecht, 2. Aufl. 2004, Rn. 246 ff.).

68 Einen weiteren Schritt hin zu einer eigenständigen Stellung des Individuums bedeutet auch die Schaffung eines **internationalen Strafrechts**, das den Einzelnen einer völkerrechtlichen Verantwortung unterwirft. Die Pflichtenträgereigenschaft von Individuen realisiert sich vornehmlich in Form von Unterlassungsverpflichtungen, die sich aus den Verboten des humanitären Völkerrechts, dem Verbot der Mitwirkung am Genozid und dem Verbot von Handlungen ergeben, die Verbrechen gegen die Menschlichkeit darstellen.

69 **(2) Diplomatischer und konsularischer Schutz.** Als **diplomatischen** Schutz bezeichnet man das Recht und die Pflicht des Heimatstaates, zugunsten eigener Staatsangehöriger und auf deren Ersuchen Ansprüche gegenüber dem Aufenthaltsstaat geltend zu machen, die sich aus der Verletzung völkerrechtlicher Bestimmungen über die Behandlung von Ausländern ergeben. **Konsularischer** Schutz wird hingegen in sonstigen Fällen gewährt, in denen es *nicht* um die Abwendung völkerrechtswidrigen Verhaltens des Gastlandes geht (Hilfe bei schwerer Erkrankung, Hindernissen bei der Heimkehr wegen Ausweisverlust, Verhaftung durch den Gaststaat). Der Staat macht folglich ein eigenes Recht auf (völker-)rechtmäßige Behandlung seiner Staatsangehörigen geltend, wenn und soweit er in der Person seines

Staatsangehörigen verletzt ist (vgl. PCIJ, *Mavrommatis*, PCIJ Ser. A, No. 2 (1924), S. 12; IGH, *Nottebohm*, ICJ Reports 1955, S. 4 und IGH, *Barcelona Traction*, ICJ Reports 1970, S. 3, 45). In jüngerer Zeit wird allerdings – parallel zur Fortentwicklung des völkerrechtlichen Individualschutzes – vermehrt gegen die überkommene Auffassung argumentiert und neben dem Anspruch des Heimatstaates zugleich ein eigener, *völkerrechtlicher* Anspruch des verletzten Individuums gegen den Aufenthaltsstaat gesehen, den sein Heimatstaat in Prozessstandschaft geltend macht (vgl. *Doehring*, Völkerrecht, 2004, S. 353 f.).

Auch im Konsularrecht tritt die Stellung des Einzelnen verstärkt in den Vordergrund. So hat der IGH im Jahr 2001 geurteilt, dass sich aus Art. 36 Abs. 1b) des Wiener Übereinkommens über konsularische Beziehungen (WÜK) **Individualrechte** ableiten lassen, die fremde Staatsangehörige berechtigen, vom Gaststaat über ihr Recht auf konsularischen Beistand informiert zu werden und diesen Beistand auch tatsächlich in Anspruch zu nehmen (IGH, *LaGrand*, ICJ Reports 2001, S. 32; ähnlich IGH, *Avena*, ICJ Reports 2003, S. 1, wonach die Rechte des Entsendestaates und die des Individuums derart miteinander verknüpft seien, dass durch eine Verletzung der Rechte des Staates zugleich die Individualrechte verletzt seien – und umgekehrt).

(3) Stärkung durch den internationalen Menschenrechtsschutz. Die Schwäche einer ausschließlichen Mediatisierung des Individuums durch den Heimatstaat wurde insbesondere im Hinblick auf die sog. Failed States sowie auf die Situation von Flüchtlingen offenkundig. Staatsbürger eines Failed State unterstanden ebenso wie Flüchtlinge nämlich nicht dem Schutz eines Staates, weil der Heimatstaat aus tatsächlichen Gründen und – im Falle der Flüchtlinge – der Auffangstaat (mangels Staatsangehörigkeit) aus rechtlichen Gründen keinen Schutz bieten konnte. Um diesen **unzureichenden Schutz auszugleichen**, kam es während der zweiten Hälfte des 20. Jahrhunderts zu einer weltweiten Kodifizierung grundlegender, staatsangehörigkeitsunabhängiger Menschenrechte, vor allem in Gestalt regionaler Konventionen. Neben den regionalen Systemen des Menschenrechtsschutzes ist heute ein Katalog von Mindestgewährleistungen mit universellem Geltungsanspruch aber völkergewohnheitsrechtlich anerkannt, dem sich kein Staat mehr unter Berufung auf seinen *domaine réservé* – den Bereich, der nach dem Völkerrecht der alleinigen Regelung durch den jeweiligen Staat selbst vorbehalten ist – zu entziehen vermag.

72　Im Kontrast zur mannigfachen Kodifikation der Rechte als solcher steht das weitgehende Fehlen effektiver Mechanismen zu ihrer **Durch- und Umsetzung.** Während das auf den Menschenrechtspakten gründende UN-System von einem Berichtsverfahren geprägt ist, das im Wesentlichen rechtlich unverbindliche Stellungnahmen vorsieht, bleibt die Einrichtung obligatorischer Gerichtsbarkeiten bislang überwiegend der Fortentwicklung auf regionaler Ebene vorbehalten.

73　i. **UN-Recht (insbes. UN-Pakte, Institutionen).** In der **Präambel der UN-Charta** bekräftigen die Mitgliedstaaten („Völker der Vereinten Nationen") ihren Glauben an die Grundrechte des Menschen und verkünden in Art. 1 Nr. 3 UN-Charta als eines der Ziele der UN „[...] die Achtung vor den Menschenrechten und Grundfreiheiten für alle ohne Unterschied der Rasse, des Geschlechts, der Sprache oder der Religion zu fördern und zu festigen." Angefangen mit der *Allgemeinen Erklärung der Menschenrechte* (AEMR) vom 10. Dezember 1948 (GA Res. 217 (III)) haben die beiden Menschenrechtspakte von 1966, der *Internationale Pakt über bürgerliche und politische Rechte* (IPbürgR) und der *Internationale Pakt über wirtschaftliche, soziale und kulturelle Rechte* (IPwirtR), das hierfür notwendige Fundament geschaffen.

74　Die **Allgemeine Erklärung der Menschenrechte** (AEMR) der UN-Generalversammlung enthält einen Katalog von bürgerlichen und politischen Rechten, wie das Recht auf Leben, die Freiheit von Sklaverei und Folter, den Anspruch auf gleichen Schutz durch das Gesetz, den Anspruch auf Rechtsschutz und ein ordentliches Verfahren, die Meinungs- und Versammlungsfreiheit, aber auch das Recht auf Eigentum sowie wirtschaftliche und kulturelle Rechte. Uneinigkeit herrscht bezüglich der rechtlichen Bindungswirkung der AEMR (dafür *Gros Espiell*, in: Ramcharan (Hrsg.), Human Rights, 1979, S. 46 ff; dagegen *Epping*, in: Ipsen, Völkerrecht, § 7, Rn. 11). Für eine völkergewohnheitsrechtliche Geltung mancher ihrer Gewährleistungen, wie das Verbot der Sklaverei sprechen, – trotz ihrer Verabschiedung in Form einer unverbindlichen Resolution der Generalversammlung vor nunmehr 65 Jahren – die einhellige Zustimmung in der Generalversammlung sowie der Umstand, dass auch alle später beigetretenen Mitgliedstaaten sie anerkennen (vgl. zur Bedeutung der AEMR *Klein*, EuGRZ 1999, 109 ff.).

75　Im **Internationalen Pakt über bürgerliche und politische Rechte** (IPbürgR) sind Menschenrechte der ersten Generation vereinbart;

nicht enthalten ist das Recht auf Eigentum. Der **Internationale Pakt über wirtschaftliche, soziale und kulturelle Rechte** (PwirtR) enthält keine unmittelbar anwendbaren Rechtspflichten, sondern knüpft bei den wirtschaftlichen, sozialen und kulturellen Rechten an die Verfügbarkeit der Ressourcen an. Der Durchsetzung der in den Pakten genannten Rechte dient zum einen ein periodisches und obligatorisches Berichtssystem (Art. 40 Abs. 1 IPbürgR und Art. 16 Abs. 1 IPwirtR). Geprüft werden diese Berichte vom Ausschuss für wirtschaftliche und kulturelle Rechte beim IPwirtR bzw. vom Menschenrechtsausschuss beim IPbürgR, die nach Beendigung der Prüfung *general comments* zu einzelnen Bestimmungen abgeben, um eine einheitliche Anwendung des Paktes sicherzustellen.

Daneben sieht der IPbürgR eine **Staatenbeschwerde** für diejenigen Staaten vor, die erklärt haben, dass sie die Zuständigkeit des Menschenrechtsausschusses zur Entgegennahme und Prüfung von Mitteilungen anerkennen, mit denen ein Vertragsstaat geltend macht, ein anderer Vertragsstaat komme seinen Verpflichtungen aus dem Pakt nicht nach (Art. 41 IPbürgR). Doch auch hier erstellt der Menschenrechtsausschuss innerhalb einer Frist von zwölf Monaten lediglich einen Bericht, der den Beteiligten übermittelt wird; ob eine Vertragsverletzung vorliegt, wird nicht entschieden. Von größerer Bedeutung ist das durch das Erste Zusatzprotokoll zum IPbürgR eingeführte Verfahren der **Individualbeschwerde**. Von jedem Bürger eines Vertragsstaates (des Zusatzprotokolls) kann – unter gewissen prozessualen Voraussetzungen – Beschwerde gegen seinen Heimatstaat vor dem Menschenrechtsausschuss mit der Behauptung erhoben werden, in einem der durch den Pakt garantierten Rechte verletzt worden zu sein. Wie bei der Staatenbeschwerde berät auch hier der Menschenrechtsausschuss in einer nicht-öffentlichen Sitzung ohne Zuziehung einer Partei. Der – rechtlich nicht bindende – Abschlussbericht wird dem betroffenen Vertragsstaat und dem Einzelnen mitgeteilt. Auch für den IPwirtR sieht ein 2008 verabschiedetes und 2013 in Kraft getretenes Zusatzprotokoll die Einrichtung einer Individualbeschwerdemöglichkeit vor.

Neben den beiden UN-Pakten von 1966 findet sich auf universeller Ebene eine kaum überschaubare Anzahl von speziellen Konventionen, Deklarationen und Abkommen zum Menschenrechtsschutz, darunter die Konvention über die Verhütung und Bestrafung des Völkermords, die Genfer Abkommen über die Rechtstellung der Flüchtlinge, das Übereinkommen gegen Folter und andere grausame, unmenschliche oder erniedrigende Behandlung oder Strafe oder das Übereinkommen zur Beseitigung jeder Form von Diskriminierung der Frau.

78 Vom Menschenrechtsausschuss im Regime des IPbürgR ist der im Jahre 2006 geschaffene **UN-Menschenrechtsrat** zu unterscheiden. Der UN-Menschenrechtsrat bestehend aus 47 Mitgliedern ist Nachfolgeinstitution der UN-Menschenrechtskommission. Er wurde von der Generalversammlung als eines ihrer Nebenorgane gebildet und ist ermächtigt, sich mit groben und systematischen Menschenrechtsverletzungen zu befassen, Überprüfungen in den Mitgliedstaaten vorzunehmen und der Generalversammlung Empfehlungen zu geben (vgl. GA Res. 60/251 vom 3. April 2006). Da den Berichten keine rechtliche Bindungswirkung zukommt, beschränkt sich deren Effekt auf die damit hergestellte Öffentlichkeit und den politischen Rechtfertigungsdruck.

79 Auf Vorschlag der Wiener Menschenrechtskonferenz von 1993 wurde durch die Resolution 48/141 der Generalversammlung das Amt eines **Hochkommissars für Menschenrechte** eingerichtet. Er steht dem UN-Menschenrechtsbüro vor, das die verschiedenen Menschenrechtsorgane der UNO koordiniert.

80 **ii. Regionales Völkerrecht.** Parallel zu den universellen Akten zum Menschenrechtsschutz haben sich verschiedene **regionale Schutzsysteme** entwickelt. Beispiele bieten das Regime der Europäischen Konvention zum Schutz der Menschenrechte und Grundfreiheiten (EMRK) des Europarates oder der Amerikanischen Menschenrechtskonvention (AMRK) der Organisation Amerikanischer Staaten (OAS). Vielfach sind die kulturellen, politischen und rechtlichen Übereinstimmungen in einer Region höher, so dass effektivere Schutzmechanismen als auf universeller Ebene etabliert werden können.

81 Die **EMRK** war die erste regionale und rechtsverbindliche Menschenrechtskodifikation. Die Beachtung der Rechte des Einzelnen aus der EMRK und ihrer elf Protokolle wird durch den Europäischen Gerichtshof für Menschenrechte (EGMR) gewährleistet, an den sich betroffene Einzelne wie Staaten bei Verletzungen von Konventionsrechten wenden können. Die Konvention besteht aus zwei Regelungsteilen. Abschnitt I enthält die materiellen Garantien (Menschenrechte und Grundfreiheiten), während Abschnitt II die gerichtlichen Durchsetzungsverfahren regelt (vgl. im Einzelnen unten Teil 1, B, Rn. 110 ff.).

82 Das von der EMRK vorgesehene Schutzsystem ist im Verhältnis zum nationalen Rechtsschutz **subsidiärer** Natur. Der EGMR soll immer dann Schutz gewährleisten, wenn vor der nationalen Gerichtsbarkeit ein solcher nicht mehr zu erlangen ist (Grundsatz der Subsidiarität, Art. 35 Abs. 1 EMRK). Auch ist der EGMR nicht für

B. Vom geschlossenen zum offenen Staat

die Überprüfung nationaler Urteile im Sinne einer zusätzlichen Instanz zuständig (keine „Superrevisionsinstanz"). Die **Individualbeschwerde** gem. Art. 34 EMRK steht natürlichen Person, nichtstaatlichen Organisationen und Personengruppen offen, die sich durch eine Vertragspartei in ihren Konventionsrechten verletzt sehen. Durch das Elfte Zusatzprotokoll, das am 1. Januar 1998 in Kraft trat, ist die Möglichkeit, sich dem gerichtlichen Verfahren durch Nichtunterwerfung zu entziehen, durch die obligatorische Zuständigkeit des EGMR genommen worden. Kein anderes völkerrechtliches Schutzsystem kennt bislang ein für alle Vertragsparteien verpflichtendes Individualklagerecht, mit dem sich der Bürger (auch) gegen den eigenen Staat wenden kann.

Die **Amerikanische Konvention der Menschenrechte** (AMRK) trat 1978 in Kraft. Zu den größeren Staaten, für die die AMRK keine Anwendung findet, gehören die USA, die sie nicht ratifiziert, und Kanada, die die AMRK schon nicht unterzeichnet hat. Die AMRK sieht die Einrichtung der Inter-Amerikanischen Menschenrechtskommission und des Inter-Amerikanischen Gerichtshofes für Menschenrechte vor. Sie enthält bürgerliche und politische Rechte. Deren Durchsetzung dient, neben einer fakultativen *Staatenbeschwerde*, eine obligatorische *Individualbeschwerde*, wobei letztere auch von Personengruppen oder Personen, die nicht selbst Opfer der Konventionsverletzung sind, erhoben werden kann.

83

Literatur: *Ambos*, Völkerrechtliche Bestrafungspflichten bei schweren Menschenrechtsverletzungen, in AVR 37 (1999), S. 318 ff.; *Badura*, Territorialprinzip und Grundrechtsschutz, in FS Leisner (1999), S. 403 ff.; *Di Fabio*, Der Verfassungsstaat in der Weltgesellschaft (2001); *Elbing*, Zur Anwendbarkeit der Grundrechte bei Sachverhalten mit Auslandsbezug (1992); *Frowein*, Die Verpflichtungen erga omnes im Völkerrecht und ihre Durchsetzung, in Bernhardt (Hrsg.), FS Mosler (1983), S. 241 ff.; *Gavouneli/Bantekas*, International Decisions – Greek Supreme Court decision on sovereign immunity in action for injuries caused by humanitarian law violations during military occupation, in AJIL 95 (2001), S. 198 ff.; *Gros Espiell*, The Evolving Concept of Human Rights: Western, Socialist and Third World Approaches, in Ramcharan, Human Rights: Thirty Years after the Universal Declaration (1979), S. 46 ff; *Heintzen*, Auswärtige Beziehungen privater Verbände (1988), S. 118; *Hofmann*, Grundrechte und grenzüberschreitende Sachverhalte (1993); *Kadelbach*, Zwingendes Völkerrecht (1992); *Kelsen*, Principles of International Law (1966), S. 143 f.; *Klein*, Universeller Menschenrechtsschutz – Realität oder Utopie?, in EuGRZ 1999, S. 109 ff.; *Klein*, Bundesverfassungsgericht und Ostverträge, 2. Aufl. (1985); *Lorenz*, Der territoriale Anwendungsbereich der Grund- und Menschenrechte (2005), *Mosler*, Die Erweiterung des Kreises der Völkerrechtssubjekte, in ZaöRV 22 (1962), S. 1 ff.; *Oppermann*, Transnationale Ausstrahlung deutscher Grundrechte?, in FS Grewe (1981), S. 521 ff;

Pergantis, Towards a „Humanization" of Diplomatic Protection?, ZaöRV 66 (2006), S. 351 ff.; *Riedel*, Menschenrechte der dritten Dimension, EuGRZ 1989, S. 9 ff.; *Schröder*, Zur Wirkkraft der Grundrechte bei Sachverhalten mit grenzüberschreitenden Elementen, in FS Schlochauer (1981), S. 137 ff.; *Simma*, From Bilateralism to Community Interest in International Law, RdC 250 (1994), S. 217 ff.; *Verdross*, Jus dispositivum und jus cogens im Völkerrecht, AJIL 60 (1966), S. 55 ff.

84 d) **Rechtsquellen des Völkerrechts.** Es gibt drei formelle Völkerrechtsquellen, die auch in Art. 38 Abs. 1 lit. a) bis c) **IGH-Statut** als Entscheidungsmaßstäbe des IGH aufgeführt werden: „internationale Übereinkünfte", „das internationale Gewohnheitsrecht" und die „allgemeinen Rechtsgrundsätze". Die in Art. 38 Abs. 1 lit. d) IGH-Statut genannten „richterlichen Entscheidungen und Lehrmeinungen der fähigsten Völkerrechtler" stellen dagegen keine formellen Völkerrechtsquellen dar, sondern Hilfsmittel zur Feststellung bereits existierender Völkerrechtsnormen („Rechtserkenntnisquellen").

85 aa) **Völkerrechtliche Verträge.** Der **Begriff** der „internationalen Übereinkünfte" in Art. 38 Abs. 1 lit. a) IGH-Statut bezeichnet alle völkerrechtlichen Verträge, also Willenseinigungen zwischen zwei Völkerrechtssubjekten, deren Gegenstand die Begründung oder Änderung völkerrechtlicher Rechte und Pflichten ist. Völkerrechtliche Verträge können die verschiedensten Bezeichnungen führen („Pakt", „Konvention", „Übereinkommen", „Notenwechsel", „Protokoll", „Vertrag" etc.) und sind an keine Form gebunden. Nicht unter den Begriff der „Übereinkünfte" fallen aber einseitige Rechtsgeschäfte, der bloße Konsens oder gar schlichte Absichtserklärungen.

86 Die Regeln über das Zustandekommen und die rechtlichen Wirkungen der völkerrechtlichen Verträge wurden lange Zeit aus dem Völkergewohnheitsrecht hergeleitet (Bsp.: *pacta sunt servanda*-Grundsatz). Erst durch die **Wiener Vertragsrechtskonvention** (WVK) aus dem Jahr 1969 wurden die gewohnheitsrechtlichen Grundsätze präzisiert und bislang umstrittene Regeln kodifiziert. Allerdings gilt die WVK nur zwischen Vertragsstaaten; die USA, Frankreich und andere wichtige Staaten haben diese nicht ratifiziert. Für diese Staaten gilt die Konvention daher nur, insofern sie Gewohnheitsrecht kodifiziert oder mittlerweile in Gewohnheitsrecht erwachsen ist, vgl. Art. 38 WVK.

87 (1) **Organe des Vertragsabschlusses.** Vertragsparteien können nur vertragsfähige Völkerrechtssubjekte sein, vgl. Art. 6 WVK. Da die

Völkerrechtsubjekte als juristische Personen nicht selbst handeln können, bedarf es eines Organs, das die Willenserklärung für das Völkerrechtssubjekt abgibt. Grundsätzlich werden diese Organe **durch die Völkerrechtssubjekte selbst bestimmt.** Im Grundgesetz wird diese Kompetenz durch Art. 59 Abs. 1 GG formal dem Bundespräsidenten zugewiesen (vgl. aber im Einzelnen unten Teil 2, A, Rn. 8 ff.). Zur Vereinfachung erklärt Art. 7 Abs. 2 der WVK für Verträge zwischen Staaten deren Staatsoberhäupter, Regierungschefs und Außenminister als handlungsbefugt zur Vornahme aller sich auf den Abschluss eines Vertrages beziehenden Handlungen, ohne dass diese dazu ihre entsprechende Vollmacht vorlegen müssen. Dagegen sind die Chefs diplomatischer Missionen nur zum Annehmen des Vertragstextes zwischen Entsende- und Empfangsstaat befugt. Staatsoberhäupter, Regierungschefs und Außenminister haben demnach *„Verhandlungsbefugnis"*; Chefs diplomatischer Missionen nur eine *„Abschlussbefugnis"*.

(2) Verfahren des Vertragsabschlusses. Die WVK kennt zwei **Arten von Vertragsschlussverfahren**: das einphasige (Art. 13 WVK) und das mehrphasige Verfahren (Art. 14 WVK). 88

Das **mehrphasige Verfahren** beginnt mit einer *Phase der Vorbereitung*, in der der Vertragstext durch die hierzu bevollmächtigten Vertreter der beteiligten Staaten ausgehandelt wird. Gemäß Art. 9 WVK wird der Text eines Vertrages grundsätzlich durch Zustimmung aller an seiner Abfassung beteiligten Staaten angenommen. Auf einer internationalen Konferenz dagegen kann ein Vertrag bereits mit den Stimmen von zwei Dritteln der anwesenden und abstimmenden Staaten angenommen werden. Im Anschluss an die *Annahme des Vertragstextes* erfolgt die Unterzeichnung, durch die der Text als authentische Version förmlich festgelegt wird (sog. *Authentifizierung*). Dieser kann eine sog. *Paraphierung* – die Unterzeichnung mit dem Namenskürzel – vorausgehen, mit der das vorläufige Ergebnis der Verhandlungen bestätigt wird. Eine Paraphierung kann auch an die Stelle der gewöhnlichen Unterzeichnung treten. In diesem Stadium des Vertragsabschlussverfahrens sind die beteiligten Staaten noch nicht an die Bestimmungen des Vertrages gebunden. Auch sind sie nicht zu dessen späterer Ratifikation verpflichtet, müssen aber alle Handlungen unterlassen, die zu einer Vereitelung von Ziel und Zweck des Vertrages führen würden (sog. Frustrationsverbot, Art. 18 WVK). Der Unterzeichnung folgt das *innerstaatliche Verfahren* nach, in 89 dem andere als die an den Verhandlungen teilnehmenden Staatsorgane am Vertragsabschlussverfahren mitwirken. Hierbei handelt es sich häufig um eine Zustimmung des Parlamentes. Die diesbezüglichen Verfahrensvorgaben des Grundgesetzes sind in Art. 59 GG niedergelegt (dazu unten Teil 2, A, Rn. 8 ff.). Um die Bindungswirkung des Vertrages herbeizuführen, ist im Anschluss ein *förmlicher Zustimmungsakt* des Staates erforderlich. Dieser kann durch Ratifikation, Annahme, Genehmigung oder Beitritt oder auf eine andere vereinbarte Art ausgedrückt werden (Art. 11 WVK). Unter Ratifikation versteht man die förmliche Zustimmungserklärung des Staatsoberhauptes. Mit dem *Austausch der Ratifikationsurkunden*, der bei multilateralen Verträgen durch die Hinterlegung bei einem Depositar ersetzt werden kann, ist das Verfahren abgeschlossen. In der Praxis erfolgt dann in der Regel eine *Registrierung des Vertrages* beim Generalsekretär der UNO gemäß Art. 102 UN-Charta, die jedoch keine Wirksamkeitsvoraussetzung des Vertrages darstellt, sondern lediglich Ausdruck eines Transparenzgebotes ist.

90 Das **Inkrafttreten** des Vertrages erfolgt zu dem von den Parteien – meist im Vertrag selbst – bestimmten Zeitpunkt, Art. 24 WVK, oder, wenn eine solche Vereinbarung fehlt, bei Vorliegen der Zustimmung aller Parteien. Für multilaterale Verträge ist in der Praxis meist vorgesehen, dass sie nach Ratifikation durch eine bestimmte Zahl von Staaten in Kraft treten. Ein in Kraft getretener Vertrag bindet die Parteien endgültig; sie können sich grundsätzlich nicht mehr vom Vertrag lösen, außer im Falle eines vorgesehenen Rücktritts- und Kündigungsrechts. Darüber hinaus haben sie ihre Vertragspflichten auch positiv zu erfüllen (Art. 26 WVK, *pacta sunt servanda*-Grundsatz). Die Berufung auf innerstaatliches Recht, um das Nichterfüllen eines Vertrages zu rechtfertigen, ist grundsätzlich ausgeschlossen (Art. 27 WVK; anders nur unter den Voraussetzungen des Art. 46 WVK, also bei Offenkundigkeit der Rechtsverletzung und grundlegender Bedeutung der verletzten Rechtsvorschrift).

91 Das **einphasige Vertragsschlussverfahren** findet in der Regel Anwendung bei Verwaltungsabkommen und weniger bedeutenden Verträgen. Sein Ablauf entspricht dem mehrphasigen Verfahren mit der Ausnahme, dass die den Vertrag aushandelnden staatlichen Organe diesen bereits verbindlich abschließen können, während bei einem mehrphasigen Verfahren ein innerstaatliches Verfahren erforderlich ist. Dieses innerstaatliche Verfahren entfällt im Falle eines einphasigen Vertragsabschlussverfahrens.

bb) Völkergewohnheitsrecht. Neben die völkerrechtlichen Verträge tritt das Völkergewohnheitsrecht als weitere Quelle des Völkerrechts. Seine **konstituierenden Bestandteile** sind nach Art. 38 Abs. 1 lit. b) des IGH-Statuts zum einen – als objektive Komponente – eine allgemeine Übung, die der potentiell völkergewohnheitsrechtlichen Norm entspricht, und zum anderen – als subjektive Komponente – eine korrespondierende Rechtsüberzeugung (*opinio iuris*) der Völkerrechtssubjekte (heute ganz herrschende Auffassung, so auch BVerfGE 15, 25, 35; 16, 27, 34; 46, 342, 367; 66, 39; IGH, *Nicaragua II*, ICJ Reports 1986, S. 14, 97; IGH, *Gutachten zur völkerrechtlichen Zulässigkeit des Einsatzes von Atomwaffen*, ICJ Reports 1996 II, S. 253). Dabei bezeichnet der Begriff der Übung die sog. **Staatenpraxis**, also das Verhalten der Staaten auf der internationalen Ebene, und die **Rechtsüberzeugung** das Bewusstsein, zu einem bestimmten Verhalten rechtlich verpflichtet zu sein. Beide Elemente, allgemeine Übung und Rechtsüberzeugung, können nur **kumulativ** die völkergewohnheitsrechtliche Natur einer Norm begründen. Gegen die Ansicht, dass allein die Rechtsüberzeugung Völkergewohnheitsrecht entstehen lassen kann (*Cheng*, IJIL 5 (1965), 23 ff.), spricht schon die Tatsache, dass Resolutionen der UN-Generalversammlung, durch die eine allgemeine *opinio iuris* zum Ausdruck kommt, gem. Art. 10 UN-Charta unverbindlich sind und eben nicht unmittelbar zu wirksamem Gewohnheitsrecht erstarken sollen. Andererseits ist auch die alleinige Übung als lediglich faktischer Umstand nicht ausreichend, um Gewohnheitsrecht entstehen zu lassen. So verlangt Art. 38 Abs. 1 lit. b) IGH-Statut neben der Übung deren „Anerkennung als Recht". Einheitliche Staatenpraxis ohne Rechtsüberzeugung aber stellt lediglich eine Staaten*courtoisie* dar (vgl. IGH, *North Sea Continental Shelf Case*, ICJ Rep. 1969, S. 3, 44). Zwischen den beiden Voraussetzungen des Völkergewohnheitsrechts, Übung und Rechtsüberzeugung, besteht allerdings eine enge Wechselbeziehung, was zur Folge hat, dass eine klare Rechtsüberzeugung unter gewissen Umständen eine geringe Dauer der Staatenpraxis ersetzen kann (vgl. IGH, *North Sea Continental Shelf Case*, ICJ Rep. 1969, S. 3, 43).

Ein für alle Staaten geltendes Völkergewohnheitsrecht setzt nicht die entsprechende *opinio iuris* und Praxis *aller* Staaten voraus. Nach herrschender Auffassung gilt Völkergewohnheitsrecht dann allgemein, wenn sich an der Praxis die **„überwiegende Mehrheit"** der **Staaten** (Quasi-Universalität) beteiligt (BVerfG 15, 25, 35; 16, 27,

34); 46, 342, 367; 66, 39; vgl. auch IGH, *North Sea Continental Shelf Case*, ICJ Rep. 1969, S. 3, 43) Auch der Protest einzelner Staaten gegen die Entstehung einer gewohnheitsrechtlichen Norm kann weder die Entstehung dieser Norm noch ihre Bindungswirkung für die Staatenmehrheit verhindern. Bringt ein Staat allerdings durch fortlaufende Proteste zum Ausdruck, dass er eine eventuelle Bindungswirkung dieser Norm nicht anzuerkennen bereit ist (sog. *„persistent objector"*), wird dieser Staat nicht durch die entstehende bzw. entstandene Norm gebunden. Lässt sich eine allgemeine gewohnheitsrechtliche Staatenpraxis und -überzeugung nicht feststellen, bleibt die Möglichkeit der Bildung regionalen oder sogar bilateralen Gewohnheitsrechts (IGH, *Rights of Passage over Indian Territory*, ICJ Reports 16, S. 6, 40). An ein solches partikuläres Völkergewohnheitsrecht sind allerdings nur die sich aktiv an der entsprechenden Staatenpraxis beteiligten Staaten gebunden.

94 Eine besondere Form des Völkergewohnheitsrechts ist das sog. *ius cogens*. Dieses grenzt sich gegenüber der Mehrheit der Normen des Völkergewohnheitsrechts ab, die als dispositive Normen jederzeit durch eine entgegenstehende vertragliche oder (derogierende) völkergewohnheitsrechtliche Norm aufgehoben oder abgeändert werden können. *Ius cogens* hat dagegen eine besondere Bestandskraft; es handelt sich um Normen, die von der Staatengemeinschaft in ihrer Gesamtheit als unabdingbar angenommen und anerkannt werden, es sei denn, es bildet sich eine entgegenstehende Norm derselben Rechtsnatur heraus (*Hannikainen*, Peremptory Norms (Jus Cogens) in International Law, 1988, S. 30 ff.). Nach Art. 53 und 64 WVK ist ein Vertrag, der gegen eine zwingende Norm des allgemeinen Völkerrechts verstößt, nichtig. Dies ist bislang die einzige Sanktion für den Bruch einer *ius cogens*-Regel, auch wenn zwischenzeitlich andere Konsequenzen, wie z. B. der Verlust staatlicher Immunität diskutiert wurden. Bezüglich der Durchsetzung von *ius cogens* wird allgemein von seiner **erga omnes-Wirkung** ausgegangen. Das bedeutet, dass durch die Verletzung von *ius cogens* ein Staat nicht nur in die Rechtssphäre der betroffenen Völkerrechtssubjekte eingreift, sondern auch seine völkerrechtlichen Verpflichtungen gegenüber der gesamten Staatengemeinschaft verletzt. Schwierigkeiten bereitet jedoch die Bestimmung des konkreten Inhalts des *ius cogens*. Grundsätzlich wird es mit dem Kernbestand der Menschenrechte gleichgesetzt. Einigkeit über die *ius cogens*-Qualität besteht aber nur hinsichtlich des Verbots des Völkermords und des Sklavenhandels (vgl. IGH, *Barcelona Traction*, ICJ

Reports 1970, S. 3, 32). Darüber hinaus wird man den Schutz des Lebens vor willkürlicher Tötung und das Verbot von extremer Rassendiskriminierung hierunter fassen können. Auch eine *ius cogens*-Qualität des Selbstbestimmungsrechts der Völker wird diskutiert.

Zum Völkergewohnheitsrecht gehören auch die sog. **allgemeinen Grundsätze des Völkerrechts**. In Abgrenzung zu den „allgemeinen Rechtsgrundsätzen des Völkerrechts" (dazu sogleich) zeichnet die allgemeinen Grundsätze des Völkerrechts aus, dass sie ihren Ursprung unmittelbar in den internationalen Beziehungen haben und der Rechtsquelle des Völkergewohnheitsrechts zugeordnet sind. Sie sind in der Völkerrechtsordnung derart etabliert und allgemein anerkannt, dass eine entsprechende Staatenpraxis nicht mehr gesondert nachgewiesen werden muss (vgl. *Mosler*, EPIL Vol. II (1995), 511 (513)). Von besonderer, aktueller Brisanz ist die Frage, ob diese allgemeinen Grundsätze des Völker(gewohnheits-)rechts wie das Interventionsverbot oder das Gewaltverbot, durch den Schutz elementarer Menschenrechte – ebenfalls völkergewohnheitsrechtlich – relativiert werden können (dazu unten Teil 2, B, Rn. 135 ff.). 95

cc) Allgemeine Rechtsgrundsätze. Die dritte, in Art. 38 Abs. 1 lit. c) IGH-Statut aufgeführte, formelle Völkerrechtsquelle bilden „die von den Kulturvölkern anerkannten allgemeinen Rechtsgrundsätze". Diese bezeichnen solche Rechtsprinzipien, die den *nationalen* Rechtsordnungen gemeinsam sind. Da sie nicht das Ergebnis eines völkerrechtlichen Erzeugungsprozesses darstellen, sind sie ihrem Ursprung nach völkerrechtsfremd. Als Völkerrechtsquelle im Sinne des Art. 38 IGH-Statut üben die allgemeinen Rechtsgrundsätze eine „Lückenfüllungsfunktion" aus. Dort, wo das Vertrags- und Gewohnheitsrecht keine Regelungen für bestimmte völkerrechtsrelevante Sachverhalte bereithalten, soll dem Gerichtshof ein Entscheidungsmaßstab an die Hand gegeben werden, der durch seine Normativierung in den **innerstaatlichen Rechtsordnungen** in die Völkerrechtsordnung einstrahlt. Aus der systematischen Stellung des Art. 38 Abs. 1 lit. c) IGH-Statut, seiner Entstehungsgeschichte sowie der geringen Präzisierung der Rechtsgrundsätze im Allgemeinen ergibt sich, dass die „allgemeinen Rechtsgrundsätze" gegenüber dem Vertrags- und Gewohnheitsrecht **subsidiär** sind. Beispiele für allgemeine Rechtsgrundsätze sind der Grundsatz von Treu und Glauben (z. B. *venire contra factum proprium*, engl.: *estoppel*-Grundsatz), die ungerechtfertigte Bereicherung, die Verwirkung, das Gebot des recht- 96 lichen Gehörs, die Geschäftsführung ohne Auftrag und das Prinzip der Billigkeit (*equity*), aber auch generelle Grundsätze der Rechtslogik wie z. B. die Analogie oder die *lex posterior*-Regel. Die praktische Bedeutung der allgemeinen Rechtsgrundsätze nimmt mit zunehmender Kodifizierung des Völkerrechts ab.

97 **dd) Beschlüsse internationaler Organisationen.** Seit der Gründung der Vereinten Nationen hat sich der Kreis der Völkerrechtssubjekte durch die Gründung von internationalen Organisationen (IGOs) erheblich erweitert. Mit der zunehmenden Rechts- und Handlungsfähigkeit der IGOs hat auch die Anzahl der durch diese erlassenen einseitigen Rechtsakte zugenommen. Diese Rechtsakte haben die Form von Entschließungen, die von den jeweils **handlungsbefugten Organen** in einem Verfahren der Ein- oder Mehrstimmigkeit gefasst werden.

98 Die Beschlüsse internationaler Organisationen können sowohl organisationsinterner Natur als auch auf eine Außenwirkung ausgerichtet sein. Zu den **organisationsinternen Akten** gehören einerseits die einzelfallbezogenen Anordnungen, die aufgrund entsprechender Bestimmungen des Gründungsvertrages ergehen (vgl. z. B. Art. 4 ff., 22, 23 UN-Charta), und andererseits Akte im Rahmen der internen Organisationsbefugnis, vor allem im Rahmen der Verfahrens- und Geschäftsordnungen. Zwar haben solche organisationsinternen Akte nach allgemeiner Auffassung Bindungswirkung, allerdings nur für den internen Bereich eines Völkerrechtssubjektes, so dass ihre Einordnung in das Rechtsquellensystem des Völkerrechts schwierig ist.

99 Für die Bindungswirkung **außengerichteter Beschlüsse** internationaler Organisationen ist demgegenüber anhand der jeweiligen vertraglichen Vorgaben zu differenzieren. Sieht der Gründungsvertrag einer IGO eine Bindungswirkung außengerichteter Beschlüsse weder ausdrücklich noch implizit vor, so kann die in einem solchen Beschluss enthaltende Regelung nur als eine grundsätzlich unverbindliche Empfehlung gelten (vgl. Art. 10 f., 13 f. UN-Charta). Für die empfehlenden Beschlüsse internationaler Organisationen hat die Völkerrechtslehre den Begriff des *soft law* geprägt. Dieser Begriff kennzeichnet die besondere Stellung solcher Regelungen, die sich in der Grauzone zwischen völkerrechtlicher Bindung und völkerrechtlicher Irrelevanz finden. Das Fehlen einer Bindungswirkung solcher Beschlüsse im Sinne einer Rechtsquelle im formellen Sinne schließt nicht aus, dass sie Elemente im Prozess der Entstehung von Völker-

gewohnheitsrecht und damit Rechtsquellen im materiellen Sinne darstellen können. So lässt sich das *soft law* auch als ein Gewohnheitsrecht *in statu nascendi* begreifen (vgl. IGH, *North Sea Continental Shelf Case*, ICJ Rep. 1969, S. 3, 38). Insofern kann die Bedeutung, die den Resolutionen der UN-Generalversammlung sowie von Staatenkonferenzen im Rechtsetzungsprozess zukommt, darin bestehen, dass sie entweder abschließend die Rechtsüberzeugung zum Ausdruck bringen, die eine bereits bestehende uniforme Praxis begleitet (IGH, *Nicaragua II*, ICJ Reports 1986, S. 14, 100), oder aber als Leitlinien einer künftigen Praxis dienen, die zur Bildung von Gewohnheitsrecht führt.

Ausdruck des Bedeutungsgewinns von IGOs sind die noch verhältnismäßig seltenen Fälle, in denen der Gründungsvertrag der Organisation gewisse Beschlüsse mit einer die Mitgliedstaaten völkerrechtlich bindenden (Außen-)Wirkung ausstattet. Solche Beschlüsse stellen als **sekundäre Rechtsquelle** (im formellen Sinne) eine neue Art der internationalen Rechtsetzung dar. Dabei legt es schon der Verzicht auf ein innerstaatliches Zustimmungsverfahren – insbesondere auf die Beteiligung des Parlaments beim Zustandekommen dieser Beschlüsse – nahe, in den entsprechenden Bestimmungen des Gründungsvertrages eine Ermächtigung des betreffenden Organs zu sehen, Regelungen in Beschlussform zu treffen. Hierbei handelt es sich um eine zwar auf Vertrag beruhende, selbst aber in der Funktionsweise völlig neuartige Form der völkerrechtlichen „vertikalen" Rechtsetzung.

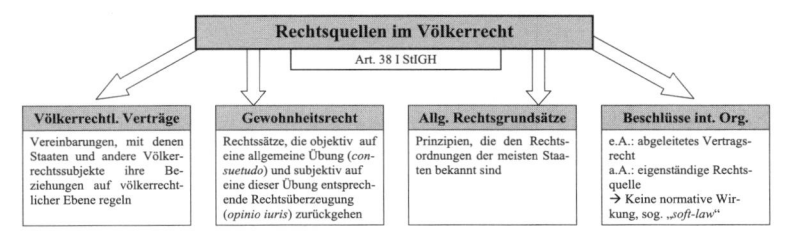

100

Rechtsquellen im Völkerrecht			
Art. 38 I StIGH			
Völkerrechtl. Verträge	**Gewohnheitsrecht**	**Allg. Rechtsgrundsätze**	**Beschlüsse int. Org.**
Vereinbarungen, mit denen Staaten und andere Völkerrechtssubjekte ihre Beziehungen auf völkerrechtlicher Ebene regeln	Rechtssätze, die objektiv auf eine allgemeine Übung (*consuetudo*) und subjektiv auf eine dieser Übung entsprechende Rechtsüberzeugung (*opinio iuris*) zurückgehen	Prinzipien, die den Rechtsordnungen der meisten Staaten bekannt sind	e.A.: abgeleitetes Vertragsrecht a.A.: eigenständige Rechtsquelle → Keine normative Wirkung, sog. „*soft-law*"

Literatur: *Aston*, Sekundärgesetzgebung internationaler Organisationen zwischen mitgliedstaatlicher Souveränität und Gemeinschaftsdisziplin (2005); *Bernhardt*, Ungeschriebenes Völkerrecht, ZaöRV 36 (1976), S. 50 ff.; *Cheng*, United Nations Resolutions on Outer Space, IJIL 5 (1965), S. 23 ff.; *Fastenrath*, Lücken im Völkerrecht: zu Rechtscharakter, Quellen, Systemzusammenhang, Methodenlehre und Funktionen des Völkerrechts (1991); *Hannikainen*,

Peremptory Norms (Jus Cogens) in International Law (1988); *Köck*, Die „implied powers" der Europäischen Gemeinschaft als Anwendungsfall der „implied powers" internationaler Organisationen überhaupt, in: FS Seidl-Hohenveldern (1988), S. 279 ff.; *Kunz*, The Nature of Customary Law, AJIL 47 (1953), S. 662 ff.; *Lauterpacht*, Private Law Sources and Analogies of International Law (1927); *Mendelson*, The Formation of Customary Law, RdC 272 (1998), S. 155 ff; *ders.*, The Subjective Element in Customary International Law, in GYIL 66 (1995), S. 177 ff.; *Simma*, Die Erzeugung von ungeschriebenem Völkerrecht, in: FS Zemanek (1992), S. 95 ff.; *Talmon*, The Security Council as World Legislator, AJIL 99 (2005), S. 175 ff.

2. Europarecht

101 **a) Begriff des Europarechts.** Um die verfassungsrechtliche Öffnung des Staates zu erfassen, ist nicht nur ein Verständnis der Eigenarten des Völkerrechts, sondern auch derjenigen des Europarechts von entscheidender Bedeutung. Zwar wird der Begriff des Europarechts **im Grundgesetz nicht ausdrücklich** erwähnt, in Art. 23, 45, 50, 52 Abs. 3a, 88 und 104a Abs. 6 GG findet sich jedoch eine Bezugnahme auf die „Europäische Union" bzw. in Art. 28 Abs. 1 S. 3 GG (noch immer) auf die „Europäische Gemeinschaft". Dieser verfassungsunmittelbare Rekurs reflektiert jedoch nur einen Aspekt des Europarechts. Denn zu unterscheiden ist zwischen den Termini Europarecht im engeren Sinne und Europarecht im weiteren Sinne.

102 Das **Europarecht im engeren Sinne** bezeichnet das Recht der Europäischen Union, bis zum Vertrag von Lissabon vom 13. Dezember 2007 auch das Recht der Europäischen Gemeinschaften (Europäische Gemeinschaft und Euratom, bis 2002 auch die Europäische Gemeinschaft für Kohle und Stahl, EGKS). Der Begriff des Unionsrechts wurde ursprünglich nur für das Recht der sog. zweiten und dritten Säule der EU verwendet (sog. „Drei-Säulen-Modell"). Das Recht der Europäischen Gemeinschaft (früher Europäische Wirtschaftsgemeinschaft, EWG) wurde dagegen meist als Gemeinschaftsrecht bezeichnet. Diese Differenzierung ist mit dem Vertrag von Lissabon jedoch weggefallen. Unionsrecht und Europarecht im engeren Sinne sind nunmehr synonym zu verstehen. Es umfasst das Vertrags- bzw. Verfassungsrecht der EU sowie deren Gesetzesrecht.

103 Das Europarecht im engeren Sinne grenzt sich vom Europarecht im weiteren Sinne insbesondere durch zwei Eigenarten ab, die sein Verhältnis zum nationalen Recht der Mitgliedstaaten betreffen: Einerseits gilt das Unionsrecht in den Mitgliedstaaten unmittelbar, ohne dass es dazu eines mitgliedstaatlichen Umsetzungsaktes bedürfte; andererseits

B. Vom geschlossenen zum offenen Staat

genießt es im Konfliktfall Anwendungsvorrang gegenüber dem mitgliedstaatlichen Recht. Wegen dieser Eigenschaften wird vom Unionsrecht als Rechtsordnung eigener Art gesprochen, die als überstaatlich, nicht aber als völkerrechtlich zu klassifizieren ist. **Differenzierungskriterium** ist letztlich also die **Supranationalität**, die das Europarecht im engeren Sinne, nicht jedoch das Europarecht im weiteren Sinne, auszeichnet. Nach der Reform durch den Vertrag von Lissabon gilt dies auch für den ursprünglich intergouvernemental, also klassisch völkerrechtlich, ausgestalteten Bereich der Gemeinsamen Außen- und Sicherheitspolitik (GASP, 2. Säule) und der polizeilichen und justiziellen Zusammenarbeit in Strafsachen (PJZS, 3. Säule).

Das **Europarecht im weiteren Sinne** schließt – neben dem Europarecht im engeren Sinne – das Recht anderer europäischer Organisationen mit ein. Zu nennen sind diesbezüglich vor allem der Europarat mit der Europäischen Menschenrechtskonvention und die Europäische Freihandelszone EFTA. Weitere europarechtliche Abkommen sind etwa die Organisation für Sicherheit und Zusammenarbeit in Europa (OSZE), die Organisation für wirtschaftliche Zusammenarbeit und Entwicklung (OECD), der europäische Wirtschaftsraum (EWR), aber auch das mit der EU verbundene Schengener Durchführungsübereinkommen (SDÜ) und die Europäische Sozialcharta. Diese Abkommen beruhen auf völkerrechtlichen Verträgen zwischen den partizipierenden Staaten. Ihr Recht berechtigt und verpflichtet daher nur diese Staaten selbst, erzeugt aber aus sich heraus keine unmittelbare Rechtswirkung innerhalb der staatlichen Rechtsordnungen. Für eine innerstaatliche Wirkung des Europarechts im weiteren Sinne, das nicht gleichzeitig Unionsrecht ist, bedarf es einer innerstaatlichen (verfassungsrechtlichen) Geltungsnorm oder eines staatlichen Umsetzungsaktes. Damit unterscheidet es sich vom Europarecht im engeren Sinne, das auch ohne mitgliedstaatlichen Umsetzungsakt unmittelbare Anwendung finden kann. 104

Zwischen den im weiteren Sinne europarechtlichen Abkommen und dem Europarecht im engeren Sinne gibt es zahlreiche **Schnittstellen**. Beispielsweise werden die Europäische Kommission und der Europäische Gerichtshof als Organe der EU auch im Rahmen des EWR-Abkommens tätig. Darüber hinaus greift der Europäische Gerichtshof für die Gewinnung von Unionsgrundrechten u. a. auf die Bestimmungen der Europäischen Menschenrechtskonvention zurück; der Vertrag von Lissabon sieht (daher) sogar den Beitritt der Europäischen Union zur Europäischen Menschenrechtskonvention vor (Art. 6 Abs. 2 EUV). 105

106 **aa) Völkerrecht und Europarecht.** Völkerrecht und Europarecht bilden nur bedingt ein tatsächliches Gegensatzpaar. Denn die Elemente des **Europarechts im weiteren Sinne**, die über das Recht der Europäischen Union hinausgehen, sind völkerrechtlicher Natur. Der Europabezug dient nur zur Präzisierung der Qualität als *regionales* Völkerrecht.

107 **Europarecht im engeren Sinne** (ausführlich dazu Teil 3) hat dagegen eine eigenständige Rechtsnatur. Auch wenn die Gründungsverträge ursprünglich als völkerrechtliche Instrumente ausgestaltet waren, haben diese eine eigene Rechtsordnung geschaffen, deren Rechtssubjekte nicht nur die Mitgliedstaaten, sondern auch die Bürger sind. Durch die Gründung einer Gemeinschaft für unbestimmte Zeit, die mit eigenen Organen, mit Rechts- und Geschäftsfähigkeit, mit internationaler Handlungsfähigkeit und insbesondere **mit Hoheitsrechten ausgestattet** ist, haben die Mitgliedstaaten ihre Souveränitätsrechte beschränkt und so einen Rechtskörper geschaffen, der für ihre Angehörigen und sie selbst verbindlich ist. Das von der Gesetzgebung der Mitgliedstaaten unabhängige Unionsrecht soll daher den Einzelnen, ebenso wie es ihnen Pflichten auferlegt, auch Rechte verleihen. Diese Merkmale entstammen der ständigen Rechtsprechung des EuGH seit seinen wegweisenden Entscheidungen *Van Gend & Loos* aus dem Jahre 1963 (EuGH, Rs. 26/62, Slg. 1963, 3) und *Costa/ ENEL* (EuGH, Rs. C-6/64, Slg. 1964, 1251). Die Struktur der Europäischen Union als **supranationale Organisation**, definiert durch die **unmittelbare Anwendbarkeit** des Unionsrechts und seinen **Anwendungsvorrang** gegenüber dem nationalen Recht sowie den Umstand, dass verbindliche Beschlüsse mit Mehrheit und infolgedessen auch gegen den Willen einiger Mitgliedstaaten gefasst werden können, hat zur Folge, dass das Recht der EU als „*Recht sui generis*", also weder als Völkerrecht noch als nationales Recht, sondern als neuartiges supranationales Recht eingeordnet werden kann. In der Konsequenz fungiert die Supranationalität des Europarechts im engeren Sinne als Unterscheidungskriterium nicht nur gegenüber dem Europarecht im weiteren Sinne, sondern auch gegenüber dem Völkerrecht insgesamt.

108 **bb) Europarat, Europäische Menschenrechtskonvention (EMRK) und Europäischer Gerichtshof für Menschenrechte (EGMR).** Die **europäische Einigungsbewegung**, die insbesondere nach dem Ende des Zweiten Weltkrieges forciert vorangetrieben wurde, hat nicht nur in der Gründung der Europäischen Gemein-

B. Vom geschlossenen zum offenen Staat

schaft für Kohle und Stahl (EGKS), einem Vorläufer der heutigen Europäischen Union, sondern u. a. auch in der Gründung des Europarates und in der Verabschiedung der Europäischen Menschenrechtskonvention (EMRK), deren Einhaltung der Kontrolle durch den Europäischen Gerichtshof für Menschenrechte (EGMR) unterliegt, ihre Ausprägung erhalten.

(1) Europarat. Der im Mai 1949 gegründete Europarat hat sich zum Ziel gesetzt, eine engere Verbindung zwischen seinen Mitgliedern herzustellen, um die Ideale und Grundsätze zu schützen und zu fördern, die ihr gemeinsames Erbe bilden, und ihren wirtschaftlichen und sozialen Fortschritt zu fördern (Art. 1 der Satzung). Konkret geht es um den **Schutz der Menschenrechte**, der pluralistischen Demokratie und der Rechtsstaatlichkeit, der Förderung des Bewusstseins um die kulturelle Identität und Vielfalt Europas und Unterstützung von deren Entwicklung, der Suche nach gemeinsamen Lösungen für die Herausforderungen, denen sich die europäische Gesellschaft gegenübersieht und der Konsolidierung der demokratischen Stabilität in Europa durch Förderung politischer, rechtlicher und konstitutioneller Reformen. Der Sitz des Europarates ist in Straßburg. Ausgehend von den ursprünglich zehn Gründungsstaaten ist die Anzahl der Mitgliedstaaten mittlerweile auf 47 angestiegen. Die Bundesrepublik hat seit dem Jahre 1951 die volle Mitgliedschaft inne. Die Organe des Europarates sind zum einen das *Ministerkomitee*, das aus den Außenministern der Vertragsstaaten besteht, und zum anderen die *Parlamentarische Versammlung*, die sich aus parlamentarisch bestimmten Vertretern zusammensetzt. Diesen beiden Organen steht das Sekretariat des Europarates zu Seite. Die deutschen Vertreter zur Parlamentarischen Versammlung werden vom Bundestag aus dessen Mitte gewählt. Die Organe haben die Befugnis, Fragen, die der Aufgabe des Europarates entsprechen, zu beraten und die Annahme einer gemeinsamen Politik durch die Regierungen, insbesondere im Wege des Abschlusses von Abkommen und Vereinbarungen, zu beschließen. Als Instrumente des Europarechts im weiteren Sinne kann der Europarat jedoch keine Beschlüsse fassen, die für die Vertragsstaaten bzw. innerhalb der nationalen Rechtsordnungen unmittelbar verbindlich sind. Empfehlungen des Ministerkomitees an die Mitgliedsstaaten müssen einstimmig erfolgen. 109

(2) Europäische Menschenrechtskonvention (EMRK) und Europäischer Gerichtshof für Menschenrechte (EGMR). Dem Schutz 110 der Menschenrechte auf der regionalen europäischen Ebene dient die Europäische Konvention zum Schutze der Menschenrechte und Grundfreiheiten vom 4. November 1950 (siehe dazu bereits oben Teil 1, B, Rn. 81 f.). Sie wird ergänzt durch 15 Protokolle, darunter etwa Protokoll Nr. 14, das die Beitrittsmöglichkeit zur Konvention für die Europäische Union vorsieht. Ausgearbeitet worden ist die EMRK **von den Mitgliedstaaten des Europarates**, mit dem sie institutionell verbunden ist, da etwa das Ministerkomitee auch als Organ der EMRK fungiert. Neben diesem institutionellen Aspekt kennzeichnet sich die Verknüpfung von Europarat und EMRK auch dadurch, dass einerseits neue Mitgliedstaaten nur unter der Voraussetzung in den Europarat aufgenommen werden, dass sie die EMRK und deren Protokolle unterzeichnen, und dass anderseits die Konvention nur von Mitgliedern des Europarates ratifiziert werden kann (Art. 59 EMRK). Dies kennzeichnet sie als sog. geschlossene Konvention (*Meyer-Ladewig*, EMRK, Einl., Rn. 1). Die Bundesrepublik Deutschland ist der EMRK über ein **Vertragsgesetz gemäß Art. 59 Abs. 2 S. 1 GG beigetreten**. Sie steht daher innerhalb der nationalen Rechtsordnung formal im Rang eines einfachen Gesetzes (vgl. dazu unten Teil 2, B, Rn. 43 ff.).

111 Der **Katalog der Menschenrechte** der EMRK (dazu im Überblick die Beiträge in: *Ehlers* (Hrsg.), Europäische Grundrechte und Grundfreiheiten, S. 81 ff.) enthält neben den existenziellen Menschenrechten (Recht auf Leben, Verbot der Todesstrafe, Folterverbot, Sklavereiverbot) insbesondere eine Reihe von Freiheitsrechten wie Meinungs-, Religions-, Versammlungs- oder Vereinigungsfreiheit, Gewährleistungen wie das Recht auf Eigentum, auf Bildung, auf Freizügigkeit oder auf Freiheit und Sicherheit, den allgemeinen Gleichheitssatz und die Justizgrundrechte. Nicht alle diese Rechte waren bereits Bestandteil des ursprünglichen Konventionskatalogs, sondern wurden zum Teil durch Zusatzprotokoll ergänzt. Gemäß Art. 13 EMRK hat jedermann ein Recht, bei einer innerstaatlichen Instanz eine wirksame Beschwerde zu erheben, soweit er in seinen in dieser Konvention anerkannten Rechten oder Freiheiten verletzt worden ist (ausführlich zu den einzelnen Rechten: *Grabenwarter/Pabel*, Europäische Menschenrechtskonvention, S. 145 ff.).

112 Die Einhaltung der Verpflichtungen aus der EMRK überwacht neben dem Ministerkomitee des Europarates insbesondere der **Europäische Gerichtshof für Menschenrechte (EGMR)** mit Sitz in Straßburg. Er besteht aus je einem Richter der Konventionsstaaten, die

hauptamtlich tätig sind. Die Richter werden von der Parlamentarischen Versammlung des Europarates für sechs Jahre mit der Möglichkeit der Wiederwahl gewählt. Der Gerichtshof tagt in Einzelrichterbesetzung, in Ausschüssen mit drei Richtern, in Kammern mit sieben Richtern und in einer Großen Kammer mit 17 Richtern. Die Zusammensetzung der **Kammern** soll nach der Verfahrensordnung des Gerichtshofs sowohl in geographischer Hinsicht als auch in Bezug auf die Vertretung der Geschlechter ausgewogen sein und den unterschiedlichen Rechtssystemen der Vertragsparteien Rechnung tragen. Fach- oder Regionalkammern sind nicht vorgesehen.

Der **Großen Kammer**, die in Rechtssachen von besonderer Wichtigkeit entscheidet, gehören der Präsident des Gerichtshofs, die Vizepräsidenten, die Präsidenten der einzelnen Kammern, und weitere in der Verfahrensordnung vorgesehene Richter an. Sie ist zum einen dann zuständig, wenn eine Kammer die Rechtssache aufgrund schwerwiegender Fragen der Auslegung der EMRK oder der Protokolle an sie verweist oder es zu einer Abweichung von einem früheren Urteil des Gerichtshofs kommen kann. Zum anderen kann jede Partei innerhalb von drei Monaten nach dem Urteil einer Kammer die Verweisung an die Große Kammer beantragen. Dieser Antrag muss von einem Richterausschuss angenommen werden, was ebenfalls das Vorliegen schwerwiegender Fragen der Auslegung der EMRK oder der Protokolle voraussetzt. In allen bei einer Kammer oder der Großen Kammer anhängigen Rechtssachen kann der *Kommissar für Menschenrechte des Europarats* schriftliche Stellungnahmen abgeben und an den mündlichen Verhandlungen teilnehmen (Art. 36 Abs. 3). Demgegenüber hat das **Plenum** des Gerichtshofs nur organisatorische Aufgaben wie die Wahl des Präsidenten und des Vizepräsidenten, die Bildung von Kammern oder die Beschlussfassung über die Verfahrensordnung. Als Rechtsprechungsorgan als solches ist das Plenum nicht tätig. 113

Zur Geltendmachung von Konventionsverletzungen sieht die EMRK zwei **Verfahrensarten** vor, die **Staatenbeschwerde** und die **Individualbeschwerde**. Jeder **Vertragsstaat** kann den Gerichtshof wegen einer behaupteten Verletzung der Konvention und der Protokolle durch einen anderen Vertragsstaat anrufen (Art. 33). Ein besonderes Interesse oder gar die Verletzung der Rechte seiner Staatsbürger muss er dazu nicht nachweisen. Insoweit dient die Staatenbeschwerde der Ahndung einer Verletzung des europäischen *ordre public* (EKMR Österreich/Italien, 788/60, 4 YB 112, 140; vgl. auch *Frowein/Peukert*, EMRK-Kommentar, Art. 33, Rn. 1). 114

Darüber hinaus kann der Gerichtshof von jeder **natürlichen Person**, nichtstaatlichen Organisation oder Personengruppe, die behaup- 115 tet, durch einen Vertragsstaat in einem der Konventionsrechte verletzt zu sein, mit einer Beschwerde befasst werden (Art. 34). Voraussetzung für die Zulässigkeit beider Beschwerdearten ist die Erschöpfung aller innerstaatlichen Rechtsbehelfe (Art. 35 Abs. 1). Für Deutschland schließt das grundsätzlich die Verfassungsbeschwerde ein, jedoch nicht im Falle der Rüge einer überlangen Verfahrensdauer vor einem deutschen Gericht (Art. 6 Abs. 1), wie der EGMR – angesichts der fehlenden Sanktionsmöglichkeit bei Begründetheit einer solchen Verfassungsbeschwerde – in der Rechtssache *Sürmeli/Deutschland* (Urt. v. 8.6.2006) festgestellt hat.

116 Eine **Individualbeschwerde** ist des Weiteren dann **unzulässig**, wenn sie anonym ist oder im Wesentlichen mit einer schon vorher vom Gerichtshof geprüften Beschwerde übereinstimmt oder schon einer anderen internationalen Untersuchungs- oder Vergleichsinstanz unterbreitet worden ist und keine neuen Tatsachen enthält (Art. 35 Abs. 2). Gleiches gilt dann, wenn der Gerichtshof sie für offensichtlich unbegründet oder für missbräuchlich hält oder wenn er der Ansicht ist, dass dem Beschwerdeführer kein erheblicher Nachteil entstanden ist, es sei denn, die Achtung der in der Konvention niedergelegten Menschenrechte erfordert eine Prüfung der Begründetheit der Beschwerde, und vorausgesetzt, es wird aus diesem Grund nicht eine Rechtssache zurückgewiesen, die noch von keinem innerstaatlichen Gericht gebührend geprüft worden ist (Art. 35 Abs. 3). Über die Zulässigkeit einer Individualbeschwerde entscheidet in offensichtlichen Fällen der Einzelrichter, andernfalls ein Ausschuss oder eine Kammer.

117 **In der Sache** entscheidet die Kammer in der Regel aufgrund öffentlicher mündlicher Verhandlung. Die Entscheidung ergeht grundsätzlich in der Form eines Feststellungsurteils im Hinblick darauf, ob eine Vorschrift der Konvention oder der Protokolle verletzt worden ist oder nicht. Eine nationale Gerichts- oder Verwaltungsentscheidung kann der EGMR also nicht aufheben. Gemäß Art. 41 EMRK kann der Gerichtshof der verletzten Partei jedoch eine gerechte Entschädigung zusprechen. Jede Partei hat die Möglichkeit, gegen ein Urteil der Kammer den Rechtsbehelf der Verweisung der Sache an die große Kammer einzulegen. Der von der Feststellung einer Konventionsverletzung betroffene Staat ist verpflichtet, sowohl im Einzelfall mit individuellen Maßnahmen die im Urteil festgestellte Verletzung zu beseitigen, als auch seine Rechtsordnung durch generelle Maßnahmen mit der Konvention in Einklang zu bringen, um weitere

B. Vom geschlossenen zum offenen Staat 47

gleichartige Konventionsverletzungen zu verhindern. Das Ministerkomitee des Europarates überwacht die Durchführung der Urteile (Art. 46 Abs. 2).

Eine erhebliche Herausforderung für das Rechtschutzsystem im Rahmen der EMRK stellt das Anschwellen der **Anzahl der Individualbeschwerden** dar. So waren etwa im Jahr 2010 ca. 120.000 Beschwerden anhängig; die Rückstände beim Gerichtshof wachsen stetig an. Berechtigte Forderungen nach einer Reform von Organisation und Verfahren zielen daher schon seit einiger Zeit auf eine Eindämmung der Arbeitsbelastung des Gerichtshofs bzw. auf eine effizientere Verfahrensgestaltung hin. Seit den ersten Reformanstrengungen, die in der Verabschiedung des 11. Zusatzprotokolls mündeten, hat sich die Situation insbesondere aufgrund der seither mehr als verdoppelten Anzahl der Vertragsstaaten noch verschärft. Das 14. Zusatzprotokoll, das am 1.6.2010 in Kraft getreten ist, sieht einige Entlastungsmechanismen vor, wird das Problem als solches aber noch nicht vollständig lösen können. 118

Hinzuweisen ist **insbesondere** auf die neu geschaffene Möglichkeit für einen Einzelrichter, Individualbeschwerden für unzulässig zu erklären, wenn das ohne weitere Prüfung möglich ist. Der Richterausschuss, der ursprünglich nur mit Fragen der Zulässigkeit befasst war, kann nunmehr auch durch Urteil über die Begründetheit entscheiden, wenn die zu entscheidende Frage der Auslegung oder Anwendung der Konvention oder ihrer Protokolle Gegenstand einer gefestigten Rechtsprechung des EGMR ist. Auch die Möglichkeit der Unzulässigkeitserklärung einer Individualbeschwerde in Fällen, in denen kein erheblicher Nachteil i. S. d. Art. 35 Abs. 3b entstanden ist, wurde erst durch das 14. Zusatzprotokoll eingeführt. 119

Einen weiteren Schritt im Reformierungsprozess des Gerichtshofs haben die Vertragsstaaten mit der **Erklärung der Ministerkonferenz des Europarates in Brighton** vom 19.4.2012 eingeleitet. Bestrebungen, die Kompetenzen des Gerichtshofs zu beschneiden, konnten sich dabei nicht durchsetzen. Beschlossen wurde dagegen, die Berufungsfrist von sechs auf vier Monate zu verkürzen und die Möglichkeit zu vereinfachen, eine Beschwerde aufgrund fehlender wesentlicher Benachteiligung abzuweisen. Erwogen werden außerdem die befristete Einstellung zusätzlicher Richter sowie die Erhöhung der Altershöchstgrenze für künftige Richter. 120

Geprägt wird die Rechtsprechung des EGMR durch die Eigenschaft der **Konvention als „lebendes Instrument"** (*Tyrer/Großbritannien*, A 26 (1978), 15, Rn. 36 = EGMR-E 1, 268). In diesem Sinne orientiert sich die Auslegung der einzelnen Gewährleistungen der EMRK an den gewandelten wirtschaftlichen und sozialen Verhältnissen und ethischen Auffassungen und bleibt nicht dem historischen Entstehungskontext verhaftet. Dies hat eine stetige Weiterentwicklung des von der Konvention garantierten Menschenrechtsschutzniveaus zu Folge. Diese dynamische Auslegung muss jedoch auf einen 121

Konsens der europäischen Rechtsgemeinschaften hinsichtlich der jeweiligen Rechtsfrage gestützt werden.

122 Ausdruck des Grundsatzes der **Subsidiarität des Rechtsschutzes** durch den Gerichtshof ist der weite Ermessensspielraum, den dieser den Vertragsstaaten im Rahmen seiner Doktrin der „margin of appreciation" bei der Anwendung der Konvention zugesteht. Die Straßburger Richter sollen sich gerade nicht an die Stelle der innerstaatlichen Behörden und Gerichte setzen, sondern lediglich überprüfen, ob die durch die Konvention geschaffenen, menschenrechtlichen Grenzen der auf nationaler Ebene getroffenen Entscheidungen eingehalten wurden. Insbesondere ist der EGMR also keine Super-Rechtsmittelinstanz.

Literatur: *Calliess,* Zwischen staatlicher Souveränität und europäischer Effektivität: Zum Beurteilungsspielraum der Vertragsstaaten im Rahmen des Art. 10 EMRK, EuGRZ 1996, S. 293 ff.; *van Dijk/van Hoof/van Rijn/Zwaak* (Hrsg.), Theory and Practice of the European Convention on Human Rights, 4. Aufl.; *Grabenwarter/Pabel,* Europäische Menschenrechtskonvention, 5. Aufl., *Meyer-Ladewig,* Europäische Menschenrechtskonvention, Kommentar, 3. Aufl.; *Meyer-Ladewig/Petzold,* 50 Jahre Europäischer Gerichtshof für Menschenrechte, NJW 2009, S. 3749; *Ress,* Der Europäische Gerichtshof für Menschenrechte und die Grenzen seiner Judikatur, in: Hilf u. a. (Hrsg.), Höchste Gerichte an ihren Grenzen, 2007, S. 55 ff.; *Ruffert,* Die Europäische Menschenrechtskonvention und innerstaatliches Recht, EuGRZ 2007, S. 245 ff.

123 cc) **Europäische Union (EU). (1) Von der EGKS zum Vertrag von Lissabon.** Den Ausgangspunkt für konkrete Schritte in Richtung eines europäischen Einigungswerkes wie der Europäischen Union bildete ein vom Leiter des französischen Planungsamtes und früheren stellvertretenden Generalsekretär des Völkerbundes, *Jean Monnet,* für den französischen Außenminister *Robert Schuman* entwickelter Plan, der vorsah, die kriegsrelevante Kohle- und Stahlindustrie Frankreichs und Deutschlands sowie aller derjenigen Staaten Europas, die sich diesem Vorhaben anschließen wollten, einer gemeinschaftlichen (supranationalen) Hohen Behörde zu unterstellen. Dabei sollten die europäischen Staaten erstmals eigene Hoheitsrechte auf ein gemeinsames Aufsichtsorgan übertragen. Der **Schuman-Plan** bildete die Keimzelle der weiteren Entwicklung der europäischen Integration.

124 Konkretes Resultat dieses Plans war zunächst der zwischen Deutschland, Frankreich, Italien und die Beneluxstaaten nach einer Regierungskonferenz abgeschlossene Vertrag über die **Europäische Gemeinschaft für Kohle und Stahl (EGKS)**, der am 23. Juli 1952 in

B. Vom geschlossenen zum offenen Staat

Kraft trat. Der Schlüssel zum Erfolg der Zusammenarbeit lag dabei insbesondere in der sich von klassischer völkerrechtlicher Zusammenarbeit bewusst abgrenzenden **supranationalen Architektur** des Integrationsprojektes: Die Mitglieder der eingerichteten Hohen Behörde sollten nicht als Vertreter ihres jeweiligen Heimatstaates agieren, sondern diesem gegenüber unabhängig und einzig dem Gemeinschaftsinteresse verpflichtet sein. Ihre Aufgabe bestand darin, Entscheidungen zu erlassen, Empfehlungen auszusprechen und Stellungnahmen abzugeben, so dass es erstmals möglich wurde, Beschlüsse auch gegen den erklärten Willen eines Mitgliedstaates zu treffen. Juristisch führte die Integration somit erstmals zur erfolgreichen Herausbildung eines **supranational** verpflichtenden Europarechts, dessen Einhaltung dadurch gesichert wurde, dass die Hohe Behörde als sog. Hüterin der Verträge die Befugnis erhielt, die Mitgliedstaaten vor einem Europäischen Gerichtshof (EuGH) auf Einhaltung des gemeinsamen Rechts zu verklagen.

Nach dem Scheitern der Verträge über eine Verteidigungsgemeinschaft und eine Politische Gemeinschaft sollte nach dem Vorbild der EGKS die europäische Integration in einem für die mitgliedstaatliche Souveränität weniger relevanten wirtschaftlichen Sektor die Integration fortgesetzt werden. Dazu wurden die Gründungsverträge über eine **Europäische Wirtschaftgemeinschaft (EWG)** und eine **Europäische Atomgemeinschaft (EAG)** im März 1957 in Rom unterzeichnet *(Römische Verträge)* und traten am 1.1.1958 auf unbestimmte Zeit in Kraft. Inhaltlich sah der EWG-Vertrag die Errichtung eines Gemeinsamen Marktes (Binnenmarktes) für Waren, Dienstleistungen, Personen und Kapital samt Zollunion und gemeinsamer Wettbewerbspolitik vor. 125

In **Aufbau und Organisation** waren beide Gemeinschaften im Grundsatz mit der EGKS vergleichbar: Sie umfassten dieselben sechs Mitgliedstaaten und erhielten der EGKS ähnliche, jedoch zunächst gegenüber dieser selbstständige, mit eigenen Hoheitsrechten ausgestattete Organe. Dem aus den jeweilien nationalen Fachministern zusammengesetzten Ministerrat als Gesetzgebungsorgan war die Europäische Kommission mit regierungsunabhängigen Mitgliedern als Gemeinschaftsorgan beigeordnet, die über das Initiativmonopol für die Gesetzgebung verfügte. Eine Rechenschaftspflicht der Kommission bestand gegenüber der Beratenden Versammlung (Europäisches Parlament), die in diesem Stadium der Integrationsgeschichte jedoch mit nur wenigen verbindlichen Rechten ausgestattet war. Als Rechtsprechungsorgan fungierte der bereits im Zusammenhang mit der EGKS gegründete Europäische Gerichtshof mit Sitz in Luxemburg. Mit diesen Organen war der institutionelle Rah- 126 men, in dem sich die EU noch heute bewegt, im Wesentlichen vorgegeben (vgl. dazu im Einzelnen unten Teil 3, A, Rn. 31 ff.).

127 Nach einer langen Periode des Stillstandes in den 1960er und 1970er Jahren bedeutete die Verabschiedung der **Einheitlichen Europäischen Akte (EEA)**, die am 28. Februar 1986 von den Mitgliedstaaten unterzeichnet wurde und nach ihrer Ratifikation durch sämtliche Mitgliedstaaten am 1.7.1987 in Kraft trat, den ersten substantiellen Integrationsfortschritt seit der Gründung der EWG und der EAG. Mit ihr fand nicht nur eine Rückbesinnung auf das Mehrheitsprinzip im Ministerrat statt, im Zuge derer die bis dahin stagnierende Verwirklichung des Binnenmarktes („Binnenmarkt 1992") gestärkt wurde. Aber auch den Markt flankierende Politiken, wie die Umweltpolitik, wurden vertraglich verankert.

128 Im Zuge der politischen Veränderungen in Osteuropa verfolgte der **Vertrag über die Europäischen Union (EUV)**, der am 7.2.1992 in Maastricht (*Vertrag von Maastricht*) unterzeichnet wurde und am 1.11.1993 nach Ratifikation durch alle Mitgliedstaaten in Kraft trat, fünf große Ziele: die Stärkung der demokratischen Legitimation der Gemeinschaften, insbesondere eine Stärkung der Rolle des Europäischen Parlaments durch die Einführung des Mitentscheidungsverfahrens, eine bessere Funktionsfähigkeit der Organe, die Einführung einer Wirtschafts- und Währungsunion, die Entwicklung einer sozialen Dimension der Gemeinschaft und die Einführung einer Gemeinsamen Außen- und Sicherheitspolitik.

129 Die Architektur dieser Union, zu deren Beschreibung häufig das Modell eines griechischen Tempels herangezogen wurde, sah neben den drei bestehenden Gemeinschaften als „Erstem Pfeiler" eine Erweiterung um zwei weitere, von völkerrechtlicher Kooperation geprägte Pfeiler, einer Gemeinsamen Außen- und Sicherheitspolitik (GASP) sowie einer Zusammenarbeit in den Bereichen Justiz und Inneres (ZBJI), vor. Die drei Pfeiler waren über ein gemeinsames „Dach" in Form der Europäischen Union miteinander verklammert (sog. **Drei-Säulen-Modell**). Der einheitliche institutionelle Rahmen sollte die Kohärenz und Kontinuität aller zur Verwirklichung der Ziele der Union getroffenen Maßnahmen sicherstellen.

130 Ein weiteres Kernelement des Maastrichter Vertrags war die vertragliche Verankerung der schrittweisen Einführung einer Wirtschaft- und Währungsunion: Ab dem 1.1.1999 sollte die unabhängige **europäische Zentralbank (EZB)** ihre Tätigkeit aufnehmen und der **Euro** als einheitliches europäisches Zahlungsmittel vieler Mitgliedstaaten

B. Vom geschlossenen zum offenen Staat

eingeführt werden. Da die Währungsunion unvollendet blieb, vertraute der Vertrag zur Sicherung des vereinbarten Stabilitätsziels auf ein Verfahren der Haushaltskontrolle und die sog. No-Bail-Out-Klausel.

Die dritte Revision der Gründungsverträge brachte der **Amsterdamer Vertrag**, der am 1.5.1999 in Kraft trat. Formal gelang zwar eine Steigerung der Transparenz und Bürgernähe der Europäischen Union durch eine übersichtlichere Neunummerierung der Artikel von EGV und EUV sowie der Aufnahme von Bestimmungen zum Schutz vor Diskriminierung und zur Sicherung von Transparenz in den EG-Vertrag. Die politische Kraft reichte jedoch nicht aus, um die Union durch eine institutionelle Reform auf den gewünschten und in Aussicht genommenen Beitritt der ost- und mitteleuropäischen Staaten umfassend vorbereiten zu können. 131

Insoweit sollte daher der am 26. Februar 2001 durch die Außenminister der Mitgliedstaaten unterzeichnete **Vertrag von Nizza** die notwendigen Reformen bringen. Dieser vermochte jedoch die an ihn gestellten Erwartungen nur teilweise zu erfüllen: Als besonders problematisch stellte sich vor allem die Entscheidung über die künftige Stimmgewichtung bei qualifizierten Mehrheitsentscheidungen im Rat dar, die während der Regierungskonferenz bis zur Tagung des Europäischen Rates offen geblieben war. Erst in letzter Minute und unter dem zunehmenden Druck der bevorstehenden Erweiterung einigten sich die Staats- und Regierungschefs auf eine Regelung, die erstmals die Bevölkerung und damit auch eine demographische Komponente berücksichtigte. 132

Von bleibender Bedeutung war überdies die Ausarbeitung einer **Grundrechtecharta für die Europäische Union**. Um die bis dahin ungeschriebenen, in der Rechtsprechung des EuGH entwickelten Grundrechte in Form eines Kataloges sichtbar zu machen, wurde erstmals in der Integrationsgeschichte anstelle einer Regierungskonferenz ein sog. Konvent eingesetzt, der sich aus 62 Mitgliedern (Beauftragten der Staats- und Regierungschefs, der Kommission, des Europäischen Parlaments und der nationalen Parlamente) zusammensetzte und unter dem Vorsitz des ehemaligen deutschen Bundespräsidenten Roman Herzog tagte. Der Konvent erarbeitete bis zum 2. Oktober 2000 anhand der Rechtsprechung des EuGH und des EGMR, der EMRK sowie der europäischen Sozialcharta ein 54 Artikel umfassendes Dokument. Die Charta wurde im Rahmen der Regierungskonferenz von Nizza am 7. Dezember 2000 jedoch erst einmal nur feierlich 133 proklamiert; erst mit Inkrafttreten des Vertrags von Lissabon erlangte sie durch einen Verweis in Art. 6 Abs. 1 EUV Rechtsverbindlichkeit.

134 Der Vertrag von Nizza wurde bereits bei seiner Unterzeichnung als Übergangslösung angesehen. Im Dezember 2001 wurde die Einberufung eines „Konvents zur Zukunft Europas" beschlossen, der sich unter dem Vorsitz des früheren französischen Staatspräsidenten Valerie Giscard d'Estaing aus 15 Vertretern der Staats- und Regierungschefs, 30 Mitgliedern der nationalen Parlamente, 16 Mitgliedern des EP und zwei Vertretern der Kommission sowie 39 praktisch gleichberechtigten Repräsentanten der Beitrittskandidaten zusammensetzte und über ein begrenztes Mandat zur Vorbereitung eines Entwurfs für eine europäische Vertragsverfassung verfügte. Der fertig gestellte Entwurf eines „**Vertrags über eine Verfassung für Europa**" wurde am 18.7.2003 in Rom vorgelegt und nach gewissen Modifikationen am 29. Oktober 2004 in Rom durch die Staats- und Regierungschefs unterzeichnet. Im sich anschließenden Ratifikationsverfahren wurde der Vertrag jedoch nach bereits erfolgter Zustimmung von neun Mitgliedstaaten durch die Referenden in Frankreich am 19.5.2005 mit 54,68 % und in den Niederlanden am 1.6.2005 mit 61,7 % der Stimmen abgelehnt.

135 Die deutsche Bundesregierung, die am 1. Januar 2007 die Ratspräsidentschaft übernahm, setzte sich zum Ziel, den Verfassungsvertrag zu retten. Es wurde ein Reformvertrag erarbeitet, der am 13. Dezember 2007 in Lissabon als „**Vertrag von Lissabon**" unterzeichnet wurde. Nach dem negativen Ausgang des Referendums in Irland über diesen Vertrag geriet der Ratifizierungsprozess zwar zunächst ins Stocken, gelangte aber mit der Zustimmung der irischen Bevölkerung in einem zweiten Referendum und der Ratifizierung durch Tschechien als letztem Mitgliedstaat im November 2009 zum Abschluss. Der Vertrag von Lissabon ist seit dem 1. Dezember 2009 in Kraft.

136 Noch vor der Durchführung dieses zweiten irischen Referendums hatte auch das deutsche **BVerfG** in seiner Entscheidung vom 30. Juni 2009 das Zustimmungsgesetz zum Vertrag von Lissabon „nach Maßgabe der Gründe" für verfassungsgemäß erklärt (BVerfGE 123, 267). Nach der vom Gericht geforderten Neufassung eines der deutschen Begleitgesetze, des Gesetzes über die Ausweitung und Stärkung der Rechte des Bundestages und des Bundesrates in Angelegenheiten der Europäischen Union, konnte die deutsche Ratifikationsurkunde von Bundespräsident *Köhler* am 25. September 2009 bei der italienischen Regierung in Rom hinterlegt werden.

Inhaltlich ist der Vertrag von Lissabon weitgehend mit dem Vertrag über eine Verfassung für Europa identisch, verzichtet aber auf jedwede Symbolik, die einen Staats- oder Verfassungsbezug (wie etwa Flagge und Hymne der EU) impliziert. Eine der augenscheinlichsten, bereits im Verfassungsvertrag vorgesehenen und durch den Vertrag von Lissabon übernommenen strukturellen Änderungen betrifft die **Überwindung des** auf der Grundlage des Vertrags von Maastricht errichteten, komplizierten **„Drei-Säulen-Modells"**. So hat der Vertrag die frühere Europäische Gemeinschaft und die bisherige Union zu einer (neuen) Europäischen Union verschmolzen. Supranationale Elemente, wie das ordentliche Gesetzgebungsverfahren, der Vorrang des europäischen Rechts, die Kompetenzübertragung auf die europäische Ebene und die gerichtliche Kontrolle durch den EuGH werden zum Regelfall in den Verträgen. Die vormaligen Unionspolitiken der GASP und der PJZS gliedern sich in die Rechtsordnung der neuen Union ein. 137

Im Zuge der Überwindung der Säulenstruktur wird die mit dem Vertrag von Maastricht am 1. November 1993 gegründete Europäische Union als Internationale Organisation, der die Mitgliedstaaten Zuständigkeiten zur Verwirklichung ihrer gemeinsamen Ziele übertragen, neugegründet und durch Art. 47 EUV mit eigener **Rechtspersönlichkeit** ausgestattet. 138

Literatur: *Calliess*, Die neue Europäische Union nach dem Vertrag von Lissabon, 2010; *Calliess/Ruffert* (Hrsg.), Verfassung der Europäischen Union – Kommentar der Grundlagenbestimmungen, 2006; *Giegerich*, Von der Montanunion zur Europäischen Verfassung in: Hofmann/Zimmermann (Hrsg.), Eine Verfassung für Europa; *Mosler*, Der Vertrag über die Europäische Gemeinschaft für Kohle und Stahl, ZaöRV 14 (1951), S. 1; *Riedel*, Der Konvent zur Zukunft Europas, ZRP 2002, S. 241 ff.; *Schwarze*, Der europäische Verfassungsvertrag, JZ 2005, S. 1130; *Stern*, Der Weg zur politischen Union Europas, in: Classen u. a. (Hrsg.), „In einem vereinten Europa dem Frieden der Welt zu dienen ..." – Liber Amicorum Thomas Oppermann, 2001; *Streinz/Ohler/Hermann*, Der Vertrag von Lissabon zur Reform der EU, 3. Aufl. 2010.

(2) Vorrang des Unionsrechts und Supranationalität der EU. Nach der Rechtsprechung des EuGH in den Entscheidungen *van Gend & Loos* (EuGH, Rs. 26/62, Slg. 1963, 1) und *Costa/ENEL* (EuGH, Rs. 6/64, Slg. 1964, 1251) haben die Normen des EUV und AEUV wie auch die auf ihrer Grundlage erlassenen Vorschriften des Sekundärrechts nicht nur einen **(Anwendungs-) Vorrang gegenüber allen innerstaatlichen Rechtsnormen**, sondern sie entfalten, unter 139 bestimmten Voraussetzungen, auch eine mit dem Begriff der unmittelbaren Anwendbarkeit bezeichnete Durchgriffswirkung auf die Bürger in den Mitgliedstaaten. Das entscheidende **Argument** gewinnt der EuGH insoweit aus dem Charakter des Unionsrechts als einer eigenständigen, autonomen Rechtsordnung, zugunsten derer die Mitgliedstaaten in begrenztem Umfang auf eigene Souveränitätsrechte verzichtet haben (dazu ausführlich unten Teil 3, D, Rn. 1 ff.).

140 Angesichts dieser – bereits von Beginn an in der europäischen Integration angelegten – spezifischen Strukturmerkmale lässt sich die EU nur unvollkommen in traditionelle, national geprägte oder klassische völkerrechtliche Kategorien einordnen. Um das Wesen der EU und die Wirkung ihres Rechts in den Mitgliedstaaten besser zu verstehen, ist nur eine eigenständige, **neue Begriffsbildung** zielführend. Insoweit ist einerseits die Herauslösung der Union aus der überkommenen Polarisierung zwischen Staatenbund und Bundesstaat erforderlich, auch wenn die überkommenen Kategorien Orientierung vermitteln können. Die besondere Herausforderung besteht darin, eine Kategorie zu finden, die den Realitäten der neuen Machtverteilung, der spezifischen Balance zwischen nationalen und supranationalen Strukturen sowie den mit ihr einhergehenden neuen Formen der Herrschaftsausübung gerecht wird. Nicht von ungefähr bestehen zur Frage der Rechtsnatur der EU höchst unterschiedliche Auffassungen (dazu unten Teil 3, A, Rn. 1 ff.). Weitgehende Einigkeit in Rechtsprechung und Schrifttum besteht jedoch darüber, dass die EU keinen (Bundes-)Staat im herkömmlichen, völkerrechtlichen Sinne konstituiert. Aufgrund der ihr begrenzt übertragenen originären öffentlichen Gewalt ist die EU aber auch mehr als eine klassische internationale Organisation, weshalb sie bereits früh als **supranationale Organisation** bezeichnet worden ist (*Ipsen*, Europäisches Gemeinschaftsrecht, 1972, S. 67 ff.; *Weiler*, Yale Law Journal 100 (1991), 2403, 2410 ff.; *v. Bogdandy*, Supranationaler Föderalismus als Wirklichkeit und Idee einer neuen Herrschaftsform, 1999, S. 61 ff.).

141 **b) Rechtsquellen des Europarechts.** Im Unionsrecht existiert ein ähnlicher **Stufenbau der Rechtsnormen** wie im innerstaatlichen Recht. An der Spitze der Normenhierarchie steht das „primäre" Unionsrecht, das die Gründungsverträge und Rechtsquellen gleichen Ranges umfasst. Die Verträge bilden die Grundlage des „sekundären" Unionsrechts, das die Unionsorgane in Ausübung ihrer Zuständigkeit setzen. Bestandteil des Unionsrechts sind auch die von der EU

abgeschlossenen völkerrechtlichen Verträge mit Staaten und anderen internationalen Organisationen.

aa) Vertrags- bzw. Verfassungsrecht der EU (sog. primäres Unionsrecht). In der Rechtsordnung der Union nimmt das Primärrecht die **oberste Rangstufe** ein. Es wird in erster Linie von den Gründungsverträgen gebildet, erfasst aber auch ungeschriebene Regeln. Die aus dem Völkerrecht stammende Bezeichnung „Primärrecht" könnte im Grundsatz durch den Terminus Verfassungsrecht ersetzt werden. Dementsprechend hatte der EuGH den EG-Vertrag bereits als „Verfassungsurkunde einer Rechtsgemeinschaft" bezeichnet. 142

(1) Vertragstexte. Den Hauptgegenstand des „geschriebenen" Primärrechts bilden – nach der Reform durch den Vertrag von Lissabon – die Gründungsverträge der Europäischen Union einschließlich späterer Ergänzungen und Änderungen, also der **Vertrag über die Europäische Union (EUV)** und der **Vertrag über die Arbeitsweise der Europäischen Union (AEUV)** jeweils einschließlich sämtlicher Protokolle (vgl. Art. 51 EUV). Hinzu kommen die Haushalts- sowie Beitrittsverträge. Im EUV sind die Grundlagen der Union, insbesondere ihre Ziele, Grundsätze und Bestimmungen zu ihren Organen, niedergelegt. Darüber hinaus ist dort auch die Möglichkeit der Verstärkten Zusammenarbeit sowie die Gemeinsame Außen- und Sicherheitspolitik geregelt. Detaillierte Bestimmungen zu den einzelnen Politiken der Union finden sich dagegen im AEUV. Dort sind auch die Grundfreiheiten und die Unionsbürgerschaft geregelt. 143

Als den Verträgen „rechtlich gleichrangig" wird gemäß Art. 6 Abs. 1 EUV nun ebenfalls die **Charta der Grundrechte der Europäischen Union (GRCh)** behandelt. Diese wurde bereits am 7. Dezember 2000 von Europäischem Parlament, Rat und Kommission proklamiert (ABl. 2000, Nr. C 364, S. 1 ff.), erlangte jedoch erst mit dem Vertrag von Lissabon im Jahre 2009 rechtliche Verbindlichkeit. 144

Im Rang unter dem Primärrecht, aber über dem Sekundärrecht stehen die **völkerrechtlichen Verträge der Union.** Diese können von der Union nach Maßgabe der Art. 216 ff. AEUV mit Drittstaaten oder internationalen Organisationen abgeschlossen werden. 145

(2) Ungeschriebenes Primärrecht. Die Unionsverträge bilden in einzelnen Bereichen eine unvollkommene Ordnung, die nach einer Ergänzung verlangt. Zur Ausfüllung dieser Lücken hat der EuGH die **allgemeinen Rechtsgrundsätze** entwickelt. Allgemeine Rechtsgrundsätze sind Sätze von grundsätzlicher Bedeutung, die Rechts- 146 satzcharakter haben. Bezugspunkt für die Gewinnung dieser Rechtsgrundsätze sind die Rechtsordnungen der Mitgliedstaaten, aus denen im Wege einer an den Besonderheiten des Unionsrechts orientierten „wertenden Rechtsvergleichung" ein Grundbestand übereinstimmender Prinzipien herausgefiltert werden kann (vgl. EuGH, Rs. 44/79, Slg. 1979, S. 3727). Die allgemeinen Rechtsgrundsätze gelten weithin in Ergänzung vertraglicher Regeln als Teil des primären Unionsrechts. Sie bilden eine autonome Rechtsquelle des Unionsrechts. Den wichtigsten Anwendungsfall für die allgemeinen Rechtsgrundsätze stellt die Herausbildung der europäischen Grundrechte dar. Die gesamte Grundrechtsjudikatur des EuGH und damit letztlich auch der gesamte unionale Grundrechtsschutz beruhten bis zum Vertrag von Lissabon allein auf der Rechtsquelle der allgemeinen Rechtsgrundsätze.

147 Zudem kennt das Europarecht als eine dem Völkerrecht nahe Rechtsordnung auch **Gewohnheitsrecht**, das durch ständige Übung und eine entsprechende Rechtsüberzeugung (*opinio iuris*) entsteht (Teil 1, B, Rn. 92 ff.).

148 bb) **Gesetzesrecht der EU (sog. sekundäres Unionsrecht).** Das sekundäre Unionsrecht umfasst die **Rechtsakte der Unionsorgane**, die aufgrund der Unionsverträge oder aufgrund einer Ermächtigung durch einen anderen Rechtsakt erlassen worden sind. Die verschiedenen Formen des Sekundärrechts werden in **Art. 288 AEUV** genannt, der für sich genommen keine Kompetenznorm ist, sondern lediglich die Handlungsmöglichkeiten aufzählt, die der Union zustehen (zur Kompetenzverteilung innerhalb der EU vgl. unten Teil 3, C, Rn. 45 ff.). Sekundäres Unionsrecht umfasst danach Verordnungen (Art. 288 Abs. 2), Richtlinien und Beschlüsse (Abs. 3) sowie Empfehlungen und Stellungnahmen (Abs. 4). Jeder Sekundärrechtsakt bedarf einer primärrechtlichen Ermächtigung, so dass insofern von einem Rangverhältnis zwischen Primär- und Sekundärrecht gesprochen werden kann.

149 Mit dem Vertrag von Lissabon wurde eine neue **Differenzierung** der Sekundärrechtsakte in den Vertragstext aufgenommen, und zwar zwischen Gesetzgebungsakten einerseits und Rechtsakten ohne Gesetzescharakter anderseits (vgl. Art. 289 Abs. 3 und Art. 290 Abs. 1 und 2 AEUV). Durch diese Unterscheidung wird die Zuordnung der Rechtsakte zu ihrem Urheber und dem Verfahren ihres Zustandekommens erleichtert, wodurch mehr Transparenz bzgl. der unionalen Handlungsformen erreicht werden kann (*Becker*, in: Pernice (Hrsg.), Der Vertrag von Lissabon, 2008, S. 145; *Rösch*, VR 2008, 361).

B. Vom geschlossenen zum offenen Staat

Die Charakterisierung einer unionalen Handlungsform als **Gesetzgebungsakt** setzt gemäß Art. 289 Abs. 3 AEUV in formaler Hinsicht ihre Entstehung im ordentlichen oder in einem besonderen Gesetzgebungsverfahren nach Art. 289 Abs. 1 und 2 AEUV voraus (vgl. dazu im Einzelnen unten Teil 3, C, Rn. 85 ff.). Als materiell-rechtliche Komponente normiert Art. 290 Abs. 1 UAbs. 2 S. 2 AEUV, dass „die wesentlichen Aspekte eines Bereichs" einem Gesetzgebungsakt vorbehalten sind.

150

Als **Rechtsakte ohne Gesetzescharakter** werden – wie der Name bereits impliziert – solche Handlungsformen bezeichnet, die nicht im Rahmen eines Gesetzgebungsverfahrens ergehen. Solche Rechtsakte sind keine Gesetzgebungsakte im formellen Sinn; sie sind jedoch in gleicher Weise rechtlich verbindlich. Rechtsgrundlage von Rechtsakten ohne Gesetzescharakter sind entweder Gesetzgebungsakte oder solche Bestimmungen des AEUV, die die Möglichkeit dieses Handlungsformenerlasses ausdrücklich vorsehen und die grundlegenden politischen Entscheidungen bereits beinhalten. Insbesondere sind das von der Kommission erlassene Rechtsakte, die auf der Grundlage einer Delegation durch das Europäische Parlament und den Rat in Gestalt eines Gesetzgebungsaktes ergehen (sog. *delegierte Rechtsakte*). Außerdem sieht Art. 291 Abs. 1 AEUV die Möglichkeit vor, dass die Kommission bzw. ausnahmsweise der Rat ermächtigt wird, *Durchführungsbeschlüsse* zu erlassen, soweit es einer einheitlichen Regelung zur Durchführung unionaler Rechtsakte bedarf.

151

(1) Verordnungen. Die Verordnung gem. Art. 288 Abs. 2 AEUV ist als Regelungstypus von ihren Rechtswirkungen her am ehesten mit dem innerstaatlichen Gesetz vergleichbar. Sie ist durch **allgemeine Geltung und Verbindlichkeit** in all ihren Teilen gekennzeichnet. Damit regelt sie eine unbestimmte Vielzahl von Sachverhalten generell-abstrakt und ist in allen ihren Teilen (also nicht nur hinsichtlich ihres Ziels) verbindlich. Die Verordnung **gilt unmittelbar in allen Mitgliedstaaten und entfaltet insoweit Durchgriffswirkung auf die Bürger.** Sie verpflichtet und berechtigt sie aus sich selbst heraus, also ohne dass es eines nationalen Umsetzunggesetzes bedarf. Die Behörden und Gerichte der Mitgliedstaaten müssen Verordnungen dementsprechend unmittelbar anwenden. In dieser Durchgriffswirkung der Verordnung kommt die Supranationalität des Unionsrechts in sichtbarer Weise zum Ausdruck.

152

153 **(2) Richtlinien.** Den zweiten Regelungstypus für generell-abstrakte (Gesetzes-) Vorschriften bildet die Richtlinie gem. Art. 288 Abs. 3 AEUV. Sie ist eine Art Rahmengesetzgebung, die die mitgliedstaatlichen Handlungsspielräume achtet. Richtlinien sind nur hinsichtlich ihres Ziels verbindlich, besser sollte man von einem Ergebnis sprechen, das die Mitgliedstaaten erreichen müssen. Richtlinien richten sich (im Normalfall) nicht direkt an die Bürger, sondern an die Mitgliedstaaten, konkret die nationalen Gesetzgeber. Diese sind verpflichtet, den Inhalt der Richtlinie in innerstaatliches Recht umzusetzen. Insoweit trifft sie eine Ergebnispflicht. Der Richtlinie liegt das Grundkonzept eines **zweistufigen Rechtsetzungsverfahrens** zugrunde: Zunächst wird das Regelungsprogramm vom europäischen Gesetzgeber mit Verbindlichkeit für die Mitgliedstaaten erlassen. Auf der nächsten Stufe setzen die nationalen Gesetzgeber den Richtlinieninhalt durch innerstaatliche Rechtsakte in nationales Recht um. Im Unterschied zur Verordnung können sie die Vorgaben der Richtlinie in ihr innerstaatliches Recht einfügen und dabei die Spielräume, die ihnen überlassen sind, nutzen und ihren nationalen Präferenzen entsprechend auffüllen. Für die Erfüllung der Umsetzungspflicht legen die Richtlinien jeweils eine bestimmte Frist fest. Solchermaßen begegnet die Richtlinie dem Bürger immer „im Gewande" des nationalen Rechts, gleichwohl die Richtlinie auch nach ihrer Umsetzung als europäischer Rechtsakt bestehen bleibt und für das gesamte nationale Recht, also nicht nur das im Zuge ihrer Umsetzung erlassene Recht, eine Maßstabswirkung entfaltet. Schon während der festgesetzten Umsetzungsfrist, aber vor allem auch später, dürfen die Mitgliedstaaten keine Vorschriften erlassen, die geeignet sind, die Erreichung des in der jeweiligen Richtlinie vorgeschriebenen Ziels (bzw. Ergebnisses) in Frage zu stellen (sog. *präventive Sperrwirkung* der Richtlinie, EuGH, Rs. C-129/96, Slg. 1997, S. I-7411 ff., Rn. 45).

154 Die Richtlinie ist das klassische Instrument für die Harmonisierung der innerstaatlichen Rechtsvorschriften durch inhaltliche Angleichung. Da sie den Mitgliedstaaten einen gewissen **Gestaltungsspielraum** bei der Umsetzung belässt, stellt sich die Richtlinie gegenüber der Verordnung als milderes Mittel im Sinne des Art. 5 Abs. 4 EUV (dazu unten Teil 3, C, Rn. 62 f.) dar. Den Mitgliedstaaten bleibt es grundsätzlich freigestellt, in welcher Form und mit welchem Mittel sie die vorgegebene Zielsetzung erreichen. Jedoch müssen sie nach der Rechtsprechung des EuGH ihre Wahl an der Geeignetheit zur

Gewährleistung der praktischen Wirksamkeit der Richtlinie ausrichten. Vor diesem Hintergrund kann etwa eine lediglich normenkonkretisierende Verwaltungsvorschrift wie die TA Luft den Umsetzungsanforderungen nicht genügen (EuGH, Rs. 361/88, Slg. 1991, S. I-2567 ff., Rn. 20 f.).

Nach der unterschiedlichen Regelungstypik der Unionsverträge unterscheidet sich die Richtlinie von der Verordnung **grundsätzlich** dadurch, dass sie **keine direkte Wirkung** im innerstaatlichen Recht entfaltet und nicht unmittelbar Rechte und Pflichten Einzelner begründen kann. Dieser Unterschied wurde jedoch durch die Rechtsprechung des EuGH durch die Möglichkeit einer unmittelbaren Wirkung zu Gunsten der Bürger erheblich eingeebnet (dazu unten Teil 3, D, Rn. 8 ff.). 155

(3) Beschlüsse. Die Beschlüsse ersetzen mit Inkrafttreten des Vertrags von Lissabon zum einen die Handlungsform der Entscheidung, zum anderen den auch schon vorher im Gemeinschaftsrecht existenten, wenn auch nicht ausdrücklich normierten „Beschluss". Sie können gemäß Art. 288 Abs. 4 AEUV an einzelne Adressaten (wie Mitgliedstaaten, natürliche oder juristische Personen) gerichtet werden und sind damit einem „europäischen Verwaltungsakt" vergleichbar. In diesem Falle kommt ihnen – anders als etwa den Verordnungen – lediglich eine individuelle Geltung zu. Richten sie sich dagegen an eine unbestimmte Anzahl von Adressaten, gelten sie allgemein. Insofern kann zwischen adressatenbezogenen und adressatenlosen Beschlüssen differenziert werden. Immer sind Beschlüsse aber **in allen ihren Teilen verbindlich**. Ähnlich wie Richtlinien können auch an Mitgliedstaaten gerichtete Beschlüsse ausnahmsweise eine begünstigende Drittwirkung entfalten, wenn sie unbedingte sowie hinreichend klare Verpflichtungen des Staates zugunsten Einzelner enthalten (vgl. zu einer entsprechenden Wirkung von Entscheidungen EuGH, Rs. 9/70, Slg. 1970, 825). Dagegen ist eine unmittelbare Wirkung solcher Beschlüsse zulasten Einzelner ausgeschlossen. 156

(4) Empfehlungen und Stellungnahmen. Empfehlungen und Stellungnahmen (Art. 288 Abs. 5 AEUV) haben **keine rechtliche Verbindlichkeit**. Innerstaatliche Gerichte müssen Empfehlungen jedoch insbesondere dann berücksichtigen, wenn diese Aufschluss über die Auslegung des Unionsrechts und über den Inhalt unionsrechtlicher Regelungen haben können (EuGH, Rs. C-322/88, Slg. 1989, 4407). Auch kann ihnen insofern eine rechtliche Wirkung zukommen, als 157 ihr Vorliegen mitunter zur Prozessvoraussetzung erklärt wird (vgl. etwa Art. 258, Art. 259 Abs. 3 und 4 AEUV).

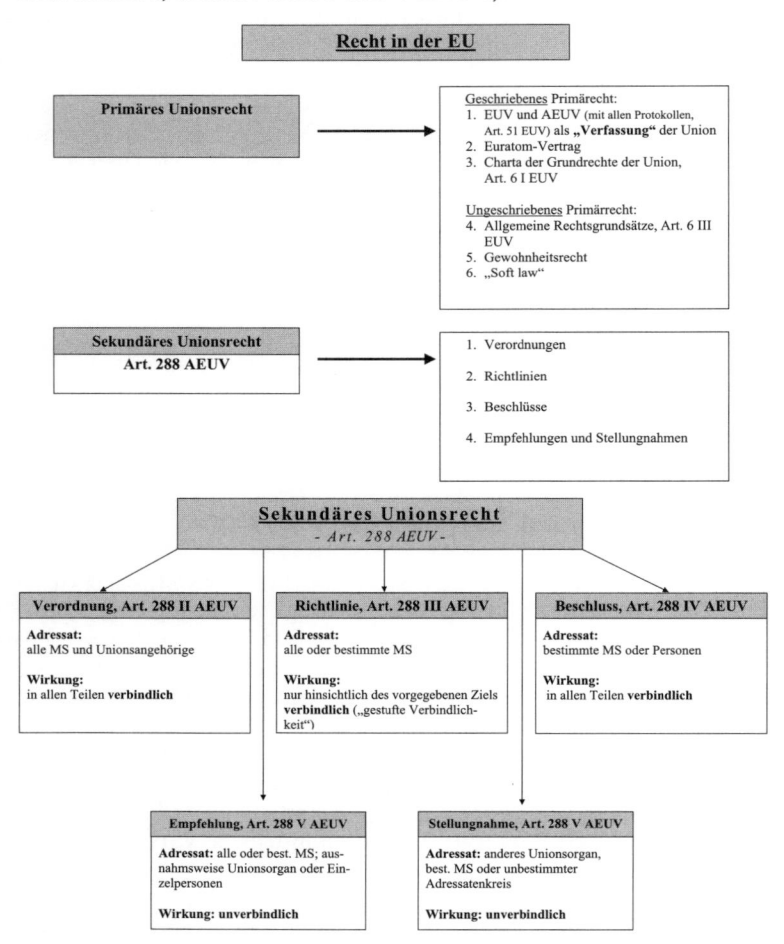

Recht in der EU

Primäres Unionsrecht

Geschriebenes Primärrecht:
1. EUV und AEUV (mit allen Protokollen, Art. 51 EUV) als **„Verfassung"** der Union
2. Euratom-Vertrag
3. Charta der Grundrechte der Union, Art. 6 I EUV

Ungeschriebenes Primärrecht:
4. Allgemeine Rechtsgrundsätze, Art. 6 III EUV
5. Gewohnheitsrecht
6. „Soft law"

Sekundäres Unionsrecht
Art. 288 AEUV

1. Verordnungen
2. Richtlinien
3. Beschlüsse
4. Empfehlungen und Stellungnahmen

Sekundäres Unionsrecht
- Art. 288 AEUV -

Verordnung, Art. 288 II AEUV

Adressat:
alle MS und Unionsangehörige

Wirkung:
in allen Teilen **verbindlich**

Richtlinie, Art. 288 III AEUV

Adressat:
alle oder bestimmte MS

Wirkung:
nur hinsichtlich des vorgegebenen Ziels **verbindlich** („gestufte Verbindlichkeit")

Beschluss, Art. 288 IV AEUV

Adressat:
bestimmte MS oder Personen

Wirkung:
in allen Teilen **verbindlich**

Empfehlung, Art. 288 V AEUV

Adressat: alle oder best. MS; ausnahmsweise Unionsorgan oder Einzelpersonen

Wirkung: **unverbindlich**

Stellungnahme, Art. 288 V AEUV

Adressat: anderes Unionsorgan, best. MS oder unbestimmter Adressatenkreis

Wirkung: **unverbindlich**

Literatur: *Bast*, Handlungsformen und Rechtsschutz, in: von Bogdandy/Bast (Hrsg.), Europäisches Verfassungsrecht, 2. Aufl. 2009, S. 489; *Becker*, Die Handlungsformen im Vertrag von Lissabon – bloß die symbolische Beseitigung des Symbolischen oder wesentliche Veränderungen?, in: Pernice (Hrsg.), Der Vertrag von Lissabon – Reform der EU ohne Verfassung?

(2008), S. 145; *Calliess* (Hrsg.), Verfassungswandel im europäischen Staaten- und Verfassungsverbund, 2007, *Hofmann*, Normenhierarchien im europäischen Gemeinschaftsrecht, 2000; *Nettesheim*, Normenhierarchien im EU-Recht, EuR 2006, S. 737 ff.; *Walzel/Becker*, Grundzüge der Richtlinienrechtsprechung, JURA 2007, S. 635 ff.

2. Teil. Öffnung zum Völkerrecht: Deutschland in der internationalen Staatengemeinschaft

A. Grundgesetz und kompetenzieller Gehalt der Öffnung zum Völkerrecht

1   Die grundgesetzliche Öffnung zum Völkerrecht in ihrer kompetenziellen Dimension wird gemeinhin mit dem **Begriff der Auswärtigen Gewalt** umschrieben. Dieser ist dem Grundgesetz selbst unbekannt, wird aber vom Schrifttum – zurückgehend auf *Albert Haenel*, der unter dem Titel der Auswärtigen Gewalt das grenzüberschreitende Handeln des Staates zusammenfasste (*Haenel*, Deutsches Staatsrecht, 1892, Bd. 1, Kap. V: Die auswärtige Gewalt, S. 531) – an den Verfassungstext herangetragen. Er dient der Zusammenfassung all derjenigen verfassungsrechtlichen Kompetenzen der Verfassungsorgane, die sich mit der Wahrnehmung der auswärtigen Angelegenheiten befassen. Auch wenn der Begriff für die Pflege der auswärtigen Angelegenheiten eine Sonderstellung im Gefüge der übrigen Staatsgewalt suggeriert, so folgt aus ihm jedenfalls nicht, dass es sich bei der Auswärtigen Gewalt um eine aus dem klassischen Gewaltenteilungsschema herausgelöste vierte Gewalt handelt. Vielmehr sind nach der Konzeption des Grundgesetzes alle drei Gewalten an der Auswärtigen Gewalt beteiligt. Der Begriff konsumiert mithin nur jene staatlichen Zuständigkeiten, die sich auf die Gestaltung des Verhältnisses zu anderen Staaten und Völkerrechtssubjekten auf Basis des Völkerrechts beziehen. Traditionell sind dies völkerrechtliche Verträge, aber nach heute überwiegender Ansicht fallen auch sonstige völkerrechtsförmige Handlungen darunter.

2   Der Begriff der Auswärtigen Gewalt hat **zwei Komponenten**: Die internationale Komponente bezieht sich auf die völkerrechtliche Vertretungsmacht, während sich die innerstaatliche Komponente auf die innenpolitische Willensbildung bezieht. Auswärtige Gewalt ist so gesehen ein Bindeglied zwischen staatlicher und völkerrechtlicher Sphäre und damit Gegenstand völkerrechtlicher und verfassungsrechtlicher Normen (dazu auch *Kluth*, in: FS Friauf, 1997, S. 197). Die verfassungsrechtliche Zuständigkeit bezieht sich nur auf staatli-

A. Grundgesetz und kompetenzieller Gehalt der Öffnung 63

ches Handeln, das sich unmittelbar an einen ausländischen Adressaten richtet oder sich unmittelbar außerhalb des eigenen Hoheitsbereichs auswirkt. Die Auswärtige Gewalt ist so gesehen völkerrechtlich wirksam gewordene Außenpolitik (*Schuppert*, Kontrolle der auswärtigen Gewalt, 1973, S. 40 ff.).

Die Rede von der so verstandenen Auswärtigen Gewalt impliziert 3 eine Trennung zwischen Innen- und Außensphäre des Staates, die historisch gewachsen ist (vgl. *Hegel*, Grundlinien der Philosophie des Rechts, 1821, § 259; *Locke*, Two Treaties of Government, 1689, Bd. II, Kap. 12, § 146). Traditionell ist der Nationalstaat in den Außenbeziehungen der zentrale Akteur. Diese **traditionelle Sichtweise** wird jedoch durch verschiedene Entwicklungen hinterfragt, die gemeinhin unter den Stichworten der Globalisierung, Internationalisierung und Europäisierung zusammengefasst werden.

Insbesondere vor dem Hintergrund der Verflechtung staatlicher und sur- 4 prastaatlicher Verfassungs- und Rechtsordnungen in der EU liegt die Frage nicht fern, ob zur Außenpolitik überhaupt noch die Europapolitik gehört oder ob diese nicht bereits Innenpolitik ist. Nicht zu Unrecht wird der Begriff der Auswärtigen Gewalt mit seinen Implikationen der Einheit des staatlichen Handelns nach außen und der Unterscheidbarkeit der staatlichen Tätigkeit in einen Innen- und Außenbereich als irreführend kritisiert (*Häberle*, KritV 78 (1998), 298, 309). In der Tat hat die Aufgabenverteilung zwischen den Mitgliedstaaten und der EU klassische Themen der Außenpolitik zu Angelegenheiten europäischer Innenpolitik werden lassen, es lässt sich insoweit von **europäisierter Innenpolitik** sprechen (vertiefend unten Teil 3, A, Rn. 68).

Ansätze im Verständnis der Auswärtigen Gewalt, den vorstehend skizzier- 5 ten Einsichten Rechnung zu tragen, finden sich bereits seit geraumer Zeit: Mit dem Begriff der **Integrationsgewalt** wurde z. B. versucht, die Besonderheiten der europäischen Integration zu erfassen (*Grewe*, VVDStRL 12 (1954), S. 129, 144 f.; vgl. auch *Ruppert*, Die Integrationsgewalt, 1969). Jene soll neben der klassischen völkerrechtlichen Vertragsgewalt bestehen. Der Sache nach handelt es sich bei ihr aber nur um jene besonderen formellen und materiellen Bindungen, die die Exekutive im Rahmen eines Handels auf europäischer Ebene treffen. Letztlich wird die Integrationsgewalt damit aber wiederum als Bestandteil der Auswärtigen Gewalt gesehen. Andere Stimmen wollen den Begriff der Auswärtigen Gewalt in dem weiteren Begriff **des Internationalen Verfassungsrechts** aufgehen lassen, der die Gesamtheit der rechtlich bedeutsamen Einwirkungen aus dem internationalen Bereich in den Staat umfassen soll (*Fiedler*, in: FS Schlochauer, 1981, S. 57, 66). Dieser Begriff ist jedoch mit anderen Konnotationen verbunden (kritisch *Fastenrath*, Kompetenzverteilung im Bereich der auswärtigen Gewalt, 1986, S. 57). Entscheidend ist aber nicht die Begrifflichkeit, sondern das Verständnis des verfassungsrechtlichen Gefüges, das vom Begriff der Auswärtigen Gewalt umfasst wird. Mit den Öffnungsklauseln zur Übertragung von Hoheitsrechten in Art. 24 Abs. 1 und 23 Abs. 1 GG definiert sich der Staat des Grundgesetzes als offener Verfassungsstaat (vgl. zum Begriff insbesondere *Vogel,* Die Verfassungsentscheidung des Grundgesetzes für eine internationale Zusammenarbeit, 1964, S. 28 f., 33 f.), der – in den Grenzen der Verfassung (Art. 23 Abs. 1 S. 2, Art. 79 Abs. 3 GG) – rezeptionsbereit auf die Entwicklungen des Völker- und Europarechts reagieren will. Daran anknüpfend gilt es, im Bereich des Europarechts die Bestimmungen des Grundgesetzes insgesamt im Kontext des europäischen Staaten- und Verfassungsverbundes zu verstehen und anzuwenden.

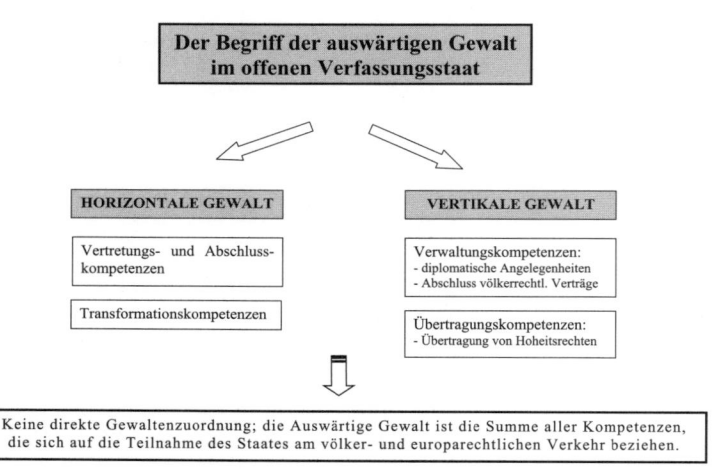

Der Begriff der auswärtigen Gewalt im offenen Verfassungsstaat

HORIZONTALE GEWALT
- Vertretungs- und Abschlusskompetenzen
- Transformationskompetenzen

VERTIKALE GEWALT
- Verwaltungskompetenzen:
  - diplomatische Angelegenheiten
  - Abschluss völkerrechtl. Verträge
- Übertragungskompetenzen:
  - Übertragung von Hoheitsrechten

Keine direkte Gewaltenzuordnung; die Auswärtige Gewalt ist die Summe aller Kompetenzen, die sich auf die Teilnahme des Staates am völker- und europarechtlichen Verkehr beziehen.

I. Horizontale Dimension der Auswärtigen Gewalt (Organkompetenz)

6   Auf der (horizontalen) Ebene des Bundes ist zunächst die Frage zu beantworten, **welches Bundesorgan** im Bereich der Auswärtigen Gewalt handlungsbefugt ist. Da alle Bundesorgane in gewissem Umfang mit Kompetenzen dieser Art ausgestattet sind, können sich Abgrenzungsschwierigkeiten im Einzelfall ergeben. Entscheidend ist es daher, die Reichweite der konkreten Organkompetenz anhand der funktionellen Systematik des Grundgesetzes zu determinieren.

A. Grundgesetz und kompetenzieller Gehalt der Öffnung

1. Vorschriften des GG im Lichte von Rspr. und Lehre

Im Rahmen der Auswärtigen Gewalt kann zwischen **notariellen,** **operativen und kontrollierenden Funktionen** unterschieden werden (*Grewe,* in: Isensee/Kirchof (Hrsg.), HStR, Bd. III, 2. Aufl, 1996, § 77, Rn. 52 ff.). Der notariellen Funktion sind demnach die Repräsentationsaufgaben des Bundespräsidenten, der kontrollierenden Funktion die Befugnisse des BVerfG und des Bundestages zuzuordnen. Die operative Funktion umfasst die eigentliche Gestaltung der auswärtigen Beziehungen durch die Bundesregierung.

a) Rolle des Bundespräsidenten, Art. 59 Abs. 1, 58 GG, § 11 GOBReg. Nach Art. 59 Abs. 1 GG vertritt der Bundespräsident den Bund völkerrechtlich. Art. 59 GG ordnet sich unmittelbar in die Tradition deutscher Verfassungen ein. Auch alle europäischen Staaten übertragen die völkerrechtliche Vertretung dem Staatsoberhaupt. Trotz der engen Anlehnung an die Formulierung der Weimarer Reichsverfassung folgt das Grundgesetz jedoch nicht deren Konzeption, wonach das Staatsoberhaupt Träger der Auswärtigen Gewalt ist. Vielmehr kommt dem Bundespräsidenten nur eine **formale Vertretungskompetenz** zu, der eine rein notarielle Funktion korrespondiert (*Seidel,* Der Bundespräsident als Träger der auswärtigen Gewalt, 1972, S. 153, 222). Nicht zu Unrecht wird diese Form der Repräsentation als rein „dekorativ" bezeichnet; der innerstaatliche Wille wird durch den Bundespräsidenten nach außen lediglich kundgetan (*Stern,* Das Staatsrecht der Bundesrepublik, Bd. II, 1984, S. 221, 224). In systematischer Hinsicht wird diese Interpretation dadurch untermauert, dass der Bundespräsident nach dem Grundgesetz generell keine eigene politische Gestaltungsbefugnis besitzt. Er kann daher auch keine Befugnis zur Ausübung inhaltlich-gestaltender Befugnisse im Rahmen der Auswärtigen Gewalt haben. Maßgeblicher Grund hierfür ist seine fehlende parlamentarische Verantwortlichkeit.

Eine einfachgesetzliche **organisatorische Ausprägung** dieser grundgesetzlichen Regelung ergibt sich aus § 11 Abs. 1 GOBReg. Hiernach sollen Vertreter auswärtiger Regierungen oder zwischenstaatlicher Einrichtungen vom Bundespräsidenten nur nach vorherigem Benehmen mit dem Auswärtigen Amt empfangen werden. Nach Abs. 2 der Vorschrift dürfen Verhandlungen mit dem Ausland nur mit Zustimmung des Auswärtigen Amtes, auf sein Verlangen oder unter seiner Mitwirkung geführt werden.

Insoweit ist die Außenvertretung auf den Bundeskanzler und den Außenminister zugeschnitten. Nicht zuletzt unterliegen die Handlungen des Bundespräsidenten gem. Art. 58 GG deswegen auch einer **Gegenzeichnungspflicht**. Diese erfasst allerdings nur jene Akte, die auf rechtliche Verbindlichkeit angelegt sind. Dementsprechend sind rein politische Aussagen oder Erklärungen von ihr nicht erfasst. Hier eröffnet sich ein schmaler Spielraum für den Bundespräsidenten zu wirken (siehe z. B. die Türkei-Rede von Bundespräsident Gauck am 28.04.2014): Da er insoweit auch nicht der Richtlinienkompetenz des Bundeskanzlers unterliegt, besteht nur die allgemeine Pflicht zur Verfassungsorgantreue, mithin eine Pflicht zur Zusammenarbeit und gegenseitigen Rücksichtnahme. Dies bedeutet einerseits, dass er die Außenpolitik der Bundesregierung nicht konterkarieren darf. Andererseits muss er der Bundesregierung nicht jede politische Erklärung zuleiten (*Schenke,* Die Verfassungsorgantreue, 1977, S. 37 ff.). Auch bleibt das allgemeine Prüfungsrecht des Bundespräsidenten bei der Ausfertigung von (Transformations-) Gesetzen unberührt; hier gelten die allgemeinen Grundsätze (dazu *Maurer,* Staatsrecht I, § 17, Rn. 86).

11 **Konkret** räumt Art. 59 Abs. 1 GG dem Bundespräsidenten die **Befugnis** ein, den Bund völkerrechtlich zu vertreten, in seinem Namen Verträge des Bundes mit auswärtigen Staaten und internationalen Organisationen abzuschließen und die Gesandten zu beglaubigen und zu empfangen. Verträge schließen umfasst aber nicht etwa die Verhandlung derselben, sondern die Ratifikation einschließlich der Hinterlegung der Ratifikationsurkunden. Eine aktive Verhandlungsführung widerspricht jener vom Grundgesetz intendierten **notariellen Funktion** des Bundespräsidenten. Seine so definierte Vertretungsbefugnis umfasst alle unmittelbar rechtserheblichen Erklärungen in den internationalen Beziehungen, von denen Art. 59 Abs. 1 S. 2 und 3 GG nur einen Ausschnitt anspricht. Sie ist mithin umfassend angelegt und bezieht sich auf alle Aspekte der Auswärtigen Gewalt.

12 Jedoch werden völkerrechtliche Verträge in der Praxis nicht vom Bundespräsidenten ausgehandelt und unterzeichnet, sondern von der dafür personell und fachlich ausgestatteten Bundesregierung (dazu bereits oben Teil 1, B, Rn. 87). Insoweit wird angenommen, dass der Bundespräsident seine Befugnisse **im Einzelfall** ausdrücklich oder stillschweigend delegiert. Freilich muss jede völkerrechtliche Vertretung auf den Bundespräsidenten wenigstens rückführbar sein. Diese Form der **Delegation** entspricht der ständigen verfassungsrechtlichen Praxis und wird allgemein mit den Bedürfnissen der Praxis begründet. Insoweit ist Art. 59 Abs. 1 GG im Zusammenhang mit Art. 7 Abs. 2 lit. a WVK zu sehen. Danach ist völkerrechtlich neben

A. Grundgesetz und kompetenzieller Gehalt der Öffnung

dem Staatsoberhaupt auch immer der Regierungschef vertretungsbefugt. Zum Abschluss von Verträgen gilt dies auch für den Außenminister. Mit der expliziten Regelung des Grundgesetzes erscheint es aber unvereinbar, wenn manche Stimmen eine generelle stillschweigende bzw. gewohnheitsrechtliche Delegation der Befugnisse des Bundespräsidenten annehmen (*Bleckmann*, Grundgesetz und Völkerrecht, 1975, S. 212; vgl. auch BVerfGE 68, 1, 82 f.). Eine solche generelle Delegation kann nur im Wege der Verfassungsänderung erfolgen bzw. ermöglicht werden. Vor diesem Hintergrund ist die Lösung zum einen in einer restriktiven Auslegung des Art. 59 Abs. 1 S. 1 GG zu suchen, die die Kompetenz des Bundespräsidenten aus seiner Repräsentativfunktion heraus begrenzt. So gesehen fallen die meisten einseitigen völkerrechtlichen Erklärungen sowie Regierungs- und Ressortabkommen nicht in den Anwendungsbereich des Art. 59 Abs. 1 S. 1 GG, weil der Staat in dieses Fällen nicht in seiner Gesamtheit, sondern nur als Teilgewalt betroffen ist. Im Übrigen kann der Bundespräsident seine Befugnisse ausdrücklich oder stillschweigend delegieren, aber eben nur im Einzelfall.

Besonderheiten ergeben sich hinsichtlich der **Vertretung Deutschlands in der Europäischen Union**. Hier ist die Repräsentationsfunktion des Bundespräsidenten durch das Grundgesetz eingeschränkt. Eine Vertretung Deutschlands im Ministerrat oder im Europäischen Rat durch den Bundespräsidenten ist im europäischen Staaten- und Verfassungsverbund gem. Art. 23 Abs. 1 GG i. V. m. Art. 16 EUV bzw. Art. 15 Abs. 2 EUV ausgeschlossen. 13

b) Rolle der Exekutive im Rahmen der Auswärtigen Gewalt. 14
Abgesehen von Art. 23 GG wird die Exekutive in dem die auswärtige Angelegenheiten betreffenden Organisationsrecht des GG nicht erwähnt. Ihre außenpolitische Funktion kann sich daher nur aus den Regelungen über die innenpolitische Zuständigkeit der Bundesregierung bzw. des Bundeskanzlers ergeben. Innerhalb der Regierung ist die Außenpolitik wie jeder Politikbereich gem. Art. 65 S. 1 GG der **Richtlinienkompetenz des Bundeskanzlers** unterworfen. Wenn sich aus Art. 65 S. 1 GG ein Kernbereich grundgesetzlicher Regierungstätigkeit ergibt, so lassen sich hieraus auch Schlussfolgerungen für die außenpolitische Rolle der Regierung gegenüber den anderen Staatsorganen ziehen. Dies bestätigt § 1 der GOBReg, wonach die Richtlinienkompetenz des Bundeskanzlers sowohl die innere wie die äußere Politik umfasst. Vor diesem Hintergrund lässt sich die Zuständigkeit

der Exekutive zur Führung der Außenpolitik zumindest auf eine politische Annexkompetenz stützen.

15 Demgemäß fallen die wesentlichen außenpolitischen Entscheidungen in den Zuständigkeitsbereich der Regierung. Man spricht insofern von einer **Prärogative der Exekutive** im Bereich der Auswärtigen Gewalt. Dies betrifft sowohl die Einleitung von Vertragsverhandlungen, den selbständigen Abschluss von Regierungs- und Ressortabkommen, als auch Verwaltungsaufgaben wie die Führung des Auswärtigen Dienstes. § 15 GOBReg bestätigt dies. Hiernach sind Angelegenheiten von allgemeiner außenpolitischer Bedeutung einschließlich aller völkerrechtlichen Akte, die einer Umsetzung durch formelle Gesetze oder Verordnungen der Bundesregierung bedürfen, der Bundesregierung zur Beratung und Beschlussfassung vorzulegen. Dabei kann die konkrete Aufgabenverteilung zwischen dem die Richtlinien der Politik bestimmenden Kanzler und den einzelnen Fachministern in auswärtigen Angelegenheiten nicht abstrakt festgelegt werden, sondern ist der politischen Entscheidung vorzubehalten. Die außenpolitische Zuständigkeit liegt innerhalb der Bundesregierung federführend beim Außenminister. Nach § 9 GOBReg ist dessen konkreter Geschäftsbereich jedoch wiederum vom Bundeskanzler abzustecken.

16 Besondere Bedeutung kommt im Rahmen der auswärtigen Beziehungen dem **Auswärtigen Amt** zu. Der amtliche Verkehr mit diplomatischen Vertretern ist gem. § 26 Abs. 2 GGO über das Auswärtige Amt abzuwickeln. § 11 GOBReg bestimmt, dass Verhandlungen mit dem Ausland und der Empfang auswärtiger Vertreter vom Auswärtigen Amt begleitet werden. Die anderen Fachminister haben demgemäß kein eigenes außenpolitisches Mandat. Dementsprechend ist nach Art. 13 GOBReg für die Annahme von Einladungen ins Ausland die Zustimmung des Bundeskanzlers erforderlich. Freilich haben die Ressortminister bei Vertragsschlüssen, wie auch sonst, ihre eigenen Zuständigkeitsbereiche; sie handeln daher die Ressortabkommen in eigener Verantwortung, aber unter Beteiligung des Auswärtigen Amtes nach § 72 Abs. 2 GGO, aus.

17 Eine besondere Rolle kommt den Ministern und ihrem Ministerium überdies bei der Wahrnehmung der Zuständigkeiten **im Rat der EU** zu, der regelmäßig in fachspezifischer Besetzung tagt. Hier, auf der europäischen Ebene, schlüpfen sie in eine neue Rolle, indem sie als Mitglieder des Rates, der zusammen mit dem europäischen Parlament für die europäische Gesetzgebung zuständig ist, unmittelbar legislative Aufgaben wahrnehmen. In diesem Kontext entstehen mit Blick auf die Verwirklichung des europäischen Demokratieprinzips (*Calliess*, in: FS Ress, 2005, S. 399 ff.) auch besondere Verantwortlichkeiten gegenüber dem Bundestag, die ihren Ausdruck unter anderem in dessen

Mitwirkungsrechten nach Art. 23 GG gefunden haben (dazu unten Teil 3, C, Rn. 19 ff.). Hier wird einmal mehr deutlich, wie sehr sich die europäische Ebene aus dem Bereich der Auswärtigen Gewalt herausentwickelt hat.

c) Rolle des Bundestages, Art. 59 Abs. 2 GG. Nach Art. 59 Abs. 2 S. 1 GG bedürfen Verträge, die die politischen Beziehungen des Bundes regeln oder sich auf Gegenstände der Bundesgesetzgebung beziehen, der **Zustimmung oder Mitwirkung** der gesetzgeberischen Körperschaften. Die Norm regelt ihrem Inhalt nach die Beteiligung des Bundestages an einem Akt der Exekutive. Es handelt sich dabei jedoch nicht etwa um einen Einbruch in einen fremden, exekutiven Ausschließlichkeitsbereich, sondern um eine bewußte Verteilung von Zuständigkeiten im Rahmen der Auswärtigen Gewalt durch das Grundgesetz, die auf eine lange verfassungsrechtliche Tradition zurückblicken kann. Bereits im 19. Jahrhundert setzte sich Stück für Stück die Ansicht durch, dass gewichtige völkerrechtliche Verträge nicht ohne Mitwirkung des Parlaments abgeschlossen werden sollen. Dementsprechend wurden im GG – nach dem Vorbild des Art. II der US-Verfassung – die Kontrollrechte des Bundestages auf die Vertragsgewalt erstreckt. Die Vorschrift ist damit Ausdruck der Beteiligung des Parlaments an außenpolitischen Grundentscheidungen. 18

Die Beteiligung der Legislative gem. Art. 59 Abs. 2 GG ist mit Blick auf die Rolle der Exekutive **jedoch nicht immer erforderlich.** Nach dem eindeutigen Wortlaut sind die gesetzgebenden Körperschaften nur bei zwei- oder mehrseitigen Vertragsverpflichtungen zu beteiligen. In der Folge sind materielle Vertragsanpassungen durch Fortentwicklung völkerrechtlichen Vertragsrechts, einseitige Akte, bindende Beschlüsse im Rahmen internationaler Organisationen sowie die Mitwirkung an der Bildung von soft law grundsätzlich nicht erfasst. Dies ist vor dem Hintergrund der Herausforderungen der Globalisierung, Internationalisierung und Europäisierung nicht unproblematisch. 19

aa) Kontrollfunktion der Legislative. Das Erfordernis der parlamentarischen Zustimmung verfolgt einen doppelten Zweck. Mit ihm soll zum einen das Rechtssetzungsmonopol des Parlaments und somit die innerstaatliche Umsetzung des völkerrechtlichen Vertrages gesichert werden (BVerfGE 1, 372, 390). Zum anderen garantiert das Zustimmungserfordernis eine präventive parlamentarische Kontrolle, im Zuge derer Rechte und Pflichten der Staatsbürger nur durch einen Akt der von ihnen gewählten Repräsentanten festgelegt werden kön- 20 nen. Auf diesem Wege sichert das Grundgesetz die **demokratische Legitimation außenpolitischer Entscheidungen**. Entsprechend ermächtigt auch erst das Zustimmungsgesetz den Bundespräsidenten, den Vertrag zu ratifizieren. Eine nachträgliche Zustimmung wäre ein Verfassungsverstoß. Eine vorweggenommene Ermächtigung der vertragsschließenden Exekutive ist dagegen bei einem hinreichend genau bestimmten Vertragsinhalt möglich. Aber auch nach der Zustimmung des Bundestages verbleibt der Regierung die Entscheidung darüber, ob sie den vom Parlament gebilligten Vertrag dem Bundespräsidenten tatsächlich zur Ratifikation übergibt (BVerfGE 90, 286, 358). Die Kontrollfunktion erschöpft sich demnach darin, den endgültigen Vertragsschluss zu ermöglichen.

21 bb) **Reichweite der parlamentarischen Zustimmung gem. Art. 59 Abs. 2 GG.** Der parlamentarischen Zustimmung unterliegen **Verträge, die die politischen Beziehungen des Bundes regeln**. Darunter sind nach der vom Schrifttum geteilten Auffassung des BVerfG nur Verträge zu verstehen, die wesentlich und unmittelbar die Existenz des Staates, seine territoriale Integrität, seine Unabhängigkeit oder sein maßgebliches Gewicht in der Staatengemeinschaft berühren. Dazu gehören Verträge, die darauf gerichtet sind, die Machtstellung eines Staates anderen Staaten gegenüber zu behaupten, zu befestigen oder zu erweitern. Als Beispiele nennt das Gericht Bündnisse, Garantiepakte, Abkommen über politische Zusammenarbeit, Friedens-, Nichtangriffs-, Neutralitäts- und Abrüstungsverträge sowie Schiedsverträge (BVerfGE 1, 372, 380f.). Diese werden als hochpolitische Verträge bezeichnet (vgl. BVerfGE 40, 141, 164; *Rojahn*, in: von Münch/Kunig, GG, Art. 59 Rn. 23). Danach ist im Einzelfall unter Berücksichtigung der besonderen Umstände und konkreten politischen Situation der Bundesrepublik und ihrer Vertragspartner (BVerfGE 1, 372, 383) das politische Gewicht eines Vertrages mit seinen Folgen für die internationale Stellung des Staates entscheidend. Umfasst ist auch die vertragliche Änderung zustimmungsbedürftiger Verträge sowie der Abschluss konkludenter Änderungsverträge (BVerfGE 90, 286, 360f.; vgl. dazu *Fastenrath*, in: Geiger (Hrsg.), Völkerrechtlicher Vertrag und staatliches Recht vor dem Hintergrund zunehmender Verdichtung der internationalen Beziehungen, 2000, S. 93, 102ff.). Auch die Verträge im Kontext der europäischen Integration sind hochpolitische Verträge in diesem Sinne. Da mit ihnen zugleich Hoheitsrechte auf die europäischen Institutio-

A. Grundgesetz und kompetenzieller Gehalt der Öffnung

nen übertragen wurden, unterfielen sie – wie etwa der EWG-Vertrag – zugleich Art. 24 Abs. 1 GG, der im Hinblick auf die EU durch den spezielleren Europaartikel des Art. 23 Abs. 1 GG abgelöst wurde. Die Art und Weise der Zustimmung von Bundestag und Bundesrat ist dort im Hinblick auf den Vertragsschluss speziell geregelt. Ergänzend ist dort auch die Beteiligung von Bundestag und Bundesrat an (Gesetzgebungs-) Maßnahmen der EU-Organe in Art. 23 Abs. 2 bis 6 GG speziell geregelt (ausführlich dazu unten Teil 3, C, Rn. 19 ff.).

Überdies unterliegen auch Verträge der parlamentarischen Zustimmung, die sich auf **Gegenstände der Bundesgesetzgebung** beziehen. Aus dem Begriffsgegensatz zur Bundesverwaltung in Art. 59 Abs. 2 S. 2 GG ergibt sich, dass Art. 59 Abs. 2 S. 1 GG nicht etwa auf die Gesetzgebungszuständigkeit des Bundes im Verhältnis zu den Ländern abzielt, sondern auf die Abgrenzung zwischen Gesetzgebung und Verwaltung (BVerfGE 1, 372, 388 f.). Sinn und Zweck dieser Regelung ist es, den innerstaatlichen Gesetzesvorbehalt vor einer Erosion zu schützen. Ein Vertrag bezieht sich daher auf Gegenstände der Bundesgesetzgebung, wenn im konkreten Fall zur Umsetzung ein Gesetz notwendig ist (BVerfGE 1, 372, 388). Die Feststellung, ob eine Regelung nur durch ein formelles Gesetz getroffen werden kann, richtet sich nach den allgemeinen verfassungsrechtlichen Grundsätzen zum Gesetzesvorbehalt (Wesentlichkeitstheorie) gem. Art. 20 Abs. 3 GG.

Allgemein anerkannt ist mit Blick auf Art. 110 Abs. 1 S. 1 GG auch die Notwendigkeit eines Zustimmungsgesetzes für **finanzwirksame Verträge** mit Auswirkungen auf den Bundeshaushalt. Ein Beispiel sind insoweit die sog. Rettungsschirme EFSF und ESM während der Krise im Euroraum (siehe unten Teil 3, B, Rn. 49 ff.). Umstritten ist demgegenüber der Gesetzesvorbehalt bei sog. **Parallelverträgen**. Dabei handelt es sich um Verträge, deren Inhalt bereits mit innerstaatlichem Recht übereinstimmt (vgl dazu *Kadelbach/ Gundermann*, AöR 126 (2001), 563 ff.). Das BVerfG macht insoweit keine eindeutigen Aussagen (vgl. BVerfGE 1, 372, 388 f.). Aufgrund der Präjudizierung der Legislative durch die Festschreibung der Rechtslage nimmt das überwiegende Schrifttum eine Zustimmungsbedürftigkeit von Parallelabkommen an (vgl. etwa *Steinberger*, in: Mußgnug (Hrsg.), Rechtsentwicklungen unter dem Bonner Grundgesetz, 1990, S. 101, 118 f.; *Wolfrum*, VVDStRL 56 (1997), S. 38 (46); *Fastenrath*, Kompetenzverteilung im Bereich der auswärtigen Gewalt, 1986, S. 222 f.). Da die Legislative zur Beibehaltung der Rechtslage verpflichtet wird, erscheint eine Beteiligung notwendig. Dies entspricht der Vertragspraxis.

Im Umkehrschluss aus Art. 59 Abs. 1 S. 1 GG müssten alle verbleibenden Verträge gem. Art. 59 Abs. 2 S. 2 GG in Form von **Verwal-**

tungsabkommen** entsprechend den Vorschriften über die Bundesverwaltung vereinbart werden können. Verwaltungsabkommen sind so gesehen Verträge, die keine politischen Beziehungen regeln und deren Vollzug durch Rechtsakte der Exekutive möglich ist. Vor dem Hintergrund eines zunehmend internationalisierten Verwaltungshandelns samt transnationalen Verwaltungsrechts erscheint ein solches Verständnis aber nur noch begrenzt zeitgemäß.

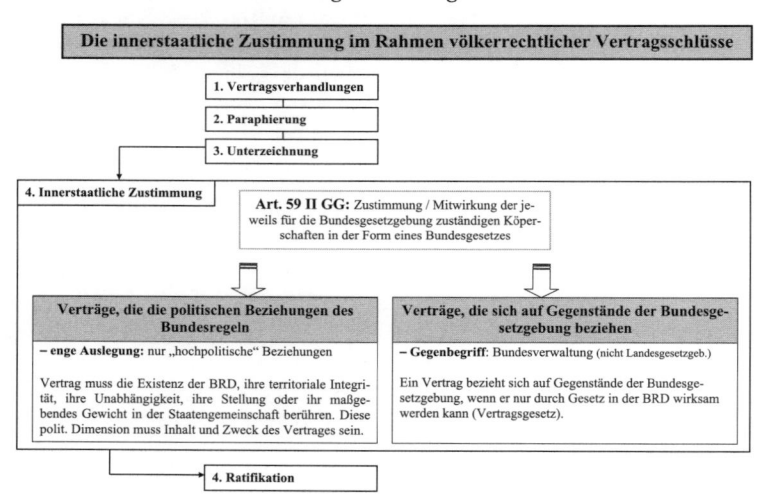

Die innerstaatliche Zustimmung im Rahmen völkerrechtlicher Vertragsschlüsse

1. Vertragsverhandlungen
2. Paraphierung
3. Unterzeichnung

4. Innerstaatliche Zustimmung

Art. 59 II GG: Zustimmung / Mitwirkung der jeweils für die Bundesgesetzgebung zuständigen Köperschaften in der Form eines Bundesgesetzes

Verträge, die die politischen Beziehungen des Bundes regeln	**Verträge, die sich auf Gegenstände der Bundesgesetzgebung beziehen**
– **enge Auslegung**: nur „hochpolitische" Beziehungen	– **Gegenbegriff**: Bundesverwaltung (nicht Landesgesetzgeb.)
Vertrag muss die Existenz der BRD, ihre territoriale Integrität, ihre Unabhängigkeit, ihre Stellung oder ihr maßgebendes Gewicht in der Staatengemeinschaft berühren. Diese polit. Dimension muss Inhalt und Zweck des Vertrages sein.	Ein Vertrag bezieht sich auf Gegenstände der Bundesgesetzgebung, wenn er nur durch Gesetz in der BRD wirksam werden kann (Vertragsgesetz).

4. Ratifikation

---

25 cc) **Einwirkungsmöglichkeiten und Initiativrecht des Parlaments im Bereich der Auswärtigen Gewalt.** Aufgrund der verfassungsrechtlich dominierenden Stellung der Bundesregierung im Bereich der Auswärtigen Gewalt hat diese ein „natürliches" Initiativrecht; dem Bundestag stehen nach überwiegender Meinung **nur eng begrenzte Einwirkungsmöglichkeiten** zu (vgl. nur *Grewe*, AöR 112 (1987), 521, 528; *Hillgruber*, in: FS Leisner, 1999, S. 53, 65). Insbesondere kann der Bundestag nicht verhindern, dass die Regierung Vertragsverhandlungen aufnimmt oder Vertragsentwürfe mit einem bestimmten Inhalt gestaltet (vgl. BVerfGE 68, 1, 85f.; 90, 286, 358). Erst im innerstaatlichen Verfahren nach Art. 59 Abs. 2 GG hat der Bundestag die Möglichkeit auf den von der Exekutive ausgehandelten und unterzeichneten Vertrag Einfluss zu nehmen – er kann diesen dann allerdings nur noch im Paket ablehnen. Dadurch wird berück-

A. Grundgesetz und kompetenzieller Gehalt der Öffnung

sichtigt, dass die Vertragstexte schon ausgehandelt wurden und mit Blick auf die völkerrechtliche Vertragstreue nicht einseitig abgeändert werden können. Bestätigt wird dies durch § 82 Abs. 2 GOBT, wonach Abänderungsanträge des **Vertragstextes** selbst ausgeschlossen sind.

Demgegenüber ist eine **mittelbare inhaltliche Mitgestaltung**, etwa über Änderungsanträge zum **Vertragsgesetz** (BVerfGE 77, 170, 231) oder eine Beschlussfassung mit der Maßgabe, dass ein bestimmter **Vorbehalt** (vgl. Art. 2d), 19 ff. Wiener Übereinkommen über das Recht der Verträge) erklärt wird, möglich. Zulässig ist es aber, dass das Parlament im Rahmen des Zustimmungsgesetzes eine spätere (nochmalige) Mitwirkung aushandelt. So wurde z. B. zwischen Bundesregierung und Bundestag vereinbart, den Eintritt in die dritte Stufe der Wirtschafts- und Währungsunion von einer nochmaligen parlamentarischen Zustimmung abhängig zu machen. 26

Im diesem Kontext ist auch die Frage eines Initiativrechts des Bundestages zu beantworten. Ein **Initiativrecht** begegnet solange keinen Bedenken, wie die Stellung der Regierung nicht tangiert wird. Solange also die Prärogative der Bundesregierung beim Aushandeln des Vertragsinhalts nicht beeinträchtigt wird, kann deren Prärogative das Initiativrecht des Bundestages aus Art. 76 GG auch nicht überspielen. Demgemäß kann die Exekutive vom Parlament zwar nicht auf einen bestimmten Vertragsschluss verpflichtet werden, politischer Druck darf jedoch ausgeübt werden. Eine Möglichkeit des Bundestages, die Bundesregierung von vornherein auf einen bestimmten Vertrag bzw. Vertragstext zu verpflichten, würde dagegen verfassungsrechtlich mit dem Grundsatz der Gewaltenteilung (BVerfGE 68, 1, 86 f.) kollidieren und die Regierung völkerrechtlich betrachtet handlungsunfähig machen. 27

Im Übrigen kann der Bundestag über seine allgemeinen Kontroll- und Gestaltungsbefugnisse wirken (dazu *Maurer*, Staatsrecht I, § 13, Rn. 119). So kann er in den Grenzen der Verfassungsorgantreue insbesondere **Entschließungen (Resolutionen)** zu außenpolitischen Fragen fassen, sein Fragerecht gegenüber der Bundesregierung wahrnehmen oder – im Extremfall – ein konstruktives Misstrauensvotum veranlassen. Vor diesem Hintergrund können die außenpolitischen Entschließungen des Bundestages zu hochpolitischen Fragen durchaus auch zu „Weisungen" an die Exekutive werden. 28

d) Rolle der Rechtsprechung. Das BVerfG hat es unter Berufung auf Art. 19 Abs. 4 GG abgelehnt, die Ausübung der auswärtigen Ge- 29 walt als justizfreie Hoheitsakte zu qualifizieren (BVerfGE 4, 157, 161). Dementsprechend unterliegt z. B. der innerstaatliche Transformationsakt nach Art. 59 Abs. 2 GG grundsätzlich der gerichtlichen Kontrolle des BVerfG. Um aber die Handlungsfähigkeit der außenpolitischen Akteure zu gewährleisten, müssen für die gerichtliche Kontrolle der Auswärtigen Gewalt funktionelle Grenzen und materielle Kontrollmaßstäbe gefunden werden. Anders als in der amerikanischen Political-Question-Doktrin des Supreme Court bzw. der englischen Act-of-State-Doktrin stellt der hochpolitische Hintergrund völkerrechtlicher Handlungen zunächst einmal nicht per se einen Hinderungsgrund verfassungsgerichtlicher Kontrolle dar (vgl. *Petermann*, JÖR n. F. Bd. 25 (1976), 587 ff.; *Zeitler*, JÖR n. F. Bd. 25 (1976), 621 ff.). Das BVerfG hat aber gleichzeitig deutlich gemacht, dass es gewillt ist, die Besonderheiten der außenpolitischen Staatsleitung und damit die Prärogative der Exekutive im Bereich der Auswärtigen Gewalt zu respektieren, indem es explizit darauf verzichtet, Politik zu betreiben (BVerfGE 36, 1, 14; vgl. dazu *Zuck*, JZ 1974, 361 ff.). Diese rein funktionelle Umschreibung seiner **Kontrollgrenzen** ist für sich allein betrachtet allerdings nicht zielführend, weil das BVerfG sich aus seinem verfassungsrechtlichen Kontrollauftrag nicht selbst entlassen kann (dazu *Hailbronner*, VVDStRL 56 (1997), S. 7, 13 f.). Vielmehr ist, wie auch das BVerfG erkennt, die jeweilige materielle Kontrolldichte entscheidend, die aus den relevanten verfassungsrechtlichen Normen und deren Regelungsintensität zu ermitteln ist. Der Kern der Selbstbeschränkung dokumentiert sich in relativ **weiten Einschätzungs-, Prognose- oder Ermessensspielräumen** der zuständigen Organe bei der Einschätzung außenpolitischer Lagen und der Zweckmäßigkeit des Einsatzes außenpolitischer Handlungsinstrumente (BVerfGE 55, 349, 365; 77, 170, 215; 94, 12, 35). In der Folge unterwirft das BVerfG Einschätzungen und Wertungen außenpolitischer Art nur der Grenze offensichtlicher Willkür (BVerfGE 68, 1, 97) und begrenzt den Umfang der Überprüfbarkeit im Übrigen je nach Eigenart der in Rede stehenden Sachbereiche (BVerfGE 104, 151, 210).

30   Von Teilen des Schrifttums wird diese Vorgehensweise des BVerfG unter Hinweis auf Art. 1 Abs. 3 GG, der keine Differenzierung zwischen auswärtiger und innerstaatlicher öffentlicher Gewalt zulasse, insbesondere für den Grundrechtsschutz **kritisiert** (vgl. etwa *Pernice*, in: Dreier, GG, Art. 59 Rn. 54; *Tomuschat*, in: Isensee/Kirchof (Hrsg.), HStR, Bd. XI, 3. Aufl. 2013, § 226, Rn. 53 f.; *Kluth*, in: FS

Friauf, 1996, S. 197, 209). Mit Blick auf die Besonderheiten der auswärtigen Beziehungen ist im Bereich der Auswärtigen Gewalt eine besondere Handlungsfähigkeit gefordert, die nur mit der Anerkennung der eingeräumten Entscheidungsspielräume gewährleistet werden kann. Das BVerfG nimmt daher zu Recht auf die außenpolitischen Folgen der jeweiligen Entscheidung Rücksicht. Angesichts der Gegenseitigkeit im völkerrechtlichen Verkehr und der Integration der Bundesrepublik in den Staaten- und Verfassungsverbund ist die gerichtliche Kontrolldichte in diesen Bereichen notwendig reduziert. Vor diesem Hintergrund kann in den Sachbereichen der Auswärtigen Gewalt auch nicht die gleiche Bindung an die Grundrechte wie bei rein inländischen Sachverhalten bestehen.

Die horizontale Dimension der auswärtigen Gewalt

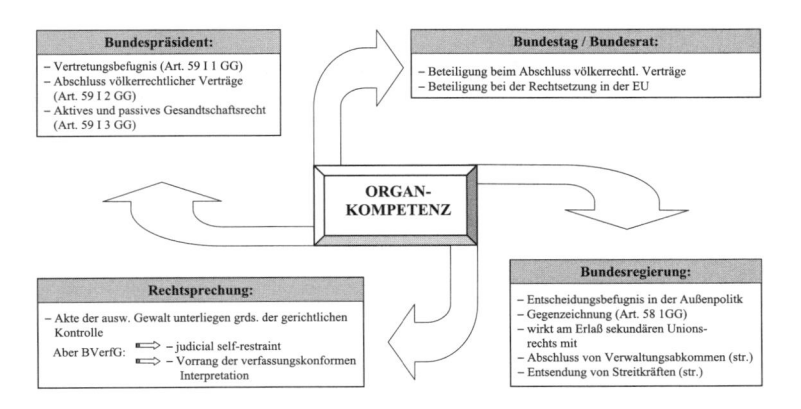

Bundespräsident:
- Vertretungsbefugnis (Art. 59 I 1 GG)
- Abschluss völkerrechtlicher Verträge (Art. 59 I 2 GG)
- Aktives und passives Gesandtschaftsrecht (Art. 59 I 3 GG)

Bundestag / Bundesrat:
- Beteiligung beim Abschluss völkerrechtl. Verträge
- Beteiligung bei der Rechtsetzung in der EU

ORGANKOMPETENZ

Rechtsprechung:
- Akte der ausw. Gewalt unterliegen grds. der gerichtlichen Kontrolle
- Aber BVerfG:
  ⇨ judicial self-restraint
  ⇨ Vorrang der verfassungskonformen Interpretation

Bundesregierung:
- Entscheidungsbefugnis in der Außenpolitik
- Gegenzeichnung (Art. 58 1GG)
- wirkt am Erlaß sekundären Unionsrechts mit
- Abschluss von Verwaltungsabkommen (str.)
- Entsendung von Streitkräften (str.)

Literatur: *Becker*, Völkerrechtliche Verträge und parlamentarische Gesetzgebungskompetenz, NVwZ 2005, 289; *Bernhardt*, Deutschland in der Staatengemeinschaft, in: Isensee/Kirchof (Hrsg.), HStR, Bd. VII, § 174; *Blumenwitz*, Kontrolle der auswärtigen Gewalt, BayVBl. 1996, 577; *Cremer*, Das Verhältnis von Gesetzgeber und Regierung im Bereich der auswärtigen Gewalt in der Rechtsprechung des BVerfG, in: Geiger (Hrsg.), Neuere Probleme der parlamentarischen Legitimation im Bereich der auswärtigen Gewalt, 2003, 11; *Dittmann/Kilian* (Hrsg.), Kompetenzprobleme der auswärtigen Gewalt, 1982; *Dregger*, Die antizipierte Zustimmung des Parlaments zum Abschluss völkerrechtlicher Verträge, die sich auf Gegenstände der Bundesgesetzgebung beziehen, 1989; *Fastenrath*, Kompetenzverteilung im Bereich der auswärtigen Gewalt, 1986; *Funke*, Umsetzungsrecht, 2010, 43 ff., 376 ff.; *Grewe*, Zum Verfassungsrecht der auswärtigen Gewalt, AöR 112 (1987), 521 ff.; *Hailbron-*

ner, Kontrolle der auswärtigen Gewalt, VVDStRL 56 (1997), S. 7; *Kluth*, Die verfassungsrechtliche Bindung im Bereich der auswärtigen Gewalt nach dem Grundgesetz, in: FS Friauf, 1996, 197; *Kokott*, Kontrolle der auswärtigen Gewalt, DVBl. 1996, 937; *Magis*, Die Mitwirkungsrechte des Bundespräsidenten im Bereich der auswärtigen Gewalt, 1978; *Wolfrum*, Kontrolle der auswärtigen Gewalt, VVDStRL 56 (1997), S. 38.

2. Parlamentarisierung der Auswärtigen Gewalt

31 Schon lange ist umstritten, wie das **Verhältnis von Exekutive und Legislative im Bereich der Auswärtigen Gewalt** zu bestimmen ist. Gerade vor dem Hintergrund der Herausforderungen von Globalisierung und Europäisierung und der damit einhergehenden Öffnung des Staates für eine neue, intensivierte Form der internationalen Zusammenarbeit stellt sich die Frage einer weitergehenden Parlamentarisierung der Auswärtigen Gewalt.

32 a) **Rechtsprechung des BVerfG.** In seiner frühen Rechtsprechung hat das BVerfG in dieser Frage eine **eher exekutivfreundliche Auffassung** eingenommen. Wie es in seiner Entscheidung zum deutschfranzösischen Wirtschaftsabkommen betonte, könne die Legislative, nur weil in Art. 59 Abs. 2 GG für die dort genannten Sonderfälle die Form des Gesetzes vorbehalten sei, nicht grundsätzlich über die dort vorgesehene Mitwirkung in den Zuständigkeitsbereich der Exekutive eingreifen. Das Parlament sei auf die allgemeinen Kontrollbefugnisse beschränkt und könne die Außenpolitik nicht selbst führen (BVerfGE 1, 372, 394).

33 In seiner Entscheidung zum NATO-Doppelbeschluss, in der es um die Frage der Zustimmung des Bundestages zur Stationierung amerikanischer Pershing 2 Mittelstreckenraketen und Cruise-Missile Marschflugkörper in Deutschland ging, bestätigte und konkretisierte das BVerfG seine Sichtweise. Insoweit stellte sich die Frage, ob die Zustimmungserklärung der Bundesregierung zur Stationierung als **einseitige völkerrechtserhebliche Erklärung** der Zustimmung des Bundestages in Form eines Gesetzes nach Art. 59 Abs. 2 GG bedurfte. Das BVerfG entschied, dass Art. 59 Abs. 2 S. 1 GG weder unmittelbar noch entsprechend anwendbar sei (BVerfGE 68, 1, 80 sowie 83 ff.). Es sei mit dem Wortlaut eine Ausdehnung des Zustimmungserfordernisses auf andere Akte als Vertragsabschlusserklärungen nicht vereinbar. Im Schwerpunkt argumentiert das BVerfG mit dem Grundsatz der Gewaltenteilung: Ein außenwirksames Handeln

durch nichtvertragliche völkerrechtliche Akte gehöre, so das BVerfG, auch soweit sie politische Beziehungen regeln, zu einem Handlungsbereich, der funktional betrachtet nicht Gesetzgebung im Sinne des Art. 20 Abs. 2 S. 2 GG darstelle. Auch der Sinn und Zweck des Art. 59 Abs. 2 GG, wonach langfristige oder unauflösliche völkerrechtliche Bindungen nicht ohne Zustimmung des Bundestages eintreten dürfen, gebiete es nicht, die Vorschrift erweiternd auszulegen und so die Gewalten zu verschieben. Die grundsätzliche Zuordnung der Akte der Auswärtigen Gewalt zum Kompetenzbereich der Exekutive beruhe auf der Annahme, dass institutionell und auf Dauer typischerweise allein die Regierung in hinreichendem Maße über die personellen, sachlichen und organisatorischen Möglichkeiten verfüge, auf wechselnde äußere Lagen zügig und sachgerecht zu reagieren und so die staatliche Aufgabe, die auswärtigen Angelegenheiten verantwortlich wahrzunehmen, bestmöglich zu erfüllen. Auch der aus dem Demokratieprinzip folgende Grundsatz der parlamentarischen Verantwortung der Regierung setze einen Kernbereich exekutiver Eigenverantwortung voraus. Die Lehre vom Gesetzesvorbehalt solle daher das grundgesetzliche Gefüge der Kompetenzverteilung nicht dadurch verändern können, dass automatisch alle objektiv wesentlichen Entscheidungen dem Gesetzgeber zuzuweisen seien. Neben dieser **Absage an einen grundsätzlichen Gesetzesvorbehalt** versagt das BVerfG der Legislative die Möglichkeit, durch Vorgaben in Gesetzesform auf die Außenpolitik einzuwirken; zulässig sei nur eine Einwirkung, die nicht im Erlass materieller Gesetze besteht.

Das BVerfG hat in der Folgerechtsprechung zunächst an diesen Grundaussagen festgehalten. Im Urteil aus dem Jahre 1994 zu Kampfeinsätzen der Bundeswehr außerhalb des Bündnisgebietes der NATO (sog. „Out of Area-Einsätze") werden die Aussagen zur verfahrensmäßigen und gegenständlichen Begrenztheit des Parlamentsvorbehalts wiederholt und es wird erneut eine erweiternde Auslegung oder analoge Anwendung von Art. 59 Abs. 2 S. 1 GG abgelehnt (BVerfGE 90, 286, 357 f.). Insbesondere ging es um die Frage der Parlamentsbeteiligung bei einer **nichtförmlichen Fortentwicklung des NATO-Vertrages** im politischen Einvernehmen der Partnerstaaten, bei der im Sinne einer inhaltlichen Vertragsfortbildung der ursprüngliche Vertrag lediglich faktisch angepasst, nicht aber förmlich geändert wird. Die die Entscheidung tragenden Richter sehen in Ermangelung eines völkerrechtlichen Vertragsschlusses Art. 59 Abs. 2 GG als nicht einschlägig an. Ein mit anderen Völkerrechtssubjekten abgestimmtes außenpolitisches Verhalten, das die völkerrechtliche Bindung bewusst vermeidet, falle nicht unter Art. 59 Abs. 2 GG, da hierdurch keine Rechte und Pflichten begründet werden sollen (BVerfGE 90, 286, 360 ff.). Demnach gibt Art. 59 Abs. 2 S. 1 GG dem Parlament keine Befugnis, die Regierung zu zwingen, einen Vertrag förmlich abzuändern, wenn dieser Vertrag durch eine einvernehmliche Auslegung nachträglich inhaltlich ausgedehnt wird. Das entscheidende Abgrenzungskriterium zwischen der inhaltlichen Vertragsfortbildung durch eine authentische oder dynamische Interpretation und dem Zustimmungserfordernis nach Art. 59 Abs. 2 GG ist demnach der Vertragsänderungswille der Parteien. Sie müssen subjektiv neue vertragliche Bindungen eintreten lassen wollen.

35 Nach dieser Auffassung besteht freilich die Gefahr, dass die Bundesregierung über einseitige völkerrechtliche Erklärungen formelle Vertragsschlüsse, und damit das parlamentarische Zustimmungserfordernis, umgeht. Aufgrund dessen hielten die anderen vier Richter daher eine Zustimmung des Gesetzgebers für erforderlich, soweit die Bundesregierung objektiv an einer dynamischen Erweiterung des ursprünglichen vertraglich festgelegten Konzepts der NATO mitwirkt. Durch das Zusammenwirken der Vertragspartner sei der NATO-Vertrag gewissermaßen **auf Räder gesetzt** und eine parlamentarisch nicht mehr wirksam kontrollierbare Vertragsfortbildung auf den Weg gebracht worden (BVerfGE 90, 286, 373 mit Bezug auf *Ress*, in: FS Zeidler, 1987, S. 175, 179). Der Sinn und Zweck der parlamentarischen Kontroll- und Vollzugssicherungsfunktion spricht so gesehen durchaus für eine analoge Anwendung des Art. 59 Abs. 2 GG auf solchermaßen entstandenes „soft law", da ansonsten das Zustimmungserfordernis umgangen werden könnte.

36 Auch in seiner Entscheidung zum Neuen Strategischen Konzept der NATO aus dem Jahre 2001 knüpfte das BVerfG an seine überkommene Rechtsprechungslinie zur Auswärtigen Gewalt und zur nichtvertraglichen Fortentwicklung des NATO-Vertrages an. In Anlehnung an die traditionelle Staatsauffassung habe das Grundgesetz der Regierung im Bereich der auswärtigen Politik einen weit bemessenen Ermessensspielraum zu eigenverantwortlicher Aufgabenerfüllung überlassen (BVerfGE 104, 151, 207). Eine analoge Anwendung von Art. 59 Abs. 2 S. 1 GG auf die Beteiligung der Bundesregierung an nichtförmlichen Fortentwicklungen der Vertragsgrundlage eines Systems gegenseitiger kollektiver Sicherheit würde die Gefahr von Rechtsunsicherheit hervorrufen, die außenpolitische Handlungsfähigkeit der Bundesregierung ungerechtfertigt beschneiden und somit auf eine nicht funktionsgerechte Teilung der Staatsgewalt hinauslaufen. Das BVerfG könne eine Überschreitung des gesetzlichen Ermächti-

A. Grundgesetz und kompetenzieller Gehalt der Öffnung 79

gungsrahmens nur dann feststellen, wenn eine solche Fortentwicklung des NATO-Vertrages gegen wesentliche Strukturentscheidungen des Vertragswerks verstoße (BVerfGE 104, 151, 210). Insoweit definiert das Gericht dann doch eine Grenze.

Allerdings folgt das BVerfG mit Blick auf eine mögliche Parlamentarisierung der Auswärtigen Gewalt nicht immer einer ganz einheitlichen konzeptionellen Linie. So haben sich in der Rechtsprechung zwei Sachbereiche herausgebildet, die gewissermaßen als **Ausnahmen** zur grundsätzlich exekutivfreundlichen Rechtsprechung im Hinblick auf die Auswärtige Gewalt verstanden werden können. 37

Zum einen wurde die **europäische Integration** mit der Maastricht-Entscheidung faktisch vom Bereich der Auswärtigen Gewalt abgekoppelt. Triebfeder dieser Rechtsprechung ist die Sorge, dass die Gestaltungsmacht des Parlaments durch die Übertragung von Zuständigkeiten auf die Ebene der EU im Rahmen von Vertragsänderungen, aber auch durch Kompetenzüberschreitungen der Unionsorgane ausgehöhlt werden könnte. Unter Verweis auf die Verantwortung des Parlaments im Rahmen der Übertragung von Hoheitsrechten auf die EU wurde die Rolle des Bundestages gestärkt und im Anschluss an die Lissabon-Entscheidung unten den Aspekten der **Integrations- und Budgetverantwortung** des Bundestages kontinuierlich ausgebaut (ausführlich dazu unten Teil 3, B, Rn. 46 ff.). Dem korrespondiert eine Mobilisierung der Bürger, die im Wege der Verfassungsbeschwerde, gestützt auf ihr Wahlrecht zum Bundestag gem. Art. 38 GG, eine Kontrolle durch das BVerfG anstoßen können (BVerfGE 89, 155, 188; E 123, 267). 38

Zum anderen hat sich für den **Einsatz der Streitkräfte im Ausland** eine differenzierende Rechtsprechung herausgebildet. Ein solcher Einsatz wird von einer vorherigen Zustimmung des Bundestages und somit von einem konstitutiven Parlamentsbeschluss abhängig gemacht (BVerfGE 90, 286, 381 ff.; ausführlich unten Teil 2, B, Rn. 155 ff.). Jedoch wird der Zustimmungsvorbehalt nicht vermittelt über Art. 59 Abs. 2 S. 1 GG aus einem (allgemeinen) demokratischen Parlamentsvorbehalt hergeleitet, sondern es wird die Zuständigkeitsordnung des Grundgesetzes herangezogen, um einen wehrverfassungsrechtlichen Parlamentsvorbehalt und daran anknüpfend eine darüber hinausgehende (außen-) politische Zuständigkeit des Bundestages als Ausnahmefall zu begründen. Das Gericht geht somit nicht von den allgemeinen Grundsätzen der Auswärtigen Gewalt aus, sondern von den Grundsätzen des Wehrverfassungsrechts (zum 39

Begriff *Spranger,* Wehrverfassungsrecht im Wandel, 2003, S. 20; *Schröder,* Das parlamentarische Zustimmungsverfahren zum Auslandseinsatz der Bundeswehr in der Praxis, 2005; vgl. dazu auch Fall 4 bei *Paulus,* Staatsrecht III, S. 47 ff.).

40 So begrüßenswert dieser das Parlament stärkende Ansatz des BVerfG im Bereich der Auslandseinsätze der Bundeswehr im Ergebnis ist, so problematisch ist er im Hinblick auf die vom Gericht vertretene enge Auslegung des Art. 59 Abs. 2 S. 1 GG. Das BVerfG entkommt der insoweit selbst gebauten Sackgasse nur durch eine Flucht in den Ausnahmefall der Wehrverfassung. Dementsprechend behandelt das BVerfG die Problematik ausschließlich als innerstaatliche Angelegenheit und somit als Bereichsausnahme zur Auswärtigen Gewalt. Diesen Ansatz scheint es in seiner Entscheidung zum AWACS-Einsatz in der Türkei aus dem Jahr 2008 jedoch zu relativieren. Dort stellte das Gericht nunmehr – freilich nach wie vor mit Bezug auf den wehrverfassungsrechtlichen Parlamentsvorbehalt – ausdrücklich fest, dass das Grundgesetz die Kompetenzen im Bereich der auswärtigen Angelegenheiten im Sinne einer **funktionsgerechten Teilung zwischen Bundesregierung und Parlament** konzipiert (BVerfGE 121, 135, 162). In diesem Kontext betonte das Gericht, dass der wehrverfassungsrechtliche Parlamentsvorbehalt im Zweifel parlamentsfreundlich und damit weit auszulegen ist. Damit kommt es für den Bereich der Auslandseinsätze der Bundeswehr letztlich zu einer vollständigen **Umkehrung des Verhältnisses von Legislative und Exekutive** im Sinne einer „Prärogative der Legislative".

41 Im Ergebnis gilt die Auswärtige Gewalt in der Rechtsprechung des BVerfG zwar nach wie vor grundsätzlich als Domäne der Exekutive. Ein sukzessiver Deutungswandel rückt jedoch die Funktion des Gesetzesvorbehalts in Art. 59 Abs. 2 S. 1 GG weiter in den Vordergrund. Dieser übertrage dem Bundestag ein „Recht auf Teilhabe an der auswärtigen Gewalt", auf dessen Grundlage Regierung und Legislative im Bereich der auswärtigen Gewalt zusammenwirken müssten (BVerfGE 104, 151, 209; 118, 244, 260). Eine **Stärkung der Rolle des Parlaments** deutet sich damit nicht nur im Hinblick auf die Wehrverfassung einerseits und die Europäische Integration andererseits an, die als Bereichsausnahmen spezielleren Regeln unterworfen werden, sondern könnte langfristig zu einer Relativierung der exekutiven Vorrangstellung im Rahmen der Auswärtigen Gewalt führen.

A. Grundgesetz und kompetenzieller Gehalt der Öffnung 81

| **Die Rechtsprechung des BVerfG im Überblick** |

Grundsatz: Prärogative der Exekutive

BVerfGE 1, 372 – *Wirtschaftsabkommen* –
Auswärtige Gewalt als Prärogative der Exekutive; Art. 59 II GG normiert nur Sonderfälle.

BVerfGE 68, 1 – *Atomwaffenstationierung* –
Enge Auslegung des Art. 59 II GG → keine parlamentarische Zustimmung bei einseitigen völkerrechtlichen Erklärungen der Bundesregierung.

Ausnahmen

BVerfGE 89, 155 – *Maastricht* –
Stärkung der Rechte des Bundestages im Rahmen der europäischen Integration

BVerfGE 90, 286 – *Bundeswehreinsatz* –
konstitutiver Parlamentsvorbehalt für Streitkräfteeinsatz im Ausland → Grundlage: nicht Art. 59 II GG, sondern Grundsätze des Wehrverfassungsrechts („Parlamentsheer")

BVerfGE 104, 151 – *NATO-Strategie* –
Bestätigung des weiten Ermessensspielraums der Exekutive; keine analoge Anwendung des Art. 59 II GG auf nichtförmliche Fortentwicklungen völkerrechtlicher Verträge

BVerfGE 108, 34 - *AWACS* –
Bestätigung: Bundeswehr als Parlamentsheer, Abgrenzung zum Kernbereich der Exekutive anhand der Gefahr und des Ausmaßes der Operation (Parlamentsvorbehalt zwingend auf kriegsbefangenem Territorium)

b) Streit im Schrifttum und Bewertung. Im Schrifttum ist seit jeher umstritten, ob die Exekutive allein oder nur im Verbund mit der Legislative Träger der Auswärtigen Gewalt ist. Zahlreiche Stimmen sehen die Wahrung der auswärtigen Angelegenheiten in Übereinstimmung mit der Rechtsprechung des BVerfG vorrangig als Sache der Exekutive an; die Kompetenz der Regierung soll demnach der Regelfall und die **Mitwirkung des Parlaments die Ausnahme** sein (vgl. etwa *Mosler*, in: FS Bilfinger, 1954, S. 243 f.; *Grewe*, VVDStRL 12 (1954), S. 129, 130; *Doehring*, Das Staatsrecht der Bundesrepublik Deutschland, 1985, S. 194 f.). Begründet wird dies mit der Tradition der europäischen Verfassungsentwicklung, der zufolge die Auswärtige Gewalt schon ihrem Wesen nach dem Träger der vollziehenden Gewalt gebühre. Die Regierung habe (nicht zuletzt aufgrund ihrer geheimdienstlichen Informationen) einen erheblichen Informationsvorsprung und aufgrund des Auswärtigen Amtes größere Sachkunde. Mit Blick auf spezifische Geheimhaltungsinteressen seien dem parlamentarischen Prozess ohnehin Grenzen gesetzt. 42

Seit den fünfziger Jahren steht dieser Ansicht die Gegenthese gegenüber, der zufolge die Auswärtige Gewalt eine von der Bundesregierung und Parlament gemeinsam auszuübende, **kombinierte Gewalt** sei (*Rojahn*, in: von Münch/Kunig, GG, Art. 59 Rn. 21; vgl. auch *Friesenhahn*, VVDStRL 16 (1957), S. 9, 38 ff.). Demnach bestehe eine rechtliche Vermutung dafür, dass das Parlament an Akten der 43 auswärtigen Gewalt mitzuwirken habe. Diesem Verständnis nach zeigt Art. 59 Abs. 2 S. 1 GG eine parlamentarisch-demokratische Grundtendenz, die eine **extensive Auslegung** der parlamentarischen Mitwirkungsrechte als Ausdruck eines allgemeinen Prinzips rechtfertigen soll (*Kokott*, in: FS Doehring, 1989, S. 503 ff.; *Wolfrum*, VVDStRL 56 (1997), S. 38, 44). Hinter der These der kombinierten Gewalt steht die durchaus zutreffende Einschätzung, dass die Trennung von Innen- und Außenpolitik im offenen Verfassungsstaat des Grundgesetzes nur noch sehr begrenzt Gültigkeit beanspruchen kann.

44 **Im Ergebnis** ist die Rechtsprechung des BVerfG in sich nicht kohärent, die im Schrifttum vertretenen Ansätze erscheinen hingegen mitunter zu losgelöst von den verfassungsrechtlichen Bestimmungen. Denn aus deren Wortlaut und Systematik lässt sich gerade kein bestimmtes Zuständigkeitssystem zwingend ableiten. Vielmehr wird vom Grundgesetz eine differenzierte (und zugleich unvollkommene) Aufgabenverteilung vorgenommen, so dass **für jede Zuständigkeitsfrage gesondert zu untersuchen** ist, ob und inwieweit das Verfassungsrecht eine Lösung vorgibt oder aber eine ungewollte Lücke besteht, die durch eine analoge Anwendung des Art. 59 Abs. 2 S. 1 GG, gegebenenfalls in Verbindung mit dem demokratischen Parlamentsvorbehalt, geschlossen werden kann. Dabei ist zu berücksichtigen, dass der sich einer internationalen Kooperation und Integration öffnende Verfassungsstaat vor den Herausforderungen von Internationalisierung und Europäisierung stets Gefahr läuft, die ihn definierenden Staatsstrukturprinzipien – im Vordergrund stehen hier das Demokratie- und das Rechtsstaatsprinzip, insbesondere der Grundrechtsschutz – auszuhöhlen.

45 Nicht zu Unrecht wird die Notwendigkeit einer **Parlamentarisierung der Binnenlegitimation deutscher Außenpolitik** daher auch mit dem Demokratieprinzip begründet. Unterstrichen wird diese Notwendigkeit durch die verstärkte Einwirkung des Völkerrechts auf die individuelle Rechtstellung des Einzelnen, der eben nicht mehr umfassend durch den Schutzmantel des Staates mediatisiert wird. Auch wenn beim BVerfG bislang außerhalb der Sonderbereiche „Europa" und „Wehrverfassung" keine Tendenz zur Parlamentarisierung der Auswärtigen Gewalt ersichtlich ist, so ist seine Rechtsprechung doch durchaus darauf angelegt, auch im Bereich der Auswärtigen Gewalt die Verpflichtung des Gesetzgebers zur Entfaltung zu bringen, in grundlegenden normativen Bereichen **alle wesentlichen**

A. Grundgesetz und kompetenzieller Gehalt der Öffnung 83

Entscheidungen selbst zu treffen (so lassen sich BVerfGE 121, 135, 163 ff. sowie E 123, 267, 360 f. interpretieren). Dies bedeutet aber **nicht automatisch**, dass die Auswärtige Gewalt einem **umfassenden Parlamentsvorbehalt** unterliegt, der eine analoge Anwendung des Art. 59 Abs. 2 S. 1 GG auf alle einseitigen völkerrechtlichen Akte, materiellen Vertragsänderungen, soft law sowie jedwede objektiv vertragsändernde Fortentwicklung eines bestehenden völkerrechtlichen Vertrages gebietet. Denn die verfassungsrechtliche Regelung der Organkompetenzen ist als konkretisierende Entscheidung über die Ausgestaltung des Demokratieprinzips im Bereich der auswärtigen Angelegenheiten prima facie zu respektieren.

Ist also die Mitwirkung des Bundestages gem. Art. 59 Abs. 2 S. 1 GG auf völkerrechtliche Verträge beschränkt, so muss jede Einbeziehung anderer Akte vor diesem Hintergrund als **unbeabsichtigte Lücke** gekennzeichnet werden, bevor im Einzelfall eine Analogie in Betracht kommt. Der Sinn und Zweck der parlamentarischen Kontroll- und Vollzugssicherungsfunktion spricht z. B. dann für eine analoge Anwendung des Art. 59 Abs. 2 GG auf Vertragserweiterungen und „soft law", wenn die Gefahr droht, dass das Zustimmungserfordernis des Bundestags unterlaufen wird. Dies gilt aber wiederum nur dann, wenn der Vertrag nicht schon aus sich heraus auf dynamische Fortentwicklung hin angelegt war, sei es in Form von in ihm enthaltenen Evolutivklauseln, sei es von seiner Teleologie her.

Nach alledem wird deutlich, dass die Auswärtige Gewalt in der globalisierten Welt einem notwendigen Wandel unterliegt. Wenn die Grenzen zwischen Außen- und Innenpolitik – wie zuletzt angesichts der Finanzkrise deutlich wurde (vgl. *Calliess*, VVDStRL 71 (2012), S. 113 ff.) – zunehmend verschwimmen, dann ist im demokratischen Verfassungsstaat eine ausgewogene Parlamentarisierung der Auswärtigen Gewalt geboten. Dieser Prozess, der im Kontext der europäischen Integration seinen Vorläufer hat, sollte aber nicht pauschal auf das Demokratieprinzip rekurrieren, sondern vielmehr die spezifischen Vorgaben des Grundgesetzes zum Ausgangspunkt nehmen und sie zeitgemäß fortentwickeln.

Die auswärtige Gewalt – Tendenzen zur Parlamentisierung?

Die Rechtsprechung des BVerfG

Träger der auswärtigen Gewalt ist überwiegend die **Bundesregierung**

⇩

Erhalt der Verhandlungsfähigkeit der BRD

Ausnahme: Entsendung von Streitkräften („konstitutiver Parlamentsvorbehalt")

Schrifttum

Trägerschaft der auswärtigen Gewalt sind die **Bundesregierung und das Parlament**
(„gesamthänderisch" / „kombiniert" / „gemischt")

⇩

Stärkung der demokratischen Legitimation

Literatur: *Baade,* Das Verhältnis von Parlament und Regierung im Bereich der auswärtigen Gewalt der Bundesrepublik Deutschland, 1962; *Bryde,* Sicherheitspolitik zwischen Regierung und Parlament, Jura 1986, 363; *Funke,* Umsetzungsrecht, 2010, 376 ff.; *Hobe,* Die Auswärtige Gewalt – Tendenzen zur Föderalisierung und Parlamentarisierung, JA 1996, 818; *Kadelbach,* Die parlamentarische Kontrolle des Regierungshandelns bei der Beschlussfassung in internationalen Organisationen, in: Geiger (Hg.), Neuere Probleme der parlamentarischen Legitimation im Bereich der auswärtigen Gewalt, 2003, S. 41; *Kokott,* Kontrolle der auswärtigen Gewalt, DVBl. 1996, 937; *Murswiek,* Die Fortentwicklung völkerrechtlicher Verträge: verfassungsrechtliche Grenzen und Kontrolle im Organstreit, NVwZ 2007, 1130; *Sauer,* Die NATO und das Verfassungsrecht: neues Konzept – alte Fragen, ZaöRV 62 (2002), 317; *Stern,* Außenpolitischer Gestaltungsspielraum und verfassungsrechtliche Kontrolle – Das Bundesverfassungsgericht im Spannungsfeld zwischen Judicial Activism und Judicial Restraint, NWVBl. 1994, 241; *Warg,* Außenkompetenzen des Bundes und Mitwirkungsrechte des Parlaments, Jura 2002, 806.

II. Vertikale Dimension der Auswärtigen Gewalt (Verbandskompetenz)

48 Art. 32 GG regelt mit der Verteilung der Verbandskompetenz zwischen Bund und Ländern im Bereich der Außenkompetenzen die vertikale Dimension der Auswärtigen Gewalt. Es geht also um die Frage, wer – also **der Bund oder die Länder** – am Völkerrechtsverkehr teilnehmen darf. Art. 32 GG entspricht im wesentlichen Art. 78 WRV und stattet die Länder im Gegensatz zu den meisten heutigen bundesstaatlichen Verfassungen mit Zuständigkeiten im Bereich der Auswärtigen Gewalt aus. Diese föderale Komponente der Auswärtigen Gewalt hat immer wieder Kritik erfahren, weil sie die Gefahr einer die Verhandlungsposition des Gesamtstaates schwächenden Mehrstimmigkeit in sich birgt.

1. Grundzuständigkeit des Bundes, Art. 32 Abs. 1 GG

Nach Art. 32 Abs. 1 GG ist die Pflege der Beziehungen zu auswärtigen Staaten Sache des Bundes. Sinn und Zweck der Norm ist es, eine einheitliche völkerrechtliche Repräsentation und damit die Kohärenz der Außenpolitik zu gewährleisten. Damit korrespondiert die Norm dem Völkerrecht, das vom Bild des Einheitsstaates ausgeht und dementsprechend nur den Gesamtstaat als Völkerrechtssubjekt anerkennt (*Rudolf*, AVR 27 (1989), 1, 6f.; *Zuleeg*, in: Stein/Denninger/Hoffmann-Riem (Hrsg.), AK-GG, Art. 32, Rn. 4); Gliedstaaten kann Völkerrechtssubjektivität nur partiell von der jeweiligen Verfassung zugebilligt werden. Vor diesem Hintergrund ist für die Kompetenzverteilung zwischen Bund und Ländern bei auswärtigen Angelegenheiten ein höheres Maß an zentralstaatlicher Gestaltung erforderlich als in anderen Bereichen der Bund-Länder-Kompetenzverteilung. Der Bund hat dementsprechend gem. Art. 32 Abs. 1 GG die Verbandskompetenz, was eine **Umkehr der grundsätzlichen Zuständigkeitsvermutung** des Art. 30 GG darstellt (a. A. *Fassbender*, Der offene Bundesstaat, 2007, S. 315ff., 350). Er hat dabei aber die in Art. 32 Abs. 3 GG anerkannte eigenständige Handlungsfähigkeit der Länder in den Außenbeziehungen zu achten. Art. 32 GG kann somit nicht als ausschließliche Kompetenzvermutung zugunsten des Bundes für jegliche Gestaltung der auswärtigen Beziehungen durch staatliche Stellen zu verstehen sein.

Obwohl Art. 32 GG nur von Beziehungen bzw. Verträgen mit Staaten spricht, erfasst dessen **Anwendungsbereich** auch andere Völkerrechtssubjekte. In systematischer Auslegung kann aus Art. 23, 24 GG sowie aus Art. 87 Abs. 1 GG gefolgert werden, dass hier eine Lücke besteht, die im Wege der Analogie zu schließen ist. Art. 32 GG gilt demnach analog auch für Internationale Organisationen, staatsähnliche Gebilde sowie alle anderen Völkerrechtssubjekte. Diese Analogie ist heute aufgrund der Entwicklung des Völkerrechts im Ergebnis unumstritten. Erfasst sind somit insbesondere auch die Beziehungen zur EU. Insoweit enthält Art. 23 GG aber eine Spezialregelung.

2. Föderale Ausnahme des Art. 32 Abs. 3 GG

51 Nach Art. 32 Abs. 3 GG sind die Länder ermächtigt, mit auswärtigen Staaten Verträge oder Verwaltungsabkommen (BVerfGE 2, 347, 370) abzuschließen, soweit ihnen im Innenverhältnis eine Gesetzgebungskompetenz zusteht. Diese Verträge bedürfen zur Wahrung des einheitlichen Auftretens nach außen allerdings der Zustimmung der Bundesregierung. Mit dieser Regelung wird verfassungsrechtlich die **Völkerrechtsfähigkeit der Länder** anerkannt und ihre eigenstaatliche **Handlungsfähigkeit in eigenen Angelegenheiten** gewahrt. Dies bringt auch Art. 32 Abs. 2 GG zum Ausdruck. Danach hat ein Land, dessen Interessen durch einen völkerrechtlichen Vertrag des Bundes in besonderer Weise berührt werden, das Recht, vor dessen Abschluss rechtzeitig angehört zu werden.

52 Der Hinweis auf die Gesetzgebungszuständigkeit in Art. 32 Abs. 3 GG dient der Umschreibung des sachlichen Zuständigkeitsbereichs (BVerfGE 2, 347, 369f.). Mit ihm wird eine **Parallelität zwischen innerstaatlicher Kompetenz und Auswärtiger Gewalt** hergestellt. Die Gesetzgebungskompetenz der Länder bestimmt sich nach den Art. 70ff. GG. Mithin können die Länder Verträge schließen, deren Gesetzgebungsmaterien in ihre ausschließliche Zuständigkeit fallen. Bei konkurrierender Bundeskompetenz ist die Vertragsgewalt mit Blick auf die Sperrwirkung nur gegeben, wenn und soweit der Bund noch nicht tätig geworden ist (vgl. Art. 72 Abs. 2 GG).

53 Alle Länderverträge unterliegen der Billigung der Bundesregierung. Aufgrund des Zustimmungserfordernisses kann der Bund den Abschluss eines völkerrechtlichen Vertrags durch ein Land verhindern. Nicht zuletzt dieser **Zustimmungsvorbehalt** macht die Grenzen der föderalen Dimension der Auswärtigen Gewalt deutlich: Die Länder dürfen im Ergebnis keine eigenständige Außenpolitik betreiben, sie dürfen diejenige des Bundes nicht behindern und sie dürfen keinen eigenen auswärtigen Dienst einrichten (BVerfGE 2, 347, 379). Allerdings würde eine uneingeschränkte Außenkompetenz des Bundes zu einer Aushöhlung der Länderkompetenzen führen. Insoweit gilt es, im Bereich der Auswärtigen Gewalt einen behutsamen Ausgleich zwischen Bund und Ländern zu finden.

54 Im Kontext der Europäisierung, die die klassische Trennung zwischen Innen und Außen weitgehend aufgelöst hat, ist die Regelung des Art. 32 GG nicht mehr passend. Dem trägt die Verfassung seit 1992 mit der Regelung in Art. 23 GG umfassend Rechnung. Demnach unterfallen Art. 32 GG nur

noch die nicht vom Recht der EU erfassten Beziehungen zu anderen Mitgliedstaaten. Im Übrigen gelten die spezielleren Regelungen in Art. 23 Abs. 4 bis 7 GG (dazu unten Teil 3, C, Rn. 39 ff.).

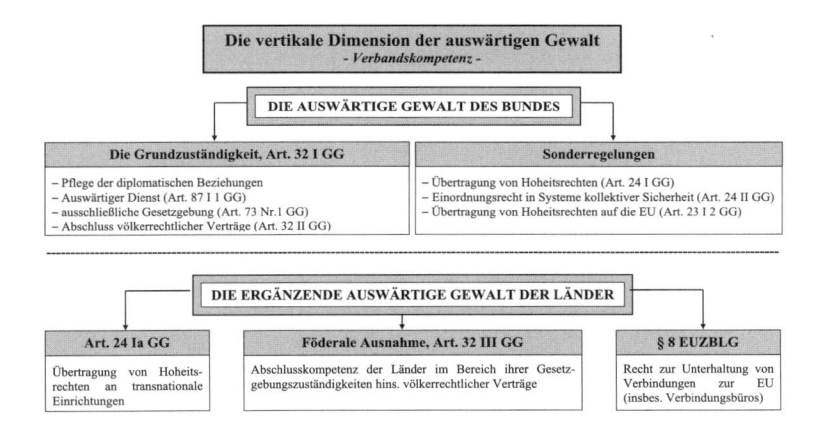

Die vertikale Dimension der auswärtigen Gewalt
- Verbandskompetenz -

DIE AUSWÄRTIGE GEWALT DES BUNDES

Die Grundzuständigkeit, Art. 32 I GG	Sonderregelungen
– Pflege der diplomatischen Beziehungen – Auswärtiger Dienst (Art. 87 I 1 GG) – ausschließliche Gesetzgebung (Art. 73 Nr. 1 GG) – Abschluss völkerrechtlicher Verträge (Art. 32 II GG)	– Übertragung von Hoheitsrechten (Art. 24 I GG) – Einordnungsrecht in Systeme kollektiver Sicherheit (Art. 24 II GG) – Übertragung von Hoheitsrechten auf die EU (Art. 23 I 2 GG)

DIE ERGÄNZENDE AUSWÄRTIGE GEWALT DER LÄNDER

Art. 24 Ia GG	Föderale Ausnahme, Art. 32 III GG	§ 8 EUZBLG
Übertragung von Hoheitsrechten an transnationale Einrichtungen	Abschlusskompetenz der Länder im Bereich ihrer Gesetzgebungszuständigkeiten hins. völkerrechtlicher Verträge	Recht zur Unterhaltung von Verbindungen zur EU (insbes. Verbindungsbüros)

3. Auswärtige Gewalt zwischen Bund und Ländern in der konkreten Handhabung

a) Art. 32 GG und das Lindauer Abkommen. Aufgrund der offenen Fassung des Art. 32 Abs. 1 GG ist umstritten, ob der Bund aufgrund dieser Norm befugt ist, die Vertragskompetenz auch ohne Gesetzgebungskompetenz an sich zu ziehen und selbst einen Vertrag über die betreffende Materie abzuschließen. Insbesondere lässt auch Art. 32 Abs. 3 GG offen, ob die **Abschlusskompetenz der Länder exklusiv oder nur konkurrierend** ist. Darüber hinaus stellt sich die Frage der Kompetenz des Bundes zur innerstaatlichen Umsetzung völkerrechtlicher Abkommen (Transformationskompetenz, vgl. unten Teil 2, B, Rn. 16 ff.), wenn er aufgrund seiner Abschlusskompetenz in den Kompetenzbereich der Länder eingreift. Insoweit geht es vor allem um die sich aus den Art. 30 und 70 ff. GG ergebenden „ausschließlichen" Gesetzgebungszuständigkeiten der Länder wie die Bildungspolitik (vgl. z. B. den Fall 1 „Pisa-Panik" bei *Paulus*, Staatsrecht III, S. 1 ff.), das Kommunalrecht oder auch das Polizei- und Ordnungsrecht (eingehend zur Entstehung des Meinungsstreits und zum Inhalt der Auffassungen *Fassbender*, Der offene Bundesstaat, 2007, S. 287 ff.).

55

56 Die **föderalistische Ansicht** (sog. süddeutsche Lösung) will den Ländern bei ihrer ausschließlichen Gesetzgebungskompetenz auch eine ausschließliche Vertragsschlusskompetenz zubilligen (*Rojahn*, in: von Münch/Kunig, GG, Art. 32 Rn. 42; *Fassbender*, Der offene Bundesstaat, 2007, 350). Die Abschlusskompetenz des Bundes ist danach auf die ihm in Art. 70 ff. GG zugewiesenen Sachmaterien begrenzt. Dafür spricht, dass unter Beachtung des Bundesstaatsprinzips sowohl die Abschluss- als auch die Transformationskompetenz jeweils in der einen oder anderen Hand vereint sind.

57 Nach der entgegengesetzten **zentralistischen Ansicht** (sog. Berliner Lösung) hat der Bund die umfassende Abschluss- und Transformationskompetenz auch im Bereich der Gesetzgebungszuständigkeit der Länder (*Grewe*, VVDStRL 12 (1954), S. 129, 177; *Menzel*, VVDStRL 12 (1954), S. 179, 205 ff.). Art. 32 Abs. 3 GG gewährt den Ländern damit nur eine konkurrierende Zuständigkeit. Der Wortlaut und Zweck des Art. 32 Abs. 1 GG, ein dem Völkerrecht entsprechendes einheitliches Auftreten der Bundesrepublik nach außen zu gewährleisten, legt diese Auslegung nahe.

58 Nach einer dritten **vermittelnden Ansicht** (sog. norddeutsche Lösung) hat der Bund zwar ein umfassendes Recht zum Abschluss völkerrechtlicher Verträge, im Bereich ihrer ausschließlichen Gesetzgebungskompetenz fällt die Umsetzung des geschlossenen Vertrages jedoch in die alleinige Zuständigkeit der Länder (*Fastenrath*, Kompetenzverteilung im Bereich der auswärtigen Gewalt, 1986, S. 136; *Pernice*, in: Dreier, GG, Art. 32 Rn. 42). Das damit einhergehende Auseinanderfallen von Abschluss- und Transformationskompetenz begründet die Gefahr eines völkerrechtswidrigen Verhaltens, wenn eine völkerrechtliche Bindung ohne Sicherstellung der Transformation besteht. Andererseits wahrt diese Lösung die Handlungsfähigkeit des Bundes einerseits und die bundesstaatliche Kompetenzordnung andererseits.

59 Mit dem sog. **Lindauer Abkommen** vom 14.11.1957 (Bulletin 1957, S. 1966) wurde die Streitfrage im Wege einer „Verständigung zwischen Bundesregierung und den Staatskanzleien der Länder über das Vertragsschließungsrecht des Bundes" pragmatisch gelöst. Da das Abkommen die in Streit stehende verfassungsrechtliche Zuständigkeitsverteilung nicht ändern kann, legt es nur Verfahrensregeln fest, ohne die unterschiedlichen Rechtsauffassungen zu berühren. Der Inhalt des Abkommens kommt im Ergebnis der zentralistischen Auffassung nahe, die allerdings mit einem Gebot der Rücksichtnahme

A. Grundgesetz und kompetenzieller Gehalt der Öffnung

verbunden wurde. Dementsprechend kann der Bund zwar auch im Bereich der Länderzuständigkeit Verträge abschließen, im Bereich der ausschließlichen Kompetenzen der Länder soll er allerdings deren Einverständnis herbeiführen und sie möglichst frühzeitig an den Vorbereitungen zum Vertragsschluss beteiligen, bevor die Verpflichtung völkerrechtlich verbindlich ist (Ziff. 3). Die Umsetzung solcher Verträge fällt dann jedoch in die alleinige Zuständigkeit der Länder. Nach herrschender Meinung sind die Länder nach dem Grundsatz der Bundestreue zur Ausführung der völkerrechtlichen Verträge des Bundes verpflichtet, die dieser mit ihrer Zustimmung abgeschlossen hat (*Starck,* in: FS Lerche, 1993, S. 561, 566).

Aufgrund des Lindauer Abkommens wurde zum Zwecke der Institutionalisierung der Zusammenarbeit die „**Ständige Vertragskommission der Länder**" gebildet. Diese wird möglichst frühzeitig über geplante Abkommen unterrichtet, die wesentlichen Interessen der Länder berühren und zwar unabhängig davon, ob sie deren ausschließliche Kompetenz betreffen (Ziff. 4a).

In rechtlicher Hinsicht lässt die politisch-pragmatische Lösung nicht nur alle Fragen offen, sondern wirft neue Fragen, etwa nach der Verfassungsmäßigkeit und Rechtsnatur des Lindauer Abkommens, auf (vgl. dazu *Fastenrath,* Kompetenzverteilung im Bereich der auswärtigen Gewalt, 1986, S. 136 ff.). Das BVerfG hat es in einem obiter dictum als **Vereinbarung verfassungsrechtlicher Art** bezeichnet (BVerfGE 42, 103, 113 f.). Mit dem Hinweis auf die nicht gewollte Verfügung über die Kompetenzordnung des Grundgesetzes und der damit verbundenen Vereinbarung einer pragmatischen Verfahrensweise wird die Verfassungsmäßigkeit heute aber allgemein angenommen (*Stern,* in: FS Carl Heymanns Verlag, 1995, S. 251, 265; Pernice, in: Dreier, GG, Art. 32, Rn. 43).

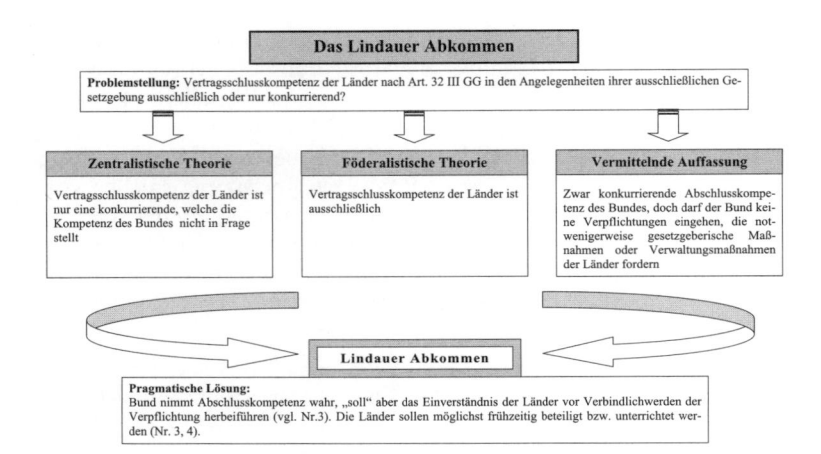

Das Lindauer Abkommen

Problemstellung: Vertragsschlusskompetenz der Länder nach Art. 32 III GG in den Angelegenheiten ihrer ausschließlichen Gesetzgebung ausschließlich oder nur konkurrierend?

Zentralistische Theorie	Föderalistische Theorie	Vermittelnde Auffassung
Vertragsschlusskompetenz der Länder ist nur eine konkurrierende, welche die Kompetenz des Bundes nicht in Frage stellt	Vertragsschlusskompetenz der Länder ist ausschließlich	Zwar konkurrierende Abschlusskompetenz des Bundes, doch darf der Bund keine Verpflichtungen eingehen, die notwenigerweise gesetzgeberische Maßnahmen oder Verwaltungsmaßnahmen der Länder fordern

Lindauer Abkommen

Pragmatische Lösung:
Bund nimmt Abschlusskompetenz wahr, „soll" aber das Einverständnis der Länder vor Verbindlichwerden der Verpflichtung herbeiführen (vgl. Nr.3). Die Länder sollen möglichst frühzeitig beteiligt bzw. unterrichtet werden (Nr. 3, 4).

62 **b) Nebenaußenpolitik der Länder.** In der Praxis gibt es vielfältige offizielle internationale Kontakte von Ländern und Kommunen. Problematisch ist insoweit der weit gefasste Wortlaut des Art. 32 Abs. 1 GG. Ihm zufolge sind auch alle Formen bloßer außen*politischer* Kontakte, mithin auch **nichtverbindliche Akte** wie Besuche und politische Reden, etwa im Rahmen der Reise eines Ministerpräsidenten zur Knüpfung von Wirtschaftskontakten nach China, umfasst. Um den Ländern einen gewissen Handlungsspielraum zu eröffnen, werden unterschiedliche Lösungen vorgeschlagen: Zum Teil wird eine (stillschweigende) Delegation von Bundeskompetenzen auf die Länder angenommen (*Grewe*, in: Isensee/Kirchhof (Hrsg.), HStR, Bd. III, 1996, § 77, Rn. 83.), die eine gewohnheitsrechtliche Anerkennung der Staatspraxis begründet. Nach anderer Ansicht soll als verfassungsrechtliche Grundlage eine Kompetenz aus der Natur der Sache in Betracht kommen (*Streinz*, in: Sachs, GG, Art. 32, Rn. 52; *Kempen*, in: von Mangoldt/Klein/Starck, GG, Art. 32, Rn. 89). Schließlich wird eine einschränkende Auslegung des Art. 32 Abs. 1 GG, begrenzt auf völkerrechtsförmliche Akte, vorgeschlagen (*Fastenrath*, Kompetenzverteilung im Bereich der auswärtigen Gewalt, 1986, S. 83 ff.).

63 Da der offene Verfassungsstaat des Grundgesetzes ein kohärentes Auftreten nach außen verlangt, muss der Bund, der Intention des Art. 32 Abs. 1 GG entsprechend, die grundsätzliche Kontrolle über die Außenpolitik behalten. Will die Bundesrepublik im Kontext der

Globalisierung und Internationalisierung handlungsfähig bleiben, ist eine Zersplitterung der Außenpolitik in vielfältige Nebenaußenpolitiken der Länder zu vermeiden. Die Nebenaußenpolitik der Länder bedarf demnach einer ausdrücklichen Zustimmung, zumindest aber einer stillschweigenden **Duldung der Bundesregierung**. Nur auf diese Weise kann die jederzeitige Kontrolle samt „Rückholmöglichkeit" des Bundes gewährleistet werden.

Literatur: *Bernhardt*, Der Abschluß völkerrechtlicher Verträge im Bundesstaat, 1957; *Calliess*, Auswärtige Gewalt, § 83, in: Isensee/Kirchhof, Handbuch des Staatsrechts, Bd. IV, 3. Auflage 2006; *Fassbender*, Der offene Bundesstaat, S. 263 ff.; *Fastenrath*, Kompetenzverteilung im Bereich der auswärtigen Gewalt, 1986; *Hartung*, Die Praxis des Lindauer Abkommens, 1984; *Hobe*, Die Auswärtige Gewalt – Tendenzen zur Föderalisierung und Parlamentarisierung, in: Jura 1986, S. 818; *Kokott*, DVBl. 1996, 937; *Kunig*, Auswärtige Gewalt, Jura 1993, 554; *Magiera*, Außenkompetenz der deutschen Länder, in: Lüder (Hrsg.), Staat und Verwaltung, 1997, S. 97 ff.; *Papier*, Abschluss völkerrechtlicher Verträge und Föderalismus. Lindauer Abkommen, DÖV 2003, 266; *Rudolf*, Bundesstaat und Völkerrecht, AVR 27 (1989), 1; *Seidel*, Die Zustimmung der Bundesregierung zu Verträgen der Bundesländer mit auswärtigen Staaten gemäß Art. 32 Abs. 3 GG, 1975; *Starck*, Die deutschen Länder und die auswärtige Gewalt, FS Lerche, 1993, 561 ff.; *Stern*, Auswärtige Gewalt und Lindauer Abkommen, in: FS C. Heymanns Verlag, 1995, 251 ff.; *Graf Vitzthum*, Der Föderalismus in der europäischen und internationalen Einbindung der Staaten, in: AöR 115 (1990), S. 281.

B. Grundgesetz und materieller Gehalt der Öffnung zum Völkerrecht

I. Verhältnis von nationalem Recht und Völkerrecht im offenen Verfassungsstaat

1. Konzeptualisierung des Verhältnisses von nationalem Recht und Völkerrecht

Das Verhältnis zwischen Völkerrecht und nationalem Recht ist in der Rechtslehre seit dem ausgehenden 19. Jahrhundert Gegenstand eines **dogmatischen Streits**. Dieser kreist um die Frage, ob die Normen des Völkerrechts und des nationalen Rechts einer einheitlichen oder aber verschiedenen Rechtsordnungen angehören und wie sich diese Grundentscheidung auf die innerstaatliche Geltung und Anwendbarkeit der völkerrechtlichen Normen sowie ihre Rangstellung auswirkt. Denn Völkerrecht und nationales Recht können inhaltlich entgegenstehende Regelungen enthalten und müssen dann zu einem angemessenen Ausgleich geführt werden. Als Ausgangspunkt dieser Betrachtungen werden im Wesentlichen zwei Theorien vertreten, die als Monismus und Dualismus bezeichnet werden. Im Folgenden soll es darum gehen, wie sich das Grundgesetz der Bundesrepublik Deutschland zu diesen positioniert.

2 **a) Grundgesetz zwischen Monismus und Dualismus. aa) Monistische Theorien.** Ziel des Monismus ist es, „alles **Recht als ein einheitliches System** zu begreifen" (*Kelsen*, Das Problem der Souveränität und die Theorie des Völkerrechts, 1920, S. 111 ff.). In diesem Sinne werden die Völkerrechtsordnung und die staatlichen Rechtsordnungen als Elemente eines einheitlichen, geschlossenen Systems verstanden. Dabei folgt aus dieser Prämisse eines umfassenden Rechtssystems, dass eine der beiden Rechtsordnungen der anderen vorgehen muss. Ein monistisches Modell hat daher eine **hierarchische Gliederung** der Rechtsordnungen mit dem Primat entweder des Völkerrechts oder des nationalen Rechts und die Ableitung der einen Rechtsordnung von der anderen zum Inhalt. Insofern konkurrierten zwei Spielarten der monistischen Lehre:

3 Die erste, heute nicht mehr vertretene Spielart geht von einer Einheit von Völkerrecht und nationalem Recht aus und spricht dabei dem nationalen Recht Vorrang zu (**Monismus mit Primat des nationalen Rechts**). Völkerrecht und staatliches Recht stehen in der Stufenfolge „nationales Recht bricht Völkerrecht" (*Wenzel*, Juristische Grundprobleme – Der Begriff des Gesetzes, 1920, S. 34 ff.). Monistisch ist diese Ansicht deshalb, weil sie nur das nationale Recht als Grundlage der Rechtsverpflichtung anerkennt. Diese Theorie beruht auf der absoluten Souveränität der Staaten und sieht das Völkerrecht im Sinne *Hegels* als „Außenstaatsrecht" des jeweiligen Staates an (vgl. *Hegel*, Grundlinien der Philosophie des Rechts, 1821, § 333.). Das Völkerrecht wird ganz dem Souveränitätsanspruch des einzelnen Staates untergeordnet, so dass seine Geltung auf eine Selbstbindung der Staaten zurückgeführt wird.

4 Nach entgegengesetzter Auffassung (vgl. *Kelsen*, ZaöRV 19 (1958), 234 ff.; *Verdross*, Die Verfassung der Völkerrechtsgemeinschaft, 1926, S. 39 f.; *ders.*, in: FS Bindschedler, 1980, S. 261 ff.) kommt den Regeln des Völkerrechts gegenüber staatlichem Recht Vorrang zu (**Monismus mit Primat des Völkerrechts**). Nach dieser Theorie leitet sich das nationale Recht aus der ursprünglichen Rechtsordnung des Völkerrechts ab. Die Rechtsordnungen der Staaten werden als Ausgliederungen der universellen Menschheitsordnung aufgefasst und sollen als solche Teilordnungen einer umfassenden Völkerrechtsordnung darstellen. Hinsichtlich der Folgen dieses Vorrangs wird differenziert: Der radikale Monismus mit Vorrang des Völkerrechts sieht jeden völkerrechtswidrigen innerstaatlichen Hoheitsakt als nichtig an. Danach hat das Völkerrecht einen unbedingten Geltungsvorrang. Der gemäßigte Monismus vermeidet diesen radikalen Vorrang, indem er einem völkerrechtswidrigen innerstaatlichen Akt zunächst innerstaatliche Geltung zuspricht. Damit ist nach dieser unter den monistischen Theorien herrschenden Ansicht (vgl. nur *Verdross/Simma*, Universelles Völkerrecht, 1984, §§ 71 ff.) ein völkerrechtswidriger Akt zwar nicht nichtig, jedoch ist der Staat verpflichtet, der Völkerrechtsverletzung abzuhelfen, indem er etwa den relevanten innerstaatlichen Rechtsakt aufhebt. Bei rechtspraktischer Betrachtung setzt sich letztlich nach dieser Konzeption das Völkerrecht also durch, es hat insofern „faktischen Vorrang".

bb) Dualistische Theorien. Demgegenüber geht der Dualismus seit dem 20. Jahrhundert im Anschluss an das Werk von *Triepel* davon aus, dass das Völkerrecht und das nationale Recht **zwei verschiedene selbstständige Rechtsordnungen** sind (*Triepel*, Völkerrecht und Landesrecht, 1899 – unveränderter Nachdruck 1958; vgl. auch *Anzilotti*, Lehrbuch des Völkerrechts, 1929, S. 36 ff.). Die Völkerrechtsordnung und die staatlichen Rechtsordnungen bestehen danach unabhängig voneinander, so dass es unmöglich ist, ein theoretisches Über- und Unterordnungsverhältnis zu konstruieren. Beide Rechtsmassen unterscheiden sich insbesondere, weil sie verschiedenen Rechtsquellen entstammen und verschiedene Subjekte berechtigen und verpflichteten. Von der Verfassung eines Staates leite sich lediglich das Recht der innerstaatlichen Rechtsordnung, nicht jedoch die eigenständige Rechtsordnung des Völkerrechts, ab. Demnach haben beide Rechtsordnungen jeweils ihre eigene Letztbegründung, so dass sowohl das Völkerrecht als auch das nationale Recht aus sich heraus Geltung beansprucht. Auch innerhalb des Dualismus gibt es zwei unterschiedliche Strömungen, die nach der Beziehung zwischen den beiden Rechtsordnungen differenzieren.

Der heute nicht mehr vertretene **radikale Dualismus** betrachtet beide Rechtsordnungen als vollständig getrennte, voneinander unabhängige Einheiten. Völkerrecht und nationales Recht können in keinerlei unmittelbare Beziehung zueinander treten. Ein inhaltlicher Widerspruch zwischen einer Völkerrechtsnorm und einem innerstaatlichen Rechtsakt führt demnach nicht zur Nichtigkeit einer der konfligierenden Normen. Die Geltung sowohl der innerstaatlichen als auch der völkerrechtlichen Norm bleibt erhalten. Indem die beiden Rechtsordnungen mit zwei Kreisen gleichgesetzt werden, die sich allenfalls berühren, aber nicht schneiden (so *Triepel,* Völkerrecht und Landesrecht, 1899 – unveränderter Nachdruck 1958, S. 111.), wird jede Verschränkung zwischen den Rechtsordnungen verneint. Immer sei ein vermittelnder Akt des nationalen Rechts erforderlich. Gleichwohl sei der Staat verpflichtet, seine nationale Rechtsordnung so auszugestalten, dass sie zur Erfüllung des Völkerrechts im Stande ist. Dieser Dualismus von Völkerrecht und Staatsrecht ist Ausdruck eines souveränitätszentrierten Denkens, der die Befugnis des Staates abbildet zu entscheiden, welche Rechtsnormen in die innerstaatliche Rechtsordnung eindringen können, und besaß für die Epoche der unverbunden nebeneinander stehenden Nationalstaaten idealtypische Richtigkeit.

7 Das heutige Verständnis vom **gemäßigten Dualismus** sieht die beiden Rechtsordnungen ebenfalls als grundsätzlich voneinander getrennt, gleichzeitig aber als vielfach miteinander verschränkt an (*Rudolf,* Völkerrecht und deutsches Recht, 1967, S. 141 ff.). Konflikte können demnach nicht im monistischen Sinne mit der Überordnung einer der beiden Rechtsordnungen gelöst werden. Die beiden Rechtsordnungen werden als Kreise angesehen, die sich teilweise überschneiden und somit vielfach ineinandergreifen. Diese Überschneidungen entstehen durch gegenseitige Bezugnahmen, Verweisungen oder Umwandlungen von Normen der einen Rechtsordnung in Normen der anderen. Die Lösung der Konfliktfälle ist der nationalen Rechtsordnung vorbehalten und ist völkerrechtlich nicht vorgegeben. Deswegen bleibt die Geltung eines völkerrechtswidrigen innerstaatlichen Aktes erhalten, allerdings sind die Staaten verpflichtet, innerstaatlich eine völkerrechtskonforme Lage herzustellen. Kommen sie dieser Verpflichtung nicht nach, zieht dies nach außen eine völkerrechtliche Haftung des Staates nach sich.

8 Der gemäßigte Dualismus entspricht in Bezug auf seine faktischen Auswirkungen weitgehend der Lösung des gemäßigten Monismus mit Völkerrechtsprimat. Zwar gehen Monisten und Dualisten weiterhin von entgegengesetzten Prämissen aus, jedoch haben sie sich hinsichtlich der **Rechtsfolgen weitestgehend angenähert.** So bleibt

B. Grundgesetz und materieller Gehalt der Öffnung zum Völkerrecht 95

nach beiden Konzeptionen ein völkerrechtswidriger innerstaatlicher Akt zunächst wirksam, allerdings setzt sich der Staat gegebenenfalls einer völkerrechtlichen Verantwortlichkeit aus. Dadurch kommt dem Völkerrecht ein – zumindest faktischer – Vorrang zu, da sich ein Staat seinen völkerrechtlichen Verpflichtungen nicht unter Berufung auf entgegenstehendes nationales Recht entziehen kann.

cc) **Theorienstreit unter dem Blickwinkel des Grundgesetzes.** 9
Welches Modell eher geeignet ist, die Rechtswirklichkeit für eine bestimmte Rechtsordnung zutreffend abzubilden, hängt von der Konzeption ab, der eine staatliche Verfassung folgt. Diese kann jedoch nicht immer eindeutig bestimmt werden, da den Verfassungsordnungen verschiedene Mechanismen zur Verfügung stehen, um sich gegenüber der völkerrechtlichen Ebene zu öffnen. Auch **für das Grundgesetz** ist eine diesbezügliche Deutung letztlich **streitig** geblieben, denn die Rechtslage lässt sich sowohl aus dualistischem als auch aus monistischem Blickwinkel erklären. Da die Frage der Einheit oder Mehrheit der Rechtsordnungen rechtstheoretischer Natur ist und daher weder im Völkerrecht noch im nationalen Recht positivrechtlich geregelt werden kann, haben diesbezügliche verfassungsrechtliche Bestimmungen allenfalls deklaratorischen Charakter. Aus entsprechenden Vorschriften kann lediglich die Sicht des Verfassungsgebers, nicht aber eine verbindliche Lösung der Verhältnisfrage abgeleitet werden.

Das **BVerfG** hat sich lange nicht eindeutig auf eines der Modelle 10 festgelegt. Aus seiner Rechtsprechung ergab sich zunächst nur eine – allerdings terminologisch schwankende – Festlegung hin zu den gemäßigten Varianten (im Sinne des Dualismus können z. B. verstanden werden BVerfGE 1, 396, 410f.; 29, 348, 360; 79, 51, 67; monistisch beeinflusst sind z. B. BVerfGE 18, 441, 448; 46, 342, 363; 90, 286, 364). In seiner neueren Judikatur zur Wirkung der EMRK im deutschen Recht bekennt es sich nun zu einem dualistischen Modell:

„Dem Grundgesetz liegt deutlich die klassische Vorstellung zu Grunde, dass es sich bei dem Verhältnis des Völkerrechts zum nationalen Recht um ein Verhältnis zweier unterschiedlicher Rechtskreise handelt und dass die Natur dieses Verhältnisses aus der Sicht des nationalen Rechts nur durch das nationale Recht selbst bestimmt wird; dies zeigen die Existenz und der Wortlaut von Art. 25 und Art. 59 Abs. 2 GG" (BVerfGE 111, 307, 318).

Allerdings ist auch diese Deutung des BVerfG keineswegs zwingend. So kann Art. 25 GG sowohl dualistisch als Aufnahme der aus 11 einer getrennten Rechtsordnung stammenden Völkerrechtsnormen in das innerstaatliche Recht interpretiert werden, als auch monistisch im Sinne einer deklaratorischen Kodifikation der Einheit von Völkerrecht und nationalem Recht gelesen werden. Die Rangzuweisung in Art. 25 Satz 2 GG, jedenfalls verstanden als Zuweisung einer hierarchischen Position unterhalb der Verfassung (dazu unten Teil 2, B, Rn. 35 ff.), weist jedoch eher auf eine dualistische Prämisse des Grundgesetzes hin. Auch Art. 59 Abs. 2 GG ist **unterschiedlichen Deutungen zugänglich.** Im Sinne des dualistischen Verständnisses, das vom BVerfG zugrundegelegt wird, sind die Zustimmungsgesetze zu völkerrechtlichen Verträgen jedoch als spezielle Transformationsakte zu verstehen, die als Ausdruck der dualistisch geprägten klassischen Transformationstheorie (dazu unten Teil 2, B, Rn. 16 ff.) erst innerstaatlich verpflichtende Rechtsnormen schaffen.

12 Entscheidend ist eine diesbezügliche Festlegung letztlich jedoch nicht. Einzig relevanter Unterschied zwischen den gemäßigten Theorien ist im Ergebnis die grundsätzliche Position, die Eigenständigkeit der Rechtsordnungen einerseits oder die hierarchische Über- und Unterordnung der beiden Rechtsordnungen andererseits. Aufgrund der Verschiedenartigkeit der Völkerrechtsquellen, ihrer vielfältigen Anwendungsbereiche und der unterschiedlichen innerstaatlichen Ausgestaltungsmöglichkeiten können aus einer einzelnen Theorie ohnehin keine unmittelbaren Rechtsfolgen abgeleitet werden. Auch wenn die Theorien hilfreich für die Erklärung der Grundfragen im Verhältnis von Völkerrecht und nationalem Recht sind, so wird ihr vergleichsweise **„grobes Raster"** der Rechtswirklichkeit in ihrer tatsächlichen Verflochtenheit nicht gerecht (vgl. auch *Zuleeg*, DÖV 1977, 462, 467). Es gilt deswegen, die konkrete Interdependenz der beiden Rechtsordnungen zu betrachten. So hat die Gemeinsamkeit der Regelungsgegenstände zu einer fortschreitenden gegenseitigen Beeinflussung völkerrechtlicher und staatlicher Regeln geführt: Das verfassungsrechtlich gebundene Verhalten der Staaten bestimmt den Inhalt völkerrechtlicher Normen, die gebotene Rücksichtnahme auf internationale Regeln beeinflusst ihrerseits das innerstaatliche Recht. Die Grenze zwischen internationaler Einordnung und staatlicher Selbstbehauptung muss durch eine Klärung des Ineinandergreifens der beiden Rechtsordnungen im Hinblick auf die konkreten Normenbereiche bestimmt werden und dabei an den unterschiedlichen Entwicklungsstand völkerrechtlicher Teilgebiete anknüpfen. Völkerrecht und nationales Recht können im offenen Verfassungsstaat des

B. Grundgesetz und materieller Gehalt der Öffnung zum Völkerrecht   97

Grundgesetzes und in Antwort auf die Herausforderungen der Globalisierung und Internationalisierung nur noch als sich ergänzende Teile einer rechtlichen Gesamtordnung erfasst werden.

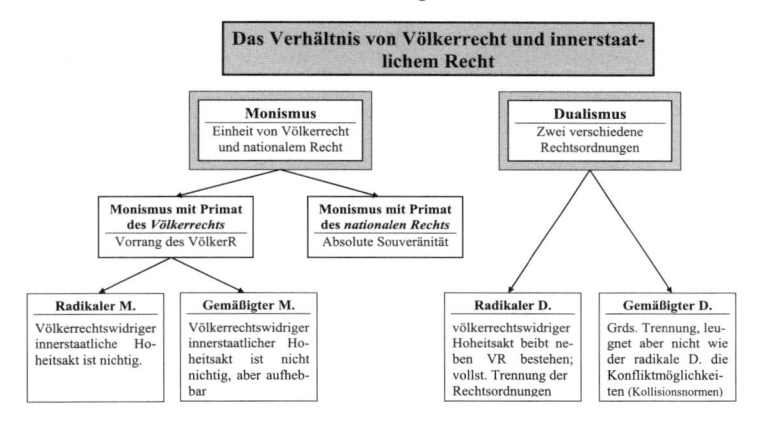

Das Verhältnis von Völkerrecht und innerstaatlichem Recht	
Monismus Einheit von Völkerrecht und nationalem Recht	**Dualismus** Zwei verschiedene Rechtsordnungen

Monismus mit Primat des *Völkerrechts* Vorrang des VölkerR	Monismus mit Primat des *nationalen Rechts* Absolute Souveränität		
Radikaler M. Völkerrechtswidriger innerstaatliche Hoheitsakt ist nichtig.	**Gemäßigter M.** Völkerrechtswidriger innerstaatlicher Hoheitsakt ist nicht nichtig, aber aufhebbar	**Radikaler D.** völkerrechtswidriger Hoheitsakt beibt neben VR bestehen; vollst. Trennung der Rechtsordnungen	**Gemäßigter D.** Grds. Trennung, leugnet aber nicht wie der radikale D. die Konfliktmöglichkeiten (Kollisionsnormen)

Literatur: *Amrhein-Hofmann*, Monismus und Dualismus in den Völkerrechtslehren, 2003; *Bleckmann*, Das Verhältnis des Völkerrechts zum Landesrecht im Lichte der „Bedingungstheorie", AVR 18 (1979), 257; *Keller*, Rechtsvergleichende Aspekte der Monismus-Dualismus-Diskussion, SZIER 9 (1999), 225; *Partsch*, Die Anwendung des Völkerrechts im innerstaatlichen Recht, 1964; *Rudolf*, Völkerrecht und deutsches Recht, 1967; *Thürer*, Völkerrecht und Landesrecht, SZIER 9 (1999), 217; *Wagner*, Monismus und Dualismus: Eine methodenkritische Betrachtung zum Theorienstreit, AöR 89 (1964), 212; *Zemanek*, Über das dualistische Denken in der Völkerrechtswissenschaft, in: FS-Verdross, 1960, S. 321 ff.

b) Innerstaatliche Geltung des Völkerrechts. Um eine innerstaatliche Geltung völkerrechtlicher Regelungen herbeizuführen, bedarf es einer Einbeziehung dieser Regelungen in die innerstaatliche Rechtsordnung. Das Völkerrecht selbst enthält keine vertraglichen oder gewohnheitsrechtlichen Regeln über die Art und Weise, in der Völkerrechtsnormen in innerstaatliches Recht „umzusetzen" sind. Die Art des Vollzuges von völkerrechtlichen Normen ist dem innerstaatlichen Recht überlassen. Im Wesentlichen lassen sich **drei Modelle** der „Umsetzung" oder Einbeziehung völkerrechtlicher Bestimmungen in nationales Recht unterscheiden: die Adoptions-, die Vollzugs- und die Transformationslehre, die jeweils mitgeprägt sind von den dargestellten monistischen und dualistischen Konzepten. Oftmals sind in na-

13

tionalen Rechtsordnungen für verschiedene Arten völkerrechtlicher Normen unterschiedliche Techniken vorgesehen.

14 **aa) Adoptionstheorie.** Nach der Adoptionstheorie gilt das Völkerrecht automatisch als solches auch innerstaatlich (vgl. zum Ursprung *Blackstone,* Commentaries on the laws of England, 1769, Nachdruck London 1966, S. 67). Dies ist die Konsequenz aus einem monistischen Verständnis von Völkerrecht und innerstaatlichem Recht als Einheit. In Staaten mit dieser Grundkonzeption erfolgt die Adoption (Inkorporation) in der Regel in Form einer **allgemeinen staatlichen Norm** (meist einer verfassungsrechtlichen Generalklausel), durch die dem Völkerrecht als Gesamtheit das Einströmen in die nationale Rechtsordnung gewährt wird. Nach der Adoptionstheorie ist deswegen kein besonderer staatlicher Rechtsakt erforderlich, um die einzelne Völkerrechtsnorm innerstaatlich vollziehbar zu machen. Die Völkerrechtsnorm wird durch die Übernahme in den nationalen Bereich damit nicht von ihrer völkerrechtlichen Rechtsquelle gelöst; der Geltungsgrund der Norm bleibt im Völkerrecht begründet. Sie verliert also nicht ihren Charakter als Völkerrechtsnorm, sondern unterliegt hinsichtlich ihres Inkrafttretens, ihrer Beendigung und ihrer Auslegung weiterhin den einschlägigen Normen des Völkerrechts.

15 **bb) Vollzugslehre.** Im Gegensatz zur Adoptionslehre geht die Vollzugslehre davon aus, dass es eines **besonderen innerstaatlichen Rechtsakts** bedarf, damit die innerstaatliche Verbindlichkeit eines aus einer völkerrechtlichen Rechtsquelle stammenden Rechtssatzes herbeigeführt wird. Wie auf Grundlage der Adoptionstheorie tritt auch mit einem solchen Vollzugsbefehl keine Verdopplung des Norminhalts mit jeweils unterschiedlicher Rechtsquelle ein. Dieser ordnet vielmehr lediglich an, dass die Regel im innerstaatlichen Bereich zu beachten ist. Der Rechtscharakter der Rechtsregel als Völkerrecht bleibt erhalten. Der Vollzugsbefehl hat damit keinen selbständigen materiellen Gehalt, sondern erfüllt nur die Anwendungsvoraussetzung der Völkerrechtsnorm im nationalen Bereich. Er verändert nicht die Völkerrechtsnatur der auf diese Weise in die nationale Rechtsordnung einströmenden Regelung, so dass keine Norm nationalen Rechts entsteht. Auch hier bleibt das Völkerrecht also seinem Geltungsgrund nach internationales Recht. Es findet aber erst über eine (spezielle) „Öffnungsklausel" Eingang in das nationale Recht.

B. Grundgesetz und materieller Gehalt der Öffnung zum Völkerrecht 99

cc) Transformationstheorie. Die Transformationstheorie ist Ausprägung der dualistischen Bewertung des Verhältnisses zwischen Völkerrecht und nationalem Recht. Danach bedarf es zu einer innerstaatlichen Geltung von Völkerrecht seiner **Umwandlung** (Transformation) in nationales Recht; eine bloße „Öffnung" des nationalen Rechts für das Völkerrecht reicht nicht aus.

Eine solche Transformation bedeutet, dass der Norminhalt einer völkerrechtlichen Norm in einer **inhaltlich identischen nationalen Norm** übernommen wird. Der nationale Gesetzgeber schafft innerstaatliches Recht mit dem Inhalt der völkerrechtlichen Norm, so dass es – anders als im Rahmen von Adoptionstheorie oder Vollzugslehre – gerade zu einer Verdopplung des Norminhalts in Normen unterschiedlicher Rechtsquelle kommt. Durch die Transformation erhalten die Völkerrechtsnormen einen neuen Geltungsgrund und werden auf neue Adressaten erstreckt, indem neben die Völkerrechtssubjekte auch die innerstaatlichen Rechtssubjekte treten. Die völkerrechtliche Norm beruht also auf einer völkerrechtlichen Rechtsquelle, während die gleichlautende nationale Norm ihren Geltungsgrund im staatlichen Recht hat. Völkerrechtliche Norm und nationale Regelung existieren parallel in beiden Rechtsordnungen, wobei sich Inkrafttreten, Beendigung und Auslegung der nationalen Norm nach innerstaatlichem Recht richten. Auch der Rang der transformierten Norm völkerrechtlichen Inhalts in der innerstaatlichen Normenhierarchie wird durch die nationale Transformationsnorm bestimmt – entweder durch Übernahme der Rangstellung der Transformationsnorm auch auf die transformierte Norm oder durch explizite Regelung durch die Transformationsnorm.

Um ein inhaltliches Auseinanderfallen von Völkerrechtsnorm und transformierter innerstaatlicher Norm bei Änderungen der völkerrechtlichen Rechtslage zu vermeiden, bedient sich die **gemäßigte Transformationstheorie** einer dynamischen Umwandlung. Danach kann durch ein Umsetzungsgesetz eine sich verändernde Völkerrechtsnorm in der aktuellen Fassung Eingang in die nationale Rechtsordnung finden, ohne dass das Umsetzungsgesetz ausdrücklich vom Gesetzgeber angepasst werden muss. Auch nach der gemäßigten Transformationstheorie bleibt gleichwohl eine Umwandlung eines Völkerrechtsaktes notwendig, damit seine Rechtswirkung auf die innerstaatlichen Rechtssubjekte erstreckt wird, allerdings wird die Verbindung des transformierten Rechts zum Völkerrecht nicht unterbrochen. Dadurch bleibt der Systemzusammenhang zwischen

Völkerrecht und transformiertem Recht im Rahmen dieser auf dem gemäßigten Dualismus basierenden Theorie erhalten, dies allerdings mit der Möglichkeit einer **Ultra-Vires-Kontrolle** (vgl. dazu BVerfGE 90, 286, 389f. und E 104, 151, 210ff.; dazu bereits oben unter Teil 2, A, Rn. 29).

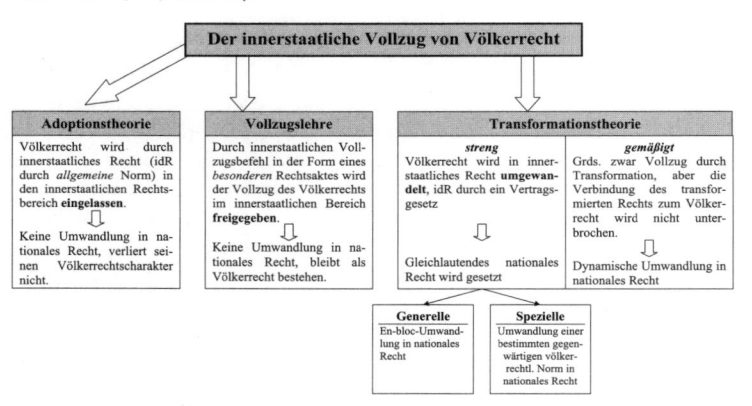

Der innerstaatliche Vollzug von Völkerrecht		
Adoptionstheorie	**Vollzugslehre**	**Transformationstheorie**
Völkerrecht wird durch innerstaatliches Recht (idR durch *allgemeine* Norm) in den innerstaatlichen Rechtsbereich **eingelassen**.	Durch innerstaatlichen Vollzugsbefehl in der Form eines *besonderen* Rechtsaktes wird der Vollzug des Völkerrechts im innerstaatlichen Bereich **freigegeben**.	*streng* / *gemäßigt*
Keine Umwandlung in nationales Recht, verliert seinen Völkerrechtscharakter nicht.	Keine Umwandlung in nationales Recht, bleibt als Völkerrecht bestehen.	Völkerrecht wird in innerstaatliches Recht **umgewandelt**, idR durch ein Vertragsgesetz / Grds. zwar Vollzug durch Transformation, aber die Verbindung des transformierten Rechts zum Völkerrecht wird nicht unterbrochen.
		Gleichlautendes nationales Recht wird gesetzt / Dynamische Umwandlung in nationales Recht

Generelle	**Spezielle**
En-bloc-Umwandlung in nationales Recht	Umwandlung einer bestimmten gegenwärtigen völkerrechtl. Norm in nationales Recht

19 **c) Innerstaatliche Anwendbarkeit des Völkerrechts.** Die dargestellten Theorien zeigen Möglichkeiten, wie völkerrechtliche Normen in das innerstaatliche Recht einbezogen werden können, wie sie zu innerstaatlich geltendem objektivem Recht werden. Dies hat zur Folge, dass eine völkerrechtliche Norm im innerstaatlichen Bereich generell Rechtswirkung entfaltet. Damit wird nicht mehr nur der Staat gebunden, sondern der Inhalt der völkerrechtlichen Regelungen bildet gleichzeitig – aufgrund einer Adoption, eines Vollzuges oder einer Transformation – einen Bestandteil der nationalen Rechtsordnung und gehört nicht mehr allein der völkerrechtlichen Sphäre an. Allerdings ist die innerstaatliche Geltung von der innerstaatlichen Anwendbarkeit des Völkerrechts zu unterscheiden. Dabei stehen sich **innerstaatlich unmittelbar anwendbare** und nicht unmittelbar anwendbare Normen gegenüber.

20 Völkerrechtliche Normen sind in der Regel nur auf eine Verpflichtung der Staaten, nicht aber des Einzelnen, gerichtet. Diese völkerrechtlichen Normen sind so gestaltet, dass sie sich nur an den Staat als Ganzes wenden und somit inhaltlich dem innerstaatlichen Vollzug gar nicht zugänglich sind. Solche Bestimmungen werden *„non self-executing"* genannt. Sie können allerdings einen Rechtsetzungsauftrag enthalten, wonach verbindlich vorgegebene Regelungsziele der völkerrechtlichen Norm durch nationale Bestimmungen umzusetzen sind. Die innerstaatliche Geltung solcher *„non self-executing"*-Norm hat dann lediglich die Verpflichtung der innerstaatlichen Organe zur Durchführung des völkerrechtlichen Regelungsgehalts (in Gestalt eines Rechtsetzungsauftrages) zur Folge.

Einige Völkerrechtsnormen erzeugen demgegenüber auch für den Einzelnen eine unmittelbare Rechtswirkung und können durch die innerstaatlichen Rechtsanwender unmittelbar angewendet werden. Solche Völkerrechtsnormen werden *„self-executing"* genannt (vgl. zu dieser aus dem amerikanischen Verfassungsrecht stammenden Unterscheidung zwischen self-executing und non self-executing *Buergenthal,* RdC 235 (1992), S. 303 ff.). Um derart vollzugsfähig zu sein, muss die Anwendbarkeit für den Einzelnen bereits in der Natur der betreffenden Rechtsnorm angelegt sein. Dies ist nur dann der Fall, wenn die Norm keinen nationalen Umsetzungsakt erfordert, ihr Regelungsgehalt hinreichend klar und bestimmt ist und sie eine Berechtigung oder Verpflichtung für den Einzelnen enthält. Als Beispiel für die Art von Völkerrechtsnormen seien hier die Vorschriften des 1. Abschnitts der EMRK genannt. Allerdings wird oft hinsichtlich der *self-executing*-Eigenschaft einzelner Normen innerhalb eines völkerrechtlichen Vertrages differenziert. So fehlt etwa solchen Vertragsbestimmungen die unmittelbare Anwendbarkeit, die zwar Rechte der Bürger zum Gegenstand haben, diese aber nicht konkret ausprägen. 21

Die Anwendbarkeit einer völkerrechtlichen Norm im innerstaatlichen Bereich wird also nicht schon durch den die Geltung bewirkenden Vorgang (Adoption, Vollzug oder Transformation) herbeigeführt, sondern setzt ihn voraus. Nur eine *„self-executing"* Norm ist ohne weiteres anwendbar, während eine *„non self-executing"* Norm innerstaatlich gilt, aber nur nach weiteren staatlichen Durchführungsvorschriften anwendbar ist. Die Kompetenz, um über den *self-executing*-Charakter einer Norm zu entscheiden, liegt grundsätzlich **bei den einzelnen Staaten**, die jeweils unterschiedliche Anforderungen an die unmittelbare Anwendbarkeit stellen. Deshalb kann es vorkommen, dass dieselbe völkerrechtliche Norm in einem Staat als unmittelbar anwendbar behandelt wird, in einem anderen aber nicht. 22

Literatur: *Buchs,* Die unmittelbare Anwendung völkerrechtlicher Vertragsbestimmungen, 1993; *Bungert,* Einwirkungen von Völkerrecht im innerstaatlichen Rechtsraum, DÖV 1994, 797; *Partsch,* Die Anwendung des Völkerrechts im innerstaatlichen Recht. Überprüfung der Transformationslehre, 1964.

2. Differenzierender Ansatz des Grundgesetzes

23 Hinsichtlich der Einbeziehung von Völkerrecht in den innerstaatlichen Bereich ist dem Grundgesetz **keine abschließende Festlegung** auf eine der dargestellten Lehren zum Verhältnis von nationalem Recht und Völkerrecht (vgl. oben Teil 2, B, Rn. 9 ff.) zu entnehmen. Stattdessen differenziert es zwischen den verschiedenen Arten völkerrechtlicher Normen.

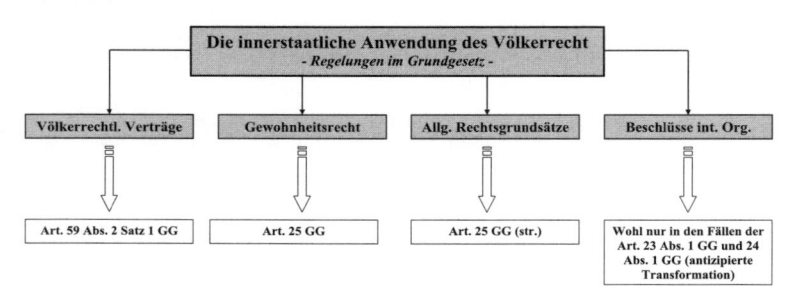

Die innerstaatliche Anwendung des Völkerrecht
- Regelungen im Grundgesetz -

Völkerrechtl. Verträge	Gewohnheitsrecht	Allg. Rechtsgrundsätze	Beschlüsse int. Org.
Art. 59 Abs. 2 Satz 1 GG	Art. 25 GG	Art. 25 GG (str.)	Wohl nur in den Fällen der Art. 23 Abs. 1 GG und 24 Abs. 1 GG (antizipierte Transformation)

24 a) **Grundsatz der Öffnung des Grundgesetzes für das Völkerrecht gem. Art. 25 GG.** Verfassungsrechtlich findet die Einbeziehung des Völkerrechts in den innerstaatlichen Bereich über die Norm des Art. 25 GG statt. Diese bestimmt, dass die allgemeinen Regeln des Völkerrechts Bestandteil des Bundesrechts sind (S. 1), den Gesetzen vorgehen und Rechte und Pflichten unmittelbar für die Bewohner des Bundesgebietes erzeugen (S. 2). Obwohl Art. 25 GG in der Literatur sowohl als deklaratorische Kodifikation des gemäßigten Monismus (*Partsch*, Die Anwendung des Völkerrechts im innerstaatlichen Bereich, Berichte der deutschen Gesellschaft für Völkerrecht, Bd. 6 (1964), S. 13 ff.; als auch als Geltungsanordnung im Sinne des gemäßigten Dualismus (*Rudolf*, Völkerrecht und deutsches Recht, 1967, S. 146 f.) angesehen wird, trifft er **keine Entscheidung in der Systemfrage**.

25 Art. 25 GG öffnet die deutsche Rechtsordnung für einen Teil des völkerrechtlichen Normenbestandes, indem er dem allgemeinen Völkerrecht **unmittelbare Geltung im deutschen Recht** verleiht. Er ist damit Ausdruck der Hinwendung des Grundgesetzes zur internationalen Rechtsordnung und zeigt, insbesondere in der Gesamtschau mit den Vorschriften zur außenpolitischen Grundorientierung, die Verfassungsentscheidung für eine offene Staatlichkeit. In diesem

Kontext findet auch die völkerrechtsfreundliche Grundeinstellung des Grundgesetzes (vgl. die ständige Rechtsprechung seit BVerfGE 6, 309, 362 sowie unten Teil 2, B, Rn. 57 ff.) in Art. 25 GG ihren prägnantesten Ausdruck. Diese völkerrechtsfreundliche Tendenz des Grundgesetzes wird vor allem durch einen Automatismus der Inkorporation der allgemeinen Regeln des Völkerrechts zum Ausdruck gebracht. Den Hintergrund dieser weiten Öffnung gegenüber dem allgemeinen Völkerrecht bildet die historische Ausgangslage zur Zeit der Schaffung des Grundgesetzes. Unter dem Eindruck des nationalsozialistischen Regimes sollte ein uneingeschränktes Bekenntnis zum allgemeinen Völkerrecht abgelegt werden.

Die mit der Öffnung des innerstaatlichen Rechtsraums einhergehende Geltungsanordnung für das Völkerrecht verändert aber nicht den Inhalt der Völkerrechtsregeln und die daraus etwa herzuleitenden Ansprüche. Die Gültigkeit und Auslegung der betreffenden Regeln bestimmen sich mithin nach dem Völkerrecht (BVerfGE 46, 342, 403 ff.). Art. 25 GG aktualisiert sich also als **Scharnier** – manche sprechen von einer „Schleuse" –, indem er auf das jeweils aktuelle Recht verweist, so dass die Modifizierung des Völkerrechts zu berücksichtigen ist und durch das ständig geöffnete „Tor" die Änderungen des Völkerrechts in den deutschen Rechtsraum einbezogen werden.

aa) **Anwendungsbereich.** Art. 25 GG öffnet die deutsche Rechtsordnung für die **allgemeinen Regeln des Völkerrechts**. Diese bilden keine eigenständige Völkerrechtsquelle. Vielmehr ist auf Rechtsquellen zurückzugreifen, welche in der Völkerrechtsordnung vorzufinden sind. Aufgrund des undifferenzierten Wortlauts war ursprünglich unklar, ob als Regeln des Völkerrechts in diesem Sinne Normen aller völkerrechtlichen Rechtsquellen zu verstehen sind. Nunmehr wird Art. 25 GG aber als Verweis auf die völkerrechtliche Rechtsquellenlehre (vgl. Art. 38 Abs. 1 IGH-Statut) verstanden.

Allgemeine Regeln des Völkerrechts entstammen hauptsächlich dem dispositiven **universellen Völkergewohnheitsrecht** im Sinne des Art. 38 Abs. 1 lit. b IGH-Statut (BVerfGE 15, 25, 33). Bestimmungen völkerrechtlicher Verträge scheiden dagegen als allgemeine Regeln des Völkerrechts aus (BVerfGE 100, 266, 269). Denn diese erlangen innerstaatliche Wirkung über Art. 59 Abs. 2 GG, der als speziellere Norm den Art. 25 GG verdrängt. Auch ließe sich sonst nicht überzeugend begründen, warum die wichtigsten Verträge, die gemäß

Art. 59 Abs. 2 GG inkorporiert werden, den Gesetzesrang des legislativen Zustimmungsaktes teilten, weniger wichtige Verträge wie etwa Verwaltungsabkommen, für die ein solcher Legislativakt nicht erforderlich ist, gem. Art. 25 GG aber den Gesetzen vorgehen könnten.

29 Wann eine Regel des Völkergewohnheitsrechts allgemein ist, entscheidet sich nicht nach ihrem Inhalt, sondern grundsätzlich **nach der Reichweite ihrer Geltung**, weshalb alle völkergewohnheitsrechtlichen Normen mit universeller Geltung erfasst sind. Allgemein sind demnach solche Regeln, die von allen Völkerrechtssubjekten oder der überwiegenden Mehrheit der Staaten (so BVerfGE 15, 25, 34; 23, 288, 316 f.) anerkannt werden. Dabei muss es sich nicht um zwingende Normen des Völkerrechts (*ius cogens*) handeln. Auf die ausdrückliche Anerkennung durch Deutschland kommt es nicht an (BVerfGE 16, 27, 35; vgl. auch *Papadimitriu*, Die Stellung der allgemeinen Regeln des Völkerrechts im innerstaatlichen Bereich, 1972, S. 79 ff.; a. A. *Steinberger*, in: Isensee/Kirchhof (Hrsg.), HStR, Bd. VII, 1992, § 173, Rn. 34).

30 Unklar ist, ob das Merkmal der Allgemeinheit **regionales Völkergewohnheitsrecht** vom Anwendungsbereich des Art. 25 GG ausnimmt, da es sich nicht an die Gesamtheit der Staaten richtet (zunächst BVerfGE 75, 1, 26: „erforderliche weltweite Breite"; dagegen BVerfGE 95, 96, 129 nur noch: „allgemein[e] gefestigt[e] Übung zahlreicher Staaten"). Allerdings sprechen weder der Wortlaut noch der Sinn und Zweck der Vorschrift, einen Gleichklang zwischen allgemeinem Völkerrecht und innerstaatlichem Recht herzustellen, dafür, regionales Völkergewohnheitsrecht auszuschließen. Der Begriff „allgemein" bezieht sich insofern nicht notwendig auf das universelle Völkerrecht, sondern auf sämtliche Völkerrechtsregeln, die für Deutschland sachlich oder räumlich als Gewohnheitsrecht relevant sind.

31 Gleichermaßen werden nach überwiegender Meinung auch die **allgemeinen Rechtsgrundsätze des Völkerrechts** im Sinne des Art. 38 Abs. 1 lit. c IGH-Statut von Art. 25 GG erfasst (vgl. BVerfGE 94, 315, 328; *Rojahn*, in: von Münch/Kunig, GG, Art. 25, Rn. 6; *Cremer*, in: Isensee/Kichhof, (Hrsg.), HStR, Bd. XI, 3. Aufl. 2013, § 235, Rn. 15.). Dem wird zwar vereinzelt entgegengehalten, die allgemeinen Rechtsgrundsätze gehörten ohnehin schon dem nationalen Recht an, weil sie von dort aus erst ihre Entstehung im Völkerrecht ermöglichten, so dass daher keine (erneute) Einbeziehung über Art. 25 notwendig sei (*Rudolf*, Völkerrecht und deutsches Recht, 1967, S. 255 ff.). Da die deutsche Rechtsordnung aber nicht stets sämtliche allgemeinen

Rechtsgrundsätze des internationalen Rechts enthalten muss und Art. 25 GG ihnen erst die besondere Gesetzesfestigkeit verleiht, stellen sie sinnvoller Weise eine allgemeine Regel im Sinne des Art. 25 GG dar.

Die Existenz von allgemeinen Regeln des Völkerrechts ist oftmals nur mit großem wissenschaftlichem Aufwand feststellbar und würde regelmäßig ein Fachgericht überfordern. Ferner hat die Anerkennung von Völkergewohnheitsrecht durch staatliche Gerichte Rückwirkungen auf deren gewohnheitsrechtlichen Charakter (vgl. Art. 38 Abs. 1 lit. d IGH-Statut). Überdies kann die Feststellung von hoher (politischer) Brisanz sein, wenn es etwa die völkerrechtliche Zulässigkeit einer militärischen Intervention zu beurteilen gilt. Die verfassungsrechtliche Sicherung der allgemeinen Regeln des Völkerrechts im innerstaatlichen Bereich erfolgt deswegen durch ein **Normenverifikationsverfahren** vor dem BVerfG nach Art. 100 Abs. 2 GG als prozessuales Gegenstück zu Art. 25 GG. Dieses Verfahren dient der korrekten Ermittlung allgemeiner Regeln des Völkerrechts, um nach innen Rechtssicherheit zu gewährleisten und nach außen ein völkerrechtskonformes Handeln Deutschlands zu garantieren (dazu umfassend *Ruffert,* JZ 2001, 633 ff.). Jedes nationale Gericht ist verpflichtet, bei ernsthaften und entscheidungserheblichen Zweifeln über den Bestand und Umfang einer allgemeinen Regel des Völkerrechtes dem BVerfG die Frage vorzulegen. Ob ein Gesetz allerdings mit der spezifischen allgemeinen Regel des Völkerrechts übereinstimmt, ist dagegen nach Art. 100 Abs. 1 GG zu klären, nicht nach Absatz 2. Entsprechend dem Zweck der Vorschrift, völkerrechtswidrige Entscheidungen deutscher Gerichte zu vermeiden, werden die Voraussetzungen des Art. 100 Abs. 2 GG weit gefasst. „Zweifelhaft" sind die Existenz und die Wirkung einer allgemeinen Regel bereits dann, wenn sich im völkerrechtlichen Schrifttum objektive Zweifel erkennen lassen, die nicht beim Gericht selbst bestehen müssen. Vorlagen nach Art. 100 Abs. 2 GG sind auch zulässig, wenn die völkerrechtliche Regel nicht geeignet ist, unmittelbar Rechte und Pflichten für den Einzelnen zu erzeugen, da andernfalls die Gewährleistungsfunktion zugunsten der allgemeinen Regeln des Völkerrechts für die große Mehrheit der Regeln vereitelt würde. Die Entscheidung des BVerfG ist unanfechtbar und besitzt Gesetzeskraft (§ 31 Abs. 2 BVerfGG).

bb) Innerstaatliche Geltung (Art. 25 S. 1 GG). Anders als völkerrechtliche Verträge (dazu unten Teil 2, B, Rn. 43 ff.) werden das Völkergewohnheitsrecht und die allgemeinen Rechtsgrundsätze durch die „Toröffnung" des Art. 25 GG **generell und unmittelbar** in die innerstaatliche Rechtordnung einbezogen. Dabei werden im Schrifttum unterschiedliche Ansichten vertreten, ob Art. 25 GG das Völkergewohnheitsrecht adoptiert beziehungsweise vollzieht (*Cremer*, in: Isensee/Kirchhof (Hrsg.), HStR, Bd. XI, 3. Aufl. 2013, § 235, Rn. 4 ff.; *Zuleeg*, in: Stein/Denninger/Hoffmann-Riem, AK-GG, Art. 25, Rn. 13) oder ob es in das deutsche Recht transformiert wird (*Rudolf*, Grundgesetz und Völkerrecht, 1967, S. 262), je nachdem, ob unter „Bundesrecht" nur Recht aus deutscher Quelle verstanden wird, oder ob es für möglich gehalten wird, dass der Begriff Bundesrecht auch Recht aus völkergewohnheitsrechtlicher Quelle mit einschließt. Obwohl der Wortlaut auf eine Umwandlung in innerstaatliches Recht im Sinne der Transformationslehre hindeutet, trifft Art. 25 GG nach einhelliger Meinung keine Entscheidung für eine bestimmte Methode der Übernahme allgemeiner Regeln des Völkerrechts in den deutschen Rechtsraum (*Rojahn*, in: von Münch/Kunig, GG, Art. 25, Rn. 5; *Streinz*, in: Sachs, GG, Art. 25, Rn. 21). Eine Deutung im Sinne der Adoptions- beziehungsweise Vollzugslehre ist jedoch vorzuziehen. Damit kann der Zweck des Art. 25 GG, den Einklang zwischen Völkerrecht und nationalem Recht zu gewährleisten, einfacher erreicht werden. Denn so müssen die Staatsorgane diese Regeln in ihrem völkerrechtlichen Kontext sehen und für ihre Auslegung die Maßstäbe des Völkerrechts beachten.

34 Das **BVerfG** hat dazu im sog. *Bürgschaftskonto-Fall* ausgeführt, dass eine „allgemeine Regel des Völkerrechts kraft Art. 25 Satz 1 GG als solche mit ihrer jeweiligen völkerrechtlichen Tragweite Bestandteil des objektiven, im Hoheitsgebiet der Bundesrepublik Deutschland geltenden Rechts ist" (BVerfGE 46, 342, 403 f.). Das Gericht geht demnach von einem verfassungsrechtlichen Vollzugs- oder Rechtsanwendungsbefehl (vgl. BVerfGE 46, 342, 363) in Art. 25 GG aus, so dass sich die Gültigkeit und Auslegung der betreffenden Regeln nach dem Völkerrecht bestimmen.

35 **cc) Innerstaatlicher Rang (Art. 25 S. 2 1. HS GG).** Art. 25 GG macht deutlich, dass die Geltung des Völkerrechts im innerstaatlichen Bereich und sein Rang zu unterscheiden sind. Die Anordnung der Geltung verpflichtet zunächst alle Behörden und Gerichte, die allgemeinen Regeln des Völkerrechts anzuwenden, indem sie sie bei der Auslegung und Anwendung nationalen Rechts beachten. Zur Ein-

B. Grundgesetz und materieller Gehalt der Öffnung zum Völkerrecht 107

ordnung des Völkerrechts in die innerstaatliche Normenhierarchie bedarf es weiterhin einer **Rangzuweisung** im nationalen Recht, um potentielle Kollision zwischen Völkerrecht und nationalem Recht zu lösen. Art. 25 S. 2 1. HS. bestimmt hierzu, dass die allgemeinen Regeln des Völkerrechts den Gesetzen vorgehen.

Aufgrund der mehrdeutigen Formulierung ist bis heute **streitig**, welchen Rang die allgemeinen Regeln des Völkerrechts im Verhältnis zum Grundgesetz einnehmen. Der Wortlaut kann zunächst dahingehend verstanden werden, dass das Grundgesetz selbst zu den nachrangigen Gesetzen gehört und damit ein Primat des Völkerrechts gegenüber der Verfassung festgeschrieben ist. Für diesen Überverfassungsrang spricht die Entstehungsgeschichte der Vorschrift (*Grewe*, VVDStRL, 12 (1954), S. 129, 148; umfassend *Pigorsch*, Die Einordnung völkerrechtlicher Normen in das Recht der Bundesrepublik Deutschland, 1959, S. 55 ff.). Dagegen werden allerdings systematische Erwägungen vorgebracht. Die Einräumung eines Vorrangs gegenüber dem Grundgesetz als höchste Rangstufe innerhalb der deutschen Rechtsordnung hätte durch dieses selbst ausdrücklich erfolgen müssen (*Rojahn*, in: von Münch/Kunig, GG, Art. 25, Rn. 56), ferner lasse die Entscheidungskompetenz des BVerfG gem. Art. 100 Abs. 2 GG keine Kontrolle des Verfassungsrechts an vorrangigen allgemeinen Regeln des Völkerrechts zu. Auch die Nichterwähnung des Art. 25 GG im Katalog des Art. 79 Abs. 3 GG spreche dagegen, den allgemeinen Regeln des Völkerrechts einen Überverfassungsrang zuzugestehen (vgl. *Steinberger*, in: Isensee/Kirchhof (Hrsg.), HStR, Bd. VII, § 173, 1992, Rn. 61 ff.; *Koenig*, in: von Mangoldt/Klein/Starck, GG, Art. 25, Rn. 53). Rechtsprechung und herrschende Lehre nehmen deswegen einen Zwischenrang zwischen Grundgesetz und einfachen Gesetzen an (BVerfGE 6, 309, 363; 37, 271, 279; 111, 307, 318; *Tomuschat*, ZaöRV 28 (1968), 63; *Herdegen*, in: Maunz/Dürig, GG, Art. 25, Rn. 42). Durch diese Zwischenstellung werde garantiert, dass einerseits die allgemeinen Regeln des Völkerrechts zum Prüfungsmaßstab von Bundesrecht werden und andererseits der Verfassungskern unberührt bleibe. Der Sinn und Zweck des Art. 25 GG verlange vom Grundgesetz nicht, sich selbst aufgrund seiner Völkerrechtsfreundlichkeit in Frage zu stellen. Weiterhin wird geltend gemacht, dass allgemeine Völkerrechtsregeln mit Verfassungsrang zu Ermächtigungsgrundlagen führen könnten, die zur Aufhebung eines effektiven Grundrechtsschutzes missbraucht werden könnten (*Zuleeg*, in: Stein/Denninger/Hoffmann-Riem AK, GG, Art. 25, Rn. 23).

36

37 Diese Position wird in der Literatur von einigen und im Laufe der letzten Jahre von immer mehr Autoren allerdings zu Recht bestritten (*Steinberger*, in: Isensee/Kirchhof (Hrsg.), HStR, Bd. VII, 1992, § 173, Rn. 61; *Herzog*, EuGRZ 1990, 483, 486; *Koenig*, in: von Mangoldt/Klein/Starck, GG, Art. 25, Rn. 55; *Streinz*, in: Sachs, GG, Art. 25, Rn. 90). Vorzugswürdig ist es, die allgemeinen Regeln des Völkerrechts als **dem Grundgesetz ranggleich** anzusehen. Dem liegt das Verständnis der derzeitigen Entwicklung im Verfassungsrecht und Völkerrecht zugrunde, dass auch die Verfassung nicht frei über grundlegende und zwingende Werte verfügen kann, wenn der Staat eine Anerkennung in der Völkerrechtsgemeinschaft verlangt. Es gehört zur Identität des Grundgesetzes, dass die offene Verfassung durch Art. 25 GG die Regel des Art. 79 Abs. 1 S. 1 GG relativiert. In Ermangelung anderer Anhaltspunkte ist deswegen davon auszugehen, dass die Norm, die einen Rechtsanwendungsbefehl erteilt, den anzuweisenden Völkerrechtsregeln dieselbe Rangstufe zuweist, die sie selbst innehat. Dadurch kann der mit Art. 25 GG intendierte Gleichlauf zwischen Völkerrecht und nationalem Recht bewirkt werden. Die Nichterwähnung des Art. 25 GG unter den unabänderlichen Grundsätzen des Art. 79 Abs. 3 GG spricht dabei gegen einen Überverfassungsrang. Qualifiziert man die allgemeinen Regeln des Völkerrechts als dem Grundgesetz gleichrangig, ist der unabänderliche Verfassungskern gleichzeitig gegen diese geschützt. Auch kann aufgrund der Pauschalierung von Art. 25 S. 2 GG innerhalb der Regeln des Völkerrechts in Bezug auf die Rangfrage – selbst im Lichte der neueren Entwicklungen im Völkerrecht – interpretatorisch nicht differenziert werden (so aber etwa *Pernice*, in: Dreier, GG, Art. 25, Rn. 25 f.; *Ruffert*, JZ 2001, 633, 636 f.).

38 Neben dieser Festlegung der Rangordnung stellt Art. 25 GG eine Kollisionsnorm dar. Bundesrecht bleibt im Kollisionsfall wegen des Vorrangs der Völkerrechtsregeln unangewendet. Dieser **Anwendungsvorrang** beschränkt sich auf eine Sperrwirkung im konkreten Fall und führt nicht zur Nichtigkeit staatlichen Rechts.

39 **dd) Innerstaatliche Anwendbarkeit (Art. 25 S. 2, 2. HS. GG).** Nach Art. 25 S. 2 2. HS. GG erzeugen die allgemeinen Regeln des Völkerrechts unmittelbar Rechte und Pflichten für die Bewohner des Bundesgebiets. Diese Formulierung ist Gegenstand unterschiedlicher Deutungen darüber, ob diese Vorschrift Rechte und Pflichten mit innerstaatlicher Wirkung für den Einzelnen erzeugt oder ob die

Vorschrift gegenüber Art. 25 S. 1 GG lediglich deklaratorischen Charakter hat.

Einigkeit besteht darin, dass diejenigen allgemeinen Regeln des Völkerrechts, die **subjektive Rechte und Pflichten des Individuums** bereits auf völkerrechtlicher Ebene begründen, von der deutschen Hoheitsgewalt bereits aufgrund von Art. 25 S. 1 GG zu beachten sind (vgl. *Cremer*, in: Isensee/Kirchhof (Hrsg.), HStR, Bd. XI, 3. Aufl. 2013, Rn. 30). Dies gilt vor allem für die – häufig im Range des *ius cogens* stehenden – grundlegenden Menschenrechte. Insofern hat Art. 25 S. 2 GG lediglich eine Transparenzfunktion. 40

Neben diesen (seltenen) individualgerichteten Regeln, die Einzelpersonen selbst zu Völkerrechtssubjekten machen, besteht das Völkerrecht weitgehend aus Regeln, die sich **ausschließlich an die Staaten** als die originären Völkerrechtssubjekte, beziehungsweise im innerstaatlichen Bereich an deren Organe wenden. Regeln dieser Art sind ihrem Inhalt nach nicht auf Einzelpersonen anwendbar. Sie sind nach Art. 25 S. 1 GG Bestandteil des objektiven Rechts. 41

Art. 25 GG enthält keine Grundrechtsgarantie. Allerdings dient es der Effektivität der völkerrechtlichen Regeln, eine Verletzung von Art. 2 Abs. 1 GG anzunehmen, wenn ein den Einzelnen belastender nationaler Rechtsakt gegen eine allgemeine Regel des Völkerrechts verstößt (BVerfGE 23, 288, 300; 66, 39, 64; 112, 1, 21 f.). Zur verfassungsmäßigen Ordnung gehört auch, dass bei der Anwendung von Bundesrecht die allgemeinen Regeln des Völkerrechts beachtet werden. Insoweit ist eine **Verfassungsbeschwerde** statthaft. Ferner kann sich der Einzelne bei willkürlicher Nichtvorlage im Wege der Verfassungsbeschwerde auf eine Verletzung des Rechts auf den gesetzlichen Richter gem. Art. 101 Abs. 1 S. 2 GG berufen. Dieses ist jedoch nur verletzt, wenn Vorschriften willkürlich falsch angewendet werden, so dass die gerichtliche Entscheidung schlechthin unvertretbar ist – im Unterschied zum bloßen *error in procendo*. Liegen jedoch ernstzunehmende Zweifel im obigen Sinne vor, stellt die Nichtvorlage regelmäßig einen Verstoß gegen Art. 101 Abs. 1 S. 2 GG dar. Hinzukommen muss, dass die angegriffene Entscheidung auf dem Fehler beruht. Das BVerfG stellt sich damit „in den Dienst der Durchsetzung des Völkerrechts" (BVerfGE 109, 38, 50). 42

Hinweis: Relevanz für die Fallbearbeitung kann die Bestimmung des Art. 25 GG deshalb insbesondere über die Verbindung mit Art. 2 Abs. 1 und 101 Abs. 1 S. 2 GG erlangen (vgl. etwa Fall 3 bei *Paulus*, Staatsrecht III, 2010, 32 ff.)

Literatur: *Bungert,* Einwirkung und Rang von Völkerrecht im innerstaatlichen Rechtsraum, DÖV 1994, 979; *Doehring,* Die allgemeinen Regeln des völkerrechtlichen Fremdenrechts und das deutsche Verfassungsrecht, 1963; *Geck,* Das Bundesverfassungsgericht und die allgemeinen Regeln des Völkerrechts, in: FG-Bundesverfassungsgericht, 2. Bd., 1976, S. 125 ff.; *Heinz,* Zur Bedeutung und Auslegung von Art. 25 des Grundgesetzes für die Bundesrepublik Deutschland, in: FS-Küchenhoff, 2. Bd., 1972, S. 805 ff.; *Hofmann,* Zur Bedeutung von Art. 25 GG für die Praxis deutscher Behörden und Gerichte, in: FS-Zeidler, 2. Bd., 1987, S. 1885 ff.; *Papadimitriu,* Die Stellung der allgemeinen Regeln des Völkerrechts im innerstaatlichen Recht, 1972; *Ruffert,* Der Entscheidungsmaßstab im Normenverifikationsverfahren nach Art. 100 Abs. 2 GG, JZ 2001, 633; *Schübbe,* Wesen und Rang der allgemeinen Regeln des Völkerrechts im Sinne des Art. 25 GG, 1956; *Silagi,* Die allgemeinen Regeln des Völkerrechts als Bezugsgegenstand in Art. 25 GG und Art. 26 EMRK, EuGRZ 1980, 632; *Steinberger,* Allgemeine Regeln des Völkerrechts, in: Isensee/Kirchhof (Hrsg.), Handbuch des Staatsrechts, Bd. VII, 1992, § 173; *Tietje,* Internationalisiertes Verwaltungshandeln, 2001; *Vogel,* Die Verfassungsentscheidung des Grundgesetzes für eine internationale Zusammenarbeit, 1964.

43 **b) Innerstaatliche Wirkung spezifischer Völkerrechtsquellen. aa) Völkerrechtliche Verträge, Art. 59 Abs. 2 GG.** Für den Vollzug völkerrechtlicher Verträge wählt Art. 59 Abs. 2 GG den Mechanismus eines **Zustimmungsgesetzes.** Dieses dient nicht nur der demokratischen Legitimation durch den Bundestag und daran anknüpfend der Ermächtigung des Bundespräsidenten zur Ratifikation des in diesem Gesetz genannten völkerrechtlichen Vertrages (dazu oben Teil 2, A, Rn. 8 ff.), sondern bewirkt auch die Einbeziehung dieses Vertrages in den deutschen Rechtsraum. Es hat insofern eine Doppelfunktion. Dabei verdeutlicht der dem Art. 59 Abs. 2 GG immanente Aspekt der Einbeziehung in den deutschen Rechtsraum, dass diese für völkerrechtliche Verträge nicht pauschal erfolgt, sondern einen speziellen Rechtsakt erfordert (instruktiv dazu Fall 2 bei *Paulus,* Staatsrecht III, 2010, 19 ff.).

44 Aufgrund des offenen Wortlauts ist es **umstritten,** ob das Zustimmungsgesetz den Vertrag als Völkerrecht adoptiert beziehungsweise einen Vollzugsbefehl erteilt oder ob diese Einbeziehung eine Transformation bewirkt (zu den einzelnen Theorien vgl. oben Teil 2, B, Rn. 13 ff.). Unter Zugrundelegung eines dualistischen Verständnisses wird der Gesetzeserlass klassischerweise als spezieller **Transformationsakt** verstanden, der den Adressatenkreis und die rechtliche Urheberschaft ändert und insofern die völkerrechtlichen Normen innerstaatlich „doppelt" (*Rudolf,* Völkerrecht und deutsches Recht, 1967,

B. Grundgesetz und materieller Gehalt der Öffnung zum Völkerrecht

S. 205 ff.). Da es sich bei dem transformierten Recht demnach um originär innerstaatliches Recht handelt, richtet sich dessen Rang ausschließlich nach dem Transformationsakt, also dem Zustimmungsgesetz, und nicht nach dem Inhalt des Vertrages.

Dieser klassischen Sichtweise ist jedoch diejenige Ansicht im Schrifttum vorzuziehen, die die Vollzugslehre eher für mit dem deutschen Verfassungsrecht vereinbar hält als die Transformationslehre (*Doehring*, Völkerrecht, 2004, Rn. 710). Denn zunächst erfolgt ausgehend vom Wortlaut der Art. 59 Abs. 2 GG die Zustimmung nur „in Form" eines Gesetzes und nicht „durch" ein Gesetz. Auch ist in der Zustimmungspraxis der Text des völkerrechtlichen Vertrages selbst im Text des Zustimmungsgesetzes nicht enthalten, was gegen eine Neuschaffung inhaltsgleicher nationaler Normen spricht. Ferner wird der Zeitpunkt des Inkrafttretens des völkerrechtlichen Vertrages besonders im Bundesgesetzblatt bekanntgegeben. Die Verfassungswirklichkeit bildet damit eher die Konstruktion des **Rechtsanwendungsbefehls** ab als die Transformationslehre. Unter Zugrundelegung der Vollzugslehre ist dann jedoch noch keine Aussage darüber getroffen, welchen Rang die Bestimmungen des Vertrages in der innerstaatlichen Rechtsordnung einnehmen. Deswegen besteht die Möglichkeit, etwa völkerrechtlich vereinbarten Menschenrechten einen über dem Bundesrecht stehenden Rang beizumessen.   45

Eine besondere verfassungsrechtliche Ermächtigung zur Rangerhöhung ist durch Art. 23 GG hinsichtlich der **Vertragstexte der EU** erfolgt. Danach gilt für Verträge, die Hoheitsrechte auf zwischenstaatliche Einrichtungen übertragen, dass nicht nur deren sekundäres Recht, sondern gegebenenfalls auch deren primäres Recht „als solches" im innerstaatlichen Bereich ohne Transformation gilt (vgl. dazu im Einzelnen unten Teil 3, B, Rn. 3 ff.).   46

Auch das **BVerfG** schien lange die Vollzugslehre zu präferieren, ohne sich aber ausdrücklich festzulegen. Während die Terminologie in den ersten Jahren seiner Rechtsprechung noch dahin ging, dass Völkervertragsrecht durch das Zustimmungsgesetz in deutsches Recht „transformiert" werde (BVerfGE 1, 396, 411; 6, 309, 363), formulierte es später, dass das Zustimmungsgesetz einen speziellen „Rechtsanwendungsbefehl" erteile (BVerfGE 45, 342, 363; 90, 286, 364), der das jeweilige Vertragsrecht in seiner Eigenschaft als Völkerrecht in die im Hoheitsbereich der Bundesrepublik Deutschland geltende Rechtsordnung übernehme (BVerfGE 75, 223, 244 f.). In neuerer Zeit scheint das BVerfG in einer die EMRK betreffenden Entscheidung beide Konzeptionen zu vermischen: Der Bundesge-   47 setzgeber habe mit dem Zustimmungsgesetz zur EMRK diese „in das deutsche Recht transformiert und einen entsprechenden Anwendungsbefehl erteilt" (BVerfGE 111, 307, 316 f.). An späteren Stellen (BVerfGE 111, 307, 319) heißt es, Völkervertragsrecht gelte innerstaatlich nur dann, wenn es in die nationale Rechtsordnung „inkorporiert worden" sei, entsprechend ist dann vom „Inhalt des inkorporierten völkerrechtlichen Vertrages" die Rede, andererseits wird im Widerspruch dazu von völkerrechtlichen Verträgen gesprochen, „die durch Gesetz die Kraft innerstaatlichen Rechts erhalten haben" (BVerfGE 111, 307, 328; kritisch zu der „eigenartigen Vermischung beider Theorien" *Klein,* JZ 2004, 1176 ff.; *Cremer,* EuGRZ 2004, 683, 687).

48 **Praktische Folgen** des Streits bestehen in der Regel nicht: Durch das Vertragsgesetz kann das Völkervertragsrecht nur dessen Rang einnehmen, es sei denn, eine besondere verfassungsrechtliche Ermächtigung ermöglicht eine Rangerhöhung. Ferner beginnt eine Bindung von Verwaltungsbehörden und Gerichten an unmittelbar anwendbare (self-executing) Bestimmungen des jeweiligen Vertrages erst mit dem völkerrechtlichen Inkrafttreten des Vertrages. Dieses Ergebnis kann durch die Transformationslehre argumentativ allerdings nur im Wege von Hilfskonstruktionen erreicht werden.

49 Rechtsprechung (BVerfGE 75, 358, 370; aktuell auch BVerfGE 128, 326, 366) und Lehre (vgl. etwa *Uerpmann,* Die Europäische Menschenrechtskonvention und die deutsche Rechtsprechung, 1993, S. 41 ff.; *Rojahn,* in: von Münch/Kunig, GG, Art. 59, Rn. 45) gehen heute für die **Europäische Menschenrechtskonvention** – als wichtigstem Anwendungsfall der Diskussion um Art. 59 Abs. 2 GG im Bereich des europäischen Menschenrechtsschutzes – davon aus, dass diese grundsätzlich den Rang einfachen Bundesrechts innehat, da sie durch Zustimmungsgesetz nach Art. 59 Abs. 2 S. 1 in die innerstaatliche Rechtsordnung einbezogen wurde. Durch die Rechtsprechung des BVerfG ist jedoch eine gewisse „Hochzonung der Garantien der EMRK in das Grundgesetz" (*Ress,* EuGRZ 1996, 350, 353) erfolgt, da Urteile des Europäischen Gerichtshofs für Menschenrechte als „Auslegungshilfen für die Bestimmung von Inhalt und Reichweite von Grundrechten und rechtsstaatlichen Grundsätzen des Grundgesetzes" (BVerfGE 74, 358, 370; 82, 106, 120; 111, 307, 317) heranzuziehen seien. Die Konvention kann danach in bestimmten Grenzen **mittelbar an deren Verfassungsrang teilhaben** und hat insofern Maßstabswirkung. Dabei war die ältere Rechtsprechung noch so zu

B. Grundgesetz und materieller Gehalt der Öffnung zum Völkerrecht 113

verstehen, dass sich hieraus im Verhältnis zum einfachen Recht im Kollisionsfall eine Wirkung ergibt, die einem Vorrang vergleichbar ist. Diese Schlussfolgerung wird jedoch in der *Görgülü-Entscheidung* des BVerfG in Frage gestellt, die der Konvention gerade „nicht automatisch Vorrang vor anderem Bundesrecht" zuspricht (BVerfGE 111, 307, 329). Das Gericht betont jetzt, dass im Hinblick auf EGMR-Entscheidungen zwar eine „Berücksichtigungspflicht" bestehe, die EMRK-Gewährleistungen andererseits aber unter einem Verfassungsvorbehalt stünden. Der Erfüllung völkervertraglicher Pflichten wird die staatliche „Souveränität" entgegengesetzt, wenn das Gericht es für ausnahmsweise möglich hält, dass der Gesetzgeber Völkervertragsrecht nicht beachte, „sofern nur auf diese Weise ein Verstoß gegen tragende Gründe der Verfassung abzuwenden ist" (BVerfGE 111, 307, 319; eine Analyse der wichtigsten Entscheidungen findet sich bei *Klatt*, Die praktische Konkordanz von Kompetenzen, 2014, S. 75 ff.).

Darüber hinaus werden im Schrifttum verschiedene **dogmatische** 50 **Ansätze** zugunsten einer über Art. 59 Abs. 2 S. 1 GG hinausgehenden verstärkten materiellen Rechtswirkung der EMRK in der deutschen Rechtsordnung vertreten, die hier nicht im Einzelnen dargestellt werden können (vgl. dazu *Grabenwarter/Pabel*, Europäische Menschenrechtskonvention, S. 15 ff.). Zum Teil wird Art. 1 Abs. 2 GG im Sinne des dortigen Verweises unmittelbar (erstmals *Echterhölter*, JZ 1955, 689 ff.; grundlegend *Menzel*, DÖV 1970, 509 ff.; vgl. auch *Sternberg*, Der Rang von Menschenrechtsverträgen im deutschen Recht unter besonderer Berücksichtigung von Art. 1 Abs. 2 GG, 1999) oder in Verbindung mit Art. 1 Abs. 3 GG (*Hoffmeister*, Der Staat 40 (2001), 349, 368 ff.) herangezogen. Vertreten wird auch, dass die EMRK als Ausdruck regionalen Gewohnheitsrechts über Art. 25 GG Verfassungsrang einnehme beziehungsweise im Rahmen der Schrankenregelung des Art. 2 Abs. 1 GG Beachtung finden müsse (*Bleckmann*, EuGRZ 1994, 149, 152 ff.; *Frowein*, in: FS Zeidler, Bd. 2, 1987, S. 1763 ff.). Weiterhin findet sich die Ansicht, dass die EMRK als „Konventionsgemeinschaft" im Sinne von Art. 24 Abs. 1 GG zu qualifizieren sei, da es sich bei dem EMRK-System um eine Rechtsordnung handele, der Hoheitsrechte übertragen wurden (*Ress*, in: FS Zeidler, Bd. 2, 1987, S. 1775, 1791 ff.; *Walter*, ZaöRV 59 (1999), 961, 973 ff.). Über die genannten Wirkungen hinaus hat das BVerfG diese Versuche der Relativierung des Art. 59 Abs. 2 GG aufgrund der inhaltlichen Verflechtung zwischen innerstaatlichem und internationalem Menschenrechtsschutz nicht aufgenommen, insbesondere erachtet es eine auf die EMRK gestützte Verfassungsbeschwerde weiterhin für unzulässig (vgl. nur BVerfGE 6, 290, 296).

51 Ohne dass sich letztlich eindeutig beantworten lässt, ob das BVerfG von einer Transformation oder einem Vollzugsbefehl ausgeht, gelten zusammenfassend nach seiner Rechtsprechung **folgende Grundsätze** zur Herbeiführung der innerstaatlichen Geltung des jeweiligen Vertragsinhalts: Für die Geltung des Vertragsinhalts wird auf die völkerrechtliche Verbindlichkeit hingewiesen (BVerfGE 1, 396, 411), bei der Auslegung sind völkerrechtliche Auslegungsregeln anzuwenden (BVerfGE 4, 157, 168) und für die Frage des Zeitpunkts der innerstaatlichen Geltung von Änderungen, Vorbehalten und Kündigungen ist auf den Zeitpunkt der amtlichen Bekanntmachung abzustellen (BVerfGE 63, 343, 355).

52 **bb) Beschlüsse internationaler Organisationen.** Anders als für die völkerrechtlichen Verträge ist der innerstaatliche Vollzug von Beschlüssen internationaler Organisationen nicht ausdrücklich im Grundgesetz geregelt. Allerdings sind diese Beschlüsse häufig ohnehin nicht unmittelbar vollzugsfähig, so dass sie **in der Regel innerstaatlicher Durchführungsmaßnahmen** bedürfen. Wenn sich Deutschland also durch einen völkerrechtlichen Vertrag an internationalen Organisationen beteiligt und diese zu Beschlüssen ermächtigt, die die Mitgliedstaaten binden, so müssen diese Beschlüsse durch einen besonderen Rechtsakt durchgeführt werden.

53 Etwas **anderes** gilt jedoch, wenn Hoheitsrechte gem. Art. 23 Abs. 1 GG auf die EU beziehungsweise gem. Art. 24 Abs. 1 GG auf andere zwischenstaatlichen Einrichtungen übertragen wurden, da die unmittelbare innerstaatliche Geltung solcher Beschlüsse in dem Vertrag selbst vorgesehen ist. Dann bewirkt das Vertragsgesetz die Öffnung der nationalen Rechtsordnung gegenüber dem supranationalen Rechtsakt.

54 Der Vollzug von denjenigen Beschlüssen internationaler Organisationen, die tatsächlich vollzugsfähig sind, richtet sich letztlich nach den Gesetzen, die der Ratifikation der Beitrittsverträge zu der jeweiligen internationalen Organisation dienen bzw. nach Art. 24 Abs. 1 GG erlassen werden. Diese ordnen **grundsätzlich eine generelle Inkorporation** bzw. Transformation aller (auch zukünftigen) Beschlüsse der Organisation an. Trotzdem kann im Einzelfall eine Durchführung konkreter Bestimmungen durch Gesetz oder Rechtsverordnung erforderlich sein.

55 Der wichtigste Anwendungsfall in diesem Zusammenhang sind die für Mitgliedstaaten der UN verbindlichen **Beschlüsse des Sicher-**

B. Grundgesetz und materieller Gehalt der Öffnung zum Völkerrecht

heitsrats. Deutschland ist als Mitglied der UN gem. Art. 25 i. V. m. Kapitel VII UN-Charta völkerrechtlich verpflichtet, bindenden Beschlüssen des Sicherheitsrats nachzukommen und muss sich daher grundsätzlich Sanktionen und vorläufigen Maßnahmen anschließen. Die Wirkung dieser Beschlüsse beschränkt sich allerdings auf die völkerrechtliche Ebene. Dagegen wirken sie nicht unmittelbar in den innerstaatlichen Bereich der Mitgliedstaaten hinein. Ein verbindlicher Beschluss des Sicherheitsrates legt den Bürgern der Mitgliedstaaten also keine eigene Pflicht auf. Deutschland muss demnach die Beschlüsse in innerstaatliches Recht umsetzen und staatliche Ausführungsbestimmungen erlassen. Dies geschieht von Fall zu Fall durch Verordnung, Gesetz oder Zustimmung des Bundestages (siehe hierzu *Funke*, Umsetzungsrecht, 2010, S. 246 ff.).

Vom Sicherheitsrat nach Art. 41 UN-Charta beschlossene friedliche Sanktionsmaßnahmen, insbesondere Embargobeschlüsse, werden durch Verordnungen – auf Grundlage des Außenwirtschaftsgesetzes und der Außenwirtschaftsverordnung – durchgeführt. Beschlüsse des Sicherheitsrats über militärische Sanktionsmaßnahmen bedürfen in Deutschland der Zustimmung durch den Bundestag (dazu unten Teil 2, B, Rn. 162 f.).

Literatur: *Cremer*, Zur Bindungswirkung von EGMR-Urteilen, EuGRZ 2004, 683; *Funke*, Umsetzungsrecht, 2010; *Kadelbach*, Der Status der Europäischen Menschenrechtskonvention im deutschen Recht, Jura 2005, 480; *Koller*, Die unmittelbare Anwendbarkeit völkerrechtlicher Verträge und des EWG-Vertrages im innerstaatlichen Bereich, 1971; *Klatt*, Die praktische Konkordanz von Kompetenzen, 2014, S. 75 ff., 284 ff.; *Klein*, Zur Bindung staatlicher Organe an Entscheidungen des Europäischen Gerichtshofs für Menschenrechte, JZ 2004, 1176; *Kunig*, Die Quellen des Völkerrechts aus Sicht des Grundgesetzes, Jura 1989, 667; *Mann*, Zur Wirkung des Zustimmungsgesetzes nach Art. 59 Abs. 2 des GG, JIR 18 (1976), 373; *Meyer-Ladewig/Petzold*, Die Bindung deutscher Gerichte an Urteile des EGMR, NJW 2005, 15; *Pigorsch*, Die Einordnung völkerrechtlicher Normen in das Recht der Bundesrepublik Deutschland, 1959; *Ress*, Verfassungsrechtliche Auswirkungen der Fortentwicklung völkerrechtlicher Verträge, in: FS Zeidler, Bd. 2, 1987, S. 1775; *Röben*, Außenverfassungsrecht, 2007, S. 65 ff.; *Schorkopf*, Grundgesetz und Überstaatlichkeit, 2007, S. 134 ff.; *Sternberg*, Der Rang von Menschenrechtsverträgen im deutschen Recht unter besonderer Berücksichtigung von Art. 1 Abs. 2 GG, 1999; *Zuleeg*, Abschluß und Rechtswirkung völkerrechtlicher Verträge in der Bundesrepublik Deutschland, JA 1983, 1.

3. Grundsatz der Völkerrechtsfreundlichkeit des Grundgesetzes

Die grundgesetzlichen Einzelbestimmungen zur Bedeutung des Völkerrechts für die innerstaatliche Rechtsordnung sowie zur Stellung der Bundesrepublik Deutschlands in der Völkerrechtsgemeinschaft verdeutlichen den Stellenwert, den das Grundgesetz den völkerrechtlichen Normen und Mechanismen beimisst. Es soll ein weitgehender Gleichlauf zwischen innerstaatlicher Rechtslage und völkerrechtlichen Verpflichtungen hergestellt werden, und zwar unter Öffnung für eine dynamische Entwicklung des Völkerrechts. Sowohl in der Rechtsprechung des BVerfG (vgl. etwa BVerfGE 6, 309, 362 f.; 18, 112, 121; 41, 88, 120 f.) als auch im Schrifttum ist daher die Verfassungsentscheidung für eine Völkerrechtsfreundlichkeit des Grundgesetzes als **Strukturmerkmal** anerkannt (vgl. dazu *Payandeh*, Völkerrechtsfreundlichkeit als Verfassungsprinzip, JöR 57 (2009), 465 ff.).

58 Umstritten ist jedoch, ob dieser Grundsatz lediglich deskriptiver Natur ist, er also ausschließlich der Beschreibung des grundgesetzlichen Regelungsgefüges dienen kann, oder ob ihm darüber hinaus ein **eigenständiger normativer Gehalt** zukommt. Ein solcher besteht nach Auffassung des BVerfG jedenfalls in der verfassungsrechtlichen Pflicht deutscher Staatsorgane, die die Bundesrepublik bindenden Völkerrechtsnormen zu befolgen und Verletzungen nach Möglichkeit zu unterlassen (BVerfGE 112, 1, 26). Daneben wird auch die Pflicht deutscher Gerichte, innerstaatliches Recht völkerrechtskonform auszulegen sowie die Entscheidungen des Europäischen Gerichtshofs für Menschenrechte (*Görgülü*-Entscheidung des BVerfG, BVerfGE 111, 307, 317 ff.) und des Internationalen Gerichtshofs (BVerfG, 2 BvR 2115/01 u. a., Rn. 57) zu berücksichtigen, aus dem Grundsatz der Völkerrechtsfreundlichkeit hergeleitet. Vor dem Hintergrund des potentiellen Auseinanderfallens von innerstaatlicher und völkerrechtlicher Rechtslage, das allein durch die verfassungsrechtlichen Einzelbestimmungen nicht vollständig vermieden werden kann, wird darüber hinaus etwa eine verfassungsrechtliche Pflicht zur grundsätzliche Beachtung des Völkervertragsrechts auch durch den Gesetzgeber angenommen.

59 Der Grundsatz der Völkerrechtsfreundlichkeit gilt jedoch **nicht absolut**. Mit den Grenzen der Völkerrechtsfreundlichkeit, vor allem in der Ausprägung der völkerrechtsfreundlichen Auslegung, hat sich das BVerfG zuletzt in seiner Entscheidung zur Sicherungsverwahrung aus dem Jahr 2011 auseinandergesetzt. Zwar seien die Bestimmungen des Grundgesetzes völkerrechtsfreundlich auszulegen. Insbesondere dienten die EMRK und die Rechtsprechung des Europäischen Gerichtshofs für Menschenrechte auf der Ebene des Verfassungsrechts als Auslegungshilfen für die Bestimmung von Inhalt und

Reichweite von Grundrechten und rechtsstaatlichen Grundsätzen des Grundgesetzes. Jedoch erfordere die völkerrechtsfreundliche Auslegung keine schematische Parallelisierung der Aussagen des Grundgesetzes mit denen der Europäischen Menschenrechtskonvention. So seien der völkerrechtsfreundlichen Auslegung durch das Grundgesetz Grenzen gesetzt. Die Berücksichtigung der Europäischen Menschenrechtskonvention dürfe nicht dazu führen, dass der Grundrechtsschutz nach dem Grundgesetz eingeschränkt wird. Die Möglichkeiten einer völkerrechtsfreundlichen Auslegung endeten dort, wo diese nach den anerkannten Methoden der Gesetzesauslegung und Verfassungsinterpretation nicht mehr vertretbar erscheint (BVerfGE 128, 326, 366 ff.).

Literatur: *Bleckmann*, Der Grundsatz der Völkerrechtsfreundlichkeit der deutschen Rechtsordnung, DÖV 1996, 137; *Grupp/Stelkens*, Zur Berücksichtigung der Gewährleistungen der europäischen Menschenrechtskonvention bei der Auslegung deutschen Rechts, DVBl. 2005, 133; *Payandeh*, Völkerrechtsfreundlichkeit als Verfassungsprinzip, JöR 57 (2009), 465.

II. Integrationshebel des Art. 24 Abs. 1 GG als Zentralnorm des offenen Staates

Nicht der Umgang mit auf der Völkerrechtsebene gesetztem Recht, sondern die Schaffung von Rechtsetzungsbefugnissen durch die **Übertragung von Zuständigkeiten** auf eine Internationale Organisation steht im Fokus von Art. 24 Abs. 1 GG. Konzipiert in Anlehnung an die Präambel zur französischen Verfassung von 1946 schafft Art. 24 Abs. 1 GG – über die völkervertragliche Bindung hinaus und unabhängig von der Inkorporation bestehender völkerrechtlicher Normen in die deutsche Rechtsordnung – die Möglichkeit einer supra- und internationalen Integration neuer Qualität. 60

Art. 24 Abs. 1 GG vermittelt einerseits allgemein Aufschluss über die Grundkonzeption des Grundgesetzes hinsichtlich der Stellung Deutschlands in der internationalen Ordnung und hat andererseits speziell der deutschen Mitwirkung an der (bisherigen) europäischen Integration die verfassungsrechtliche Grundlage gegeben. Art. 24 Abs. 1 GG ist die deutlichste, allgemeinste und zugleich intensivste **Ausdrucksform des offenen Verfassungsstaates**, indem er den Staat für neuartige Mechanismen und Systeme überstaatlicher Kooperation und Integration öffnet (vgl. *Vogel,* Die Verfassungsentscheidung des 61

Grundgesetzes für eine internationale Zusammenarbeit, 1964, insb. S. 42 f.; *Schmid,* JöR n. F. 1 (1951), 226 ff.: „Entscheidung allgemeiner und fundamentaler Art"). Er bildet die Basis eines Staatsverständnisses, das den Ausschließlichkeitsanspruch des souveränen Nationalstaates im Hinblick auf die Staatsgewalt aufgibt und dem Staat die Wahrnehmung von klassisch-nationalstaatlichen Aufgaben im Wege supra- und internationaler Kooperation und Integration ermöglicht. Die Bestimmung regelt die Öffnung des innerstaatlichen Rechts gegenüber dem Recht einer zwischenstaatlichen Einrichtung und bestimmt zugleich den Rang, den dieses Recht dort einnimmt. Die Vorschrift ist deshalb von *Ipsen* anschaulich als **Integrationshebel** bezeichnet worden (*H.-P. Ipsen,* Europäisches Gemeinschaftsrecht, 1972, S. 58), mit dem eine supranationale Gemeinschaft (wie die EGKS oder auch die EWG) verwirklicht werden konnte (siehe dazu oben Teil 1, B, Rn. 9). Trotz der im Hinblick auf den Vertrag von Masstricht im Jahre 1993 in Kraft getretenen spezielleren Regelung für die EU in Art. 23 Abs. 1 GG (dazu unten Teil 3, B, Rn. 1 ff.) bleibt Art. 24 GG die Grundnorm der offenen Staatlichkeit.

1. Inhaltliche Bedeutung von Art. 24 Abs. 1 GG

62   Art. 24 Abs. 1 GG stellt eine **Schlüsselnorm** des gesamten Grundgesetzes dar. Sie war die für die Selbstwahrnehmung des Verfassungsstaates jedoch lange Zeit nicht prägend, da die Internationalisierung und Europäisierung erst mit beträchtlicher Zeitverzögerung wahrgenommen wurden (vgl. *Wahl,* in: ders. (Hrsg.), Verfassungsstaat, Europäisierung, Internationalisierung, 2003, S. 17, 20 ff.). Das Grundgesetz hat von Anfang an den Systemwechsel von der Binnenorientierung zur Außenorientierung ermöglicht. Schon die Verfassung selbst und nicht erst nachfolgende Übertragungen von Hoheitsrechten nehmen den Ausschließlichkeitsanspruch des Staates zurück. Die Wirkung des Art. 24 Abs. 1 GG hat *Bleckmann* anschaulich als Aufbrechen des „Souveränitätspanzers" des Nationalstaats beschrieben (*Bleckmann,* in: Ress (Hrsg.), Souveränitätsverständnis in den Europäischen Gemeinschaften, 1980, S. 33, 57). Damit hat die Europäisierung und Internationalisierung eine zweite Phase des öffentlichen Rechts mit einer Drei-Ebenen-Architektur von nationalem Staat, europäischer Integrationsgemeinschaft und internationalen Organisationen ausgelöst. Der mit der Globalisierung verbundene Autonomie- und Souveränitätsverlust des Staates wird mit der Integration in

Internationale Organisationen durch eine gemeinsame Handlungsfähigkeit teilweise wiederhergestellt. Revolutionär neu ist somit, dass das „Heiligtum" des Staates, die staatliche Souveränität „hochgezont" und „geteilt" wird (umfassend *Schliesky*, Souveränität und Legitimität von Herrschaftsgewalt, 2004). Der nationale Gesetzgeber überträgt nach und nach Hoheitsrechte „von unten" und die zwischenstaatliche Einrichtung macht im Zusammenwirken mit dem nationalen Rechtsanwendungsbefehl „von oben" kompetenzausfüllenden Gebrauch von den ihr übertragenen Hoheitsrechten. Dadurch wird die Verfassungslage kompetenzbeschränkend und zuständigkeitsverändernd beeinflusst. Durch das Eingehen internationaler Bindungen wird die nationalstaatliche Souveränität folglich relativiert, jedoch gewinnt der Staat durch die Kompetenzverlagerung auf eine internationale Ebene im Zuge der Globalisierung verlorene Autonomie zurück (dazu am Beispiel der Finanzkrise *Calliess*, VVDStRL 71 (2012), S. 113 ff.).

Die zwischenstaatlichen Gemeinschaften erfüllen dadurch in einer **gemeinsamen Ausübung von Souveränität** wichtige Aufgaben, die – jedenfalls in Europa – nicht mehr nur vom einzelnen Staat aufgefüllt werden können. Das beginnt mit den großen Themen der Herstellung und Sicherung von Frieden in Europa, trifft aber auch auf die wirtschaftliche Wohlfahrt, die Regulierung der Finanzmärkte, den Umweltschutz oder andere öffentliche Interesse und Gemeinschaftsgüter zu. Der Völkerrechtler *Tomuschat* charakterisiert diese Entwicklung so: „Die weltweite Interdependenz, im Jahr 1949 eher Vorahnung denn handfeste Realität, ist von Art. 24 Abs. 1 GG rechtlich vorweggenommen, die Notwendigkeit internationaler Arbeitsteilung und Kooperation als Normalzustand zur Kenntnis genommen worden" (*Tomuschat*, VVDStRL 36 (1978), S. 7, 17 f.). Das bedeutet, dass der Staat die volle Wirksamkeit zur Aufgabenerfüllung und Problemlösung erst in seiner Betätigung innerhalb der supranationalen Herrschaftsorganisation erreicht. Der ehemals souveräne Staat wird zu einem rechtlich und faktisch gebundenen „Mitgliedstaat" innerhalb eines Systems multipler Rechtssetzung und Herrschaftsgewalt. Im Zuge dessen entwickelt sich ein funktionales Souveränitätsverständnis: Souveränität ist ein Befugnisbündel, das zur gemeinschaftlichen Ausübung übertragen werden kann. Souveränität ist damit – entgegen der Ansicht des BVerfG und Teilen des Schrifttums – kein Schutzgut, das durch die Verfassung geschützt und gegenüber nicht-deutschen Hoheitsakten in Schutz genommen werden muss (kritisch *Di Fabio,* Der Verfassungsstaat in der Weltgesellschaft,

2001, S. 92; *Baldus*, Der Staat 36 (1997), 381, 389f.; ebenfalls an der Unteilbarkeitsdoktrin festhaltend *Schmitz*, Integration in der Supranationalen Union, 2001, S. 198, 237 ff.; *Seiler*, Der souveräne Verfassungsstaat zwischen demokratischer Rückbindung und überstaatlicher Einbindung, 2005, S. 219 ff. und passim). Deswegen steht auch die europäische Integration unter keinem Souveränitätsvorbehalt (vgl. dazu unten Teil 3, B, Rn. 2 ff.). Die Völkerrechtsoffenheit des Grundgesetzes ist kein Abwägungsposten, der die Souveränität gegenübergestellt werden muss, sondern ist ihrerseits Ausdruck deutscher Souveränität.

2. Voraussetzungen

64 Die Integrationsgewalt ist nach Art. 24 Abs. 1 GG dem **Bund** zugeordnet, das heißt der Bund handelt für den Gesamtstaat des Grundgesetzes, also für Bund und Länder, unabhängig davon, in welchem Maße auch Kompetenzen der Länder berührt beziehungsweise übertragen werden. Die Übertragung steht im Gestaltungsermessen des Gesetzgebers („*kann*"), so dass keine Pflicht zur Übertragung von Hoheitsrechten besteht.

Der **Begriff der Hoheitsrechte** ist weit zu fassen. Er ist gleichbedeutend mit der Ausübung öffentlicher Gewalt durch Legislative, Exekutive oder Judikative. Es werden nicht nur einzelne Befugnisse, sondern ganze Funktionsbereiche in die Hand der zwischenstaatlichen Einrichtung gelegt. Schon vom Begriff her ist allerdings eine „Entäußerung der Staatsgewalt im Ganzen" ausgeschlossen (vgl. *Mosler*, in: Isensee/Kirchhof (Hrsg.), HStR, Bd. VII, 1992, § 175, Rn. 28).

65 Der **Begriff der Übertragung** ist missverständlich. Übertragen bedeutet entgegen dem Wortlaut nicht Delegation, die vergleichbar ist mit einer Übereignung oder einer Zession, sondern ein Begründen, ein Konstituieren von **originärer** öffentlicher Gewalt. Es handelt sich um einen zweiaktigen Vorgang in einer Wechselbeziehung von Staatsrecht und Völkerrecht: Zum einen wird auf der völkerrechtlichen Ebene ein neuer Machtträger mit vertraglich bestimmten Hoheitsbefugnissen geschaffen und sodann der Innenraum der Bundesrepublik für Akte der entstandenen zwischenstaatlichen Einrichtung geöffnet. Entsprechend sieht das BVerfG in ständiger Rechtsprechung diese Übertragung als eine Öffnung dergestalt, „dass der ausschließliche Herrschaftsanspruch der Bundesrepublik Deutschland im Geltungsbereich des Grundgesetzes zurückgenommen und der unmittelbaren Geltung und Anwendbarkeit dieses Rechts aus anderer

B. Grundgesetz und materieller Gehalt der Öffnung zum Völkerrecht

Quelle innerhalb des staatlichen Herrschaftsbereichs Raum gelassen wird" (BVerfGE 37, 271, 280; wiederholt von BVerfGE 58, 1, 28; 68, 1; 73, 340, 374). Das Gericht sieht die Übertragung aber nicht als Aufgabe staatlicher Souveränitätsrechte bei gleichzeitiger Neubegründung auf (unter anderem) europäischer Ebene an. Dementsprechend geht ein großer Teil im Schrifttum noch immer davon aus, dass die nationale Staatsgewalt – ganz im Sinne des staatlichen Souveränitätsdenkens – durch den Gehalt von Art. 24 Abs. 1 GG nicht substantiell angetastet wird (vgl. nur *Di Fabio*, Der Verfassungsstaat in der Weltgesellschaft, 2001, S. 92 f.). Die fehlende dingliche Wirkung der Übertragung bedeutet somit nur, dass die Bundesrepublik Deutschland im Bereich der übertragenden Kompetenzen auf selbständiges Tätigwerden verzichtet und fremde Hoheitsgewalt als unmittelbar verbindliche Regelung innerhalb des eigenen Kompetenzraums akzeptiert. Dies muss zwar nach überwiegender Ansicht (vgl. etwa *Rojahn*, in: von Münch/Kunig, GG, Art. 24, Rn. 41) nicht unwiderruflich, aber von einer gewissen Dauer und Festigkeit sein.

Maßgebliche Wirkung der Hoheitsrechtsübertragung ist der Durchgriff in den staatlichen Herrschaftsbereich mit **unmittelbarer Wirkung gegenüber dem Bürger**. Der „Integrationshebel" hebt damit bestimmte Formen besonders enger internationaler Zusammenarbeit aus den anderen Bereichen der Auswärtigen Gewalt heraus und privilegiert die Integrationsgewalt gegenüber der sonstigen Vertragsgewalt. Art. 24 GG erlaubt also, dass eine Rechtssetzung von außerhalb der Bundesrepublik im Innern Auswirkungen hat, so dass die „schützende Decke der nationalen Souveränität weggezogen" (*Tomuschat*, in: BK, GG, Art. 24, Rn. 10) und der einzelne Bürger unmittelbar berechtigt und verpflichtet werden kann. In der EU ist dies in hohem Umfang Wirklichkeit geworden; der Durchgriff der EU-Rechtsetzung auf den Unionsbürger ist heute Alltag. Die Mitgliedstaaten dulden – solange sie Vertragspartner sind – die Ausübung der Hoheitsgewalt durch die zwischenstaatliche Einrichtung. In dieser Wirkung stellt die Übertragung gem. Art. 24 Abs. 1 GG eine materielle Verfassungsänderung durch einfaches Gesetz dar (BVerfGE 58, 1, 34). 66

Die Übertragung von Hoheitsgewalt erfolgt nach dem klaren Wortlaut des Art. 24 Abs. 1 nur auf **zwischenstaatliche Einrichtungen**. Begrifflich ausgeschlossen sind damit fremde Staaten (BVerfGE 68, 2, 91 f.) sowie nicht-staatliche Einrichtungen, also solche, die von privaten Personen gegründet wurden. Zu den Wesensmerkmalen der zwischenstaatlichen Einrichtung gehört, dass sie nicht dem Recht ei- 67 nes einzelnen Staates untersteht. Allerdings räumt Art. 24 Abs. 1 GG dem Gesetzgeber ein weites Ermessen ein, ob und inwieweit einer zwischenstaatlichen Einrichtung Hoheitsrechte eingeräumt werden und in welcher Weise diese Einrichtungen rechtlich und organisatorisch ausgestaltet werden sollen. In der sog. *Eurocontrol*-Entscheidung (BVerfGE 58, 1) hat das BVerfG es deshalb auch für verfassungsrechtlich unbedenklich gehalten, wenn der Rechtsschutz gegen Akte der zwischenstaatlichen Einrichtung so ausgestaltet ist, dass für diesen die Zuständigkeit der Gerichte eines Mitgliedstaates begründet wurde.

68 Maßgeblich für eine zwischenstaatliche Einrichtung ist originäre Hoheitsgewalt mit Durchgriffswirkung und damit **Supranationalität**. Das BVerfG nimmt das Merkmal der zwischenstaatlichen Einrichtung demgegenüber auch ohne Durchgriff an, wenn ausschließliche staatliche Herrschaftsgewalt zugunsten fremder Herrschaftsgewalt zurückgenommen wird (BVerfGE 68, 1, 93 ff.; BVerfGE 77, 170, 232). Dies hat die Bundesrepublik Deutschland getan, indem sie die Letztentscheidung über den Einsatz von auf Bundesgebiet stationierten nuklearen Waffensystemen der NATO übertragen hat. Die Ansicht des Gerichts, das darin eine Quasi-Übertragung von Hoheitsrechten sieht, ist wegen der einer solchen Argumentation immanenten Aufgabe des Durchgriffskriteriums abzulehnen. Die Kommandostrukturen der NATO stellen somit keinen Fall einer Übertragung von Hoheitsrechten dar und sind deshalb auch nicht am Maßstab des Art. 24 Abs. 1 GG zu messen. Das mutmaßliche Anliegen, gegenüber grundrechtsrelevanten Eingriffen zwischenstaatlicher Einrichtungen den Gesetzesvorbehalt – unter Heranziehung der Wesentlichkeitstheorie – zur Geltung zu bringen, kann nur im Rahmen der herkömmlichen Vertragsgewalt nach Art. 59 Abs. 2 GG berücksichtigt werden. Auch das BVerfG bezieht sich in seiner nachfolgenden Rechtsprechung wieder ausschließlich auf das Durchgriffskriterium (vgl. BVerfGE 90, 286, 346 f.; 104, 151, 194 ff. zieht jetzt Art. 24 Abs. 2 GG ohne Abgrenzung zu Art. 24 Abs. 1 GG heran).

69 Die Übertragung erfolgt nach Art. 24 Abs. 1 GG durch einfaches Gesetz, das heißt durch ein Bundesgesetz im formellen Sinn. Die **Voraussetzungen einer Übertragung** sind demnach bewusst gering gehalten, da qualifizierte Mehrheiten nicht gefordert werden. Die Voraussetzungen von Art. 79 Abs. 1 und 2 GG, also eine verfassungsändernde Mehrheit und die ausdrückliche Änderung oder Ergänzung

des Grundgesetztextes, müssen nicht erfüllt sein. Auch die Zustimmung des Bundesrates ist nicht erforderlich, da es sich mangels besonderer Anordnung i. S. d. Art. 77 Abs. 3 GG lediglich um ein Einspruchsgesetz handelt. Der Gesetzesvorbehalt führt den Integrationsakt auf den Willen des Volkes zurück und begründet damit innerstaatlich die demokratische Legitimation der in der völkerrechtlichen Vereinbarung liegenden Übertragung. Das Übertragungsgesetz kann die Übertragung der Hoheitsrechte nur zusammen mit einem völkerrechtlichen Vertrag bewirken. Dieser erfordert nach Art. 59 Abs. 2 GG ein Vertragsgesetz, da angesichts der Bedeutung der Hoheitsrechtsübertragung die politischen Beziehungen des Bundes geregelt werden. Da aber nur ein Gesetz erlassen wird, hat dieses eine Doppelfunktion.

Der **Parlamentsvorbehalt** wird – anders als sonst – dadurch **gelockert**, dass von diesem Gesetz gedeckte Vollzugsschritte eines Integrationsprogramms keines gesonderten Gesetzes bedürfen, wenn das Integrationsprogramm den künftigen Vollzugsverlauf hinreichend bestimmbar normiert. Art. 24 Abs. 1 GG will den Integrationsgemeinschaften somit eine eigene Entwicklungsdynamik geben. 70

3. Grenzen

Art. 24 Abs. 1 GG enthält – anders als Art. 23 GG – **keine ausdrücklichen Schranken** der Integrationsermächtigung. Gleichwohl besteht darüber Einigkeit, dass Art. 24 Abs. 1 GG nicht zu einem schrankenlosen Einbruch in die Verfassung führen darf. Ansonsten könnte der weite Schutz des Grundgesetzes zur Sicherung der zentralen Verfassungsstrukturen unterlaufen werden. Fraglich ist jedoch, wo diese Grenze zu ziehen ist. Die Grenzziehung erfordert eine Abwägung zwischen der Entscheidung des Grundgesetzes für eine offene Staatlichkeit einerseits und die Notwendigkeit, die konstitutiven Grundsätze des freiheitlichen und demokratischen Rechtsstaates zu wahren, andererseits. Es ist allerdings zuzugestehen, dass sich die Frage im Wege der Verfassungsinterpretation letztlich nicht präzise beantworten lässt, weil das Grundgesetz keine klare Regelung getroffen hat. 71

Im Schrifttum wird Art. 79 Abs. 3 GG als absolute Schranke angesehen (vgl. *Tomuschat*, in: BK, GG, Art. 24, Rn. 50f.; über Art. 79 Abs. 3 GG hinaus *Randelzhofer*, in: Maunz/Dürig, GG, Art. 24 I, Rn. 95ff.). Er ist aber nicht direkt einschlägig, da die Integrationsgewalt nach Art. 24 Abs. 1 GG dem einfachen Gesetzgeber übertragen 72 wurde und ihre Ausübung durch diesen das Grundgesetz nicht ausdrücklich ändert. Das BVerfG geht deswegen auch nicht von einem Erst-Recht-Schluss aus, sondern argumentiert mit der Einheit der Verfassung, indem es die Schranken der Öffnung der nationalen Rechtsordnung als in Art. 24 Abs. 1 GG selbst **immanent enthalten** ansieht. Es hat sich bemüht, die Schranken der Integrationsermächtigung zu präzisieren, ohne dass bisher jedoch endgültige Klarheit herrscht.

73 Die Öffnung der nationalen Rechtsordnung soll ihre Grenzen jedenfalls dort finden, wo die **unaufgebbaren Bestandteile des Verfassungsgefüges** angetastet würden (BVerfGE 58, 1, 40). Die Grundstruktur der Verfassung, auf der ihre Identität beruht, darf weder durch den Gründungsvertrag der zwischenstaatlichen Einrichtung noch durch ihr sekundäres Recht geändert werden. Art. 24 Abs. 1 GG erteilt somit keinen Vollzugsbefehl für Vertragsbestimmungen oder Rechtsakte, „die die Identität der geltenden Verfassungsordnung der Bundesrepublik Deutschland durch Einbruch in ihr Grundgefüge, die sie konstituierenden Strukturen, aufgeben oder aushöhlen" würden (BVerfGE 37, 271, 279).

74 Zu diesen identitätsstiftenden Elementen werden die **Rechtsprinzipien, die dem Grundrechtsteil zugrunde liegen** (BVerfGE 73, 339, 376), sowie das Demokratieprinzip, das Rechtsstaatsprinzip und das Sozialstaatsprinzip und die föderative Struktur der Bundesrepublik Deutschland gezählt (vgl. BVerfGE 74, 80). Vor allem ist eine hinreichende demokratische Legitimation erforderlich, die je nach dem Ausmaß der übertragenen Hoheitsrechte und deren Gewicht für den innerstaatlichen Rechtsraum unterschiedliche Anforderungen stellt. Damit unterliegt also das Handlungsermessen des Gesetzgebers hinsichtlich des Inhalts eines Übertragungsgesetzes Grenzen. Dies bedeutet allerdings nicht, dass die Grundentscheidungen der Verfassung in der supranationalen Einrichtung gleichermaßen wie in der deutschen Rechtsordnung ausgestaltet sein müssen. Eine strukturelle Kongruenz der beiden Rechtsordnungen – als Ausdruck grundgesetzintrovertierten Denkens – ist insofern nicht erforderlich. Eine zwischenstaatliche Einrichtung stellt prinzipiell ein aliud gegenüber den sie jeweils tragenden Staaten dar, so dass eine entsprechende Forderung die Beteiligung Deutschlands unmöglich machen würde. Art. 24 Abs. 1 GG verdeutlicht damit auch, dass dem Grundgesetz keine Festschreibung einer souveränen Staatlichkeit zu entnehmen ist. Deswegen ist nur unzulässig, durch Übertragung von Hoheits-

rechten das zu gefährden, was durch das Grundgefüge des Grundgesetzes im Ergebnis gesichert werden soll.

Besonders problematisch ist die inhaltliche und institutionelle **Absicherung der Grundrechtsgewährleistungen**. Eine volle Bindung des europäischen Gesetzgebers an das Grundgesetz forderte das BVerfG in der *Solange I*-Entscheidung 1974, wonach jeder Integrationsschritt an Individualgrundrechten geprüft werden sollte (BVerfGE 37, 271, 280). Im Jahre 1981 hat das Gericht „von fundamentalen Rechtsgrundsätzen" gesprochen, weshalb Art. 24 Abs. 1 GG „keine vorbehaltlose Relativierung des Grundrechtsteils" gestatte (BVerfGE 58, 1, 40). In der *Solange II*-Entscheidung stellte das BVerfG schließlich auf die „Rechtsprinzipien, die dem Grundgesetz zugrunde liegen" ab (BVerfGE 72, 339, 376). Demnach verlangt das Gericht heute einen Grundrechtsschutz, der dem des Grundgesetzes „im Wesentlichen gleich zu achten ist, zumal den Wesensgehalt der Grundrechte generell verbürgt" (BVerfGE 72, 339, 386). Diese Kompensationslösung wurde in der *Maastricht*-Entscheidung (BVerfGE 89, 155, 175 ff.) und der Folgerechtsprechung bestätigt. Werden die materiellen Grenzen nicht beachtet, ist das Zustimmungsgesetz und damit die Übertragung der Hoheitsrechte unwirksam. 75

Für den **Bereich der EU** hat der verfassungsändernde Gesetzgeber die vom BVerfG entwickelten Grundsätze ausdrücklich in dem 1992 geschaffenen „Europaartikel" übernommen. Sie finden sich in der Struktursicherungsklausel des Art. 23 Abs. 1 S. 1 GG und der Bestandssicherungsklausel des Art. 23 Abs. 1 S. 3 GG wieder (dazu unten Teil 3, B, Rn. 9 ff., 53 ff.). Damit ist durch eine Positivierung der „immanenten Grenze" des Art. 24 Abs. 1 GG der wichtigste Streitfall speziell geregelt. 76

4. Tatsächliche Bedeutung gestern und heute

Ursprünglich umfasste der Anwendungsbereich des Art. 24 Abs. 1 GG auch den Bereich der europäischen Integration, was diesen Artikel zu einer Schlüsselnorm der verfassungsrechtlichen Öffnung des Staates werden ließ. Insofern folgte das Grundgesetz zunächst dem – noch heute in vielen Mitgliedstaaten vorhandenen – Modell, welches das Verhältnis zu Europäischem Recht durch Kompetenznormen zur Auswärtigen Gewalt bestimmt, die allgemein das Verhältnis zum Völkerrecht festlegen. Seit der Einführung der europarechtlichen Spezialnorm des Art. 23 GG ist der Anwendungsbereich und damit die tatsächliche Bedeutung des Art. 24 Abs. 1 GG allerdings erheblich 77

geschmälert. Seine Funktion als Basisnorm der Internationalisierung hat sich die Vorschrift jedoch erhalten. Überdies hat sie fortwirkende legitimatorische Relevanz, da sie die verfassungsrechtliche Grundlage der innerstaatlichen Geltung für das ältere Unionsrecht in Gestalt des ehemaligen Gemeinschaftsrecht bleibt. Das Festhalten an Art. 24 Abs. 1 GG neben Art. 23 GG und seine Ergänzung durch Art. 24 Abs. 1a GG zeigen überdies, dass die EU nicht das einzige Instrument ist, mit dem der offene Verfassungsstaat die zunehmenden Herausforderungen der Internationalisierung und Globalisierung bewältigen will.

78 Neben der Europäischen Union gibt es eine Reihe weiterer zwischenstaatlicher Einrichtungen, an denen Deutschland beteiligt ist. Diese Fälle sind allerdings weniger spektakulär, insbesondere wenn man sie im Hinblick auf eine mögliche Souveränitätsproblematik betrachtet. Art. 24 Abs. 1 GG hat heute deswegen eher marginale Bedeutung, weil nicht jeder Internationalen Organisation Hoheitsgewalt übertragen wird. Sein Anwendungsbereich liegt eher **in Spezialbereichen.** So etwa im Bereich technischer Notwendigkeiten wie dem Flugsicherungssystem Eurocontrol (technisch-instrumentale Hoheitsrechte wie Gebühreneinziehungskompetenz), der Europäischen Kernenergie-Agentur (Kontrollrechte gegenüber Herstellern spaltbaren Materials, die nicht von einer nationalen Regierung abhängig sind) und der Moselkommission und Zentralkommission für die Rheinschifffart (danach werden bestimmte Gerichte für Zivil- und Strafsachen eingerichtet; Kompetenz zur Aufhebung von Urteilen staatlicher Gerichte).

79 Weitere praktische Beispiele einer sachlich begrenzten Integration finden sich im Bereich der **Sicherheitspolitik.** Mangels Durchgriffskompetenz wird die UN nur als System kollektiver Sicherheit im Sinne von Art. 24 Abs. 2 GG eingestuft, da auch ihre verbindlichen Beschlüsse nur die Mitgliedstaaten verpflichten. Auch der NATO fehlt die Kompetenz zu hoheitlichem Handeln im Durchgriff auf den Bürger mangels verbindlicher Beschlüsse. Jeder Mitgliedstaat entscheidet über Bündnisfall und Art der Beistandsverpflichtung. In weiteren Aufgabenfeldern erscheint somit eine sachbezogene Integration möglich, wenn die betreffenden Hoheitsbefugnisse noch nicht auf die EU übertragen wurden. Ein neueres Beispiel ist die Zustimmung der Bundesrepublik zum Statut des Internationalen Strafgerichtshofs (dazu *Ambos*, Internationales Strafrecht, 2011, § 6, Rn. 21 ff., 37).

B. Grundgesetz und materieller Gehalt der Öffnung zum Völkerrecht

Art. 24 GG als Zentralnorm des offenen Verfassungsstaates

1. Inhaltliche Bedeutung

Basisnorm für die Übertragung von Hoheitsrechten und der Öffnung des Staates (*Internationalisierung*)

Ermöglicht Durchgriffsbefugnisse der zwischenstaatlichen Einrichtung

→ „**Aufbrechen des Souveränitätspanzers**"

2. Voraussetzungen

Übertragung auf „**zwischenstaatliche Einrichtungen**"

- durch völkerrechtlichen Akt Hoheitsrechte eingeräumt
- Ausübung eigener, nichtdeutscher öffentlicher Gewalt
- Rechtsfähigkeit für das Gebiet der BRD
- Eigene Organe, Personalhoheit und selbst. Willensbildung

3. Grenzen

Insbesondere: **Absicherung der Grundrechtsgewährleistungen** *(BVerfGE 73, 339, 376 – „Solange II")*

Literatur: *Badura,* Bewahrung und Veränderung demokratischer und rechtsstaatlicher Verfassungsstrukturen in den internationalen Gemeinschaften, VVDStRL 23 (1966), S. 34; *Bleckmann,* Zur Funktion des Art. 24 Grundgesetz, in: FS Doehring, 1989, S. 63; *Di Fabio,* Der Verfassungsstaat in der Weltgesellschaft, 2001; *Flint,* Die Übertragung von Hoheitsrechten, 1998; *Giegerich,* Europäische Verfassung und deutsche Verfassung im transnationalen Konstitutionalisierungsprozeß: Wechselseitige Rezeption, konstitutionelle Evolution und föderale Verflechtung, 2003; *Hobe,* Der offene Verfassungsstaat zwischen Souveränität und Interdependenz, 1998; *Ipsen,* Europäisches Gemeinschaftsrecht, 1972; *Kaiser,* Bewahrung und Veränderung demokratischer und rechtsstaatlicher Verfassungsstrukturen in den internationalen Gemeinschaften, VVDStRL 23 (1966), S. 1; *Kirchhof,* Der deutsche Staat im Prozeß der Europäischen Integration, in: Isensee/Kirchhof (Hrsg.), HStR, Bd. VII, 1992, § 183; *Klein,* Der Verfassungsstaat als Glied einer europäischen Gemeinschaft, VVDStRL 50 (1991), S. 56; *Mosler,* Die Übertragung von Hoheitsrechten, in: Isensee/Kirchhof (Hrsg.), HStR, Bd. VII, 1992, § 175, 1992; *Rauser,* Die Übertragung von Hoheitsrechten auf ausländische Staaten, 1991; *Ruppert,* Die Integrationsgewalt, 1969; *Schorkopf,* Grundgesetz und Überstaatlichkeit, 2007, S. 61 ff.; *Tomuschat,* Die staatsrechtliche Entscheidung für eine internationale Offenheit, in: Isensee/Kirchhof (Hrsg.), HStR, Bd. VII, 1992, § 172; *Wahl,* Verfassungsstaat, Europäisierung, Internationalisierung, 2003; *Wendel,* Permeabilität im europäischen Verfassungsrecht, 2011.

5. Hoheitsrechtsübertragung auf grenznachbarschaftliche Einrichtungen nach Art. 24 Abs. 1a GG

80 Nach Art. 24 Abs. 1a GG wird den Ländern – als Ausdruck ihrer Staatsqualität – in begrenztem Umfang das Recht übertragen, ihnen zustehende Hoheitsrechte auf sogenannte grenznachbarschaftliche Einrichtungen zu übertragen. Diese Neuregelung ist eine Reaktion zur **Aufwertung der Länder** gegenüber der zunehmenden Hochzonung von Hoheitsrechten zur Stärkung der europäischen Ebene (vgl. umfassend *Kotzur*, Grenznachbarschaftliche Zusammenarbeit in Europa, 2004, S. 124 ff.). Gleichzeitig gestaltet Art. 24 Abs. 1a GG den offenen Verfassungsstaat mit Blick auf die Herausforderungen der Globalisierung, Internationalisierung und Europäisierung auf substaatlicher Ebene weiter aus, indem er ihn für verschiedene fachspezifische Formen der Kooperation und Integration zwischen dezentralen Einheiten („Europa von unten") unterhalb der Ebene des Gesamtstaates öffnet. Als Gegenstände der Zusammenarbeit benachbarter europäischer Regionen kommen unter anderem Schul- und Hochschulkooperation, das Polizeirecht und die Abfall- und Abwasserentsorgung in Betracht.

81 Dadurch wird den Ländern als Gliedstaaten der Bundesrepublik Deutschland, nicht aber den Gemeinden oder Gemeindeverbänden, anknüpfend an den Wortlaut des Art. 30 GG gestattet, **eigene Hoheitsrechte** im Sinne von Art. 70 ff., 83 ff. GG zu **übertragen**. Die Bestimmung geht damit als integrationsspezifische lex specialis über Art. 32 Abs. 3 GG hinaus, der allein an die Gesetzgebungskompetenz anknüpft. Die Begriffe „Hoheitsrechte" und „Übertragung" entsprechen denen in Art. 24 Abs. 1 GG und gestatten damit gerade mehr als die bisherigen Formen grenzüberschreitender Zusammenarbeit zum Beispiel in der Raumplanung. Die Öffnungsklausel selbst lässt offen, in welcher Weise die Übertragung von Hoheitsrechten erfolgen kann und verweist damit auf die Verfassungsautonomie der Länder. Dies kann im Wege eines völkerrechtlichen Vertrages geschehen, möglich sind aber auch privatrechtliche oder öffentlich-rechtliche Verträge, wobei grundsätzlich mindestens eine generelle Zustimmung des Landesparlaments erforderlich ist. Die Hoheitsrechte werden dabei nicht auf zwischenstaatliche, sondern – funktionsadäquate – grenznachbarschaftliche Einrichtungen übertragen, die ihrer Struktur nach in der Lage sind, Hoheitsrechte wahrzunehmen. Die Einrichtung muss damit der Bewältigung von Problemen dienen, die sich beiderseits einer

gemeinsamen Staatsgrenze stellen und beide Vertragspartner müssen über hinreichende Einwirkungsmöglichkeiten verfügen. Mithin muss der Träger grenznachbarschaftlicher Hoheitsgewalt nicht notwendig eine völkerrechtliche Einrichtung sein.

Es bedarf zur hoheitlichen Kooperation der Länder im grenznachbarschaftlichen Bereich wie nach Art. 32 Abs. 3 GG einer **Zustimmung der Bundesregierung,** die die gesamtstaatlichen Belange der Bundesrepublik wahrt. Die Bundesregierung hat dabei zwar ein politisches Ermessen, ist aber grundsätzlich zur Zustimmung verpflichtet. Im Gegensatz zu Art. 24 Abs. 1 GG besteht allerdings keine Mitwirkungspflicht des Bundesgesetzgebers. 82

Literatur: *Beyerlin,* Zur Übertragung von Hoheitsrechten im Kontext dezentraler grenzüberschreitender Zusammenarbeit. Ein Beitrag zu Art. 24 Abs. 1a Grundgesetz, ZaöRV 54 (1994), 587; *Heberlein,* Grenznachbarschaftliche Zusammenarbeit auf kommunaler Ebene, DÖV 1996, 100; *Kotzur,* Föderalisierung, Regionalisierung und Kommunalisierung als Strukturprinzipien des europäischen Verfassungsraumes, JöR 50 (2002), 257; *ders.,* Grenznachbarschaftliche Zusammenarbeit in Europa: der Beitrag von Art. 24 Abs. 1a GG zu einer Lehre vom kooperativen Verfassungs- und Verwaltungsstaat, 2004; *Niedobitek,* Das Recht der grenzüberschreitenden Verträge, 2001; *Schwarze,* Die Übertragung von Hoheitsrechten auf grenznachbarschaftliche Einrichtungen i. S. d. Art. 24 Ia GG, in: FS-Benda, 1995, S. 311.

III. Zusammenspiel zwischen Verfassungs- und Völkerrecht bei Friedenssicherung und Verteidigung im offenen Verfassungsstaat

Das Zusammenspiel verfassungs- und völkerrechtlicher Mechanismen zur Friedenssicherung und Verteidigung wird durch das Grundgesetz in Gestalt sowohl von **Öffnungs- als auch** von **Sicherungsklauseln** gewährleistet. Eine Öffnung auf der Ebene des nationalen Verfassungsrechts erlaubt zunächst die Beteiligung des Staates an der institutionalisierten völkerrechtlichen Friedenssicherung; die völkerrechtlich verankerten Grundsätze der Friedenssicherung werden ihrerseits in verfassungsrechtlichen Garantien gespiegelt. Der Verfassungsstaat ist in diesem Kontext also nicht nur in seiner Offenheit gegenüber dem Völkerrecht, sondern darüber hinaus in seiner aktiven Sicherungsfunktion gefragt. 83

1. Einordnung des Bundes in ein System der gegenseitigen kollektiven Sicherheit nach Art. 24 Abs. 2 GG

84 Art. 24 Abs. 2 GG sieht – als ein Element des offenen Verfassungsstaates – die Möglichkeit der Eingliederung der Bundesrepublik Deutschland in ein System gegenseitiger kollektiver Sicherheit vor sowie zu diesem Zwecke die Einwilligung des Bundes in die Beschränkungen seiner Hoheitsrechte. Der Absatz 2 wurde im Gegensatz zu einer militant abgeschlossenen Staatlichkeit konzipiert, um dem Militär die Möglichkeit zu nehmen, künftig zur Verfolgung nationalstaatlicher Ziele einseitig eingesetzt zu werden. In der Theorie und Praxis der Bestimmung – insbesondere in der neueren Interpretation durch das BVerfG – wird ein deutliches Bekenntnis zur international kooperativ wahrzunehmenden Verteidigung des deutschen Verfassungsstaates abgegeben (*Hobe*, Der offene Verfassungsstaat zwischen Souveränität und Interdependenz, 1998, S. 147 f.). Art. 24 Abs. 2 GG bildet die **Verfassungsentscheidung für eine sicherheitspolitische Kooperation mit anderen Staaten** und stellt damit auch die Grundlage für einen Einsatz bewaffneter deutscher Streitkräfte im Rahmen der betreffenden Systeme gegenseitiger kollektiver Sicherheit dar.

85 Der zentrale **Begriff** des Art. 24 Abs. 2 GG ist der des Systems gegenseitiger kollektiver Sicherheit. Durch die Zweckbestimmung „zur Wahrung des Friedens" ist dieser beschränkt auf defensive Systeme. Unstreitig erfasst ist die UN als „ursprüngliches Leitbild" eines Systems gegenseitiger kollektiver Sicherheit (BVerfGE 104, 151, 195). Demgegenüber war lange Zeit umstritten – auch nach dem AWACS-Urteil des BVerfG (BVerfGE 90, 286, 344 ff.) – ob die NATO unter die Bestimmung des Art. 24 Abs. 2 GG fällt, da im NATO-Vertrag die gegenseitige Unterstützung im Falle eines Angriffs auf einen Mitgliedstaat vorgesehen ist, nach einer engen Auffassung jedoch nur Systeme umfasst werden sollten, die der „Friedenssicherung innerhalb des Systems" dienen (*Doehring*, in: Isensee/Kirchhof (Hrsg.) HStR, Bd. VII, 1992, § 177, Rn. 6; *Wolfrum*, in: Isensee/Kirchhof (Hrsg.) HStR, Bd. X, 3. Aufl. 2012, § 221, Rn. 19 f.). Nach mittlerweile herrschender Auffassung wird der Begriff aber weit verstanden, so dass auch Systeme kollektiver Verteidigung erfasst sind, die sich gegen Angriffe von außen richten, wie das bei reinen Verteidigungsbündnissen der Fall ist (*Randelzhofer*, in: Maunz/Dürig, GG, Art. 24 II, Rn. 20 f.; *Rojahn*, in: von Münch/Kunig, GG, Art. 24, Rn. 97).

Entscheidend kommt es darauf an, dass der Übernahme von Pflichten im System das Recht auf Beistand durch die anderen Vertragspartner gegenübersteht, jeder Staat also „gleichzeitig Garant und Garantieempfänger" ist (BVerfGE 90, 286, 348 f.).

Art. 24 Abs. 2 GG **ermächtigt zur Beschränkung von Hoheitsrechten** („kann" sich einordnen). Diese Beschränkung interpretiert das BVerfG als die völkerrechtliche Bindung der Bundesrepublik an Entscheidungen einer internationalen Organisation (BVerfGE 90, 286, 346). Beschränkt wird also die völkerrechtliche Handlungsfreiheit, die Ausübung staatlicher Befugnisse der Auswärtigen Gewalt. Daher steht die Ermächtigung zur Einordnung in ein System kollektiver Sicherheit grundsätzlich neben der Integrationsermächtigung nach Art. 24 Abs. 1 GG. 86

Insoweit lässt sich eine klare **Trennlinie zwischen Abs. 1 und Abs. 2** ziehen: Art. 24 Abs. 2 GG betrifft nicht ein System der Supranationalität, da ein unmittelbarer Durchgriff des Systems gegenseitiger kollektiver Sicherheit nicht ermöglicht wird. Beschränkung bedeutet damit nicht das Öffnen des deutschen Verfassungsstaats für das von einem anderen Hoheitsträger gesetzte Recht, sondern die Rücknahme deutscher Hoheitsgewalt durch Übernahme von Handlungs- und Unterlassungspflichten, die im Vertragswerk des Systems ausdrücklich enthalten oder angelegt sind. Deshalb stellt sich die mit der Eingliederung in ein System gegenseitiger kollektiver Sicherheit einhergehende *Beschränkung* von Hoheitsrechten i. S. d. Art. 24 Abs. 2 GG lediglich als **Übernahme völkerrechtlicher Verpflichtungen** dar, jedoch grundsätzlich nicht als Übertragung von Hoheitsrechten. Allerdings kann eine *Übertragung* von Hoheitsrechten nach Art. 24 Abs. 1 GG gegebenenfalls die Beschränkung von Hoheitsrechten mit einschließen, wenn dieses System kollektiver Sicherheit über eine zwischenstaatliche Einrichtung verfügt. Es unterliegt (außen-)politischen Opportunitätserwägungen, ob die Sicherheitspolitik in eine zwischenstaatliche Einrichtung mit autonomen Hoheitsrechten integriert oder aber nur kooperativ organisiert wird. Jedenfalls betrifft die Beschränkung aber die Unterstellung unter ein Organisationssystem mit Entscheidungsgewalt. Die Zustimmung des Gesetzgebers zur Einordnung in ein solches System umfasst als Beschränkung von Hoheitsrechten die Eingliederung von Streitkräften in integrierte Verbände des Systems und damit die Beteiligung deutscher Soldaten an militärischen Unternehmungen des Systems beziehungsweise auf der Grundlage des Zusammenwirkens von Sicherheitssyste- 87 men (BVerfGE 90, 286, 351). Ferner kann sich die Übernahme völkerrechtlicher Verpflichtungen in Bindungen der Wehrgewalt, etwa durch Rüstungsbeschränkungen und in der Zulassung des Aufenthalts fremder Truppen auf dem Staatsgebiet, äußern.

88 Art. 24 Abs. 2 GG begründet selbst keinen Gesetzesvorbehalt. Der Akt der Einordnung in ein System im Sinne der Bestimmung ist aber immer ein völkerrechtlicher Vertrag nach Art. 59 Abs. 2 1. Alt. GG, weshalb das **Vertragsgesetz** die Beschränkung der Hoheitsrechte demokratisch abstützt. Die Beschränkungen selbst folgen aber aus dem völkerrechtlichen Vertrag. Nach dem Wortlaut des Art. 24 Abs. 2 2. HS GG („wird […] einwilligen") ist Deutschland verpflichtet, in eine Beschränkung seiner Hoheitsrechte einzuwilligen, falls es einem Sicherheitssystem beitritt. Dies gilt nur für diejenigen Beschränkungen, die „eine friedliche und dauerhafte Ordnung in Europa und zwischen den Völkern der Welt herbeiführen und sichern". Eine vom Zustimmungsgesetz getragene Ermächtigung nach Art. 24 Abs. 2 GG umfasst auch die Mitwirkung in den Institutionen und Organen an der Fortentwicklung des Vertrags ohne förmliche Vertragsänderung, wenn dieser auf Integration angelegt und das „Integrationsprogramm" hinreichend bestimmt ist (BVerfGE 104, 151, 195). Abweichungen von wesentlichen Strukturentscheidungen des Vertragswerkes bedürfen jedoch einer gesonderten Zustimmung des Bundestages nach Art. 24 Abs. 2 i. V. m. Art. 59 Abs. 2 GG (BVerfGE 104, 151, 210).

Literatur: *Bothe*, Die parlamentarische Kontrolle von Auslandseinsätzen der Streitkräfte, FS Schneider, 2008, 165; *Doehring*, Systeme kollektiver Sicherheit, in: Isensee/Kirchhof (Hrsg.), HStR, Bd. VII, § 177, S. 669 ff.; *Eichen*, Die NATO – ein System gegenseitiger kollektiver Sicherheit im Sinne des Art. 24 Abs. 2 GG?, NZWehrR 1984, 221; *Nolte*, Bundeswehreinsätze in kollektiven Sicherheitssystemen, ZaöRV 54 (1994), 95; *ders.*, Das Verfassungsrecht vor der Herausforderung der Globalisierung, VVDStRL 67 (2008), 129; *Röben*, Der Einsatz der Streitkräfte nach dem Grundgesetz, ZaöRV 63 (2003), 585; *Stein/Kröninger*, Bundeswehreinsatz im Rahmen von NATO-, WEU-, bzw. VN-Militäraktionen, Jura 1995, 254; *Wolfrum*, Deutschlands Mitgliedschaft in NATO, WEU und KSZE, HStR, Bd. VIII, 1995, § 192.

2. Völkerrechtliche Friedenssicherung

89 Zweck der internationalen Friedenssicherung war es zunächst, einen Zustand zu erreichen, der durch das Fehlen grenzüberschreitender, **von Staaten ausgehender Gewaltanwendung** gekennzeichnet

B. Grundgesetz und materieller Gehalt der Öffnung zum Völkerrecht 133

ist, um somit massenhaftes Sterben und den Verlust materieller Güter zu verhindern. Menschenleben und materielle Güter sind aber nicht nur durch zwischenstaatliche Kriege gefährdet.

Ein Plädoyer für einen **erweiterten Begriff** der internationalen Sicherheit findet sich in dem am 1. Dezember 2004 vorgelegten Bericht der vom UN-Generalsekretär eingesetzten *Hochrangigen Gruppe für Bedrohungen, Herausforderungen und Wandel*. Danach ist die internationale Sicherheit durch sechs Bedrohungsgruppen gefährdet: wirtschaftliche und soziale Bedrohungen (Armut, Infektionskrankheiten und Umweltzerstörungen), zwischenstaatliche Konflikte, interne Konflikte (Bürgerkrieg, Völkermord, massenhafte Gräueltaten), Massenvernichtungswaffen, Terrorismus und transnationales organisiertes Verbrechen (UN Doc. A/59/565 vom 2.12.2004, S. 12). 90

Zu den wichtigsten Mitteln für die Durchsetzung staatlicher Interessen zählt auch im 21. Jahrhundert die militärische und wirtschaftliche Macht eines Staates. Eine der Kernfragen für die Regelung der friedlichen Beziehungen der Staaten untereinander ist daher die **Abgrenzung der zulässigen von der unzulässigen Einwirkung** eines Staates auf einen anderen Staat. Das Völkerrecht stellt zur Bestimmung der völkerrechtlich unzulässigen Einwirkung einen vertraglich und gewohnheitsrechtlich geltenden Rahmen bereit, dem sich die Staaten unterworfen haben. Unter diesen Rechten und Pflichten gibt es jedoch einige, die von herausragender Bedeutung sind und für alle Staaten gelten. Diese Fundamentalnormen sind geeignet, der Völkerrechtsordnung in ihrer jeweiligen historischen Ausgestaltung ihr Gepräge zu geben. In der heutigen Völkerrechtsordnung finden sich die meisten dieser Fundamentalnormen in Art. 2 der UN-Charta, der die Mitglieder verpflichtet, nach den dort genannten „Grundsätzen" zu handeln. Die Verwirklichung dieser Grundsätze ist in den institutionellen Rahmen der Vereinten Nationen als wichtigstes kollektives Sicherheitssystem eingebettet. 91

a) Systeme der völkerrechtlichen Friedenssicherung. Die völkerrechtliche Friedenssicherung findet sowohl auf (quasi)universeller Ebene durch die Vereinten Nationen, als auch im Rahmen von Regionalorganisationen statt. 92

aa) Vereinte Nationen als kollektives Sicherheitssystem. Die Hauptaufgabe der Vereinten Nationen ist gem. Art. 1 Nr. 1 UN-Charta die Bewahrung des Weltfriedens und der internationalen Sicherheit. Dazu hat die UN-Charta ein System der kollektiven Sicher- 93 heit geschaffen, in dessen Rahmen bewaffnete Konflikte nach hierfür vorgesehenen Verfahren beigelegt werden sollen. Das UN-System ist dabei nicht mit einem zwischenstaatlichen Verteidigungsbündnis zu verwechseln, das sich gegen jeden Aggressor richtet, der alle oder einzelne Mitglieder des Bündnisses von außen angreift. Unter kollektiven Sicherheitssystemen, für die die Organisation der UN den Prototyp darstellt, sind nur **Friedenssicherungsmechanismen** zu verstehen, die, auf dem Verbot der Erstanwendung von Waffengewalt beruhend, einem potentiellen Aggressor von innerhalb des Systems die kollektive Macht der rechtstreuen Mitglieder gegenüberstellen. Die Vereinten Nationen als System kollektiver Sicherheit sind mithin **binnengerichtet**. Die WEU, die NATO und der Warschauer Pakt waren dagegen als (Selbst-)Verteidigungsbündnisse auf Art. 51 UN-Charta gegründet, der die Gewaltanwendung im Falle der Selbstverteidigung nicht ausschließt.

94   Die **maßgeblichen Mechanismen** der kollektiven Friedenssicherung sind in Kap. VI (Art. 33 ff., friedliche Beilegung von Streitigkeiten) und Kap. VII der UN-Charta (Art. 39 ff., Maßnahmen bei Bedrohung oder Bruch des Friedens und bei Angriffshandlungen) geregelt. Die Verpflichtung zur friedlichen Beilegung zwischenstaatlicher Streitigkeiten ist einer der zentralen Grundsätze der UN-Charta, der sich aus dem Gewaltverbot ergibt, vgl. Art. 2 Nr. 3 i. V. m. Art. 33 ff. UN-Charta. Wenn eine einvernehmliche Lösung des Konflikts durch die in Art. 33 UN-Charta genannten Streitschlichtungsmechanismen nicht zu erreichen ist, sieht das System der Friedenssicherung vor, die Konfliktparteien zu zwingen, auf Gewaltanwendung zu verzichten. Diesem Ziel dienen auch die nicht ausdrücklich in der UN-Charta vorgesehenen aber wohl der friedlichen Beilegung von Streitigkeiten nach Kap. VI zuzuordnenden sog. *friedenserhaltenden Operationen* der Vereinten Nationen („Blauhelm-Aktionen", vgl. dazu auch IGH, *Certain Expenses of the UN*, Gutachten vom 20. Juli 1962, ICJ Reports, S. 151, 179). Zu den Aufgaben dieser Friedenstruppen kann etwa die Beobachtung eines Waffenstillstandes oder die Übernahme von Polizeifunktionen zählen. Nach Art. 34 UN-Charta kann der *Sicherheitsrat* jede internationale Streitigkeit sowie jede andere Situation, die zu internationalen Reibungen führt oder eine Streitigkeit hervorrufen könnte, im Hinblick auf ihre Auswirkungen auf den Weltfrieden und die internationale Sicherheit untersuchen.

95   Im äußersten Fall können die UN die Verpflichtung zur friedlichen Beilegung zwischenstaatlicher Streitigkeiten durch eigene Gewaltan-

wendung durchsetzen. Der staatliche Gewaltverzicht korrespondiert dem **Gewaltmonopol des Sicherheitsrates**, der befugt ist, eine Friedensbedrohung, einen Friedensbruch oder eine Angriffshandlung verbindlich festzustellen. Auf der Grundlage einer solchen Feststellung ist der Sicherheitsrat dann berechtigt, vorläufige Maßnahmen gegen eine Verschärfung der Lage zu ergreifen (Art. 40 UN-Charta), nicht-militärische Zwangsmaßnahmen gegen friedenstörende Staaten zu verhängen (Art. 41 UN-Charta) und nötigenfalls auch militärische Mittel einzusetzen.

Neben dem Sicherheitsrat kommt der UN-Generalversammlung eine **subsidiäre** Kompetenz zur Friedenssicherung zu, insofern der Sicherheitsrat sich nicht mit einem Konflikt befasst (Art. 12 Abs. 1 UN-Charta). Daneben hat sich die Generalversammlung in der berühmten *Uniting for Peace*-Resolution (GA Res. 377 (1950)) selbst für (wieder) zuständig erklärt, wenn sich der Sicherheitsrat im Konfliktfall als „funktionsunfähig" erweisen sollte (bestätigt durch den IGH, *Certain Expenses of the UN*, Gutachten vom 20. Juli 1962, ICJ Reports, S. 151).

(1) **Feststellung des Friedensbruchs.** Nach Art. 39 UN-Charta stellt der **Sicherheitsrat** fest, ob eine Bedrohung oder ein Bruch des Friedens oder eine Angriffshandlung vorliegt; er gibt Empfehlungen ab oder beschließt, welche Maßnahmen auf Grund der Artikel 41 und 42 zu treffen sind, um den Weltfrieden und die internationale Sicherheit zu wahren oder wiederherzustellen.

Die einzelnen **Tatbestandsmerkmale** Angriffshandlung, Friedensbruch und Friedensbedrohung sind als unbestimmte Rechtsbegriffe auslegungsbedürftig. Die – nicht bindende – Resolution 3314 (1974) der Generalversammlung zur Aggressionsdefinition gibt dem Sicherheitsrat in dieser Hinsicht eine wertvolle Leitlinie an die Hand. Diese zählt verschiedene Formen direkter sowie indirekter *Aggressionshandlungen* auf, an denen sich die Einordnung einer Handlung im konkreten Einzelfall orientieren kann. Als Beispiele seien der Angriff der Streitkräfte eines Staates auf das Hoheitsgebiet eines anderen Staates, die Beschießung oder Bombardierung des Hoheitsgebietes eines Staates, die Blockade der Häfen oder Küsten eines Staates durch die Streitkräfte eines anderen Staates oder auch Entsenden bewaffneter Banden genannt. Jede Aggressionshandlung ist auch ein *Bruch des Friedens*. Denn dieser bezeichnet Situationen, in denen es zu einer bewaffneten Auseinandersetzung zwischen Staaten gekommen ist. Anders als der Begriff der Angriffshandlung lässt jedoch die Feststellung eines Friedensbruchs die Bezeichnung des Aggressors offen. Auch das Vorfeld eines Friedensbruches ist von Art. 39 UN-Charta erfasst. So zielen Maßnahmen im Falle einer *Friedensbedrohung* auf die Bewahrung des Friedens ab. Die Weite dieses Tatbestandsmerkmals erlaubt es dem Sicherheitsrat, äußerst vielfältige Situationen als eine Friedensbedrohung zu qualifizieren. Für die Mitgliedstaaten der UN ist eine solche Qualifikation bindend.

99 Auch der **Friedensbegriff** ist ein auslegungsbedürftiger und damit entwicklungsoffener Terminus. Während nach der klassischen Konzeption bereits die Abwesenheit zwischenstaatlicher Gewaltanwendung für den Friedensbegriff hinreichend war, wird dieser heute umfassender verstanden. So lässt der Sicherheitsrat vor dem Hintergrund der zahlreichen innerstaatlichen Konflikte und ethno-nationaler Bürgerkriege insbesondere am Ende des 20. Jahrhunderts auch solche Gewaltanwendungen genügen, die nicht zwischen- sondern lediglich innerstaatlicher Natur sind. Die üblicherweise mit einem solchen Konfliktgeschehen einhergehenden Flüchtlingsströme insbesondere in die angrenzenden Staaten werden hierbei als Argument für die Existenz eines ausreichenden internationalen Bezuges herangezogen, der die Gleichstellung mit originär zwischenstaatlichen Konflikten möglich macht.

100 Eine wegweisende Entscheidung traf der Sicherheitsrat mit der Resolution 688 (1991), mit der er die „Unterdrückung der irakischen Zivilbevölkerung" durch die eigene Regierung als Bedrohung des Weltfriedens und der internationalen Sicherheit „in der Region" bezeichnet hat. Vgl. auch die SC Resolution 794 (1992) zu Somalia, die auf einer dynamischen Auslegung des Art. 39 UN-Charta beruht, indem sie eine „humanitäre Katastrophe" als Bedrohung des Weltfriedens wertet, ohne einen direkten internationalen Bezug (z. B. Flüchtlingsströme) zu verlangen.

101 **(2) Ermächtigung zur Durchführung von Zwangsmaßnahmen.** Hat der Sicherheitsrat nach Art. 39 UN-Charta eine Bedrohung oder einen Bruch des Weltfriedens festgestellt und sind die in Art. 41 UN-Charta vorgesehenen Sanktionsmittel unzulänglich oder haben sie sich als unzulänglich erwiesen, sieht Art. 43 UN-Charta vor, dass die Mitgliedstaaten dem Sicherheitsrat „nach Maßgabe eines oder mehrerer Sonderabkommen" Streitkräfte zur Verfügung stellen, damit der Sicherheitsrat seine Zwangsmaßnahmen nach Art. 42 UN-Charta mit UN-Streitkräften durchführen kann. Bis auf den heutigen Tag ist kein solches Sonderabkommen abgeschlossen worden. Statt-

dessen autorisiert der UN-Sicherheitsrat in einer Resolution auf der Grundlage von Art. 42 i. V. m. Art. 48 Abs. 1 UN-Charta **Zwangsmaßnamen durch zum Eingreifen bereite Staaten** (vgl. die „Muster"-SC Resolutionen 660 (1990) und 678 (1990) im Irak-Kuwait-Konflikt 1990). Dabei führen die beteiligten Staaten den Einsatz im Rahmen eines solchen Mandates selbstständig durch, ohne ihre Truppen dem militärischen Befehl des Sicherheitsrates zu unterstellen.

Militärische Zwangsmaßnahmen, die ohne bzw. außerhalb der Autorisierung durch den Sicherheitsrat i. S. v. Art. 42 UN-Charta ergriffen werden, verstoßen grundsätzlich gegen das allgemeine Gewaltverbot. Daher muss das **Mandat**, welches der Sicherheitsrat in Gestalt einer Resolution nach Kapitel VII der UN-Charta erteilt, hinreichend präzise gefasst sein. Aus politischen Gründen ist dies jedoch nicht immer der Fall. So steht die Resolution 1441 (2002) zur Irak-Krise im Jahre 2002 beispielhaft für eine rechtlich zu unbestimmte Kapitel VII-Resolution. Zwar hatte der Sicherheitsrat den Irak im Vorfeld wiederholt vor „ernsthaften Konsequenzen" (*serious consequences*) gewarnt, sollte dieser weiter gegen seine völkerrechtlichen Verpflichtungen – durch falsche Angaben über Massenvernichtungswaffen und mangelnde Zusammenarbeit mit den Waffeninspektoren – verstoßen. Als die Resolution 1441 dann derartige wiederholte Völkerrechtsverletzungen feststellte, war jedoch umstritten, ob der in der Resolution enthaltene Verweis auf die Warnung vor ernsthaften Konsequenzen nur als Warnung oder bereits als Mandat zum Einsatz von militärischen Zwangsmaßnahmen verstanden werden konnte (vgl. hierzu *Murswiek*, NJW 2003, 1014 f.; *Kurth*, ZRP 2003, 195, 197; *Schaller*, ZaöRV 62 (2002), 645 ff.). 102

Die vom UN-Generalsekretär eingesetzte UN-Reform-Kommission hat in ihrem Bericht vom Dezember 2004 (A/59/565) fünf **„Legitimitätskriterien"** für militärische Maßnahmen nach Kap. VII der UN-Charta entwickelt, welche die Entscheidung des UN-Sicherheitsrates leiten sollen: „seriousness of threat, proper purpose, last resort, proportional means, balance of consequences." 103

bb) Kollektive Sicherheit in Regionalorganisationen. Die Aufgabe der Friedenswahrung ist jedoch nicht lediglich den Vereinten Nationen überlassen. Auch Regionalorganisationen werden **bereits durch die UN-Charta selbst** als Mechanismen der kollektiven Sicherheit vorgesehen. So lautet Art. 52 Abs. 1 der UN-Charta: 104

„Diese Charta schließt das Bestehen regionaler Abmachungen oder Einrichtungen zur Behandlung derjenigen die Wahrung des Weltfriedens und der internationalen Sicherheit betreffenden Angelegenheiten nicht aus, bei denen Maßnahmen regionaler Art angebracht sind; Voraussetzung hierfür ist, dass diese Abmachungen oder Einrichtungen und ihr Wirken mit den Zielen und Grundsätzen der Vereinten Nationen vereinbar sind."

105 Unter Regionalorganisationen sind dabei diejenigen internationalen Organisationen zu verstehen, die primär für die Friedenssicherung in dem durch den Gründungsvertrag vorgegebenen Anwendungsbereich (also nicht universal) zuständig sind. Erfasst werden dabei nach heutigem Verständnis nicht nur Organisationen, die die Gewährleistung der Sicherheit ihrer Mitglieder *untereinander* zum Ziel haben, sondern **auch die „nach außen" gerichteten Verteidigungsbündnisse** (vgl. die SC Res. 816 (1993) und 908 (1994)). Regionalorganisationen i. S. d. Art. 52 UN-Charta sind etwa die Organisation Amerikanischer Staaten (OAS), die Afrikanische Union (AU), die aus der Organisation Afrikanischer Einheit (OAU) hervorgegangen ist, die OSZE, die EU oder die Liga der Arabischen Staaten.

106 Die Friedenssicherungsmechanismen auf regionaler und globaler Ebene stehen in einem **Subsidiaritätsverhältnis** zueinander. Für örtlich begrenzte Streitigkeiten etabliert Art. 52 Abs. 2 UN-Charta einen Vorrang der Streitbeilegung durch Regionalorganisationen, die einer potentiellen Inanspruchnahme der UN vorgeschaltet ist. In diesem Sinne fördert auch der Sicherheitsrat gem. Art. 52 Abs. 3 UN-Charta die regionale Streitschlichtung dadurch, dass er die beteiligten Staaten zur Inanspruchnahme der regionalen Streitschlichtungsmechanismen auffordert oder selbst Streitigkeiten an diese überweist. Allerdings verlangt Art. 54 UN-Charta, dass der Sicherheitsrat über alle regionalen Friedenssicherungsmaßnahmen informiert wird. Zudem ist der Einsatz von militärischen Zwangsmaßnahmen gemäß Art. 53 Abs. 1 UN-Charta auch im Rahmen von Regionalorganisationen nur bei Vorliegen eines ausdrücklichen Mandates durch den Sicherheitsrat möglich.

Literatur: *Krisch*, Selbstverteidigung und kollektive Sicherheit (2001); *Kurth*, Der dritte Golfkrieg aus völkerrechtlicher Sicht, in ZRP 2003, S. 195 (197); *Murswiek*, Die amerikanische Präventivkriegstrategie und das Völkerrecht, in NJW 2003, S. 1014 f.; *Nolte*, Bundeswehreinsätze in kollektiven Sicherheitssystemen. Zum Urteil des BVerfG vom 12. Juli 1994, in ZaöRV 54 (1994), S. 652 ff.; *Payandeh*, Rechtskontrolle des UN-Sicherheitsrates durch staatliche und überstaatliche Gerichte, in ZaöRV 66 (2006), S. 41 ff.; *Schaller*, Massenvernichtungswaffen und Präventivkrieg – Möglichkeiten der Rechtfertigung einer militärischen Intervention im Irak aus völkerrechtlicher Sicht, in ZaöRV 62 (2002), S. 645 ff.; *Stein*, The War against Iraq and the „ius ad bellum", Revue de Droit Militaire et de Droit de la Guerre, Bd. 3–4 (2003),

S. 459 ff.; *Stein/Kröninger*, Bundeswehreinsatz im Rahmen von Nato-, WEU-bzw. VN-Nationen, in Jura 1995, S. 254 ff.; *White*, The United Nations and the Maintenance of Internatinal Peace and Security, 1990.

b) Völkerrechtliche Grundprinzipien zur Friedenssicherung. 107
Für das Verständnis der in der UN-Charta enthaltenen Fundamentalnormen ist die – zusammen mit der durch Konsens angenommene Generalversammlungs-Resolution 2625 (XXV) – am 24. Oktober 1970 verkündete *Friendly Relations*-Erklärung (UNYB 1970, S. 788) von besonderer Wichtigkeit. Sie ist ein bedeutendes Auslegungsinstrument für die Grundsätze der UN-Charta und des Völkergewohnheitsrechts. In diesem Sinne hat auch der IGH die Deklaration als „Indiz" für die Überzeugung der Staaten herangezogen (ICJ Reports 1986, *Nicaragua II*, Entscheidung vom 27.6.1986, S. 14 ff., Ziff. 191).

aa) Souveräne Gleichheit aller Staaten. Nach Art. 2 Nr. 1 UN- 108
Charta beruht die Organisation der Vereinten Nationen auf dem Grundsatz der souveränen Gleichheit aller ihrer Mitglieder. Die *Friendly Relations*-Erklärung präzisiert:

„All States enjoy sovereign equality. They have **equal rights and duties** and are members of the international community, notwithstanding differences of an economic, social, political or other nature."

Der derart beschriebene Grundsatz der „souveränen Gleichheit" 109
der Staaten macht deutlich, dass der Gleichheitssatz in engster Beziehung zum **Souveränitätsprinzip** steht. Mit der Entwicklung der modernen Staatsgewalt ist das mittelalterlich-hierarchische System der stufenförmig gegliederten Welt, das System der Über- und Unterordnung, einer neuen Ordnung gewichen, die auf der Koordination genossenschaftlich verbundener Staaten beruht. In dieser Ordnung ist letztlich das Gleichheitsprinzip nur ein anderer Ausdruck für den Grundsatz der Souveränität der Staaten. Denn Souveränität bedeutet Unabhängigkeit, d. h. kein Staat ist der Hoheitsgewalt eines anderen Staates unterworfen; mit einer Hegemonie ist Souveränität unvereinbar. Die Rechtsnormen, die sich als Ausprägung der Souveränitätsidee verstehen – wie das Interventionsverbot und das Gewaltverbot – lassen sich somit auch als Äußerungen des Gleichheitsgrundsatzes formulieren.

Reduziert auf seinen formalen Gehalt ist der Gleichheitsgrundsatz 110
im Sinne einer **formalen Gleichstellung** aller Mitglieder der Staatenwelt zu verstehen. Dem Grundsatz nach hat also die Stimme des

kleinsten Staates ebenso viel Gewicht wie die Stimme des größten und stärksten Mitgliedes der Staatengemeinschaft. Ausdruck dessen ist der Leitgedanke „*one state, one vote*", der die gleiche Stimmengewicht aller Staaten in vielen internationalen Organisationen und bei Staatenkonferenzen bezeichnet. So formuliert etwa Art. 18 Abs. 1 UN-Charta: „*Jedes Mitglied der Generalversammlung hat eine Stimme.*" Allerdings entspricht die dem Gleichheitsgrundsatz immanente Undifferenziertheit zwischen den Staaten keinesfalls den gegenwärtigen politischen Gegebenheiten in der internationalen Gemeinschaft. Der Grundsatz rekurriert daher auf einen Gleichheitsbegriff, der die Staaten im Wesentlichen unter dem Gesichtspunkt ihrer natürlichen Gleichheit erfasst (so schon *Felder*, Das Problem der Staatengleichheit in der Organisation der Völkergemeinschaft, 1950, S. 38).

111 So hat das Gleichheitsprinzip denn auch **keine ausnahmslose Umsetzung** gefunden. Relativiert wird es etwa innerhalb der UN durch die privilegierte Position der fünf ständigen Mitglieder des Sicherheitsrates (vgl. Art. 23 Abs. 1 S. 2 UN-Charta). Auch im Gouverneursrat des Internationalen Währungsfonds (IWF) erfolgt eine Stimmgewichtung nach dem jeweiligen Kapitalanteil des Staates (Art. XII Abschnitt 2 lit. E, Abschnitt 5 IWF-Abkommen). In der Europäischen Union wird den Unterschieden in der Bevölkerungszahl und der wirtschaftlichen Leistungskraft der jeweiligen Mitgliedstaaten durch eine korrespondierende Stimmverteilung im Rat der EU bzw. Sitzverteilung im Europäischen Parlament Rechnung getragen. Im Umweltvölkerrecht zeigt sich die Durchbrechung des Grundsatzes der souveränen Gleichheit in dem **Konzept der gemeinsamen, aber differenzierten Verantwortlichkeit** (vgl. dazu *Kellersmann*, Die gemeinsame, aber differenzierte Verantwortlichkeit von Industriestaaten und Entwicklungsländern für den Schutz der globalen Umwelt, 2000).

112 Neben der Gleichheit ist unter dem völkerrechtlichen Begriff der Souveränität die **Unabhängigkeit der Staatsgewalt nach innen und außen**, die Freiheit von der rechtlichen Kontrolle fremder Staaten und Mächte zu verstehen. Den Aspekt der inneren Souveränität greift die *Friendly Relations*-Deklaration mit dem Satz auf:

„Jeder Staat hat das Recht, seine politischen, sozialen, wirtschaftlichen und kulturellen Systeme frei zu wählen und zu entwickeln."

Somit gewährleistet die Souveränität die Verfassungsautonomie, d. h. die freie Gestaltung der gesamten inneren Ordnung, in einem umfassenden Sinne.

Ein weiteres Element des Grundsatzes der souveränen Gleichheit 113
der Staaten ist die Unverletzlichkeit der territorialen Integrität und
die Gewährleistung **politischer Unabhängigkeit**. Letztere umfasst
das Recht zur freien Wahl und zur freien Ausgestaltung des politischen, sozialen, wirtschaftlichen und kulturellen Systems. Die Achtung der territorialen Unabhängigkeit garantiert die **Gebietshoheit**
der Staaten und beinhaltet das generelle Verbot, auf fremdem Staatsgebiet Hoheitsakte vorzunehmen. Ausdruck der souveränen Gleichheit der Staaten ist auch der Grundsatz der Staatenimmunität, der die
Staaten davor schützt, der Gerichtsbarkeit anderer Staaten zu unterfallen. Schließlich zählen zu den Elementen der souveränen Gleichheit auch die Pflicht zur Erfüllung völkerrechtlicher Verpflichtungen
und die Pflicht, mit anderen Staaten in Frieden zu leben.

Die Verknüpfung der Souveränität mit grundlegenden **Pflichten** wurde 114
durch den am 1. Dezember 2004 vorgelegten Bericht „*A More Secure World:
Our Shared Responsibilities*" einer von dem damaligen UN-Generalsekretär
Kofi Annan eingesetzten Hochrangigen Gruppe aktualisiert. Danach beinhaltet die Souveränität nicht nur den Aspekt der Unabhängigkeit, sondern auch
die Verantwortlichkeit der Staaten, aus der sich die Pflicht zum Schutz des
Wohlergehens des eigenen Volkes ergibt (zur Kritik an modernen „Umdefinitionen" der Souveränität *Kokott*, ZaöRV 64 (2004), 516, 523 f.).

bb) Gewaltverbot. (1) Herausbildung des Gewaltverbots. Die 115
Herausbildung des Gewaltverbots begann erst **im 20. Jahrhundert**.
Bis dahin galt die Anwendung von Waffengewalt als Entscheidung
des souveränen Staates und Krieg als legitimes Mittel zur Durchsetzung staatlicher Machtpolitik.

Einen ersten Schritt zur Beschränkung des Kriegsführungsrechts stellten die 116
auf den **Haager Friedenskonferenzen** im Jahre 1899 und 1907 verabschiedeten Abkommen zur friedlichen Erledigung internationaler Streitfälle dar.
Diese enthielten zwar eine Verpflichtung zur friedlichen Streitbeilegung, jedoch ohne gleichzeitig ein absolutes Verbot der Gewaltanwendung zu etablieren. Mit der Völkerbundsatzung von 1919 wurde das Kriegsführungsrecht
erstmalig als Angelegenheit der Staatengemeinschaft, nicht mehr nur als Angelegenheit zwischen den unmittelbar betroffenen Staaten, angesehen. Nach
Art. 12 Abs. 1 S. 1 der Völkerbundsatzung oblag es den Bundesmitgliedern,
jede zwischen ihnen entstehende Streitfrage, die zu einem Friedensbruch hätte
führen können, der Schiedsgerichtsbarkeit oder dem Völkerbundsrat zu unterbreiten. Ein allgemeines Gewaltverbot enthielt aber erstmals der **Locarno-Pakt** vom 16. Oktober 1925. Darin verpflichteten sich Deutschland, Belgien
und Frankreich, bewaffnete Gewalt nur noch zur Selbstverteidigung und im
Rahmen kollektiver Zwangsmaßnahmen des Völkerbundes einzusetzen.

Doch erst mit dem **Briand-Kellog-Pakt** vom 27. August 1928 schlossen sich dem Kriegsverbot die Mehrzahl der damals existierenden Staaten an.

117 Die nach dem Ende des Zweiten Weltkrieges 1945 unterzeichnete UN-Charta geht über das bloße Kriegsverbot des Briand-Kellogg-Pakts deutlich hinaus, indem sie in Art. 2 Nr. 4 der Charta ein **absolutes Gewaltverbot** etabliert: Mit diesem absoluten Gewaltverbot werden jegliche Formen der bewaffneten Zwangsausübung und Zwangsandrohung geächtet. Damit ist heute nicht nur der Krieg völkerrechtswidrig, sondern jegliche Gewaltanwendung in den internationalen Beziehungen. Ein konkretes Beispiel sind etwa gewaltsame Repressalien unterhalb der Schwelle des Krieges, die nach dem Briand-Kellogg-Pakt noch zulässig waren.

118 **(2) Inhalt des Gewaltverbots.** Grundlage und Ausgangspunkt für das Konfliktverhütungs- und Friedenssicherungssystem der UN-Charta ist das in **Art. 2 Nr. 4** festgelegte Gewaltverbot:

„Alle Mitglieder unterlassen in ihren internationalen Beziehungen jede gegen die territoriale Unversehrtheit oder die politische Unabhängigkeit eines Staates gerichtete oder sonst mit den Zielen der Vereinten Nationen unvereinbare Androhung oder Anwendung von Gewalt."

Dem Gewaltverbot korrespondiert das **Gewaltmonopol des UN-Sicherheitsrates,** der gemäß Art. 24 Abs. 1 UN-Charta die Hauptverantwortung für Wahrung des Weltfriedens und der internationalen Sicherheit trägt. Die Ausübung des Gewaltmonopols durch den Sicherheitsrat erfordert die Auslegung des Gewaltmonopols und seiner Ausnahmen, welche in der Völkerrechtspraxis regelmäßig zu Schwierigkeiten geführt hat. In diesem Zusammenhang sind die Resolutionen der Generalversammlung und des Sicherheitsrates der Vereinten Nationen von besonderer Bedeutung. Zu den bedeutenden Resolutionen zählt die bereits erwähnte *„Friendly Relations"*-Erklärung vom 24. Oktober 1970:

„Every State has the duty to refrain from organizing or encouraging the organization of irregular forces or armed bands, including mercenaries, for incursion into the territory of another State. Every State has the duty to refrain from organizing, instigating, assisting or participating in acts of civil strife or terrorist acts in another State or acquiescing in organized activities within its territory directed towards the commission of such acts, [if] the acts referred to in the present paragraph involve a threat or use of force."

119 Bedeutsam ist daneben die *Resolution der Generalversammlung der Vereinten Nationen über die Definition der Aggression* vom

B. Grundgesetz und materieller Gehalt der Öffnung zum Völkerrecht 143

14. Dezember 1974 (GA Res. 3314 [XXIX]), die den Begriff der „Angriffshandlung" im Sinne des Art. 39 UN-Charta definiert. Nach heute ganz herrschender Meinung erstreckt sich das Gewaltverbot nicht auf die Ausübung bloß wirtschaftlichen Drucks, der aber nach dem Interventionsverbot unzulässig sein kann (vgl. dazu unten Teil 2, B, Rn. 123 ff.).

Der **Begriff der „Gewalt"** i. S. d. Art. 2 Nr. 4 UN-Charta meint militärische Gewalt. Damit wird die Anwendung jeder Art von Waffengewalt durch einen Staat gegen das Hoheitsgebiet oder die Streitkräfte eines anderen Staates, z. B. durch Bombardierung oder Beschießung, durch das Gewaltverbot erfasst. Überdies schließt der Gewaltbegriff des Art. 2 Nr. 4 UN-Charta auch die sog. indirekte Gewaltanwendung mit ein. So entschied der IGH im *Nicaragua II*-Fall, dass die Bewaffnung und Ausbildung der nicaraguanischen Guerilla-Gruppierung „Contras" durch die USA eine Gewaltandrohung oder -anwendung gegenüber Nicaragua darstelle. Eine indirekte Gewaltanwendung liege jedoch nicht hinsichtlich der gesamten, den Contras geleisteten Unterstützung vor. So sei die bloße finanzielle Unterstützung der Contras zwar zweifelsohne eine Intervention in die inneren Angelegenheiten Nicaraguas, nicht aber eine Gewaltanwendung (ICJ Reports 1986, *Nicaragua II*, Entscheidung vom 27.6.1986, S. 14 ff., Ziff. 228). 120

Auf eine Stufe mit der Anwendung von Gewalt stellt Art. 2 Nr. 4 UN-Charta die **Androhung von Gewalt**. Auch das Vorliegen einer solchen Androhungssituation ist nicht ganz leicht zu bestimmen. Zwar ist es in der Staatenpraxis immer wieder zu einer ex- oder impliziten Androhung von Gewalt zwischen Staaten gekommen. Allgemeingültige Kriterien für die Abgrenzung verbotener Gewaltandrohungen von zulässigen Äußerungen in zwischenstaatlichen Beziehungen haben sich in der Staatenpraxis bis heute jedoch nicht entwickeln können. Aus dem *Gutachten des IGH über die Frage der Rechtmäßigkeit der Androhung und des Einsatzes von Nuklearwaffen* vom 8. Juli 1996 lässt sich lediglich entnehmen, dass erst eine Gesamtbewertung aller Umstände die Entscheidung ermöglicht, ob eine verbotene Androhung von Gewalt vorliegt. Dabei geht der IGH von dem Grundsatz aus, dass eine Androhung von Gewalt i. S. d. Art. 2 Nr. 4 UN-Charta jedenfalls dann vorliegt, wenn die die angedrohte Gewalt selbst völkerrechtswidrig wäre (Gutachten vom 8.7.1996 über die Legalität von Nuklearwaffen, ICJ Reports 1996, S. 226, Ziff. 47). 121

122 **Zulässig** ist die Anwendung militärischer Gewalt nur, soweit die UN-Charta Ausnahmen vom allgemeinen Gewaltverbot – in Form eines Rechtfertigungsgrundes – ausdrücklich vorsieht. Ob darüber hinaus noch weitere, ungeschriebene Ausnahmen zugelassen sind, ist Gegenstand lebhafter Diskussionen in der modernen Völkerrechtspraxis und -lehre (vgl. dazu auch unten Teil 2, B, Rn. 135 ff.).

123 cc) **Interventionsverbot.** Das **Interventionsverbot**, das in Art. 2 Nr. 1 der UN-Charta seine Ausprägung gefunden hat, ist im Bereich der bewaffneten Zwangsausübung und Zwangsandrohung deckungsgleich mit dem Gewaltverbot. Darüber hinaus erfasst das Interventionsverbot aber auch die nicht-militärischen Einwirkungsformen in das politische, ökonomische, soziale und kulturelle System eines anderen Staates. Somit sind auf der Skala der möglichen Einwirkungsformen in den zwischenstaatlichen Beziehungen durch das Gewaltverbot und das Interventionsverbot alle zwangsweisen Formen der Einwirkung einem völkerrechtlichen Verbot unterworfen. Liegt keinerlei Zwang vor, ist der Bereich der verbotenen Intervention verlassen und der Bereich der zulässigen Einwirkung eröffnet.

124 Die UN-Charta bestimmt in Art. 2 Nr. 7, dass die Organisation der UN nicht befugt ist, in Angelegenheiten, die ihrem Wesen nach zur inneren Zuständigkeit eines Staates gehören, einzugreifen („*to intervene in matters which are essentially within the domestic jurisdiction of any State*"); ausgenommen davon sind nur Zwangsmaßnahmen nach Kapitel VII der Charta. Adressat des Art. 2 Nr. 7 UN-Charta sind allerdings die UN und ihre Organe, nicht jedoch die Mitgliedstaaten. Ein an die Mitgliedstaaten adressiertes explizites Verbot enthält die UN-Charta nicht. Es ist jedoch allgemein anerkannt und vom IGH im *Nicaragua II*-Fall bestätigt, dass sich ein staatengerichtetes Interventionsverbot aus dem Grundsatz der souveränen Gleichheit (s. Art. 2 Nr. 1 der UN-Charta) ergibt. Zur Begründung führt der IGH aus, dass die Unabhängigkeit eines Staates beeinträchtigt und in extremen Fällen beseitigt werden würde, wenn ein Staat in die zur Zuständigkeit eines anderen Staates gehörenden Angelegenheiten beliebig eingreifen könnte (ICJ Reports 1986, *Nicaragua II*, Entscheidung vom 27.6.1986, S. 14 ff., Ziff. 202). Das Interventionsgebot gilt damit **gewohnheitsrechtlich**.

125 Obwohl das Interventionsverbot also grundsätzliche Anerkennung gefunden hat, wird seine **konkrete Ausgestaltung** vielfach noch kontrovers diskutiert. Einigkeit besteht jedenfalls darin, dass das In-

terventionsverbot vor der Einflussnahme sowohl durch einzelne Staaten, als auch durch mehrere Staaten in kollektivem Zusammenwirken oder durch internationale Organisationen schützt. Gegenstand dieser Einflussnahme sind nur solche Angelegenheiten, die der alleinigen Zuständigkeit eines anderen Staates unterfallen. Dazu gehören alle diejenigen Angelegenheiten, die nicht durch einen völkerrechtlichen Vertrag, Völkergewohnheitsrecht oder eine sonstige Bestimmung des Völkerrechts geregelt sind. In dieser Hinsicht schützt das Interventionsverbot im Kern also die Autonomie einzelner Staaten bei der Ausgestaltung ihrer politischen, wirtschaftlichen, gesellschaftlichen und kulturellen Ordnung. Vom Interventionsverbot umfasst ist dabei staatliches Verhalten im Sinne eines aktiven Tätigwerdens staatlicher Stellen sowie das Dulden von grenzüberschreitendem Verhalten Privater.

Der vom Einmischungsverbot umfasste Bereich staatlichen Handelns, sog. *domaines reservés*, wird jedoch **zunehmend enger gefasst**. Dies liegt vor allem in der fortschreitenden Entwicklung menschenrechtlicher Standards begründet. Keine verbotene Einmischung ist es daher, wenn die Einwirkung mit dem Ziel vorgenommen wird, die Einhaltung völkerrechtlicher Verpflichtungen durchzusetzen, etwa wenn die Einhaltung von Verträgen zum Schutz der Menschenrechte eingefordert wird, ein Staat zwecks Beendigung einer völkerrechtlich verbotenen Waffenproduktion „interveniert" oder ein Staat die Einstellung völkernachbarrechtlich nicht gestatteter Aktivitäten verlangt.

Eine verbotene Intervention muss daher Angelegenheiten betreffen, in denen jeder Staat befugt ist, gemäß dem Grundsatz der Souveränität absolut frei zu entscheiden, wie etwa bei der Wahl der inneren Ordnung und der Formulierung der Außenpolitik. Dieses **Element der freien Willensentscheidung** macht aus jeder Form der Nötigung, also der Zwangsausübung zur Beugung des Willens eines anderen Staates, eine verbotene Intervention (vgl. ICJ Reports 1986, *Nicaragua II*, Entscheidung vom 27.6.1986, S. 14ff., Ziff. 205). Nicht vom Interventionsverbot erfasst sind dagegen verbale Einwirkungen wie etwa explizite Missbilligungen außen- und innenpolitischen Verhaltens.

Verlässt man die Tatbestandsebene, stellt sich in einem zweiten Schritt die Frage, ob eine (militärische) Intervention evtl. **gerechtfertigt** sein kann. Insofern werden zwei Fälle immer wieder hervorgehoben: zum einen die humanitäre Intervention (dazu unten Teil 2, B, Rn. 135ff.), zum anderen das Eingreifen in interne Konflikte auf Einladung. Eine solche Einladung ist mit dem aus dem nationalen

Strafrecht bekannten Rechtfertigungsgrund der (ausdrücklichen) Einwilligung zu vergleichen. Eindeutig ist dabei, dass ein Hilfeersuchen oppositioneller Gruppen keine Rechtfertigung für ein Eingreifen dritter Staaten liefert. Bei Einladungen seitens der Regierung wird zunehmend eine Tendenz erkennbar, im Rahmen von Bürgerkriegen, bei denen es um die Macht im Gesamtstaat geht, die Einladung der etablierten Regierung nicht (mehr) als Rechtfertigungsgrund gelten zu lassen, da deren Repräsentationsbefugnis durch den Bürgerkrieg gerade zweifelhaft ist (vgl. *Akehurst*, EPIL I (1992), 597, 599). Bei gewissen anderen Arten interner Konflikte wird eine Intervention auf Einladung der Regierung als gerechtfertigt angesehen, etwa die Hilfe bei der Niederschlagung eines Militärputsches (eingehend dazu *Nolte*, Eingreifen auf Einladung, 1999, S. 172 ff.).

129 **c) Recht der individuellen und kollektiven Selbstverteidigung. aa) Rechtsgrundlagen.** Eine ausdrückliche **Ausnahme vom allgemeinen Gewaltverbot** ist – neben den Maßnahmen der kollektiven Sicherheit nach Art. 39 ff. der UN-Charta – gem. Art. 51 UN-Charta das staatliche Selbstverteidigungsrecht. Dieses war bereits vor Inkrafttreten der UN-Charta völkerrechtlich anerkannt und ist nur in **Artikel 51 der Charta** ausdrücklich normiert:

„Diese Charta beeinträchtigt im Falle eines bewaffneten Angriffs gegen ein Mitglied der Vereinten Nationen keineswegs das naturgegebene Recht zur individuellen oder kollektiven Selbstverteidigung, bis der Sicherheitsrat die zur Wahrung des Weltfriedens und der internationalen Sicherheit erforderlichen Maßnahmen getroffen hat. Maßnahmen, die ein Mitglied in Ausübung dieses Selbstverteidigungsrechts trifft, sind dem Sicherheitsrat sofort anzuzeigen; sie berühren in keiner Weise dessen auf dieser Charta beruhende Befugnis und Pflicht, jederzeit die Maßnahmen zu treffen, die er zur Wahrung oder Wiederherstellung des Weltfriedens und der internationalen Sicherheit für erforderlich hält."

130 Das Selbstverteidigungsrecht kann sowohl individuell als auch kollektiv wahrgenommen werden. Ein Fall der **individuellen Selbstverteidigung** liegt vor, wenn sich der einem bewaffneten Angriff ausgesetzte Staat allein gegen diesen Angriff zur Wehr setzt. Kommen dem angegriffenen Staat dagegen auf sein Ersuchen oder mit seinem Einverständnis sog. Drittstaaten, also selbst von dem Angriff nicht unmittelbar betroffene Staaten, zu Hilfe, spricht man von einem Akt der **kollektiven Selbstverteidigung**. Eine solche kann in einem sog. System kollektiver Sicherheit in Gestalt von Verteidigungsbündnissen organisiert sein oder situationsbedingt als Nothilfe gewährleistet wer-

B. Grundgesetz und materieller Gehalt der Öffnung zum Völkerrecht

den. Im *Nicaragua*-Fall (ICJ Reports 1986, Entscheidung vom 27.6.1986, S. 14, 104) hat der IGH die Ausübung der kollektiven Selbstverteidigung an zwei Voraussetzungen geknüpft. Zum einen muss der Staat, der Opfer eines bewaffneten Angriffs geworden ist, eine Erklärung zu dieser Opferstellung abgeben und ein offizielles Hilfsgesuch an die von dem Angriff nicht unmittelbar betroffenen Staaten richten. Zum anderen muss es sich bei der gerügten gewaltsamen Maßnahme tatsächlich um einen „bewaffneten Angriff" i. S. d. Art. 51 UN-Charta handeln.

bb) Selbstverteidigungsfall eines „bewaffneten Angriffs". Konstitutiv für das Vorliegen eines Verteidigungsfalls ist das Ereignis eines bewaffneten Angriffs. Den **Tatbestand** des Art. 51 UN-Charta erfüllt damit also nicht jede gewaltsame Maßnahme. Ein bewaffneter Angriff liegt, wie der IGH im *Nicaragua*-Fall betont, vielmehr erst dann vor, wenn in massiver, koordinierter Form militärische Gewalt gegen einen anderen Staat eingesetzt wird (ICJ Reports 1986, Entscheidung vom 27.6.1986, S. 14, Ziff. 191). Generell kann zur Qualifizierung gewaltsamer Maßnahmen als „bewaffneten Angriff" auf die *Resolution der Generalversammlung der Vereinten Nationen über die Definition der Aggression* vom 14. Dezember 1974 (GA Res. 3314 [XXIX]) zurückgegriffen werden. Auch wenn diese lediglich den Tatbestand der „Angriffshandlung" i. S. d. Art. 39 UN-Charta auszufüllen versucht, ergibt sich hieraus auch für den Art. 51 UN-Charta insofern eine Leitlinie, als der bewaffnete Angriff als ein vom Kernbereich der Aggressionsdefinition umfasstes Element angesehen werden kann. Jedoch zieht nicht jeder Verstoß gegen das Gewaltverbot per se ein Selbstverteidigungsrecht nach sich. So stellen etwa bloße Grenzzwischenfälle einen Verstoß gegen das Gewaltverbot dar, berechtigen aber noch nicht zur Selbstverteidigung gem. Art. 51 UN-Charta. 131

Auch die **Gewaltausübung durch Private** kann – unter der Voraussetzung der Zurechenbarkeit zu einem Staat – das Selbstverteidigungsrecht begründen. Im Nicaragua-Fall hat der IGH für eine solche Zurechenbarkeit bestimmte Kriterien entwickelt. Dabei fasst der Gerichtshof unter einen „bewaffneten Angriff" auch 132

„the sending by or on behalf of a State of armed bands, groups, mercenaries, which carry out acts of armed force against another State of such gravity as to amount to' an actual armed attack conducted by regular forces, 'or its substantial involvement therein".

Daraus leitet die ganz überwiegende Ansicht innerhalb der Lehre ab, dass einem Staat die Aktionen Privater nur dann zugerechnet werden können, wenn er die Tatherrschaft – die effektive Kontrolle – über diese Aktionen innehat. Bloße Unterstützungshandlungen können nach Ansicht des Gerichtshofs eine solche effektive Kontrolle nicht begründen. Damit fallen subversive Formen einer Gewaltanwendung wie die Zurverfügungstellung von Waffen oder die logistische Unterstützung von Rebellengruppen aus dem Anwendungsbereich des Art. 51 UN-Charta heraus.

133 Jedoch können auf der Grundlage der **jüngeren Völkerrechtspraxis** auch Gewaltakte, die nicht unmittelbar von einem Staat ausgehen bzw. diesem zugerechnet werden, einen „bewaffneten Angriff" darstellen. Dafür spricht schon der insofern offen formulierte Wortlaut des Art. 51 UN-Charta, der den erforderlichen Angriff gerade nicht explizit einem Staat zuordnet. So hat der Sicherheitsrat in seinen Resolutionen 1368 (2001) und 1373 (2001) die auf die Organisation Al Quaida zurückgehenden Terroranschläge des 11. September als das Selbstverteidigungsrecht auslösende „bewaffnete Angriffe" qualifiziert, ohne dabei den konkreten (staatlichen oder nicht-staatlichen) Akteur zu benennen. Insofern haben die durch den IGH im *Nicaragua*-Fall entwickelten Grundsätze zur Zurechenbarkeit der Gewaltausübung durch Private zu einem Staat (*„sending by or on behalf of a state"*) eine Relativierung erfahren. Ob mit diesen Resolutionen des Sicherheitsrates die bis dahin stets notwendige Beteiligung eines Staates an einem bewaffneten Angriff für die Staatenpraxis endgültig aufgegeben wurde, wird in der Literatur unterschiedlich beurteilt. Soweit das Selbstverteidigungsrecht der Staaten bei einem Terroranschlag gegen die terroristische Vereinigung grundsätzlich auch ohne staatliche Zurechnung als einschlägig erachtet wird, soll dies jedoch nur unter der Voraussetzung der Fall sein, dass der betreffende Anschlag in seiner Intensität einem „bewaffneten Angriff" gleichkommt.

134 cc) **Erforderlichkeit und Verhältnismäßigkeit.** Sieht sich ein Staat einem „bewaffneten Angriff" i. S. d. Art. 51 UN-Charta ausgesetzt, löst das für ihn grundsätzlich ein Selbstverteidigungsrecht aus. Tatsächlich Gebrauch machen darf er davon jedoch nur insofern, als eine Verteidigungshandlung auch erforderlich und angemessen ist. Zwar werden die Prinzipien der Erforderlichkeit (*necessity*) und der Verhältnismäßigkeit (*proportionality*) in Art. 51 UN-Charta nicht ausdrücklich genannt, sie sind aber als **Regeln des Völkergewohn-**

heitsrechts anerkannt (ICJ Reports 1986, Entscheidung vom 27.6.1986, S. 14, 176; vgl. auch Gutachten vom 8.7.1996 über die Legalität von Nuklearwaffen, ICJ Reports 1996, S. 226 ff., Ziff. 41 ff.). Das Verhältnismäßigkeitsprinzip verlangt, dass die Verteidigung nur den Zweck der Zurückschlagung des Angreifers verfolgen darf, was es freilich dem angegriffenen Staat nicht verwehrt, die aus seinem Gebiet verdrängten feindlichen Truppen auch auf dem Gebiet des Angreifers weiter zu bekämpfen. Vergeltungs- und Strafaktionen sind hingegen unverhältnismäßig. Zudem sind Verteidigungsmaßnahmen an der Intensität des Angriffs auszurichten. So konstatierte der IGH im *Kongo-Uganda*-Fall vom 19. Dezember 2005 (ICJ Reports 116, S. 53, Ziff. 147) in einem *obiter dictum*, die Einnahme von Flugplätzen und Städten – hunderte Kilometer von Ugandas Grenze entfernt –

„would not seem proportionate to the series of transborder attacks it claimed had given rise to the right of self-defence, nor to be necessary to that end".

Literatur: *Bruha/Tams*, Self-Defence Against Terrorist Attacks – Considerations in the Light of the ICJ's „Israeli Wall" Opinion, in LA Delbrück (2005), S. 85 ff.; *Dinstein*, War, Agression and Self-Defence, 5. Aufl. 2012; *Krisch*, Selbstverteidigung und kollektive Sicherheit (2001); *Reisman/Armstrong*, The Past and Future of the Claim of Preemptive Self-Defense, AJIL 100 (2006), 525 ff.; *Schachter*, Self-Defence and the Rule of Law, AJIL 83 (1989), 259 ff.; *Tams*, The Use of Force against Terrorists, EJIL 20 (2009), 359 ff.; *Tomuschat*, Internationale Terrorismusbekämpfung als Herausforderung für das Völkerrecht, DÖV 2006, S. 357 ff.;

d) Aktuelle Sonderprobleme. aa) Humanitäre Interventionen. 135
Als eine **ungeschriebene Ausnahme vom Gewaltverbot** wird in der Völkerrechtslehre seit geraumer Zeit die humanitäre Intervention zur Rettung *eigener* Staatsangehöriger („humanitäre Intervention *ieS*") oder zur Rettung *fremder* Staatsangehöriger bei schwerwiegenden Menschenrechtsverletzungen („humanitäre Intervention *iwS*" oder „*klassische* humanitäre Intervention") diskutiert. Die NATO-Militäraktion gegen Serbien im Frühjahr 1999 zum Schutz der albanischen Zivilbevölkerung gegen genozidartige Verfolgungsmaßnahmen – ohne Ermächtigung des UN-Sicherheitsrates – markierte einen Wendepunkt in der völkerrechtlichen Beurteilung der humanitären Intervention. Die Rechtsauffassungen zum NATO-Militäreinsatz variieren zwischen „völkerrechtsgemäß", „(noch) rechtswidrig", „verzeihlichem Rechtsbruch" und „erstem Schritt zur Bildung neuen und offenbar erwünschten Völkerrechts" (*Schilling*, AVR 35 (1997),

430 ff.; *Charney,* AJIL 93 (1999), 828, 837 f.; *Randelzhofer,* in: Simma, The Charter of the United Nations, 2002, Art. 2 Abs. 4, Rn. 55, 56 m. w. N.).

136 Diese Entwicklung ist Ausdruck einer **Neubewertung des Absolutheitsanspruchs**, der dem Gewaltverbot lange Zeit anhaftete. Vor dem Hintergrund der zahlreichen und schwerwiegenden Menschenrechtsverletzungen, die gerade im Zusammenhang mit den Bürgerkriegen der letzten Jahrzehnte zu beobachten waren, hat sich vermehrt die Auffassung durchgesetzt, das Gewaltverbot müsse erst in einer Abwägung mit elementaren Menschenrechten konkretisiert werden. Grundsätzlich spricht allerdings gegen jedwede Relativierung des Gewaltverbots, dass zum einen die Mehrheit der Staaten diesem ablehnend gegenübersteht und zum anderen eine Relativierung ein großes Missbrauchs- und Eskalationspotential in sich trägt. Insofern ist also eine konkretisierende Entwicklung des Völkerrechts erst noch abzuwarten.

137 Demgegenüber muss allerdings die Beurteilung einer humanitären Intervention **in der Situation eines „failed state"** differenzierter erfolgen. Denn in einem solchen Zustand existiert der durch das Gewaltverbot geschützte Staat nur noch als formale Hülle. Ohne eine Einschränkung des Gewaltverbots würden somit nur noch bewaffnete Banden in ihrem ungehinderten Kampf um das Recht des Stärkeren vor bewaffneten Interventionen anderer Staaten geschützt. Als Beleg für eine solche Relativierung des Gewaltverbots in der Staatenpraxis mögen z. B. die Militärinterventionen der Economic Community of West African States (ECOWAS) im Bürgerkrieg von Liberia Anfang der 90er Jahre (später vom UN-Sicherheitsrat gebilligt) oder auch die humanitären Interventionen im Nordirak (zugunsten der Kurden) 1991, in Somalia 1992, in Ruanda 1994 und in Albanien 1997 gelten, bei denen es zu jener Zeit keine funktionierende Staatsgewalt gab.

138 Im Wesentlichen haben sich **vier Ansätze zur Einschränkung des Gewaltverbots** im Hinblick auf humanitäre Interventionen entwickelt. Die *erste Auffassung* geht davon aus, dass humanitäre Interventionen schon nicht in den Schutzbereich des Gewaltverbots gem. Art. 2 Nr. 4 UN-Charta fallen. Denn die hinter dem Gewaltverbot stehenden Prinzipien der Souveränität und territorialen Integrität der Staaten sei den elementaren Menschenrechten, die durch humanitäre Interventionen geschützt werden sollen, nicht generell übergeordnet. Dem insofern entstehenden Spannungsverhältnis sei mit einer

teleologischen Reduktion des Gewaltverbots im Hinblick auf die Situation einer humanitären Intervention zu begegnen (so etwa *Ipsen*, Friedenswarte 24 (1999), 19 ff.). Demgegenüber halten *andere* zwar den Schutzbereich des Gewaltverbots für berührt, stellen dieses jedoch auf der Rechtfertigungsstufe in eine Güterabwägung mit dem Schutz der elementaren Menschenrechte – unter Einhaltung des Verhältnismäßigkeitsprinzips (vgl. etwa *Tomuschat*, Friedenswarte 24 (1999), 33 ff.). Ebenfalls auf der Rechtfertigungsebene setzt eine *weitere Ansicht* an, der zufolge humanitäre Interventionen unter Bezugnahme auf das Selbstverteidigungsrecht gem. Art. 51 UN-Charta gerechtfertigt sind. Dabei wird diese Norm als Ausdruck eines allgemeinen Rechtsgedankens über die Zulässigkeit einer kollektiven Nothilfe verstanden, die sowohl eine Nothilfesituation in Bezug auf Staaten als auch auf Individuen umfasst (*Doehring*, Völkerrecht, 2004, Rn. 1010 ff.). Ein *letzter Ansatz* sieht schließlich nur die Möglichkeit, über eine gewissermaßen außerrechtliche, Praktikabilitätserwägungen geschuldete Ausnahmekonstellation zu einer völkerrechtlichen Zulässigkeit der humanitären Interventionen zu gelangen. In Situationen, in denen der UN-Sicherheitsrat aufgrund eines eingelegten oder angekündigten Vetos faktisch nicht mehr handlungsfähig ist, seien die einzelnen Staaten als solche berechtigt, stellvertretend auf die Friedensbedrohung zu reagieren. Dies sei insbesondere deshalb erforderlich, weil der Schutz elementarer Menschenrechte, für den gerade auch der Sicherheitsrat verantwortlich zeichne, nicht leerlaufen dürfe (eingehend *Stein*, in: Caflisch/Stein/Tomuschat (Hrsg.), Eingriff in die inneren Angelegenheiten fremder Staaten zum Zwecke des Menschenrechtsschutzes, 2002, S. 21 ff.).

Die Beendigung des Kosovo-Krieges haben die Staaten im Rahmen mehrerer Konferenzen zum Anlass genommen, den völkerrechtlichen Rahmen für den Umgang der internationalen Gemeinschaft mit schwerwiegenden Menschenrechtsverletzungen innerhalb eines Staates zu konkretisieren. Der bedeutendste Entwurf, der Bericht der vom UN-Generalsekretär eingesetzten UN-Reformkommission vom Dezember 2004 („*A more secure world: our shared responsibility*"), postuliert die Verantwortung der Staaten für den Schutz zur Rettung von Menschen in Not. Nach Auffassung der Kommission ist die Entstehung einer Rechtspflicht der internationalen Gemeinschaft zu beobachten, den Opfern Schutz über den Sicherheitsrat und dessen Ermächtigung zu humanitären Interventionen zu bieten. Dieser Gedanke der **Schutzverantwortung der internationalen Ge-**

meinschaft („*responsibility to protect*") wurde auch durch den UN-Gipfel der Staats- und Regierungschefs vom September 2005 aufgegriffen und bestärkt.

140 Mit der Abkehr vom Begriff der „Intervention" und der Verwendung des Begriffes „Verantwortung" wird versucht, die ursprünglich für die Zulässigkeit humanitärer Interventionen ins Feld geführten Argumente gegen andere, auf das Leiden der Zivilbevölkerung abstellende, strategische und operative Erwägungen auszutauschen. **Für Extremsituationen** wie Völkermord, ethnische Säuberungen oder vergleichbar schwerwiegende Fälle von Menschenrechtsverletzungen wird deshalb vertreten, mit der „richtigen" Intention dürfe dann eingegriffen werden, wenn alle anderen Mittel versagt haben, die zur Erreichung des Zieles (Rettung der eigenen oder fremden Staatsangehörigen) notwendig und verhältnismäßig waren, und die Erwartung besteht, dass mit dem Militäreinsatz die Ziele erreicht werden können.

141 Dennoch **beantwortet** das Konzept der *responsibility to protect* und seine Anerkennung insbesondere durch die Generalversammlung der Vereinten Nationen als solches **nicht die Frage der Zulässigkeit humanitärer Interventionen** (dazu *Stoll*, in: König u. a. (Hrsg.), International Law Today, 2008, S. 1, 15). Es verlagert lediglich den Ansatz der zwei extremen Alternativen – das Untätigbleiben oder die Anwendung von Gewalt durch die internationale Gemeinschaft angesichts schwerwiegender Menschenrechtsverletzungen – hin zu einem neuen Ansatz, der alternative Lösungen im Interesse der betroffenen Bevölkerung sucht. Zu diesem Schluss kommt auch der UN-Generalsekretär Ban Ki-moon in seinem 2009 veröffentlichten Bericht „*Implementing the responsibility to protect*" (UN Dok. A/63/677, Abschnitt 7).

142 bb) **Präventivschläge.** Zu einer weiteren, nachhaltigen Erschütterung des Gewaltverbots führt die Sicherheitsdoktrin der USA von September 2002. Sie beansprucht das Recht auf präventive Optionen schon weit im Vorfeld eines bewaffneten Angriffs, nämlich bei jeder zu einem nicht absehbaren Moment realisierbaren Bedrohung durch Massenvernichtungswaffen in den Händen von („Schurken"-)Staaten und terroristischen Organisationen. Dieser auch als „*Bush-Doktrin*" bezeichnete Ansatz lässt die **Frage der Relativierung des Gewaltverbots zugunsten präventiver Maßnahmen** unter einem veränderten Blickwinkel erscheinen. Insbesondere wurde mit der Einführung

B. Grundgesetz und materieller Gehalt der Öffnung zum Völkerrecht 153

des Begriffs der sog. Präemptivschläge eine Debatte um eine mögliche Differenzierung hinsichtlich des Gegenwärtigkeitserfordernisses von Selbstverteidigungshandlungen ausgelöst. Vorgeschlagen wird dabei, zwischen präemptiver und präventiver Selbstverteidigung zu unterscheiden. Während letztere einen unmittelbar bevorstehenden Angriff voraussetze, wolle erstere – unter Zugrundelegung eines weiteren Verständnisses – einen solchen bereits vermeiden (zum Versuch einer terminologischen Abgrenzung zwischen präventiven, präemptiven oder antizipatorischen Einsätzen *Wandscher*, Internationaler Terrorismus und Selbstverteidigungsrecht, 2005, S. 284).

Für die völkerrechtliche Rechtfertigung von antizipatorischen Einsätzen finden sich in der Literatur zwei unterschiedliche **Begründungsansätze**. Die eine Ansicht legt eine weite Auslegung des Art. 51 S. 1 UN-Charta zugrunde und will unter den Terminus „bewaffneter Angriff" auch unmittelbar bevorstehende Angriffe fassen, da ein Zuwarten bis zum Eintritt der faktischen Angriffssituation dem bedrohten Staat unzumutbar sei. Die Gegenansicht hält diese Argumentation für eine Überdehnung des Wortlauts der Charta und führt demgegenüber an, dass die Verteidigung gegen einen unmittelbar bevorstehenden Angriff *völkergewohnheitsrechtlich* gerechtfertigt sei. Eine solche völkergewohnheitsrechtliche Rechtfertigung der präventiven Selbstverteidigung gehe auf die sog. Webster-Formel zurück, die im Jahre 1841 durch den damaligen US-amerikanischen Außenministers *Webster* im Caroline-Fall formuliert wurde (dazu *Kreß/Schiffbauer*, JA 2009, 611 ff.). Demnach sei ein Akt präventiver Selbstverteidigung dann gerechtfertigt, wenn eine unmittelbare, überragende Notwendigkeit zur Selbstverteidigung besteht und die Abwehrmaßnahmen nicht unvernünftig und unverhältnismäßig ausfielen (*Webster*, The Works of Daniel Webster, Bd. VI, 1854, S. 261). Die Gegner eines gewohnheitsrechtlichen Selbstverteidigungsrechts halten dem jedoch entgegen, dass das gewohnheitsrechtliche Recht auf Selbstverteidigung nach dem 2. Weltkrieg durch Art. 51 UN-Charta i. V. m. Art. 33 UN-Charta, der die Mitgliedstaaten verpflichtet, im Falle eines Konfliktes zur Wahrung des Weltfriedens und der internationalen Sicherheit eine Streiterledigung mit allen zur Verfügung stehenden friedlichen Mitteln herbeizuführen, verdrängt worden sei. 143

Da die **Staatenpraxis** in diesem Bereich bisher jedenfalls uneindeutig geblieben ist, bietet sie sowohl Befürwortern als auch Gegnern von Präventivschlägen argumentative Ansatzpunkte. So hatte etwa eine nicht unbedeutende Anzahl von Staaten das Recht Israels zur 144

Durchführung eines Präventivschlages gegen Ägypten im Rahmen des sog. Sechs-Tage-Krieges von 1967 unter Verweis darauf anerkannt, dass ein Angriff gegen Israel unmittelbar bevorgestanden habe. Andere Militäraktionen Israels gegen seine Nachbarstaaten sind dagegen durch Resolutionen des UN-Sicherheitsrates als völkerrechtswidrig beurteilt worden. Trotz allem hat der Sicherheitsrat bisher jede Aussage zu einer generellen Ablehnung oder Anerkennung eines präventiven Selbstverteidigungsrechts vermieden und seine Resolutionen lediglich auf Erwägungen der konkreten Einzelfälle gestützt (näher zur Staatenpraxis *von Buttlar*, in: FS Ress, 2005, S. 15 ff.).

145 Im Hinblick auf die potentielle Rechtfertigung von **Präemptivschlägen** ging die nationale Sicherheitsstrategie der US-Regierung unter *Bush* sogar noch über die von der sog. Webster-Formel erfassten Konstellationen hinaus. Das Kriterium der Gegenwärtigkeit und Unmittelbarkeit der Bedrohung mit einem Angriff solle insofern seine Relevanz verlieren, als bereits die potentielle von („Schurken"-) Staaten ausgehende Gefahr als hinreichend zur Begründung eines Rechts zur präemptiven Selbstverteidigung angesehen wird. So wertet die Sicherheitsstrategie bereits den Besitz oder Erwerb von Massenvernichtungswaffen *per se* als ausreichende Bedrohungslage, um durch entsprechende Gegenaktionen einer unmittelbaren Angriffsgefahr zuvorzukommen (dazu *Schaller*, ZaöRV 62 (2002), 641 ff.; *Frowein*, ZaöRV 62 (2002), 879 ff.).

146 Ein besonderes Problem wirft in diesem Zusammenhang die **militärische Bekämpfung privater terroristischer Aktivitäten** auf. Abgesehen von der grundsätzlichen Frage, ob sich das (ursprünglich staatsgerichtete) Selbstverteidigungsrecht nach Art. 51 UN-Charta nunmehr auch auf Privatpersonen und nicht-staatliche Organisationen erstreckt (vgl. hierzu *Krajewski*, AVR 40 (2002), 183 ff.), erweist sich vor dem Hintergrund der sog. *hit and run*-Taktik von Terroristen die Einordnung militärischer Reaktionen auf einen durchgeführten Terrorakt als schwierig. Denkbar ist es, diese als Selbstverteidigungshandlung gegen einen gegenwärtigen bewaffneten Angriff gem. Art. 51 UN-Charta, als repressive Vergeltungsmaßnahme oder gar als präemptive Selbstverteidigung zur Abwehr zu erwartender *weiterer* Angriffe einzustufen. Zwar hatte es der Sicherheitsrat in der Vergangenheit ausdrücklich abgelehnt, eine Vielzahl terroristischer Einzelaktivitäten als Ausdruck eines einheitlichen Dauerangriffs zu bewerten, die neuere Staatenpraxis wird aber teilweise im Sinne einer

B. Grundgesetz und materieller Gehalt der Öffnung zum Völkerrecht 155

zunehmenden Akzeptanz präventiver Maßnahmen zur Bekämpfung des neuen internationalen Terrorismus gedeutet (*Tietje/Nowrot*, NZWehrR 2002, 1, 14; *Wandscher*, Internationaler Terrorismus und Selbstverteidigungsrecht, 2005, S. 283). Diese Stimmen berufen sich insbesondere auf die Reaktion des Sicherheitsrates auf die militärischen Aktionen der USA gegen Terroristen im Sudan und in Afghanistan im Jahr 1998. Denn hierbei hatte sich der Sicherheitsrat zwar mit der konkreten Durchführung dieser Maßnahmen, jedoch nicht mit der grundsätzlichen Frage ihres präventiven Charakters beanstandend auseinandergesetzt.

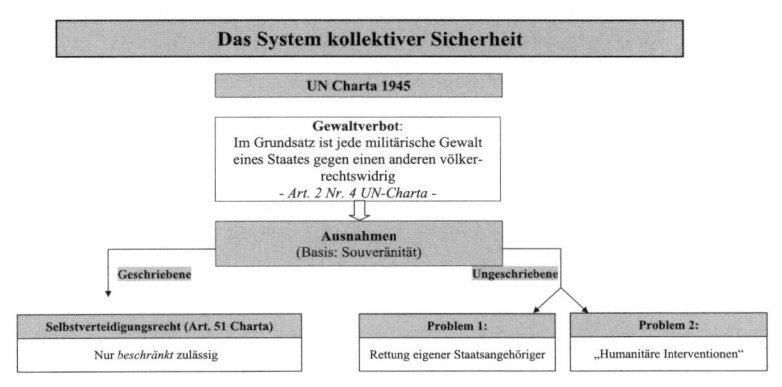

```
                    Das System kollektiver Sicherheit

                              UN Charta 1945

                              Gewaltverbot:
                    Im Grundsatz ist jede militärische Gewalt
                    eines Staates gegen einen anderen völker-
                                rechtswidrig
                            - Art. 2 Nr. 4 UN-Charta -

                                 Ausnahmen
                             (Basis: Souveränität)

              Geschriebene                      Ungeschriebene

    Selbstverteidigungsrecht (Art. 51 Charta)   Problem 1:              Problem 2:
         Nur beschränkt zulässig            Rettung eigener Staatsangehöriger   „Humanitäre Interventionen"
```

Literatur: *Bothe*, Der Irakkrieg und das völkerrechtliche Gewaltverbot, in AVR 41 (2003), S. 255 ff.; *von Buttlar*, Rechtsstreit oder Glaubensstreit? Anmerkungen zur Debatte um die präventive Selbstverteidigung, in FS Ress (2005), S. 15 ff.; *Charney*, Anticipatory Humanitarian Intervention in Kosovo, in AJIL 93 (1999), S. 828 ff; *Dederer*, Krieg gegen Terror, JZ 2004, S. 421 ff.; *Felder*, Das Problem der Staatengleichheit in der Organisation der Völkergemeinschaft (1950); *Frowein*, Der Terrorismus als Herausforderung für das Völkerrecht, ZaöRV 62 (2002), S. 879 ff.; *Herdegen*, Der Wegfall effektiver Staatsgewalt: „The Failed State", BDGV 34 (1996), S. 49 ff.; *Hofmeister*, Will Iran be next? Völkerrechtliche Aspekte eines militärischen Präventivschlags gegen den Iran, Jura 2007, 767 ff.; *Ipsen*, Der Kosovo-Einsatz – Illegal? Gerechtfertigt? Entschuldbar?, in Die Friedenswarte 24 (1999), S. 19 ff.; *Kokott*, Souveräne Gleichheit und Demokratie im Völkerrecht, in ZaöRV 64 (2004), S. 517 ff.; *Krajewski*, Selbstverteidigung gegen bewaffnete Angriffe nicht-staatlicher Organisationen – Der 11. September und seine Folgen, in AVR 40 (2002), S. 204 ff.; *Kreß/Schiffbauer*, Erst versenkt, dann zu Völkerrecht erhoben, JA 2009, 611 ff.; *Kreuter-Kirchhof*, Völkerrechtliche Schutzverantwortung bei elementaren Menschenrechtsverletzungen – Die Responsibility to

Protect als Verantwortungsstruktur, AVR 48 (2010), 338 ff.; *Luck*, Der verantwortliche Souverän und die Schutzverantwortung – Auf dem Weg von einem Konzept zur Norm, VN 56 (2008), 51 ff.; *Murswiek*, Die amerikanische Präventivstrategie und das Völkerrecht, NJW 2003, S. 1014 ff.; *Nolte*, Eingreifen auf Einladung (1999); *Salewski*, Praevenire quam praeveniri. Zur Idee des Präventivkrieges in der späten Neuzeit, in Elvert/Salewski, Historische Mitteilungen der Ranke-Gesellschaft (2006); *Schaller*, Massenvernichtungswaffen und Präventivkrieg – Möglichkeiten der Rechtfertigung einer militärischen Intervention im Irak aus völkerrechtlicher Sicht, in ZaöRV 62 (2002), S. 641 ff.; *Stein*, Welche Lehren sind aus dem Eingriff im Kosovo zu ziehen?, in Caflisch/Stein/Tomuschat (Hrsg.), Eingriff in die inneren Angelegenheiten fremder Staaten zum Zwecke des Menschenrechtsschutzes (2002), S. 21 ff.; *Tietje/ Nowrot*, Völkerrechtliche Aspekte militärischer Maßnahmen gegen den internationalen Terrorismus, NZWehrR 2002, S. 1 ff.; *Tomuschat*, Iraq – Demise of International Law?, in Die Friedenswarte 24 (1999), S. 33 ff.; *Wandscher*; Internationaler Terrorismus und Selbstverteidigungsrecht (2005); *Zimmer*, Terrorismus und Völkerrecht – Militärische Zwangsanwendung, Selbstverteidigung und Schutz der internationalen Sicherheit (1998);

3. Verbot friedensstörender Handlungen gem. Art. 26 Abs. 1 GG und Kontrolle von Kriegswaffen gem. Art. 26 Abs. 2 GG

147 **Verfassungsrechtliche Regeln** über zulässige militärische Gewaltanwendung sollen die Einhaltung der völkerrechtlichen Regeln stützen, damit die Anwendung verbotener Gewalt bereits im Ansatz verhindert werden kann.

148 **a) Verfassungsrechtliche Sicherung des völkerrechtlichen Gewaltverbots durch Art. 26 Abs. 1 GG.** Das Verbot des Angriffskrieges in Art. 26 Abs. 1 GG setzt das völkerrechtliche Gewaltverbot verfassungsrechtlich um und erstreckt es auf Handlungen, die geeignet sind und in der Absicht vorgenommen werden, das friedliche Zusammenleben der Völker zu stören. Durch das verfassungsrechtliche Gebot der Pönalisierung wird die Bedeutung des Verbots unterstrichen. Art. 26 GG gibt dem **Friedensgebot des Grundgesetzes** neben der Präambel („dem Frieden in der Welt zu dienen"), des Art. 1 Abs. 2 GG (Menschenrechte als Grundlage des Friedens in der Welt) und Art. 24 Abs. 2 (Einordnung in ein System der kollektiven Sicherheit „zur Wahrung des Friedens") seinen konkretesten Ausdruck und verbietet Krieg als Mittel zur Durchsetzung politischer Ziele (BVerfGE 47, 327, 382).

149 **b) Verfassungswidrigkeit friedensstörender Handlungen gem. Art. 26 Abs. 1 GG.** In Anlehnung an das völkerrechtliche Friedenssi-

cherungsrecht umfasst das „friedliche Zusammenleben der Völker" i. S. d. Art. 26 GG zunächst die Abwesenheit bewaffneter Auseinandersetzungen (**negativer Friedensbegriff**). Da sich Bedrohungen für den Frieden aber aus einer Vielzahl von Ursachen ergeben können, wird diskutiert, ob das Schutzgut des Art. 26 Abs. 1 GG weiter zu fassen ist, als das Verbot der bewaffneten Auseinandersetzung reicht. Die Zugrundelegung eines solch umfassenden, sog. **positiven Friedensbegriffs**, der auch gesellschaftliche, wirtschaftliche und rechtliche Faktoren einbezieht, hätte jedoch zur Folge, dass der Anwendungsbereich des Art. 26 Abs. 1 GG seine Konturen verlöre. Darüber hinaus ist der Aspekt der Friedensgestaltung bereits durch andere Verfassungsnormen abgedeckt. Allerdings ist der Begriff „friedliches Zusammenwirken der Völker" – dynamisch – anhand der gegenwärtigen internationalen Friedensordnung zu bestimmen, weshalb das völkerrechtliche Gewaltverbot lediglich zum Ausgangspunkt genommen werden muss. Über die Freiheit von militärischer Gewalt hinaus umfasst das „friedliche Zusammenleben der Völker" daher auch unverzichtbare Bedingungen der internationalen Friedensordnung. Dadurch kann die Verletzung völkerrechtlicher ius cogens-Normen bzw. die Begehung völkerrechtlicher Verbrechen in den Begriff der friedensstörenden Handlungen einbezogen werden, denn mit diesen geht gerade eine friedensgefährdende Wirkung auf die internationale Ordnung einher.

Art. 26 Abs. 1 GG **verbietet nur solche Handlungen**, die zum einen *objektiv* – also auf der Grundlage objektiver Erfahrungen und der internationalen Praxis – geeignet sind, das friedliche Zusammenleben der Völker zu stören. Zum anderen fordert Art. 26 Abs. 1 GG auf *subjektiver* Ebene eine friedensstörende Absicht. Eine objektiv friedensstörende Handlung verstößt also nicht gegen Art. 26 Abs. 1 GG, wenn sie nicht subjektiv von einem entsprechenden Willen getragen wird, wobei es genügt, wenn die Friedensstörung als unvermeidbares Mittel zur Erreichung anderer Ziele bewusst in Kauf genommen wird. Unter einer Störung i. S. d. Art. 26 Abs. 1 GG ist dabei eine Herbeiführung oder Beförderung eines gewaltsamen Konflikts zu verstehen, mit der eine schwerwiegende Beeinträchtigung des friedlichen Zusammenlebens einhergeht. Denn die beispielhaft angeführte Vorbereitung der Führung eines Angriffskrieges verdeutlicht, dass der Tatbestand der Norm generell eine Beeinträchtigung von einigem Gewicht verlangt. Nicht erfasst werden dagegen die gemäß Art. 51 UN-Charta zulässigen Selbstverteidigungsmaßnahmen gegen bewaffnete Angriffe sowie die Beteiligung an Maßnahmen von

Systemen kollektiver Sicherheit i. S. d. Art. 24 Abs. 2 GG. In diesem Kontext verstoßen staatliche Maßnahmen nur dann gegen Art. 26 Abs. 1 S. 1 GG, wenn sie über das zur Verteidigung und Erfüllung internationaler Aufgaben notwendige Maß deutlich hinausgehen und dabei völkerrechtswidrigen Zielen dienen. Zudem verbietet Art. 26 Abs. 1 GG nicht nur eine Störung als solche, sondern erweitert den Anwendungsbereich auf Vorbereitungshandlungen, die geeignet sind, eine Störung hervorzurufen.

151 Bestätigt wird dies durch die in Art. 26 Abs. 1 GG explizit aufgeführte **Vorbereitung der Führung eines Angriffskrieges**. Der vom internationalen Militärtribunal in Nürnberg geprägte Begriff des Angriffskrieges stellt – in Abgrenzung zum Verteidigungskrieg – einen Sonderfall der Friedensstörung dar. Inhaltlich determiniert wurde er insbesondere durch die Aggressionsdefinition der UN-Generalversammlung (GA/Res. 33114 [XXIX]) (eine Bestimmung des nunmehr in den Tatbestand des IStGH-Status aufgenommenen Aggressionsbegriffs steht demgegenüber noch aus). Demnach liegt ein Akt der Aggression dann vor, wenn ein Staat als erster Waffengewalt gegen die Souveränität, die territoriale Integrität oder die politische Unabhängigkeit eines anderen Staates anwendet. Das Überschreiten der Schwelle von einer zulässigen Verteidigungsvorbereitung zur völkerrechtswidrigen Androhung von Gewalt und damit zu einer friedensstörenden Handlung nach Art. 26 Abs. 1 GG hängt von den Umständen des Einzelfalls ab. Üblicherweise wurde der Anwendungsbereich der Norm lediglich negativ abgegrenzt. So hat das BVerfG zu Recht die Stationierung chemischer Waffen in der Bundesrepublik mit dem Ziel, einen möglichen Gegner von einem Chemiewaffeneinsatz abzuhalten, nicht als Verstoß gegen Art. 26 Abs. 1 GG aufgefasst (BVerfGE 77, 170, 233 f.; ebenso BVerfGE 66, 39, 64 f. zur deutschen Mitwirkung am NATO-Doppelbeschluss; vgl. dazu *von Münch*, NJW 1984, 577 ff.).

152 Das Verbot des Art. 26 Abs. 1 GG ist hinsichtlich seines Adressatenkreises nicht restriktiv und verpflichtet deswegen nicht nur alle staatlichen Organe in Bund und Ländern, sondern richtet sich **an alle Rechtssubjekte** im Geltungsbereich des Grundgesetzes. Damit bezieht sich das Verbot auch auf friedensgefährdende Handlungen Privater auf deutschem Boden und erfasst aufgrund der Personalhoheit des Staates auch Deutsche im Ausland.

153 Ein Verstoß gegen das Störungsverbot führt gem. Art. 26 Abs. 1 S. 1 GG unmittelbar zur Verfassungswidrigkeit friedensstörender

Handlungen, so dass entsprechende Akte der öffentlichen Gewalt unwirksam und auch Handlungen Privater nach § 134 BGB nichtig sind. Diese **Rechtsfolge** ist insofern deklaratorisch, als das Gewaltverbot als allgemeine Regel des Völkerrechts bereits durch Art. 25 GG mit Verfassungsrang ausgestattet wird. Überdies besteht nach Art. 26 Abs. 1 S. 2 GG der Verfassungsauftrag, die beschriebenen Handlungen unter Strafe zu stellen. Die Strafbarkeit selbst tritt aber erst nach Umsetzung durch den Gesetzgeber ein. Der Bundesgesetzgeber hat den Verfassungsauftrag bisher nur teilweise erfüllt. Indem lediglich in § 80 StGB die Vorbereitung eines Angriffskriegs und in § 80a StGB die Aufstachelung zum Angriffskrieg unter Strafe gestellt werden, fehlt eine Norm, die den weitergehenden Tatbestand der Friedensstörung erfasst (dazu *Proelß*, in: Isensee/Kirchhof (Hrsg.), HStR, Bd. XI, 3. Aufl. 2013, Rn. 28). Insofern können auch die Vorschriften des § 129b StGB (kriminelle und terroristische Vereinigungen im Ausland) und der §§ 6–12 Völkerstrafgesetzbuch die Lücke nur unvollständig füllen.

c) Kontrolle der Kriegswaffen gem. Art. 26 Abs. 2 GG. Art. 26 Abs. 2 GG sichert die effektive Beachtung der Verbote friedensstörender Handlung nach Abs. 1 schon im Vorfeld durch einen umfassenden Genehmigungsvorbehalt. Danach dürfen Waffen, die zur Kriegsführung bestimmt sind, nur mit Genehmigung der Bundesregierung hergestellt, befördert und in Verkehr gebracht werden. Da Art. 26 Abs. 2 S. 1 GG als **repressives Verbot mit Befreiungsvorbehalt** ausgestaltet ist (umfassend dazu *Epping*, Grundgesetz und Kriegswaffenkontrolle, 1993, S. 12 ff.), wirkt die Genehmigung der Bundesregierung konstitutiv als Ausnahmebewilligung einer grundsätzlich verbotenen Tätigkeit. Absatz 2 konkretisiert somit die grundsätzliche Wertung, dass der Umgang mit Kriegswaffen potentiell friedensgefährdend und deswegen sozialschädlich ist. Ihr Herstellen, Befördern und Inverkehrbringen kann allerdings sozialadäquat sein, wenn Kriegswaffen etwa im Rahmen der NATO oder zur Lieferung in spannungsfreie Gebiete zur Unterstützung der Landesverteidigung gebraucht werden. Der Gesetzgeber hat in Ausübung des Gesetzgebungsauftrags in Art. 26 Abs. 2 S. 2 GG das Kriegswaffenkontrollgesetz (KWKG) erlassen, das die Bestimmung einer Waffe als Kriegswaffe konkretisiert (vgl. die sogenannte Kriegswaffenliste in der Anlage zum KWKG).

Literatur: *Benda*, Frieden und Verfassung, AöR 109 (1984), 1; *Beschorner*, Die Ausfuhrkontrolle von Rüstungsgütern, ZVglRWiss 90 (1991), 262; *Björn*,

Der Begriff den Angriffskrieges und die Funktion seiner Strafbarkeit, 2005; *Doehring,* Das Friedensgebot des Grundgesetzes, in: Isensee/Kirchhof (Hrsg.), HStR, Bd. VII, § 178; *Epping,* Grundgesetz und Kriegswaffenkontrolle, 1993; *ders.,* Novellierungsbedarf im Bereich des Kriegswaffenexportrechts?, RIW 1996, 453; *Fink,* Der Begriff des äußeren Friedens im Grundgesetz, FS Rauschning, 2001, S. 89; *Holthausen,* Der Verfassungsauftrag des Art. 26 Abs. 2 GG und die Ausfuhr von Kriegswaffen, JZ 1995, 284; *ders.,* Das Kriegswaffenexportrecht als Verfassungsauftrag des Art. 26 Abs. 2 GG, RIW 1997, 369; *K. Ipsen,* Kriegswaffenkontrolle und Auslandsgeschäft, in: FS-Bernhardt, 1995, S. 1040; *Kunze,* Der Stellenwert des Art. 26 I GG innerhalb des grundgesetzlichen Friedensgebots, 2004; *Maunz,* Die innerstaatliche Sicherung des äußeren Friedens durch das Grundgesetz der Bundesrepublik Deutschland, in: FS-Schmitt, Bd. I, 1968, S. 285; *Schneider,* Das Grundgesetz als Verfassung des Völkerfriedens, RuP 1985, 138; *Starck,* Frieden als Staatsziel, in: FS-Carstens, Bd. II, 1984, S. 867.

4. Verfassungsrechtliche Grundlagen von Auslandseinsätzen der Bundeswehr

155 Die verfassungsrechtliche Zulässigkeit von Auslandseinsätzen der Bundeswehr (im Rahmen der Beteiligung an militärischen Zwangsmaßnahmen von Systemen kollektiver Sicherheit) ist umstritten. Art. 87a Abs. 2 GG verlangt für jeden Einsatz der Bundeswehr, der nicht Verteidigungszwecken dient, eine **ausdrückliche verfassungsrechtliche Grundlage.**

156 **Unklar** ist jedoch, ob sich dieser Verfassungsvorbehalt allein auf den Einsatz der Streitkräfte im Innern bezieht, **Auslandseinsätze** also nicht umfasst (umfassend *Wiefelspütz,* Das Parlamentsheer, 2005, S. 108 ff.). Da der Außeneinsatz der Streitkräfte im Grundgesetz nicht ausdrücklich geregelt ist, wird der Wortlaut des Art. 87a Abs. 2 GG, der keine Anhaltspunkte für eine restriktive Auslegung erkennen lasse, als Argument dafür herangezogen, dass sein Absatz 2 sich – als grundlegende Verfassungsnorm der Militärgewalt – nicht allein auf den Einsatz im Innern beziehe, sondern sämtliche Einsatzformen, also auch die Verwendung der Streitkräfte im Ausland erfasse (*Klein,* ZaöRV 34 (1974), 429, 432; *von Bülow,* Der Einsatz der Streitkräfte zur Verteidigung: eine Untersuchung zu Art. 87a II GG, 1984, S. 52 ff.). Einsätze im Ausland sollen demnach nur zulässig sein, wenn sie zur Verteidigung – üblicherweise wird neben der Landesverteidigung auch die Bündnisverteidigung davon umfasst – erfolgen oder aber durch andere Vorschriften des Grundgesetzes ausdrücklich zugelassen sind.

B. Grundgesetz und materieller Gehalt der Öffnung zum Völkerrecht 161

Zu Recht werden demgegenüber entstehungsgeschichtliche und systematische Argumente dafür angeführt, dass es **nur für den Einsatz im Bundesgebiet** einer ausdrücklichen Zulassung in der Verfassung bedarf (*Doehring,* in: Isensee/Kirchhof (Hrsg.), HStR, Bd. VII, 1992, § 177, Rn. 25; *Stein,* in: Frowein/Stein (Hrsg.), Rechtliche Aspekte einer Beteiligung der Bundesrepublik Deutschland an Friedenstruppen der Vereinten Nationen, 1990, S. 7, 29). Die Bestimmung ist im Jahre 1968 in das Grundgesetz eingefügt worden, als sich die Diskussionen um die Notstandsverfassung auf die Bedingungen eines Einsatzes der Bundeswehr im Innern konzentrierten. Überdies zeigt ihre Einfügung in das Kapitel über die Ausführung der Bundesgesetze und die Bundesverwaltung, dass Art. 87a Abs. 2 GG allein als Norm über die Zuständigkeitsverteilung zwischen den Polizeibehörden der Länder und der Bundeswehr im inneren Notstand anzusehen ist. 157

Das **BVerfG** nimmt zur Frage des Anwendungsbereichs des Art. 87a Abs. 2 GG eine dritte Position ein. Ohne Stellung hinsichtlich der umstrittenen Frage zu beziehen, ob die Norm nur den Einsatz der Streitkräfte im Innern regelt, versteht es – in seinem AWACS-Urteil aus dem Jahre 1994 zur Teilnahme der Bundeswehr an Maßnahmen der NATO/WEU (BVerfGE 90, 286, 355 ff.) – Art. 87a Abs. 2 GG jedenfalls nicht als abschließende Regelung der Einsatzfrage, sondern sieht in Art. 24 Abs. 2 GG eine eigenständige, dem Verfassungsvorbehalt nicht unterliegende Einsatzermächtigung. Denn diese Vorschrift sei von Beginn an mit einsatzermächtigendem Gehalt Bestandteil des Grundgesetzes gewesen. Durch die Einfügung der wehrverfassungsrechtlichen Vorschriften habe der verfassungsändernde Gesetzgeber die Mitwirkungsmöglichkeiten im Rahmen der UN nicht schmälern wollen: Die „im ursprünglichen Text des Grundgesetzes zugelassene Mitgliedschaft in einem System gegenseitiger kollektiver Sicherheit und die damit mögliche Teilnahme deutscher Streitkräfte an Einsätzen im Rahmen eines solches Systems sollten nicht eingeschränkt werden" (BVerfGE 90, 286, 356). Art. 24 Abs. 2 GG bildet für solche Einsätze der Bundeswehr eine tragfähige Grundlage. 158

Das BVerfG sieht Art. 24 Abs. 2 GG auch als Grundlage für die **Eingliederung deutscher Truppen in integrierte militärische Verbände** an (BVerfGE 90, 286, 355). Dies hat zur Folge, dass deutsche Soldaten unter Befehlsgewalt eines Systems gegenseitiger kollektiver Sicherheit gestellt werden, wie es zum Beispiel durch die Unterwerfung von Teilen der Bundeswehr unter den NATO-Oberbefehl bei AWACS-Luftaufklärungsflügen oder Kontingenten 159 der schnellen Eingreiftruppe praktiziert wird. Es handelt sich dabei nicht um eine Übertragung von Hoheitsrechten, da nur truppeninterne Weisungs- und Befehlsrechte innerhalb des Systems gegenseitiger kollektiver Sicherheit verlagert, nicht aber Durchgriffsbefugnisse begründet werden.

160 Die verfassungsrechtliche Zulässigkeit von Auslandseinsätzen der Bundeswehr ist – auch wenn nicht ausdrücklich im Grundgesetz geregelt – jedoch an **besondere Voraussetzungen** geknüpft (siehe dazu auch Teil 2, A, Rn. 31 ff.). Das BVerfG hat im Jahre 1994 klargestellt, dass dem Grundgesetz für den militärischen Einsatz von deutschen Soldaten das Prinzip eines „konstitutiven Parlamentsbeschlusses" zu entnehmen sei. So verpflichte das Grundgesetz die Bundesregierung, für den Einsatz bewaffneter Streitkräfte die – grundsätzlich vorherige – konstitutive Zustimmung des Bundestags einzuholen (BVerfGE 90, 286, 381 ff.). Eine Gesamtschau der wehrverfassungsrechtlichen Vorschriften (Art. 45a, 45b, 87a Abs. 1 S. 2, 115a GG) vor dem Hintergrund der deutschen Verfassungstradition seit 1918 zeige, dass die Bundeswehr als Machtpotential nicht allein der Exekutive überlassen werde, sondern sich als **Parlamentsheer** in die Verfassungsordnung einfüge. Der Zustimmungsvorbehalt wird damit nicht aus einem allgemeinen demokratischen Parlamentsvorbehalt hergeleitet und es wird auch kein Zusammenhang zur Auswärtigen Gewalt hergestellt, so dass der Parlamentsvorbehalt zutreffend als Ausdruck einer wehrverfassungsrechtlichen Wesentlichkeitstheorie bezeichnet wird (vertiefend *Calliess,* in: Isensee/Kirchhof (Hrsg.), HStR, Bd. IV, 3. Aufl. 2006, § 83, Rn. 39 f.). Mit seiner *AWACS-II* und seiner *Lissabon*-Entscheidung scheint sich das BVerfG insofern jedoch von der ausschließlichen Herleitung des Parlamentsvorbehalts aus dem Gesamtzusammenhang der wehrverfassungsrechtlichen Vorschriften zu distanzieren, indem es auf die – mit Blick auf das Demokratieprinzip relevante – Grundrechtswesentlichkeit der Entscheidung hinsichtlich einer Gefährdung der individuellen Rechtsgüter der Soldaten abstellt (BVerfGE 121, 135, 163 ff. und E 123, 267, 360 f.).

161 In seinem Urteil vom 7. Mai 2008 zum AWACS-Einsatz in der Türkei (BVerfGE 121, 135, 163 ff. – AWACS-II) hat das BVerfG konkretisierend klargestellt, dass die parlamentarische Zustimmung immer dann eingeholt werden muss, wenn die **Gefahr** besteht, dass **deutsche Soldaten in bewaffnete Unternehmungen** einbezogen werden; auf die tatsächliche Verwicklung in bewaffnete Unternehmungen kommt es also nicht an. Jedoch muss eine solche Einbeziehung konkret bzw. unmittelbar zu erwarten sein. Dies kann auch im

B. Grundgesetz und materieller Gehalt der Öffnung zum Völkerrecht 163

Rahmen von humanitären Aktionen der Fall sein. Aktuell wurde die Frage der Parlamentsbeteiligung bei dem Einsatz deutscher Soldaten in Libyen im Rahmen der sog. Operation „Pegasus" relevant, für die aufgrund der nicht erfolgten Beteiligung des Parlaments gegenwärtig ein Organstreitverfahren anhängig ist (vgl. dazu auch Fall 4 bei *Paulus*, Staatsrecht III, 2010, S. 47 ff.).

Im Einzelnen sind die Beteiligungsmodalitäten nunmehr im Gesetz über die parlamentarische Beteiligung bei der Entscheidung über den Einsatz bewaffneter Streitkräfte im Ausland (ParlBG) vom 18. März 2005 geregelt (vgl. dazu *Schröder*, NJW 2005, 1401 ff.). § 4 des Gesetzes sieht bei „Einsätzen von geringer Intensität und Tragweite" ein vereinfachtes Zustimmungsverfahren vor; Einsätze „bei Gefahr im Verzug, die keinen Aufschub dulden" bedürfen keiner vorherigen Zustimmung, der Antrag der Bundesregierung auf Zustimmung ist dann aber „unverzüglich nachzuholen" (§ 5). Keiner Zustimmung bedürfen gem. § 2 Abs. 2 humanitäre Hilfsdienste und Hilfsleistungen der Streitkräfte, bei denen Waffen lediglich zum Zwecke der Selbstverteidigung mitgeführt werden. Letztlich kann jedoch in all diesen Fragen **nicht** das ParlBG **Prüfungsmaßstab** in einem verfassungsgerichtlichen Verfahren sein, sondern nur das Grundgesetz selbst. Denn der Begriff des „Einsatzes bewaffneter Streitkräfte" und die Reichweite des diesbezüglichen Parlamentvorbehalts sind verfassungsrechtliche Begriffe, die nicht durch ein einfaches Gesetz verbindlich bestimmt werden können. Jedoch lassen sich aus dem Gesetz Hinweise für die Reichweite des Parlamentvorbehalts entnehmen (BVerfGE 121, 135, 156 f.). 162

Auf der Grundlage des Art. 24 Abs. 2 GG ist **somit in umfassender Weise** ein Streitkräfteeinsatz sowohl im Rahmen der UN als auch im Rahmen der NATO – und zwar über den eigentlichen Bündnisfall hinaus – gedeckt, soweit der Einsatz ansonsten mit dem Völkerrecht im Einklang steht: Danach sind Einsätze im Rahmen der UN zulässig zur Durchführung militärischer Sanktionen sowie zur Teilnahme an Friedenssicherungsoperationen, die sich nicht gegen einen Staat richten, sondern mit seinem Willen auf seinem Staatsgebiet durchgeführt werden. Einsätze der Bundeswehr im Rahmen der NATO sind im Bündnisfall gerechtfertigt, und zwar sowohl innerhalb als auch außerhalb des Bündnisgebietes. Einsätze der NATO unter Beteiligung deutscher Truppen außerhalb des originären Bündniszwecks – aufgrund inhaltlicher Fortbildung durch authentische Interpretation des Bündnisvertrages – sind zulässig, wenn diese in das Friedenssiche- 163 rungssystem der UN einbezogen sind. Die Verfassungsmäßigkeit der Beteiligung der Bundeswehr an humanitären Interventionen der NATO bei massiven Menschenrechtsverletzungen und Untätigbleiben des UN-Sicherheitsrats – zum Beispiel im Kosovo – hängt von der Frage der völkerrechtlichen Zulässigkeit dieser Intervention ab, die überwiegend vorsichtig bejaht wird (dazu oben Teil 2, B, Rn. 135 ff.). Ein verhältnismäßiges Eingreifen der NATO im Sinne einer humanitären Intervention als ultima ratio ist damit auch verfassungsrechtlich zulässig.

Literatur: *Brenner/Hahn*, Bundeswehr und Auslandseinsätze, JuS 2001, 729; *Dreist*, AWACS-Einsatz ohne Parlamentsbeschluß? Aktuelle Fragestellungen zur Zulässigkeit von Einsätzen bewaffneter Streitkräfte unter besonderer Berücksichtigung der NATO-AWACS-Einsätze in den USA 2001 und in der Türkei 2003, ZaöRV 64 (2004), 1001; *Frowein/Stein* (Hrsg.), Rechtliche Aspekte einer Beteiligung der Bundesrepublik Deutschland an Friedenstruppen des Vereinten Nationen, 1990; *Kind*, Einsatz der Streitkräfte zur Verteidigung. Ein Beitrag zur entstehungsgeschichtlichen Interpretation des Art. 87a GG, DÖV 1993, 139; *Kirchhof*, Der Verteidigungsauftrag der deutschen Streitkräfte, in: FS-Bernhardt, 1995, S. 797; *Klein*, Rechtsprobleme einer deutschen Beteiligung an der Aufstellung von Streitkräften der Vereinten Nationen, ZaöRV 34 (1974), 429; *Nolte*, Bundeswehreinsätze an kollektiven Sicherheitssystemen – Zum Urteil des BVerfG vom 12. Juli 1994, ZaöRV 54 (1994), 652; *ders.*, Der AWACS-Einsatz in der Türkei zwischen Parlamentsvorbehalt und Regierungsverantwortung, NJW 2003, 2359; *Payandeh*, Evakuierungseinsätze der Bundeswehr und Parlamentsbeteiligung, DVBl. 2011, 1325; *Preuß*, Die Bundeswehr – Hausgut der Regierung?, KritJ 26 (1993), 263; *Riedel*, Der Einsatz deutscher Streitkräfte im Ausland – verfassungs- und völkerrechtliche Schranken, 1989; *Röben*, Der Einsatz der Streitkräfte nach dem Grundgesetz, ZaöRV 63 (2003), 585; *Sauer*, Reichweite des Parlamentsvorbehalts für die Entsendung der Bundeswehr ins Ausland, JA 2004, 19; *Stein*, German Military Participation in United Nations Peacekeeping Operations, GYIL 46 (2003), 64; *Stein/Kröninger*, Bundeswehreinsatz im Rahmen von NATO, WEU bzw. VN-Militäraktionen, Jura 1995, 254; *Vöneky/Wolfrum*, Die Reform der Friedensmissionen der Vereinten Nationen und ihre Umsetzung nach deutschem Verfassungsrecht, ZaöRV 62 (2002), 569; *Wolfrum*, Auswärtige Rechtsbeziehungen und Verteidigungspolitik, in: FS-50 Jahre BVerfG, Bd. 2, 2001, S. 693; *Wiefelspütz*, Der Einsatz bewaffneter deutscher Streitkräfte und der konstitutive Parlamentsvorbehalt, 2003; *ders.*, Die militärische Integration der Bundeswehr und der konstitutive Parlamentsvorbehalt, ZaöRV 64 (2004), 363; *ders.*, Das Parlamentsheer, 2005; *ders.*, Der Einsatz deutscher Streitkräfte im Ausland, AöR 132 (2007), 44; *Zimmer*, Einsätze der Bundeswehr im Rahmen kollektiver Sicherheit – Staats- und völkerrechtliche Grundlagen unter Berücksichtigung des BVerfG-Urteils vom 12.7.1994, 1995.

5. Spannungs- und Verteidigungsfall gem. Art. 80a GG und Art. 115a ff. GG

Das Grundgesetz kennt im Hinblick auf den äußeren Notstand im Sinne kriegerischer Auseinandersetzungen mit ausländischen Mächten vier Krisenfälle und gibt in einer **Stufung** die Vorstellung wieder, wie sich im Fall der Bedrohung von außen ein Konflikt theoretisch entwickeln könnte: vom „Spannungsfall" gem. Art. 80a Abs. 1 S. 1 1. Alt. GG und der Zustimmung des Bundestages zur Anwendung einzelner verteidigungsvorbereitender Maßnahmen („Zustimmungsfall" nach Art. 80a Abs. 1 S. 1 2. Alt. GG) über den „Bündnisfall" des Art. 80a Abs. 3 GG bis hin zum „Verteidigungsfall" nach Art. 115a ff. GG. Dem Recht des äußeren Staatsnotstands liegt die Unterscheidung von Regel- und Ausnahmelage zugrunde, weshalb der Übergang von der einen zur anderen Lage in abgestufter, auf die Konfliktsituation zugeschnittener Gestalt – als Ausprägung des allgemeinen Übermaßverbotes – formalisiert ist. Dieses Regelungssystem stellt keine äußere Notstandsverfassung dar, sondern sieht vielmehr punktuelle Modifizierungen der „Friedensordnung" des Grundgesetzes für die Stunde der Not vor.

Die Beistandspflichten, die der Bundesrepublik aus ihrer Mitgliedschaft in der NATO erwachsen, lassen die souveräne Entscheidung nationaler Organe über den Eintritt des Verteidigungszustandes unberührt. Obwohl ein Angriff auf einen Bündnispartner im Rahmen des NATO-Vertrages zugleich als Angriff auf die Bundesrepublik behandelt wird (vgl. dazu *Ipsen*, Rechtsgrundlagen und Institutionalisierung der atlantisch-westeuropäischen Verteidigung, 1967, S. 37 ff.), löst er gleichwohl nicht automatisch den Bündnis- und Verteidigungsfall i. S. d. deutschen Verfassungsrechts aus. Diese Entscheidung liegt vielmehr auch hier bei nationalen Instanzen. Ebenso hat das Recht der Staaten zur individuellen und kollektiven Selbstverteidigung nach Art. 51 UN-Charta auf die grundgesetzliche Normierung keine unmittelbare Wirkung. Beide Normen haben einen unterschiedlichen Regelungsgegenstand: Art. 51 UN-Charta regelt als Ausnahme von Art. 2 Nr. 4 UN-Charta den Umfang zulässiger Gewaltanwendung in den Beziehungen der Staaten. Art. 115a GG hat vor allem eine **nach innen gerichtete Funktion**, indem er die Voraussetzungen definiert, um die in Art. 115b ff. GG vorgesehenen Anpassungen des staatlichen Organisationsrechts an die besonderen Erfordernisse des Kriegszustandes vorzunehmen. Diese Regelungen sind völkerrechtskonform, zumal Art. 26 GG das Angriffsverbot verfassungsrechtlich verankert.

166 Spannungs-, Zustimmungs- und Bündnisfall ermöglichen eine **Vorbereitung auf die Abwehr eines bewaffneten Angriffs von außen**, wobei Art. 80a GG zunächst als normative Sicherung der Vorstufen militärischer Auseinandersetzung konzipiert ist. Der Streitkräfteeinsatz zur Verteidigung und die Kompetenzordnung des Grundgesetzes bleiben dabei unberührt. Danach können einige Notstandsmaßnahmen schon dann angewandt werden, wenn der Bundestag den Eintritt des Spannungsfalles feststellt oder wenn er der Anwendung besonders zugestimmt hat (Art. 80a Abs. 1 GG). Daneben sind einfache Notstandsmaßnahmen nach Art. 80a Abs. 3 S. 1 GG auch auf Grundlage und nach Maßgabe eines Beschlusses zulässig, der von einem internationalen Organ im Rahmen eines Bündnisvertrages mit Zustimmung der Bundesregierung gefasst wird. Hier kann die Bundesregierung ohne Mitwirkung des Bundestages die Ermächtigung zur Anwendung von Notstandsvorschriften auslösen. Nach Art. 80a Abs. 3 S. 2 GG sind Maßnahmen auf Grund des Bündnisfalls allerdings aufzuheben, wenn der Bundestag es mit der Mehrheit seiner Mitglieder verlangt.

167 Die verfassungsrechtliche Vorsorge der Abwehr eines bewaffneten Angriffs von außen findet in den Art. 115a bis 115 l GG ihren Kern. Diese Regelungen des Verteidigungsfalls zielen auf die politische Situation zweier sich feindlich gegenüberstehender Blocksysteme, wobei Art. 115a Abs. 1 S. 1 GG primär von einer Selbst- und Alleinverteidigung der Bundesrepublik Deutschland ausgeht. Seine Feststellung bildet lediglich die **Voraussetzung für Kompetenzverschiebungen und Gesetzgebungsermächtigungen** im Rahmen der Rechtsordnung und betrifft damit hauptsächlich das Verhältnis der Verfassungsorgane zueinander sowie die Zuordnung der Befugnisse zwischen Bund und Ländern. Die Bestimmungen der „Friedensordnung" des Grundgesetzes werden somit im Verteidigungsfall zeitweilig im Sinn einer Konzentration auf die in einem Krieg immanenten Erfordernisse angepasst (dazu *Graf Vitzthum*, in: Isensee/Kirchhof (Hrsg.), HStR, Bd. VII, 1992, § 179, Rn. 29).

168 Der **Verteidigungsfall** ist nach der Legaldefinition des Art. 115a Abs. 1 S. 1 GG gegeben, wenn das Bundesgebiet mit Waffengewalt angegriffen wird oder ein solcher Angriff unmittelbar droht. Seine Feststellung trifft grundsätzlich der Bundestag mit Zustimmung des Bundesrats. Erfordert die Lage unabweisbar ein sofortiges Handeln und stehen einem rechtzeitigen Zusammentritt des Bundestages unüberwindliche Hindernisse entgegen oder ist er nicht beschlussfähig, so trifft gem. Art. 115a Abs. 2 GG der Gemeinsame Ausschuss diese

B. Grundgesetz und materieller Gehalt der Öffnung zum Völkerrecht

Feststellung. Wenn das Bundesgebiet angegriffen wird und die zuständigen Bundesorgane zur sofortigen Feststellung außerstande sind, so gilt die Feststellung gem. Art. 115a Abs. 4 GG als getroffen und verkündet. Sobald der Verteidigungsfall festgestellt ist, hat der Bundespräsident nach Art. 115a Abs. 5 GG die Befugnis, mit Zustimmung des Bundestages eine völkerrechtliche Erklärung über das Bestehen des Verteidigungsfalles abzugeben. Demnach trennt der Verfassungstext klar zwischen nach innen gerichteter Entscheidung über den Eintritt des Verteidigungsfalls und der darauf aufbauenden Abgabe völkerrechtlicher Erklärungen. Ferner gilt der Grundsatz des parlamentarischen Vorrangs bei der Entscheidung über den Kriegszustand, der stringent eine Parlamentarisierung der Entscheidung über den äußeren Notstand umsetzt.

Für sich genommen hat der Verteidigungsfall **nur innerstaatliche Rechtsfolgen**. Faktisch ist er die Stunde der Exekutive, da er als Reaktion auf die Verletzung der territorialen Integrität der Bundesrepublik den Einsatz der Streitkräfte zur Verteidigung zur Folge hat, so dass neben notstandsrechtlichen auch wehrverfassungsrechtliche und den Bereich der Auswärtigen Gewalt betreffende Rechtsfolgen bestehen (BVerfGE 90, 286, 386). Dazu geht die Befehls- und Kommandogewalt über die Streitkräfte nach Art. 115b GG auf den Bundeskanzler über. Soweit Bundestag und Bundesrat gem. Art. 115a GG den Verteidigungsfall festgestellt haben, schließt die Entscheidung die Zustimmung des Parlaments zu einem Einsatz bewaffneter Streitkräfte ein.

Der **Einsatz deutscher Streitkräfte zur Verteidigung** ist nicht an die Feststellung des Verteidigungsfalls gem. Art. 115a GG gebunden. Deswegen besteht keine Bedeutungsidentität von Verteidigung nach Art. 87a Abs. 1, 2 GG und Verteidigungsfall nach Art. 115a GG, so dass Verteidigung – entgegen eines engen Verständnisses (so *Arndt*, DÖV 1992, 618, 618f.) – nicht nur dann erfolgt, wenn das Bundesgebiet mit Waffen angegriffen wird oder ein solcher Angriff droht. Durch Art. 115a GG wird der Verteidigungsbegriff nicht territorial eingeengt; sein Sinn liegt vielmehr darin, die innerstaatliche Rechtsordnung vom Normalzustand auf Notstandserfordernisse umzustellen (BVerfGE 90, 286, 386). Art. 115a GG ist deswegen restriktiv als Notstandsvorschrift mit nur nach innen gerichteter Funktion anzusehen und von der Zulässigkeit einer Verteidigung im Sinne des Art. 87a Abs. 1, 2 GG zu trennen. Obwohl Angriffe auf Bündnisstaaten der NATO nur völkerrechtlich, nicht aber im Sinne des Art. 115a

GG einen Angriff auf das Bundesgebiet darstellen, ist damit nicht der Streitkräfteeinsatz im Bündnisfall versperrt.

Literatur: *Benda,* Verteidigungsfall und Bundesverfassungsgericht, in: FS von der Heydte, Bd. II, 1977, S. 793; *Böckenförde,* Der verdrängte Ausnahmezustand, NJW 1978, 1881; *Ipsen,* Bündnisfall und Verteidigungsfall, DÖV 1971, 583; *ders.,* Die Bündnisklausel der Notstandsverfassung (Art. 80a Abs. 3 GG), AöR 94 (1969), 554; *Kersting,* Bündnisfall und Verteidigungsfall, 1979; *Krings/Burkiczak,* Bedingt abwehrbereit?, DÖV 2002, 501; *Lenz,* Notstandsverfassung des Grundgesetzes, 1971; *Rieder,* Die Entscheidung über Krieg und Frieden nach deutschem Verfassungsrecht, 1984; *ders.,* Entscheidungskompetenz des Bundestags bei der Feststellung des Bündnisfalls, DÖV 1991, 305; *Seifert,* Spannungsfall und Bündnisfall (Art. 80a), in: Sterzel (Hrsg.), Kritik der Notstandsgesetze, 2. Aufl. 1969, S. 161; *Graf Vitzthum,* Der Spannungs- und der Verteidigungsfall, in: Isensee/Kirchhof (Hrsg.), HStR, Bd. VII, § 170; *Wiefelspütz,* Der Auslandseinsatz der Bundeswehr gegen den grenzüberschreitenden internationalen Terrorismus; ZaöRV 65 (2005), 819.

3. Teil. Öffnung zum Unionsrecht: Deutschland im europäischen Staaten- und Verfassungsverbund

A. Europäische Union als Staaten- und Verfassungsverbund

I. Begriff der EU als Staaten- und Verfassungsverbund

1. EU als dynamischer Integrationsverband

Art. 1 Abs. 2 EUV beschreibt die Europäischen Union als eine „neue Stufe bei der Verwirklichung einer immer engeren Union der Völker Europas". Die Formulierung unterstreicht, dass das Ziel einer dynamisch fortschreitenden Verdichtung und Vertiefung der Integration mit dem Vertrag von Maastricht und der damit erfolgten Gründung der EU noch nicht vollendet werden sollte. Vielmehr wird hierdurch jener der Union eigene **dynamische Entwicklungsprozess** betont, der ihr in den vertraglichen Präambeln zum Ausdruck kommendes, der Intention der Gründer entsprechendes Selbstverständnis als Zweckverband funktioneller Integration von Anfang an prägte. Typisch war für die Union (und für die Gemeinschaft) seit jeher der prozesshaft fortschreitende Ausbau der politischen und rechtlichen Verflechtung der Mitgliedstaaten, der sich im Gegensatz zu den „großen Würfen" in der Praxis immer wieder als erfolgreich erwies (dazu *Pryce* (Hrsg.), The Dynamics of European Union, 1990) und der EU die treffende Bezeichnung Integrationsverband eintrug (*Zuleeg*, in: FS Carstens, Bd. I, 1984, S. 289, 296).

Mit der in den Gründungsverträgen angelegten Dynamik zur Erreichung der Vertragsziele hat die damalige EG die Integration zu ihrem **Verfassungsprinzip** erhoben. In diesem Sinne ist die EU noch immer in einem ständigen Entwicklungsprozess der „Vergemeinschaftung" begriffen, der in Qualitätsveränderungen in Richtung auf eine neue, bisher unbekannte Organisationsform, angelehnt an das Modell eines europäischen Bundesstaates, zum Ausdruck kommt.

2. Zwischen Staat und Internationaler Organisation

3   Die EU kann **nicht** als (Bundes-) **Staat** im klassischen Sinne bezeichnet werden (vgl. dazu den Überblick über den Diskussionsstand bei *Schmitz*, Integration in der Supranationalen Union, 2001, S. 169 ff., 198 ff., 361 ff.). Zunächst mangelt es ihr – zumindest nach den herkömmlichen Anforderungen an die kulturelle, soziale und politische Homogenität eines Staatsvolks – an einem einheitlichen europäischen Volk (BVerfGE 89, 155, 185 f.). Die Unionsbürgerschaft begründet gemäß Art. 20 AEUV explizit gerade keine Staatsbürgerschaft, gleichwohl sie diese ergänzt. Insbesondere fehlt es der EU aber angesichts des für ihre Zuständigkeit geltenden Prinzips der begrenzten Einzelermächtigung an der für den Staat typischen Kompetenz-Kompetenz in Form einer der Staatsgewalt korrespondierenden Allgemeinzuständigkeit in sämtlichen, das gesellschaftliche Leben erfassenden Politikbereichen.

4   Andererseits ist die EU gerade aufgrund der ihr begrenzt übertragenen Hoheitsgewalt auch **nicht** vergleichbar mit dem Typus der **klassischen internationalen Organisation**, von dem sie sich mit Blick auf ihre Supranationalität – definiert zuvorderst durch das vorrangige und in den Mitgliedstaaten unmittelbar anwendbare, d. h. mit Durchgriffswirkung auf den Bürger ausgestattete Unionsrecht – unterscheidet. Nicht von ungefähr wird sie daher im Schrifttum als supranationale Organisation bezeichnet (dazu oben Teil 1, B, Rn. 140 sowie *Ipsen*, Europäisches Gemeinschaftsrecht, 1972, S. 67 ff.; *von Bogdandy*, Supranationaler Föderalismus als Wirklichkeit und Idee einer neuen Herrschaftsform, 1999, S. 61 ff.).

5   Bildlich gesprochen bewegt sich die EU also **zwischen** dem Ufer der Internationalen Organisation, das sie längst verlassen hat, und dem Ufer der Staatlichkeit, das sie (noch nicht) erreicht hat, vielleicht aber auch nie erreichen wird bzw. erreichen soll. Denn die europäische Integration ist von Beginn an nicht in Parallele zur Entstehung der Nationalstaaten im 19. Jahrhundert angelegt gewesen. Sie versteht sich vielmehr gerade als Gegenentwurf zu der durch unzählige Kriege diskreditierten nationalen Idee. Dementsprechend wurde die politische Finalität der EU immer bewusst offen gehalten.

6   Will man das Wesen der EU und die Wirkung ihres Rechts verstehen, so muss es darum gehen, ihrer im Hinblick auf bekannte staats- und völkerrechtliche Konzeptionen völlig neuen, durch den Begriff der Integration definierten Form von dynamisch-offener Organisa-

A. Europäische Union als Staaten- und Verfassungsverbund   171

tion einen Platz auf dem Spektrum der bekannten Staatenverbindungen zuzuweisen. Insoweit können die überkommenen Kategorien jedoch nur Orientierung vermitteln. Die besondere Herausforderung besteht darin, eine Kategorie zu finden, die der spezifischen Balance zwischen nationalen und supranationalen Strukturen und den mit ihr einhergehenden neuen Formen der Herrschaftsausübung gerecht wird. Gleichzeitig muss diese **neue Kategorie** einen besonderen, das Verhältnis zwischen EU und Mitgliedstaaten erklärenden Mehrwert transportieren.

3. Versuche einer Neukategorisierung

Vom **BVerfG** wurde die EU in der Maastricht-Entscheidung 7 (BVerfGE 89, 155, 182 ff.) als „Union der Völker Europas (Art. 1 Abs. 2 EUV)" sowie als ein „auf dynamische Entwicklung angelegter […] Verbund demokratischer Staaten" bezeichnet, der auf den völkerrechtlichen Gründungsverträgen und politisch auf der Vertragstreue der einzelnen Mitgliedstaaten beruht. In diesem Staatenverbund bleiben aber, so das BVerfG, die Mitgliedstaaten Träger der Souveränität. Auch in seiner Lissabon-Entscheidung verwendet das Gericht für die rechtliche Klassifizierung des gegenwärtigen Integrationsstandes der EU den im Maastricht-Urteil geprägten Begriff des „**Staatenverbundes**", der „eine enge, auf Dauer angelegte Verbindung souverän bleibender Staaten [erfasst], die auf vertraglicher Grundlage öffentliche Gewalt ausübt, deren Grundordnung jedoch allein der Verfügung der Mitgliedstaaten unterliegt und in der die Völker – das heißt die staatsangehörigen Bürger – der Mitgliedstaaten die Subjekte demokratischer Legitimation bleiben" (BVerfGE 123, 267, 348).

In der Literatur gibt es seit längerem verschiedene Strömungen, die 8 eine alternative Einordnung der EU anstreben. Unter den vielfältigen begrifflichen Neuprägungen, mit denen die EU erfasst werden soll (vgl. nur *von Bogdandy*, Supranationaler Föderalismus als Wirklichkeit und Idee einer neuen Herrschaftsform,1999, S. 9 ff.; *Nettesheim*, ZEuS 2002, 507 ff.), erscheinen zunächst die am Begriff des Verbundes orientierten Ansätze am aussagekräftigsten. Insoweit rückt zunächst der von *Pernice* als Gegenentwurf zum Staatenverbund entwickelte Ansatz in den Blick, wonach das Primärrecht der EU und die Verfassungen der Mitgliedstaaten zu einem einzigen **Verfassungsverbund** verschmolzen sind (erstmals *Pernice*, in: Bieber/Widmer (Hrsg.), Der europäische Verfassungsraum, 1995, S. 225, 261 ff.). Das Konzept des Verfassungsverbundes setzt beim einzelnen, den Bürgerinnen und Bürgern der Union an: Mit Hilfe eines funktional bestimmten, „postnationalen" Verfassungsbegriffs soll die Verfasstheit der Europäischen Union als politische Gemeinschaft der sich als Unionsbürger definierenden Bürgerinnen und Bürger der Mitgliedstaaten thematisiert werden können, ohne dabei Staatlichkeit zu implizieren. Die Bürger sind damit Legitimationssubjekte, aber auch Adressaten zugleich ihres nationalen Rechts und der gemeinsamen europäischen Normen. Als formal voneinander zu unterscheidende, aber aufeinander bezogene Ordnungen bilden diese eine materielle Einheit. Das Konzept des Verfassungsverbundes hat, wenn auch nicht immer mit demselben Inhalt, so doch zumindest begrifflich vielfältige Gefolgschaft gefunden.

9 In der jüngeren Literatur wird überdies versucht, die föderalen Züge der EU herauszuarbeiten und so dem Konzept des Staatenverbundes eine stärker föderale Prägung zu geben (instruktiver Überblick bei *Oeter*, in: von Bogdandy/Bast (Hrsg.), Europäisches Verfassungsrecht, 2009, S. 73, 76 ff., vgl. auch *Benz*, in: Tsatsos (Hrsg.), Die Unionsgrundordnung, 2010, S. 319 ff.). Die EU wird dabei als sich über die Zeit wandelndes, **föderatives „Mischsystem"** beschrieben: Als durch einen völkerrechtlichen Vertrag gegründete Vertragsgemeinschaft trägt die EU zunächst starke Züge eines konföderalen, staatenbündischen Zusammenschlusses, durch die mit jeder Vertragsrevision ausgeweiteten Elementen der Supranationalität bildet sie jedoch zugleich zunehmend föderale Züge aus. Sowohl die Verbundmodelle als auch Teile der föderalen Konzepte suchen sich dabei aus dem Entweder-Oder des klassischen Begriffspaars Staatenbund und Bundesstaat zu lösen, indem sie die EU als ein neuartiges Gebilde beschreiben, das über einen bloßen Staatenbund hinausgeht, jedoch auch (noch) kein Bundesstaat ist. Dieser „Weder-Noch-Formel" wird seit einigen Jahren von einer neuen Strömung in der Literatur entgegengehalten, die Reflexion über den Charakter der EU nicht zu einer Neubewertung der klassischen Diskussion zu nutzen (vgl. insbesondere *Beaud*, in: Pernice/Otto (Hrsg.), Europa neu verfasst ohne Verfassung, 2010, S. 59 ff.). In der Folge werde die EU mit dem Verbund wiederum als Gebilde *sui generis* qualifiziert. Stattdessen sollten **verallgemeinerungsfähige Kategorien** zur Erfassung (potentiell aller) föderalen Gemeinwesen jenseits der Staatenbund-Bundesstaat-Unterscheidung entwickelt werden. Dies soll eine **„Theorie des Bundes"** leisten, deren Ziel es ist, bündische Verbände wie die EU, die auf einer freiwilligen Vereinigung von Staaten beruhen und keinen kon-

solidierten Bundesstaat bilden, als eigenständige politische Gebilde zu erfassen, die sich im Unterschied zum „Verbund" nicht als irreguläre, vorübergehende Zwischenprodukte einer Entwicklung vom Staatenbund zum Bundesstaat darstellen, sondern von den beiden Extremen wesensmäßig zu unterscheiden sind (vgl. *Schönberger,* AöR 129 (2004), 81, 98). In inhaltlicher Hinsicht sind die beschriebenen Konzepte gleichwohl allesamt nicht weit voneinander entfernt.

4. Inhalt und Bedeutung des Verbundkonzepts

Im Hinblick auf die vielfältigen begrifflichen Neuprägungen, mit denen die EU erfasst werden soll, erscheinen die am Begriff des Verbunds, konkret des **Staaten- und Verfassungsverbunds** orientierten Ansätze weiterführend. Mit diesen Begrifflichkeiten wird an die nach wie vor tragende Rolle der Staaten im Integrationsprozess angeknüpft, während zugleich die Integrationsoffenheit ihrer Verfassungen in den Blick genommen wird. Mitgliedstaaten der EU müssen notwendig offene Verfassungsstaaten sein (umfassend *Hobe,* Der offene Verfassungsstaat zwischen Souveränität und Interdependenz, 1998, S. 340 ff.; Überblick bei *Wahl,* JuS 2003, 1145 ff.; *Calliess,* in: ders. (Hrsg.), Verfassungswandel im europäischen Staaten- und Verfassungsverbund, 2007, S. 187 ff.). Für das deutsche Grundgesetz übernimmt der „Integrationshebel" des Art. 24 Abs. 1 (dazu unter Teil 2, B, Rn. 60 ff.), konkretisiert durch den für die europäische Integration speziell eingeführten Art. 23 Abs. 1 (dazu unter Teil 3, B, Rn. 1 ff.) die Funktion, den „nationalen Souveränitätspanzer" für das Recht der EU zu öffnen. Solchermaßen wird ein Staat mit dem Beitritt zur EU zum integrierten Staat, der sich in immer größer werdenden Anteilen seiner Aktivitäten „nur" noch als Mitglied-Staat und nicht mehr als singuläres und souveränes (Staats-) Subjekt definieren kann (eingehend zur Veränderung des Staatsbegriffs *Schliesky,* Souveränität und Legitimität von Herrschaftsgewalt, 2004, S. 444 ff.). Die Mitgliedschaft in der EU verändert jeden Staat grundlegend, nicht zuletzt im Verhältnis zu „seinen" Bürgern. Denn die Ausschließlichkeit des rechtlichen Bezugssystems Staat-Bürger wird durch die Schaffung einer supranationalen Hoheitsgewalt aufgehoben. In diesem Sinne macht die Beschreibung der EU als Staaten- und Verfassungsverbund treffend deutlich, dass die (Mitglied-) Staaten zwar die Basis für die europäische Gesamtarchitektur bleiben, jedoch samt ihrer Rechtsordnungen integrierte Teile eines Verbunds geworden sind.

11 a) **Staatenverbund als Ausgangspunkt.** Der Begriff des Staatenverbunds geht in seinem Ursprung auf das umstrittene *Maastricht*-Urteil des BVerfG zurück, in dem die EU als „Union der Völker Europas (Art. 1 Abs. 2 EUV)" sowie als ein „auf dynamische Entwicklung angelegter [...] Verbund demokratischer Staaten" bezeichnet wird (BVerfGE 89, 155, 184; kritisch dazu *Tomuschat*, EuGRZ 1993, 489 ff.; *Ipsen*, EuR 1994, 1 ff.). Er schließt an den damaligen Verfassungsrichter *Paul Kirchhof* an, demzufolge der Staatenverbund auf eine Rechts- und Handlungsgemeinschaft von eigenständigen Staaten, auf eine europäische Einheit in regionaler Vielfalt und auf eine Zusammengehörigkeit verschiedener europäischer Staatsvölker angelegt ist (*Kirchhof*, in: Isensee/Kirchhof (Hrsg.), HStR, Bd. X, 3. Aufl. 2012, Rn. 2 ff.). In diesem Staatenverbund bleiben die **Mitgliedstaaten Träger der Souveränität**, umstritten ist allerdings in welchem Umfang.

12 Mit dieser Akzentuierung wird der dynamische Prozess, in dem sich der offene Verfassungsstaat befindet, jedoch nur **unzureichend** erfasst. Insbesondere wird dem Wandel der mitgliedstaatlichen Staatlichkeit im Kontext der europäischen Integration nicht hinreichend Rechnung getragen. Die inhaltliche Konkretisierung des Begriffs „Staatenverbund" kann demnach nur dann gelingen, wenn mit ihr nicht undifferenziert am klassischen Souveränitätskonzept des Nationalstaats festgehalten wird. Dementsprechend ist der Blick stärker auf das bündische Element im Begriff, den Staaten*verbund*, zu richten. Mit diesem wird zunächst einmal völlig zutreffend zum Ausdruck gebracht, dass die EU nicht mehr nur ein loser Bund souveräner Staaten, sondern eben „mehr", nämlich ein *Ver*bund ist.

13 b) **Verfassungsverbund als Komplementärbegriff.** Der Begriff des Staatenverbunds bleibt für sich betrachtet dennoch ein Torso, der erst durch die Verfassung mit Inhalt gefüllt wird. Auch der Staat erhält ja Form und Inhalt erst durch die Verfassung. Ohne die Verfassung ist der **Staatenverbund** somit eine hilfreiche, jedoch weitgehend inhaltsleere Beschreibung der EU, die **durch den Begriff des Verfassungsverbunds ergänzt und konkretisiert** werden muss. Der ursprünglich einmal als Gegenentwurf zum Staatenverbund konzipierte Begriff des Verfassungsverbunds hat sich in den letzten Jahren fest etabliert. Er setzt zunächst einmal voraus, dass es neben dem mitgliedstaatlichen auch ein europäisches Verfassungsrecht gibt.

A. Europäische Union als Staaten- und Verfassungsverbund 175

aa) **Europäisches Verfassungsrecht.** Gleich ob man von der Verfassung im formellen Sinne als dem feierlichen Gründungsakt oder im materiellen Sinne als der Gesamtheit der Normen verfassungsrechtlicher Natur spricht, der traditionelle Begriff der Verfassung nimmt zunächst einmal auf die Idee des Staates Bezug (*Peters*, Elemente einer Theorie der Verfassung Europas, 2001, S. 93 ff., 163 ff.). Wenn sich die EU mit der ihr immanenten Integrationsdynamik nur unvollkommen in die klassischen staats- und völkerrechtlichen Kategorien einordnen lässt, kann es nicht verwundern, wenn **umstritten** ist, ob man die **Unionsverträge als Verfassung** und damit das in ihnen enthaltene sog. Primärrecht als Verfassungsrecht bezeichnen kann (hierzu umfassend *Giegerich*, Europäische Verfassung und deutsche Verfassung im transnationalen Konstitutionalisierungsprozess, 2003; *Möllers*, in: von Bogdandy/Bast (Hrsg.), Europäisches Verfassungsrecht, 2009, S. 227 ff.) bzw. – weitergehend – inwiefern das Unionsrecht als Recht einer internationalen Organisation noch Völkerrecht ist oder schon verfassungsrechtlichen Charakter hat. 14

Die europäischen Verträge haben den Verfassungsbegriff bis zum (gescheiterten) „Vertrag über eine Verfassung für Europa" (dazu oben Teil 1, B, Rn. 134) vermieden. Dies hinderte die damalige Bundesregierung freilich nicht, in der Begründung, die sie dem Bundestag vorlegte, von einer Verfassung zu sprechen. Auch das deutsche **BVerfG** hatte im Jahre 1967 zunächst ausgeführt, dass der EWGV „gewissermaßen die Verfassung dieser Gemeinschaft" ist (BVerfGE 22, 293, 296). Allerdings wird das *Maastricht*-Urteil des BVerfG mit seiner Absage an ein quasi-staatliches Verständnis der EU und deren Bezeichnung als „Staatenverbund" (BVerfGE 89, 155, insb. 184 ff., 194 ff.) in der Literatur – nicht zu Unrecht – als Distanzierung gegenüber einem verfassungsrechtlichen Denkansatz im Unionsrecht gedeutet (so etwa *Herdegen*, in: FS Everling, Bd. I, 1995, S. 447, 450 f.). In der Tat betont das BVerfG in seinem Urteil nicht nur das Fehlen eines europäischen Staatsvolkes, indem es die demokratische Legitimation der europäischen Institutionen als (noch) von den Staatsvölkern der Mitgliedstaaten vermittelt ansieht. Darüber hinaus unterstreicht es auch die Verfügungsbefugnis der Mitgliedstaaten über die Verträge sowie den beschränkten Charakter der Kompetenzübertragung auf die Union. 15

Der **EuGH** sprach demgegenüber schon in seinem Urteil „*Les Verts*" explizit davon, dass der EWGV, obwohl in der Form einer völkerrechtlichen Übereinkunft geschlossen, die „Verfassungsur- 16 kunde einer Rechtsgemeinschaft" darstelle (EuGH, Rs. 294/83, Slg. 1986, 1339, Rn. 23).

17 In das Zentrum der politischen Debatte rückte der Verfassungsbegriff allerdings erst mit den Verhandlungen des Verfassungskonvents und ihrem Ergebnis, dem „Vertrag über eine Verfassung für Europa". Im Zuge der Diskussion wurden dabei die Worte „*Vertrag* über eine..." vielfach nicht mehr wahrgenommen, nicht zuletzt weil verkürzt nur noch von der „Europäischen Verfassung" gesprochen wurde. Übersehen wurde, dass die bewusst gewählte Bezeichnung als „**Verfassungsvertrag**" die Verfassungsfrage der EU insoweit offenlassen wollte, als der Eindruck einer Staatswerdung Europas gerade vermieden werden sollte (vgl. auch *Calliess*, in: Calliess/Ruffert (Hrsg.), Verfassung der Europäischen Union, Art. I-1, Rn. 2; *ders.*, in: Pernice (Hrsg.), Der Vertrag von Lissabon: Reform der EU ohne Verfassung?, 2008, S. 54). Kann man die europäischen Verträge aber bereits heute – unabhängig vom gescheiterten Verfassungsvertrag – als Verfassung bezeichnen (kritisch *Heinig*, JZ 2007, 905 ff.)?

18 Von einem **Teil des deutschen Schrifttums**, der so unterschiedliche Stimmen wie *Grimm* und *Isensee* umfasst, wird die Verwendung des Begriffs „Verfassung" für die Unionsverträge seit jeher mit der – bei genauer Betrachtung erstaunlich ähnlichen – Begründung **abgelehnt**, dass er an den souveränen Staat anknüpfe. Zu einer Verfassung im vollen Sinn des Begriffs gehöre es, dass sie auf einen Akt zurückgehe, den das Staatsvolk selbst setze oder der ihm zumindest zugerechnet werden könne (*Grimm*, JZ 1995, 581, 586; *Isensee*, in: FS Everling, Bd. I, 1995, S. 567, 581). Eine solche Quelle aber fehle dem primären Unionsrecht, das nicht auf ein europäisches Volk, sondern auf die einzelnen Mitgliedstaaten zurückgehe und von diesen abhängig bleibe. Zu einem ähnlichen Ergebnis gelangen andere Stimmen, die verfassungstheoretisch argumentieren (*Möllers*, in: von Bogdandy/Bast (Hrsg.), Europäisches Verfassungsrecht, 2009, S. 227, 229 ff.). Sie kritisieren, dass sich die europäischen Konstitutionalisierungskonzeptionen zu sehr auf die herrschaftsformende Tradition des Verfassungsbegriffs beziehen.

19 Die vorstehende Kritik am Verfassungsbegriff argumentiert formal, in materieller Hinsicht sprechen verschiedene Aspekte für einen Verfassungscharakter der Verträge. Ähnlich einer Verfassung nehmen die Verträge die **höchste Stellung in der Normenhierarchie** der Unionsrechtsordnung ein. Vermittelt über den Vorrang (dazu unten Teil 3, D, Rn. 11 ff.) wirken sie auf das mitgliedstaatliche Recht dergestalt

ein, dass sie, gleich einer Verfassung, prägender Maßstab für das nachfolgende Recht sind. Ein weiteres Indiz sind die **autonomen europäischen Organe**, denen eine Vielzahl von vormals nationalen Gemeinwohlbelangen zur eigenständigen Wahrnehmung übertragen worden ist. Überdies regeln die Verträge, wie eine Verfassung, das **Verhältnis der EU zu den Unionsbürgern**. Sie gewähren „Bürgerrechte", indem sie – vermittelt über die unmittelbare Anwendbarkeit von Bestimmungen des Primärrechts, insbesondere in Gestalt der marktbezogenen Grundfreiheiten sowie des europäischen Grundrechtsschutzes – mitgliedstaatliche und supranationale Hoheitsgewalt im Interesse des individuellen Freiheitsschutzes beschränken. Als weiteres Indiz kann gelten, dass die Verträge bereits heute ganz wesentliche **Funktionen und Inhalte einer Verfassung** aufweisen. Zutreffend wird insoweit die Ordnungsfunktion, die Bestandsicherungsfunktion, die Schutzfunktion, die programmatische Funktion, die Legitimationsfunktion sowie die Integrationsfunktion der Verträge hervorgehoben; hinsichtlich der Inhalte wird an die Stichwörter (innere und äußere) Sicherheit, Rechtsstaat, Demokratie, Sozialstaat und Umweltstaat angeknüpft (*Steinberg*, ZRP 1999, 365, 366 ff.; *Huber*, VVDStRL 60 (2001), 194, 199 ff.; *Peters*, Elemente einer Theorie der Verfassung Europas, 2001, S. 76 ff.; *Schliesky*, Souveränität und Legitimität von Herrschaftsgewalt, 2004, S. 490 ff.).

Mit der europäischen Integration ist eine **Verfassung neuen Typs** 20 entstanden: Eine Art „Wandel-Verfassung", die sich nicht wie (viele) staatliche Verfassungen auf einen Akt der Revolution oder einen Akt der Selbstbestimmung des Volkes zurückführen lässt, sondern die durch Evolution in einem dynamischen Prozess ständiger Konstitutionalisierung wächst. Sie zeichnet sich durch ein europäisches (Teil-)Verfassungsrecht aus, das vermittelt über seinen Vorrang in einem inhaltlichen Verbund mit den Verfassungsordnungen der Mitgliedstaaten steht (*Pernice*, VVDStRL 60 (2001), S. 148, 155 ff.; *Huber*, VVDStRL 60 (2001), S. 194, 198 f.; *Walter*, DVBl. 2000, 1, 5 f.).

bb) Verständnis des Verfassungsverbunds. In einem solchen Ver- 21
fassungsverbund empfängt die europäische Ebene nicht nur Impulse aus dem mitgliedstaatlichen Verfassungsrecht (Art. 6 Abs. 3 EUV, Art. 23 Abs. 1 S. 1 GG), sondern sendet ebensolche auch dahin zurück (vgl. Art. 2 und 7 EUV). Es entsteht ein System wechselseitiger Verfassungsbefruchtung und -stabilisierung. Dieses System wird durch die in allen geschriebenen Verfassungen der Mitgliedstaaten

zugunsten der (europäischen) Integration enthaltenen Öffnungsklauseln, die als eine Art „Schleuse" zwischen den nationalen Verfassungen und der gemeinsamen europäischen Verfassung wirken, ermöglicht. Über die „Schleuse" können sich europäisches und nationales Verfassungsrecht gegenseitig beeinflussen und ergänzen sowie eine wechselseitige komplementäre Maßstäblichkeit entfalten: Aufgrund des Anwendungsvorrangs hat sich das nationale Verfassungsrecht den europäischen Homogenitätsanforderungen anzupassen und unter Umständen – auch weitreichende – Relativierungen hinzunehmen. Gleichzeitig ist es – vermittelt über die allgemeinen Rechtsgrundsätze – wichtigstes Rezeptionsreservoir für das europäische Verfassungsrecht (Art. 6 Abs. 3 EUV, Art. 340 Abs. 2 AEUV).

22 Im Kontext der so skizzierten, im Ergebnis untrennbaren Verflechtung nationalen und europäischen Verfassungsrechts kommt Art. 4 Abs. 3 EUV, verstanden als Pflicht zu gegenseitiger Solidarität im Sinne von loyaler Zusammenarbeit und als Gebot der Rücksichtnahme – gerade mit Blick auf das nationale Verfassungsrecht – besondere Bedeutung zu. Charakteristisch für den so definierten Verfassungsverbund ist daher ein Ineinandergreifen europäischer und nationaler Werte, die sich in Verfassungsprinzipien Ausdruck verschaffen (vgl. Art. 2 EUV). Zu ihrer Verwirklichung ist ein latentes und loyales **Kooperationsverhältnis zwischen nationalen und europäischen Verfassungsorganen** erforderlich (vgl. Art. 4 Abs. 3 EUV). Auf diese Weise entsteht Stück für Stück ein europäischer Werteverbund (*Calliess*, JZ 2004, 1033, 1041 f.).

23 **c) Zusammenhang von Staaten- und Verfassungsverbund.** Den als offene Verfassungsstaaten organisierten Mitgliedstaaten kommt in der Verfassungsentwicklung der EU weiterhin eine entscheidende Rolle zu (*Peters,* Elemente einer Theorie der Verfassung Europas, 2001, S. 426 f.). So gesehen steht der Begriff des Staatenverbundes als Terminus für Wesen und Struktur der EU dem Konzept des Verfassungsverbundes nicht entgegen.

24 Greift man zur weiteren Konkretisierung des Staaten- und Verfassungsverbunds – ohne Frage vereinfachend – auf die völkerrechtliche *Drei-Elemente-Lehre* (dazu oben Teil 1, B, Rn. 27 ff.) zurück und spiegelt diese im Lichte der europäischen Verfassung, so ergibt sich ein klareres Bild der EU: Der Verbund impliziert zunächst die Vorstellung einer zwischen den Mitgliedstaaten und der EU **geteilten Staatsgewalt**, wie man sie aus dem Konzept der „Dual Sovereignty"

A. Europäische Union als Staaten- und Verfassungsverbund

in den Federalist Papers der amerikanischen Verfassungsväter kennt. Diese verschafft sich im Prinzip der begrenzten Einzelermächtigung, demzufolge die EU nur in jenen Bereichen handeln kann, in denen ihr von den Mitgliedstaaten eine Kompetenz zugewiesen wurde (Art. 5 Abs. 2 EUV) sinnfällig Ausdruck.

Somit kann die EU zwar nicht als Staat angesehen werden, weil die Mitgliedstaaten ihre Kompetenz-Kompetenz zurückbehalten haben. Gleichwohl sind Mitgliedstaaten und Union **in ihrem jeweiligen Kompetenzbereich souverän**. Um also im Staatenverbund die volle Souveränität wiederherzustellen, muss die Gesamtheit der Union und ihrer Mitgliedstaaten in den Blick genommen werden.

Auch den **Unionsbürgern** kommt ein **doppelter Status** zu: Sie haben im Staatenverbund einen Status als Staatsangehörige ihres jeweiligen Mitgliedstaates und parallel dazu auf der zentralen Ebene der EU einen Status als Unionsbürger. Indem die Unionsbürgerschaft die Staatsangehörigkeit eines Mitgliedstaates voraussetzt, sind beide Status im Staatenverbund untrennbar miteinander verflochten (vgl. Art. 20 Abs. 1 AEUV).

Der Verbundcharakter der Unionsbürgerschaft kommt auch in den aus dem Unionsbürgerstatus fließenden Rechten zum Ausdruck, sei es im Recht auf diplomatischen und konsularischen Schutz, das auf die mitgliedstaatlichen Institutionen rekurriert, im Wahlrecht, das im wesentlichen der mitgliedstaatlichen Organisation und Ausgestaltung unterworfen ist oder im Grundrechtsschutz, der im Anwendungsbereich des Unionsrechts durch die europäischen Grundrechte, im Übrigen durch die nationalen Grundrechte gewährleistet wird.

Art. 52 EUV und 355 AEUV machen schließlich deutlich, dass sich die EU auch ihr „**Gebiet**" – als letzten Bestandteil der Drei-Elemente-Lehre – mit den Mitgliedstaaten teilt.

Im Ergebnis wird die wechselseitige Verflechtung von EU und Mitgliedstaaten einerseits sowie die diese konkretisierende Verzahnung ihrer Verfassungs- und Rechtsordnungen mit dem Begriff des Staaten- *und* Verfassungsverbundes am besten erfasst. Gleichzeitig korrespondiert das Konzept einem gewandelten Verfassungsbegriff, demzufolge die Verfassung weniger den politischen Gesamtzustand, sondern vielmehr die rechtliche Grundlage einer politischen Gemeinschaft bezeichnet. Ziel ist es, die **Einbindung der (Mitglied-) Staaten in den Verbund bei gleichzeitiger Betonung ihrer Verfassungen** in einer systematisierenden Ordnungsidee abzubilden. Der Staaten- und Verfassungsverbund ist demnach durch das inhaltliche Zusammenwirken und Aufeinander-Angewiesen-Sein der Verfassungen definiert und kann damit als ein die Mitgliedstaaten und ihre Verfassungen verbindendes und ergänzendes überstaatliches Gemeinwesen angesehen werden.

30 Allerdings bleibt im Staaten- und Verfassungsverbund die Frage nach der jeweiligen Maßstabswirkung der Verfassungsebenen offen. Das dem Verbund immanente föderale Spannungsverhältnis wird insoweit von **zwei gegenläufigen Strukturprinzipien** beherrscht: Das Leitbild des Nebeneinander verweist einerseits auf Rücksichtnahme im Sinne der Unionstreue, während der Grundsatz der Funktionsfähigkeit der Union andererseits einen Vorrang des Unionsrechts verlangt.

Der Europäische Staaten- und Verfassungsverbund

```
              Kooperation
        (Intergouvernementalismus)

              Integrationshebel:
              Wirtschaft und Recht

              Integration
           (Supranationalismus)

EUV /                                          Nationale
AEUV      Der Verbundsgedanke:                 Verfassungen
          - gegenseitige Befruchtung und Verflech-
            tung von MS und EU
          - „Export" verfassungsrechtlicher Grund-
            sätze von der staatlichen auf die suprana-
            tionale Ebene
```

Literatur: *Augustin*, Das Volk der Europäischen Union, 2000; *Avbelj*, Questioning EU Constitutionalisms, GLJ 9 (2008), 1; *Beaud*, Théorie de la Fédération, Paris 2007; *ders.*, Europa als Föderation? Relevanz und Bedeutung einer Bundeslehre für die Europäische Union, in: Pernice/Otto (Hrsg.), Europa neu verfasst ohne Verfassung, 2010, S. 59; *von Bogdandy*, Supranationaler Föderalismus als Wirklichkeit und Idee einer neuen Herrschaftsform, 1999; *ders.*, Zur Übertragbarkeit staatsrechtlicher Figuren auf die Europäische Union, FS-Badura, 2004, S. 1033; *Calliess*, in: Calliess/Ruffert (Hrsg.), Kommentar zu EUV/AEUV, 2011, Art. 1 EUV; *ders.*, Europa als Wertegemeinschaft – Integration und Identität durch europäisches Verfassungsrecht, JZ

2004, 1033; *Fischer*, Vom Staatenverbund zur Föderation – Gedanken über die Finalität der europäischen Integration, integration 2000, 149; *Giegerich*, Europäische Verfassung und deutsche Verfassung im transnationalen Konstitutionalisierungsprozess, 2003; *Heinig*, Europäisches Verfassungsrecht ohne Verfassung(svertrag)?, JZ 2007, 905; *Hobe*, Der offene Verfassungsstaat zwischen Souveränität und Interdependenz, 1998; *Huber*, Recht der Europäischen Integration, 2. Aufl. 2002; *ders.*, Europäisches und nationales Verfassungsrecht, VVDStRL 60 (2001), 194; *Isensee*, Integrationsziel Europastaat? in: FS-Everling, Bd. I, 1995, S. 567; *Jestaedt*, Der Europäische Verfassungsverbund. Verfassungstheoretischer Charme und rechtstheoretische Insuffizienz einer Unschärferelation, in: Calliess (Hrsg.), Verfassungswandel im europäischen Staaten- und Verfassungsverbund, 2007, S. 93 ff.; *Kirchhof*, Die rechtliche Struktur der Europäischen Union als Staatenverbund, in: von Bogdandy (Hrsg.), Europäisches Verfassungsrecht, 2003, S. 893 ff.; *Möllers*, Verfassunggebende Gewalt – Verfassung – Konstitutionalisierung. Begriffe der Verfassung in Europa, in: von Bogdandy (Hrsg.), Europäisches Verfassungsrecht, 2003, S. 1 ff.; *Pernice*, Theorie und Praxis des Europäischen Verfassungsverbundes, in: Calliess (Hrsg.), Verfassungswandel im europäischen Staaten- und Verfassungsverbund, 2007, S. 61 ff.; *ders.*, Europäisches und nationales Verfassungsrecht, VVDStRL 60 (2001), 148; *Peters*, Elemente einer Theorie der Verfassung Europas, 2001; *Schliesky*, Souveränität und Legitimität von Herrschaftsgewalt, 2004; *Schmitz*, Integration in der Supranationalen Union, 2001; *Schönberger*, Die Europäische Union als Bund, AöR 129 (2004), 81; *Weiler*, The Reformation of European constitutionalism, JCMS 35 (1997), 197.

II. Akteure im Staaten- und Verfassungsverbund

1. Organe der EU

In **Art. 13 EUV** sind mit dem Europäische Parlament, dem Europäischen Rat, dem Rat, der Europäischen Kommission, dem Gerichtshof, der Europäischen Zentralbank und dem Rechnungshof diejenigen Institutionen aufgeführt, über die die EU tätig wird.

Die Organe der Union, Art. 13 I EUV

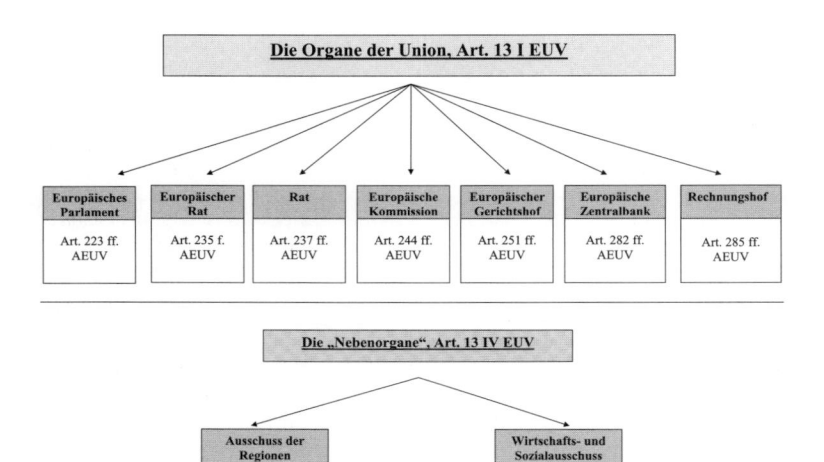

Europäisches Parlament	Europäischer Rat	Rat	Europäische Kommission	Europäischer Gerichtshof	Europäische Zentralbank	Rechnungshof
Art. 223 ff. AEUV	Art. 235 f. AEUV	Art. 237 ff. AEUV	Art. 244 ff. AEUV	Art. 251 ff. AEUV	Art. 282 ff. AEUV	Art. 285 ff. AEUV

Die „Nebenorgane", Art. 13 IV EUV

Ausschuss der Regionen	Wirtschafts- und Sozialausschuss
Art. 300, 305 ff. AEUV	Art. 300 ff. AEUV

32 **a) Europäischer Rat, Art. 15 EUV.** Der Europäische Rat hat sich außerhalb der Verträge seit Anfang der 1970er Jahre zum politischen Leitungsorgan der damaligen EWG entwickelt. Erst mit dem Vertrag von Maastricht ist er als Unionsorgan vertraglich verankert. Heute besteht der Europäische Rat gemäß Art. 15 Abs. 2 EUV aus je einem Staats- oder (nicht und) Regierungschef der Mitgliedstaaten sowie dem Präsidenten des Europäischen Rates und dem Kommissionspräsidenten. Dessen Beteiligung ist vorgesehen, damit neben den nationalen Interessen auch das Unionsinteresse in die Entscheidungsfindung einfließt.

33 Nach Art. 15 Abs. 1 EUV gibt der Europäische Rat die **für die Entwicklung der Union erforderlichen Impulse** und legt die allgemeinen politischen Zielvorstellungen und Prioritäten hierfür fest. Diese Aufgabe umfasst die Erörterung grober Leitlinien, aber auch Einzelfragen, die in den eigentlichen Entscheidungsprozessen der EU nicht lösbar sind. Gesetzgeberisch darf der Europäische Rat aber nicht tätig werden.

34 Konkrete rechtliche Aufgaben sind dem Europäischen Rat indes nur vereinzelt insbesondere in Form von **Koordinierungsaufgaben** übertragen, so z. B. in Art. 26 EUV über die Bestimmung von Grundsätzen und Gemeinsamen Strategien der GASP. Er nimmt Schlussfolgerungen zu den Grundzügen der Wirtschaftspolitik (Art. 121 Abs. 2 AEUV) oder zur Beschäftigungslage

(Art. 148 AEUV) an. Darüber hinaus ist dem Europäischen Rat in den Verträgen die Rolle eines Schlichters oder Blockadebrechers zugewiesen (z. B. Art. 28 Abs. 5 EUV), und zwar insbesondere wenn sich ein Mitgliedstaat auf wichtige Gründe der nationalen Politik beruft.

Der Europäische Rat **tagt** mindestens zweimal halbjährlich. Er 35 kann dabei von den Außenministern der Mitgliedstaaten und einem Kommissionsmitglied unterstützt werden. Die wesentlichen Tagungsergebnisse werden in Form von sog. **Schlussfolgerungen** mitgeteilt und als Bericht dem Europäischen Parlament vorgelegt.

Mit dem Reformvertrag von Lissabon neu eingeführt wurde das 36 Amt des **Präsidenten des Europäischen Rates**. Dieses übt eine von den Mitgliedern des Europäischen Rates für zweieinhalb Jahre gewählte Persönlichkeit hauptamtlich aus, die deswegen nicht zugleich ein einzelstaatliches Amt inne hat. Neben seiner Leitungs-, Koordinations- und Impulsfunktion in Bezug auf die Arbeit des Europäischen Rates (Art. 15 Abs. 6 EUV) nimmt der Präsident die Außenvertretung der EU in Angelegenheiten der Gemeinsamen Außen- und Sicherheitspolitik (GASP) wahr. Insoweit tritt der Präsident nunmehr „als Gesicht" der EU auf und nicht mehr primär als Vertreter im Europäischen Rat koordinierter einzelstaatlicher Interessen.

Literatur: *Everling*, Die Rolle des Europäischen Rates gegenüber den Gemeinschaften, in: Ress/Schwarze/Stein (Hrsg.), Die Organe der Europäischen Union im Spannungsfeld zwischen Gemeinschaft und Zusammenarbeit, EuR-Beiheft 2/1995, S. 41; *Glaesner*, Der Europäische Rat, EuR 1994, 22; *Martenczuk*, Der Europäische Rat und die Wirtschafts- und Währungsunion, EuR 1998, 151; *Schoo*, Das neue institutionelle Gefüge der EU, EuR-Beiheft 1/2009, 51.

b) Rat, Art. 16 EUV. Aufgrund der ausdrücklichen Differenzie- 37 rung zwischen „Europäischem Rat" und „Rat" im EU-Vertrag dürfen beide Institutionen z. B. hinsichtlich der ihnen zugewiesenen Kompetenzen nicht verwechselt werden. Zudem darf dieses Gremium nicht mit dem Europarat gleichgesetzt werden, der außerhalb des Unionsrechts vor allem für den europaweiten Schutz der Menschen- und Bürgerrechte im Rahmen der EMRK zuständig ist.

aa) Zusammensetzung. Der Rat bzw. Ministerrat setzt sich nach 38 Art. 16 Abs. 2 EUV aus je einem **Vertreter eines jeden Mitgliedstaats auf Ministerebene** zusammen. Darunter fallen in personeller Hinsicht die je nach Ratformation fachlich zuständigen Minister der Bundesregierung (z. B. beim Beratungsgegenstand „Umwelt" der Umweltminister), aber auch der Landesregierungen. Letztere werden nach Art. 23 Abs. 6 S. 1 GG insbesondere dann entsandt, wenn im Schwerpunkt ausschließliche Gesetzgebungsbefugnisse der Länder berührt sind. Auch Staatssekretäre sind zwar nicht nach dem Wortlaut des Art. 16 Abs. 2 AEUV, aber aufgrund von Unionsgewohnheitsrecht zugelassen.

39 **bb) Aufgaben und Beschlussfassung.** Gemäß Art. 16 Abs. 1 EUV wird der Rat **gemeinsam mit dem Europäischen Parlament** als **Gesetzgeber** tätig und übt gemeinsam mit ihm die **Haushaltsbefugnisse** aus. Zu seinen Aufgaben gehören die Festlegung der Politik und die Koordinierung nach Maßgabe der Verträge vor allem im Bereich der GASP (dann als Rat „Auswärtige Angelegenheiten", Art. 16 Abs. 6 UAbs. 3 EUV) und der Wirtschaftspolitik.

40 Der Ministerrat wird nach Art. 237 AEUV auf Initiative des Präsidenten, eines Mitgliedstaates oder der Kommission einberufen. Nach Art. 16 Abs. 3 EUV erfolgt die Beschlussfassung seit dem Vertrag von Lissabon grundsätzlich mit **qualifizierter Mehrheit.**

41 Insoweit wurde das bisherige Verfahren der Stimmgewichtung nach einer Übergangszeit im Jahre 2014 aufgegeben und der Schritt zu einer sog. **doppelten Mehrheit** vollzogen. Der Vorteil des neuen Systems der doppelten Mehrheit gegenüber der bisherigen Stimmengewichtung liegt darin, dass jeder Staat eine einzige, d. h. grundsätzlich gleichwertige, Stimme hat und durch die Berücksichtigung des demographischen Elements (der Bevölkerung) keine Verzerrung zugunsten der mittleren und kleinen Staaten mehr möglich sein soll. Zum Erreichen der qualifizierten Mehrheit im Rat bedarf es nunmehr mindestens 55% der Mitgliedstaaten (falls es sich nicht um einen Vorschlag der Kommission handelt: 72%), die sich mindestens aus 15 Mitgliedstaaten zusammensetzen müssen und mindestens 65% der Bevölkerung der Union vertreten müssen (Art. 16 Abs. 4 EUV). Die Anforderung einer Mindestanzahl von 15 Staaten ist durch die Erweiterung der EU auf 28 Mitgliedstaaten überflüssig geworden, da für 55% der Mitgliedstaaten nun grundsätzlich mindestens 15 Staaten nötig sind. Die beiden Aspekte der doppelten Mehrheit stellen – wie das bisherige System der Stimmengewichtung – die Berücksichtigung von Staatengleichheit und Bevölkerungsanzahl sicher, jedoch in einer wesentlich deutlicheren und verständlicheren Weise. Als Ausgleich zu der Bevölkerungsstärke und dem damit verbundenen Einfluss der großen Mitgliedstaaten wurden die Anforderungen

A. Europäische Union als Staaten- und Verfassungsverbund   185

an die Sperrminorität, deren 35 % bisher bereits durch drei Mitgliedstaaten erreicht werden konnten, auf eine Mindestanzahl von vier Mitgliedstaaten erhöht. Aufgrund dieses dritten Kriteriums wird teilweise auch von einer „dreifachen Mehrheit" gesprochen (*Hofmann/ Wessels*, integration 2008, 3, 15).

Literatur: *Everling*, Mehrheitsabstimmung im Rat der EU nach dem Verfassungsvertrag – Rückkehr zu Luxemburg und Ioannina?, FS-Zuleeg, 2005, S. 158; *Götz*, Mehrheitsbeschlüsse des Rates der Europäischen Union, FS-Everling, 1995, S. 339; *Hix*, Das institutionelle System im Konventsentwurf eines Vertrages über eine Verfassung für Europa. Der Ministerrat und der Europäische Rat, in: Schwarze, Verfassungsentwurf, 2007, S. 75; *Huber*, Das institutionelle Gleichgewicht zwischen Rat und Europäischem Parlament in der künftigen Verfassung für Europa, EuR 2003, 574; *Lenski*, Rat und Europäischer Rat nach dem Vertrag von Lissabon, in: Pernice (Hrsg.), Der Vertrag von Lissabon: Reform der EU ohne Verfassung?, 2008, S. 99; *Wedemeyer*, Mehrheitsbeschlussfassung im Rat der EU, 2008.

c) Europäische Kommission, Art. 17 EUV. Die Kommission vertritt als von den Mitgliedstaaten **unabhängiges supranationales Organ** die Interessen der EU und nimmt vorwiegend Exekutivbefugnisse wahr.   42

aa) Zusammensetzung. Gemäß Art. 17 Abs. 4 EUV besteht die Kommission einschließlich ihres Präsidenten und des Hohen Vertreters der Union für Außen- und Sicherheitspolitik **aus je einem Staatsangehörigen eines Mitgliedstaats**.   43

Um die **Arbeitsfähigkeit** der Kommission trotz der insbesondere seit der Osterweiterung stark gestiegenen Anzahl an Mitgliedstaaten zu erhalten, sollte – als Ergebnis eines bereits seit dem Vertrag von Amsterdam diskutierten Reformvorhabens – mit Art. 17 Abs. 5 EUV eine Verkleinerung der Kommission in Gestalt eines Rotationsverfahrens zum 01.11.2014 erfolgen. Im Vorfeld des zweiten Referendums über den Vertrag von Lissabon beschloss der Europäischen Rat jedoch als Zugeständnis an Irland, dass sich die Kommission – zumindest bis zu einer erneuten Beschlussfassung hinsichtlich dieser Frage – auch weiterhin aus je einem Staatsangehörigen pro Mitgliedstaat zusammensetzt. Folglich wird die angestrebte Verkleinerung vorerst nicht umgesetzt werden können.   44

Der Kommission steht ein **Präsident** vor, dessen politische Stellung durch den Vertrag von Lissabon gestärkt wurde. Dieser kann nunmehr sein Recht, Kommissare zum Rücktritt aufzufordern, ohne Zustimmung des Kollegiums ausüben. Darüber hinaus legt er Leitlinien fest, nach denen die Kommission ihre Arbeit ausübt. Dieser Zuwachs   45 an Befugnissen geht mit einer Stärkung der demokratischen Legitimation seiner Wahl einher. Gemäß Art. 17 Abs. 7 EUV schlägt der Europäische Rat mit qualifizierter Mehrheit dem Europäischen Parlament nach entsprechenden Konsultationen zwar wie bisher einen Kandidaten für das Amt des Präsidenten der Kommission vor. Dabei hat er nunmehr aber das **Ergebnis der Wahlen zum Europäischen Parlament zu berücksichtigen**. Im Zuge dessen zogen die Parteien 2014 erstmals mit Spitzenkandidaten in die Europawahl. Das Europäische Parlament wählt diesen Kandidaten sodann mit der Mehrheit seiner Mitglieder.

46 Erst im Anschluss daran nimmt der Rat im Einvernehmen mit dem gewählten Präsidenten, die Liste der anderen Persönlichkeiten an, die er als Mitglieder der Kommission vorschlägt. Abschließend stellen sich der Präsident, der Hohe Vertreter der Union für Außen- und Sicherheitspolitik und die übrigen Mitglieder der Kommission **als Kollegium einem Zustimmungsvotum des Europäischen Parlaments**. Auf der Grundlage dieser Zustimmung wird die Kommission vom Europäischen Rat mit qualifizierter Mehrheit ernannt. Die Kommissare sind an etwaige Weisungen der Mitgliedstaaten bzw. anderer Stellen nicht gebunden, sondern unabhängig und damit ausschließlich dem Unionsinteresse verpflichtet.

47 **bb) Aufgaben und Beschlussfassung.** Die Kommission fördert gemäß Art. 17 Abs. 1 EUV das Gemeinschafts- bzw. Unionsinteresse und ergreift geeignete Initiativen zu diesem Zweck. Insofern wirkt sie als **„Motor" der Integration**. Entscheidend dafür sind insbesondere ihr gesetzgeberisches Initiativmonopol und die daran anknüpfenden weiteren Mitwirkungsbefugnisse der Kommission im Rechtsetzungsverfahren durch Parlament und Rat. Daneben fungiert sie als **„Hüterin" des Unionsrechts**, indem sie für die Anwendung der Verträge sowie der von den Organen kraft der Verträge erlassenen Maßnahmen sorgt und die Anwendung des Unionsrechts unter der Kontrolle des Gerichtshofs der Europäischen Union im Vertragsverletzungsverfahren (Art. 258 AEUV) überwacht. Außerdem führt sie den Haushaltsplan, verwaltet die Förderprogramme und Strukturfonds der EU und wirkt im Rahmen des europäischen Wettbewerbsrechts (vgl. Art. 101 ff. AEUV) als Aufsichtsbehörde mit unmittelbaren Durchgriffsbefugnissen.

48 Die Beschlüsse der Kommission werden gemäß Art. 250 AEUV mit der **Mehrheit** ihrer Mitglieder getroffen. Darin kommt die Struk-

tur der Kommission als Kollegialorgan zum Ausdruck, die auch nach der Stärkung der Position des Kommissionspräsidenten (vgl. Art. 17 Abs. 6 EUV) weiterhin erhalten bleibt.

Literatur: *Bauer/Heisserer,* Die Reform der Europäischen Kommission. Modernisierungskonzepte aus vier Jahrzehnten im Vergleich, integration 2010, 21; *Bieber,* Reformen der Institutionen und Verfahren – Amsterdam kein Meisterstück, integration 1997, 236; *Calliess,* Die neue Europäische Union nach dem Vertrag von Lissabon, 2010, S. 140 ff.; *Ehlermann,* Das schwierige Geschäft der Kommission, EuR 1981, 335; *Nass,* Eine Institution im Wandel: Die Europäische Kommission, FS-Mestmäcker, 1996, S. 411; *v. Buttlar,* Das Initiativrecht der Kommission, 2003, S. 22 ff.

d) Europäisches Parlament, Art. 14 EUV. Im Europäischen Parlament sind die Bürgerinnen und Bürger der EU unmittelbar auf Unionsebene vertreten (Art. 10 Abs. 2 EUV). Als **demokratisches Repräsentativorgan** ist seine Bedeutung im Laufe der Entwicklung der europäischen Integration erheblich gestiegen. Seine Zusammensetzung und Aufgaben sind im Wesentlichen in Art. 14 EUV geregelt.

aa) Zusammensetzung. Die Mitglieder des Europäischen Parlaments werden in allgemeiner, unmittelbarer, freier und geheimer **Wahl** für eine Amtszeit von fünf Jahren gewählt. Ihre Zahl ist durch Art. 14 Abs. 2 EUV auf 751 einschließlich des Präsidenten begrenzt. Sie sind an Aufträge und Weisungen nicht gebunden, so dass wie im nationalen Recht der Grundsatz des freien Mandats gilt. Die Sitzverteilung erfolgt degressiv proportional.

Die **fehlende Erwähnung der Wahlgleichheit** („One Man, One Vote") in Art. 14 Abs. 2 EUV ist kein Zufall, sondern vielmehr Ergebnis eines Kompromisses zwischen dem völkerrechtlichen Grundsatz der Staatengleichheit und dem demokratischen Postulat eines egalitären Wahlrechts. Infolgedessen sind die kleineren Mitgliedstaaten im Hinblick auf die Sitzverteilung tendenziell über- und die größeren Mitgliedstaaten tendenziell unterrepräsentiert. So entfallen auf Deutschland 99 Sitze, d. h. ein Sitz auf ca. 811.000 Einwohner, auf Malta 6 Sitze, d. h. ein Sitz auf ca. 67.000 Einwohner. Eine Verletzung insbesondere des allgemeinen Gleichheitssatzes liegt darin aber nicht. Denn der Inhalt dieses Prinzips wird über einen wertenden Vergleich der mitgliedstaatlichen Verfassungen bestimmt. Daher kann das Unionsrecht wegen der Unterschiede in den nationalen Wahlsystemen nur einen Kern an Wahlrechtsgleichheit gewähren, den die Sitzverteilung im Europäischen Parlament aber wahrt.

bb) Aufgaben. Der ursprünglich begrenzte Aufgabenbereich des Europäischen Parlaments ist durch Art. 14 Abs. 1 EUV nunmehr umfassender angelegt. Im Vordergrund steht dabei die **Gesetzgebungsbefugnis**, die das Parlament gemeinsam mit dem Rat ausübt. Im Rahmen des sog. ordentlichen Gesetzgebungsverfahrens (Art. 294 AEUV, ehemals Mitentscheidungsverfahren) wird das Parlament nun (wie in einem Zweikammersystem) als **gleichberechtigter Mitgesetzgeber** tätig. Lediglich ein ausnahmsweise in den Verträgen angeordnetes besonderes Gesetzgebungsverfahrens kann das Parlament auf bloße Zustimmungs- oder Anhörungsrechte verweisen. Generell gleichberechtigt werden dagegen die Haushaltsbefugnisse von Rat und Parlament ausgeübt.

53 Neben der Gesetzgebungsfunktion erfüllt das Parlament aber auch Aufgaben der politischen Kontrolle. **Kontrollrechte** sind dem Europäischen Parlament vor allem gegenüber der Kommission eingeräumt. Zum einen wählt es den Präsidenten der Kommission, zum anderen kann es ein Misstrauensvotum gegen die Kommission stellen (Art. 234 AEUV). Sie hat geschlossen ihr Amt niederzulegen, wenn 2/3 der Abgeordneten ein derartiges Gesuch unterstützen. Im Falle eines behaupteten Verstoßes gegen das Unionsrecht kann ferner ein Untersuchungsausschuss im Sinne des Art. 226 AEUV eingesetzt werden, wenn 25% der Abgeordneten dieses Vorhaben unterstützen. Das in Art. 230 AEUV niedergelegte Fragerecht der Mitglieder des Europäischen Parlaments rundet dessen Kontrollbefugnisse gegenüber der Kommission ab.

Literatur: *Bröhmer,* Das Europäische Parlament: Echtes Legislativorgan oder bloßes Hilfsorgan im legislativen Prozeß?, ZeuS 1999, 197; *Heintzen,* Die Legitimation des Europäischen Parlaments, ZEuS 2000, 377; Hofmann/Naumann (Hrsg.), Europäische Demokratie in guter Verfassung?, 2010; *Jacqué,* Der Vertrag von Lissabon – neues Gleichgewicht oder institutionelles Sammelsurium, integration 2010, 103; *von Komorowski,* Demokratieprinzip und Europäische Union, 2010; *Maurer,* Parlamentarische Demokratie in der Europäischen Union, 2002; *ders.* (Hg.) Das Europäische Parlament: Supranationalität, Repräsentation und Legitimation, 2005; *ders./Wessels,* Das Europäische Parlament nach Amsterdam und Nizza: Akteur, Arena oder Alibi?, 2003; *Ott,* Die Kontrollfunktion des Europäischen Parlaments gegenüber der Europäischen Kommission, ZEuS 1999, 238; *Saalfrank,* Funktionen und Befugnisse des Europäischen Parlaments, 1995; *Seibold,* Die Kontrolle der Europäischen Kommission durch das Europäische Parlament, 2004; *Suski,* Das Europäische Parlament. Volksvertretung ohne Volk und Macht?, 1996.

54 **e) Europäischer Gerichtshof (EuGH und EuG), Art. 19 EUV.** Als Gerichtshof der Europäischen Union bezeichnet Art. 19 EUV

A. Europäische Union als Staaten- und Verfassungsverbund 189

nunmehr das unionale Gerichtssystem als solches, bestehend aus dem Gerichtshof (EuGH), dem Gericht erster Instanz (EuG) und den Fachgerichten.

aa) Zusammensetzung. Nach Art. 19 Abs. 2 EUV besteht der EuGH aus einem Richter je Mitgliedstaat, die unabhängig und von höchster juristischer Befähigung sein müssen. Sie werden von den Regierungen der Mitgliedstaaten im gegenseitigen Einvernehmen für eine Amtszeit von sechs Jahren ernannt. Unterstützt wird der Gerichtshof durch acht **Generalanwälte**, die denselben Qualitätsanforderungen genügen müssen wie die Richter. Sie sind Teil des arbeitsteiligen Prozesssystems in der Unionsgerichtsbarkeit und bereiten die Entscheidungsfindung des Gerichtshofs durch sog. Schlussanträge vor. Diese dienen im Wesentlichen der Aufbereitung des Sachverhalts und enthalten eine umfassende rechtliche Würdigung, ohne allerdings die Unabhängigkeit des Gerichtshofs in der Entscheidungsfindung in Frage zu stellen (zur internen Arbeitsweise des EuGH *Kokott*, EuGRZ 2013, 465 ff.; *Seyr*, JuS 2005, 315 ff.). 55

Zur Entlastung des EuGH ist ein Gericht (**EuG**) eingerichtet worden, das nach Art. 19 Abs. 2 EUV aus mindestens einem Richter je Mitgliedstaat besteht. Es gelten weitgehend dieselben Ernennungsvoraussetzungen und -modalitäten wie für die Richter des EuGH. Generalanwälte sind dem EuG indes nicht zugeordnet, obwohl dies nach Art. 254 AEUV möglich wäre. Die Zuständigkeiten des Gerichts erster Instanz sind in Art. 256 AEUV geregelt. 56

Daneben sieht Art. 257 AEUV die Möglichkeit für Parlament und Rat vor, zur Entlastung des EuGH **Fachgerichte** einzurichten, die für Entscheidungen im ersten Rechtszug von Klagen zuständig sind, die auf besonderen Sachgebieten erhoben werden. So besteht etwa seit dem Jahr 2004 das auf der Grundlage dieser Befugnis eingerichtete Gericht für den öffentlichen Dienst der Europäischen Union. 57

bb) Aufgaben. Nach Art. 19 Abs. 1 EUV obliegt der Unionsgerichtsbarkeit die **Wahrung des Rechts bei der Auslegung und Anwendung der Verträge**. Von dieser Kompetenz ist die richterliche Rechtsfortbildung durch den EuGH umfasst (ausführlich *Calliess*, NJW 2005, 929 ff.). Damit erstreckt sich der Kontrollmaßstab auf alle unionsrechtlichen Rechtsquellen, also sowohl Primär- als auch Sekundärrecht. Überprüft wird die Unionsrechtskonformität sowohl des Handelns der Unionsorgane als auch der Mitgliedstaaten. Insofern nimmt der Gerichtshof gleichzeitig Aufgaben der unionalen Verfas- 58 sungsgerichtsbarkeit sowie der Fachgerichtsbarkeit war und teilt sich letztlich mit der Kommission die Rolle als Hüter des Unionsrechts.

59 Art. 19 Abs. 3 EUV begründet die Zuständigkeit des EuGH, die durch eine Reihe von Einzelbestimmungen konkretisiert und ergänzt wird (vgl. Art. 218 Abs. 11, 228 Abs. 2, 245, 247, 256 ff., 286 Abs. 6, 289 Abs. 4, 294 Abs. 15, 299 AEUV sowie die Satzung des EuGH). Kennzeichnend ist dabei im Rahmen des **Individualrechtsschutzes** ein Nebeneinander von zentralem Rechtsschutz durch **Direktklagen** zum Gerichtshof (Art. 263 Abs. 4 AEUV) und dem von den Mitgliedstaaten im Wege des **Vorabentscheidungsverfahrens** (Art. 267 AEUV) zu gewährleistenden dezentralen Rechtsschutz (*Calliess*, NJW 2002, 3577 ff.). Dieses auf Vorlage mitgliedstaatlicher Gerichte erfolgende Vorabentscheidungsverfahren hat sich als wichtigster Mechanismus der dynamischen Unionsrechtsauslegung durch den EuGH erwiesen und wird verfassungsrechtlich durch das Recht auf den gesetzlicher Richter (Art. 101 Abs. 1 GG) abgesichert (ausführlich *Calliess*, NJW 2013, 1905 ff.). Daneben sieht der Vertrag zur Beilegung von Kompetenz- und Organstreitigkeiten in Form der privilegierten Direktklage nach Art. 263 Abs. 1 AEUV sowie eine Untätigkeitsklage vor. Das Verhalten der Mitgliedstaaten kann im Wege eines Vertragsverletzungsverfahrens, das von der Kommission eingeleitet wird, auf seine Unionsrechtskonformität überprüft werden. Im Falle der Nichtbefolgung des Urteils besteht die Möglichkeit eines Sanktionsverfahrens, im Rahmen dessen gegenüber dem vertragsbrüchigen Mitgliedstaat Strafgeldzahlungen verhängt werden (vgl. Art. 258 ff. AEUV). Eine Amtshaftungsklage sowie die Möglichkeit von Gutachten zur Rechtmäßigkeit völkerrechtlicher Verträge, deren Abschluss durch die EU beabsichtigt ist, runden die Kontrolle der Rechtmäßigkeit ab.

Literatur: *Bast*, Handlungsformen und Rechtsschutz, in: von Bogdandy (Hrsg.), Europäisches Verfassungsrecht (2. Auflage 2009), S. 489; *Calliess*, Kohärenz und Konvergenz beim europäischen Individualrechtsschutz – Der Zugang zum Gericht im Lichte des Grundrechts auf effektiven Rechtsschutz, NJW 2002, 3577; *ders.*, Grundlagen, Grenzen und Perspektiven europäischen Richterrechts, NJW 2005, 929 ff.; *ders.*, Der EuGH als gesetzlicher Richter im Sinne des Grundgesetzes, NJW 2013, 1905 ff.; *Hakenberg*, Das Gericht für den öffentlichen Dienst der EU – Eine neue Ära in der Gemeinschaftsgerichtsbarkeit, EuZW 2006, 391; *Kokott*, Der EuGH, Blick in eine Werkstatt der Integration, EuGRZ 2013, 465 ff.; *Lenz*, Die Gerichtsbarkeit in der Europäischen Gemeinschaft nach dem Vertrag von Nizza, EuGRZ 2001, 433; *Seyr*, Der verfahrensrechtliche Ablauf vor dem EuGH am Beispiel der Rechtssache

Prosciutto die Parma, JuS 2005, 315; *Thiele,* Das Rechtsschutzsystem nach dem Vertrag von Lissabon – (K)ein Schritt nach vorn?, EuR 2010, 30.

f) „Außenminister" der EU. Eine wesentliche Neuerung durch 60 den Vertrag von Lissabon ist mit dem **neuen Amt** des Hohen Vertreters der Union für Außen- und Sicherheitspolitik verbunden, das dem im Verfassungsvertrag vorgesehenen, dort explizit so bezeichneten Europäischen Außenministers entspricht (Art. 18 EUV).

aa) Aufgaben und Befugnisse. Mit der Einführung des Amtes ei- 61 nes Hohen Vertreters für Außen- und Sicherheitspolitik wird eine **Bündelung von** bislang auf Rat und Kommission aufgeteilten **Aufgaben** im Rahmen der gesamten Außenpolitik, die die Handels-, Entwicklungs- und Assoziierungspolitik der EU umfasst) bezweckt. Mit dem neuen Amt soll die EU außenpolitisch ein Gesicht und damit einen Ansprechpartner („einheitliche Telefonnummer") bekommen. Zugleich nimmt der Hohe Vertreter den Vorsitz im Außenministerrat und das Amt des Vizepräsidenten der Kommission wahr (Art. 18 Abs. 3, 4 EUV). Der Hohe Vertreter der Union für die Außen- und Sicherheitspolitik wird gemäß Art. 18 Abs. 1 EUV mit qualifizierter Mehrheit für eine Amtsperiode von fünf Jahren durch den Europäischen Rat mit Zustimmung des Kommissionspräsidenten ernannt.

Nach Art. 18 Abs. 2 EUV wird ihm die **Leitung der Gemeinsa-** 62 **men Außen- und Sicherheitspolitik (GASP)** übertragen. Zusammen mit den Mitgliedstaaten ist der Hohe Vertreter zur Durchführung der GASP verpflichtet. Insoweit ist er auch weiterhin ausdrücklich dem Rat zugeordnet und an dessen Richt- und Leitlinien sowie Vorgaben gebunden. Gemäß Art. 27 Abs. 2 EUV erhält der Hohe Vertreter der EU die Kompetenz, im Namen der EU rechtserhebliche Erklärungen abzugeben oder zu empfangen sowie im Namen der Union den politischen Dialog mit Drittstaaten zu führen und den Standpunkt der Union in internationalen Organisationen oder auf internationalen Konferenzen zu vertreten. Der Hohe Vertreter ist ferner für die Koordinierung der außenpolitischen Aktivitäten der Mitgliedstaaten und der Union zuständig (Art. 34 Abs. 1 EUV). Außerdem soll er schließlich als Sprachrohr der EU im UN-Sicherheitsrat dienen. Unterstützt wird der Hohe Vertreter durch einen inzwischen eingerichteten **Europäischen Auswärtigen Dienst** (Art. 27 Abs. 3 EUV) sowie verschiedene in strategischen Fragen beratende Gremien (ausführlich *Calliess,* Die neue EU, S. 406 ff.).

bb) Verhältnis zum Präsidenten des Europäischen Rates.

63 Problematisch erscheint die **Abgrenzung der Kompetenzen** des Hohen Vertreters der Union für Außen- und Sicherheitspolitik zu denen des Präsidenten des Europäischen Rates, die in Art. 15 Abs. 6 EUV lediglich insofern erwähnt wird, als der Präsident des Europäischen Rates seine Kompetenzen unbeschadet der Befugnisse des Hohen Vertreters und nur auf „seiner Ebene" wahrnimmt (kritisiert auch von *Schoo*, EuR 2009, Beih. 1, 51, 64). Die Außenvertretung obliegt dem Präsidenten damit nur auf der Ebene der Staats- und Regierungschefs. Der Hohe Vertreter besitzt im Gegensatz zum Präsidenten des Europäischen Rates durch seine Stellung als Vizepräsident der Kommission, den gleichzeitigen Vorsitz im Rat für Auswärtige Angelegenheiten und den ihm zugeordneten Europäischen Auswärtigen Dienst (vgl. Art. 27 Abs. 3 EUV) einen stärkeren und zu einer programmatischen Arbeit fähigen Verwaltungsapparat als Unterbau.

Literatur: *Kadelbach*, Die Gemeinsame Außenpolitik nach dem Verfassungsentwurf, in: Hofmann/Zimmermann, Eine Verfassung für Europa, 2005, S. 145; *Knoop*, Der Außenminister der Europäischen Union und der Europäische Auswärtige Dienst, in: Hendler u. a. (Hrsg.), Für Sicherheit, für Europa, FS-Götz, 2005, S. 93 ff.; *Kugelmann*, „Kerneuropa" und der EU-Außenminister – die verstärkte Zusammenarbeit in der GASP; EuR 2004, 322; *Martencsuk*, The External Representation of the European Union: From Fragmentation to a Single European Voice, in: Fischer-Lescano u. a. (Hrsg.), Frieden in Freiheit, FS-Bothe, 2008, S. 941; *Thym*, Die institutionelle Architektur europäischer Außen- und Sicherheitspolitik, ArchVR 42 (2004), 44; *Vernet*, Die Union als außenpolitischer Akteur, EuGRZ 2004, 584 ff.

64 **g) EZB und Rechnungshof.** Die **Europäische Zentralbank** (EZB) ist – gemeinsam mit den nationalen Zentralbanken – Teil des Europäischen Systems der Zentralbanken (Art. 282 AEUV), dessen vorrangiges Ziel es ist, die Preisstabilität zu gewährleisten. Die mit Rechtspersönlichkeit ausgestattete EZB ist allein befugt, die Ausgabe des Euro zu genehmigen. Sie ist in der Ausübung ihrer Befugnisse und der Verwaltung ihrer Mittel nach dem Vorbild der deutschen Bundesbank unabhängig (Art. 282 Abs. 3 AEUV) und dabei vom EuGH gemäß Art. 263 AEUV auch nur begrenzt überprüfbar. Insoweit ist der Ausgang des vom **BVerfG im Rahmen einer Ultra-Vires-Kontrolle** am 14.1.2014 (erstmals) angestrengten Vorlageverfahrens zum EuGH relevant, im Rahmen dessen das von der EZB im Hinblick auf die schwelende Staatsschuldenkrise im Euroraum angekündigte **sog. OMT-Programm** zum unbegrenzten Aufkauf von Staatsanleihen auf seine Vereinbarkeit mit dem Mandat der EZB überprüft wird (vgl. BVerfG, 2 BvR 2728/13 = NJW 2014, 907; zu dieser Thematik

einerseits *Kahl*, DVBl. 2013, 197 ff., andererseits *Hermann*, EuZW 2014, 161 ff.; *Thiele*, Das Mandat der EZB und die Krise des Euro, 2013 sowie jüngst *Heun*, JZ 2014, 331; dazu auch unten Teil 3, D, Rn. 73 ff.).

Der **Rechnungshof** nimmt die Rechnungsprüfung der Union 65 wahr. Er prüft die Rechtmäßigkeit und Ordnungsmäßigkeit der Einnahmen und Ausgaben der Union sowie grundsätzlich jeder von der Union geschaffenen Einrichtung oder sonstigen Stelle und überzeugt sich von der Wirtschaftlichkeit der Haushaltsführung (vgl. Art. 287 Abs. 2 AEUV).

2. Mitgliedstaaten und ihre Organe

Mit dem Errichten der Europäischen Union durch völkerrechtliche 66 Verträge hat sich die Rolle der Mitgliedstaaten nicht erschöpft. Im Staaten- und Verfassungsverbund hängen vielmehr die Fortentwicklung und das Funktionieren der Union vom Zusammenwirken der Mitgliedstaaten mit der EU ab. Die Mitgliedstaaten sind insofern **Schöpfer, Akteure und zugleich Unterworfene der Unionsgewalt.** Unter dem Aspekt der Mitgestaltung erlangen sie insbesondere im Bereich von Vertragsänderungen, Rechtsetzung und Vollzug des Unionsrechts Bedeutung.

Die Entscheidungsbefugnis über die Änderung der Verträge liegt in 67 der Hand der Mitgliedstaaten. Sie ist nach Art. 48 EUV zunächst nur verfahrensmäßig begrenzt. Umstritten ist jedoch, ob sich aus dem Unionsrecht auch materielle Schranken für **Vertragsänderungen** im Sinne eines änderungsfesten Kerns ergeben können (vgl. dazu *Schroeder*, Das Gemeinschaftsrechtssystem, 2002, S. 366 ff.; *Nettesheim*, EuR 2006, 737, 742 ff.). Anknüpfungspunkt dafür ist das Gutachten des EuGH zum EWR-Abkommen, indem der Gerichtshof bestimmte unionale Strukturprinzipien von einer Änderung – jedenfalls im Wege völkerrechtlicher Verträge mit Drittstaaten – ausgenommen hat (EuGH, Gutachten 1/91, Slg. 1991, I-6079, Rn. 71). Unabhängig davon haben die Mitgliedstaaten aber grundsätzlich insofern die Position als „**Herren der Verträge**" inne, als formelle Vertragsänderungen weiterhin an die Zustimmung jedes Mitgliedstaates geknüpft sind. Insbesondere liegt die sog. Kompetenz-Kompetenz bei ihnen, da aufgrund des Prinzips der begrenzten Einzelermächtigung grundsätzlich nur die Mitgliedstaaten die Befugnis haben, die Kompetenzen der Union zu verändern (zur Kompetenzverteilung vgl. unten Teil 3, C, Rn. 45 ff.).

68 Im Hinblick auf die unionale **Rechtssetzung** nehmen die Mitgliedstaaten dagegen eine **nachgeordnete Position** ein. Die meisten Unionspolitiken werden im Wege einer funktionalen Aufgabenteilung zwischen Union und Mitgliedstaaten verwirklicht. Vor diesem Hintergrund liegt die Frage nicht fern, **ob Europapolitik überhaupt noch Außenpolitik** und nicht bereits Innenpolitik ist. Nicht zu Unrecht wird der Begriff der Auswärtigen Gewalt mit seinen Implikationen der Einheit des staatlichen Handelns nach außen und der Unterscheidbarkeit der staatlichen Tätigkeit in einen Innen- und Außenbereich als irreführend kritisiert. In der Tat hat die Aufgabenverteilung zwischen den Mitgliedstaaten und der EU klassische Themen der Außenpolitik zu Angelegenheiten einer Art europäisierter Innenpolitik werden lassen. Inhaltlich werden auf europäischer Ebene zunehmend Sachbereiche geregelt, die traditionell klassische Bereiche der Innenpolitik waren, so dass man auch in dieser Hinsicht durchaus von einer **europäisch koordinierten und in diesem Sinne europäisierten Innenpolitik** sprechen kann. Infolge der europäischen Integration hat sich aber auch die Beziehung zu Drittstaaten verändert. Beispielsweise kann ein Mitgliedstaat im Rahmen von wirtschaftlichen Sanktionen, die der ausschließlichen Zuständigkeit der EU im Bereich der Handelspolitik unterfallen, nur noch an der Außenpolitik der EU im Rat mitwirken, außenpolitische nationale Alleingänge sind zumindest insoweit ausgeschlossen. Der **innenpolitische Bezug europäischen Handelns** wird nicht zuletzt im **Organ des Rates** der EU sichtbar: Nach Art. 16 Abs. 2 EUV wird jeder Vertreter auf Ministerebene als handlungsbefugt akzeptiert, solange er nur innerstaatlich ermächtigt ist, für den Mitgliedstaat insgesamt zu handeln. Insoweit handelt auf der europäischen Ebene der für das jeweilige Thema zuständige Fachminister, also diejenige Person, die auch innenpolitisch zuständig ist. Geht es also z. B. um Umweltpolitik, dann kommen die Umweltminister der Mitgliedstaaten im Rat zusammen.

69 Insbesondere durch den Vertrag von Lissabon wurde darüber hinaus aber auch die **Rolle der nationalen Parlamente**, insbesondere in Form einer verbesserten Einbindung in europäische Entscheidungsmechanismen, gestärkt (dazu *Calliess*, Die neue EU, S. 182 ff.). Grundsätzlich kommen den nationalen Parlamente drei Hauptfunktionen im unionalen Kontext zu: Sie sind in den Rechtsetzungsvorgang auf Unionsebene in Gestalt von Informations-, Beteiligungs- und Kontrollrechten – vor allem im Rahmen von Subsidiaritätsrüge und -klage (Art. 12 EUV) – eingebunden. Ferner können sie vermit-

A. Europäische Union als Staaten- und Verfassungsverbund 195

telt über ihren nationalen Minister im Rat mittelbar Einfluss auf den Gesetzgebungsprozess auf europäischer Ebene nehmen (vgl. Art. 10 Abs. 2 EUV und Art. 23 Abs. 2 bis 6 GG, vgl. dazu im Einzelnen unter Teil 3, C, Rn. 19 ff.). Nach erfolgter Rechtsetzung auf EU-Ebene sind sie vor allem bei der Umsetzung von Richtlinien einbezogen. Schließlich nehmen sie am Integrationsprozess durch die Ratifikation der Verträge, sowie vor allem durch die Kontrolle und Legitimation der nationalen Regierungsvertreter im Rat teil. Generell wirken die Mitgliedstaaten auf die Willensbildung in der Union aber vielfach vermittelt über die Unionsorgane ein. So sind sie neben ihrer Mitwirkung im Rat bei der europäischen Rechtsetzung durch ihre Impulsfunktion in den Konferenzen der Staats- und Regierungschefs und durch ihre mannigfache Involviertheit im Vorfeld supranationaler Entscheidungsfindung zur Sachabstimmung und Politikkoordination beteiligt. Ferner nehmen nationale Behörden, Regierungsstellen und Interessenverbände aktiv Einfluss.

Weiterhin ist die EU hinsichtlich des **Vollzugs des Unionsrechts** auf 70 die Mitgliedstaaten und deren Organe angewiesen (dazu unten Teil 3, D, Rn. 22 ff.), da sie nur in Ausnahmefällen (vor allem im Wettbewerbsrecht) über eigene Vollzugsorgane verfügt. Der Begriff des Vollzugs umfasst im Unionsrecht nicht nur die Anwendung des Rechts in der täglichen Verwaltungspraxis, sondern auch die Umsetzung von Richtlinien. Der Vollzug des Unionsrechts durch die Mitgliedstaaten ist durch den Grundsatz der **Verfahrensautonomie** geprägt. Es kommen die nationalen verwaltungsverfahrensrechtlichen Vorschriften zur Anwendung, soweit das Unionsrecht keine spezifischen primär- oder sekundärrechtlichen Regelungen bereithält. Allerdings muss sich die Ausgestaltung der dem Vollzug des Unionsrechts dienenden nationalen Bestimmungen an dem die mitgliedstaatliche Verfahrensautonomie eingrenzenden **Äquivalenz- und Effektivitätsgebot** ausrichten (dazu unten Teil 3, D, Rn. 56 ff.). Auch die Auslegung, Konkretisierung und Ausfüllung von Ermessensspielräumen liegt, von wenigen Bereichen abgesehen, in den Händen der Mitgliedstaaten.

Die EU verfügt grundsätzlich über **keine Sanktionsmöglichkeiten** 71 gegenüber den Mitgliedstaaten. Sie ist demnach auf die freiwillige Befolgung ihres Rechts angewiesen. Eine Ausnahme bildet die Möglichkeit, nach Art. 260 Abs. 2 und 3 AEUV bei Nichtbefolgung von Urteilen des EuGH bzw. Defiziten in der Richtlinienumsetzung ein Zwangsgeld gegen den säumigen Mitgliedstaat zu verhängen. Anders als ein Bundesstaat ist die EU als Rechtsgemeinschaft auf die Achtung des freiwillig vereinbarten Rechts gegründet und nicht auf Gewalt, Macht und physischen Zwang (vgl. zur Unterscheidung der Union vom Staat nach dem Kriterium des Gewaltmonopols *Mayer,* ZaöRV 63 (2003), 59, 61 f.; *Möllers,* Staat als Argument, 2000, S. 272 ff.). Es gibt also keinen unmittelbaren Zwang gegen die Mitgliedstaaten oder ihre Bürger. Die EU setzt in ihrem Kompetenzbereich verbindliches Recht, das Gewaltmonopol aber verbleibt bei den Mitgliedstaaten (vgl. auch *von Bogdandy,* Supranationaler Föderalismus als Wirklichkeit und Idee einer neuen Herrschaftsform, 1999, S. 37 f.); es wird allenfalls europäisch überformt.

72 Letztlich erfordert die Funktionsfähigkeit der Union als Staaten- und Verfassungsverbund, dass nationale Organe europäische Funktionen wahrnehmen und dabei zu Loyalität gegenüber der Union verpflichtet sind (dazu *Pernice,* in: Schuppert/Pernice/Haltern (Hrsg.), Europawissenschaft, 2005, S. 743, 778 f.). Daraus resultiert eine differenzierte institutionelle und personelle Verflechtung und Angewiesenheit von europäischen und mitgliedstaatlichen Organen, die in der **Unionstreue des Art. 4 Abs. 3 EUV** ihren rechtlichen Rahmen findet. Nationaler Gesetzgeber und nationale Verwaltung werden in europäischem Auftrag und unter Beachtung der **Pflicht zur loyalen Zusammenarbeit** tätig. Ähnliches gilt auch für das Rechtsschutzsystem der EU, das gerade in seiner dezentralisierten Form (vgl. Art. 267 AEUV) auf eine Kooperation europäischer und nationaler Gerichte angewiesen ist (dazu unten Teil 3, D, Rn. 48 ff.). Dies alles führt zu einem Funktionswandel der nationalen Institutionen im europäischen Staaten- und Verfassungsverbund: nationale Parlamente betätigen sich im Rahmen der europäischen Gesetzgebung als „europäische Parlamente" (vgl. Art. 10 Abs. 2 EUV), die nationale Verwaltung beim Vollzug von EU-Recht als „europäische Behörden" und nationale Richter als „europäische Richter". Die mitgliedstaatlichen Organe sind somit Akteure im europäischen Verfassungssystem und haben die „europäische Dimension" ihrer Entscheidungen zu berücksichtigen. Für den Bürger geht damit eine gewisse Vertrautheit einher, da die eigenen mitgliedstaatlichen Beamten, Behörden und Gerichte zugleich als Repräsentanten des Mitgliedstaates und als Scharnier zur Europäischen Union fungieren.

3. Bundesländer (und Regionen) in der EU

73 In den Mitgliedstaaten bestehen unterhalb der gesamtstaatlichen Ebene territoriale Einheiten mit unterschiedlichem Zuschnitt und

A. Europäische Union als Staaten- und Verfassungsverbund 197

unterschiedlichen Zuständigkeiten. Diese Gebietskörperschaften werden im Kontext europäischer Regelungen unter dem Begriff „Regionen" zusammengefasst. Nach der Übertragung von mitgliedstaatlichen Hoheitsrechten erlässt die Union in zunehmendem Maße Rechtsakte mit Auswirkungen auf Bereiche, die nach der innerstaatlichen Kompetenzverteilung föderalistisch strukturierter Mitgliedstaaten, also insbesondere Deutschland und Österreich, aber auch Italien und Spanien, in die Zuständigkeit der Länder und Kommunen fallen. Der Bund kann demnach mehr Befugnisse nach außen abgeben, als ihm innerstaatlich im Verhältnis zu den Ländern zustehen. Zudem sind die Länder oftmals (etwa bei Richtlinien) für den Erlass der notwendigen Umsetzungsgesetze zuständig. Auch muss ein Großteil des sekundären Unionsrechts von den Ländern vollzogen werden. Daraus resultiert ein **Spannungsverhältnis zwischen europäischer Integration und Bundesstaatlichkeit**, das die Balance zwischen Bund und Ländern zu beeinträchtigen droht (vgl. etwa *Nass,* in: FS von der Groeben, 1987, S. 285, 287 ff.; *Pernice,* DVBl. 1993, 909, 920 f.).

Schon frühzeitig wurde in der EU die **Gefahr einer Zentralisierung und eines Kompetenzverlustes der Regionen** erkannt, da die Entscheidungen zunehmend auf Unionsebene getroffen wurden. Für die EU sind in der Tat die Mitgliedstaaten als Verpflichtete der Verträge die „Gesprächspartner" bzw. Adressaten und nicht deren Länder und Regionen, auch wenn etwa die Formulierung des Art. 16 Abs. 2 EUV die Vertretung eines Mitgliedstaats im Rat auch durch den Landesminister zulässt. Europa wurde in diesem Zusammenhang auch als „landesblind" bezeichnet (*Ipsen,* in: FS Hallstein, 1966, S. 248, 256 ff.). Auf der anderen Seite haftet dabei der Bund auch für das Fehlverhalten der Länder bei der Umsetzung und Anwendung von Unionsrecht; er ist Adressat eines Vertragsverletzungsverfahrens gem. Art. 258 ff. AEUV, auch wenn der Unionsrechtsverstoß auf Länderebene angesiedelt ist. Da sich eine strenge formale Trennung der drei Kompetenzebenen aber schwer verwirklichen lässt, drängten speziell die deutschen Bundesländer auf eine stärkere Beteiligungsmöglichkeit an den Prozessen der EU. Dabei kann sich die Einflussnahme auf die innerstaatliche Willensbildung richten oder über die Integration in das institutionelle Gefüge der EU gewährleistet werden. Unter dem Schlagwort **„Europa der Regionen"** wurde daher eine größere Beteiligung der Gebietskörperschaften an den Entscheidungen der Union gefordert und eine größtmögliche Berücksichtigung ihrer Belange hergeleitet (dazu *Calliess,* AöR 121 (1996), 509,

513 ff.). Dieses Konzept umfasst Aspekte wie die Verhinderung einer Reduzierung regionaler Gesetzgebungs- und Verwaltungskompetenzen und die Dezentralisierung oder die Entwicklung interregionaler Kooperationsmöglichkeiten. In diesem Sinne ist in Art. 4 Abs. 2 EUV seit dem Vertrag von Lissabon nunmehr auch die regionale und lokale Selbstverwaltung als Teil der nationalen Identität der Mitgliedstaaten ausdrücklich unionsrechtlich anerkannt. Dem scheinen Kommission und EuGH in der Rechtspraxis zunehmend Rechnung tragen zu wollen (EuGH, Rs. C-156/13, n. n. i. Slg., Rn. 33 ff.).

75 Auf **mitgliedstaatlicher Ebene** wurden Verfahren entwickelt, die die Unionspolitik gegenüber der herkömmlichen Außenpolitik – auch im Hinblick auf die Beteiligung der Regionen – differenziert betrachtet. Nach einer adäquaten Lösung für die deutsche Rechtsordnung sucht **Art. 23 Abs. 4 bis 7 GG**, der eine föderale Balance zwischen Bund und Ländern ermöglichen soll (dazu unten Teil 3, C, Rn. 39 ff.). Die supranationale Einbindung Deutschlands wird durch eine binnenföderale Ausgliederung ergänzt, die eine Information der Länder über unionsrechtliche Belange und eine Beteiligung an dem mitgliedstaatlichen Abstimmungsverhalten im Rat beinhaltet. Über eigene Landesvertretungen in Brüssel können die Länder zudem unmittelbar auf eine angemessene Berücksichtigung ihrer Interessen auf Unionsebene hinwirken.

76 Um die Beteiligung der dezentralen Gebietskörperschaften zu verbessern, wurde auf europäischer Ebene mit dem **Ausschuss der Regionen** nach Art. 305 ff. AEUV eine Institution geschaffen, die eine Konsultation der regionalen und lokalen Gebietskörperschaften in bestimmten Fällen ermöglicht. Dieser Ausschuss hat jedoch nur eine beratende Funktion beim Erlass von Rechtsakten, wenn die Verträge dies ausdrücklich vorsehen oder wenn Parlament, Rat oder Kommission dies für zweckmäßig erachten (Art. 307 Abs. 1 AEUV). Seine Stellungnahmen sind nicht verbindlich. Der Ausschuss der Regionen kann von sich aus Stellungnahmen abgeben, wenn nach seiner Meinung spezifische regionale Interessen berührt werden (Art. 307 Abs. 3 S. 2 AEUV). Gestärkt wurde die Stellung des Ausschusses der Regionen durch die Einführung von Klagerechten (insbesondere im Rahmen der Subsidiaritätskontrolle).

77 Für die EU war eine institutionelle Änderung unter dem Aspekt größerer Bürgernähe von Bedeutung (vgl. Art. 1 Abs. 2 EUV). Verfassungsrechtliche Unterschiede in den Mitgliedstaaten machen es auf unionaler Ebene allerdings unmöglich, eine einheitliche Regelung

für eine stärkere Beteiligung der Regionen einzuführen. Deswegen konnte sich bisher neben der Union und den Mitgliedstaaten **noch keine „dritte Kraft" der Regionen** entwickeln, was sich in der politisch schwachen Rolle des Ausschusses der Regionen zeigt. Andererseits bietet diese Institution regionalen Einheiten die Gelegenheit, eigenständig in der Union aufzutreten, um für die Wahrung ihrer Interessen nicht auf die nationale Regierung angewiesen zu sein.

Damit entsteht ein **dreistufiges** – allerdings nicht nach einheitlichem Muster gestricktes –**Verfassungssystem**, das mit der Vertretung der Regionen (Länder) und lokalen Gebietskörperschaften (Gemeinden) mit dem Ausschuss der Regionen auf europäischer Ebene institutionell Anerkennung gefunden hat. Ferner ist der Schutz der regionalen Ebene als Grundsatz der größtmöglichen Berücksichtigung der Regionen Gegenstand des **Subsidiaritätsprinzips** nach Art. 5 EUV (*Calliess*, Subsidiaritäts- und Solidaritätsprinzip in der Europäischen Union, 1999, S. 155 ff.). Seit dem Vertrag von Lissabon wird nun neben der zentralen mitgliedstaatlichen Ebene ausdrücklich auch auf die regionale und lokale Ebene der Mitgliedstaaten im Hinblick auf die Kompetenzverteilung Bezug genommen. Der Ausschuss der Regionen und innerstaatlich Art. 23 Abs. 2 bis 7 GG sind Beleg für die Verzahnungen im europäischen Staaten- und Verfassungsverbund. Länderbüros in Brüssel sichern die Informationen aus erster Hand und ermöglichen eine informelle Einflussnahme auf den Willensbildungsprozess in der EU (vgl. *Fastenrath,* DÖV 1990, 28 ff.).

78

Literatur: *Badura,* Die „Kunst der föderalen Form" – Der Bundesstaat in Europa und der europäische Föderalismus, in: FS-Lerche, 1993, S. 369; *Blanke,* Föderalismus und Integrationsgewalt – Die Bundesrepublik Deutschland, Spanien, Italien und Belgien als dezentralisierte Staaten in der EG, 1991; *ders.,* Der Ausschuß der Regionen, 2002; *ders.,* Kommunale Selbstverwaltung und Daseinsvorsorge nach dem Unionsvertrag von Lissabon, DVBl. 2010, 1333; *Calliess,* Das gemeinschaftsrechtliche Subsidiaritätsprinzip (Art. 3b EGV) als „Grundsatz der bestmöglichen Berücksichtigung der Regionen, AöR 121 (1996), 509; *Hilf/Stein/Schweitzer/Schindler,* Europäische Union: Gefahr oder Chance für den Föderalismus in Deutschland, Österreich und der Schweiz?, in: VVDStRL 53 (1994), S. 7–104; *Hrbek* (Hrsg.), Europapolitik und Bundesstaatsprinzip, 2000; *ders.,* Der deutsche Bundesstaat in der EU, FS-Zuleeg, 2005, S. 256; *Hübner,* Die Rolle der regionalen und lokalen Gebietskörperschaften im Entscheidungsprozess der Europäischen Union, 2007; *Kotzur,* Föderalisierung, Regionalisierung und Kommunalisierung als Strukturprinzipien des europäischen Verfassungsraumes, JöR 50 (2002), 257; *Pahl,* Regionen mit Gesetzgebungskompetenzen in der EU, 2004; *Pernice,* Europäische Union: Gefahr oder Chance für den Föderalismus in Deutschland, Österreich und der Schweiz?, DVBl. 1993, 909; *Rengeling*, Europa der Regionen, in: FS-Thieme, 1993, S. 445; *Schefold*, Zur Gestalt der Regionen, in: FS-Zuleeg, 2005, S. 288; *Schladebach*, Regionen in der Europäischen Union, LKV 2005, 95; *Sieberer*, Rechtsfragen bei der Mitwirkung von Länderorganen auf EU-Ebene, JRP 2001, 209; *Stanic*, Der Ausschuß der Regionen, 2005; *Tomuschat* (Hrsg.), Mitsprache der dritten Ebene in der europäischen Integration, 1995; *Weber*, Die Bedeutung der Regionen für die Verfassungsstruktur der Europäischen Union, in: FS-Heymanns Verlag, 1995, S. 881; *Wiedmann*, Der Ausschuß der Regionen nach dem Vertrag von Amsterdam, EuR 1999, 49.

B. Verfassungsrechtliche Anforderungen an die Mitwirkung am europäischen Integrationsprozess

1   Mit Art. 23 GG als spezifischem „Europa-Artikel" setzt das Grundgesetz die Entscheidung für den offenen Verfassungsstaat in besonders sichtbarer Weise um. Es verknüpft in dessen Absatz 1 das staatliche Verfassungsrecht unmittelbar mit dem europäischen Verfassungsrecht und ermöglicht damit die Eingliederung Deutschlands als *Mitglied*-Staat in den europäischen Staaten- und Verfassungsverbund. Auf diese Weise wird die neue Perspektive eines Verbundverfassungsrechts eröffnet, das nicht nur der materiellen Verzahnung von nationalem und europäischem (Verfassungs-) Recht Ausdruck verleiht, sondern auch – wie die Absätze 2 bis 6 des Art. 23 GG deutlich machen – der institutionelle Verzahnung von nationaler und europäischer Gesetzgebung. Die Bestimmung des Art. 23 GG basiert in wesentlichen Teilen auf der Rechtsprechung und Staatspraxis zu Art. 24 GG, auf dessen Grundlage die Strukturen der Integrationsverfassung entwickelt wurden.

I. Integrationsauftrag des Grundgesetzes

1. Staatsziel europäische Integration

2   Nach der Öffnungsklausel des Art. 23 Abs. 1 S. 1 GG, die das Europabekenntnis der Präambel präzisiert, „wirkt die Bundesrepublik Deutschland bei der Entwicklung der Europäischen Union mit". Diese Vorgabe dient dem Ziel der „Verwirklichung eines vereinten Europas". Darüber hinaus erfährt die Teilnahme Deutschlands am europäischen Integrationsprozess, die nach Art. 24 GG lediglich

eine verfassungsrechtliche Option darstellte, eine normative Aufwertung, indem sie durch Art. 23 Abs. 1 S. 1 GG zur Integrationsverpflichtung wird. Diese Verpflichtung hat den **Rang eines Staatsziels**, das das Verständnis der Staatlichkeit und des staatlichen Rechts entscheidend mitprägt, wenn es auch keine individuell einklagbaren Rechte verleiht (vgl. *Badura*, in: FS Schambeck, 1994, S. 887, 889 ff.; *Sommermann*, DÖV 1994, 596, 597 ff.). Aus dem **verbindlichen Staatsziel Europa** ergibt sich demnach für alle deutschen Hoheitsträger eine Rechtspflicht zur **konstruktiven Mitwirkung** an der europäischen Integration. Das BVerfG hebt in seinen Entscheidungen dementsprechend immer wieder die „Europafreundlichkeit" des Grundgesetzes hervor. Die Mitwirkungspflicht ist nicht auf die durch den Vertrag von Maastricht im Jahre 1993 geschaffene und durch den Vertrag von Lissabon im Jahre 2009 neu gegründete EU beschränkt, da Art. 23 Abs. 1 S. 1 GG mit der Formulierung „Zur Verwirklichung eines vereinten Europas" die Finalität des europäischen Integrationsprozesses nicht genauer festlegt. Auch wenn die Bestimmung geschafften wurde, um die Ratifizierung des Maastrichter Vertrages selbst dann zu ermöglichen, wenn die EU im Sinne des Maastrichter Vertrages Bundesstaatscharakter haben sollte (*Magiera*, Jura 1994, 1 (8); *Pernice*, DVBl. 1993, 909 (922 ff.); a. A. *Di Fabio*, Der Staat 32 (1994), 191 (214); umfassend *Rüß*, Vereintes Europa – Das unerreichbare Staatsziel?, 2005), erweckt das BVerfG im *Lissabon*-Urteil (BVerfGE 123, 267, 348) den Eindruck, die Mitwirkung auf eine als Staatenverbund konzipierte Europäischen Union begrenzen zu wollen:

„Art. 23 Abs. 1 GG unterstreicht ebenso wie Art. 24 Abs. 1 GG, dass die Bundesrepublik Deutschland an der Entwicklung einer als Staatenverbund konzipierten Europäischen Union mitwirkt, auf die Hoheitsrechte übertragen werden."

An anderer Stelle der Entscheidung heißt es aber auch, dass das „von der Präambel und von Art. 23 Abs. 1 des Grundgesetzes vorgegebene Integrationsziel [...] nichts über den endgültigen Charakter der politischen Verfasstheit Europas" (BVerfGE 123, 267, 347) aussage.

2. Integrationsverfahren nach Art. 23 Abs. 1 S. 2, 3 GG

Art. 23 GG Abs. 1 S. 2 und 3 GG ermächtigt den Bund zur **Übertragung weiterer Hoheitsrechte** durch Gesetz im Zuge seiner Mitwirkung an der europäischen Integration. Das Übertragungsgesetz erfüllt dabei zugleich die Funktion des Vertragsgesetzes nach Art. 59 Abs. 2 S. 1 GG. Das zentrale Instrument der Mitwirkung an der EU, die „Übertragung von Hoheitsrechten", entspricht in seiner Begrifflichkeit dem Übertragungskonzept des Art. 24 Abs. 1 GG (siehe oben Teil 2, B, Rn. 60 ff.).

4 Wie aus den Beteiligungsrechten der Länder in den Absätzen 3 bis 6 deutlich wird, ist Art. 23 GG **Spezialgesetz** auch gegenüber Art. 32 GG und erfasst damit Bundes- und Landeskompetenzen. Einfache Integrationsgesetze bedürfen nach Art. 23 Abs. 1 S. 2 GG immer der Zustimmung des Bundesrates. Es wird dabei nicht differenziert, ob es sich bei dem übertragenen Hoheitsrecht um eine Bundes- oder Landeskompetenz handelt. Somit stellt diese Regelung einen im Vergleich zu Art. 24 Abs. 1 GG erheblichen Kompetenzgewinn der Länder dar.

Erhöhte Anforderungen an die Hoheitsrechtsübertragung auf die EU stellt Art. 23 Abs. 1 S. 3 GG. Demnach gelten für die Begründung der Europäischen Union sowie für Änderungen ihrer vertraglichen Grundlagen und vergleichbare Regelungen, mit denen eine inhaltliche Änderung oder Ergänzung des Grundgesetzes einher geht, die Bestimmungen des Art. 79 Abs. 2 und 3 GG. Solche verfassungsändernden Integrationsgesetze erfordern die Zustimmung von **zwei Dritteln** der gesetzlichen Mitglieder des Bundestags und zwei Drittel der Länderstimmen im Bundesrat und damit eine verfassungsändernde Mehrheit. Eine formale Änderung des Wortlauts des Grundgesetzes gemäß Art. 79 Abs. 1 GG ist dagegen nicht erforderlich. Anwendbar sind allerdings die materiellen Schranken der Verfassungsrevision, wie sie in Art. 79 Abs. 3 GG niedergelegt sind. Wichtige Grundprinzipien des Grundgesetzes bleiben demnach auch dem Integrationsverfahren nach Art. 23 Abs. 1 GG entzogen (dazu unten Teil 3, B, Rn. 59 ff.).

5 Nach Art. 23 Abs. 1 GG unterliegt zunächst die Gründung der EU den Anforderungen des Art. 79 Abs. 2 und 3 GG. Damit war – in Erschöpfung der ersten Alternative – für das Zustimmungsgesetz zum Vertrag von Maastricht eine **verfassungsändernde Mehrheit** erforderlich. Erfasst sind daneben Änderungen in den vertraglichen Grundlagen der Europäischen Union (Alt. 2), soweit diese materiellrechtlich Verfassungsänderungen auslösen oder zu diesen ermächtigen. Einer Änderung vergleichbare Regelungen (Alt. 3) sind solche, die im Rahmen sog. Evolutivklauseln in den Gründungsverträgen

vorgesehen sind, aber die Zustimmung der Mitgliedstaaten voraussetzen und damit ebenfalls primärrechtlicher Natur sind. Soweit die Realisierung der Evolutivklausel verfassungsändernde Wirkung hat, gilt ebenfalls das Erfordernis verfassungsändernder Mehrheiten. In diesem Sinne hat das BVerfG in seinem Lissabon-Urteil unter dem Aspekt der **Integrationsverantwortung** Vorgaben formuliert, denen Bundestag und Bundesrat in den sog. Begleitgesetzen zum Vertrag von Lissabon, insbesondere im Integrationsverantwortungsgesetz, vollumfänglich nachgekommen sind (dazu *Calliess*, ZG 2010, 1 ff.).

Mit dem Verweis in Art. 23 Abs. 1 S. 3 GG auf Art. 79 Abs. 2 GG soll „Verfassungsdurchbrechungen" vorgebeugt werden. Deswegen wird mitunter angenommen, dass im Rahmen des Art. 23 Abs. 1 GG **Hoheitsrechtsübertragungen immer** nur mit verfassungsändernden Mehrheiten möglich sind (*Randelshofer*, in: Maunz/Dürig, GG, Art. 24 I, Rn. 203 f.; *Streinz*, in: Sachs, GG, Art. 23, Rn. 72). Hinzu kommt die Tatsache, dass jede Hoheitsrechtsübertragung der Sache nach eine materielle Verfassungsänderung darstellt (vgl. BVerfGE 58, 1, 36). So gesehen ist nicht ersichtlich, inwieweit noch Raum für eine bloße Anwendung des Art. 23 Abs. 1 S. 2 GG bleibt. Hiergegen wird allerdings geltend gemacht, dass die Ermächtigung nach Abs. 1 S. 2 überflüssig wäre, wenn nicht zwischen einfachen Hoheitsrechtsübertragungen im Sinne des Satz 2 und solchen mit verfassungsändernder Qualität im Sinne des Satz 3 unterschieden werde (*Scholz*, NVwZ 1993, 817, 822). Abgestellt werden solle deshalb auf den materiellrechtlichen Gehalt der jeweiligen Hoheitsrechtsübertragung (*Selmayr/Prowald*, DVBl. 1999, 269, 271). In Ermangelung klarer Kriterien sollte insoweit die akzeptanzsichernde demokratische Legitimation von verfassungsändernden Mehrheiten ausschlaggebend sein: Weitere Integrationsschritte, die mit der Übertragung von Hoheitsrechten verbunden sind, sollten daher der Zweidrittelmehrheit unterfallen. Dies korrespondiert nicht zuletzt der vom BVerfG immer wieder eingeforderten **Integrationsverantwortung** des Gesetzgebers.

Die unterschiedlichen Auffassungen hierzu wurden auch bei dem Zustimmungsverfahren zum Vertrag von Nizza wieder relevant, als die Bundesregierung zunächst davon ausging, hierfür reiche nach Art. 23 Abs. 1 S. 2 GG die einfache Mehrheit, sich dann aber durch den Widerstand im Bundestag davon überzeugen ließ, dass die Zweidrittelmehrheit nach Art. 23 Abs. 1 S. 3, 79 Abs. 2 GG erforderlich sei. Für die Zustimmung zum Vertrag von Lissabon wurde dagegen von allen beteiligten Organen die Zweidrittelmehrheit für notwendig erachtet.

8 **Nicht anwendbar** ist Art. 23 Abs. 1 S. 2 GG bei einer Änderung der EU-Gründungsverträge ohne zusätzliche Kompetenzübertragung auf die Union. Eine solche bedarf lediglich eines einfachen Bundesgesetzes, das grundsätzlich nicht der Zustimmung des Bundesrates unterliegt.

Literatur: *Calliess*, Der Kampf um den Euro, NVwZ 2012, 1 ff.; *Flint*, Die Übertragung von Hoheitsrechten, 1998; *Geiger*, Zur Beteiligung des Gesetzgebers gemäß Art 23 Abs. 2 GG bei Änderung und Erweiterung der Europäischen Union, ZG 2003, 193; *Klein*, Die Übertragung von Hoheitsrechten, 1952; *König*, Die Übertragung von Hoheitsrechten im Rahmen des europäischen Integrationsprozesses – Anwendungsbereich und Schranken des Art. 23 des Grundgesetzes, 2000; *Wendel*, Permeabilität im europäischen Verfassungsrecht, 2011, S. 163 ff.

3. Integrationsvoraussetzungen der Struktursicherungsklausel des Art. 23 Abs. 1 S. 1 GG

9 Art. 23 Abs. 1 S. 1 ist zwar zunächst Staatszielbestimmung, welche die Staatsorgane der Bundesrepublik zur Mitwirkung an der Entwicklung der Europäischen Union verfassungsrechtlich ermächtigt und verpflichtet. Die strukturelle Determination der Europäischen Union als Gegenstand der Staatszielbestimmung bindet den Integrationsprozess gleichzeitig aber insoweit an Voraussetzungen, als dass Pflicht und Ermächtigung nur zur Mitwirkung an einer diesen Strukturvorgaben entsprechenden Europäischen Union bestehen. Die Struktursicherungsklausel kann folglich negativ als eine **Integrationsschranke in Bezug auf den Übertragungsadressaten** – die Europäische Union selbst – bezeichnet werden. Sie bezieht und beschränkt die Integrationsermächtigung auf eine EU, die „demokratischen, rechtsstaatlichen, sozialen und föderativen Grundsätzen und dem Grundsatz der Subsidiarität verpflichtet ist und einen diesem Grundgesetz im wesentlichen vergleichbaren Grundrechtsschutz gewährleistet". Art. 23 Abs. 1 GG normiert damit – gewissermaßen offensiv – strukturelle Anforderungen an die EU, obwohl nur die an der Entwicklung der EU mitwirkenden Organe deutscher öffentlicher Gewalt dazu verpflichtet werden, sich für die fortschreitende Verwirklichung dieser Strukturprinzipien einzusetzen (*Schmalenbach*, Der neue Europaartikel 23 des Grundgesetzes im Lichte der Arbeit der Gemeinsamen Verfassungskommission, 1996, S. 60 f.; *Uhrig*, Die Schranken des Grundgesetzes für die europäische Integration, 2000, S. 108 f.). Die Anforderungen wirken somit zunächst positiv-richtungsweisend. Gleichzeitig sind sie auch negativ-grenz-

ziehend, indem sie durch das Vorgeben eines bestimmten Handlungsmaßstabes einen Beurteilungsspielraum für die Kontrolle des Übertragungsverhaltens und damit auch des einfließenden Integrationsrechts festlegt (vgl. zu diesem Zusammenspiel *Rojahn,* in: von Münch/Kunig, GG, Art. 23, Rn. 13).

Die Struktursicherungsklausel hat somit eine doppelte Bedeutung: Zum einen hat sie eine **Orientierungsfunktion**, die sich indirekt auch nach außen an die EU richtet, indem sie das Modell der EU konkretisiert. Andererseits entfaltet sie für die deutschen Organe, die zur Mitwirkung an der EU verpflichtet sind, eine **Verfassungspflicht**.

a) Auslegung der Strukturmerkmale. Die Struktursicherungsklausel soll ein Mindestmaß an **Verfassungshomogenität** zwischen mitgliedstaatlicher und europäischer Ebene für das Funktionieren des Staaten- und Verfassungsverbunds herstellen. Sie korrespondiert insoweit mit Art. 2 und 7 EUV. Die Anforderungen wurden zwar in weitgehender Anlehnung an die Staatsstrukturprinzipien des Grundgesetzes formuliert, sie vermeiden aber aufgrund der allgemeinen Formulierungen eine zu spezielle und damit national introvertierte Festlegung. Fraglich ist deshalb, wie die einzelnen Strukturmerkmale zu bestimmen sind. Prinzipiell bieten sich hierfür zwei Möglichkeiten an. Die Strukturmerkmale – insbesondere das Demokratie- und das Rechtsstaatsprinzip – könnten mit ihrem jeweiligen Pendant der innerstaatlichen Verfassungsordnung gleichgesetzt und auf die europäische Ebene übertragen werden. Alternativ könnten sie hiervon losgelöst, europaspezifisch bestimmt werden. Überwiegend wird angenommen, dass Art. 23 Abs. 1 S. 1 **nicht lediglich die grundgesetzlichen Maßstäbe der innerstaatlichen Verfassungsordnung** auf die europäische Ebene projiziere (statt vieler *Breuer,* NVwZ 1994, 417, 422; BVerfGE 123, 267, Rn. 266 f.).

Zum einen würde die kompromisslose Übertragung eigener (nationaler) Vorstellungen den europäischen Einigungsprozess, bei dem ähnliche, aber im Detail doch verschiedene Verfassungstraditionen aufeinandertreffen, zumindest erheblich erschweren. Mit der Europafreundlichkeit des Grundgesetzes ist daher wohl nur eine **europaspezifische Auslegung** der Strukturmerkmale vereinbar. Diese verlangt die Berücksichtigung sowohl der Verfassungen und Verfassungstraditionen aller Mitgliedstaaten als auch der jeweiligen Verfasstheit der EU selbst und der damit einhergehenden Besonderheiten.

13 Zum anderen lassen sich inner*staatliche* Vorstellungen nicht ohne weiteres auf die Europäische Union als sich jedenfalls von einem Staat unterscheidendem Gebilde übertragen. Auch ist von „Grundsätzen" die Rede, die in Abgrenzung zur konkreten grundgesetzlichen Ausgestaltung zu verstehen sind. So sind etwa „demokratische Grundsätze" nicht gleichbedeutend mit der konkreten parlamentarischen Demokratie des Grundgesetzes. Schließlich verpflichtet Art. 23 Abs. 1 S. 1 GG ausdrücklich zu einem dem Grundgesetz „im wesentlichen vergleichbaren" Grundrechtsschutz. Hieraus ergibt sich im Umkehrschluss, dass ein solches Erfordernis für die zuvor genannten Grundsätze (ausgenommen der Grundsatz der Subsidiarität) nicht erforderlich sein soll. Bei den Grundsätzen der Struktursicherungsklausel handelt es sich demzufolge um **gemeineuropäisch zu bestimmende Merkmale**.

14 Letztlich wird die Staatsstruktur der Bundesrepublik Deutschland also nicht zum verbindlichen Leitmotiv der EU erhoben. Art. 23 Abs. 1 S. 1 GG deutet insoweit an, dass das Maß der Erfüllung der Verfassungsstrukturprinzipien kein der innerstaatlichen Verfassungsordnung gleiches, sondern nur ein ihr vergleichbares zu sein hat. Es wird deswegen nur insoweit eine strukturelle Kongruenz mit den an einen Staat gerichteten Vorgaben des Grundgesetzes verlangt, als diese den Mitgliedstaaten der EU und der gemeineuropäischen Verfassungskultur gemeinsam sind. Bei der Konkretisierung der Anforderungen ist somit der gegenüber einem Staat andersartigen Struktur der Integrationsgemeinschaft Rechnung zu tragen, so dass „nur" eine **„strukturangepasste Grundsatzkongruenz"** mit dem Grundgesetz gegeben sein muss (vgl. *Streinz*, Bundesverfassungsrechtlicher Grundrechtsschutz und Europäisches Gemeinschaftsrecht, 1989, S. 254 ff.; so auch BVerfGE 89, 155, 182). Die Mindestanforderungen, die die Struktursicherungsklausel aufstellt, sind folglich integrationsfreundlich auszulegen und in einer dynamischen Perspektive zu sehen. Abzustellen ist daher „auf den wesentlichen Kern jener Prinzipien, der allen Mitgliedstaaten – ungeachtet unterschiedlicher Ausprägungen – gemeinsam ist" (*Breuer*, NVwZ 1994, 417, 422). Dieser ist im Wege der Verfassungsrechtsvergleichung herauszukristallisieren (vgl. *Mayer*, in: Calliess (Hrsg.), Verfassungswandel im europäischen Staaten- und Verfassungsverbund, 2007, S. 167 ff.; *Sommermann*, DÖV 1999, 1017 ff.; *Weber*, Europäische Verfassungsvergleichung, 2010). In der Folge verpflichtet die Struktursicherungsklausel die Staatsorgane auch nicht auf die Wahrung einer – wie auch immer de-

finierten – „Souveränität" oder „letztverantwortlichen Staatlichkeit", sondern nur auf bestimmte verfassungsstrukturelle Zielvorgaben für die weitere Verfassungsentwicklung der EU, mithin auf eine Optimierung der künftigen Verfassung der Union im Sinne der für das Grundgesetz prägenden Strukturprinzipien. Der jeweilige Gehalt lässt sich nur im Spannungsfeld zwischen Mindeststandard und unionsspezifischer Verwirklichung bestimmen.

b) Einzelne Strukturmerkmale. Da für eine präzise Bestimmung 15 der einzelnen Strukturmerkmale eine umfassende verfassungsvergleichende Betrachtung erforderlich wäre, kann im Folgenden deren möglicher Inhalt lediglich skizziert werden.

Die Europäische Union, an der mitzuwirken ist und allein mitge- 16 wirkt werden darf, ist gem. Art. 23 Abs. 1 S. 1 GG **demokratischen Grundsätzen** verpflichtet. Damit ist ausgedrückt, dass die von den Organen der EU ausgeübte Hoheitsgewalt ausreichend demokratisch legitimiert sein muss. Nach den oben genannten Bestimmungskriterien ist das erforderliche demokratische Legitimationsniveau unter Berücksichtigung aller mitgliedstaatlichen Demokratieausformungen zu ermitteln. Ein auf diese Weise abstrakt definierter verfassungsrechtlicher Maßstab des Art. 23 Abs. 1 S. 1 GG wird der Beurteilung des jeweiligen demokratischen Legitimationsniveaus – wohl ob der schwierigen Bestimmbarkeit – regelmäßig nicht zugrundegelegt. Das BVerfG weist diesem Strukturmerkmal besondere Bedeutung zu:

„Die Ausgestaltung der Europäischen Union im Hinblick auf übertragene Hoheitsrechte, Organe und Entscheidungsverfahren muss demokratischen Grundsätzen entsprechen (Art. 23 Abs. 1 Satz 1 GG). Die konkreten Anforderungen an die demokratischen Grundsätze hängen vom Umfang der übertragenen Hoheitsrechte und vom Grad der Verselbständigung europäischer Entscheidungsverfahren ab." (BVerfGE 123, 267, Rn. 261; zur Kritik an der Auslegung der Struktursicherungsklausel durch das BVerfG in diesem Urteil vgl. *Jestaedt*, Der Staat 48 (2009), 497; *Schönberger*, Der Staat 48 (2009), 535).

Die EU nach dem Vertrag von Lissabon entspricht – trotz des viel diskutierten Defizits im Hinblick auf die Wahlrechtsgleichheit – mit ihrem unionsspezifischen Demokratiekonzept der dualen Legitimation gem. Art. 10 Abs. 2 EUV (siehe dazu unten Teil 3, C, Rn. 14 ff.) auch nach Auffassung des BVerfG diesen Anforderungen.

Rechtsstaatliche Grundsätze umfassen jedenfalls die adäquat aus- 17 zuformenden Grundelemente der Rechtsstaatlichkeit wie Rechts- bzw. Verfassungsbindung, effektiven Rechtsschutz durch unabhängige Gerichte, Rechtssicherheit und Gewaltenteilung. Auch wenn diese Prinzipien nicht immer unmittelbar auf die Union übertragbar sind, können sie in ihren Grundzügen der europäischen Rechtsordnung gerecht werden. So wird etwa der Rechtsschutz erst durch ein Zusammenspiel der nationalen und unionalen Gerichte umfassend gewährleistet. Auch der Grundsatz der Gewaltenteilung ist für den unionalen Kontext funktional im Sinne einer Verteilung der Kompetenzen auf unterschiedliche Organe zu verstehen. Der EuGH hat dazu das Konzept des institutionellen Gleichgewichts entwickelt (siehe dazu unten Teil 3, C, Rn. 86 ff.).

18 Das durch Art. 23 Abs. 1 Satz 1 GG begründete Recht und die Pflicht zur Mitwirkung an einer **sozialen Grundsätzen** verpflichteten EU soll die Beachtung sozialer Grundsätze durch die EU gewährleisten, zielt aber nicht auf eine europäische Sozialpolitik ab. Auch wird keine Bestandsgarantie für soziale Standards innerhalb Deutschlands etabliert. Vielmehr soll einer einseitigen Ausrichtung der Union auf wirtschaftliche Interessen so entgegengewirkt werden. Insoweit ist nicht nur von Bedeutung, dass Art. 3 EUV die EU seit dem Vertrag von Lissabon explizit auf eine „soziale Marktwirtschaft" verpflichtet, sondern darüber hinaus auch über verschiedene Politiken bis hin zur Charta der Grundrechte den Markt flankierende soziale Belange der Bürger schützt (grundlegend *Kingreen*, Das Sozialstaatsprinzip im europäischen Verfassungsverbund, 2003).

19 Die Verpflichtung der EU auf **föderative Grundsätze** (vgl. auch *Zuleeg*, NJW 2000, 2846) steht primär der Entwicklung der EU zu einem Zentralstaat entgegen. Ob damit die Staatlichkeit der Mitgliedstaaten geschützt wird, ist umstritten. Ausgeschlossen werden soll wohl zumindest die Entwicklung der EU zu einem Einheitsstaat (vgl. *Pernice*, in: Dreier, GG, Art. 23 Rn. 65; *Uerpmann-Wittzack*, in: von Münch/Kunig, Art. 23 Rn. 22). Insoweit kommt der Regelung in Art. 4 Abs. 2 EUV, wonach die EU die „nationale Identität" der Mitgliedstaaten zu achten hat, wie sie in deren „grundlegenden politischen und verfassungsmäßigen Strukturen einschließlich der regionalen und lokalen Selbstverwaltung zum Ausdruck kommt", eine besondere Bedeutung zu.

20 Dem korrespondierend verlangt der **Grundsatz der Subsidiarität** die (relative) Zuständigkeitspräferenz der jeweils unteren, bürgernäheren Ebene im europäischen Mehrebenensystem. Eine Kompetenzausübung durch die europäische Ebene ist demnach nur dann zulässig, wenn die Aufgabe auf den niedrigeren (dezentraleren) Ebenen nicht hinreichend, auf der höheren Ebene aber besser erfüllt werden

B. Verfassungsrechtliche Anforderungen europ. Integrationsprozess 209

kann. Dies betrifft sowohl die Zuweisung von Kompetenzen an die EU als auch die Wahrnehmung zugewiesener Kompetenzen im Staaten- und Verfassungsverbund. Dabei nimmt Art. 23 Abs. 1 Satz 1 GG den europarechtlich ausgestalteten Subsidiaritätsbegriff, wie er in Art. 5 EUV Niederschlag gefunden hat, zum Anknüpfungspunkt (vgl. dazu unten Teil 3, C, Rn. 45 ff.).

Die Voraussetzung eines „**im wesentlichen vergleichbaren**" **europäischen Grundrechtsschutzes** erklärt sich aus der sog. Solange-Rechtsprechung des BVerfG. Es müssen in materieller Hinsicht zumindest die für einen demokratischen Rechtsstaat typischen (klassischen) Grundrechte verbürgt sein, die in prozessualer Hinsicht auch effektiv durchsetzbar sind. Im Ergebnis soll dabei das strukturelle – nicht jedoch das einzelfallbezogene – Schutzniveau entscheidend sein. Dieser Vorgabe wird – vom BVerfG anerkannt – durch die Rechtsprechung des EuGH sowie seit dem Vertrag von Lissabon durch Art. 6 EUV i. V. m. der Charta der Grundrechte entsprochen (vgl. dazu unten Teil 3, C, Rn. 105 ff.). 21

Im Lichte der Europafreundlichkeit des Grundgesetzes sind die Vorgaben des Art. 23 Abs. 1 S. 1 GG somit als Integrationsvoraussetzungen, **nicht aber als Grenze der europäischen Integration** zu verstehen: Art. 23 GG spielt die Strukturprinzipien der europäischen und mitgliedstaatlichen Verfassungsebenen nicht gegeneinander aus, sondern will sie im Staaten- und Verfassungsverbund kooperativ verwirklicht sehen. So ermöglicht es das Grundgesetz, seine Verfassungswerte auf die europäische Ebene zu projizieren, wo sie eine Synthese mit den Verfassungswerten der anderen Mitgliedstaaten eingehen und in dieser geläuterten Form in die mitgliedstaatlichen Verfassungsordnungen zurück- und einwirken (vgl. Art. 2 und 7 EUV, dazu oben unter Teil 3, A, Rn. 21 ff.). 22

c) Verfassungsprinzipien der EU als europarechtliche Entsprechung der Strukturprinzipien. aa) Grundwerte (Art. 2 EUV). Die in Art. 2 S. 1 EUV genannten Werte können mit Blick auf ihren Inhalt als Grundwerte bezeichnet werden. Es handelt sich dabei um jene Werte, die im Zuge der fortschreitenden Integration zu **Strukturprinzipien der EU** geworden und die den Mitgliedstaaten und der EU im Staaten- und Verfassungsverbund notwendigerweise gemeinsam sind. 23

(1) Bedeutung der Grundwerte in Art. 2 EUV. Zunächst machen die Werte in Art. 2 EUV deutlich, dass die Union nach dem Willen 24 ihrer Mitgliedstaaten mehr als eine reine Wirtschaftsgemeinschaft sein soll. Sie soll keinen „Markt ohne Staat", sondern auch eine **politische Gemeinschaft** konstituieren (*Calliess*, JZ 2004, 1033 ff.; *De Quadros*, in: FS Badura, S. 1125, 1127, kritisch *Haltern*, KritV 2004, 261, 264 f.).

25 Die Werte des Art. 2 EUV definieren den Inhalt der ihnen korrespondierenden Verfassungsprinzipien. Diese sind **maßgeblich für das Handeln der Unionsorgane** nach innen und nach außen, weshalb Art. 2 EUV ein verpflichtendes Sollens- und Optimierungsgebot (dazu *Sommermann*, Staatsziele, 1997, S. 293 ff.; *Calliess*, in: Hiebaum/Koller (Hrsg.), Politische Ziele und juristische Argumentation, ARSP-Beiheft 92 (2003), S. 85 ff.) an die Union selbst enthält. Mehr noch: Die aufgeführten Werte sind Voraussetzung und Basis für die Existenz der Union an sich. Durch die Formulierung des S. 2 („Diese Werte sind allen Mitgliedstaaten [...] gemeinsam") bindet die Norm **zudem auch ausdrücklich die Mitgliedstaaten** mit ein und macht sie so für die Verfolgung der Werte mitverantwortlich. Das bedeutet, dass die Werte nicht nur die Werte der Union sind, sondern auch die Werte der unter ihrem Dach integrierten Mitgliedstaaten. Damit wird der europäische Staaten- und Verfassungsverbund (dazu oben Teil 3, A, Rn. 1 ff.) zu einem **Werteverbund**, in und mit dem eine identitätsstiftende „Kern"-Homogenität zwischen den Mitgliedstaaten der EU rechtliche Gestalt erhält.

26 Die **Konkretisierung der Werte** des Art. 2 EUV ist aufgrund ihrer Abstraktheit schwierig und unterliegt im Staaten- und Verfassungsverbund besonderen Anforderungen. Hinter den nationalen Verfassungen steht eine lange geschichtliche Entwicklung, die zur Entstehung gefestigter Inhalte von Werten geführt hat. Die gemeinsamen Werte der EU haben ihren Ursprung in den historisch-kulturellen Grunderfahrungen ihrer Mitgliedstaaten. Die in allen Mitgliedstaaten anerkannten Werte prägen demgemäß auch die gemeinsame europäische (Verfassungs-) Ordnung.

27 Geht es also darum, einen europäischen Wert zu konkretisieren, ist zunächst ein Vergleich der entsprechenden mitgliedstaatlichen Werteinhalte vorzunehmen. Auf diese Weise tragen die nationalen Wertinhalte zur Bildung des den Mitgliedstaaten gemeinsamen kulturellen, philosophischen, politischen und rechtlichen Substrats bei, auf dessen Grundlage sich im Wege einer **wertenden Verfassungsvergleichung** der mitgliedstaatlichen Verfassungen der anerkannte europäische Wert inhaltlich konkretisieren lässt. So gesehen stehen nationale und europäische Werteinhalte im Werteverbund in einer

Wechselbezüglichkeit, im Kontext derer nicht nur der abstrakt anerkannte europäische Wert mit Inhalt angereichert wird, sondern umgekehrt auch die nationalen Werte durch diesen befruchtet und mitgestaltet werden.

(2) **Einzelne Werte.** Die **Menschenwürde** ist ein Grundpfeiler der 28 europäischen Identitätsentwicklung und Leitgedanke der europäischen Philosophie- und Rechtsgeschichte. Sie umschreibt den Kerngehalt der Freiheitsrechte wie auch der Gleichheitsrechte und ist insofern als „Schlüssel-Wert" bzw. Quellcode der Architektur des europäischen Staaten- und Verfassungsverbunds, des verfassungsrechtlichen Wertesystems schlechthin zu verstehen. Dem korrespondierend stellt auch die Charta der Grundrechte die Menschenwürde mit ihrem Art. 1 an den Anfang und betont damit die zentrale Bedeutung der Menschenwürde im System des europäischen Grundrechtsschutzes (*Calliess*, in: Gröschner/Lembcke (Hrsg.), Das Dogma der Unantastbarkeit, 2009, S. 133 ff.; *Schmidt*, ZEuS 2002, 631 ff.).

Freiheit ist ein historischer und normativer Leitbegriff, eine politi- 29 sche Leitlinie für die Einigung Europas, die für Politik und Wirtschaft im Staaten- und Verfassungsverbund der EU grundlegende Bedeutung hat. Sie ist als unantastbarer Wesensgehalt aller Grundrechte anzusehen und steht nicht zur beliebigen Disposition der geteilten Hoheitsgewalt in der EU. Unter Freiheit ist negativ der Gegensatz zu jedweder Tyrannei zu verstehen und in positiver Hinsicht die Möglichkeit der Selbstbestimmung des Individuums (*Hummer/Obwexer*, EuZW 2000, 485, 486). Aus der Freiheit folgt der grundsätzliche Vorrang des Individuums vor dem Kollektiv. Der Freiheitsbegriff beinhaltet demnach eine regulative Idee gegenüber jeder Art von Hoheitsgewalt.

Aufgrund der Formulierung, dass die Union auf dem Grundsatz 30 der **Demokratie** beruht und dieser den Mitgliedstaaten gemeinsam ist, wirkt das Demokratiegebot horizontal zwischen den Mitgliedstaaten und vertikal zwischen der Union und den Mitgliedstaaten. Obwohl Art. 2 EUV mit dem Verweis auf den Grundsatz der Demokratie auf einen im staatlichen Bereich vorgeprägten Begriff zurückgreift, bemessen sich die inhaltlichen Anforderungen, die an die demokratische Legitimation der Union gestellt werden, nicht nach einem mitgliedstaatlichen Demokratiebegriff, da auch zwischen den Mitgliedstaaten im Hinblick auf die konkreten Ausprägungen des Demokratieprinzips erhebliche Unterschiede bestehen. Vielmehr muss sich die Union an einem europäischen, im Hinblick auf ihre besondere Ausgestaltung modifizierten und dementsprechend „unionsspezifischen Demokratiekonzept", das in Art. 9 bis 12 EUV zum Ausdruck kommt, orientieren (*Bieber/Epiney/Haag*, Die Europäische Union, 2005, § 3, Rn. 18 bzw. § 37, Rn. 12; *Bleckmann*, JZ 2001, 53 ff.).

31 Hervorzuheben ist insoweit der Grundsatz der **„repräsentativen" Demokratie** (Art. 10 EUV), der – dem Demokratiebegriff des deutschen GG fremd – durch Elemente einer **„partizipativen" Demokratie** (vgl. zum Begriff noch Art. I-47 des Verfassungsvertrages der EU von 2004; dazu *Calliess/Ruffert* (Hrsg.), Verfassung der EU, Kommentar, 2006) in Art. 10 Abs. 3 und 11 EUV ergänzt wird, im Zuge dessen sogar europäische Volksbegehren, gerichtet auf eine Initiative der Kommission, ermöglicht werden (Art. 11 Abs. 4 EUV). Von maßgeblicher Bedeutung ist aber, dass mit Art. 10 Abs. 2 EUV nunmehr explizit ein Demokratiekonzept der **dualen Legitimation** für die EU formuliert wird. Dieses korrespondiert der Konstruktion demokratischer Legitimation in föderalen Systemen (instruktiv *Oeter*, in: von Bogdandy/Bast (Hrsg.), Europäisches Verfassungsrecht, 2009, S. 73 ff.). Entsprechend dem Verständnis der EU als Staaten-, Verfassungs- und Werteverbund erfährt daher auch das Demokratieprinzip eine spezifische Ausgestaltung, indem es auf zwei einander ergänzenden Legitimationssträngen – in Gestalt des **Europäischen Parlaments** einerseits sowie über die ihren Minister im Rat kontrollierenden **nationalen Parlamente** andererseits – beruht (vgl. dazu im Einzelnen unten Teil 3, C, Rn. 14 ff.). Dieses spezifisch europäische Demokratiekonzept wird vom **BVerfG** in seinem *Lissabon-Urteil* nur unzureichend berücksichtigt (BVerfGE 123, 267, 371 ff.; berechtige Kritik insoweit von der h. M., vgl. nur *Ruffert*, DVBl. 2009, 1197, 1199).

32 **Gleichheit** hat im Staaten- und Verfassungsverbund der EU immer zwei Dimensionen: Einerseits die Staatengleichheit und andererseits die Unionsbürgergleichheit. Die **Gleichheit der Mitgliedstaaten** spiegelt sich primär im Abstimmungsprozess im Rat sowie bei der Vertretung im Europäischen Parlament. Insoweit ist seit jeher das völkerrechtliche Legitimationsprinzip der Staatengleichheit mit dem demokratischen Legitimationsprinzip der Stimmengleichwertigkeit jedes Unionsbürgers zu kombinieren. Die **Gleichheit der Unionsbürger** bezieht sich im Unionsrecht einerseits als Unionsgrundrecht auf das Handeln der Unionsorgane (Art. 9 EUV sowie Art. 20 ff. GRCh) und andererseits als Grundfreiheit auf die Mitgliedstaaten,

B. Verfassungsrechtliche Anforderungen europ. Integrationsprozess 213

von denen sie fordert, Diskriminierungen zwischen Unionsbürgern zu unterlassen. Dieses Ziel kommt daher zuvorderst im allgemeinen Diskriminierungsverbot des Art. 18 AEUV sowie in den wirtschaftlichen Grundfreiheiten, die den Binnenmarkt definieren (Art. 26 ff. AEUV), zum Ausdruck. Tragender Gedanke war hier von Anfang an der an die Mitgliedstaaten gerichtete Grundsatz der Inländergleichbehandlung, der in Kombination mit der Unionsbürgerschaft und dem Ausbau der Grundfreiheiten zu Beschränkungsverboten eine ungeahnte Dynamik und Reichweite entfaltet hat (dazu *Wollenschläger*, Grundfreiheit ohne Markt, 2007, S. 197 ff.; *Calliess*, EuR 2007, Beih. 1, 7 ff.; *Kingreen*, EuGRZ 2004, S. 570 ff.).

Rechtsstaatlichkeit ist ein europäischer Grundwert, unter dessen 33 Dach sich formelle und materielle Bedingungen der Legalität hoheitlichen Handelns vereinen. Formelle Rechtsstaatlichkeit wird zuvorderst durch den Grundsatz der Gewaltenteilung, den Vorbehalt des Gesetzes sowie das Gebot geregelter Verfahren gewährleistet, materielle Rechtsstaatlichkeit primär durch den Schutz der Grundrechte und das Verhältnismäßigkeitsprinzip (vgl. dazu im Einzelnen unten Teil 3, C, Rn. 88 ff.). Schon die Rede von der Rechts*staatlichkeit* macht die Herkunft des Begriffs aus den Rechtsordnungen der Mitgliedstaaten deutlich. In den anderen Sprachfassungen findet sich beispielsweise die Bezeichnung „rule of law", „État de droit", „Stato di diritto" oder „Estado de Derecho". Der EuGH spricht nicht ausdrücklich von Rechtsstaatlichkeit, auch wenn er in jüngerer Zeit im Zusammenhang mit Fragen des Rechtsschutzes im Bereich der Terrorismusbekämpfung sowie der Geldwäsche durch die EU auf den Begriff Bezug nimmt (EuGH, Rs. C-354/04 P, Slg. 2007, I-1579, Rn. 51; Rs. C-355/04, Slg. 2007, I-1657, Rn. 51; Rs. C-303/05, Slg. 2007, I-3633, Rn. 45; vgl. dahingehend auch *Kraus*, EuR 2008, Beih. 3, 109, 110). Regelmäßig verwendet er indes den Begriff der „*Rechtsgemeinschaft*" (EuGH, Rs. 294/83, Slg. 1986, 1339 und Gutachten 1/91, Slg. 1991, I-6079). Jedoch sind Begriff und Inhalte der Rechtsstaatlichkeit auf die Union übertragbar, auch wenn sie keine Staatsqualität besitzt.

Die **Wahrung der Menschenrechte** konkretisiert nicht nur die 34 Menschenwürde und das Freiheitsgebot, sondern auch die (materielle) Rechtsstaatlichkeit. Sie stellt eine Verbindung zur nunmehr verbindlichen Charta der Grundrechte her, gemäß deren Präambel sich die Union wiederum auf die **Werte** der Würde des Menschen, der Freiheit, der Gleichheit und der Solidarität gründet und auf den Grundsätzen der Demokratie und der Rechtsstaatlichkeit beruht.

Literatur: *Calliess,* Europa als Wertegemeinschaft – Integration und Identität durch europäisches Verfassungsrecht, JZ 2004, 1033; *ders.,* in: Hiebaum/ Koller (Hrsg.), Politische Ziele und juristische Argumentation, ARSP Beiheft Nr. 92, 85; *De Quadros,* Einige Gedanken zum Inhalt und zu den Werten der Europäischen Verfassung, FS-Badura, 2004, S. 1125; *Di Fabio,* Grundrechte als Werteordnung, JZ 2004, 1; *Franzius,* Europäisches Verfassungsrechtsdenken, 2010; *Hanschmann,* Der Begriff der Homogenität in der Verfassungslehre und der Europarechtswissenschaft, 2008; *Herdegen,* Die Europäische Union als Wertegemeinschaft: aktuelle Herausforderungen, FS-Scholz, 2007, S. 139; Heit (Hrsg.), Die Werte Europas, 2005; *H.P. Ipsen,* Über Verfassungs-Homogenität in der Europäischen Gemeinschaft, in: FS-Dürig, S. 159; *Joas/ Mandry,* Europa als Werte- und Kulturgemeinschaft, in: Schuppert/Pernice/ Haltern (Hrsg.), Europawissenschaft, 2005, S. 541; *Mandry,* Europa als Wertegemeinschaft, 2009; *Müller-Graff,* Die Kopfartikel des Verfassungsentwurfs für Europa, integration 2003, 111; *Reimer,* Wertegemeinschaft durch Wertenormierung?, ZG 2003, 208; *Ritter,* Neue Werteordnung für die Gesetzesauslegung durch den Lissabon-Vertrag, NJW 2010, 1110; *Schorkopf,* Homogenität in der Europäischen Union, 2000; *Speer,* Die Europäische Union als Wertegemeinschaft, DÖV 2003, 981.

35 **(3) Absicherung der Werte (Art. 7 und 49 EUV).** Art. 2 EUV trifft einerseits grundlegende Aussagen über die verfassungsrechtliche Struktur der EU, postuliert durch die Einbeziehung der Mitgliedstaaten aber andererseits auch ein **Homogenitätsgebot** zwischen EU-Verfassung und mitgliedstaatlichen Verfassungen (dazu *Schorkopf,* Homogenität in der Europäischen Union, 2000, S. 69 ff.). Er formuliert damit den materiellen „Verfassungskern" des europäischen Staaten- und Verfassungsverbunds, legt dessen grundlegende Wertebasis fest und macht ihn damit zum **Werteverbund** (*Calliess,* JZ 2004, 1033 ff.). Die im Begriff „gemeinsam" angelegte Homogenität meint Gleichartigkeit, nicht aber Konformität oder Uniformität bestimmter Verfassungsprinzipien im Verhältnis der Mitgliedstaaten untereinander, aber auch im Verhältnis zur Union. Homogenität soll einen europäischen Grundkonsens zwischen den Mitgliedstaaten herstellen, um so die gemeinsame Integration in das Ganze, die EU, zu ermöglichen.

36 Zum einen sind die in Art. 2 EUV verankerten Grundwerte gemäß Art. 49 EUV materiell-rechtliche **Voraussetzung eines jeden Beitrittsgesuchs** eines Staates zur EU. Nach den vom Europäischen Rat von Kopenhagen 1993 formulierten Beitrittsvoraussetzungen müssen die Kandidaten institutionelle Stabilität hinsichtlich der Grundwerte gewährleisten. Denn um das Unionsziel einer „immer engeren Union" zu ermöglichen, bedarf es einer hohen Interessenkongruenz, die nur bei einer gewissen Homogenität der Mitgliedstaa-

ten herzustellen ist: Je intensiver die Vertiefung, umso kongruenter müssen die Mitgliedstaaten sein, denn je unterschiedlicher die Mitglieder, desto schwieriger ist eine die gemeinsamen Ziele verwirklichende Politik.

Zum anderen muss die Union, um diesen Kerngehalt abzusichern, auf gravierende Verletzungen ihres Wertefundaments reagieren können. Art. 7 EUV sieht dazu **Sanktionsmöglichkeiten** für den Fall vor, dass ein Mitgliedstaat die europäischen Werte des Art. 2 EUV nicht beachtet. Im Zusammenspiel der Art. 2 und 7 EUV kommt so eine Verpflichtung der Union und ihrer Mitgliedstaaten auf die gemeinsamen Werte zum Ausdruck. Damit wird die rechtliche Bedeutung dieser Werte als „Geschäftsgrundlage" der Union unterstrichen. Beide Bestimmungen bilden einen Teil des europäischen Systems wechselseitiger Verfassungsstabilisierung, wie es den Staaten- und Verfassungsverbund kennzeichnet. Art. 2 und 7 EUV sind insofern – quasi als europäisches Pendant zu Art. 23 Abs. 1 GG (dazu oben Teil 3, B, Rn. 9 ff.) – Struktursicherungsklauseln, die den Kerngehalt der mitgliedstaatlichen Verfassungen gewährleisten (vgl. *von Bogdandy,* JZ 2001, 157, 162). Sie greifen die Kerninhalte der Staatsstrukturnormen der mitgliedstaatlichen Verfassungen auf, verfestigen sie und richten sie wieder zurück an die Mitgliedstaaten. 37

Für den Fall einer drohenden oder bereits erfolgten Verletzung einer der genannten Werte ist ein **dreistufiger Mechanismus** vorgesehen. Wenn die eindeutige Gefahr einer schwerwiegenden Verletzung besteht, kann eine Empfehlung an den betreffenden Mitgliedstaat abgegeben sowie ein Sachverständigengutachten eingeholt werden (sog. Frühwarnsystem). Auf der zweiten Stufe kann die Verletzung der Werte seitens des Rates in der Zusammensetzung der Staats- und Regierungschefs festgestellt werden. Wenn dies erfolgt ist, eröffnet Art. 7 Abs. 3 EUV die Möglichkeit, gegenüber dem Mitgliedstaat Sanktionen zu erlassen, wobei ein Ermessen bezüglich der Gestaltung und der Auswahl der Sanktionen besteht (etwa die Aussetzung der Stimmrechte im Rat). Dieses Sanktionsverfahren ist abschließend, da die Voraussetzungen und Verfahrensregelungen ein vorhersehbares Vorgehen ermöglichen sollen. Damit ist die **Eingriffsschwelle** der schwerwiegenden und anhaltenden Verletzung der Werte des Art. 2 EUV abschließend geregelt. Nach Art. 269 AEUV kontrolliert der EuGH die Einhaltung der Verfahrensbestimmungen, jedoch nicht das Vorliegen der materiellen Voraussetzungen. Im Hinblick auf die relativ hohe Eingriffsschwelle einer Unionsaufsicht gibt es vor dem 38

Hintergrund der innenpolitischen Entwicklungen in einigen Mitgliedstaaten (z. B. Ungarn) Reformbestrebungen, die Alternativen im Vorfeld des Art. 7 EUV etablieren wollen (vgl. *v. Bogdandy u. a.*, ZaöRV 72 (2012), 45 ff.; *Scheppele*, Warum wir ein „System-Vertragsverletzungsverfahren" brauchen, VerfBlog, 2013/11/22 samt Debatte auf www.verfassungsblog.de). In einer sog. „Rechtsstaatsinitiative" haben einige Mitgliedstaaten die Kommission zu ersten Schritten aufgefordert, die diese inzwischen auch unternommen hat.

Literatur: *Adamovich*, Juristische Aspekte der „Sanktionen" der EU-14 und des „Weisenberichts", EuGRZ 2001, 89; *Hau*, Sanktionen und Vorfeldmaßnahmen zur Absicherung der europäischen Grundwerte, 2002; *Hummer/Obwexer*, Die Wahrung der „Verfassungsgrundsätze" der EU – Rechtsfragen der „EU-Sanktionen" gegen Österreich, EuZW 2000, 485; *Hummer/Pelinka*, Österreich unter „EU-Quarantäne", 2002; *Kassner*, Die Unionsaufsicht, 2003; *Palme*, Das Berlusconi-Regime im Lichte des EU-Rechts, Blätter für deutsche und internationale Politik 2003, 456; *Schmahl*, Die Reaktionen auf den Einzug der Freiheitlichen Partei Österreichs in das österreichische Regierungskabinett, EuR 2000, 819; *Schneider*, Österreich in Acht und Bann – ein Schritt zur politisch integrierten „Wertegemeinschaft?", integration 2000, 120; *Schorkopf*, Die Maßnahmen der XIV EU-Mitgliedstaaten gegen Österreich, 2001; *Serini*, Sanktionen der Europäischen Union bei Verstoß eines Mitgliedstaats gegen das Demokratie- oder Rechtsstaatsprinzip, 2009; *Stein*, Die rechtlichen Reaktionsmöglichkeiten der Europäischen Union bei schwerwiegender und anhaltender Verletzung der demokratischen und rechtsstaatlichen Grundsätze in einem Mitgliedstaat, FS-Jaenicke, 1998, S. 871.

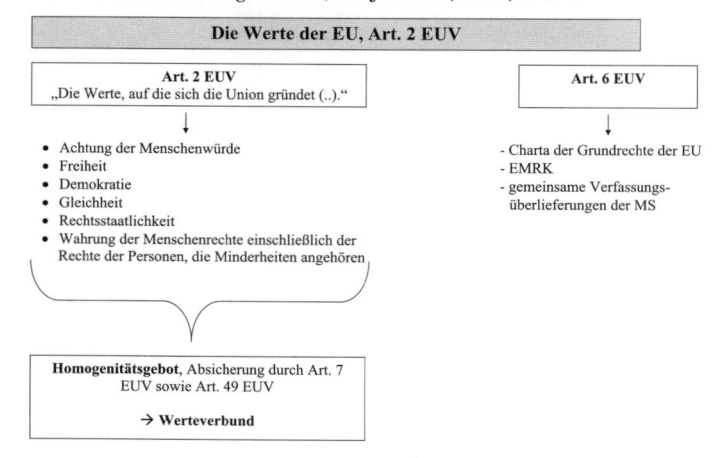

Die Werte der EU, Art. 2 EUV

Art. 2 EUV
„Die Werte, auf die sich die Union gründet (..)."

↓

- Achtung der Menschenwürde
- Freiheit
- Demokratie
- Gleichheit
- Rechtsstaatlichkeit
- Wahrung der Menschenrechte einschließlich der Rechte der Personen, die Minderheiten angehören

Art. 6 EUV

↓

- Charta der Grundrechte der EU
- EMRK
- gemeinsame Verfassungsüberlieferungen der MS

Homogenitätsgebot, Absicherung durch Art. 7 EUV sowie Art. 49 EUV

→ **Werteverbund**

bb) Unionstreue und nationale Identität (Art. 4 EUV).

Grundlegend für das Verhältnis zwischen der Union und den Mitgliedstaaten sind die **Pflichten zur Achtung** der nationalen Identität der Mitgliedstaaten nach Art. 4 Abs. 2 EUV und der Unionstreue nach Art. 4 Abs. 3 EUV. Schutzgüter und Schutzwirkungen dieser Institute überschneiden sich teilweise. Sie sind überdies in engem Zusammenhang mit Regelungen hinsichtlich der Kompetenzausübung durch die EU, konkret dem in Art. 5 Abs. 3 und 4 EUV geregelten Subsidiaritäts- und Verhältnismäßigkeitsprinzip, zu sehen (dazu unten Teil 3, C, Rn. 54 ff.). 39

Der Verfassungsgrundsatz der **Unionstreue** dominiert im europäischen Staaten- und Verfassungsverbund (siehe oben Teil 3, A, Rn. 1 ff.) das Verhältnis zwischen EU und Mitgliedstaaten. Die föderale Verbundsstruktur der EU basiert auf den Aspekten der Kooperation, der Rücksichtnahme und der Solidarität im Hinblick auf die gemeinsamen europäischen Ziele. Zu deren Verwirklichung bedarf es eines der Bundestreue des Grundgesetzes vergleichbaren Prinzips. Bereits der vom EuGH im Hinblick auf die Vorgängernormen Art. 5 EWGV und Art. 10 EGV geprägte Begriff der **loyalen Zusammenarbeit** machte deutlich, dass es insoweit keineswegs um eine „Einbahnstraße" von den Mitgliedstaaten hin zur EU geht, vielmehr hatten die europäischen Institutionen schon früher zugleich Rücksicht auf die zentralen Belange der Mitgliedstaaten zu nehmen (dazu *Calliess*, AöR 121 (1996), 509, 532 ff.). Denn Treueverpflichtungen können in föderalen Verbänden nur gegenseitig ausgestaltet werden. In Art. 4 Abs. 3 EUV, der im Hinblick auf die Mitgliedstaaten durch Art. 4 Abs. 2 EUV ergänzt wird, haben diese *gegenseitigen* Pflichten zur loyalen Zusammenarbeit und zur Rücksichtnahme nunmehr explizit Ausdruck gefunden. Beide Pflichten sind eine prozedurale Ausprägung des europäischen Solidaritätsprinzips (vgl. *Calliess*, ZEuS 2011, 213, 222 ff.). 40

Die Unionstreue steht im Zentrum der europäischen Integration und wird daher vom EuGH auch als **„wesentliche Grundlage"** der **Unionsrechtsordnung** bezeichnet (EuGH, Rs. C-101/91, Slg. 1993, I-191, Rn. 23), die für die Funktionsfähigkeit der Rechtsgemeinschaft fundamental und im Interesse der Einheit und Wirksamkeit des Unionsrechts existentiell sei (EuGH, Rs. 106/77, Slg. 1978, 629, Rn. 21, 23). Auf ihr beruht das Prinzip der einheitlichen Geltung und Anwendung des Unionsrechts, das die innerstaatliche Geltung des Unionsrechts, seinen innerstaatlichen Vollzug und ein hohes Maß an 41

Rechtsanwendungsgleichheit erfordert (dazu im Einzelnen unten Teil 3, D, Rn. 1 ff.). Ganz in diesem Sinne hat der EuGH (Rs. 39/72, Slg. 1973, S. 101, Rn. 24) eine für die Rechtsgemeinschaft bedeutsame Koppelung zwischen Solidarität und Recht vorgenommen, als er ausführte:

„Der Vertrag erlaubt es den Mitgliedstaaten, die Vorteile der Gemeinschaft für sich zu nutzen, er erlegt ihnen aber die **Verpflichtung auf, deren Rechtsvorschriften zu beachten.** Stört ein Staat aufgrund der Vorstellung, die er sich von seinen nationalen Interessen macht, **einseitig das mit der Zugehörigkeit zur Gemeinschaft verbundene Gleichgewicht zwischen Vorteilen und Lasten**, so stellt dies die Gleichheit der Mitgliedstaaten vor dem Gemeinschaftsrecht in Frage…Ein solcher **Verstoß gegen die Pflicht der Solidarität**, welche die Mitgliedstaaten durch ihren Beitritt zur Gemeinschaft übernommen haben, beeinträchtigt die Rechtsordnung der Gemeinschaft bis in ihre Grundfesten."

Deutlich wird, dass Rechtsverstöße einzelner Staaten in einer Union, die nicht über das Instrument des „Bundeszwangs" (Art. 37 GG) verfügt, die Solidarität verletzen können. Denn die Bereitschaft, gemeinsames Recht auch dann anzuwenden, wenn es in einem Mitgliedstaat als nachteilig empfunden wird, ist eine der Erscheinungsformen zwischenstaatlicher Solidarität, auf der die Rechtsgemeinschaft basiert. Diese Erkenntnis ist nicht zuletzt von grundlegender Bedeutung für die Bewältigung der **(Staatsschulden-) Krise im Euroraum**, indem sie deutlich macht, dass Solidarität keine Einbahnstraße ist. Einerseits schulden die Mitgliedstaaten dem europäischen Ziel der Währungsunion und damit dem Erhalt des Euro Solidarität (vgl. Art. 3 Abs. 4 EUV), andererseits aber auch den vertraglich vereinbarten Grundbedingungen der Stabilität des Euro (vgl. Art. 119 Abs. 2 AEUV). Diesen Zusammenhang greift nicht nur die im Hinblick auf den Europäischen Stabilitätsmechanismus (ESM) getroffene Ergänzung des Art. 136 EUV um einen Absatz 3 explizit auf (dazu *Calliess*, ZEuS 2011, 213, 268 ff.), vielmehr ist er für die Zukunft der Wirtschafts- und Währungsunion und damit auch der EU von grundlegender Bedeutung.

42 In den Vordergrund stellt Art. 4 Abs. 3 EUV die **Handlungs- und Unterlassungspflichten der Mitgliedstaaten** gegenüber der EU. Der EuGH hat der primärrechtlichen Regelung der Unionstreue eine Vielzahl selbstständiger und akzessorischer Pflichten entnommen (dazu unten Teil 3, D, Rn. 22 ff.).

43 Im Gegenzug erfährt die unionale Rücksichtnahmepflicht in Art. 4 Abs. 2 EUV eine – dem Art. 79 Abs. 3 GG vergleichbare – besondere

Ausprägung in Gestalt der **Pflicht zur Achtung der nationalen Identität**. Der Schutzbereich beider Normen ist demnach insoweit deckungsgleich, als er sich auf grundlegende mitgliedstaatliche Verfassungsstrukturen bezieht, oder anders ausgedrückt, den integrationsfesten Kern der staatlichen Verfassung schützt. Nationale Identität kann dabei nur die Identität des in den Verfassungsverbund integrierten Staates sein – in seiner Verfassungsstaatlichkeit, wie sie durch eine bestimmte politische, soziale Struktur und Kultur des Mitgliedstaats geprägt ist. Den Begriff der nationalen Identität konkretisierend führt Art. 4 Abs. 2 EUV als **Schutzgut** die grundlegenden politischen und verfassungsmäßigen Strukturen eines Staates, einschließlich der regionalen und lokalen Selbstverwaltung, an und ergänzt diese um die Achtung der grundlegenden Funktionen des Staates, insbesondere der Wahrung der territorialen Unversehrtheit, der Aufrechterhaltung der öffentlichen Ordnung und des Schutzes der nationalen Sicherheit.

Art. 4 Abs. 2 EUV liegt die Konzeption zugrunde, dass europäische und nationale Identität nicht in einem Ausschließlichkeitsverhältnis stehen, sondern erstere auf der letzteren aufbaut (vgl. *von Bogdandy,* VVDStRL 62 (2003), S. 156, 174 ff.). Die mitgliedstaatliche Identität ist deswegen im Staaten- und Verfassungsverbund **nur in ihrem Kern ein absolut geschütztes Rechtsgut**, im Übrigen zwingt sie aber zu einem schonenden Ausgleich zwischen mitgliedstaatlichen und europäischen Belangen. In diesem Sinne fördert mitgliedstaatliches Verfassungsrecht im Staaten- und Verfassungsverbund auch eine Europäisierung von Verfassungsprinzipien (vgl. Art. 23 Abs. 1 GG, dazu oben Teil 3, B, Rn. 2 ff.), während das europäische Verfassungsrecht als absolute Grenze die Achtung der nationalen Verfassungsidentität zu gewährleisten hat. 44

Die EU hat damit gem. Art. 4 Abs. 3 EUV – als Ausdruck gegenseitiger loyaler Zusammenarbeit – bei der Rechtssetzung die verfassungsrechtlichen Strukturen der Mitgliedstaaten zu beachten, denn die Rücksichtnahmepflicht erfordert den Ausgleich der unterschiedlichen nationalen und europäischen Interessen. Der Grundsatz der loyalen Zusammenarbeit kann so unter Umständen als **Kompetenzausübungsschranke** wirken. In Verbindung mit Art. 4 Abs. 2 EUV kann das Gebot der Unionstreue den Mitgliedstaaten damit als ultima ratio ein unionsrechtlich begründetes „Notrecht" verleihen, wenn durch die EU identitätsbestimmende Verfassungsgrundsätze (vgl. Art. 79 Abs. 3 GG) missachtet werden. Voraussetzung ist, dass der 45

Kerninhalt gemeineuropäischen Verfassungsrechts (vgl. Art. 2 EUV) verletzt ist und alle Versuche, den Verfassungskonflikt im Wege der Kooperation (unter Einbindung des EuGH im Wege des Vorabentscheidungsverfahrens nach Art. 267 AEUV, dazu unten Teil 3, D, Rn. 49) beizulegen, gescheitert sind. Dies wäre als Ausdruck des Systems wechselseitiger Verfassungsstabilisierung im Europäischen Verfassungsverbund hinzunehmen.

Literatur: *Bieber,* Gegenseitige Verantwortung – Grundlage des Verfassungsprinzips der Solidarität in der EU, in: Calliess (Hrsg.), Europäische Solidarität und nationale Identität, 2013, S. 67; *Bleckmann,* Die Wahrung der „nationalen Identität" im Unions-Vertrag, JZ 1997, 265; *von Bogdandy/Schill,* Die Achtung der nationalen Identität unter dem reformierten Unionsvertrag, ZaöRV 70 (2010), 701; *Calliess,* Europa als Wertegemeinschaft – Integration und Identität durch europäisches Verfassungsrecht? JZ 2004, 1033; *ders.*, Perspektiven des Euro zwischen Solidarität und Recht – Eine rechtliche Analyse der Griechenlandhilfe und des Rettungsschirms, ZEuS 2011, 213; *ders.* (Hrsg.), Europäische Solidarität und nationale Identität, 2013; *Doehring,* Die nationale „Identität" der Mitgliedstaaten, in: FS-Everling, 1995, S. 263; *Due,* Der Grundsatz der Gemeinschaftstreue in der EG nach der neueren Rechtsprechung des Gerichtshofs, 1992; *Epiney,* Gemeinschaftsrecht und Föderalismus: „Landes-Blindheit" und Pflicht zur Berücksichtigung der innerstaatlichen Verfassungsstrukturen, EuR 1994, 301; *Haratsch,* Wechselwirkungen zwischen deutscher und europäischer Identität – Ausdruck von Eigenständigkeit und Gemeinsamkeit, in: Bücking/Jesse (Hrsg.), Deutsche Identität in Europa, 2008, S. 175; *Hatje,* Loyalität als Rechtsprinzip, 2001; *Hilf,* Europäische Union und nationale Identität der Mitgliedstaaten, in: GS-Grabiz, 1995, S. 157; *Huber,* Das Kooperationsverhältnis von Kommission und nationalen Verwaltungen beim Vollzug des Unionsrechts, FS-Brohm, 2002, S. 127; *Luchterhand,* Verfassungshomogenität und Osterweiterung der EU, in: Bruha/Hesse/Nowak (Hrsg.), Welche Verfassung für Europa, 2001. S. 125; *Lück,* Die Gemeinschaftstreue als allgemeines Rechtsprinzip im Recht der Europäischen Gemeinschaft, 1992; *Pernice,* Solidarität in Europa, in: Calliess (Hrsg.), Europäische Solidarität und nationale Identität, 2013, S. 25 ff.; *Rupp,* Bemerkungen zum europarechtlichen Schutz der „nationalen Identität" der EU-Mitgliedstaaten, FS Rudolf, 2001, S. 173; *Schorkopf,* Nationale Verfassungsidentität und europäische Solidarität: Die Perspektive des Grundgesetzes, in: Calliess (Hrsg.), Europäische Solidarität und nationale Identität, 2013, S. 99 ff.; *Uhle,* Freiheitlicher Verfassungsstaat und kulturelle Identität, 2004; *Unruh,* Die Unionstreue – Anmerkungen zu einem Rechtsgrundsatz der Europäischen Union, EuR 2002, 41; *Graf Vitzthum,* Die Identität Europas, EuR 2002, 1; *Wendel,* Permeabilität im europäischen Verfassungsrecht, 2011, S. 575 ff.; *Wille,* Die Pflicht der Organe der Europäischen Gemeinschaft zur loyalen Zusammenarbeit mit den Mitgliedstaaten, 2003; *Wuermeling,* Die Gemeinschaftstreue und die Rechtsakte der Gesamtheit der Mitgliedstaaten der EG, EuR 1987, 237; *Zuleeg*, Die föderativen Grundsätze der Europäischen Union, NJW 2000, 2846; *ders.*, Der rechtliche Zusammenhalt der Europäischen Union, 2004.

4. Integrations- und Budgetverantwortung im Lichte des Art. 23 GG

a) Konzept der Integrationsverantwortung. Mit dem Ziel der Wahrung des in Art. 5 Abs. 2 EUV niedergelegten Prinzips der begrenzten Einzelermächtigung entnimmt das BVerfG in seinem *Lissabon*-Urteil Art. 23 Abs. 1 GG in Verbindung mit dem Demokratieprinzip die **Notwendigkeit eines hinreichend bestimmten Integrationsprogramms** der Europäischen Union (BVerfGE 123, 267, 351 ff.). Als problematisch erschienen dem Gericht insoweit zuvorderst die im Vertrag von Lissabon enthaltenen **sog. dynamischen Vertragsvorschriften**, die in einer „verfassungsrechtlich bedeutsame(n) Spannungslage zum Prinzip der begrenzten Einzelermächtigung" stünden. Als dynamische Vertragsvorschriften gelten nach der Definition des BVerfG Normen, die „eine Veränderung des Vertragsrechts bereits ohne Ratifikationsverfahren allein oder maßgeblich durch die Organe der Union" ermöglichen. Sofern eine solche dynamische Vertragsentwicklung gewollt werde, 46

> „obliegt neben der Bundesregierung den gesetzgebenden Körperschaften eine besondere Verantwortung im Rahmen der Mitwirkung, die in Deutschland innerstaatlich den Anforderungen des Art. 23 Abs. 1 GG genügen muss (Integrationsverantwortung)."

Um dieser Integrationsverantwortung nachzukommen, sei es verfassungsrechtlich gefordert, entweder dynamische Vertragsvorschriften mit Blankettcharakter nicht vertraglich zu vereinbaren oder – wenn sie noch in einer Weise ausgelegt werden könnten, die die nationale Integrationsverantwortung wahre – jedenfalls geeignete innerstaatliche Sicherungen zur effektiven Wahrnehmung derselben zu treffen. Das Integrationsvertragswerk darf mit anderen Worten nicht so „auf Räder gesetzt werden", dass eine angemessene parlamentarische Beteiligung bei seiner Weiterentwicklung unterbleibt (*Ruffert*, DVBl. 2009, 1197, 1200).

Auf Grundlage des solchermaßen eingeführten Konzepts der Integrationsverantwortung stellt das Gericht sodann konkrete Anforderungen an die Interpretation des Art. 23 Abs. 1 Satz 2 GG. Dieser sei so auszulegen, **dass jede Veränderung der textlichen Grundla-** 47 gen des europäischen Primärrechts erfasst** werde. Daraus folgt für das Gericht, dass Bundestag und Bundesrat ihre Integrationsverantwortung in sämtlichen Fällen, in denen Veränderungen des Vertragsrechts ohne Ratifikationsverfahren allein oder maßgeblich durch Organe der EU herbeigeführt werden können, wahrnehmen müssen. Dieser Vorgabe wird in Umsetzung des Urteils mit dem Integrationsverantwortungsgesetz (IntVG) Rechnung getragen (vgl. dazu *Calliess*, Die neue EU, S. 259 ff. und 277 ff.).

48 Als primären **Träger** der auf die Eingrenzung dynamischer Vertragsgestaltung gerichteten Integrationsverantwortung nimmt das Gericht zunächst die Gesetzgebungsorgane in die Pflicht. Insoweit führt das Gericht aus, die Integrationsverantwortung sei darauf gerichtet, „bei der Übertragung von Hoheitsrechten und bei der Ausgestaltung der europäischen Entscheidungsverfahren dafür Sorge zu tragen, dass in einer Gesamtbetrachtung sowohl das politische System der Bundesrepublik Deutschland als auch das der Europäischen Union demokratischen Grundsätzen im Sinne des Art. 20 Abs. 1 und Abs. 2 in Verbindung mit Art. 79 Abs. 3 GG entspricht" (BVerfGE 123, 267, 356). Verpflichtet sind demnach aber nicht nur Bundestag und Bundesrat, sondern **alle deutschen Verfassungsorgane**.

49 b) **Konzept der Budgetverantwortung.** In seinem Urteil vom 7. September 2011, das die deutsche Mitwirkung an der – vor dem Hintergrund der Krise im Euroraum gewährten – Griechenlandhilfe sowie am sog. Rettungsschirm (dem Europäischen Finanzstabilisierungsmechanismus, EFSF) im Lichte des Grundgesetzes überprüfte, erweitere das BVerfG die im *Lissabon*-Urteil entwickelte Integrationsverantwortung des Bundestages um eine Budgetverantwortung (BVerfGE 129, 124; konkret dazu *Ruffert*, EuR 2011, 842 ff.; *Thym*, JZ 2011, 1011 ff.; im Kontext dazu *Calliess*, VVDStRL 71 (2012), S. 113 ff.). Letztlich ist diese wohl als **haushaltsrechtliche Ausprägung der Integrationsverantwortung** zu verstehen. In Anlehnung an seine im Lissabon-Urteil definierten, identitätsbestimmenden „Staatsaufgaben", zu denen auch die Budgethoheit zählt, entwickelt das BVerfG sein Konzept: Die verfassungsrechtlich einschlägigen Maßstabsnormen der Art. 20 Abs. 1, Abs. 2 i. V. m. Art. 79 Abs. 3 GG konstituierten ein **Prinzip der dauerhaften Haushaltsautonomie**, nach welchem der Deutsche Bundestag seiner Budgetverantwortung nur durch hinreichend bestimmte haushaltspolitische Ermächtigungen, die seiner fortdauernden Einflussnahme unterliegen, gerecht

werden kann. Insbesondere dürfe der Bundestag seine Haushaltsverantwortung nicht durch unbestimmte haushaltspolitische Ermächtigungen auf andere Akteure übertragen sowie sich keinen finanzwirksamen Mechanismen ausliefern, die zu nicht überschaubaren haushaltsbedeutsamen Belastungen **ohne vorherige konstitutive Zustimmung** führen können. Zu Recht wird damit die Erwartung formuliert, dass jede ausgabenwirksame solidarische Hilfsmaßnahme (sog. Nothilfe) größeren Umfangs im internationalen oder unionalen Bereich vom Bundestag im Einzelnen bewilligt werden und ein hinreichender parlamentarischer Einfluss auch bei der Art und Weise des Umgangs mit den zur Verfügung gestellten Mitteln gesichert sein muss. Insoweit sollte die grundlegende Entscheidung, ob und unter welchen Bedingungen ein Staat Hilfen aus dem Rettungsschirm erhalten kann, ebenso wie alle weiteren wesentlichen Entscheidungen hinsichtlich der Nothilfen **im Plenum und nicht im Haushaltsausschuss** gefällt werden. Nur eine öffentliche Debatte ihres Für und Wider kann der Gewährung von Nothilfen die notwendige demokratische Legitimation verschaffen. Routinefragen zur Auszahlung einzelner Tranchen lassen sich sodann unter Verzicht auf eine Erörterung im Plenum im zuständigen Haushaltsausschuss oder, in besonderen Ausnahmefällen, in einem verkleinerten Eilgremium entscheiden (vgl. dazu bereits *Calliess*, FAZ Nr. 220 vom 21.9.2011 und NVwZ 2012, 1, 6, ferner die Entscheidungen des BVerfG vom 28.2.2012 zum sog. Neunergremium, E 130, 318, und vom 12.9.2012 sowie 18.3.2014 zum ESM, 2 BvE 6/12 = NJW 2014, 1505).

50 **Nicht** in die Budgetverantwortung eingeordnet wird im *Rettungsschirm*-Urteil der **Bundesrat**, der in den Ausführungen des Senats nur am Rande erwähnt wird (BVerfGE 129, 124, 177 f.). Das Gericht liefert nur insoweit einen Anhaltspunkt, als dass es die haushaltsrechtlichen Vorschriften, insbesondere die Art. 110, 114 GG, als Konkretisierung der demokratischen Funktion des Budgetrechts erörtert und somit letztlich auf das allgemeine Demokratieprinzip des Art. 20 Abs. 1, 2 GG als normative Grundlage einer möglicherweise auch dem Bundesrat zukommenden Budgetverantwortung verweist.

51 Ebenso wie im *Lissabon*-Urteil für die Integrationsverantwortung kein eindeutiger, über das Demokratieprinzip hinausgehender verfassungsrechtlicher Bezugspunkt benannt wird (entsprechend kritisch *Jestaedt*, Der Staat 2009 (48), 497, 507 ff.; *Classen*, JZ 2009, 881, 884 f.), fehlt es auch im *Rettungsschirm*-Urteil für die Budgetverantwortung an einem solchen. Zustimmung verdient zwar das der Integrations- und Budgetverantwortung zugrundelie-

gende Anliegen, im Namen des Demokratieprinzips die Beteiligungsrechte des Parlaments zu stärken (*Calliess*, FAZ Nr. 220 vom 21.9.2011; ders. VVDStRL 71 (2012), S. 113, 158 ff.). **Problematisch** ist jedoch, dass das BVerfG dabei weder dem Kontext der dualen Legitimationsstruktur der Europäischen Union, noch der in Art. 23, 24, 59 Abs. 2 GG angelegten Kompetenzaufteilung zwischen Gesetzgeber – bestehend nicht nur aus dem Bundestag, sondern auch dem Bundesrat – und Bundesregierung im Rahmen der Europapolitik gerecht wird (vgl. hierzu *Calliess*, NVwZ 2012, 1 ff.; allgemein *Wolfrum*, VVDStRL 56 (1997), S. 38, 43).

Literatur: *Abels*, Das Bundesverfassungsgericht und die Integration Europas, 2011; *Calliess*, Nach dem Lissabon-Urteil des Bundesverfassungsgerichts – Parlamentarische Integrationsverantwortung auf europäischer und nationaler Ebene, ZG 2010, 1; *ders.*, Der Kampf um den Euro: Eine „Angelegenheit der Europäischen Union" zwischen Regierung, Parlament und Volk, NVwZ 2012, 1; *Classen*, Legitime Stärkung des Bundestages oder verfassungsrechtliches Prokrustesbett?, JZ 2009, 881; *Dingemann*, Zwischen Integrationsverantwortung und Identitätskontrolle: Das „Lissabon"-Urteil des Bundesverfassungsgerichts, ZEuS 2009, 491; *Engels*, Die Integrationsverantwortung des Deutschen Bundestags, JuS 2012, 210; *Hölscheidt*, Die Verantwortung des Bundestags für die europäische Integration, DÖV 2012, 105; *Klein*, in: Die Stabilitätsgemeinschaft des Maastricht-Urteils. Aspekte zwischen „Fiskalunion" und Budgetrecht des Bundestages, in: *Calliess* (Hrsg.), Europäische Solidarität und nationale Identität, 2013, S. 179; *Nettesheim*, Die Integrationsverantwortung – Vorgaben des BVerfG und gesetzgeberische Umsetzung, NJW 2010, 177; *Pechstein* (Hrsg.), Integrationsverantwortung, 2012; *Ruffert*, An den Grenzen des Integrationsverfassungsrechts: Das Urteil des Bundesverfassungsgerichts zum Vertrag von Lissabon, DVBl. 2009, 1197; *ders.*, Die europäische Schuldenkrise vor dem Bundesverfassungsgericht – Anmerkung zum Urteil vom 7. September 2011, EuR 2011, 842; *Sachs*, Staatsorganisationsrecht: Unveräußerliche nationale Haushaltsautonomie, JuS 2012, 271; *Schorkopf*, Die Europäische Union im Lot, EuZW 2009, 718; *Schmahl*, Deutschland und die europäische Integration, BayVBl 2012, 1; *Thym*, Anmerkung zum Urteil des BVerfG vom 07.09.2011 – Zur Frage der Bedeutung der Haushaltssouveränität bei Rettungsmaßnahmen zur Stabilisierung der Eurozone, JZ 2011, 1011.

II. Verfassungsrechtliche Grenzen europäischer Integration

52 Nachdem die verfassungsrechtlichen **Integrationsvoraussetzungen** dargestellt worden sind, soll nunmehr ein Blick auf die verfassungsrechtlichen **Grenzen** europäischer Integration geworfen werden, wie sie sich nach der Rechtsprechung des **BVerfG** und den verschiedenen Auffassung im **Schrifttum** aus dem Grundgesetz ergeben. Insoweit ist zunächst zwischen Grenzen zu **unterscheiden**, die

die Integration unter Beibehaltung des geltenden Grundgesetzes betreffen („verfassungsbeständige Integration"), und Grenzen, die sich aus dem Grundgesetz oder aus anderen Rechtsquellen für den Fall der Integration durch Verfassungsneugebung ergeben könnten („verfassungsablösende Integration").

1. Bestandssicherungsklausel des Art. 23 Abs. 1 S. 3 GG als Integrationsgrenze

Art. 23 Abs. 1 S. 3 GG verknüpft mit der Möglichkeit des Erlasses 53 verfassungsändernder Integrationsgesetze die materiell-rechtliche Schranke des **Art. 79 Abs. 3 GG**. Durch Integrationsgesetze dürfen weder die Gliederung des Bundes in Länder, deren grundsätzliche Mitwirkung bei der Gesetzgebung noch die Grundsätze der Art. 1 und 20 GG beeinträchtigt werden. Anders als der (auf die Integrationsvoraussetzungen gemünzten) Struktursicherungsklausel des Art. 23 Abs. 1 S. 1 GG ist der Bestandssicherungsklausel des Art. 23 Abs. 1 S. 3 iVm. Art. 79 Abs. 3 GG nicht erst im Umkehrschluss integrationsbegrenzende Wirkung zu entnehmen: sie ist die „Defensive des Grundgesetzes" (*Breuer*, NVwZ 1994, 417, 422), indem sie ausdrücklich dessen Kernbestände auch vor integrationsbedingten Beeinträchtigungen schützt. Die Bestandssicherungsklausel kann daher **als Integrationsschranke in Bezug auf** die deutsche Verfassungsordnung und damit auf **das übertragende Subjekt** bezeichnet werden. Während die Struktursicherungsklausel die Europäische Union als solche betrifft, greift die Bestandssicherungsklausel deren Bedeutung für die grundgesetzliche Ordnung auf.

a) Verfassungsidentität und Ewigkeitsgarantie. Der Begriff der 54 Verfassungsidentität korrespondiert auf den ersten Blick der Bestimmung des Art. 4 Abs. 2 EUV (vgl. BVerfGE 123, 267, 353 f.). Ungeklärt ist aber, was der Begriff im Einzelnen meint und in welchem Verhältnis er zur Ewigkeitsgarantie des Art. 79 Abs. 3 GG und zu Art. 4 Abs. 2 EUV steht. Zwar ist die Verfassungsidentität nicht erst seit dem *Lissabon*-Urteil des BVerfG **der zentrale Begriff der Integrationsgrenzen** (vgl. insoweit BVerfGE 37, 271, 279 f.), jedoch ist dessen potentielle Bedeutung dort sehr weitgehend entfaltet worden.

Die Verfassungsidentität diente schon im *Solange I*-Beschluss des BVerfG aus dem Jahre 1974 als Integrationsschranke (BVerfGE 37, 271, 279 f.). Allerdings wurde das Bestehen einer solchen Schranke schlicht festgestellt. Eine exakte **normative Verortung** und Inbezugsetzung zur Ewigkeitsgarantie fand jedoch nicht statt. So war es unklar, woraus sich die Verfassungsidentität als Integrationsschranke ergeben sollte. Dass sie der Integrationsermächtigung des Art. 24 Abs. 1 GG selbst entnommen wurde, lässt die folgende Formulierung vermuten:

> „Aber *Art. 24 GG begrenzt* diese Möglichkeit, indem *an ihm* eine Änderung des Vertrags scheitert, die die Identität der geltenden Verfassung der Bundesrepublik Deutschland durch Einbruch in die sie konstituierenden Strukturen aufheben würde."

55 Bereits in diesem Kontext stellte sich die Frage, ob der Begriff der Verfassungsidentität inhaltlich weiter **verstanden werden muss als die Ewigkeitsgarantie** des Art. 79 Abs. 3 GG. Denn über den Schutzgehalt der letzteren hinausgehend wurde etwa der Grundrechtsteil in seiner Gesamtheit (und nicht nur in seinem Kernbestand) als Schranke angesehen. Auch ist von einer Identität die Rede, die nicht ohne Verfassungsänderung – im Umkehrschluss jedoch durch Verfassungsänderung – zu modifizieren sei.

56 Dieser über Art. 79 Abs. 3 GG hinausgehende integrationsbegrenzende Inhalt wurde jedoch in den darauffolgenden Entscheidungen des BVerfG eingeschränkt. So wurde im *Eurocontrol I*-Beschluss der „Grundrechtsteil" (so noch in BVerfGE 37, 271, 280) als Maßstab durch die „fundamentalen Rechtsgrundsätze, die in den Grundrechten des Grundgesetzes anerkannt und verbürgt sind" ersetzt (BVerfGE 58, 1, 40). In der Folgerechtsprechung setzte sich diese Tendenz, die sich als **Reduzierung des umfassenderen Maßstabs** des *Solange I*-Beschlusses darstellte, fort. Nach dem *Solange II*-Beschluss seien „jedenfalls die Rechtsprinzipien, die dem Grundrechtsteil des Grundgesetzes zugrundeliegen", ein „unverzichtbares, zum Grundgefüge der geltenden Verfassung gehörendes Essentiale" (BVerfGE 73, 339, 376). Ob damit auf die Wesensgehalte der Grundrechte i. S. d. Art. 19 Abs. 2 GG oder sogar nur die aus der Menschenwürde fließenden Kerngehalte der Grundrechte i. S. d. Art. 79 Abs. 3 GG abgestellt wurde, blieb offen.

57 Das Inkrafttreten von Art. 23 Abs. 1 S. 3 n. F. GG hat Art. 79 Abs. 3 GG schließlich ausdrücklich als Integrationsschranke normiert, sodass auch der Prüfungsmaßstab des BVerfG seit dem *Maastricht*-Urteil (BVerfGE 89, 155, 180 f.) hierdurch bestimmt wird. Im **Lissabon-Urteil** lebte jedoch der Terminus der Verfassungsidentität wieder auf. Das BVerfG verknüpft ihn dort einerseits mit der Ewigkeitsklausel, deutete aber andererseits im Kontext der verfassungsgerichtlichen Identitätskontrolle an, dass vom Begriff auch die in der

B. Verfassungsrechtliche Anforderungen europ. Integrationsprozess 227

Entscheidung aufgeführten identitätsbestimmenden Staatsaufgaben umfasst sein könnten (BVerfGE 123, 267, 340, 344 einerseits und E 123, 267, 359 andererseits, dazu *Calliess*, Die neue EU, 2010, S. 267 f.; *Guckelberger*, ZEuS 2012, 1, 29). Zumindest nachfolgende Entscheidungen des BVerfG stellen klar, dass Verfassungsidentität und Art. 79 Abs. 3 GG inhaltlich kongrunent sind und die Schutzgüter übereinstimmen (vgl. auch BVerfGE 129, 124, 169 sowie 177 u. 179 f.). Dem entspricht auch die Begrenzung des auf die Verfassungsidentität bezogenen Kontrollmechanismus – der sog. Identitätskontrolle – auf Art. 79 Abs. 3 GG, die das BVerfG jüngst in seiner **ESM-Entscheidung** vom 18.3.2014 vorgenommen hat (dazu unten Teil 3, D, Rn. 86).

Damit ist der Begriff der Verfassungsidentität, wie ihn das BVerfG 58 verwendet, eingegrenzt. Versteht man diesen wie hier als bloße Umschreibung des sich aus der Ewigkeitsklausel ergebenden Verfassungsgüterschutzes, so ist hierdurch zugleich dessen Bedeutungsinhalt determiniert. Verfassungsidentität meint dann die **Summe der selbst der Gestaltungsmacht des verfassungsändernden Gesetzgebers entzogenen Verfassungsentscheidungen.**

b) Art. 79 Abs. 3 GG als Integrationsgrenze. Die Integrations- 59 schranke des Art. 79 Abs. 3 GG ist über die Grundrechte hinaus in zweierlei Hinsicht praktisch relevant geworden. Zum einen in Hinblick auf das Demokratieprinzip, zum anderen in Hinblick auf die souveräne Staatlichkeit Deutschlands. Im Einzelnen ist **vieles unklar.**

aa) Grenze des Demokratieprinzips und der souveränen Staat- 60 **lichkeit in der Rechtsprechung des BVerfG.** Die europäische Integration kann in ein Spannungsverhältnis zum demokratischen Prinzip des Grundgesetzes geraten. Art. 20 Abs. 1 und 2 GG statuieren die Demokratie als Herrschaftsform der deutschen Verfassungsordnung. Als **demokratische Kerngehalte** sind neben der Volkssouveränität vor allem das Mehrheitsprinzip, die Herrschaft auf Zeit, die Notwendigkeit demokratischer Legitimation staatlichen Handelns, die Vermittlung demokratischer Legitimation durch periodische Wahlen sowie die fundamentalen Wahlrechtsgrundsätze garantiert. Dem entspricht insoweit der vom BVerfG schon im *Maastricht*-Urteil (BVerfGE 89, 155, 182) zugrunde gelegte Prüfungsmaßstab:

„Zu dem gemäß Art. 79 Abs. 3 GG nicht antastbaren Gehalt des Demokratieprinzips gehört, daß die Wahrnehmung staatlicher Aufgaben und die Ausübung staatlicher Befugnisse sich auf das Staatsvolk zurückführen lassen und grundsätzlich ihm gegenüber verantwortet werden. Dieser notwendige Zurechnungszusammenhang läßt sich auf verschiedene Weise, nicht nur in einer bestimmten Form, herstellen. Entscheidend ist, daß ein hinreichend effektiver Gehalt an demokratischer Legitimation, ein **bestimmtes Legitimationsniveau**, erreicht wird."

61 Das Gericht thematisiert vor diesem Hintergrund **zwei problematische Demokratieaspekte** (BVerfGE 123, 267, 356): Erstens die Auswirkung von Hoheitsrechts*übertragungen*, d. h. der Supranationalisierung von Zuständigkeiten auf die innerstaatliche Demokratie; zweitens die *Ausübung* supranationalisierter Zuständigkeiten mit Blick auf deren eigenes demokratisches Legitimationsniveau. Letzterer Aspekt unterfällt der Struktursicherungsklausel des Art. 23 Abs. 1 S. 1 GG als Prüfungsmaßstab. Für ersteren formuliert das BVerfG im *Lissabon*-Urteil unter Berufung auf ein aus Art. 38 GG hergeleitetes „**Grundrecht auf Demokratie**":

„Das jedem Bürger zustehende Recht auf gleiche Teilhabe an der demokratischen Selbstbestimmung (demokratisches Teilhaberecht) kann auch dadurch verletzt werden, dass die Organisation der Staatsgewalt so verändert wird, dass der Wille des Volkes sich nicht mehr *wirksam* im Sinne des Art. 20 Abs. 2 GG *bilden kann* und die Bürger nicht mit Mehrheitswillen *herrschen können*. Das Prinzip der repräsentativen Volksherrschaft kann verletzt sein, wenn im grundgesetzlichen Organgefüge die **Rechte des Bundestages wesentlich geschmälert** werden und damit ein Substanzverlust demokratischer Gestaltungsmacht für dasjenige Verfassungsorgan eintritt, das unmittelbar nach den Grundsätzen freier und gleicher Wahl zustande gekommen ist." (BVerfGE 123, 267, 340 f.)

62 Die Supranationalisierung von Zuständigkeiten und die spiegelbildliche Minderung nationaler Rechtsetzungsmöglichkeiten stehe also dem Prinzip der repräsentativen Volksherrschaft entgegen. Weiter führt das Gericht in Fortsetzung seiner *Maastricht*-Rechtsprechung aus:

„Die Wahl der Abgeordneten des Deutschen Bundestages durch das Volk erfüllt nur dann ihre tragende Rolle im System föderaler und supranationaler Herrschaftsverflechtung, [...] wenn der Deutsche Bundestag eigene **Aufgaben und Befugnisse von substantiellem politischen Gewicht** behält oder die ihm politisch verantwortliche Bundesregierung maßgeblichen Einfluss auf europäische Entscheidungsverfahren auszuüben vermag." (BVerfGE 123, 267, 356).

Hieran anknüpfend definiert das BVerfG sodann bestimmte Politikbereiche, die als **identitätsbestimmende Staatsaufgaben** verstanden werden:

B. Verfassungsrechtliche Anforderungen europ. Integrationsprozess 229

„Als **besonders sensibel** für die demokratische Selbstgestaltungsfähigkeit eines Verfassungsstaates gelten seit jeher Entscheidungen über das materielle und formelle Strafrecht (1), die Verfügung über das Gewaltmonopol polizeilich nach innen und militärisch nach außen (2), die fiskalischen Grundentscheidungen über Einnahmen und – gerade auch sozialpolitisch motivierte – Ausgaben der öffentlichen Hand (3), die sozialstaatliche Gestaltung von Lebensverhältnissen (4) sowie kulturell besonders bedeutsame Entscheidungen etwa im Familienrecht, Schul- und Bildungssystem oder über den Umgang mit religiösen Gemeinschaften (5)." (BVerfGE 123, 267, 359)

Diese Urteilspassagen zeigen, dass die mit einer Vertragsänderung einhergehende Übertragung von Hoheitsrechten und die damit verbundene Supranationalisierung von Zuständigkeiten nach Auffassung des BVerfG immer in einem Spannungsverhältnis zum Demokratieprinzip des Grundgesetzes steht und nur bis zu einem bestimmten Grad verfassungsrechtlich zulässig ist. Dies soll offenbar zunächst einmal unabhängig von der Tatsache gelten, dass diese Integrationsschritte einerseits mit Zweidrittelmehrheit im Parlament beschlossen werden und andererseits die Ausübung der supranationalen Gewalt auf europäischer Ebene ihrerseits demokratisch zurückgebunden ist. Die Grenze der Ewigkeitsgarantie (Verfassungsidentität) ist aus dieser Sicht erreicht, wenn der innerstaatlichen Ebene keine Zuständigkeiten von substantiellem politischem Gewicht verbleiben. Die Frage nach der durch das Demokratieprinzip bedingten Grenze möglicher Supranationalisierung von Zuständigkeiten würde (vereinfacht) demnach mit folgender **Gleichung** beantwortet: 63

Nationale Allzuständigkeit – supranationalisierte Zuständigkeiten
$\geq$ *Mindestgarantie des Art. 79 Abs. 3 GG*

Neben bzw. mit dem Demokratieprinzip kommt – folgt man dem BVerfG – der **souveränen Staatlichkeit Deutschlands** entscheidende Bedeutung als Integrationsgrenze zu. Auch diese soll nach – im Schrifttum zu Recht kritisierter – Auffassung des Gerichts durch die Ewigkeitsgarantie geschützt sein: 64

„Mit der sogenannten Ewigkeitsgarantie wird die Verfügung über die Identität der freiheitlichen Verfassungsordnung selbst dem verfassungsändernden Gesetzgeber aus der Hand genommen. Das Grundgesetz setzt damit die souveräne Staatlichkeit Deutschlands nicht nur voraus, sondern garantiert sie auch." (BVerfGE 123, 267, 343)
„Das Grundgesetz ermächtigt die für Deutschland handelnden Organe nicht, durch einen Eintritt in einen Bundesstaat das Selbstbestimmungsrecht des Deutschen Volkes in Gestalt der völkerrechtlichen Souveränität Deutschlands aufzugeben." (BVerfGE 123, 267, 347f.)

65 Die Herleitung dieses Schutzgehalts fällt überraschend knapp aus. Das *Lissabon*-Urteil lässt offen, aus welchen konkreten Normen er sich ergebe. Während in der Literatur umstritten ist, ob die unzweifelhaft vorausgesetzte Staatlichkeit auch geschützt wird (Überblick bei *König*, Die Übertragung von Hoheitsrechten im Rahmen des europäischegn Integrationsprozesses, 2000, S. 508 ff.), zieht das Gericht diese Schlussfolgerung ohne Begründung und vor allem ohne erkennbare Auslegung der Art. 79, 1, 20 GG (krit. *Möllers*, Staat als Argument, 2. Aufl. 2011, S, 383 ff.). Selbst wenn man einen über Art. 79 Abs. 3 GG vermittelten Staatlichkeitsschutz annimmt, so kann man die Eingliederung in einen europäischen Bundesstaat aufgrund der fortbestehenden Staatlichkeit Deutschlands für damit vereinbar halten (*Lerche*, in: FS Redeker, 1993, S. 131, 134). Zu berücksichtigen ist insoweit zum einen die Prozesshaftigkeit der europäischen Integration, zum anderen die sich im Laufe der Zeit vollziehende Veränderung der Verfassungsidentität selbst. Art. 79 Abs. 3 GG garantiert gerade keinen geschlossenen Nationalstaat, sondern einen offenen deutschen Staat.

66 **bb) Kritik an der Bestimmung der Integrationsgrenzen durch das BVerfG.** Die vom BVerfG entwickelten Maßstäbe sind als solche verständlich, ihre rechtspraktische Handhabbarkeit ist jedoch zumindest zweifelhaft. Die den Maßstab herleitenden Argumentationsstränge sind teils widersprüchlich, teils lückenhaft und zumeist von normorientierter Verfassungsauslegung nicht unbedenklich weit entfernt (*Kottmann/Wohlfahrt*, ZaöRV 2009, 443 ff.; *Jestaedt*, Der Staat 48 (2009), 497, 507 ff.). Das Konzept des BVerfG hat daher aus verschiedensten Gründen zu Recht Kritik erfahren.

67 Die berechtigte Kritik richtet sich zunächst gegen die **Begründung** („seit jeher", BVerfGE 123, 267, 359) **von integrationsfesten Zuständigkeiten** („Staatsaufgaben"), aus der nicht ersichtlich werde, wieso gerade die aufgezählten, nicht aber andere Zuständigkeiten umfasst seien (*Thym*, Der Staat 48 (2009), 559, 562 f.; *Schönberger*, Der Staat 48 (2009), 535, 554 f.; *Möllers*, Staat als Argument, 2. Aufl., 2011, S. XXXVI). Zudem sei es widersprüchlich, einerseits nicht die Währungshoheit und das Wirtschaftsrecht, andererseits aber die vergleichsweise „junge" Sozialstaatlichkeit einzubeziehen. Das BVerfG scheint im *Lissabon*-Urteil letztlich jene Zuständigkeiten für integrationsfest zu erklären, die bisher noch bei den Mitgliedstaaten liegen. Mit intergrationsfesten Staatsaufgaben, abgesichert durch eine verfas-

sungsgerichtliche Identitätskontrolle (in diesem Sinne wohl *Schorkopf*, EuZW 2009, 718), würden aber nicht nur zahlreiche Konfliktfelder im Bereich der Ausübung bestehender Zuständigkeiten eröffnet, da sich insoweit Berührungspunkte (z. B. zwischen Staatsangehörigkeit und Unionsbürgerschaft) kaum vermeiden lassen. Vielmehr würden auch zur Behebung von Konstruktionsfehlern der Währungsunion notwendige und im Interesse ihrer (auch vom BVerfG immer wieder betonten) Ausgestaltung als „Stabilitätsgemeinschaft" liegende weitere Integrationsschritte unmöglich werden (ausführlich *Calliess*, Die neue EU, 2010, S. 260 ff.). Vertretbar erscheint vor diesem Hintergrund allenfalls ein Verständnis der genannten Bereiche als demokratisch sensibler Felder im Vorfeld des Art. 79 Abs. 3 GG, die seitens des BVerfG eine besondere Aufmerksamkeit erfahren. In diese Richtung scheinen nunmehr auch Richter des BVerfG, insbesondere Präsident Voßkuhle, zu denken.

2. Integration durch Verfassungsablösung gem. Art. 146 GG

Ist die – umstrittene – Integrationsgrenze nach Art. 23 Abs. 1 S. 3 **68** i. V. m. Art. 79 Abs. 3 GG erreicht, so bleibt aus Sicht des BVerfG offenbar noch die Möglichkeit der Ablösung des Grundgesetzes durch eine **neue Verfassung**. Dabei könnte sich eine Verfassungsneugebung freilich auf die Änderung der integrationshindernden Normen des Grundgesetzes beschränken dürfen, dieses jedoch ansonsten übernehmen. Das Grundgesetz selbst enthält mit seiner letzten Norm eine Bestimmung, die dessen Ablösung durch eine neue Verfassung zum Gegenstand hat. Der Regelungsgehalt des Art. 146 GG ist allerdings umstritten. Das Meinungsspektrum reicht von der Einordnung als verfassungswidriges Verfassungsrecht über den Vorwurf der Inhaltsleere bis hin zur legalen Form der Verfassungsneugebung (Übersicht bei *Heckel*, in: Isensee/Kirchof (Hrsg.), HStR, Bd. VIII, 1995, § 197 Rn. 86 ff. und *Wiederin*, AöR 117 (1992), 410, 411 f.).

Entscheidende Bedeutung kommt dann der vom BVerfG im *Lissa-* **69** *bon*-Urteil nicht klar beantworteten Frage zu, ob auch die Verfassungsablösung gem. Art. 146 den materiellen Beschränkungen des Art. 79 Abs. 3 GG unterliegt (vgl. dazu *v. Campenhausen/Unruh*, in: v. Mangoldt/Klein/Starck (Hrsg.), GG, Bd. 3, Art. 146; *Dreier*, Gilt das Grundgesetz ewig?, 2009, S. 90; *Isensee*, in: ders./Kirchof (Hrsg.), HStR, Bd. VII, 1992, § 166, Rn. 61; *Kirchhof*, Brauchen wir ein erneuertes Grundgesetz?, 1992, S. 15). Bejaht man dies, bietet Art. 146 GG jedenfalls materiell keine weitergehende Integrationsmöglichkeit. Zwar hat das **BVerfG** die Möglichkeit der verfassungsablösenden Integration im *Lissabon*-Urteil mehrfach erwähnt (BVerfGE 123, 267, 343 sowie 347f. u. 364), jedoch ohne näher auf deren Voraussetzungen und Modalitäten einzugehen. Während es im *Maastricht*-Urteil noch eine Bindung der verfassungsgebenden Gewalt durch Art. 79 Abs. 3 GG verneinte, hat es im *Lissabon*-Urteil offengelassen, ob Art. 79 Abs. 3 GG selbst oder gar dessen Gehalte als überpositives Recht auch im Rahmen einer Verfassungsablösung materielle Bindungswirkung entfalten:

> „Ob diese Bindung [der Ewigkeitsgarantie] schon wegen der Universalität von Würde, Freiheit und Gleichheit sogar für die verfassungsgebende Gewalt gilt, also für den Fall, dass das deutsche Volk in freier Selbstbestimmung, aber in einer Legalitätskontinuität zur Herrschaftsordnung des Grundgesetzes sich eine neue Verfassung gibt […], kann offen bleiben." (BVerfGE 123, 267, 343)

70 Ein ausdrücklicher Bezug auf Art. 146 GG fehlt, sodass die Auffassung des Gerichts zu dessen Regelungsgehalt, insbesondere zu der Frage, ob eine unter Art. 146 GG zu subsumierende Verfassungsablösung den Bindungen des Art. 79 Abs. 3 unterliegt, **unklar** ist. Der Rekurs auf die „Legalitätskontinuität" könnte jedoch auf der Auslegung des Art. 146 GG als „normative Brücke" zwischen dem Grundgesetz und einer neuen gesamtdeutschen Verfassung beruhen. Danach würde die Vorschrift eine gewisse Regelungswirkung auch im Rahmen einer Verfassungsneugebung entfalten (vgl. *Dreier*, in: ders. (Hrsg.), GG, Band III, Art. 146 Rn. 23 sowie zur Gegenansicht *Lerche*, in: Isensee/Kirchof (Hrsg.), HStR, Bd. VIII, 1995, § 194 Rn. 63 f.; *Randelzhofer*, in: Stern (Hrsg.), Deutsche Wiedervereinigung, Bd. I, S. 141, 152 ff.; *Herbst*, ZRP 2012, 33, 35).

71 Darüber hinaus spricht das Gericht auch **Maßstäbe für den Beitritt zu einem europäischen Bundesstaat** unter Aufgabe des Grundgesetzes an:

> „Wenn dagegen die Schwelle zum Bundesstaat und zum nationalen Souveränitätsverzicht überschritten wäre, was in Deutschland eine freie Entscheidung des Volkes jenseits der gegenwärtigen Geltungskraft des Grundgesetzes voraussetzt, müssten demokratische Anforderungen auf einem Niveau eingehalten werden, das den Anforderungen an die demokratische Legitimation eines staatlich organisierten Herrschaftsverbandes vollständig entspräche. Dieses Legitimationsniveau könnte dann nicht mehr von nationalen Verfassungsordnungen vorgeschrieben sein." (BVerfGE 123, 267, 364)

72 Woraus sich der genannte Maßstab demokratischer Legitimation ergeben soll, bleibt dabei offen. Ist eine Befassung des BVerfG mit postkonstitutionellen Fragen zulässig (*Jestaedt*, Der Staat 48 (2009),

497, 512), könnte sich seine Rechtsprechungszuständigkeit auf den Übergang zu einem europäischen Bundesstaat erstrecken (*Thym*, Der Staat 48 (2009), 559, 564 f.).

Literatur: *Breuer*, Die Sackgasse des neuen Europaartikels (Art. 23 GG), NVwZ 1994, 417; *Denninger*, Identität versus Integration?, JZ 2010, 969; *Guckelberger*, Grundgesetz und Europa, ZEuS 2012, 1; *Jestaedt*, Warum in die Ferne schweifen, wenn der Maßstab liegt so nah?, Der Staat 48 (2009), 497; *Herbst*, Legale Abschaffung des Grundgesetzes nach Art. 146 GG?, ZRP 2012, 33; *Kirchhof*, Europäische Einigung und Verfassungsstaat, in: Isensee (Hrsg.), Europa als politische Idee und als rechtliche Form, 1993, 63; *König*, Die Übertragung von Hoheitsrechten im Rahmen des europäischen Integrationsprozesses – Anwendungsbereich und Schranken des Art. 23 des Grundgesetzes, 2000; *Lerche*, Europäische Staatlichkeit und die Identität des Grundgesetzes, in: Bender u. a. (Hrsg.), FS Redeker, 1993; *Nettesheim*, Wo „endet" das Grundgesetz? Verfassungsgebung als grenzüberschreitender Prozess, Der Staat, 51 (2012), 313; *Ohler*, Herrschaft, Legitimation und Recht in der Europäischen Union – Anmerkungen zum Lissabon-Urteil des BVerfG, AöR 135 (2010), 153; *Randelzhofer*, Das Grundgesetz unter Vorbehalt? Zum neuen Art. 146 GG, in: Stern (Hrsg.), Deutsche Wiedervereinigung, Band I, S. 141; *Schönberger*, Die Europäische Union zwischen „Demokratiedefizit" und Bundesstaatsverbot, Der Staat 48 (2009), 535; *Thym*, Europäische Integration im Schatten souveräner Staatlichkeit, Der Staat 48 (2009), 559; *Uhrig*, Die Schranken des Grundgesetzes für die europäische Integration, 2000; *Wendel*, Permeabilität im europäischen Verfassungsrecht, 2011, S. 572 ff., 309 ff.; *Wolff*, De lege ferenda: Das Integrationskontrollverfahren, DÖV 2010, 49.

C. Verfassungsrechtliche Strukturparallelität im europäischen Staaten- und Verfassungsverbund

I. Demokratie in der EU

1. Der Bürger als Ausgangspunkt der Demokratie in der EU

An den Anfang der Bestimmungen über die Demokratie in der EU setzt **Art. 9 EUV** symbolisch die Bezugnahme auf die Unionsbürger. Die für einen völkerrechtlichen Vertrag ungewöhnliche und zumindest im ursprünglichen Vertragstext auch nicht explizit zum Ausdruck kommende Garantie subjektiver Rechte unterscheidet die EU seit ihrer Gründung von den klassischen internationalen Organisationen des Völkerrechts. Von großer Bedeutung war insoweit das bahnbrechende Urteil des EuGH in der Rechtssache *Van Gend & Loos*, in dem der EuGH ausführte, dass die Gemeinschaft *"eine neue Rechtsordnung des Völkerrechts (darstelle), zu deren Gunsten die Staaten, wenn auch in begrenztem Rahmen, ihre Souveränitätsrechte eingeschränkt haben, eine Rechtsordnung, deren Rechtssubjekte nicht nur die Mitgliedstaaten, sondern auch die Einzelnen sind"* (EuGH, Rs. 26/62, Slg. 1963, 1, 24 f.). Mit der so begründeten Anerkennung der unmittelbaren Anwendbarkeit hinreichend klarer und bestimmter sowie unbedingter Normen des primären und (später auch) sekundären Gemeinschaftsrechts und der Klärung der Vorrangfrage in der nachfolgenden *Costa/ENEL*-Entscheidung tritt der Bürger über das Verhältnis zum eigenen Mitgliedstaat hinaus in eine direkte Rechtsbeziehung zur EU und damit zugleich in Rechtsbeziehungen zu anderen Mitgliedstaaten. Diese wird durch **transnationale subjektiv-öffentliche Rechte** ausgestaltet.

Mit der damit begonnenen Entwicklung, neben den Mitgliedstaaten auch unmittelbar die Bürger in den Mitgliedstaaten in den Integrationsprozess einzubeziehen, verfolgte der EuGH aber auch ein Ziel:

„Die Wachsamkeit der an der Wahrung ihrer Rechte interessierten Einzelnen stellt eine wirksame Kontrolle dar, welche die durch die Kommission und die Mitgliedstaaten gemäß den Artikeln 169 und 170 [heute: Art. 258, 259 AEUV] ausgeübte Kontrolle ergänzt" (EuGH, Rs. 26/62, Slg. 1963, 1, 26).

Hiermit hat der EuGH den wesentlichen Schritt zur **Mobilisierung des Bürgers für die Durchsetzung des Gemeinschaftsrechts** unternommen (*Masing*, Die Mobilisierung des Bürgers für die Durchsetzung des Rechts, S. 42 ff.). Zugleich entwickelten sich damit die Gerichte der Mitgliedstaaten zu Gerichten der Union, die die Durchsetzung des EU-Rechts im Wege des Vorabentscheidungsverfahrens vorantreiben. Die Stellung des Einzelnen hatte sich damit grundlegend gewandelt, er wurde neben der Kommission als eigentlicher „Hüterin der Verträge" zum Garanten für die dezentrale Durchsetzung gemeinschaftsrechtlicher Vorgaben. Diese Form der Teilhabe an der Integration ist jedoch **primär ökonomisch und funktional** definiert. Das Europarecht erfasste den Einzelnen **lediglich als Marktbürger** (Begriff zuerst bei *Ipsen*, Europäisches Gemeinschaftsrecht, S. 187, 250 ff.), weil die als subjektiv-öffentliche Rechte in Frage kommenden Normen, allen voran die marktbezogenen Grundfreiheiten, an Arbeit, Güter und Kapital gebunden sind.

a) Status als Unionsbürger. Vor diesem Hintergrund ist die Unionsbürgerschaft zu sehen. Sie ist das Ergebnis einer bereits Anfang der Siebziger Jahre begonnenen Entwicklung unter dem Stichwort eines „**Europa der Bürger**", mit der die politisch gewünschte Loslösung bestimmter Bürgerrechte von wirtschaftlichen Zusammenhängen erreicht werden sollte. So ist die Einführung der Unionsbürgerschaft mit dem 1993 in Kraft getretenen Vertrag von Maastricht als **Paradigmenwechsel** im europäischen Integrationsprozess zu begreifen. Dieser brachte eine Hinwendung von der Integration der Märkte hin zu einer **Politischen Union**, eine Erweiterung der Perspektive vom bloßen „Binnenmarkt" (vgl. Art. 3 Abs. 3 EUV, 26 Abs. 2 AEUV) auf den „Raum der Freiheit, der Sicherheit und des Rechts" (Art. 3 Abs. 2 EUV, 67 AEUV) und damit eine **Hinwendung vom Marktbürger zum politischen Unionsbürger** (vgl. *Calliess*, Die neue EU, 2010, S. 368 ff.; ausführlich *Calliess/Hartmann*, Zur Demokratie in Europa: Unionsbürgerschaft und europäische Öffentlichkeit, 2014). 2

Den neuen, mit Art. 20 Abs. 1 AEUV etablierten Status des Unionsbürgers **definiert** der EuGH in ständiger Rechtsprechung wie folgt: 3

„Der Unionsbürgerstatus [...] ist dazu bestimmt, der grundlegende Status der Angehörigen der Mitgliedstaaten zu sein, der es denjenigen unter ihnen, die sich in der gleichen Situation befinden, erlaubt, unabhängig von ihrer Staatsangehörigkeit und unbeschadet der insoweit ausdrücklich vorgesehenen Ausnahmen die gleiche rechtliche Behandlung zu genießen." (EuGH, Rs. C-184/99, Slg. 2001, I-6193, Rn. 31)

Der **EuGH** hat zum Unionsbürgerstatus eine weit reichende und insbesondere im Hinblick auf ihre sozialstaatlichen Konsequenzen **umstrittene Rechtsprechung** entwickelt (vgl. etwa *Hailbronner*, NJW 2004, 2185, 2186 ff.; vermittelnd die Beiträge von *Calliess* und *Kingreen*, EuR Beiheft 2007, 7 ff., 43 ff.). Diese kreist ganz zentral um die Frage, inwieweit soziale oder sonstige Vergünstigungen, die ein Mitgliedstaat seinen eigenen Staatsangehörigen gewährt, auf alle Unionsbürger ausgedehnt werden müssen, die sich rechtmäßig in diesem Mitgliedstaat aufhalten. Folgt man der Rechtsprechung des EuGH, so bedeutet dies, dass schon der Unionsbürgerstatus des Art. 20 AEUV an und für sich das Recht vermittelt, sich ohne weitere Bedingungen, insbesondere ohne eigene Mittel, in einem anderen Mitgliedstaat aufzuhalten und dessen sozialen Vergünstigungen in Anspruch zu nehmen. 4

5   Entgegen der Auffassung des EuGH ist jedoch Art. 20 AEUV selbst insoweit nicht aussagekräftig. Offenkundiger Sinn der Vorschrift ist die Festlegung des Adressatenkreises und damit die Bestimmung des persönlichen Anwendungsbereichs der Vorschriften über die Unionsbürgerschaft. Sie selbst enthält jedoch **keine subjektive Rechtsposition**. Nur wenn „den Unionsbürgern der tatsächliche Genuss des Kernbestands der Rechte, die ihnen der Unionsbürgerstatus verleiht, verwehrt wird", etwa durch Ausweisung in einen Drittstaat, vermittelt Art. 20 nach der Rechtsprechung des EuGH im Fall *Ruiz-Zambrano* (Rs. C-34/09, Slg. 2011, I-1177, Rn. 42) eine Art „Super-Recht". In dieser Konstellation korrespondiert dem Kernbestand der Unionsbürgerschaft eine Art „Recht auf Heimat" in der Europäischen Union (*Graf Vitzthum*, EuR 2011, S. 550 ff.).

Art. 20 AEUV legt an sich also nur den persönlichen Anwendungsbereich der *anderen* Vorschriften des Unionsbürgerschaftsteils fest. Dies unterstreicht der Verweis auf die in den Verträgen vorgesehenen Rechte und Pflichten. Dieser stellt klar, dass nicht nur die Regelungen im Zweiten Teil des AEUV, sondern sämtliche Vorschriften des EUV und AEUV einschließlich der durch Art. 6 Abs. 1 EUV in das Primärrecht einbezogenen Charta der Grundrechte erfasst sind. Im Einzelnen sind das **folgende rechtliche Gewährleistungen**, die die Rechtsstellung des Unionsbürgers sowohl gegenüber der Union als auch gegenüber den anderen Mitgliedstaaten betreffen (ausführlich unter Teil 3, C, Rn. 99 ff.):

- Politische Mitwirkungs- und Kontrollrechte, vor allem das aktive und passive Wahlrecht zum Europäischen Parlament gem. Art. 22 Abs. 2, 190 AEUV sowie das aktive und passive Kommunalwahlrecht gem. Art. 22 Abs. 1 AEUV,
- die Gewährleistung der europäischen Grundrechte, wie sie in der Charta der Grundrechte gewährleistet sind,
- das allgemeine Freizügigkeitsrecht aus Art. 21 AEUV, das den Unionsbürgern unabhängig von wirtschaftlichen Aktivitäten unter bestimmten Voraussetzungen (siehe hierzu die Freizügigkeitsrichtlinie 2004/38/EG) grenzüberschreitende Mobilität und Aufenthalt im Gebiet der EU garantiert,
- das allgemeine Recht auf Nichtdiskriminierung aus Gründen der Staatsangehörigkeit gem. Art. 18 AEUV im Anwendungsbereich der Verträge,
- die binnenmarktbezogenen Grundfreiheiten, mithin das Recht auf freien Waren-, Dienstleistungs- und Kapitalverkehr sowie das

Recht auf Freizügigkeit der Arbeitnehmer und Selbstständigen (Art. 28 ff., 56 ff., 63 ff., 45 ff. sowie 49 ff. AEUV)
- sowie schließlich nach Außen das Recht auf diplomatischen und konsularischen Schutz gem. Art. 23 EUV.

Die bisher verwirklichten rechtlichen Gewährleistungen, die auf die Unionsbürgerschaft zurückgehen, bilden jedoch nur einen **Mindeststatus**. Denn gemäß Art. 25 AEUV kann der Rat zur Ergänzung der in Art. 20 Abs. 2 AEUV aufgeführten Rechte nach Zustimmung des Europäischen Parlaments Bestimmungen erlassen. Der Unionsbürgerstatus ist also **evolutiv** im Sinne einer vertieften Integration zu verstehen. Grenzen ergeben sich dabei freilich aus der Kompetenzordnung der Verträge (vgl. insbesondere Art. 4 Abs. 2 EUV: Schutz der „nationalen Identität", dazu unter Teil 3, B, Rn. 39 ff.).

b) Verhältnis der Unionsbürgschaft zur Staatsbürgerschaft. Der Unionsbürgerstatus ist Spiegelbild des Charakters der EU als Staaten- und Verfassungsverbund. Dem Konzept des Staatenverbunds ist der Gedanke der Teilung der drei staatsbegründenden Elemente immanent (vgl. dazu oben Teil 1, B, Rn. 27 ff.). Dementsprechend teilt sich die EU mit ihren Mitgliedstaaten auch die jeweiligen Staatsvölker, die sich im Staatenverbund auf der europäischen Ebene konsequenterweise als europäisches Volk konstituieren. Dieses europäische Volk setzt sich also dem Verbundgedanken entsprechend aus den Völkern der Mitgliedstaaten zusammen. Dementsprechend verhält es sich mit dem Unionsbürger, er ist ein „geteilter Bürger" (*Calliess*, EuR Beiheft 2009, 7, 19): Denn er hat im Staatenverbund einen **Status als Staatsangehöriger** seines jeweiligen Mitgliedstaates **und parallel dazu** auf der zentralen Ebene der EU einen **Status als Unionsbürger**. Beide Status sind im Staatenverbund untrennbar miteinander verflochten (dazu *Schönberger*, Unionsbürger, 2005, S. 275 ff.).

In welcher Art und Weise diese Verflechtung ausgestaltet ist, erhellt erst der Blick auf die im AEUV enthaltenen Regelungen der Unionsbürgerschaft. Schon der Unionsbürgerstatus selbst ist gem. Art. 20 AEUV an die Staatsangehörigkeit der Mitgliedstaaten gekoppelt. Nur wer Staatsangehöriger eines Mitgliedstaates ist, kann überhaupt Unionsbürger sein. Die Unionsbürgerschaft ist solchermaßen als **akzessorischer Status** zur mitgliedstaatlichen Staatsangehörigkeit ausgestaltet und kann deshalb nicht selbständig, etwa durch Angehörige von Drittstaaten, erworben werden. Allerdings sind auch Personen mit mehrfacher Staatsangehörigkeit, bei denen neben der Staatsangehörigkeit eines Mitgliedstaates auch die eines Drittstaates besteht, uneingeschränkt Inhaber des Unionsbürgerstatus mit allen Rechten und Pflichten. Dies ist unabhängig davon der Fall, welche der Staatsangehörigkeiten die effektivere ist (EuGH, Rs. C-369/90, Slg. 1992, I-4239, Rn. 10f.; EuGH, Rs. C-148/02, Slg. 2003, I-11613, Rn. 27f.).

9 Im Übrigen bleiben die Mitgliedstaaten in der Ausgestaltung ihres Staatsangehörigkeitsrechts weitgehend frei, sie müssen aber, wie der EuGH zu Recht entschieden hat (EuGH, Rs. C-369/90, Slg. 1992, I-4239, Rn. 10, 12), im Rahmen ihrer **Kooperations- und Loyalitätspflicht** aus Art. 4 Abs. 3 EUV im europäischen Staaten- und Verfassungsverbund die Konsequenzen im Blick behalten, die sich aufgrund der Akzessorietät der Unionsbürgerschaft für den persönlichen Anwendungsbereich des Unionsrechts ergeben. Sie dürfen mithin durch eine großzügige oder restriktive Einbürgerungspolitik nicht die Interessen der Union und der anderen Mitgliedstaaten beeinträchtigen. Ebenso müssen die Mitgliedstaaten bei einem Entzug der mitgliedstaatlichen Staatsangehörigkeit den damit verbundene Wegfall der Unionsbürgerschaft angemessen berücksichtigen. Allerdings verstößt, wie der EuGH in seiner *Rottmann*-Entscheidung festgestellt hat (EuGH, Rs. C-135/08, Slg. 2010, I-1449; dazu *Tewocht*, ZAR 2010, 143ff.), der Wegfall der Unionsbürgerschaft bei Entzug einer durch falsche Angaben erschlichenen Staatsangehörigkeit nicht per se gegen Unionsrecht. Gleiches gilt im Falle einer Ausweisung in einen Drittstaat, die zum Verlust der Möglichkeit führt, von den Unionsbürgerrechten Gebrauch zu machen. Maßgeblicher Ansatzpunkt ist für den EuGH in der *Ruiz Zambrano*-Entscheidung der normative *Kernbestand* des Unionsbürgerstatus gem. Art. 20 AEUV, dessen Verlust zugleich den Verlust der Rechte und Pflichten aus der Unionsbürgerschaft zur Folge hat.

Konkret knüpfte der EuGH an die in Belgien geborenen Kinder der Familie *Ruiz Zambrano* an, die aufgrund ihres Geburtsorts Unionsbürger sind, aber von ihrer Freizügigkeit gem. Art. 21 AEUV noch keinen Gebrauch gemacht hatten. Eine Ausweisung des Drittstaatsangehörigen *Ruiz Zambrano* in sein Heimatland würde bedeuten, dass dessen minderjährige Kinder als Unionsbürger dann ebenfalls gezwungen seien, das Gebiet der Europäischen Union zu verlassen, mit der Folge, dass sie ihre aus dem Unionsbürgerstatus fließenden Rechte verlieren.

10 Art. 20 AEUV unterstreicht den Verbundgedanken überdies durch die Feststellung, dass die Unionsbürgerschaft die Staatsangehörigkeit nicht ersetzt, sondern **ergänzend** zu dieser hinzutritt. Damit ist klar-

gestellt, dass die beiden Status zwar miteinander verbunden sind, aber den Bürgern des europäischen Staaten- und Verfassungsverbundes zwei politische Eigenschaften bzw. Arten von Status zuweisen, die nicht miteinander verschmelzen. Dementsprechend ist der Status des Unionsbürgers auch nicht mit der Staatsangehörigkeit – verstanden als Rechtsverhältnis, in dem ein Individuum der Personalhoheit eines Staates unterstellt wird – vergleichbar. Er orientiert sich vielmehr bewusst an der Staatsbürgerschaft – verstanden als Inbegriff der Rechte und Pflichten, die die Zugehörigkeit eines Menschen zu Staat und Gesellschaft definieren (sazu *Kadelbach*, in: Ehlers (Hrsg.), Europäische Grundrechte und Grundfreiheiten, 2009, Rn. 17 ff.).

Konzipiert ist die Unionsbürgerschaft als ein **selbständiges** **11** **Rechtsverhältnis**, das zwar an die Staatsangehörigkeit anknüpft, die korrespondierenden Rechte und Pflichten aber unmittelbar aus dem Unionsrecht herleitet (ähnlich BVerfGE 89, 155, 184). Die mitgliedstaatliche Rechtsordnung trägt mit der Staatsangehörigkeit nur ein Tatbestandsmerkmal des Unionsbürgerstatus bei, nicht jedoch dessen materiellen Kerngehalt. Umgekehrt hat die Existenz des Unionsbürgerstatus Auswirkungen auf das mitgliedstaatliche Verfassungsrecht. So mussten etwa die Verfassungen von Bund und Ländern angepasst werden, um das kommunale Wahlrecht für Unionsbürger gem. Art. 23 AEUV verfassungsrechtlich zu ermöglichen. Darüber hinaus ist eine Änderung des Grundgesetzes dahingehend in der Diskussion, die Unionsbürger ausdrücklich als Grundrechtsträger auch der sog. Deutschengrundrechte auszuweisen (*Kluth*, Jura 2001, 371 ff.).

Literatur: *Augustin,* Das Volk in der Europäischen Union, 2000; *Becker,* Migration und soziale Sicherheit – die Unionsbürgerschaft im Kontext, EuR 2007 Beiheft 1, 95; *Borchardt,* Der sozialrechtliche Gehalt der Unionsbürgerschaft, NJW 2000, 2057; *Calliess,* Der Unionsbürger: Status, Dogmatik und Dynamik, EuR 2007 Beiheft 1, 7; *Giegerich,* Unionsbürgerschaft, in: Zuleeg/Schulze/Kadelbach (Hg.), Europarecht, 2. Aufl. 2010, § 9; *Hailbronner,* Die Unionsbürgerschaft und das Ende rationaler Jurisprudenz durch den EuGH?, NJW 2004, 83; *Haltern,* Das Janusgesicht der Unionsbürgerschaft, in: Schweizerische Zeitschrift für Politikwissenschaft 11 (2005), 87; *Hobe,* Die Unionsbürgerschaft nach dem Vertrag von Maastricht, in: Der Staat 32 (1992), 245; *Kadelbach,* Unionsbürgerschaft, in: von Bogdandy/Bast, Europäisches Verfassungsrecht, 2. Aufl. 2009, 611; *ders.,* Die Unionsbürgerrechte, in: Ehlers (Hrsg.), Europäische Grundrechte und Grundfreiheiten, 3. Aufl. 2009, § 19; *Kotalakidis,* Von der nationalen Staatsangehörigkeit zur Unionsbürgerschaft, 2000; *Kubicki,* Die subjektivrechtliche Komponente der Unionsbürgerschaft, EuR 2006, 489; La Torre (Hrsg.), European Citizenship. An Institutional Challenge, 1998; *Nettesheim,* Die Unionsbürgerschaft im Verfassungsentwurf, integration 2003, 428; *O'Leary,* European Union Citizenship, 1996; *Randelzhofer,* Marktbürgerschaft – Unionsbürgerschaft – Staatsbürgerschaft, in: Gedächtnisschrift Grabitz, 1995, 580; *Sauerwald,* Die Unionsbürgerschaft und das Staatsangehörigkeitsrecht in den Mitgliedstaaten der Europäischen Union, 1996; *Scheuing,* Freizügigkeit als Unionsbürgerrecht, EuR 2003, 744; *Schönberger,* Unionsbürger, 2005; *Schulz,* Freizügigkeit für Unionsbürger, 1997.

2. Demokratische Legitimation im europäischen Staaten- und Verfassungsverbund

12 Die **EU** sieht sich – seit dem Vertrag von Maastricht auch explizit – ebenso wie ihre Mitgliedstaaten **dem Grundsatz der Demokratie verpflichtet.** Der Vertrag von Lissabon bezeichnet die Demokratie in Art. 2 EUV als einen Wert, auf den sich die EU gründet und der allen Mitgliedstaaten gemeinsam ist. Aus diesen Normen wird ersichtlich, dass Demokratie nicht nur ein Struktur- und Leitprinzip der Mitgliedstaaten, sondern auch eines der Union darstellt, aus dem sich entsprechende Anforderungen an Aufbau und Inhalt sowohl der europäischen Rechtsordnung als auch der Rechtsordnungen der Mitgliedstaaten ergeben.

13 Obwohl die Bestimmung des Art. 2 EUV mit dem Verweis auf den Wert der Demokratie auf einen Begriff zurückgreift, der in erster Linie im staatlichen Bereich vorgeprägt wurde, können sich die Anforderungen, die an die demokratische Legitimation der Union gestellt werden, dabei **nicht nach einem mitgliedstaatlichen Demokratiebegriff** bemessen. Dies gilt umso mehr, als auch „die" nationalstaatliche Demokratietheorie nicht existiert, sondern in den Mitgliedstaaten, was die konkreten Ausprägungen der Demokratie betrifft, erhebliche Unterschiede bestehen.

14 **a) Prinzip der dualen Legitimation.** Die Union muss vor diesem Hintergrund einem europäischen, im Hinblick auf ihre besondere Struktur modifizierten „unionsspezifischen Demokratiekonzept" entsprechen. Wenn man die EU als Staaten- und Verfassungsverbund begreift, in dem die europäische und die mitgliedstaatlichen Verfassungsrechtsordnungen miteinander verzahnt sind, sich gegenseitig beeinflussen und komplementär entfalten (dazu bereits oben Teil 3, A, Rn. 23 ff.), dann erfährt auch das Demokratieprinzip eine spezifische Ausgestaltung, indem es **auf zwei einander ergänzenden Legitimationssträngen beruht**: einerseits auf dem des Europäischen Parlaments, andererseits – vermittelt über die nationalen Parlamente –

auf dem des Ministerrates. In diesem Kontext verwirklicht sich das europäische Demokratieprinzip über ein Konzept der **dualen Legitimation**, im Rahmen dessen die beiden Gesetzgebungsorgane der EU, das Europäische Parlament einerseits und der Rat samt den nationalen Parlamente andererseits, gleichzeitig in den Blick zu nehmen sind. Im Rat werden die einzelnen demokratisch legitimierten politischen Positionen der durch die nationalen Parlamente vertretenen Staatsbürger mediatisiert und über die jeweiligen Regierungsvertreter in den europäischen Gesetzgebungsprozess eingespeist. Im Europäischen Parlament spiegeln sich dagegen unmittelbar die politischen Positionen der Unionsbürger wider.

Sollen **Demokratiedefizite reduziert** werden, so muss die Vermittlung demokratischer Legitimation durch die ihren jeweiligen Minister im Rat kontrollierenden nationalen Parlamente umso höher sein, je schwächer die Mitwirkungsmöglichkeiten des Europäischen Parlaments ausgestaltet sind. Umgekehrt gilt dann aber auch, dass der mitgliedstaatliche Legitimationsbeitrag über den Rat und die nationalen Parlamente umso niedriger ausfallen kann, je höher die Legitimationsvermittlung durch das Europäische Parlament ist. Art. 10 Abs. 2 EUV konkretisiert diese Form arbeitsteilig zu bewirkender repräsentativer Demokratie **nunmehr explizit** wie folgt: 15

„Die Bürgerinnen und Bürger sind auf Unionsebene unmittelbar im Europäischen Parlament vertreten. Die Mitgliedstaaten werden im Europäischen Rat und im Ministerrat von ihren jeweiligen Regierungen vertreten, die ihrerseits den von den Bürgerinnen und Bürgern gewählten nationalen Parlamenten Rechenschaft ablegen müssen."

Wenn **zum Beispiel** im Falle einer Mehrheitsentscheidung im Rat die Gesetzgebung durch die EU nicht mehr vom Konsens der Mitgliedstaaten abhängt, können die nationalen Parlamente nur noch eingeschränkt demokratische Legitimation vermitteln. Über das Mitentscheidungsverfahren kann das Europäische Parlament die damit verbundene Legitimationsschwächung jedoch auffangen. Umgekehrt können die nationalen Parlamente bestehende Legitimationsschwächen auf Ebene des Europäischen Parlaments auffangen. Angedeutet ist damit ein Kompensationsverhältnis zwischen den beiden Legitimationssträngen, das bestehende Defizite ausgleichen kann.

Art. 10 Abs. 2 EUV konkretisiert mit der dualen Legitimation nicht nur den aus Mitgliedstaaten und EU geformten europäischen Staaten- und Verfassungsverbund (siehe oben Teil 3, A, Rn. 1 ff.), sondern knüpft zugleich an den doppelten Status des zwischen Mit- 16 gliedstaaten und EU „geteilten" Unionsbürgers an. Als Staatsbürger ist der Bürger im nationalen Parlament des jeweiligen Mitgliedstaats vertreten, als Unionsbürger im Europäischen Parlament. Der Bürger wird solchermaßen zum Legitimationssubjekt der EU. Über ihn vermittelt formen sich die nationalen Öffentlichkeiten zu einer europäischen **Verbundsöffentlichkeit**, die der europäischen Demokratie den notwendigen Resonanzboden vermittelt (ausführlich *Calliess/ Hartmann*, Zur Demokratie in Europa, 2014, S. 132 ff.). Parallel zur Souveränitätsverschränkung kommt es im europäischen Staaten- und Verfassungsverbund somit auch zu einer **Legitimationsverschränkung zwischen beiden Verfassungsebenen.**

17 Demgegenüber legte das BVerfG bereits in seiner gerade in diesem Punkt zu Recht umstrittenen Rechtsprechung den Schwerpunkt **zu einseitig** auf die Legitimation durch die nationalen Parlamente, wenn es in seiner *Maastricht*-Enstcheidung konstatiert, dass die Repräsentation der Staatsvölker durch ein europäisches Parlament „zu der über die nationalen Parlamente vermittelten demokratischen Legitimation und Einflussnahme" lediglich „ergänzend" bzw. in „stützender Funktion" „hinzutreten" könne (BVerfGE 89, 155, 184, 185 f.). Diese Auffassung kann nicht mit dem europäischen Demokratiekonzept in Einklang gebracht werden, insbesondere weil sie die Rolle des Europäischen Parlaments unterbewertet. Trotz der bis zum Vertrag von Lissabon kontinuierlich gestärkten Rolle des Europäischen Parlaments hält das BVerfG auch in späteren Entscheidungen an dieser Sichtweise fest (vgl. BVerfGE 123, 267, 372 sowie die Entscheidungen zur 5% und 3% Sperrklausel bei den Europawahlen BVerfGE 129, 300, 336 und BVerfG, Urteil vom 26.2.2014, 2 BvE 2/13 = NJW 2014, 439; kritisch zu Recht *Grzeszick*, EuR 2012, 666 und NVwZ 2014, 537).

18 Die Demokratie in der EU ist eine **zusammengesetzte und verbundene Demokratie von Union und Mitgliedstaaten.** Erst die normative Klammer des Staaten- und Verfassungsverbundes ermöglicht es, jene über die duale Legitimation vermittelte gemeinsame Legitimationsleistung zu entfalten und solchermaßen ein hinreichend effektives Legitimationsniveau der EU zu gewährleisten, das eine möglichst umfangreiche Verantwortungszurechnung ermöglicht.

Literatur: *Bauer/Huber/Sommermann* (Hrsg.), Demokratie in Europa, 2005; *Bieber*, Demokratische Legitimation in Europa: Das Spannungsverhältnis zwischen den Funktionen von Europäischem Parlament und staatlichen Parlamenten, ZEuS 1999, 141; *Bleckmann*, Das europäische Demokratieprinzip, JZ 2001, 53; *Calliess*, Das Demokratieprinzip im europäischen Staaten- und Verfassungsverbund, in: FS-Ress, 2005, S. 399; *Calliess/Hartmann*, Zur Demokratie in Europa: Unionsbürgerschaft und europäische Öffentlichkeit, 2014; *Höffe*, Demokratie im Zeitalter der Globalisierung, 2. Aufl. 2002; *Classen*, Demokratische Legitimation im offenen Rechtsstaat, 2009; *Kaufmann*, Europäische Integration und Demokratieprinzip, 1997; *Kluth*, Die demokratische Legitimation der europäischen Union, 1995; *Maurer*, Parlamentarische Demokratie in der Europäischen Union, 2002; *Oeter*, Souveränität und Demokratie als Probleme der „Verfassungsentwicklung" der Europäischen Union, ZaöRV 55 (1995), 659; *Ress*, Über die Notwendigkeit der parlamentarischen Legitimierung der Rechtssetzung der Europäischen Gemeinschaften, in: GS-Geck, 1989, S. 625; *Scharpf*, Legitimationskonzepte fenseits des Nationalstaats, in: Schuppert/Pernice/Halter (Hrsg.), Europawissenschaft, 2005, S. 705; *Schliesky*, Souveränität und Legitimität von Herrschaftsgewalt, 2004; *Zuleeg*, Demokratie in der Europäischen Gemeinschaft, JZ 1993, 1065; *ders.*, Demokratie ohne Volk oder Demokratie der Völker?, in: Drexl/Kreuzer/Scheuing/Sieber (Hrsg.), Europäische Demokratie, 1999, S. 11.

b) Vermittlung demokratischer Legitimation durch das nationale Parlament. Vor diesem Hintergrund ist über Bundestag und Bundesrat vermittelte Legitimationsleistung nunmehr näher in den Blick zu nehmen. Art. 23 Abs. 2 S. 1 GG bestimmt, dass in Angelegenheiten der Europäischen Union der Bundestag und durch den Bundesrat die Länder „mitwirken". Infolge der Übertragung von Hoheitsrechten tritt die Bundesregierung als Akteur im Rat der EU zunehmend an die Stelle des Parlaments. Dies hat zur Folge, dass der politische Prozess entparlamentarisiert wird und ein Übergewicht zugunsten der Exekutive entsteht. **Zum Ausgleich der Kompetenzverschiebungen** zwischen den drei politischen Handlungsebenen legt Art. 23 Abs. 2 GG demgegenüber zunächst einen „vertikalen Kompetenzausgleich" durch den Grundsatz der Mitwirkung der Länder durch den Bundesrat fest, womit letztlich das Gebot des Art. 79 Abs. 3 GG auf substantielle Mitwirkung der Länder an der Gesetzgebung verfassungsrechtlich abgesichert wird. Die Kompetenzverluste der einzelnen Länder insbesondere der **Landesparlamente** können über die **Mitwirkung über den Bundesrat** gleichwohl nur defizitär kompensiert werden. Dieser muss als Sachwalter die Interessen der Länder wahren und gleichzeitig seiner Funktion als Gesetzgebungsorgan des Bundes nachkommen (vgl. *Tomuschat*, in: Magiera/Merten (Hrsg.), Bundesländer und Europäische Gemeinschaften, 1988, S. 38; *Stein*, VVDStRL 53 (1994), S. 26, 37). Ferner schafft Art. 23 Abs. 2 GG einen „funktionalen Kompetenzausgleich" mit Blick auf die Zuständigkeitseinbußen, die mit den umfassenden Befugnissen der Bundesregierung im Rahmen der EU für den Bundestag einhergehen, indem der **Bundestag** an der Willensbildung der deutschen Vertreter **im Rat** beteiligt wird (*Pernice*, in: Dreier, GG, Art. 23, Rn. 93). Dadurch wird der Kompetenzverlust des Parlaments teilweise ausgeglichen und die demokratische Mitverantwortung des Bundestages für die Rechtsetzung der EU verbessert. Eine volle Kompensation ist aber nicht möglich, da der Bundestag strukturell gegenüber der exekutiven Rechtssetzung im Rat benachteiligt ist, zumal wenn dort mit Mehrheit entschieden wird.

20   Art. 23 Abs. 2 bis 6 GG zieht die Konsequenz aus der mitgliedstaatlichen Übertragung von Kompetenzen auf die EU und dem damit einhergehenden Verlust an Gestaltungs- und Kontrollmöglichkeiten von Bundestag und Bundesrat. Die Bestimmung zieht die Konsequenz aus der Tatsache, dass Fragen der europäischen Integration nicht als klassische auswärtige Angelegenheiten behandelt werden können, die unreflektiert unter die Regeln der Auswärtigen Gewalt subsumiert werden können, sondern Bestandteil innerstaatlichen Rechts und innerstaatlicher Politik sind. Auch insoweit wird institutionell deutlich, dass Europapolitik „europäisierte Innenpolitik" ist. Durch die **Mitwirkungsklauseln** wird die demokratische Legitimation der europäischen Rechtsetzung gestärkt und die funktional-institutionelle Verflechtung der drei föderalen Handlungsebenen Land, Bund und EU als Elemente des dreistufigen europäischen Staaten- und Verfassungsverbunds gefördert.

21   Im Hinblick auf eine effektive Wahrnehmung der Rechte des **Bundesrats** sieht Art. 52 Abs. 3a GG die Einrichtung einer speziellen **Europakammer** vor. Mit dem gleichen Ziel fordert Art. 45 GG **die Einrichtung eines Europaausschusses** im Bundestag. Die Normen enthalten zugleich die Möglichkeit einer Ermächtigung des jeweiligen Ausschusses zur eigenen Wahrnehmung der Rechte des Plenums gegenüber der Bundesregierung, um so die Beteiligung von Bundesrat und Bundestag effektiver und effizienter gestalten zu können (vgl. *Lang*, Die Mitwirkungsrechte des Bundesrates und des Bundestages in Angelegenheiten der Europäischen Union, 1999, S. 295 f.; *Hölscheidt/Schotten*, integration 1994, 230, 231 f.). Von dieser Möglichkeit ist im Falle des Bundestages (vgl. Art. 45 S. 2 GG) bislang nicht Gebrauch gemacht worden. Im Zuge der Rechtsprechung des BVerfG zur Mitentscheidung des Bundestages im Rahmen der europäischen Rettungsschirme EFSF und ESM (BVerfGE 130, 318) zeigt

sich überdies eine berechtigte Tendenz, das Plenum mit den wesentlichen Entscheidungen zu befassen. Die Einzelheiten der Aufgabenwahrnehmung sind in den §§ 93, 93a GOBT geregelt.

Die Rolle des EU-Ausschusses Rolle ist **ambivalent**: Einerseits kommt ihm 22 die herausragende Aufgabe eines „Integrationsausschusses" zu, dem die Behandlung von Angelegenheiten der europäischen Integration obliegt, andererseits stellt er jedoch in darüber hinaus gehenden Fällen lediglich einen die Beratungen in den Fachausschüssen koordinierenden „Querschnittsausschuss" dar. Diese Koexistenz mit den Fachausschüssen, die für die in ihre Fachgebiete fallende Angelegenheiten der Union zuständig bleiben, hat einen fragmentierten Umgang mit Unionsvorlagen im Bundestag zu Folge (vgl. auch *Maurer*, Parlamentarische Demokratie in der Europäischen Union, 2002, S. 233; *Mellein*, Subsidiaritätskontrolle durch nationale Parlamente, 2007, S. 280). Der EU-Ausschuss kann jedoch bei Fragen europapolitischer Natur, die anderen Fachausschüssen zugewiesen sind, mitberatend tätig werden sowie für den Fall seiner Ermächtigung gemäß Art. 45 S. 2 GG eine abschließende Stellungnahme gegenüber der Bundesregierung abgegeben (kritisch hierzu *Hölscheidt/ Schotten*, integration 1994, 230, 232 f.).

Im Ergebnis bleibt es aber – abgesehen von der Sonderregelung des 23 Art. 23 Abs. 6 GG – dabei, dass die Repräsentation der Bundesrepublik in und gegenüber der EU **grundsätzlich Sache der Bundesregierung** ist, die in ein Netz von Mitwirkungsrechten eingebunden ist. Dadurch soll der Balanceakt zwischen effektiver und einheitlicher Außenvertretung einerseits und binnenorientierter Bewahrung des Bundesstaatsprinzips andererseits gehalten werden.

Voraussetzung einer effektiven Mitwirkung ist zunächst die – weit 24 auszulegende – **Information** der Beteiligten über relevante Entwicklungen. Deswegen hat die Bundesregierung Bundestag und Bundesrat nach Art. 23 Abs. 2 S. 2 GG in Angelegenheiten der EU umfassend und zu einem frühestmöglichen Zeitpunkt zu unterrichten. Die einzelnen Voraussetzungen, Arten und Verfahren der Mitwirkung sind in Art. 23 Abs. 3 bis 6 GG detailliert geregelt und konkretisieren so das in Absatz 2 grundsätzlich anerkannte **Mitwirkungsrecht**. Weitere Einzelheiten wurden gem. Art. 23 Abs. 7 durch das Gesetz über die Zusammenarbeit von Bundesregierung und Deutschem Bundestag in Angelegenheiten der Europäischen Union (EUZBBG) und das Gesetz über die Zusammenarbeit von Bund und Ländern in Angelegenheiten der Europäischen Union (EUZBLG) geregelt.

Die in Art. 23 Abs. 2 GG angesprochenen „**Angelegenheiten der** 25 **Europäischen Union**" gehen über die Inanspruchnahme von Hoheitsrechten, insbesondere im Wege der Rechtsetzung, hinaus und sind begrifflich umfassend zu verstehen. Zu den Angelegenheiten der Europäischen Union im Sinne von Art. 23 Abs. 2 GG gehören Vertragsänderungen und entsprechende Änderungen auf der Ebene des Primärrechts (Art. 23 Abs. 1 GG) sowie Rechtsetzungsakte der Europäischen Union (Art. 23 Abs. 3 GG). Wie das BVerfG jüngst präzisiert hat (BVerfGE 131, 152, 199), handelt es sich um eine Angelegenheit der Europäischen Union auch bei völkerrechtlichen Verträgen, wenn sie in einem Ergänzungs- oder sonstigen besonderen Näheverhältnis zum Recht der Europäischen Union stehen. Maßgebend dafür ist eine Gesamtbetrachtung der Umstände, einschließlich der Regelungsinhalte, -ziele und -wirkungen (zur parlamentarischen Beteiligung im Rahmen der Gewährung von Nothilfen im Zusammenhang mit der Finanzkrise vgl. *Calliess*, NVwZ 2012, 1 ff.; vgl. auch *Wollenschläger*, NVwZ 2012, 713 ff.).

26   **aa) Information und Beteiligung des Bundestages.** **(1) Art. 23 Abs. 2 und 3 GG i. V. m. dem EUZBBG.** Die **Informationsrechte** des Bundestages werden durch das „Gesetz über die Zusammenarbeit von Bundesregierung und Deutschem Bundestag in Angelegenheiten der Europäischen Union" (EUZBBG) näher konkretisiert, das zuletzt im Jahr 2013 neugefasst wurde (vgl. dazu *Schäfer/Schulz*, integration 3/2013, 199 ff.). Im Rahmen dieser Neufassung wurden die Informationsrechte gegenüber der Vorgängerregelung ausgeweitet. Die Bundesregierung muss den Bundestag nun grundsätzlich über alles unterrichten, was mit der Europäischen Union zu tun hat. Denn der spezifische Vorhabenbegriff, der die Unterrichtungspflicht determinierte, wurde durch eine umfassendere Bezugnahme auf die (weit zu interpretierenden) „Angelegenheiten der Europäischen Union" ersetzt. Gemäß § 1 Abs. 2 EUZBBG sind Angelegenheiten der Europäischen Union insbesondere Vertragsänderungen und entsprechende Änderungen auf der Ebene des Primärrechts sowie Rechtsetzungsakte der Europäischen Union. Zudem handelt es sich auch bei völkerrechtlichen Verträgen und intergouvernementalen Vereinbarungen um Angelegenheiten der Europäischen Union, wenn sie in einem Ergänzungs- oder sonstigen besonderen Näheverhältnis zum Recht der Europäischen Union stehen. Demgegenüber ist der Vorhabenbegriff nur noch für die Frage entscheidend, ob ein Dokument Gegenstand einer förmlichen Zuleitung nach § 6 EUZBBG ist, die insbesondere einen Berichtsbogen mit Bewertung verlangt, oder den Bundestag lediglich im Wege einer sog. allgemeinen Zuleitung erreicht.

C. Verfassungsrechtliche Strukturparallelität im europ. Verbund   247

In Hinblick auf die **Qualität der Unterrichtung** legt § 4 Abs. 1 EUZBBG fest, dass der Bundestag so informiert werden muss, dass er sich über den Gegenstand der Sitzungen sowie die Position der Bundesregierung eine Meinung bilden und auf die Verhandlungslinie und das Abstimmungsverhalten der Bundesregierung Einfluss nehmen kann. Berichte über Sitzungen müssen zumindest die von der Bundesregierung und von anderen Staaten vertretenen Positionen, den Verlauf der Verhandlungen und Zwischen- und Endergebnisse darstellen sowie über eingelegte Parlamentsvorbehalte unterrichten.

Die verfassungsrechtlichen Konturen der Unterrichtungspflicht nach Art. 23 Abs. 2 S. 2 GG hat das **BVerfG präzisiert**. So knüpft nach Auffassung des Gerichts (BVerfGE 131, 152, 199) die in Art. 23 Abs. 2 S. 2 GG geregelte Unterrichtungspflicht an das in Art. 23 Abs. 2 S. 1 GG verankerte Recht des Bundestages auf Mitwirkung in Angelegenheiten der EU an. Das Erfordernis der umfassenden Unterrichtung müsse dem Bundestag die Wahrnehmung seiner Mitwirkungsrechte ermöglichen. Dementsprechend ist eine umso intensivere Unterrichtung geboten, je komplexer ein Vorgang ist, je tiefer er in den Zuständigkeitsbereich der Legislative eingreift und je mehr er sich einer förmlichen Beschlussfassung oder Vereinbarung annähert. Entsprechend muss nun die Bundesregierung gemäß § 6 Abs. 5 EUZBBG zu besonders komplexen oder bedeutsamen Vorhaben auf Anforderung vertiefende Berichte erstellen.   27

Demnach ist die in Art. 23 Abs. 2 S. 2 GG genannte Zeitvorgabe „**zum frühestmöglichen Zeitpunkt**" so auszulegen, dass der Bundestag die Informationen der Bundesregierung so rechtzeitig erhalten muss, dass es ihm (noch) möglich ist, sich fundiert mit dem Vorgang zu befassen und eine Stellungnahme zu erarbeiten, bevor die Bundesregierung nach außen wirksame Erklärungen abgibt. Auch § 3 Abs. 1 EUZBBG nimmt auf den frühestmöglichen Zeitpunkt Bezug und stellt zudem klar, dass die Unterrichtung grundsätzlich schriftlich und lediglich ergänzend auch mündlich erfolgt.   28

Wenn es bei den Angelegenheiten der EU um europäisierte Innenpolitik geht, dann haben insoweit auch die **Regeln für die Innenpolitik** und nicht etwa die weniger strengen Vorgaben für die klassische Außenpolitik zu gelten, die der Bundesregierung als Träger der Auswärtigen Gewalt z. B. beim Abschluss völkerrechtlicher Verträge einen relativ weiten Verhandlungs- und Gestaltungsspielraum überlassen. Gleichwohl führt das BVerfG zu Recht aus, dass auch die Unterrichtungspflicht in Angelegenheiten der EU nicht unbegrenzt   29 sein kann, sondern durch den Grundsatz der Gewaltenteilung begrenzt sei. Das Funktionengefüge des Grundgesetzes geht in der Tat davon aus, dass die Regierung einen **Kernbereich exekutiver Eigenverantwortung** besitzt, der einen grundsätzlich nicht ausforschbaren Initiativ-, Beratungs- und Handlungsbereich einschließt. Zu diesem Kernbereich zählt die Willensbildung der Regierung, sowohl hinsichtlich der Erörterungen im Kabinett als auch bei der Vorbereitung von Kabinetts- und Ressortentscheidungen, die sich vor allem in ressortinternen und -übergreifenden Abstimmungsprozessen vollzieht. Solange die interne Willensbildung der Bundesregierung nicht abgeschlossen ist, besteht daher kein Anspruch des Parlaments auf Unterrichtung. Dieser Aspekt ist nunmehr auch in dem neu eingeführten und nicht unumstrittenen § 3 Abs. 4 EUZBBG explizit verankert.

Neben seinen Informationsrechten hat der Bundestag auch **Beteiligungsrechte** an der Mitwirkung der Bundesregierung bei Rechtsetzungsakten der EU. Diese sind nach Art. 23 Abs. 3 S. 2 GG auf eine **„Gelegenheit zur Stellungnahme"** beschränkt, welche die Bundesregierung bei den Verhandlungen im Rat „berücksichtigt". Bereits der Wortlaut verdeutlicht, dass die Position der Bundesregierung durch die Stellungnahme des Bundestages nicht verbindlich festgelegt wird, sondern diese lediglich in den Willensbildungsprozess und die Verhandlungsstrategie der Bundesregierung einzubeziehen ist.

30 Dieses Mitwirkungsrecht des Bundestages wurde – wie in Art. 23 Abs. 3 S. 3 GG vorgesehen – ebenfalls durch das **EUZBBG** näher ausgestaltet. Während der ganz überwiegende Teil der Regelungen des EUZBBG lediglich die grundgesetzlichen Vorschriften ausformt, sieht § 8 Abs. 2 S. 1 des Gesetzes abweichend vom Wortlaut des Art. 23 Abs. 3 GG vor, dass die Bundesregierung die Stellungnahme des Bundestages **„ihren Verhandlungen zugrunde legt"**.

Die **Verfassungsmäßigkeit** dieser inhaltlich weitergehenden Fassung, die eine über Art. 23 Abs. 3 GG hinausgehende Bindungswirkung der Stellungnahmen des Bundestages nahelegt, ist im Schrifttum seit jeher **umstritten**. Im Gesetzgebungsverfahren hat der Bundestag die abweichende Formulierung damit gerechtfertigt, dass „berücksichtigen" den gesamten Willensbildungsprozess auf europäischer Ebene meine, „zugrundelegen" hingegen nur dessen Anfang, so dass lediglich eine Verpflichtung der Bundesregierung anzunehmen sei, sich bei der Festlegung des Verhandlungsziels an der Stellungnahme zu orientieren (BT-Drs. 12/3896, S. 19; ebenso *Mellein*, Subsidiaritätskontrolle durch nationale Parlamente, 2007, S. 288). Eine solche strengere Bindung im ersten Verhandlungsstadium, die ein Abweichen der Bundesregierung nur zulässt, wenn die Verhandlungen ein solches Verhalten nahe legen, erscheint in der Tat mit Art. 23 Abs. 3 GG vereinbar. Jedenfalls kann der in den unterschiedlichen Formulierungen liegende Widerspruch aber nach zutreffender herrschender Ansicht durch eine **verfassungskonforme Auslegung** aufgelöst werden, wenn „zugrundelegen" reduzierend dahin gedeutet wird, dass die Bundesregierung die Stellungnahme des Bundestages bei der Festlegung ihrer Position mitberücksichtigt, ohne daran gebunden zu sein (vgl. etwa *Rojahn*, in: von Münch/Kunig, GG, Art. 23, Rn. 86; *Streinz*, in: Sachs, GG, Art. 23, Rn. 114).

Macht der Bundestag von der Gelegenheit zur Stellungnahme Gebrauch, legt die Bundesregierung im Rat einen **Parlamentsvorbehalt** ein, wenn der Beschluss des Bundestages in einem seiner wesentlichen Belange nicht durchsetzbar ist (§ 8 Abs. 4 S. 1 EUZBBG). Diese Regelung erscheint mit Art. 23 Abs. 3 GG insoweit vereinbar, als ein solcher Vorbehalt lediglich bedeutet, dass sich die Bundesregierung in den Fällen, in denen die Auffassung des Bundestages nicht mit der Auffassung der Bundesregierung und der Mehrheitsauffassung im Rat in Einklang zu bringen ist, noch nicht auf eine verbindliche Position festlegen darf, sondern vor der abschließenden Entscheidung im Rat ein **Einvernehmen mit dem Bundestag** anzustreben verpflichtet ist. Freilich bleibt offen, wie zu verfahren ist, wenn das Einvernehmen, um dessen Herstellung sich die Bundesregierung nach Satz 4 „bemüht", nicht erzielt werden kann. Insoweit besteht eine Lücke, die durch Auslegung unter Berücksichtigung von Art. 23 Abs. 3 GG zu schließen ist. Denkbar wäre es, dass sich in diesem Fall grundsätzlich die Position des Bundestages durchsetzt. Für eine so weit reichende, implizite Bindungswirkung könnte Satz 6 der Regelung sprechen, wonach das Recht der Bundesregierung, aus wichtigen außen- und integrationspolitischen Gründen abweichende Entscheidungen zu treffen, unberührt bleiben soll. Denn ein solches Recht der Bundesregierung, so ließe sich argumentieren, wäre überflüssig, wenn sich im Falle fehlenden Einvernehmens im Ergebnis ohnehin die Position der Bundesregierung durchsetzen würde. Eine so weitreichende Bindungswirkung wäre aber nicht mit dem Wortlaut („berücksichtigen") des Art. 23 Abs. 3 GG zu vereinbaren. Versteht man § 8 Abs. 4 EUZBBG daher im Sinne eines **konstruktiv-kritischen Dialogs** zwischen Bundesregierung und Bundestag, dann erscheint eine prozedurale Lösung näher liegend, die es bei dem Bemühen um Einvernehmen belässt. Dementsprechend bezieht sich das Abweichungsrecht der Bundesregierung aus Satz 6 auf Satz 1 und bringt zum Ausdruck, dass die Bundesregierung aus wichtigen außen- und integrationspolitischen Gründen davon absehen kann, einen Parlamentsvorbehalt einzulegen. So gesehen ist die vorstehende Interpretation von Satz 4 in Zusammenschau mit Satz 6 nicht zwingend, da für Satz 6 auch im Falle fehlenden Einvernehmens ein Anwendungsbereich verbleibt (vgl. *Calliess*, Die neue EU, 2010, S. 273 ff..

32 **(2) Integrationsverantwortungsgesetz.** Eine Vielzahl **weiterer Beteiligungsrechte** von Bundestag und Bundesrat findet sich in dem am 22. September 2009 als Artikel 1 des neuen Gesetzes über die Ausweitung und Stärkung der Rechte von Bundestag und Bundesrat in Angelegenheiten der Europäischen Union verabschiedeten Integrationsverantwortungsgesetz (IntVG). Dieses setzt die Vorgaben des BVerfG aus dem verfassungsrechtlich unmittelbar relevanten Teil C. II. 3. des **Urteils zum Vertrag von Lissabon** um (vgl. BVerfGE 123, 267, 406 ff.; dazu *Calliess*, Die neue EU, 2010, S. 277 ff.).

33 Insoweit forderte das BVerfG, dass Bundestag und Bundesrat ihre **Integrationsverantwortung** in sämtlichen Fällen, in denen Veränderungen des Vertragsrechts ohne Ratifikationsverfahren allein oder maßgeblich durch Organe der EU herbeigeführt werden können, wahrnehmen müssen (**Mitwirkungserfordernis bei dynamischer Vertragsentwicklung**). Dies ergebe sich aus einer Interpretation von Art. 23 Abs. 1 S. 2 GG in dem Sinne, dass jede Veränderung der textlichen Grundlagen des europäischen Primärrechts erfasst wird. Dies bedeutet konkret, dass neben den ordentlichen Vertragsänderungsverfahren von Verfassung wegen zunächst auch primärrechtliche Veränderungen im vereinfachten Verfahren des Art. 48 Abs. 6 EUV sowie die auf bestimmte Sachbereiche bezogenen, Art. 48 Abs. 6 EUV nachgebildeten besonderen vereinfachten Verfahren eines Zustimmungsgesetzes nach Art. 23 Abs. 1 GG bedürfen. Diese Vorgaben werden in den §§ 2, 3 IntVG umgesetzt.

34 Gemäß § 4 IntVG darf auch im Rahmen des allgemeinen Brückenverfahrens des Art. 48 Abs. 7 UAbs. 3 EUV sowie der **Brückenklausel** im Familienrecht (Art. 81 Abs. 3 UAbs. 3 AEUV) der deutsche Vertreter einem Beschluss im Europäischen Rat bzw. im Rat nur zustimmen oder sich enthalten, wenn er zuvor ausdrücklich durch den Deutschen Bundestag und den Bundesrat durch ein Gesetz im Sinne des Art. 23 Abs. 1 GG dazu ermächtigt worden ist. Ein Schweigen dieser Verfassungsorgane wird dabei (anders als im EUV) nicht als Zustimmung gewertet. Zusätzlich ist noch einmal explizit normiert, dass der deutsche Vertreter im Rat bzw. im Europäischen Rat den Beschlussvorschlag ohne ein solches Gesetz ablehnen muss. Demgegenüber erfordern die speziellen Brückenklauseln ohne Ablehnungsrecht (z. B. Art. 31 Abs. 3 EUV, Art. 153 Abs. 2 UAbs. 4, Art. 192 Abs. 2 UAbs. 2 AEUV) gemäß

§§ 5, 6 IntVG kein Gesetz, aber eine vorherige Zustimmung des Bundestages durch einfachen Beschluss.

Ebenfalls ein Gesetz im Sinne des Art. 23 Abs. 1 GG ist gemäß § 7 Abs. 1 IntVG für eine Nutzung der Kompetenzerweiterungsklausel des Art. 83 Abs. 1 UAbs. 3 AEUV (Befugnis zum **Erlass europäischer Straftatbestände** in weiteren als den in UAbs. 2 genannten Kriminalitätsbereichen) erforderlich. Dieser Gesetzesvorbehalt betrifft auch eine Ausdehnung der Befugnisse der Europäischen Staatsanwaltschaft (Art. 86 Abs. 4 AEUV) sowie Änderungen der Satzung der Europäischen Investitionsbank nach Art. 308 Abs. 3 AEUV. 35

Das BVerfG hält eine verstärkte Wahrnehmung der Integrationsverantwortung jedoch nicht nur in den Fällen für erforderlich, in denen Änderungen des Primärrechts ohne ordentliches Ratifikationsverfahren alleine oder maßgeblich durch Organe der EU herbeigeführt werden können. Vielmehr verlangt es darüber hinaus auch in solchen Konstellationen eine gesteigerte Mitwirkung von Bundestag und Bundesrat, in denen die Wahrung des Prinzips der begrenzten Einzelermächtigung durch Befugnisse der EU ausgehöhlt zu werden droht, die in ihrer sachlichen Breite oder in ihrer inhaltlichen Unbestimmtheit kein vorgezeichnetes Integrationsprogramm erkennen lassen (**Mitwirkungserfordernisse in sonstigen Fällen**). 36

Als einen solchen Fall, der aufgrund der Weite der Kompetenzbestimmung innerstaatliche Sicherungen verlangt, benennt das BVerfG insbesondere die sog. **Flexibilitätsklausel** des Art. 352 AEUV. Der Gesetzgeber hat dieses Erfordernis in § 8 IntVG aufgenommen und die Zustimmung des deutschen Vertreters im Rat zu einer Anwendung der Flexibilitätsklausel des Art. 352 AEUV **vom vorherigen Inkrafttreten eines Gesetzes** nach Art. 23 Abs. 1 GG **abhängig** gemacht. Es ist zu erwarten, dass diese Regelung des „Sonntagsgesetzes" die größten Auswirkungen in der Praxis haben wird, da die Flexibilitätsklausel des Art. 352 AEUV in der Vergangenheit jährlich (häufig in Kombination mit anderen, kompetenzrechtlich eindeutigen Rechtsgrundlagen) etwa 30 Mal genutzt wurde. 37

Auch im Bereich der sogenannten **Notbremseverfahren** der Art. 48 UAbs. 2, 82 Abs. 3 und 83 Abs. 3 AEUV, bei denen die Mitgliedstaaten die Aussetzung von EU-Gesetzgebungsverfahren im Bereich des Straf- und Sozialrechts veranlassen können, unterliegt die Bundesregierung gemäß § 9 IntVG den **Weisungen des Bundestages**. Sie unterliegt zusätzlich den Weisungen des Bundesrates, sofern im Schwerpunkt Gebiete betroffen sind, für welche eine Gesetzgebungszuständigkeit des Bundes nicht besteht, für welche die Länder gemäß Art. 72 Abs. 2 GG das Recht zur Gesetzgebung haben, für welche die Länder gemäß Art. 72 Abs. 3 oder Art. 84 Abs. 1 GG abweichende 38

Regelungen treffen können oder deren Regelung durch ein Bundesgesetz der Zustimmung des Bundesrates bedarf.

39 **bb) Beteiligung des Bundesrates: Art. 23 Abs. 4 und 5 GG i. V. m. dem EUZBLG.** Die wesentliche Normierung der Beteiligung des Bundesrates erfolgte mit der Neufassung von **Art. 23, 50 und 52 GG** – ebenso wie für den Bundestag – aufgrund des Ratifizierungsprozesses zum Vertrag von Maastricht. Art. 50 GG garantiert dabei allgemein die Mitwirkung der Länder über den Bundesrat in Angelegenheiten der Europäischen Union, Art. 52 Abs. 3a GG eröffnete dem Bundesrat intern die Möglichkeit der Einsetzung einer Europakammer zur wirksamen Wahrnehmung der neuen Mitwirkungsrechte. Die Regelungen des Art. 23 Abs. 2 sowie Abs. 4 bis 7 GG sichern die Beteiligung des Bundesrates unter „Wahrung der bundesstaatlichen Verfassungsstruktur" verfassungsrechtlich ab (vgl. *Magiera*, Jura 1994, 1, 9). Auf der Basis von Art. 23 Abs. 7 GG wurde 1993 zur genaueren Ausgestaltung der Beteiligungsrechte des Bundesrates das „Gesetz über die Zusammenarbeit von Bund und Ländern in Angelegenheiten der EU" (**EUZBLG**) sowie auf § 9 EUZBLG aufbauend die „Vereinbarung zwischen der Bundesregierung und den Regierungen der Länder über die Zusammenarbeit in Angelegenheiten der EU" (BLV) erlassen.

40 Art. 23 Abs. 4, 5 und 6 GG regeln die über den Bundesrat vermittelte Beteiligung der Länder an der Willensbildung der Bundesregierung in Angelegenheiten der EU (vgl. *Calliess*, in: Hrbek (Hrsg.), Europapolitik und Bundesstaatsprinzip, 2000, S. 13 ff.; *Lang*, Die Mitwirkungsrechte des Bundesrates und des Bundestages in Angelegenheiten der Europäischen Union, 1997, S. 130 ff.). Die Absätze sehen eine nach dem Grad der jeweiligen Länderbetroffenheit **abgestufte Beteiligungsintensität des Bundesrates** vor. Der Grundtatbestand des Art. 23 Abs. 4 GG wird durch die in den Absätzen 5 und 6 vorgesehenen, unterschiedlichen Stufen der Beteiligungsintensität konkretisiert, die 2006 den Änderungen im Rahmen der Föderalismusreform angepasst wurden (vgl. *Ipsen*, NJW 2006, 2801 ff.).

41 **Im Bereich der ausschließlichen Gesetzgebungskompetenz des Bundes** hat nach Art. 23 Abs. 5 S. 1 GG die Berührung von Länderinteressen eine im Ergebnis nicht verbindliche Berücksichtigung der **Stellungnahme** des Bundesrates zur Folge. Demnach sind die Argumente des Bundesrates von der Bundesregierung nur zur Kenntnis zu nehmen; sie muss sich mit ihnen auseinandersetzen und sie in ihre Entscheidung einbeziehen.

Sind im Schwerpunkt **Kompetenzen der Länder** betroffen, ist die 42
Auffassung des Bundesrates nach Art. 23 Abs. 5 S. 2 GG „**maßgeblich zu berücksichtigen**", d. h. von der Bundesregierung als Ziel und Richtung der deutschen Position anzusehen. Über die exakte Bedeutung der Formulierung „maßgeblich zu berücksichtigen" besteht indes Uneinigkeit im Schrifttum: Von weiten Teilen der Literatur wird diese Formulierung als Letztentscheidungsrecht des Bundesrates interpretiert (*Scholz*, in: Maunz/Dürig, GG, Art. 23, Rn. 169; *Kamann*, Die Mitwirkung der Parlamente der Mitgliedstaaten an der europäischen Gesetzgebung, 1997, S. 89; *Schede*, Bundesrat und Europäische Union, 1994, S. 139; *Lang*, Die Mitwirkungsrechte des Bundesrates und des Bundestages in Angelegenheiten der Europäischen Union, 1997, S. 179 f.). Einen Anhaltspunkt für eine solche Auslegung wird dabei in der einfachgesetzlichen Ausformung des § 5 Abs. 2 S. 5 EUZBLG gesehen, derzufolge die Auffassung des Bundesrates „maßgebend" ist, sofern das anzustrebende Einvernehmen zwischen Bundesrat und Bundesregierung nicht zustande kommt und der Bundesrat seine Auffassung daraufhin mit Zwei-Drittel-Mehrheit bestätigt. Andere Stimmen im Schrifttum gehen davon aus, dass für die Bundesregierung nach wie vor die Möglichkeit eines begründeten Abweichens bestehe, da in dem Begriff „berücksichtigen" keine Grundlage für ein Letztentscheidungsrecht des Bundesrates gesehen werden könne (*Streinz*, in: Sachs, GG, Art. 23, Rn. 124; *Hilf*, VVDStRL 53 (1994), S. 7, 18). § 5 Abs. 2 S. 5 EUZBLG sei in diesem Lichte verfassungskonform auszulegen. Für ein **Letztentscheidungsrecht** spricht aber gerade das Wort „maßgeblich" in Art. 23 Abs. 5 S. 2 GG; § 5 Abs. 2 EUZBLG hat insoweit nur klarstellende Bedeutung. Das in ihm geregelte Verfahren zur Erzielung eines Einvernehmens zwischen Bundesregierung und Bundesrat lässt das Letztentscheidungsrecht ohnehin nur als *ultima ratio* erscheinen. Begrenzt wird der Einfluss des Bundesrates überdies durch die auch ihm obliegende Pflicht zur Wahrung der gesamtdeutschen Verantwortung. Hieraus folgt jedoch keine Prärogative der Bundesregierung dergestalt, dass das Letztentscheidungsrecht des Bundesrates gänzlich überspielt werden könnte (so aber *Schede*, Bundesrat und Europäische Union, 1994, S. 142 ff.; *Lang*, Die Mitwirkungsrechte des Bundesrates und des Bundestages in Angelegenheiten der Europäischen Union, 1997, S. 186 ff.).

cc) Ländervertreter im Rat der EU: Art. 23 Abs. 6 GG i. V. m. § 6 43
EUZBLG. Weitergehende Mitwirkungsrechte der Länder enthält

Art. 23 Abs. 6 GG, demzufolge die Wahrnehmung der Rechte des Bundes im Rat auf einen Vertreter der Länder übertragen wird, „wenn im Schwerpunkt ausschließliche **Gesetzgebungsbefugnisse der Länder auf den Gebieten der schulischen Bildung, der Kultur oder des Rundfunks** betroffen sind". Die Verhandlungsführung ist nach Art. 23 Abs. 6 S. 2 GG jedoch dadurch begrenzt, dass die Wahrnehmung der Rechte unter Beteiligung und in Abstimmung mit der Bundesregierung erfolgen muss. Dabei ist die gesamtstaatliche Verantwortung zu wahren. Insoweit gelten für die Abstimmung der Verhandlungsführung nach § 6 Abs. 2 S. 4 EUZBLG die Kriterien der internen Willensbildung, die Art. 23 Abs. 5 GG festlegt. Der Ländervertreter tritt im Rat aus der Sicht des Europarechts im Namen des Gesamtstaates Deutschland auf und nicht im Namen der Länder. Für solche ausschließlichen Gesetzgebungsbefugnisse, die nicht im Schwerpunkt die Bereiche schulische Bildung, Kultur und Rundfunk betreffen, gilt die Beteiligungsregel des § 6 Abs. 2 S. 6 EUZBLG, wonach die Bundesregierung die Verhandlungsführung in den Gremien der EU „in Abstimmung mit dem Vertreter der Länder" ausübt.

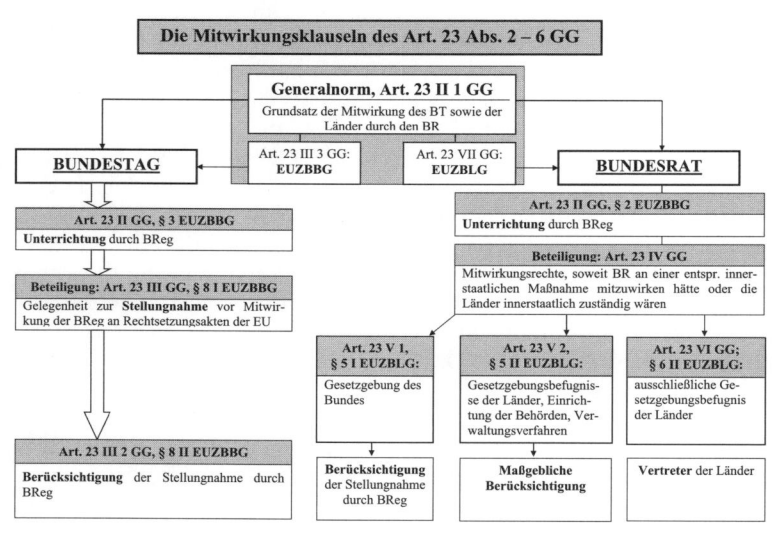

Die Mitwirkungsklauseln des Art. 23 Abs. 2 – 6 GG

Generalnorm, Art. 23 II 1 GG
Grundsatz der Mitwirkung des BT sowie der Länder durch den BR

Art. 23 III 3 GG: EUZBBG	Art. 23 VII GG: EUZBLG

BUNDESTAG

Art. 23 II GG, § 3 EUZBBG
Unterrichtung durch BReg

Beteiligung: Art. 23 III GG, § 8 I EUZBBG
Gelegenheit zur Stellungnahme vor Mitwirkung der BReg an Rechtsetzungsakten der EU

Art. 23 III 2 GG, § 8 II EUZBBG
Berücksichtigung der Stellungnahme durch BReg

BUNDESRAT

Art. 23 II GG, § 2 EUZBBG
Unterrichtung durch BReg

Beteiligung: Art. 23 IV GG
Mitwirkungsrechte, soweit BR an einer entspr. innerstaatlichen Maßnahme mitzuwirken hätte oder die Länder innerstaatlich zuständig wären

Art. 23 V 1, § 5 I EUZBLG:	Art. 23 V 2, § 5 II EUZBLG:	Art. 23 VI GG; § 6 II EUZBLG:
Gesetzgebung des Bundes	Gesetzgebungsbefugnisse der Länder, Einrichtung der Behörden, Verwaltungsverfahren	ausschließliche Gesetzgebungsbefugnis der Länder
Berücksichtigung der Stellungnahme durch BReg	Maßgebliche Berücksichtigung	Vertreter der Länder

Literatur: *Baach*, Parlamentarische Mitwirkung in Angelegenheiten der Europäischen Union, 2008; *Baddenhausen/Schopp/Steinrück*, Die neue Begleitgesetzgebung zum Vertrag von Lissabon, EuGRZ 2009, 534; *Calliess*, Innerstaatliche Mitwirkungsrechte der deutschen Bundesländer nach Art. 23 GG und ihre Sicherung auf europäischer Ebene, in: Hrbek (Hrsg.), Europapolitik und Bundesstaatsprinzip, 2000, S. 13; *ders.*, Der Kampf um den Euro: Eine „Angelegenheit der Europäischen Union" zwischen Regierung, Parlament und Volk, NVwZ 2012, 1; *Daiber*, Unterrichtungsrechte von Bundestag und Bundesrat in EU-Angelegenheiten, RuP 2012, 97; *Dann*, Parlamente im Exekutivföderalismus, 2004; *Görlitz*, Europäische Verfassung und Art. 23 GG, ZG 2004, 249; *Hahn*, Die Mitwirkungsrechte von Bundestag und Bundesrat in EU-Angelegenheiten nach dem neuen Integrationsverantwortungsgesetz, EuZW 2009, 758; *Halfmann*, Entwicklungen des deutschen Staatsorganisationsrechts im Kraftfeld der europäischen Integration – Die Zusammenarbeit von Bund und Ländern nach Art. 23 GG im Lichte der Strukturprinzipien des Grundgesetzes, 2000; *Hansmeyer*, Die Mitwirkung des Deutschen Bundestages an der europäischen Rechtsetzung, 2001; *Hölscheidt*, Europatauglichkeit des Grundgesetzes, in: FS-Meyer, 2006, S. 205; *Horsch*, Die Integrationsverantwortung der Länderparlamente – Möglichkeiten der Einflussnahme auf die Exekutive, ThürVBl 2012, 241; *Hrbek*, Der deutsche Bundesstaat in der EU – Die Mitwirkung der deutschen Länder in EU-Angelegenheiten als Gegenstand der Föderalismus-Reform, in: FS-Zuleeg, 2005, S. 256; *Kamann*, Die Mitwirkung der Parlamente der Mitgliedstaaten an der europäischen Gesetzgebung, 1997; *Kunig*, Mitwirkung der Länder bei der europäischen Integration: Art. 23 des Grundgesetzes im Zwielicht, in: FS-Heymanns Verlag, 1995, S. 591; *Lang*, Die Mitwirkungsrechte des Bundesrates und des Bundestages in Angelegenheiten der Europäischen Union gemäß Art. 23 Abs. 2 bis 7 GG, 1997; *Müller-Terpitz*, Die Beteiligung des Bundesrates am Willensbildungsprozeß der Europäischen Union, 1999; *Nettesheim*, Die Integrationsverantwortung – Vorgaben des BVerfG und gesetzgeberische Umsetzung, NJW 2010, 177; *Rohleder*, Die Beteiligung des Deutschen Bundestages an der europäischen Rechtsetzung in Theorie und Praxis, ZG 2011, 105; *Scheuing*, Deutsches Verfassungsrecht und europäische Integration, EuR-Beiheft 1/1997, 7; *Scholz*, Zur nationalen Handlungsfähigkeit in der Europäischen Union, oder: die notwendige Reform des Art. 23 GG, in: FS-Zuleeg, 2005, S. 274; *Wollenschläger*, Völkerrechtliche Flankierung des EU-Integrationsprogramms als Herausforderung für den Europa-Artikel des Grundgesetzes (Art. 23 GG), NVwZ 2012, 713.

II. Gesetzgebung in der EU im Lichte des Subsidiaritätsprinzips

In den **Art. 5 EUV sowie 2 ff. AEUV** finden sich die grundlegenden Bestimmungen über die Ausübung von Gesetzgebungszuständigkeiten, eine Auflistung und Definition der Kompetenzkategorien sowie eine Zuordnung der in den einzelnen Regelungsbereichen der

Verträge bestehenden Gesetzgebungskompetenzen zu diesen Kategorien.

1. Grundsätze der Kompetenzverteilung in der EU

45 Die zentralen Grundprinzipien der Zuständigkeitsabgrenzung von EU und Mitgliedstaaten, auf denen das Kompetenzsystem der EU beruht, finden sich in Art. 5 EUV. So gilt für die Verteilung der Zuständigkeiten zwischen Union und Mitgliedstaaten zunächst der **Grundsatz der begrenzten Einzelermächtigung** fort (Art. 5 Abs. 2 EUV). Danach wird die Union nur innerhalb der Grenzen der Zuständigkeiten tätig, die die Mitgliedstaaten ihr in den Verträgen zur Verwirklichung der darin niedergelegten Ziele zugewiesen haben. Die Union verfügt somit auch weiterhin **nicht über die für souveräne Staaten typische Kompetenz-Kompetenz**; ihre Kompetenzen sind vielmehr von den Mitgliedstaaten abgeleitet. Unter zusätzlicher Betonung der Mitgliedstaaten als Herren der Verträge wird dementsprechend sowohl in Art. 4 Abs. 1 als auch in Art. 5 Abs. 2 S. 2 EUV explizit normiert, dass „alle der Union nicht in den Verträgen zugewiesenen Zuständigkeiten (…) bei den Mitgliedstaaten" verbleiben.

2. Kompetenzkategorien

46 Seit dem Vertrag von Lissabon sind in Art. 2 ff. AEUV die verschiedenen Kompetenzkategorien **ausdrücklich festgelegt**. Während das historisch gewachsene europäische Primärrecht in der Übertragung von Zuständigkeiten bislang keiner abstrakten Systematik folgte, sorgt die reformierte Kompetenzordnung nun dafür, dass die Zuständigkeiten der EU kategorisiert und damit nachvollziehbar und transparent werden. Die konkrete Reichweite der jeweiligen Kompetenzen ergibt sich gem. Art. 2 Abs. 6 AEUV jedoch nach wie vor aus den in den einzelnen Politikbereichen enthaltenen Kompetenznormen (vgl. z. B. für die Umweltpolitik Art. 192 AEUV oder für die Rechtsangleichung im Binnenmarkt Art. 114 Abs. 1 AEUV).

47 a) **Ausschließliche Zuständigkeiten.** Der Begriff der ausschließlichen Zuständigkeiten war im Europarecht seit Einführung des Subsidiaritätsprinzips mit dem Vertrag von Maastricht (heute Art. 5 Abs. 3 EUV) umstritten (vgl. *Calliess*, Subsidiaritäts- und Solidaritätsprinzip in der Europäischen Union, 1999, S. 76 ff.). Es ist daher sinnvoll, dass der Vertrag von Lissabon insoweit eine Klärung herbeiführt: Gemäß

Art. 2 Abs. 1 i. V. m. Art. 3 AEUV ist die Union in diesen Bereichen **grundsätzlich allein handlungsbefugt**, so dass die Mitgliedstaaten nur tätig werden, wenn sie von der EU hierzu ermächtigt werden oder Rechtsakte der Union durchführen. Art. 3 AEUV führt die **Bereiche** ausschließlicher Zuständigkeit **abschließend** auf und nennt in Übereinstimmung mit der Rechtsprechung des EuGH die Zollunion, die für das Funktionieren des Binnenmarktes erforderlichen Wettbewerbsregeln, die Währungspolitik der Euro-Gruppe, die Erhaltung der biologischen Meeresschätze im Rahmen der gemeinsamen Fischereipolitik und die gemeinsame Handelspolitik.

b) Geteilte Zuständigkeiten. Die Kompetenzkategorie der „geteilten Zuständigkeiten", die den aus dem Grundgesetz bekannten konkurrierenden Zuständigkeiten entspricht, bildet den Regelfall der Unionszuständigkeit. Bereiche geteilter Zuständigkeit sind gem. Art. 2 Abs. 2 AEUV dadurch definiert, dass sowohl die Union als auch die Mitgliedstaaten gesetzgeberisch tätig werden und verbindliche Rechtsakte erlassen können. Die Mitgliedstaaten sind jedoch nur insoweit zur Rechtsetzung befugt, als die Union von ihrer Kompetenz keinen oder keinen erschöpfenden Gebrauch gemacht hat. Der **mitgliedstaatliche Kompetenzverlust in Form der Sperrwirkung** tritt also erst ein, wenn, soweit und solange die EU rechtsetzend tätig geworden ist (vgl. Art. 2 Abs. 2 S. 2 und 3 AEUV, Protokoll (Nr. 25) über die Ausübung der geteilten Zuständigkeiten sowie Erklärung (Nr. 18) zur Abgrenzung der Zuständigkeiten). 48

Nach der nicht abschließenden Aufzählung des Art. 4 Abs. 2 AEUV sind dazu insbesondere der Binnenmarkt, die vertraglich geregelten Aspekte der Sozialpolitik, der wirtschaftliche, soziale und territoriale Zusammenhalt, die Landwirtschafts- und Fischereipolitik, die Bereiche Umwelt, Verbraucherschutz, Verkehr, transeuropäische Netze, Energie, der Raum der Freiheit, der Sicherheit und des Rechts sowie gemeinsame Sicherheitsanliegen der öffentlichen Gesundheit zu zählen. 49

c) Unterstützungs-, Koordinierungs- und Ergänzungsmaßnahmen. Als dritte Kategorie finden sich in Art. 2 Abs. 5 i. V. m. Art. 6 AEUV die Maßnahmen der EU zur Unterstützung, Koordinierung und Ergänzung. In diesen Bereichen ist die Union berechtigt, verbindliche Rechtsakte zu erlassen, die jedoch **keine Harmonisierung der mitgliedstaatlichen Rechtsvorschriften** beinhalten dürfen. Art. 2 Abs. 5 UAbs. 1 AEUV hebt hervor, dass solche Maßnahmen 50 nicht dazu führen, dass die Zuständigkeit der Union für diese Bereiche an die Stelle der Zuständigkeit der Mitgliedstaaten tritt, mithin **keine Sperrwirkung** eintritt. Die Union darf vielmehr nur zusätzliche Maßnahmen „mit europäischer Zielsetzung" (Art. 6 S. 2 AEUV) treffen, um die Regelungen ihrer Mitgliedstaaten zu unterstützen, zu koordinieren und zu ergänzen.

51 Der Kompetenzkategorie der Unterstützung, Koordinierung und Ergänzung unterliegen **insbesondere neuere Politikbereiche**, um die die Verträge seit dem Vertrag von Maastricht erweitert wurden. Gemäß der abschließenden Aufzählung des Art. 6 S. 2 AEUV sind dies die Bereiche Gesundheitspolitik, Industrie, Kultur, Tourismus, allgemeine und berufliche Bildung, Jugend und Sport, Katastrophenschutz und Verwaltungszusammenarbeit.

52 In Art. 2 Abs. 3 und 4 sowie Art. 5 AEUV finden sich darüber hinaus **spezielle Kompetenzen** der Union zur Förderung und Gewährleistung der Koordinierung der Wirtschafts-, Beschäftigungs- und Sozialpolitik der Mitgliedstaaten und zur Erarbeitung und Verwirklichung einer „gemeinsame(n) Außen- und Sicherheitspolitik einschließlich der schrittweisen Festlegung einer gemeinsamen Verteidigungspolitik".

53 **d) Flexibilitätsklausel.** Ebenfalls als Sonderregelung lässt sich die Flexibilitätsklausel des Art. 352 AEUV begreifen. Nach dieser Vorschrift kann der Rat auf Initiative der Kommission einstimmig die geeigneten Vorschriften erlassen, sofern ein Tätigwerden der Union erforderlich erscheint, um eines der Ziele der Verträge zu verwirklichen, die hierfür erforderlichen Befugnisse aber nicht ausdrücklich vorgesehen sind. Mit ihr wird der EU eine **Kompetenzergänzung bzw. Kompetenzabrundung** ermöglicht, die eine **dynamische Fortentwicklung des Unionsrechts ermöglicht**. Art. 352 AEUV enthält somit keine Kompetenz-Kompetenz, mit der sich die EU vom Prinzip der begrenzten Einzelermächtigung unabhängig machen und selbstständig Zuständigkeiten zuweisen könnte. Möglich ist immer nur ein „Anbau" an eine bereits bestehende Kompetenz, der deren Entfaltung dient. So wurde etwa die Gründung von Sonderbehörden (sog. Agenturen), die von der Kommission delegierte Aufgaben in den der EU übertragen Politikbereichen wahrnehmen, auf Art. 352 AEUV gestützt (wie z. B. die Arzneimittelagentur, das Harmonisierungamt für den Binnenmarkt oder die Europäische Chemikalienagentur).

C. Verfassungsrechtliche Strukturparallelität im europ. Verbund 259

3. Drei Prüfschritte des Art. 5 EUV

Mit dem Prinzip der begrenzten Einzelermächtigung, dem Subsidiaritätsprinzip und dem Verhältnismäßigkeitsprinzip enthält Art. 5 EUV eine **„europarechtliche Schrankentrias"** für die Kompetenzausübung der Union. Bevor die Union handeln kann, müssen demnach drei Fragen positiv beantwortet werden können: die „Kann-Frage" (Abs. 2), die „Ob-Frage" (Abs. 3) und die „Wie-Frage" (Abs. 4). 54

a) **„Kann-Frage"**. Nach dem Prinzip der begrenzten Einzelermächtigung muss für jeden verbindlichen Rechtsakt der EU eine **Kompetenznorm zugunsten der EU** bestehen. Insoweit ist die „Kann-Frage" zu stellen, nach der überprüft werden muss, ob die Europäische Union überhaupt tätig werden *„kann"*. Schon bei der Prüfung des Entwurfs einer geplanten Maßnahme muss daher unter Berücksichtigung von deren Ziel und Inhalt durch jedes am Gesetzgebungsverfahren beteiligte Organ begutachtet werden, ob die für deren Annahme erforderliche Kompetenzgrundlage hinreichend ist. Ein Vertragsziel allein kann nicht genügen, um Befugnisse zu begründen oder zu erweitern. 55

Nach der Feststellung des Ziels, das mit der betreffenden Maßnahme verfolgt wird, sowie dem Auffinden einer entsprechenden Kompetenznorm muss überprüft werden, in welche der **Kompetenzkategorien** sich diese einordnen lässt. Denn die Beantwortung der Frage nach dem Bestehen einer ausschließlichen Zuständigkeit der Union entscheidet darüber, ob der „Ob-Frage" zum Subsidiaritätsprinzip bzw. der „Wie-Frage" zum Verhältnismäßigkeitsgrundsatz noch nachgegangen werden muss. 56

b) **„Ob-Frage"**. Ist die grundsätzliche Frage der Zuständigkeit geklärt, muss – außer bei Bestehen einer ausschließlichen Zuständigkeit – in einem zweiten Schritt das die konkrete Kompetenzausübung begrenzende Subsidiaritätsprinzip nach Art. 5 Abs. 3 EUV geprüft werden. Insoweit ist zu untersuchen, *ob* die Union **im konkreten Falle** auch Gebrauch von der ihr zustehenden Kompetenz machen darf. 57

Nach Art. 5 Abs. 3 EUV besteht das Subsidiaritätsprinzip aus **zwei konkretisierenden Abgrenzungskriterien**, die kumulativ erfüllt sein müssen. Zum einen dürfen nach dem Negativkriterium „die Ziele der in Betracht gezogenen Maßnahmen von den Mitgliedstaaten weder auf zentraler noch auf regionaler oder lokaler Ebene **ausreichend** verwirklicht werden können", zum anderen müssen sie nach dem Po- 58 sitivkriterium „vielmehr wegen ihres Umfangs oder ihrer Wirkungen auf Unionsebene **besser** zu verwirklichen" sein.

59 In Bezug auf das Negativkriterium („nicht ausreichend") geht es demnach in erster Linie um die Frage einer „Überforderung" der Mitgliedstaaten, wobei nicht nur ihre zentrale, sondern nunmehr explizit auch ihre regionale und lokale Ebene, mithin der Bundesländer bzw. Regionen und Gemeinden in den Blick zu nehmen sind. In der Prüfung ist nicht nur auf die aktuelle Sach- und Rechtslage in den Mitgliedstaaten abzustellen, sondern auch hypothetisch abzuschätzen, inwieweit sie die Fähigkeiten für den Erlass entsprechender Maßnahmen hätten. Zu diesem Zweck sind die Ziele der in Betracht gezogenen Maßnahme vor allem auf etwaige **grenzüberschreitende Aspekte** zu untersuchen, die von den Mitgliedstaaten allein naturgemäß nicht zufriedenstellend gelöst werden können. Insoweit ist zu berücksichtigen, ob entsprechende Maßnahmen der Mitgliedstaaten allein oder aber das Fehlen europäischer Maßnahmen in Widerspruch zu Zielen der Verträge steht bzw. die Interessen anderer Mitgliedstaaten erheblich beeinträchtigen kann.

Ein **Beispiel** ist insoweit die Luftverschmutzung, die als grenzüberschreitendes Problem nicht von einem Mitgliedstaat allein, sondern nur durch eine gemeinsame, europäische Regelung bekämpft werden kann. Alles andere stünde im Widerspruch zum Ziel des Art. 191 AEUV und würde überdies die Umweltschutzinteressen bei über die Grenzen ziehenden Schadstoffen erheblich beeinträchtigen, da hier nationale Schutzmaßnahmen wirkungslos wären.

60 Ist dieses Kriterium erfüllt, so muss in dessen Ergänzung („sondern vielmehr") noch überprüft werden, ob die betreffende Maßnahme nach dem Positivkriterium auf europäischer Ebene „besser" erreicht werden kann. Insoweit ist in einem **wertenden Vergleich** zwischen zusätzlichem Integrationsgewinn einerseits und mitgliedstaatlichem Kompetenzverlust andererseits ein eindeutiger **„Mehrwert" des Handelns der Union** gegenüber dem Handeln der Mitgliedstaaten festzustellen.

Im **Beispiel** der grenzüberschreitenden Luftverschmutzung wäre der Integrationsgewinn hoch, da das europäische Ziel des Umweltschutzes im Hinblick auf das Medium Luft effektiver als national geschützt werden könnte. Hingegen wäre der nationale Kompetenzverlust gering, da ein Mitgliedstaat die grenzüberschreitende Luftverschmutzung allein nicht effektiv regeln kann. Im Zuge dessen entsteht ein eindeutiger Mehrwert für das „Ökosystem EU".

61 Das neue Subsidiaritätsprotokoll verlangt in Art. 5 S. 5 von der Kommission, in ihrer Begründung zu berücksichtigen, dass „die finanzielle Belastung

C. Verfassungsrechtliche Strukturparallelität im europ. Verbund

und der Verwaltungsaufwand der Union, der Regierungen der Mitgliedstaaten, der regionalen und lokalen Behörden, der Wirtschaft und der Bürgerinnen und Bürger so gering wie möglich gehalten werden und in einem angemessenen Verhältnis zum angestrebten Ziel stehen müssen."

c) „**Wie-Frage**". Konnte die Zuständigkeit der Union zur Ausübung der betreffenden Kompetenz auf der Grundlage der Vorgaben des Subsidiaritätsprinzips bejaht werden, ist schließlich noch die Einhaltung des **Verhältnismäßigkeitsgrundsatzes** zu überprüfen. Konkret ist zu klären, *wie* die Union handeln soll; überprüft wird dementsprechend, ob die Union bei der Auswahl der Art des Rechtsaktes sowie der Ausgestaltung dieses Rechtsaktes den Kriterien der Verhältnismäßigkeit (erforderlich, geeignet, angemessen) gerecht geworden ist.

Gemäß Art. 5 Abs. 4 EUV dürfen Maßnahmen der Union „inhaltlich wie formal nicht (…) das für die Erreichung der Ziele der Verfassung erforderliche Maß" übersteigen. Sie müssen somit angesichts des mit ihnen verfolgten Ziels nach Art, Umfang und Intensität geeignet und erforderlich sein sowie nicht zu diesem Ziel außer Verhältnis stehen (verhältnismäßig ieS). Die Bestimmung kann allgemein als **Grundsatz der größtmöglichen Schonung der mitgliedstaatlichen Zuständigkeiten** verstanden werden. Insbesondere ist bei der Auswahl der Rechtsakte jeweils das „mildeste" Mittel, mithin das Mittel zu wählen, das am wenigsten in die Zuständigkeiten der Mitgliedstaaten eingreift. Darüber hinaus ist darauf zu achten, so viel Raum für nationale Entscheidungen zu belassen, wie dies im Einklang mit dem Ziel der Maßnahme und den Anforderungen des Vertrags möglich ist. Hieraus lässt sich eine Art „**Mittelhierarchie**" ableiten, nach der z. B. ein Vorrang von gegenseitiger Anerkennung vor Harmonisierung, von unverbindlichen Maßnahmen vor verbindlicher Gesetzgebung und von – den Mitgliedstaaten bei der Umsetzung einen Gestaltungsspielraum belassenden – Richtlinien vor unmittelbar geltenden Verordnungen besteht.

Die einzelnen Prüfschritte nach Artikel 5 EUV

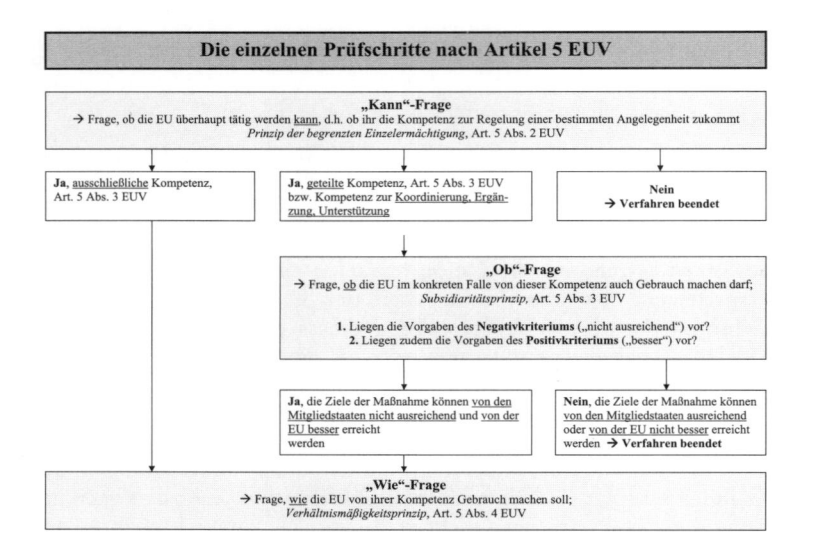

„Kann"-Frage
→ Frage, ob die EU überhaupt tätig werden kann, d.h. ob ihr die Kompetenz zur Regelung einer bestimmten Angelegenheit zukommt
Prinzip der begrenzten Einzelermächtigung, Art. 5 Abs. 2 EUV

| Ja, ausschließliche Kompetenz, Art. 5 Abs. 3 EUV | Ja, geteilte Kompetenz, Art. 5 Abs. 3 EUV bzw. Kompetenz zur Koordinierung, Ergänzung, Unterstützung | Nein → Verfahren beendet |

„Ob"-Frage
→ Frage, ob die EU im konkreten Falle von dieser Kompetenz auch Gebrauch machen darf;
Subsidiaritätsprinzip, Art. 5 Abs. 3 EUV
1. Liegen die Vorgaben des **Negativkriteriums** („nicht ausreichend") vor?
2. Liegen zudem die Vorgaben des **Positivkriteriums** („besser") vor?

| Ja, die Ziele der Maßnahme können von den Mitgliedstaaten nicht ausreichend und von der EU besser erreicht werden | Nein, die Ziele der Maßnahme können von den Mitgliedstaaten ausreichend oder von der EU nicht besser erreicht werden → Verfahren beendet |

„Wie"-Frage
→ Frage, wie die EU von ihrer Kompetenz Gebrauch machen soll;
Verhältnismäßigkeitsprinzip, Art. 5 Abs. 4 EUV

4. Subsidiaritätsrüge und -klage

64 **a) Unionsrechtliche Regelungen.** Das bereits mit dem Vertrag von Maastricht eingeführte Subsidiaritätsprinzip leidet seit jeher unter einem Anwendungs- und Kontrolldefizit. Dies ist insoweit nicht überraschend als sich der europäische Gesetzgeber und hier insbesondere die Kommission mit ihrem das Gesetzgebungsverfahren einleitenden Initiativrecht in einem Dilemma befinden: Einerseits sollen die Vertragziele verwirklicht werden, andererseits sollen sich die Institutionen insoweit selbst begrenzen. Es bedarf insoweit einer unabhängigen Kontrolle. Zu dieser wäre eigentlich der EuGH berufen, er ist (auch) das Kompetenzgericht der EU. Ähnlich zurückhaltend wie das BVerfG, das die Subsidiaritätsklausel des Art. 72 Abs. 2 GG im Bund-Länder-Verhältnis mit Blick auf die dahinter stehende politische Entscheidung des Bundesgesetzgebers lange nur auf evidente Verstöße überprüfte, agiert heute auch der EuGH (dazu ausführlich *Calliess*, EuGRZ 2003, 181). Vor diesem Hintergrund ist die mit dem Vertrag von Lissabon eingeführte Neuregelung des Art. 12 EUV zu sehen. Im Wege einer gelungenen **Koppelung der Kompetenz- mit der Demokratiefrage** wird den nationalen Parlamenten das politische Instrument der Subsidiaritätsrüge sowie das gerichtli-

che Instrument der Subsidiaritätsklage zur Verfügung gestellt. Die nationalen Parlamente erhalten damit ein förmliches Verfahren, um „einer schleichenden Entziehung ihrer Zuständigkeiten entgegenzutreten" (*Altmaier*, in: FS Meyer, 2006, S. 301, 322). Zudem besteht die Chance einer „Europäisierung der Debatten der nationalen Parlamente" und somit einer verstärkten Identifizierung der nationalen Parlamentarier mit den auf Ebene der Union getroffenen Entscheidungen (*Calliess*, ZG 2010, 1 ff.).

aa) Subsidiaritätsrüge. Die Subsidiaritätsrüge etabliert eine Art 65 **„Frühwarnsystem"** im Hinblick auf mögliche Verletzungen des Subsidiaritätsprinzips. Gemäß Art. 12 lit. a) EUV i. V. m. Art. 2 des Parlamenteprotokolls erhalten die nationalen Parlamente sämtliche Entwürfe von Gesetzgebungsakten (Vorschläge der Kommission, Initiativen einer Gruppe von Mitgliedstaaten oder des EP, Anträge des Gerichtshofs oder der EIB sowie Empfehlungen der EZB) zeitgleich mit der Übermittlung an die anderen am Gesetzgebungsverfahren auf EU-Ebene beteiligten Organe auf direktem Wege. Dieses Informationsrecht ist Voraussetzung dafür, dass sie oder ihre Kammern sodann gemäß Art. 6 des Subsidiaritätsprotokolls „binnen acht Wochen nach dem Zeitpunkt der Übermittlung eines Entwurfs eines Gesetzgebungsakts in den Amtssprachen der Union in einer begründeten **Stellungnahme** an den Präsidenten des Europäischen Parlaments, des Rates und der Kommission darlegen (können), weshalb der Entwurf ihres Erachtens nicht mit dem Subsidiaritätsprinzip vereinbar ist." Die Frist von acht Wochen muss regelmäßig ab der Zuleitung eines Vorschlags verstreichen, bis dieser „zwecks Erlass oder zur Festlegung eines Standpunktes im Rahmen eines Gesetzgebungsverfahrens auf die vorläufige Tagesordnung des Rates gesetzt" werden darf, so dass innerhalb dieser Frist nicht bereits eine anderweitige (informelle) „Einigung über den Entwurf eines Gesetzgebungsaktes festgestellt werden" darf (Art. 4 Parlamenteprotokoll). Die Überprüfung des Gesetzgebungsvorschlags sowie die Erarbeitung einer etwaigen kritischen oder ablehnenden Stellungnahme wird dabei durch die Verpflichtung der Kommission erleichtert, jeden ihrer Vorschläge mit einem spezifischen „Subsidiaritätsbogen" auszustatten, der „detaillierte Angaben" zur Begründung der Einhaltung des Subsidiaritätsprinzips enthalten muss (Art. 5 Subsidiaritätsprotokoll).

Die durch ein nationales Parlament abgegebenen Stellungnahmen 66 sind vom europäischen Gesetzgeber grundsätzlich **nur zu „berück-**

sichtigen". Insoweit ist ein ernsthaftes Überdenken, mithin eine inhaltliche Prüfung der begründeten Stellungnahmen und eine Auseinandersetzung mit ihnen gefordert, deren Ergebnis den betreffenden nationalen Parlamenten mitgeteilt werden muss. Eine weitergehende Rechtsfolge, konkret eine **zwingende Überprüfung** des gerügten Entwurfs eines Gesetzgebungsaktes, ergibt sich gemäß Art. 7 Abs. 2 des Subsidiaritätsprotokolls, sofern die Anzahl der ablehnenden Stellungnahmen mindestens **ein Drittel** der Gesamtzahl der den nationalen Parlamenten zustehenden Stimmen erreicht. Die Gesamtzahl der Stimmen bestimmt sich dabei nicht pauschal nach der Gesamtzahl der nationalen Parlamente in den Mitgliedstaaten, sondern vielmehr stehen den nationalen Parlamenten in jedem Mitgliedstaat gemäß Art. 7 Abs. 1 UAbs. 2 des Protokolls jeweils zwei Stimmen zu, die sich in einem Zweikammersystem auf die beiden Kammern (in Deutschland: Bundestag und Bundesrat) aufsplitten.

67 Die **Überprüfung des Entwurfs des Gesetzgebungsaktes** wird ergebnisoffen vorgenommen; nach ihrem Abschluss kann der Gesetzgebungsvorschlag beibehalten, abgeändert oder zurückgezogen werden. Selbst bei Erreichen des Quorums von einem Drittel können die nationalen Parlamente einen Gesetzgebungsakt mithin nicht allein durch ihre begründeten Stellungnahmen verhindern. Im Unterschied zum bloßen Berücksichtigungserfordernis bedarf die Entscheidung nach Überprüfung des Gesetzgebungsaktes aber jedenfalls eines **formellen Beschlusses**; der Vorschlag muss somit noch einmal unter Kompetenzgesichtspunkten überdacht und die Entscheidung für die Beibehaltung, Abänderung oder Rückziehung gemäß Art. 7 Abs. 2 UAbs. 2 S. 2 des Subsidiaritätsprotokolls ausreichend begründet werden. Zudem kann die Erhebung der Subsidiaritätsrüge durch eine Vielzahl nationaler Parlamente politischen Druck dergestalt erzeugen, dass die Kommission faktisch zur Abänderung oder gar Rücknahme ihres Vorschlags gezwungen ist.

68 Im Rahmen des ordentlichen Gesetzgebungsverfahrens sieht der erst durch den Lissabon-Vertrag neu eingefügte Art. 7 Abs. 3 des Subsidiaritätsprotokolls vor, dass der **Gesetzgebungsvorschlag zwingend zu überprüfen** ist, sofern die Anzahl begründeter Stellungnahmen die einfache Mehrheit der Gesamtzahl der den nationalen Parlamenten zugewiesenen Stimmen erreicht. Fraglich ist das Verhältnis dieser Regelung zu Art. 7 Abs. 2 des Protokolls, der ein Quorum von einem Drittel der Gesamtzahl der Stimmen festsetzt (vgl. dazu *Barett*, ELRev. 33 (2008), 66, 76 f.): Der Wortlaut des Absatzes 3 („Außerdem") sowie Sinn und Zweck der Vorschrift, die Rolle der nationalen Parlamente zu stärken, sprechen dafür, dass Abs. 3 die Regelung des Abs. 2 ergän-

C. Verfassungsrechtliche Strukturparallelität im europ. Verbund 265

zen, aber nicht insgesamt verdrängen soll. Abs. 3 ist somit dahingehend zu verstehen, dass im Rahmen des ordentlichen Gesetzgebungsverfahrens für den Fall, dass die Schwelle der einfachen Mehrheit der Gesamtzahl der den nationalen Parlamenten zustehenden Stimmen erreicht wird, **zusätzlich** ein besonderes Verfahren ausgelöst wird, das das Verfahren des Abs. 2 partiell überlagert und modifiziert (ausführlich *Calliess*, Die neue EU, 2010, S. 197 f.)

Gemäß Art. 7 Abs. 3 UAbs. 2 S. 2 des Protokolls wird die begründete Stellungnahme der Kommission zusammen mit den begründeten Stellungnahmen der nationalen Parlamente dem EU-Gesetzgeber zur **Berücksichtigung im Gesetzgebungsverfahren** übermittelt. Dieser muss vor Abschluss der ersten Lesung prüfen, ob der Gesetzgebungsvorschlag mit dem Subsidiaritätsprinzip in Einklang steht und hierbei die Stellungnahmen der nationalen Parlamente sowie der Kommission berücksichtigen. Ist der Gesetzgeber dabei mit der Mehrheit von 55 % der Mitglieder des Rates oder einer Mehrheit der abgegebenen Stimmen im EP der Meinung, dass der Vorschlag nicht mit dem Subsidiaritätsprinzip im Einklang stehe, darf dieser nicht weiter verfolgt werden (Art. 7 Abs. 3a) und b) des Subsidiaritätsprotokolls). Damit gibt Art. 7 Abs. 3 die Möglichkeit, einen Vorschlag aufgrund seines mutmaßlichen Verstoßes gegen das Subsidiaritätsprinzip auf Initiative der nationalen Parlamente von der Agenda des europäischen Gesetzgebers zu nehmen.

69

Subsidiaritätsrüge als sog. „Frühwarnsystem"

Zuleitung Kommissionsentwurf an Unionsgesetzgeber und nationale Parlamente (Art. 3 und 4 Subsidiaritätsprotokoll)
Begründung des Entwurfs bzl. Subsidiarität Verhältnismäßigkeit (Art. 5)

Möglichkeit der (begründeten) **Stellungnahme** der nationalen Parlamente/ Kammern zur Vereinbarkeit des Entwurfs mit dem Subsidiaritätsprinzip an die Präsidenten des EP, der Kommission und des Rates (Art. 6)

Bei Stellungnahmen einzelner nationaler Parlamente/ Kammern: **Berücksichtigung** durch das EP, den Rat und die Kommission (Art. 7 Abs. 1)

Bei begründeten Bedenken eines Drittels der Gesamtzahl der den nat. Parlamenten/ Kammern zugewiesenen Stimmen (eines Viertels bei Art. 76 AEUV): **Pflicht zur Überprüfung** (Art. 7 Abs. 2)

Im ordentlichen Gesetzgebungsverfahren: **Pflicht zur Überprüfung** bei einfacher Mehrheit der Gesamtzahl der den nat. Parlamenten/ Kammern zugewiesenen Stimmen (Art. 7 Abs. 3)

Kommission hält mit begründetem Beschluss an dem Gesetzgebungsvorschlag fest

Kommission ändert Gesetzgebungsvorschlag mit begründetem Beschluss

Kommission zieht Gesetzgebungsvorschlag mit begründetem Beschluss zurück

Vorlage der Stellungnahmen der nat. Parl. und der Kommission beim Unionsgesetzgeber zur **Berücksichtigung**: keine weitere Prüfung des Vorschlags, sofern EP und Rat mit 55 % der Mitglieder des Rates bzw. der einfachen Mehrheit der abgegebenen Stimmen im EP in der Ansicht ist, dass der Vorschlag nicht mit dem Subsidiaritätsprinzip in Einklang steht (Art. 7 Abs. 3 S. 2)

70 **bb) Subsidiaritätsklage.** Ist das Gesetzgebungsverfahren abgeschlossen, wird das „Frühwarnsystem" durch die Möglichkeit einer *ex-post*-**Kontrolle beim Europäischen Gerichtshof** ergänzt. Nach Art. 8 des Subsidiaritätsprotokolls können Nichtigkeitsklagen nach Art. 263 AEUV wegen des Verstoßes eines Gesetzgebungsaktes gegen das Subsidiaritätsprinzip nicht mehr nur von einem der Mitgliedstaaten, sondern zudem „gemäß der jeweiligen innerstaatlichen Rechtsordnung von einem Mitgliedstaat im Namen seines nationalen Parlaments oder einer Kammer dieses Parlaments" erhoben werden. Aus dem Normzweck des Art. 8 Subsidiaritätsprotokoll folgt jedoch, dass dies lediglich die verfahrensmäßige Ausgestaltung zwischen Parlament und Regierung betrifft und sich die Mitgliedstaaten jedenfalls nicht dafür entscheiden können, die Verankerung des Klagerechts im nationalen Recht völlig zu unterlassen.

71 Das Protokoll enthält keine Ausführungen dazu, inwieweit die Klagemöglichkeit von einem vorhergehenden erfolglosen **Einbringen einer Subsidiaritätsrüge** abhängig ist. Da eine solche Voraussetzung jedoch – anders als ursprünglich angedacht – nicht explizit in das

Protokoll überführt worden ist, ist davon auszugehen, dass das Rechtsschutzbedürfnis auch dann besteht, wenn das jeweilige nationale Parlament im Rahmen des Frühwarnsystems keine Stellungnahme abgegeben hat (vgl. auch *Uerpmann-Wittzak*, EuGRZ 2009, 461, 462; *Groh,* in: Fastenrath/Nowak (Hrsg.), Der Lissabonner Reformvertrag, 2009, S. 77, 91).

Offen ist freilich, wie der EuGH mit der neuen Klagemöglichkeit der nationalen Parlamente umgehen wird. Mit Art. 8 des Subsidiaritätsprotokolls hat jedenfalls die bisher in der Literatur kontrovers diskutierte Frage nach der **Justitiabilität des Subsidiaritätsprinzips** eine explizite Klärung gefunden (vgl. die ausführliche Darstellung hierzu bei *Calliess,* Subsidiaritäts- und Solidaritätsprinzip in der EU, S. 297 ff.; *ders.,* EuGRZ 2003, 181 ff.). Abzuwarten bleibt jedoch, ob der EuGH allein aufgrund dieser Änderung seine bisher zurückhaltende Rechtsprechung ändern wird. 72

Unklar ist bisher auch der **Umfang des Rüge- und Klagerechts**. Aus dem Wortlaut von Art. 6 Abs. 1 S. 1 des Subsidiaritätsprotokolls, demzufolge die nationalen Parlamente die Unvereinbarkeit des Gesetzgebungsentwurfs „mit dem Subsidiaritätsprinzip" rügen können, wird teilweise gefolgert, dass sie auf die Überprüfung der Wahrung der Kriterien des Art. 5 Abs. 3 EUV beschränkt seien (*Götz,* in: Schwarze (Hrsg.), Der Verfassungsentwurf des Europäischen Konvents, 2004, S. 43, 59 f.). Fraglich ist jedoch, inwieweit eine getrennte Prüfung der Schrankentrias des Prinzips der begrenzten Einzelmächtigung, des Subsidiaritätsprinzips und des Verhältnismäßigkeitsgrundsatzes überhaupt möglich und sinnvoll ist. Die Frage nach der Zuständigkeit der Union im Rahmen des Prinzips der begrenzten Einzelmächtigung stellt eine notwendige Vorfrage für die Anwendung des Subsidiaritätsprinzips dar, diejenige der Verhältnismäßigkeitsprüfung ist ebenfalls eng mit dem Subsidiaritätsprinzip verzahnt, was sich nicht zuletzt im Titel des einschlägigen Protokolls Nr. 2 zum Vertrag von Lissabon „über die Anwendung der Grundsätze der Subsidiarität und der Verhältnismäßigkeit" Ausdruck verschafft (ausführlich *Calliess,* in: ders. /Ruffert, EUV/AEUV, Art. 12, Rn. 31 ff.). 73

b) Art. 23 Abs. 1a GG i. V. m. dem IntVG. Die Umsetzung der im Subsidiaritätsprotokoll vorgesehenen Subsidiaritätsrüge und -klage bedurfte einer **innerstaatlichen Regelung**, die mit Art. 23 Abs. 1a GG sowie dem Integrationsverantwortungsgesetz (IntVG) geschaffen wurde. 74

75 Zur **Subsidiaritätsrüge** sieht § 11 IntVG in Abs. 1 vor, dass Bundestag und Bundesrat in ihren Geschäftsordnungen regeln können, wie eine Entscheidung über die Abgabe einer begründeten Stellungnahme gemäß Art. 6 des Subsidiaritätsprotokolls herbeizuführen ist (vgl. § 93c GOBT). Gemäß Abs. 2 übermittelt der Präsident des Bundestages oder der Präsident des Bundesrates die begründete Stellungnahme an die Präsidenten der zuständigen Organe der Europäischen Union und setzt die Bundesregierung darüber in Kenntnis.

76 Gemäß Art. 23 Abs. 1a GG haben der Bundestag und der Bundesrat das Recht, wegen Verstoßes eines Gesetzgebungsakts der Europäischen Union gegen das Subsidiaritätsprinzip vor dem EuGH Klage zu erheben, hierzu ist der Bundestag bereits auf Antrag eines Viertels seiner Mitglieder verfassungsrechtlich verpflichtet. Dem korrespondiert § 12 Abs. 1 IntVG, der ergänzend regelt, dass auf Antrag eines Viertels seiner Mitglieder, die die Erhebung der Klage nicht stützen, deren Auffassung in der Klageschrift deutlich zu machen ist. Eine nähere Regelung bleibt der Geschäftsordnung des Bundestages überlassen.

77 Hinsichtlich der Ausgestaltung der **Subsidiaritätsklage als Minderheitenrecht** musste das Grundgesetz um Art. 23 Abs. 1a GG ergänzt werden (*Calliess*, Die neue EU, S. 229 ff.). Insoweit bestand zwar einerseits die Sorge, dass das Minderheitenrecht innenpolitisch instrumentalisiert werden könnte. Jedoch war man sich andererseits bewusst, dass eine Regelung, die sich am Quorum der einfachen Mehrheit orientiert, ins Leere laufen könnte. Denn für die Mehrheit im Parlament besteht bereits über die Einflussnahme auf die von ihr getragene Bundesregierung die (mittelbare) Möglichkeit einer Klage zum EuGH zu erheben. Abgesehen davon stellt sich die Frage, ob die Regierungsmehrheit im Parlament gegen eine von „ihrer" Regierung im Rat der EU mitverantwortete Maßnahme klagen würde. Schließlich sollte ein Gleichklang zwischen Subsidiaritätsklage und abstrakter Normenkontrolle bestehen; auch bei letzterer reicht gemäß Art. 93 Abs. 1 Nr. 2 GG aber eine Minderheit (bislang ein Drittel, nunmehr auch ein Viertel) im Bundestag aus, um eine Klage zu erheben.

78 Im Rahmen des Gesetzgebungsprozesses geäußerte Forderungen, die Formulierung des § 12 IntVG dahingehend zu ergänzen, dass unter Berufung auf Art. 8 des Subsidiaritätsprotokolls nicht nur Verstöße gegen die Grundsätze der Subsidiarität und der Verhältnismäßigkeit gerügt werden können, sondern auch geltend gemacht werden kann, dass die EU nicht über die Kompetenz zum Erlass des streitigen Rechtsakt verfüge, haben keinen Niederschlag in der endgültigen Fassung des Gesetzes gefunden. Letztlich wird jedoch

erst die Rechtsprechung des EuGH zeigen, ob dieser seine Prüfung auch auf die Frage der Kompetenz erstreckt. Angesichts der Tatsache, dass nach der Systematik des Art. 5 EUV die **Frage nach der Kompetenzgrundlage** derjenigen der Subsidiarität und der Verhältnismäßigkeit notwendig vorgelagert ist, ist ein entsprechendes Verständnis auch durch den EuGH zu erwarten.

Literatur: *Altmaier*, Die Subsidiaritätskontrolle der nationalen Parlamente nach dem Subsidiaritätsprotokoll zum EU-Verfassungsvertrag, in: Derra (Hrsg.), Freiheit, Sicherheit und Recht (2006), S. 301; *Braams*, Die Kompetenzordnung im Vertrag von Lissabon, in: Pernice (Hrsg.), Der Vertrag von Lissabon: Reform der EU ohne Verfassung? (2008), S. 115; *Calliess*, Subsidiaritäts- und Solidaritätsprinzip in der Europäischen Union, 2. Auflage, 1999; *ders.*, Kontrolle zentraler Kompetenzausübung in Deutschland und Europa: Ein Lehrstück für die Europäische Verfassung, EuGRZ 2003, 181; *ders.*, Binnenmarkt, europäische Kompetenzordnung und Subsidiaritätsprinzip, FS-Fischer, 2004, S. 3; *v. Danwitz*, Subsidiaritätskontrolle in der Europäischen Union, FS-Sellner, 2010; *Davies*, The post-Laeken division of competences, ELR 28 (2003), 686; *Eilmansberger*, Vertikale Komopetenzverteilung zwischen der Union und den Mitgliedstaaten, in: Hummer/Obwexer (Hrsg.), Der Vertrag von Lissabon (2009), S. 189; *Groh*, Die Rolle der nationalen Parlamente, in: Fastenrath/Nowak (Hrsg.), Der Lissabonner Reformvertrag (2009), S. 77; *Harbo*, The Function of the Proportionality Principle in EU Law, ELJ 16 (2010), 158; *Hofmann*, Europäische Subsidiaritätskontrolle in Bundestag und Bundesrat, ZG 2005, 66; *Klatt*, Die praktische Konkordanz von Kompetenzen, 2014; *Magiera*, Zur Kompetenzneuordnung zwischen der Europäischen Union und den Mitgliedstaaten, integration 2002, 269; *Mellein*, Subsidiaritätskontrolle durch nationale Parlamente (2007), S. 288; *Nettesheim*, Die Kompetenzordnung im Vertrag über eine neue Verfassung für Europa, EuR 2004, 511; *Pernice*, Eine neue Kompetenzordnung für die Europäische Union, FS-Tsatsos, 2003, S. 477; *Ritzer/Ruttloff*, Die Kontrolle des Subsidiaritätsprinzips: Geltende Rechtlage und Reformperspektiven, EuR 2006, S. 116; *Schröder*, Vertikale Kompetenzverteilung und Subsidiarität im Konventsentwurf für eine europäische Verfassung, JZ 2004, 8; *Uerpmann-Wittzak*, Frühwarnsystem und Subsidiaritätsklage im deutschen Verfassungssystem, EuGRZ 2009, 461; *ders./Edenharter*, Subsidiaritätsklage als parlamentarisches Minderheitenrecht?, EuR 2009, 313; *Ziller* (Hrsg.), Umsetzung und Kontrolle des Subsidiaritäts- und des Verhältnismäßigkeitsgrundsatzes im Lichte der Verfassung für Europa, 2006.

III. EU als Rechtsgemeinschaft

Unter den Werten des Art. 2 EUV kommt dem Prinzip der **Rechtsstaatlichkeit herausragende Bedeutung** zu, da es als Ausgangs- und Anknüpfungspunkt grund- und bürgerrechtlicher Gewährleistungen fungiert. Vor diesem Hintergrund sollen im Folgenden neben den Grundlagen des Rechtsstaatsprinzips in der EU insbesondere die Elemente formeller und materieller Rechtsstaatlichkeit erläutert werden.

1. Grundlagen der Rechtstaatlichkeit in der EU

80   Der EuGH spricht nicht ausdrücklich von Rechtsstaatlichkeit, sondern verwendet den Begriff der **„Rechtsgemeinschaft"** (EuGH, Rs. 294/83, Slg. 1986, 1339 und Gutachten 1/91, Slg. 191, I-6079.). Auch im Schrifttum ist die auf *Walter Hallstein* zurückgehende Bezeichnung der „Rechtsgemeinschaft" etabliert, wobei teilweise auch der englische Begriff der *„Rule of Law"* verwendet wird (*Hallstein*, Die Europäische Gemeinschaft, 1979, S. 51 ff.; *Zuleeg*, Der rechtliche Zusammenhalt der Europäischen Union, 2004, S. 135 ff.; vgl. auch *Mayer*, in: Schuppert/Pernice/Haltern (Hrsg.), Europawissenschaft, 2005, S. 429).

81   Aussagen zum Inhalt des Rechtsstaatsprinzips sind den Verträgen **nicht explizit** zu entnehmen. Allenfalls in Art. 3 Abs. 2 EUV und Art. 67 Abs. 1 AEUV, die das Unionsziel eines Raums „der Freiheit, der Sicherheit und des Rechts" formulieren, klingt der Gedanke an, dass das Rechtsstaatsprinzip („Recht") einen Steuerungsmodus zwischen Freiheit und Sicherheit darstellen soll. Interessant ist in diesem Zusammenhang auch der neu in Art. 2 EUV eingefügte Bezug auf die Menschenwürde. Diese ist Ausgangspunkt des verfassungsrechtlichen Wertesystems; auf ihr basieren die Grundrechte und damit auch die Rechtsstaatlichkeit.

82   Sinn und Zweck des Rechtsstaatsprinzips ist es, die Freiheit dadurch zu sichern, dass jede Form der **Ausübung hoheitlicher Gewalt rechtlich gebunden** wird. Insoweit lassen sich ganz allgemein Elemente formeller und materieller Rechtsstaatlichkeit unterscheiden. Formelle Rechtsstaatlichkeit wird zuvörderst durch den Grundsatz der Gewaltenteilung, den Vorbehalt des Gesetzes sowie das Gebot geregelter Verfahren gewährleistet, materielle Rechtsstaatlichkeit primär durch den Schutz der Grundrechte und das Verhältnismäßigkeitsprinzip.

2. Inhalte des Rechtsstaatsprinzips

83   Die für die Union geltenden, aus dem Prinzip der Rechtsstaatlichkeit folgenden konkreten Grundsätze hat der EuGH **richterrechtlich**

C. Verfassungsrechtliche Strukturparallelität im europ. Verbund   271

als allgemeine Rechtsgrundsätze herausgearbeitet und Fall für Fall entwickelt. Der Gerichtshof entwickelt diese traditionell aus den gemeinsamen Verfassungsüberlieferungen der Mitgliedstaaten und stützt sich darüber hinaus, wo immer möglich, auf die EMRK (dazu *Calliess*, NJW 2002, 3577).

a) **Aspekte formeller Rechtstaatlichkeit.** aa) **Vorbehalt des Ge-** 84
setzes. Der Vorbehalt des Gesetzes nimmt in der Ausgestaltung des Rechtsstaatsprinzips eine herausragende Stellung ein. Er verlangt insbesondere bei freiheitsrelevanten Maßnahmen ein **Parlamentsgesetz** und stellt damit eine Verbindung zum Demokratieprinzip her. Hoheitliches Handeln soll für den Einzelnen vorhersehbar und berechenbar sein. Dementsprechend bedurften schon nach der Rechtsprechung des EuGH „Eingriffe der öffentlichen Gewalt in die Sphäre der privaten Betätigung jeder – natürlichen oder juristischen – Person einer Rechtsgrundlage" (EuGH, verb. Rs. 46/87 und 227/88, Slg. 1989, 2859, Rn. 19). Seit dem Vertrag von Lissabon ist der Gesetzesvorbehalt in Art. 52 S. 1 GRCh verbindlich geregelt.

bb) **Normenhierarchie.** Umstritten ist angesichts der in den Ver- 85
trag von Lissabon übernommenen Differenzierung zwischen Gesetzgebungsakten und Rechtsakten ohne Gesetzgebungscharakter einerseits (dazu bereits oben Teil 1, B, Rn. 148 ff.) sowie der fehlenden Übersetzung dieser Differenzierung in das System der Handlungsformen andererseits die Existenz einer allgemeinen Normenhierarchie des abgeleiteten Unionsrechts (dazu insbesondere *Bast*, in: von Bogdandy/Bast (Hrsg.), Europäisches Verfassungsrecht, 2009, S. 489, 546 ff.). Der Vertrag von Lissabon selbst trifft über das Verhältnis der verschiedenen Normgebungsmodi keine Aussage. Gleichwohl liegt es aufgrund der verwendeten Terminologie nahe, die Unterscheidung zwischen Gesetzgebungsakten und Rechtsakten ohne Gesetzescharakter jedenfalls grundsätzlich in eine normhierarchische Abstufung zu übertragen, also eine Abstufung **innerhalb** des bislang einheitlichen Rechtskorpus des **Sekundärrechts** mit der Folge vorzunehmen, dass die Gesetzgebungsakte einen eigenen, dem untergesetzlichen Recht vorgehenden Rang einnehmen. Dies gilt uneingeschränkt für – teilweise schon explizit als **Tertiärrecht** bezeichnete (*Streinz/Ohler/Herrmann*, Der Vertrag von Lissabon zur Reform der EU, 2008, S. 79) – auf die europäische Exekutive (die Kommission) delegierte Rechtsakte und ihr überantwortete Durchführungsrechtsakte (Art. 290, 291 AEUV), deren Rechtsgrundlage ein Gesetzgebungsakt

ist und die insofern auch mit dem gesamten Sekundärrecht in Einklang stehen müssen. Anders stellt sich die Situation dagegen für Rechtsakte ohne Gesetzescharakter dar, die ihre Rechtsgrundlage unmittelbar im Primärrecht haben, also etwa Beschlüsse der Kommission im Bereich des Wettbewerbsrechts. Die Notwendigkeit einer solchen Unterscheidung zeigt, dass eine vollständige Hierarchisierung des Sekundärrechts durch den Vertrag von Lissabon nicht vorgenommen wird.

86 **cc) Institutionelles Gleichgewicht als Surrogat der Gewaltenteilung.** Eng verbunden mit dem Vorbehalt des Gesetzes ist in den mitgliedstaatlichen Rechtsordnungen der Grundsatz der Gewaltenteilung. Der Zweck der Gewaltenteilung besteht in einer **Beschränkung der Macht der Gewalten durch gegenseitige Kontrollbefugnisse.** Die aus der staatlichen Sphäre bekannte klassische Gewaltenteilung zwischen Legislative, Exekutive und Judikative ist in der EU zwischen den Organen abgewandelt. Insbesondere in der Kommission vermischen sich legislative (aufgrund des Initiativmonopols) und exekutive (z. B. im Wettbewerbsrecht) Befugnisse. Der EU liegt somit ein nicht in traditioneller Weise ausgebildetes – und insoweit hinkendes – System der *„checks and balances"* zugrunde, das dem herkömmlichen, staatsbezogenen Gewaltenteilungsprinzip zwar ähnelt, jedoch nicht vollständig mit diesem übereinstimmt. Von EuGH und Schrifttum wird das System in der Regel als **„institutionelles Gleichgewicht"**, mitunter auch als „Prinzip der Funktionenteilung" bezeichnet (*Huber*, EuR 2003, 574, 576).

87 Beginnend mit den Urteilen des EuGH in der Rs. *Meroni* aus dem Jahre 1958 hat der EuGH den Begriff des institutionellen Gleichgewichts aus der Zusammenschau der Organisationsprinzipien und Handlungsermächtigungen der Gemeinschaftsverträge entwickelt und ihm die Rolle eines normativen, justiziablen Gestaltungsprinzips zugewiesen (EuGH, Rs. 9/56, Slg. 1958, 1, 36 ff.; Rs. 10/56, Slg. 1958, 51, 75 ff.; Rs. 138/79, Slg. 1980, 3333, Rn. 33; Rs. C-70/88, Slg. 1990, I-2041, Rn. 20 ff.; Rs. C-21/94, Slg. 1995, I-1827, Rn. 17). Das institutionelle Gleichgewicht gebietet **in horizontaler Hinsicht**, dass jedes Organ seine Befugnisse unter Beachtung der Befugnisse der anderen Organe ausübt. Es wirkt im Staaten- und Verfassungsverbund aber auch **in vertikaler Hinsicht**, indem durch die Teilung der Funktionen ein Ausgleich zwischen den Interessen der Mitgliedstaaten im Rat und dem Unionsinteresse, das durch die unabhängige Position der Kom-

mission verkörpert wird, erreicht wird. Während die Rechtsetzungs- und Durchführungsbefugnisse grundsätzlich zwischen Rat und Kommission aufgeteilt sind, nimmt das Parlament Mitentscheidungs-, Beratungs- und Kontrollfunktionen wahr. Dem Gerichtshof obliegt in diesem System eine umfassende Rechtskontrolle (vgl. *Ukrow*, Richterliche Rechtsfortbildung durch den EuGH, 1995, S. 86 ff.; *Mayer*, AöR 129 (2004), 411, 424 ff.).

b) Aspekte materieller Rechtstaatlichkeit. aa) Verhältnismäßigkeitsprinzip. Ein zentraler Grundsatz materieller Rechtsstaatlichkeit ist das Verhältnismäßigkeitsprinzip, das in der Rechtsprechung des Gerichtshofs seit langem anerkannt ist (vgl. grundlegend EuGH, Rs. 8/55, Slg. 1955/56, 199, 227). Zwar ergibt sich dieser Grundsatz bereits aus den Grundrechten, die als Ausdruck des allgemeinen Freiheitsanspruchs des Bürgers von der öffentlichen Gewalt jeweils nur insoweit beschränkt werden dürfen, als es zum Schutze öffentlicher Interessen unerlässlich ist; gleichwohl hat er nach Auffassung des EuGH auch eine eigenständige, aus dem Rechtsstaatsprinzip fließende Bedeutung (EuGH, Rs. C-368/96, Slg. 1998, I-7967, Rn. 66 f.). Das Verhältnismäßigkeitsprinzip gehört nach ständiger Rechtsprechung des EuGH **zu den allgemeinen Rechtsgrundsätzen** des Unionsrechts, ist aber seit dem Vertrag von Maastricht für die Kompetenzausübung (Art. 5 Abs. 4 EUV) und seit dem Vertrag von Lissabon für die Grundrechte (Art. 52 S. 2 GRCh) auch im Vertrag geregelt. Es spielt insbesondere auch bei den den Binnenmarkt konstituierenden Grundfreiheiten als Schranken-Schranke eine wichtige Rolle (vgl. auch *Kingreen/Störmer*, EuR 1998, 263 ff.).

Dem Verhältnismäßigkeitsprinzip zufolge sind belastende Maßnahmen nur dann zulässig,

„wenn sie zur Erreichung der zulässigerweise mit der fraglichen Regelung verfolgten Ziele **geeignet und erforderlich** sind. Dabei ist, wenn mehrere geeignete Maßnahmen zur Auswahl stehen, die am wenigsten belastende zu wählen; ferner müssen die auferlegten Belastungen in **angemessenem Verhältnis** zu den angestrebten Zielen stehen". (EuGH, Rs. 265/87, Slg. 1989, 2237, Ls. 4)

In der Praxis wird der Grundsatz vom EuGH aber regelmäßig nur sehr eingeschränkt geprüft. Insbesondere die Erforderlichkeits- und Angemessenheitsprüfung fehlen zumeist, weil der Gerichtshof davon ausgeht, dass er „die Beurteilung des Rates in der Frage, ob die vom Gemeinschaftsgesetzgeber gewählten Maßnahmen mehr oder weniger angemessen sind, durch seine eigene Beurteilung nicht ersetzen" könne. Demgemäß hält er sich nur dann für berechtigt, Maßnahmen wegen eines Verstoßes gegen den Verhältnismäßigkeitsgrundsatz aufzuheben, wenn diese zur Erreichung des verfolgten Ziels „**offensichtlich ungeeignet**" sind (EuGH, Rs. 265/87, Slg. 1989, 2237, Ls. 4; Rs. C-280/93, Slg. 1994, I-4973, Rn. 94). Die besondere Bedeutung, die der Verhältnismäßigkeitsgrundsatz im Recht der EU hat, hat dazu geführt, dass mit dem Maastrichter Vertrag das Verhältnismäßigkeitsprinzip in Art. 5 Abs. 3 EGV und nunmehr in Art. 5 Abs. 4 EUV seinen ausdrücklichen Niederschlag gefunden hat.

91 **bb) Rechtssicherheit.** Auch der Grundsatz der Rechtssicherheit ist eine wesentliche Ausprägung des Rechtsstaatsprinzips und hat in der Rechtsprechung des EuGH große Bedeutung. Er garantiert ganz allgemein die **Beständigkeit und Unverbrüchlichkeit des Rechts**. Der EuGH verwendet ihn insbesondere als Ausgangspunkt für die Prüfung des allgemeinen Rückwirkungsverbots. Danach ist es grundsätzlich verboten,

„den Beginn der Geltungsdauer eines Rechtsakts der Gemeinschaft auf einen Zeitpunkt vor dessen Veröffentlichung zu legen; dies kann aber ausnahmsweise dann anders sein, wenn das angestrebte Ziel es verlangt und das berechtigte Vertrauen des Betroffenen gebührend beachtet wird". (EuGH, Rs. 98/78, Slg. 1979, 69, Rn. 20)

Ausformungen dieses Grundsatzes sind der Grundsatz des Vertrauensschutzes und der Bestimmtheitsgrundsatz. Der Grundsatz der Rechtssicherheit beinhaltet darüber hinaus den Schutz der Bestandskraft von nicht rechtzeitig angefochtenen Handlungen der europäischen Organe und Einrichtungen (vgl. EuGH, Rs. C-310/97 P, Slg. 1999, I-5363, Rn. 61 ff.) und steht insofern in einem gewissen Spannungsverhältnis zum Grundsatz der Gesetzmäßigkeit der Verwaltung.

92 Große Bedeutung hat in der Rechtsprechung der Grundsatz des **Vertrauensschutzes** erlangt. Eine wichtige Rolle spielt er bei der Rücknahme bzw. dem **Widerruf von begünstigenden Verwaltungsakten**, insbesondere im Subventions- bzw. Beihilfenrecht (EuGH, Rs. C-24/95, Slg. 1997, I-1591, Rn. 34 ff.; Rs. C-90/95, Slg. 1997, I-1999, Rn. 35 ff.; Rs. 120/86, Slg. 1988, 2321, Rn. 24). Die Gewährung des Vertrauensschutzes ist an drei Voraussetzungen gebunden: das Bestehen der Vertrauenslage, die Schutzwürdigkeit des Vertrauens und das Überwiegen des Individualinteresses gegenüber dem

Unionsinteresse. Auf das Prinzip des Vertrauensschutzes kann sich nach der Rechtsprechung des EuGH grundsätzlich jeder Wirtschaftsteilnehmer berufen, bei dem ein Organ der EU begründete Erwartungen erweckt hat (vgl. etwa EuGH, verb. Rs. C-104/89, C-37/90, Slg. 1992, I-3061, Ls. 2). Die Schutzwürdigkeit des Vertrauens erscheint aber aufgrund recht hoher Anforderungen an die Prognosefähigkeit der Wirtschaftsteilnehmer eher gering.

Das **Rückwirkungsverbot** kann als Unterfall des Prinzips des Vertrauensschutzes begriffen werden. Es ist allerdings nur in Bezug auf strafrechtliche Normen bzw. allgemein für die Verhängung von Sanktionen anerkannt (EuGH, Rs. 63/83, Slg. 1984, 2689, Rn. 22; Rs. 80/86, Slg. 1987, 3696, Rn. 13; Rs. C-172/89, Slg. 1990, I-4677, Rn. 9). Für sonstige Bestimmungen kann unter bestimmten Voraussetzungen auch eine rückwirkende Geltung angeordnet werden (vgl. EuGH, Rs. C-331/88, Slg. 1990, I-4023, Ls. 6). 93

Der Grundsatz der Rechtssicherheit ist schließlich auch Anknüpfungspunkt für den **Bestimmtheitsgrundsatz**. Unter dem Bestimmtheitsgrundsatz versteht der EuGH, dass eine belastende hoheitliche Maßnahme hinreichend inhaltlich bestimmt sein muss, dass sie „klar und deutlich ist, damit er [der Abgabenbelastete] seine Rechte und Pflichten unzweideutig erkennen und somit seine Vorkehrungen treffen kann" (EuGH, Rs. 169/80, Slg. 1981, 1931, Rn. 17). 94

cc) **Ne bis in idem.** Der Grundsatz des „ne bis in idem" wurde in seinen Ausformungen als Verbot der Verhängung mehrerer Strafen wegen derselben Straftat sowie als Gebot der Anrechnung bereits wegen derselben Straftat verhängter Sanktionen vom EuGH bereits früh anerkannt (EuGH, verb. Rs. 18 und 35/65, Slg. 1966, 154, 178; verb. Rs. C-187/01 und C-385/01, Slg. 2003, I-1345, Rn. 26) und ist heute in Art. 50 GRCh explizit verankert. 95

dd) **Grundsatz der ordnungsgemäßen Verwaltung.** Der Grundsatz der ordnungsgemäßen (guten) Verwaltung fasst **mehrere bürgerschützende Verwaltungsrechtsgrundsätze** wie den Grundsatz des rechtlichen Gehörs, die Begründungspflicht von Verwaltungsakten oder den Amtsermittlungsgrundsatz zusammen (EuGH, Rs. 32/62, Slg. 1963, 107, 123 f.; Slg. 1991, I-5469, Rn. 13 f.) und ist heute mit Art. 41 GRCh im europäischen Verfassungsrecht verankert (dazu *Lais*, ZEuS 2002, 447 ff.). Die Begründungspflicht ist überdies explizit in Art. 296 AEUV verankert (dazu *Calliess*, in: FS Götz, S. 239 ff.). 96

97 **ee) Effektiver Rechtsschutz.** Die Rechtsweggarantie bzw. der Grundsatz des effektiven Rechtsschutzes dient im Wesentlichen dazu, die **unionsrechtlich gewährleisteten Rechte der Unionsbürger zu effektivieren** und abzusichern. Insbesondere die Mitgliedstaaten werden in die Pflicht genommen, „eine effektive richterliche Kontrolle der Einhaltung der einschlägigen Bestimmungen des Gemeinschaftsrechts [...] sicherzustellen" (EuGH, Rs. 222/84, Slg. 1986, 1651, Rn. 19). Dies kann auch die Verpflichtung einschließen, entgegenstehendes nationales Prozessrecht unangewendet zu lassen, wenn bei der Anwendung der nationalen Regelung die unionsrechtlich gewährte Rechtsposition nicht effektiv geschützt werden könnte (EuGH, Rs. C-23/89, Slg. 1990, I-2433, Rn. 21 f.).

98 **ff) Grundrechtsschutz.** Das **prägendste Ziel** materieller Rechtsstaatlichkeit stellt die Gewährleistung von Grundrechten dar (dazu ausführlich *Sommermann*, Staatsziele und Staatszielbestimmungen, S. 205 ff.). Nach heute herrschender Auffassung gründet der Rechtsstaat in materieller Hinsicht auf der Achtung der Grundrechte, die den Staatsaufgaben der Gewährleistung von Sicherheit, Freiheit und sozialem Ausgleich Gehalt und Richtung vermittelt. Art. 1 GRCh knüpft an die Menschenwürde nicht von ungefähr die elementaren rechtsstaatlichen Gebote der Achtungs- und Schutzpflicht. So gesehen erschöpft sich das Rechtsstaatsprinzip nicht in der Staatsabwehr, sondern beinhaltet einen Doppelauftrag, der Begrenzung und Gewährleistung staatlichen Handelns gleichermaßen umfasst, um auf diese Weise Freiheit sowohl gegenüber der Staatsgewalt als auch im Verhältnis der Individuen untereinander zu gewährleisten.

Literatur: *von Arnauld*, Normenhierarchien innerhalb des primären Gemeinschaftsrechts, EuR 2003, 191; *Bast*, Handlungsformen und Rechtsschutz, in: von Bogdandy/Bast (Hrsg.), Europäisches Verfassungsrecht (2. Auflage 2009), S. 489; *Bieber/Salomé*, Hierarchy of Norms in European Law, CMLRev. 33 (1996), 907; *Blanchet*, Transparence et qualité de la législation, R. T. D. E. 33 (1997), 207; *Calliess*, Europäische Gewaltenteilung und Agenturen, in: FS Europa Institut 2011, S. 67 ff.; *Heintzen*, Hierarchisierungsprozesse innerhalb des Primärrechts der Europäischen Gemeinschaft, EuR 1994, 35; *Hofmann*, Normenhierarchien im europäischen Gemeinschaftsrecht, 2000; ders./Marko/Merli/Wiederin (Hrsg.), Rechtsstaatlichkeit in Europa, 1996; *Huber*, Das institutionelle Gleichgewicht zwischen Rat und Europäischem Parlament in der künftigen Verfassung für Europa, EuR 2003, 574; *Lenaerts/ Desomer*, Towards a Hierarchy of Legal Acts in the European Union? Simplification of Legal Instruments and Procedures, ELJ 11 (2005), 744; *Mayer*, Europa als Rechtsgemeinschaft, in: Schuppert/Pernice/Haltern (Hrsg.), Europawissenschaft, 2005, S. 429; *Rieckhoff*, Der Vorbehalt des Gesetzes im Europarecht, 2007; *Schwarze*, Rechtsstaatliche Grundsätze für das Verwaltungshandeln in der Rechtsprechung des Europäischen Gerichtshofs, in: FS-Rodríguez Iglesias, 2003, S. 147; *Ullerich*, Rechtsstaat und Rechtsgemeinschaft im Europarecht, 2011; *Zuleeg,* Der rechtliche Zusammenhalt der Europäischen Union, 2004.

IV. Unionsbürgerrechte: Grundrechte- und Grundfreiheitenschutz

Die mit der Entscheidung *Van Gend & Loos* vom EuGH begonnene Entwicklung, neben den Mitgliedstaaten mittels transnationaler subjektiver Rechte auch unmittelbar die Bürger der Mitgliedstaaten in den Integrationsprozess einzubeziehen, gipfelte in der mit dem Vertrag von Maastricht 1992 eingeführten Unionsbürgerschaft, die sich nunmehr in den Art. 20 ff. AEUV findet. Wie Art. 20 Abs. 2 AEUV deutlich macht, konkretisiert sich der Unionsbürgerstatus in subjektiv-öffentlichen Rechten (siehe zu alledem bereits oben Teil 3, C, Rn. 5 ff.). Damit ist der **Unionsbürgerstatus heute Quelle aller subjektiv-öffentlichen Rechte** des Europarechts. Zu den in Art. 20 Abs. 2 S. 2a) bis d) aufgezählten und in Art. 21 bis 24 AEUV konkretisierten Rechten der Unionsbürger treten überdies (siehe den Wortlaut „unter anderem") verschiedene spezielle im Vertrag geregelte Rechte wie z. B. das gleiche Entgelt für Männer und Frauen gemäß Art. 157 AEUV hinzu. Von besonderer Bedeutung sind insoweit jene subjektiven Rechte, die dem Unionsbürger aus den europäischen Grundfreiheiten und Grundrechten erwachsen (hierzu *Kingreen/ Störmer*, EuR 1998, 263 ff.). 99

1. Grundfreiheiten

Nach Wortlaut und Systematik sind die Mitgliedstaaten Adressaten der Grundfreiheiten. Ursprünglich stellten sie – vergleichbar dem europäischen Wettbewerbs- und Beihilfenrecht – europäische Kontrollrechte des mitgliedstaatlichen Marktverhaltens dar. Die Kommission als „Hüterin der Verträge" sollte die Mitgliedstaaten mit dem Instrument des Vertragsverletzungsverfahrens (vgl. Art. 258 AEUV) an ihrem Maßstab auf binnenmarktkonformes Verhalten überprüfen, um wettbewerbsverzerrende Diskriminierungen zu verhindern. Angesichts der kaum zu kontrollierenden Vielzahl von offenen, insbeson- 100 dere aber auch versteckten Hindernissen in den unterschiedlichen nationalen Rechts- und Wirtschaftsordnungen war aber absehbar, dass die Kommission mit dieser Aufgabe überfordert sein würde. Mit dem Urteil des EuGH im Fall *Van Gend & Loos* (siehe unten Teil 3, D, Rn. 3) wurde den Grundfreiheiten unmittelbare Anwendbarkeit zuerkannt. Sie gewährleisten seitdem subjektiv-öffentliche Rechte, auf die sich der erwähnte Marktbürger in grenzüberschreitenden Sachverhalten vor den nationalen Gerichten berufen kann. Auf diese Weise sichern sie – im Zweifel über den Weg des gerichtlichen Vorlageverfahrens zum EuGH gemäß Art. 267 AEUV – die Verwirklichung des Binnenmarktziels. Mittels der gegenüber nationalem Recht vorrangigen und unmittelbar anwendbaren Grundfreiheiten wird also der erwähnte, an der Wahrung seiner Rechte interessierte Marktbürger zur Verwirklichung des Binnenmarktes mobilisiert.

101 Der Begriff der „Grundfreiheiten" findet in den EU-Verträgen keine explizite Erwähnung. Bezugspunkt der Grundfreiheiten ist der Gemeinsame Markt bzw. seit 1987 der Binnenmarkt, welchen Art. 26 Abs. 2 AEUV als „Raum ohne Binnengrenzen, in dem der freie Verkehr von Waren, Personen, Dienstleistungen und Kapital gemäß den Bestimmungen der Verträge gewährleistet ist" legaldefiniert. Adressaten der Grundfreiheiten sind ausweislich des Wortlauts, bestätigt in systematischer und teleologischer Auslegung, die Mitgliedstaaten. In einigen wenigen (Ausnahme-) Fällen hat der EuGH allerdings auch die Unionsorgane für verpflichtet gehalten, die Grundfreiheiten im Rahmen der Rechtsetzung zu beachten. Insbesondere verlangt er, das Sekundärrecht der EU im Zweifel grundfreiheitenkonform ausgelegt wird (EuGH, Rs. C-315/92, Slg. 1994, I-317).

102 Insbesondere in Kombination mit dem vom EuGH betriebenen Ausbau der Grundfreiheiten von reinen Diskriminierungsverboten, die im Falle grenzüberschreitender Tätigkeit eine Inländergleichbehandlung gewährleisten sollen, zu mehr oder weniger umfassenden freiheitsschützenden Beschränkungsverboten, entwickelten die Grundfreiheiten eine ungeahnte Deregulierungskraft: Bahnbrechend war insoweit das *Dassonville*-Urteil des EuGH (Rs. 8/74, Slg. 1974, S. 837, 852 f.), im Zuge dessen jede unmittelbare oder mittelbare, tatsächliche oder auch nur potentielle Behinderung des Handels durch nationale Regelungen gleich welcher Art eine rechtfertigungsbedürftige Beeinträchtigung des freien Warenverkehrs gemäß Art. 34 AEUV darstellt. Seither werden auch nichtdiskriminierende und damit unterschiedslos anwendbare nationale Gesundheits-, Umwelt-, Sozial-

C. Verfassungsrechtliche Strukturparallelität im europ. Verbund 279

oder Verbraucherschutzstandards einer Marktkonformitätskontrolle seitens der Kommission bzw. seitens des EuGH als Hüter der Verträge unterworfen. Im Kollisionsfalle muss sich das Bestimmungsland mit Blick auf den Grundsatz des freien Warenverkehrs gem. Art. 34 AEUV rechtfertigen. Dafür sieht der Vertrag verschiedene Rechtfertigungsgründe vor, zu denen die öffentliche Sicherheit und Ordnung und der Gesundheitsschutz zählen (vgl. z. B. Art. 36 AEUV), nicht aber z. B. der Verbraucher- und Umweltschutz. Angesichts der limitierten und vom EuGH eng ausgelegten vertraglichen Rechtfertigungsgründe wurden undifferenziert Lücken in die gemeinwohlverträgliche Flankierung des Marktes durch die Mitgliedstaaten gerissen. Mit seinem Urteil in der Rechtssache *Cassis de Dijon* (Rs. 20/78, Slg. 1979, S. 649, 662) reagierte der Gerichtshof hierauf, indem er die ausdrücklichen Rechtfertigungsgründe des Art. 36 AEUV (Art. 30 EGV) um so genannte zwingende Erfordernisse, die als ungeschriebene Rechtfertigungsgründe wirken, erweiterte. Im Laufe der Jahre weitete der EuGH sein zunächst für den freien Warenverkehr entwickeltes Verständnis der Grundfreiheiten mit dem Urteil *Säger-Dennemeyer* (Rs. C-76/90, Slg. 1991, S. I-4239) auf die Dienstleistungsfreiheit, dem Urteil *Bosman* (Rs. C-415/93, Slg. 1995, S. I-4921) auf die Arbeitnehmerfreizügigkeit und dem Urteil *Gebhard* (Rs. C-55/94, Slg. 1995, S. I-4165) auf die Niederlassungsfreiheit aus.

Im Ergebnis haben die marktbezogenen Grundfreiheiten also eine mehrstufige Entwicklungsgeschichte zurückgelegt: Nachdem sie zunächst nur Kontrollrechte der Kommission gegenüber den Mitgliedstaaten waren, wurden sie in einem ersten Schritt mit dem Urteil *van Gend & Loos* zu transnationalen Marktrechten der Bürger auf Inländergleichbehandlung. In einem zweiten Schritt wurden sie dann im Zuge der *Dassonville*-Rechtsprechung zu transnationalen Freiheitsrechten der Marktbürger ausgebaut, am Maßstab derer jede mitgliedstaatliche Marktregulierung auf ihre Binnenmarktkonformität überprüft werden kann. 103

Als auf die Verwirklichung des Binnenmarktes bezogene Marktbürgerrechte werden die europäischen Grundfreiheiten durch die europäischen Grundrechte ergänzt. Europäische Grundrechte und Grundfreiheiten grenzen sich im Unionsrecht üblicherweise anhand des Adressatengedankens ab. Nach einer **Faustformel** ist eine Norm, die die Mitgliedstaaten verpflichtet, eine Grundfreiheit; wird dagegen die Union gebunden, liegt ein grundrechtlicher Charakter näher. Eine eindeutige **Abgrenzung** ist jedoch nicht immer möglich. 104

So ist etwa die Einordnung der allgemeinen Freizügigkeit nach Art. 21 AEUV auch in der Rechtsprechung des EuGH nicht ganz klar. Denn während er beispielsweise in der Rechtssache *Chen* von dem durch Art. 21 AEUV gewährleisteten „Grundrecht [...] auf Freizügigkeit und Aufenthalt" spricht (EuGH, Rs. C-200/02, Slg. 2004, I-9925), sind diejenigen Urteile, in denen der Gerichtshof diese Norm als Grundfreiheit bezeichnet, deutlich häufiger.

2. Charta der Grundrechte der Europäischen Union

105 **a) Verbindliche Geltung der Grundrechtecharta.** Der Vertrag von Lissabon etabliert in **Art. 6 EUV** die zentrale „Quellnorm" für den europäischen Grundrechtsschutz: Innerhalb der Union wird der Grundrechtsschutz vorrangig durch die Charta der Grundrechte gewährleistet (Art. 6 Abs. 1 EUV), zudem gelten weiterhin die allgemeinen Grundsätze des Unionsrechts (Art. 6 Abs. 3 EUV). Mit Art. 6 Abs. 2 EUV werden des Weiteren die Voraussetzungen für eine externe Grundrechtskontrolle geschaffen, indem die Union ermächtigt wird, der EMRK beizutreten. Mit Art. 6 Abs. 1 UAbs. 1 EUV erkennt die EU die in der Charta der Grundrechte niedergelegten Rechte, Freiheiten und Grundsätze als verbindlich an. Damit findet sich im europäischen Verfassungsrecht **erstmals ein geschriebener Grundrechtekatalog.** Dieser war erforderlich, um dem in einem rechtsstaatlich organisierten Staaten- und Verfassungsverbund auf Dauer kaum akzeptablen Zustand eines rein richterrechtlich geprägten Grundrechtsschutzes abzuhelfen. Insoweit wies der Grundrechtsschutz im Recht der früheren EG in mehrfacher Hinsicht rechtsstaatliche Defizite auf (vertiefend zu alledem *Calliess*, Die neue EU, S. 308 ff.).

106 Zugleich markiert insbesondere die Charta der Grundrechte den Wandel vom Marktbürger zum Unionsbürger (dazu bereits oben Teil 3, C, Rn. 2). In diesem Sinne bringt Generalanwalt *Jacobs* den neuen Status des Bürgers als Unionsbürger mit der Formulierung „*Civis Europeus Sum*" auf den Punkt. Ein Unionsbürger habe, wo immer er sich in der EU hinbegebe, das Recht, „*stets im Einklang mit einer gemeinsamen Ordnung von Grundwerten behandelt*" zu werden (Schlussanträge, Rs. C-168/91, Slg. 1993, I-1191, Rn. 46).

107 Im Unterschied zum gescheiterten Verfassungsvertrag inkorporiert der Vertrag von Lissabon die Grundrechtecharta allerdings nicht in die Verträge. Vielmehr bleibt sie als **eigenständiges Dokument** bestehen und erhält über den Querverweis des Art. 6 Abs. 1 UAbs. 1 EUV

Rechtsverbindlichkeit. Damit wird die Charta in den gleichen Rang wie die Verträge gestellt. Neben EUV und AEUV stellt die Charta damit die **dritte Säule des Primärrechts** dar, die einen umfassend verbindlichen Rechtmäßigkeitsmaßstab für die Handlungen der Organe der EU begründet. Im Ergebnis mutiert die Charta damit von einer bloßen Rechtserkenntnisquelle zu einer eigenständigen Grundrechtsquelle der Union, die den gegenwärtig anerkannten Grundrechtsstandard in Europa verkörpert (vgl. auch *Walter*, in: Ehlers (Hrsg.), Europäische Grundrechte und Grundfreiheiten, 2009, S. 1 ff.).

b) Überblick über die von der Grundrechtecharta gewährleisteten Grundrechte. Vergleichbar mit dem deutschen Grundgesetz beginnt der Grundrechtskatalog mit einer absoluten Garantie der **Menschenwürde** in Art. 1 GRCh. Sie ist zu achten und zu schützen (dazu *Poscher*, JZ 2004, 756 ff.; *Schmidt*, ZEuS 2002, 631 ff.). Hiermit wird bereits auf die zwei entscheidenden Dimensionen des Grundrechtsschutzes, die Abwehrdimension, die auf ein Unterlassen staatlichen Handelns gerichtet ist, und die Schutzdimension, die auf ein staatliches Tun in Form des Schutzes vor Grundrechtsbeeinträchtigungen durch private Dritte gerichtet ist, hingewiesen. Inzwischen hat jene Schutzdimension auch in der Rechtsprechung des EGMR sowie – zumindest ansatzweise – in der Rechtsprechung des EuGH Anerkennung gefunden (dazu *Calliess*, ZUR 2000, 246, 249 ff.). 108

Es folgen das **Recht auf Leben** in Art. 2 GRCh sowie die allgemeine Gewährleistung der **körperlichen und geistigen Unversehrtheit** in Art. 3 GRCh, die wiederum durch straf- und polizeirechtlich relevante Verbote wie das der Todesstrafe oder der Folter in Art. 2 Abs. 2 GRCh und Art. 4 GRCh konkretisiert werden. Art. 3 Abs. 2 GRCh enthält überdies eine bedeutsame, demonstrative Aufzählung von drei Verboten und einem Gebot für Eingriffe in das Grundrecht im Rahmen von „Medizin und Biologie". Hervorzuheben sind insoweit das Verbot des reproduktiven Klonens von Menschen sowie das im Kontext der Biotechnologie gleichfalls relevante Verbot, den menschlichen Körper und Teile davon als solche zur Erzielung von Gewinnen zu nutzen (hierzu *v. Bubnoff*, ZEuS 2001, 165, 190 ff.). 109

Titel II formuliert im Wesentlichen alle aus der EMRK bekannten **Freiheitsrechte**. Angefangen mit einem Recht auf Freiheit der Person, welches, die Schutzdimension der Grundrechte unterstreichend, um ein „Recht auf Sicherheit" ergänzt wird (Art. 6 GRCh), sind die Achtung des Privat- und Familienlebens in Art. 7 GRCh, die Gewis- 110 sens- und Religionsfreiheit in Art. 10 GRCh, die Meinungsfreiheit in Art. 11 GRCh, sowie die Versammlungs- und Vereinigungsfreiheit in Art. 12 GRCh gewährleistet. Das Recht auf Ehe und Familie in Art. 9 GRCh weicht insofern von Art 12 EMRK ab, als das Recht der Familiengründung vom Recht, eine Ehe einzugehen, abgekoppelt und der ausdrückliche Bezug auf „Männer und Frauen" aufgegeben wurde. Neu sind das ausdrückliche Recht auf den Schutz personenbezogener Daten in Art. 8 GRCh, das Recht auf Wehrdienstverweigerung in Art. 10 Abs. 2 GRCh, die Gewährleistung der Kunst- und Forschungsfreiheit in Art. 13 GRCh sowie das Asylrecht in Art. 18 GRCh (ausführlich zu letzterem *Mahlmann*, ZEuS 2000, 419, 428 ff.).

111 In den Art. 15 GRCh bis Art. 17 GRCh finden sich die **wirtschaftsverfassungsrechtlichen Garantien** der Charta, also die Berufsfreiheit, die unternehmerische Freiheit und das Recht auf Eigentum (ausführlich hierzu *Schwarze*, EuZW 2001, 517, 518 ff.). Art. 15 Abs. 2 GRCh ergänzt diese Gewährleistungen für die EU-Bürger um die personenbezogenen Grundfreiheiten des AEUV.

112 Art. 20 GRCh formuliert einen allgemeinen Gleichheitssatz, der durch die speziellen **Diskriminierungsverbote** der Art. 21 GRCh und Art. 23 GRCh konkretisiert wird. Als Ergebnis des Ringens um die Verankerung eines spezifischen Schutzes von Minderheiten fand Art. 22 GRCh Eingang in die Charta, demzufolge die Union die Vielfalt der Kulturen, Religionen und Sprachen zu achten hat.

113 Unter den **Unionsbürgerrechten** in Titel V finden sich überwiegend Rechte, die bereits im AEUV verankert sind, wie etwa das Wahlrecht zum Europäischen Parlament in Art. 39 GRCh, das Kommunalwahlrecht im Wohnsitzstaat in Art. 40 GRCh, das Recht auf Freizügigkeit und Aufenthaltsfreiheit im Unionsgebiet in Art. 45 GRCh, das Recht auf diplomatischen Schutz in Art. 46 GRCh oder das Art. 171 AEUV entsprechende allgemeine Recht auf Zugang zu den Dokumenten der Unionsorgane in Art. 42 GRCh. Neu ist die ausdrückliche Formulierung eines Rechts auf gute Verwaltung in Art. 41 GRCh, das rechtsstaatliche Grundsätze wie Unparteilichkeit, Gerechtigkeit, fristgerechte Entscheidungen, Anhörungs- und Begründungspflichten, einen Amtshaftungsanspruch sowie ein Recht auf Zugang zu Akten, die Angelegenheiten des Einsichtsbegehrenden betreffen, umfasst.

114 Die in Titel VI geregelten **justiziellen Rechte** gründen sich überwiegend auf Garantien der Art. 6 und 13 EMRK (ausführlich *Lenz*, in: Heusel (Hrsg.), Grundrechtecharta und Verfassungsentwicklung

C. Verfassungsrechtliche Strukturparallelität im europ. Verbund   283

in der EU, 2002, S. 109 ff). Darüber hinausgehend wird in Art. 47 Abs. 2 GRCh ein allgemeiner Anspruch auf Zugang zum Gericht und damit eine allgemeine Rechtsweggarantie formuliert (dazu auch *Calliess*, NJW 2002, 3577 ff.).

Der mit „Solidarität" überschriebene Titel IV enthält eine bunte Mischung aus **wirtschaftlichen und sozialen Gewährleistungen**, die zum Teil im europäischen Primär- und Sekundärrecht, zum Teil im Recht der Mitgliedstaaten geregelt sind. Es finden sich insbesondere sozialrechtliche Schutzansprüche im Hinblick auf den Arbeitsplatz sowie Leistungs- bzw. Teilhaberechte im engeren Sinne. 115

3. Bindung der Mitgliedstaaten an die Unionsgrundrechte

Verpflichtungsadressaten der unionalen Grundrechte sind **in erster Linie die EU und ihre Organe**. Ihre Grundrechtsbindung stellt sich insoweit als legitimatorisch notwendiger Bestandteil des unmittelbar geltenden und Vorrang beanspruchenden (dazu unten Teil 3, D) Unionsrechts dar. Aus der Verpflichtung folgt, dass die Gültigkeit aller Rechtsakte und jede sonstige Ausübung von Hoheitsgewalt der Unionsorgane an den EU-Grundrechten zu messen sind; diese müssen demnach beim Erlass sekundärer Rechtsakte, beim Vollzug von Unionsrecht durch EU-Behörden sowie im Gerichtsverfahren Beachtung finden. 116

Ursprünglich waren die Mitgliedstaaten nicht explizit als Grundrechtsverpflichtete in Art. 6 Abs. 2 EUV (in der Fassung von Maastricht) aufgenommen. Mit Blick auf den Vorrang und die angestrebte einheitliche Anwendung des Unionsrechts in den Mitgliedstaaten hatte der EuGH jedoch eine **begrenzte Verpflichtungswirkung der europäischen Grundrechte auch für die Mitgliedstaaten** angenommen. Dies impliziert gleichzeitig eine Kontrolle der Konformität mitgliedstaatlichen Handelns mit den EU-Grundrechten durch den EuGH, die dann freilich in **Konkurrenz zum Grundrechtsschutz durch die nationalen Verfassungsgerichte** tritt. Wie weit die Verpflichtungswirkung reicht ist vor diesem Hintergrund ein sensibles Thema und bislang nicht verbindlich geklärt. Seit die Charta der Grundrechte mit dem Vertrag von Lissabon verbindlich wurde (Art. 6 Abs. 1 EUV) findet sich die insoweit maßgebliche Regelung in **Art. 51 Abs. 1 GRCh**, demzufolge die **Mitgliedstaaten bei der „Durchführung des Rechts der Union"** an die europäischen Grundrechte gebunden sind. Zuvor hatte der EuGH jedoch bereits **zwei** 117 deutlich konturierte **Bindungskonstellationen** herausgearbeitet: Zum einen sollen die Mitgliedstaaten bei der „Durchführung" des Unionsrechts an die Unionsgrundrechte gebunden sein („*Wachauf*-Rechtsprechung" – Leitentscheidung: EuGH, Rs. 5/88; Slg. 1989, 2609). Gleiches soll im „Anwendungsbereich" des Unionsrechts, konkret bei der Einschränkung von Grundfreiheiten („*ERT*-Rechtsprechung" – Leitentscheidung: EuGH, Rs. C-260/89, Slg. 1991, I-2925) gelten. Im Hinblick auf diese Konstellationen ist umstritten, ob und inweiweit diese Rechtsprechung **mit Art. 51 Abs. 1 GRCh im Einklang** steht (dazu *Cremer*, NVwZ 2003, 1452 ff.; *Huber*, NJW 2011, 2385 ff.). In Streit steht aber auch, ob und inwieweit nationale Grundrechte neben europäischen Grundrechten anwendbar sein können. Die Frage einer **parallelen Anwendbarkeit** ist zwar nunmehr in **Art. 53 GRCh** angesprochen, bleibt aber mangels klarer Vorgaben im Hinblick auf den Vorrang des Unionsrechts dennoch umstritten (dazu *Calliess*, JZ 2009, 113 ff. und *Kingreen*, JZ 2013, 801 ff.)

118 **a) Bindung der Mitgliedstaaten an die Unionsgrundrechte bei der Durchführung von Unionsrecht.** Von großem Interesse für den deutschen Rechtsanwender ist die Grundrechtsbindung der Mitgliedstaaten bei der **Durchführung von Unionsrecht**. Hierunter wird allgemein die Gesamtheit all jener staatlichen Maßnahmen verstanden, die zur Realisierung unionsrechtlicher Vorgaben bzw. in Vollziehung von Normen des Unionsrechts von staatlichen Organen gesetzt werden. Unionsrecht meint neben dem Primärrecht alle in Art. 288 AEUV genannten Handlungsformen der Union, insbesondere also Verordnungen und Richtlinien.

119 Im Rahmen der Durchführung muss zwischen dem unmittelbarem Vollzug, bei dem unmittelbar anwendbares Unionsrecht direkte Anwendung findet (so insbesondere bei Verordnungen), und dem mittelbaren Vollzug, bei dem das aus der Umsetzung unionsrechtlicher Vorgaben ergangene nationale Recht vollzogen wird (so insbesondere bei Richtlinien) unterschieden werden. Im Urteil *Wachauf* aus dem Jahre 1989 hat sich der EuGH für eine generelle Bindung der Mitgliedstaaten an die Unionsgrundrechte beim **Vollzug von EU-Verordnungen** ausgesprochen (EuGH, Rs. 5/88, Slg. 1989, 2609). Dabei sollen auch den Mitgliedstaaten belassene Ermessensspielräume unter Beachtung der Unionsgrundrechte ausgefüllt werden. Damit verdrängen die europäischen Grundrechte nationale Grundrechtsverbürgungen in diesem Bereich vollständig.

C. Verfassungsrechtliche Strukturparallelität im europ. Verbund 285

Im Kontext nicht unmittelbar anwendbaren Unionsrechts, insbesondere bei der **Umsetzung von Richtlinien** in nationales Recht, hatte der EuGH in der Rechtssache *X* zunächst eine Bindung der Mitgliedstaaten bei der Auslegung und Anwendung der in Umsetzung von Richtlinien ergangenen nationalen Rechtsakte angenommen (EuGH, verb. Rs. C-74/95 und C-129/95, Slg. 1996, I-6609, Rn. 25 f.). Die Entscheidung behandelt allerdings nur den administrativen Vollzug des nationalen Umsetzungsrechts, nicht jedoch die normative Umsetzung. Erst in jüngerer Zeit hat sich mit der Entscheidung des EuGH vom 27.06.2006 zur Frage der Grundrechtskonformität der Familienzusammenführungsrichtlinie 2003/86/EG in der Rechtsprechung eine weiter konkretisierende Entwicklung gezeigt (EuGH, Rs. C-540/03, Slg. 2006, I-5769). Der EuGH bekräftigte ausdrücklich den Geltungsanspruch der EU-Grundrechte für mitgliedstaatliche Maßnahmen zur Richtlinienumsetzung und geht davon aus, dass die Mitgliedstaaten auch beim Ausfüllen bestehender Ermessensspielräume an die Unionsgrundrechte gebunden sind (dazu *Thym*, NJW 2006, 3249, 3250 f.; *Calliess*, JZ 2009, 113 ff.). 120

Demgegenüber soll dem **BVerfG** zufolge nur der durch das Unionsrecht zwingend vorgegebene Teil der innerstaatlichen Umsetzung von Richtlinien allein am Maßstab der EU-Grundrechte gemessen werden, also der **Bereich, in dem für die Mitgliedstaaten kein Umsetzungsspielraum besteht**. Das Gericht hat daher das Gesetz über den nationalen Zuteilungsplan bei Treibhausgasemissionen (BVerfGE 118, 79) sowie die Umsetzungsgesetze zur Vorratsdatenspeicherung (BVerfGE 121, 1) am Maßstab der deutschen Grundrechte gemessen, soweit diese über die entsprechenden Richtlinien hinausgingen. In der Literatur umstritten ist dabei, ob diese Bindung an die mitgliedstaatlichen Grundrechte – im Sinne einer doppelten Grundrechtsbindung – neben die Bindung an die Unionsgrundrechte tritt oder ob beide einander ausschließen (dazu *Calliess*, JZ 2009, 113 ff.). 121

b) Bindung der Mitgliedstaaten an die Unionsgrundrechte bei der Einschränkung von Grundfreiheiten. Nach der Rechtsprechung des EuGH sind die Mitgliedstaaten auch dann zur Beachtung der EU-Grundrechte verpflichtet, wenn sie im Rahmen der Ausnahmeregelungen zu den Grundfreiheiten handeln, mithin „im Anwendungsbereich des Gemeinschaftsrechts" tätig werden (EuGH, Rs. C-260/89, Slg. 1991, I-2925, 2964, Rn. 42; Rs. C-368/95, Slg. 1997, I- 122

3709). Diese Konstellation betrifft vor allem Fälle, in denen die Mitgliedstaaten die **Grundfreiheiten des Binnenmarkts** unter Berufung auf geschriebene oder ungeschriebene Rechtfertigungsgründe (vgl. dazu oben Teil 3, C, Rn. 100) im Unionsrecht **durch mitgliedstaatliches Recht einschränken.** In diesen Kontext findet mitunter eine sensible Abwägung zwischen auf die Verwirklichung des Binnenmarktes gerichteten Grundfreiheiten und nationalen Grundrechten statt (EuGH, Rs. C-112/22, Slg. 2003, I-5659; Rs. C-36/02, Slg. 2004, I-9609).

123 Im Hinblick darauf ist die **Formulierung in Art. 51 Abs. 1 GRCh** des Geltungsbereichs der Charta für „die Mitgliedstaaten ausschließlich bei der Durchführung des Rechts der Union" **missverständlich.** Der Begriff der Durchführung in dieser Norm muss im Lichte der geltenden EuGH-Rechtsprechung interpretiert werden, da andernfalls mitgliedstaatliche Rechtsakte, die Grundfreiheiten beschränken, aus dem Zielspektrum herausfielen. Denn obwohl die eindeutige Formulierung des Art. 51 GRCh mit dem Wort „ausschließlich" auf eine restriktive Interpretation unter Relativierung der Rechtsprechung des EuGH hindeutet, sollte durch die GRCh nicht die Grundrechtsjudikatur des EuGH auf einen Schlag obsolet werden (dazu *Ranacher,* ZöR 58 (2003), 21, 98; *Cremer,* NVwZ 2003, 1452, 1453).

124 In der Folge können europäische Grundrechte im Verbund mit den Grundfreiheiten in begrenztem Umfang auf die Rechtsordnungen der Mitgliedstaaten einwirken. Dadurch können die Grundrechte die Auslegung der Schranken (vgl. etwa EuGH, Rs. C-368/95, Slg. 1997, I-3689, Rn. 27) oder Schranken-Schranken (EuGH, Rs. C-260/89, Slg. 1991, I-2925) einer Grundfreiheit beeinflussen. Die Folgen einer dreifachen Bindung eines nationalen Gesetzes an nationale und europäische Grundrechte sowie an europäische Grundfreiheiten sind unverkennbar: Die europäischen Grundrechte verdrängen im Anwendungsbereich des Unionsrechts die nationalen Grundrechte und entfalten eine **Ausstrahlungswirkung auf die Rechtfertigungsmöglichkeiten der Mitgliedstaaten im Rahmen der Grundfreiheiten,** die wiederum nationales Recht und damit den politischen Gestaltungsraum der nationalen Gesetzgeber im Interesse der Verwirklichung des europäischen Binnenmarktes begrenzen.

125 Nachdem Art. 51 GRCh mit dem Vertrag von Lissabon verbindlich geworden ist, durfte mit Spannung erwartet werden, wie sich der EuGH im Lichte seiner zuvor entwickelten Rechtsprechung zu den umstrittenen Fragenkreisen positionieren würde. In den Urtei-

len *Melloni* (EuGH, Rs. C-399/11, n. n. i. Slg.) und *Åkerberg Fransson* (EuGH, Rs. C-617/10, n. n. i. Slg., EuZW 2013, 302) vom 26.02.2013 hatte der Gerichtshof schließlich Gelegenheit, erstmals zur Auslegung von Art. 51 Abs. 1 sowie Art. 53 der GRCh Stellung zu nehmen. Zunächst stellte er fest, dass die durch die Charta garantierten Grundrechte immer dann zu beachten seien, wenn eine Fallgestaltung in den „Geltungsbereich" des Unionsrechts falle. Dabei umfasse die Anwendbarkeit des Unionsrechts die Anwendbarkeit der durch die Charta garantierten Grundrechte. Der Anwendungsbereich der unionalen Grundrechte wird damit zunächst weit verstanden. Allerdings gesteht der EuGH den mitgliedstaatlichen Behörden und Gerichten das Recht zu, in einer Situation der Durchführung von Unionsrecht i. S. v. Art. 51 Abs. 1 GRCh, in der das Handeln eines Mitgliedstaats nicht vollständig durch das Unionsrecht bestimmt wird, parallel auch nationale Grundrechtsstandards anzuwenden. Dies jedoch nur unter der Voraussetzung, dass durch diese Anwendung weder das Schutzniveau der Charta, wie sie vom Gerichtshof ausgelegt wird, noch der Vorrang, die Einheit und die Wirksamkeit des Unionsrechts beeinträchtigt werden (ausführlich hierzu *Kingreen*, JZ 2013, 801 ff.).

Das **BVerfG** hat seinerseits unmittelbar auf diese Rechtsprechung reagiert und in seiner Entscheidung vom 24.04.2013 zur Verfassungsmäßigkeit einer Antiterrordatei eine einschränkende Auslegung der relevanten Urteilspassagen als – nach Ansicht des Gerichts – einzig verfassungsgemäße Lesart zugrundegelegt (BVerfG, 1 BvR 1215/07 vom 24.4.2013 = EuGRZ 2013, 174). Insofern dürfe die Rechtsprechung des EuGH nicht in einer Weise verstanden und angewendet werden, nach der für eine Bindung der Mitgliedstaaten an die Grundrechte jeder sachliche Bezug einer Regelung zum bloß abstrakten Anwendungsbereich des Unionsrecht oder rein tatsächliche Auswirkungen auf dieses ausreicht. Die durch den EuGH explizit anerkannte Möglichkeit einer (jedenfalls partiell) parallelen Anwendbarkeit mitgliedstaatlicher Grundrechtsstandards zieht das Gericht dabei jedoch nicht in seine Betrachtungen mit ein.

4. Systematik der Unionsbürgerrechte

Im europäischen Staaten- und Verfassungsverbund bedeutet die einheitliche Verwendung des Begriffs der „subjektiv-öffentlichen Rechte", dass es heute eine sowohl die Freiheit des Individuums als

Selbstzweck achtende nationale Gewalt als auch eine etablierte europäische Hoheitsgewalt gibt, die im Interesse der **Freiheit des Unionsbürgers** begrenzt bzw. mit dieser zum Ausgleich gebracht werden muss. Die nationale Hoheitsgewalt sieht sich im europäischen Staaten- und Verfassungsverbund an nationale Grundrechte, an europäische Grundfreiheiten und in zunehmenden Umfang auch an europäische Grundrechte gebunden. Wenn aber die Grundfreiheiten im Zuge der Rechtsprechung in ihrer Wirkung zu Grundrechten umgeformt werden und überdies die Bindung der Mitgliedstaaten an die europäischen Grundrechte immer weiter ausgedehnt wird, dann werden nicht nur die Unterschiede zweier in funktionaler Hinsicht zu differenzierender Rechtsinstitute verwischt, sondern es wird auch die stabile, sorgfältig auszutarierende Balance zwischen unionalem und mitgliedstaatlichem Freiheitsschutz, die mit Blick auf die Handlungsspielräume der nationalen Gesetzgeber immer auch eine **demokratietheoretische Dimension** hat (dazu *Calliess*, in: FS Ress, 2005, S. 399 ff.), gefährdet.

128 Daher müssen die funktionalen Unterschiede zwischen den in Konkurrenz stehenden Freiheitsrechten gewahrt werden: Die **Grundfreiheiten** sind in erster Linie gegen die Mitgliedstaaten gerichtete, auf Marktintegration angelegte transnationale Diskriminierungsverbote, die in grenzüberschreitenden Sachverhalten für Inländergleichbehandlung sorgen sollen. Der Grundsatz der Inländergleichbehandlung kann jedoch erst zu wirken beginnen, wenn der EU-Ausländer sich auf dem inländischen Markt befindet. Vor diesem Hintergrund ist es gerechtfertigt, die Grundfreiheiten im Hinblick auf den **Marktzugang als Beschränkungsverbote und damit als Freiheitsrechte** zu interpretieren, die – wenn es um das „Ob" der Ausübung einer Grundfreiheit geht – auch diskriminierungsfreie, unterschiedslos anwendbare mitgliedstaatliche Regelungen auf den gemeinschaftsrechtlichen Prüfstand bringen. Hat der Marktbürger jedoch Zugang zum inländischen Markt gefunden, geht es also um das „Wie" der Ausübung der Grundfreiheit, dann ist es – nicht zuletzt zur Vermeidung des Problems der Inländerdiskriminierung – allein überzeugend, die jeweilige Grundfreiheit als Diskriminierungsverbot zu interpretieren.

129 Die **europäischen Grundrechte** verpflichten die Unionsorgane, in ihrem Handeln die rechtsstaatlich garantierten Freiheiten der Bürger zu achten. Im europäischen Staaten- und Verfassungsverbund, in dem alle Mitgliedstaaten gleichermaßen auf rechtsstaatliche und

damit weitgehend grundrechtlich verbürgte Freiheitsstandards verpflichtet sind (vgl. Art. 2 und 7 EUV, dazu oben Teil 3, B, Rn. 23 ff.), können die Mitgliedstaaten jedoch nicht umfassend an die europäischen Grundrechte gebunden werden. Mit Blick auf die einheitliche Anwendung des Unionsrechts ist es insoweit überzeugend, wenn die Mitgliedstaaten – wie dies Art. 51 Abs. 1 GRCh festlegt – bei der Durchführung des Unionsrechts, also beim **legislativen und administrativen Vollzug** von Unionsrecht, an die europäischen Grundrechte gebunden sind. Dort wo ihnen Umsetzungsspielräume vom Unionsrecht eingeräumt werden, sind die Mitgliedstaaten – entgegen der neueren Rechtsprechung des EuGH – nur an die nationalen Grundrechte gebunden. Im Kontext der Grundfreiheiten sind die Mitgliedstaaten nicht an die europäischen Grundrechte gebunden, allerdings sind diese im Rahmen **grundrechtskonformer Auslegung derjenigen Rechtfertigungsgründe**, auf die sich ein Mitgliedsstaat im konkreten Fall beruft, im Interesse einer einheitlichen Anwendung des Unionsrechts zu berücksichtigen. Insoweit kommt es darauf an, **dass nationale Gestaltungsspielräume** erhalten bleiben. Daher weist die EuGH-Entscheidung im Fall *Omega* den richtigen Weg, als sie im Hinblick auf die Menschenwürde, einem Schutzgut, das im Kontext europaweit unterschiedlicher sittlicher, religiöser und kultureller Erwägungen zu sehen sei, die deutsche Wertung im Spiegel der europäischen Menschenwürde für verhältnismäßig erklärt, auch wenn der relevante Sachverhalt in anderen Mitgliedstaaten nicht als Verstoß gegen die Menschenwürde angesehen wird.

Das **allgemeine Freizügigkeitsrecht** der Unionsbürger gem. Art. 21 AEUV hat sich in diesen dogmatischen Kontext einzufügen. Da es sich an die Mitgliedstaaten richtet, handelt es sich um eine Grundfreiheit. Nur wenn es sich um mitgliedstaatliche Freizügigkeitshindernisse handelt, die den Zugang zum Gebiet eines Mitgliedstaates beeinträchtigen, kann Art. 21 AEUV als Beschränkungsverbot wirken. Handelt es sich um nicht zugangsrelevante Beeinträchtigungen, so bleibt Art. 21 AEUV ein Diskriminierungsverbot, das lediglich Inländergleichbehandlung, aber keine Besserstellung gebietet.

130

Literatur: v. Bogdandy, Grundrechtsgemeinschaft als Integrationsziel? Grundrechte und das Wesen der Europäischen Union, JZ 2001, 157; *Calliess*, Europäische Gesetzgebung und nationale Grundrechte-Divergenzen in der aktuellen Rechtsprechung von EuGH und BVerfG?, JZ 2009, 113; *Cremer*, Der programmierte Verfassungskonflikt: Zur Bindung der Mitgliedstaaten an die Charta der Grundrechte, NVwZ 2003, 1452; *ders.,* Grundrechtsverpflichtete und Grundrechtsdimensionen nach der Charta der Grundrechte der Europäischen Union, EuGRZ 2011, 545; *Ehlers,* Allgemeine Lehren der Grundfreiheiten, in: Ehlers (Hrsg.), Europäische Grundrechte und Grundfreiheiten, 3. Aufl. 2009, S. 383; *Grabenwarter,* Auf dem Weg in die Grundrechtsgemeinschaft? EuGRZ 2004, 563; *Jarass,* Die Bindung der Mitgliedstaaten an die EU-Grundrechte, NVwZ 2012, 457; *ders.,* Charta der Grundrechte, 2. Aufl. 2013; *Kingreen,* Theorie und Dogmatik der Grundrechte im europäischen Verfassungsrecht, EuGRZ 2004, 570; *ders.,* Die Grundrechte des Grundgesetzes im europäischen Grundrechtsföderalismus, JZ 2013, 801 ff.; *Kingreen/Störmer,* Die subjektiv-öffentlichen Rechte des primären Gemeinschaftsrechts, EuR 1998, 263; *Kokott,* Der Grundrechtsschutz im europäischen Gemeinschaftsrecht, AöR 121 (1996), 599; *Kühling,* Grundrechte, in: von Bogdandy (Hrsg.), Europäisches Verfassungsrecht, 2003, S. 583; *Meyer* (Hrsg.), Charta der Grundrechte, 3. Aufl., 2011; *Nusser,* Die Bindung der Mitgliedstaaten an die Unionsgrundrechte, 2011; *Pache/Rösch,* Die neue Grundrechtsordnung der EU nach dem Vertrag von Lissabon, EuR 2009, 769; *Ranacher,* Die Bindung der Mitgliedstaaten an die Gemeinschaftsgrundrechte, ZöR 58 (2003), 21; *Reich,* Bürgerrechte in der Europäischen Union, 1999; *Rengeling/Szczekalla,* Grundrechte in der EU, 2004; *Ruffert,* Die Mitgliedstaaten der Europäischen Gemeinschaft als Verpflichtete der Gemeinschaftsgrundrechte, EuGRZ 1995, 518; *Scheuing,* Zur Grundrechtsbindung der EU-Mitgliedstaaten, EuR 2005, 162; *Schulte-Herbrüggen,* Der Grundrechtsschutz in der EU nach dem Vertrag von Lissabon, ZEuS 2009, 343; *Tettinger/Stern* (Hrsg.), Europ. Grundrechte-Charta, 2006; *Wallrab,* Die Verpflichteten der Gemeinschaftsgrundrechte, 2004; *Wollenschläger,* Grundfreiheit ohne Markt, 2007.

D. Rechtsanwendung im Europäischen Staaten- und Verfassungsverbund

I. Unmittelbare Anwendbarkeit und Wirkung des Unionsrechts

1. Unmittelbare Wirkung von Primärrecht

1   Einer der grundlegenden Aspekte, der die **Emanzipation des Europarechts gegenüber dem klassischen Völkerrecht** markiert, ist seine unmittelbare Wirkung in den Rechtsordnungen der Mitgliedstaaten. Anders als im Völkerrecht, in dessen Rahmen der Bürger durch seinen Heimatstaat mediatisiert wird (siehe oben Teil 1, B, Rn. 64 ff.), entfaltet das Unionsrecht eine **Durchgriffswirkung** auf

D. Rechtsanwendung im Europ. Staaten-und Verfassungsverbund

die Bürger, die durch dieses unmittelbar berechtigt und verpflichtet werden.

Neben dem **Begriff** der unmittelbaren Wirkung wird zum Teil auch von unmittelbarer Anwendbarkeit und unmittelbarer Geltung des Unionsrechts gesprochen, ohne dass sich in der Rechtsprechung des EuGH eine einheitliche terminologische Linie abzeichnet. Während **unmittelbare Wirkung und unmittelbare Anwendbarkeit häufig synonym** verwandt werden, grenzt sich die unmittelbare Geltung durch einen höheren Abstraktionsgrad ab. Sie bezeichnet den Mechanismus der Einwirkung des Unionsrechts in die mitgliedstaatliche Rechtsordnung, während die beiden zuvor genannten Begriffe die konkrete Ausprägung dieser Einwirkung mit Blick auf den Unionsrechtsadressaten beschreiben. Der Grundsatz der **unmittelbaren Geltung** besagt, dass das Unionsrecht unmittelbar, also ohne Transformationsakt durch das mitgliedstaatliche Recht, in die nationale Rechtsordnung einwirkt. Es ist „Bestandteil der im Gebiet eines jeden Mitgliedstaats bestehenden Rechtsordnung" geworden (EuGH, Rs. 106/77, Slg. 1978, 629). Nicht die Mitgliedstaaten, sondern das Unionsrecht selbst determiniert seine innerstaatliche Wirkung. Rechtsfolge der unmittelbaren Geltung des Unionsrechts ist die Verpflichtung der nationalen Verwaltungsbehörden und der nationalen Gerichte, das Unionsrecht anzuwenden und durchzusetzen. Damit ist die unmittelbare Geltung des Unionsrechts der unmittelbaren Wirkung letztlich vorgelagert.

Die unmittelbare Wirkung war bis zum Inkrafttreten der Charta der Grundrechte mit dem Vertrag von Lissabon nur im Hinblick auf Verordnungen und Beschlüsse (vgl. Art. 288 Abs. 2 und 4 AEUV), nicht aber für das Primärrecht ausdrücklich in den Verträgen verankert. Insoweit geht die unmittelbare Anwendbarkeit und Wirkung des Unionsrechts auf die wegweisende Entscheidung des EuGH aus dem Jahr 1963 in der Rs. *Van Gend en Loos* zurück (EuGH, Rs. 26/62, Slg. 1963, 1). In dieser Entscheidung legt der Gerichtshof Begründung, Voraussetzungen und Rechtsfolgen der unmittelbaren Wirkung des Unionsrechts im Wesentlichen fest. Im Mittelpunkt steht dabei die **Wirkung des Unionsrechts für den Einzelnen**: Das Unionsrecht ist nicht nur im Verhältnis zwischen den Mitgliedstaaten und der Union, sondern auch zwischen einzelnen Unionsbürgern und den Mitgliedstaaten sowie zwischen Unionsbürgern untereinander anwendbar. Damit kann das Primärrecht der Union auch private Dritte nicht nur unmittelbar berechtigen, sondern auch unmittelbar verpflichten. **Begründet** wird die unmittelbare Wirkung des Unionsrechts mit der eigenständigen Rechtsnatur der Unionsrechtsordnung. Durch diese Abgrenzung insbesondere gegenüber dem Völkerrecht eröffnet sich dem EuGH die dogmatische Möglichkeit, eine Linie für das Verhältnis von Unionsrecht und mitgliedstaatlichem Recht zu verfolgen, die von den überkommenen Theorien im Kontext von Monismus und Dualismus (dazu bereits oben Teil 2, B, Rn. 1 ff.) abweicht. Darüber hinaus soll durch die unmittelbare Wirkung des Unionsrechts dessen effektive Anwendung garantiert werden, indem der Unionsbürger für dessen Durchsetzung mobilisiert bzw. funktionalisiert wird (dazu bereits oben Teil 3, C, Rn. 1 ff.).

4 Die unmittelbare Wirkung von Primärrecht ist an bestimmte **Voraussetzungen** gebunden. So sind nur solche Rechtsnormen unmittelbar anwendbar und damit unmittelbar wirksam, die eine eindeutige, klare und uneingeschränkte Verpflichtung eines Mitgliedstaates oder eines Einzelnen enthalten (EuGH, Rs. 26/62, Slg. 1963, 1). Dies verlangt, dass die Vorschrift bereits ohne jede weitere Konkretisierung oder Vollzugsmaßnahme durch die Mitgliedstaaten bzw. durch die Union anwendbar ist. Einer unmittelbaren Wirkung auch für den Einzelnen steht es dabei nicht entgegen, wenn nach dem Wortlaut der Bestimmung lediglich die Mitgliedstaaten – zu einem Handeln oder Unterlassen – verpflichtet werden; einer ausdrücklichen Einbeziehung des Einzelnen in den Kreis der Normadressaten bedarf es also nicht. Ob eine konkrete Rechtsnorm diese Eigenschaft in sich vereint, ist als Frage der Auslegung des Unionsrechts durch den EuGH verbindlich zu entscheiden.

2. Unmittelbare Wirkung von Sekundärrecht

5 Den Rechtsakten der EU kommt aufgrund ihrer jeweiligen Konzeption unmittelbare Rechtswirkung in den Mitgliedstaaten zu. Während sich für das Primärrecht der Union die unmittelbare Wirkung einzelnormbezogen aus der Rechtsprechung des Gerichtshofs ergibt, ist für das Sekundärrecht **nach der Art der Rechtsakte zu differenzieren**.

6 a) **Verordnungen und Beschlüsse.** Für Verordnungen und Beschlüsse sind die unmittelbare Wirkung und ihre Reichweite ausdrücklich im Vertrag geregelt. Gemäß Art. 288 Abs. 2 AEUV haben **Verordnungen** „allgemeine Geltung", regeln also eine unbestimmte Vielzahl von Fällen auf abstrakt generelle Weise. Sie sind **in all ihren**

Teilen verbindlich und entfalten unmittelbare Geltung in den Mitgliedsstaaten. Der Einzelne kann sich unmittelbar auf diese berufen, ohne dass dazu weitergehende Voraussetzungen erfüllt sein müssten. Behörde und Gerichte müssen diese anwenden (siehe oben Teil 1, B, Rn. 152).

Beschlüsse sind gemäß Art. 288 Abs. 4 AEUV **in all ihren Teilen verbindlich.** Sind sie an bestimmte Adressaten gerichtet, so sind sie nur für diese verbindlich. In diesem Fall treffen sie eine **konkret individuelle Regelung** für den Einzelfall und entfalten daher allein für ihren Adressaten unmittelbare Wirkung. Insofern löst diese Art von Beschlüssen die vormalige Handlungsform der *Entscheidungen* ab. Beschlüsse können sowohl an Einzelne als auch an Mitgliedstaaten gerichtet sein. In der erstgenannten Konstellation sind sie in ihrer Wirkung den nationalen **Verwaltungsakten vergleichbar.** Sind sie dagegen lediglich **an die Mitgliedstaaten** gerichtet, besteht grundsätzlich keine unmittelbare Anwendbarkeit.

b) Sonderfall: unmittelbare Wirkung von Richtlinien. Einen Sonderfall innerhalb des Sekundärrechts stellen Richtlinien dar, die grundsätzlich erst in einem zweistufigen Rechtsetzungsverfahren gegenüber den Bürger Wirkungen entfalten. Ist eine Richtlinie vom europäischen Gesetzgeber erlassen worden, dann ist diese gem. Art. 288 Abs. 3 AEUV **nur für die Mitgliedstaaten** und nur hinsichtlich des zu erreichenden Ziels **verbindlich,** wobei die Wahl der Form und Mittel der Umsetzung den Mitgliedstaaten überlassen bleibt (dazu bereits oben Teil 1, B, Rn. 153 ff.). Da sie einer Umsetzung durch die Mitgliedstaaten in nationales Recht bedürfen, erlangen sie grundsätzlich nur über diesen (Um-)Weg auch für den Einzelnen Rechtswirkung. Aufgrund ihrer unmittelbaren *Geltung* verpflichten sie aber unmittelbar alle zum Erlass der Umsetzungsakte zuständigen mitgliedstaatlichen Stellen und nicht nur die Mitgliedstaaten schlechthin.

Um eine effektive Umsetzung des Unionsrechts zu gewährleisten („*effet utile*"), hat der EuGH jedoch **unter bestimmten Voraussetzungen** die unmittelbare Anwendbarkeit auch von Richtlinien mit der Folge anerkannt, dass sich der Einzelne gegenüber mitgliedstaatlichen Behörden und Gerichten auf Richtlinienvorschriften direkt berufen kann (sog. **vertikale Wirkung von Richtlinien,** vgl. EuGH, Rs. 148/78, Slg. 1979, 1629 – Ratti; Rs. 8/81, Slg. 1982, 53). Dafür ist es zum einen erforderlich, dass die **Umsetzungsfrist** bereits verstrichen und die Richtlinie trotzdem noch nicht oder nicht ordnungsgemäß in nationales Recht umgesetzt worden ist. Es bedarf also eines Versäumnisses des Mitgliedstaates. Insofern erfüllt die unmittelbare Wirkung der Richtlinie eine Sanktionsfunktion gegenüber dem Mitgliedstaat, der sich im Falle einer unionsrechtswidrigen Nicht- oder Falschumsetzung nicht auf das entgegenstehende nationale Recht berufen können soll. Zum anderen muss die Richtlinie auch **ihrem Inhalt nach** für eine unmittelbare Wirkung geeignet sein. Das ist dann der Fall, wenn ihre Bestimmungen inhaltlich unbedingt und hinreichend genau sind. Schließlich darf die betreffende Richtlinienvorschrift dem Einzelnen keine Pflichten gegenüber dem Staat auferlegen (sog. umgekehrte vertikale Wirkung). Eine unmittelbare Wirkung von Richtlinien ist also **nur zugunsten**, nicht jedoch zulasten des Einzelnen möglich. Alles andere würde der Sanktionsfunktion der unmittelbaren Wirkung widersprechen. Diese Begünstigung wird in der Regel in der Verleihung einer Rechtsposition durch die betreffende Richtlinienvorschrift bestehen. Diese Rechtsposition korrespondiert einem rechtlich geschützten Interesse, muss aber nicht ein subjektives Recht verleihen (vgl. zur diesbezüglichen Diskussion *Ruffert*, in: Calliess/Ruffert, EUV/AEUV, Art. 288 Rn. 66 ff.). Auch das **BVerfG** hat die Rechtsprechung des EuGH zur unmittelbaren Wirkung von Richtlinien anerkannt (BVerfGE 75, 223, 235 ff.).

10   Eine **horizontale Direktwirkung** von Richtlinien zwischen Privaten hat der EuGH – trotz der gegenläufigen Argumentation von Generalanwalt *Lenz* – in der Entscheidung *Faccini Dori* (Rs. C-91/92, Slg. 1994, I-3325 Rn. 24 ff.) mit guten Gründen **abgelehnt**. Rechtliche Verpflichtungen **zwischen Privaten** können Richtlinienbestimmungen (bislang) also nicht unmittelbar begründen. Dies ist vor allem für Richtlinien, die das **Zivil- und Arbeitsrecht** betreffen, relevant. Dagegen kann es im Rahmen des **Öffentlichen Rechts** in sog. Dreieckverhältnissen durchaus zu einer unmittelbaren Wirkung von Richtlinien kommen, wenn diese einen Bürger im Verhältnis zum Staat begünstigen, es im Zuge dessen aber notwendig zu einer faktischen Belastung Dritter kommt.

D. Rechtsanwendung im Europ. Staaten-und Verfassungsverbund

Unmittelbare Wirkung von Sekundärrecht laut vertraglicher Anordnung	
Verordnungen: Gem. Art. 288 II AEUV haben Verordnungen „**allgemeine Geltung**", sie regeln also eine *unbestimmte Vielzahl* von Fällen auf *abstrakt generelle* Weise. Sie sind in all ihren Teilen **verbindlich** und entfalten **unmittelbare Geltung** in den Mitgliedsstaaten.	**Beschlüsse:** Gem. Art. 288 IV AEUV sind Beschlüsse in all ihren Teilen für den **verbindlich**, den sie bezeichnen. Sie treffen eine *konkret individuelle* Regelung für *Einzelfälle* und entfalten allein für ihren **Adressaten unmittelbare Wirkung**.

Sonderfall: unmittelbare Wirkung von Richtlinien:
Grundsatz: Richtlinien nur für **Mitgliedstaaten** und nur hinsichtlich des zu **erreichenden Ziels verbindlich**
Ausnahme zur Gewährleistung der effektiven Wirkung des Unionsrechts: **unmittelbare Anwendbarkeit von Richtlinien**
Voraussetzungen: - Umsetzungsfrist verstrichen und RiLi noch nicht oder nicht ordnungsgemäß umgesetzt - Bestimmungen der Richtlinie inhaltlich unbedingt und hinreichend genau

Literatur: *Beljin,* Die Zusammenhänge zwischen dem Vorrang, den Instituten der innerstaatlichen Beachtlichkeit und der Durchführung des Gemeinschaftsrechts, EuR 2002, 351; *Calliess,* Zur unmittelbaren Wirkung der EG-Richtlinie über die Umweltverträglichkeitsprüfung und ihrer Umsetzung im deutschen Immissionsschutzrecht, NVwZ 1996, 339; *ders.*, Feinstaub im Rechtsschutz deutscher Verwaltungsgerichte, Europarechtliche Vorgaben für die Klagebefugnis vor deutschen Gerichten und ihre dogmatische Verarbeitung, NVwZ 2006, 1; *Funke,* Umsetzungsrecht, 2010, S. 117 ff.; *Gellermann,* Beeinflussung bundesdeutschen Rechts durch Richtlinien der EG, 1994; *Hilf,* Die Richtlinie der EG – ohne Richtung, ohne Linie, EuR 1993, 1; *Jarass,* Voraussetzungen der innerstaatlichen Wirkung des EG-Rechts, NJW 1990, 2420; *Jarass/Beljin,* Unmittelbare Anwendung des EG-Rechts und EG-rechtskonforme Auslegung, JZ 2003, 769; *Klein,* Unmittelbare Geltung, Anwendbarkeit und Wirkung von Europäischem Gemeinschaftsrecht, 1988; *Ruffert,* Subjektive Rechte im Umweltrcht der EG, 1996; *Wegener,* Rechte des Einzelnen, 1998.

II. Anwendungsvorrang des Unionsrechts

1. EuGH zur Rangfrage

Nach der Rechtsprechung des EuGH kommt den Normen des EUV und AEUV wie auch den auf ihrer Grundlage erlassenen Vorschriften des Sekundärrechts **Vorrang gegenüber allen innerstaatlichen Rechtsnormen** zu. Die Bestimmungen des Primär- und Sekundärrechts gehen damit den Bestimmungen der zu ihrer Umsetzung erlassenen nationalen Gesetze ebenso vor wie jeder anderen Norm der mitgliedstaatlichen Rechtsordnung, auch dem Verfassungsrecht. Diesen, in der Entscheidung *Costa/ENEL* aus dem Jahr 1964 etablierten Grundsatz begründet der Gerichtshof wie folgt:

> „Dem vom Vertrag geschaffenen, somit aus einer autonomen Rechtsquelle fließenden Recht, kann wegen seiner Eigenständigkeit keine wie auch immer geartete innerstaatliche Rechtsvorschrift vorgehen, wenn ihm nicht sein Charakter als Gemeinschaftsrecht aberkannt und wenn nicht die Rechtsgrundlage der Gemeinschaft selbst in Frage gestellt werden soll." (EuGH, Rs. C-6/64, Slg. 1964, 1251)

12 Ein maßgebliches **Argument** gewinnt der EuGH also aus dem Charakter des Unionsrechts als einer eigenständigen, autonomen Rechtsordnung, zugunsten derer die Mitgliedstaaten in begrenztem Umfang auf eigene Souveränitätsrechte verzichtet haben. Zur Begründung nimmt der EuGH aber auch Bezug auf die gesetzgeberische Handlungsform der Verordnung gem. Art. 288 Abs. 2 AEUV, die „unmittelbar in jedem Mitgliedstaat" gilt. Ohne einen Vorrang des Unionsrechts wäre das Unionsrecht in seiner Wirkung abhängig von der Kompatibilität mit innerstaatlichem Recht, so dass die vertraglich angeordnete unmittelbare Geltung leer liefe. Denn nach der „Lex-Posterior-Regel" könnte der nationale Gesetz- und Verordnungsgeber sich durch den nachträglichen Erlass innerstaatlichen Rechts aus den auf Unionsebene eingegangenen Verpflichtungen einseitig lösen. Insofern ist es die **Effektivität des Unionsrechts**, die durch dessen Vorrang gegenüber dem mitgliedstaatlichen Recht garantiert werden soll. Zugleich ist der Vorrang ein Ausdruck der Supranationalität der EU, durch den sie sich vom von den klassischen Internationalen Organisationen des Völkerrechts unterscheidet. (dazu bereits oben Teil 1, B, Rn. 107).

13 Zentrales **Ziel des Vorrangs** ist die Wahrung der einheitlichen Anwendung und Durchsetzung des Unionsrechts in den Mitgliedstaaten. Das gemeinsame Recht ist das Fundament der europäischen Integration, es gewährleistet den Zusammenhalt und das loyale Zusammenwirken von Mitgliedstaaten und EU im föderativen Staaten- und Verfassungsverbund. Nicht zuletzt deswegen wird die EU als **Rechtsgemeinschaft** bezeichnet. Vor diesem Hintergrund genießt das Unionsrecht – unabhängig von seinem Rang als Primär- oder Se-

D. Rechtsanwendung im Europ. Staaten-und Verfassungsverbund 297

kundärrecht – Vorrang gegenüber sämtlichen Normen des nationalen Rechts. In seiner Entscheidung *Internationale Handelsgesellschaft* betonte der EuGH, dass **auch das Verfassungsrecht der Mitgliedstaaten** von dem unionsrechtlichen Vorrangprinzip **umfasst** sein soll. Die Gültigkeit einer Gemeinschafts- bzw. Unionsrechtshandlung oder deren Geltung in einem Mitgliedstaat könne nicht berührt sein, wenn geltend gemacht wird, die mitgliedstaatlichen Grundrechte oder die Strukturprinzipien der nationalen Verfassungen seien verletzt. Allerdings sei jede Unionshandlung darauf zu prüfen, „ob nicht eine entsprechende gemeinschaftsrechtliche Garantie verkannt wurde; denn die Beachtung der Grundrechte gehört zu den allgemeinen Rechtsgrundsätzen, deren Wahrung der EuGH zu sichern hat" (EuGH, Rs. 11/70, Slg. 1970, 1125).

Dabei gilt es zu beachten, dass den Bestimmungen des Unionsrechts **nur ein Anwendungsvorrang**, nicht aber ein Geltungsvorrang vor innerstaatlichen Rechtsnormen zukommt. Anders als im deutschen Bundestaat gem. Art. 31 GG gilt somit im europäischen Staaten- und Verfassungsverbund nicht der Grundsatz „Europarecht bricht nationales Recht". Denn wie auch der EuGH klarstellte, hat der Vorrang des Unionsrechts nicht zur Folge, dass die entgegenstehende nationale Vorschrift im Falle ihrer Unionsrechtswidrigkeit nichtig ist (EuGH, Rs. C-10/97 bis C-22/97, Slg. 1998, I-6307, Rn. 20 f.). Das Unionsrecht setzt die nationale Bestimmung nicht dauerhaft außer Kraft, so dass unionsrechtswidrige Normen weiterhin auf Sachverhalte angewandt werden können, die nicht in den Anwendungsbereich des Unionsrechts fallen. Der nationale Rechtsanwender hat lediglich **im konkret zu entscheidenden Fall** den Vorschriften des Unionsrechts den Vorrang einzuräumen und **gegenteilige Bestimmungen des innerstaatlichen Rechts unangewendet** zu lassen. Eine allgemeine Aussage über die Gültigkeit bzw. Nichtigkeit der nationalen Normen ist damit nicht verbunden. Wie der EuGH in der Rs. *Simmenthal II* betonte, wird dabei die dem Unionsrecht entgegenstehende nationale Bestimmung „ohne weiteres unanwendbar", so dass das mitgliedstaatliche Gericht die Vorschrift „ohne Weiteres" unangewendet lassen muss, „ohne dass es die vorherige Beseitigung dieser Bestimmung auf gesetzgeberischem Wege oder durch irgendein anderes verfassungsrechtliches Verfahren beantragen oder abwarten müsste" (EuGH, Rs. 106/77, Slg. 1978, 629). Zum unmittelbaren Rückgriff auf die Normen des Unionsrechts und damit gegebenenfalls zur Außerachtlassung nationaler Rechtsvor-

14

schriften sind **neben den Gerichten zudem auch die Behörden der Mitgliedstaaten** berechtigt und verpflichtet (EuGH, Rs. C-103/88, Slg. 1989, 1839, 1870 f.).

15 Im Unterschied zum gescheiterten Verfassungsvertrag, in dem der Vorrang in Art. I-6 explizit geregelt war (dazu *Ruffert*, in Calliess/Ruffert, Verfassung der EU, Art. I-6, Rn. 1 ff.) hat dieser bis dahin richterrechtlich ausgestaltete Grundsatz keinen Eingang in den Vertrag von Lissabon gefunden (zu den Gründen *Calliess*, Die neue EU, S. 4 ff.). In der **Erklärung Nr. 17, die den Verträgen im Rahmen der Änderungen durch den Vertrag von Lissabon** hinzugefügt wurde, wird aber darauf hingewiesen, „dass die Verträge und das von der Union auf der Grundlage der Verträge gesetzte Recht im Einklang mit der ständigen Rechtsprechung des Gerichtshofs der Europäischen Union unter den in dieser Rechtsprechung festgelegten Bedingungen Vorrang vor dem Recht der Mitgliedstaaten haben." Beigefügt ist ein Gutachten des Juristischen Dienstes des Rates, in dem auf das Urteil des Gerichtshofs in der Rs. *Costa/ENEL* verwiesen und konstatiert wird, dass die Tatsache, dass der Grundsatz des dort entwickelten Vorrangs sich nun auch weiterhin **nicht explizit in den Verträgen** finde, nichts an seiner Existenz und an der bestehenden Rechtsprechung des Gerichtshofs ändere.

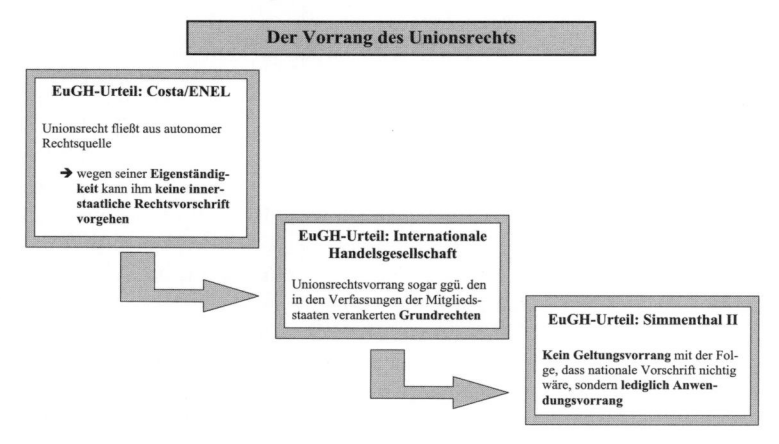

Der Vorrang des Unionsrechts

EuGH-Urteil: Costa/ENEL

Unionsrecht fließt aus autonomer Rechtsquelle

→ wegen seiner **Eigenständigkeit** kann ihm **keine innerstaatliche Rechtsvorschrift vorgehen**

EuGH-Urteil: Internationale Handelsgesellschaft

Unionsrechtsvorrang sogar ggü. den in den Verfassungen der Mitgliedstaaten verankerten **Grundrechten**

EuGH-Urteil: Simmenthal II

Kein Geltungsvorrang mit der Folge, dass nationale Vorschrift nichtig wäre, sondern **lediglich Anwendungsvorrang**

2. Rangfrage in der Rechtsprechung des BVerfG

Das BVerfG hat den Vorrang des Unionsrechts, wie er in der Rechtsprechung des EuGH etabliert ist, **im Grundsatz anerkannt**. In seiner Entscheidung in der Rs. *Lütticke* nimmt es die Argumentationslinie des Gerichtshofs in *Costa/ENEL* auf, um den Vorrang des Gemeinschaftsrechts gegenüber sowohl früherem als auch späterem **Gesetzesrecht** zu begründen:

„Art. 24 Abs. 1 GG besagt bei sachgerechter Auslegung nicht nur, daß die Übertragung von Hoheitsrechten auf zwischenstaatliche Einrichtungen überhaupt zulässig ist, sondern auch, daß die Hoheitsakte ihrer Organe, wie hier das Urteil des Europäischen Gerichtshofs, vom ursprünglich ausschließlichen Hoheitsträger anzuerkennen sind. Von dieser Rechtslage ausgehend müssen seit dem Inkrafttreten des Gemeinsamen Markts die deutschen Gerichte auch solche Rechtsvorschriften anwenden, die zwar einer eigenständigen außerstaatlichen Hoheitsgewalt zuzurechnen sind, aber dennoch aufgrund ihrer Auslegung durch den Europäischen Gerichtshof im innerstaatlichen Raum unmittelbare Wirkung entfalten und **entgegenstehendes nationales Recht überlagern und verdrängen**; denn nur so können die den Bürgern des Gemeinsamen Markts eingeräumten subjektiven Rechte verwirklicht werden." (BVerfGE 31, 145, 174)

Unbeantwortet blieb in dieser Entscheidung jedoch die Frage, ob das Vorrangprinzip aus der mitgliedstaatlichen Perspektive auch gegenüber dem nationalen **Verfassungsrecht** Geltung entfaltet. Dazu äußerte sich das Gericht erst im Rahmen seiner *Solange I-* Entscheidung, die als Reaktion auf den umfassenden Vorranganspruch, den der EuGH in der Rs. *Internationale Handelsgesellschaft* aufgestellt hatte, zu verstehen ist. Mit dieser Entscheidung versucht das BVerfG den zu jener Zeit zahlreichen Bedenken bezüglich einer Erosion von Grundrechtsschutz und Rechtsstaatlichkeit im Falle einer Anerkennung eines umfassenden Vorrangs Rechnung zu tragen. So sei, wie das Gericht ausführt, der Grundrechtsteil des Grundgesetzes ein „unaufgebbares, zur Verfassungsstruktur des Grundgesetzes gehörendes Essentiale der geltenden Verfassung der Bundesrepublik Deutschland" (BVerfGE 37, 271, 280). Art. 24 Abs. 1 GG gestatte es nicht, diesen vorbehaltlos zu relativieren. Entscheidend sei insofern der Stand der Integration der Gemeinschaft. Insbesondere den Grundrechtsschutz auf europäischer Ebene beurteilte das BVerfG in der *Solange I*-Entscheidung mangels eines geschriebenen Katalogs europäischer Grundrechte noch als ungenügend und **lehnte insofern einen Vorrang des Gemeinschaftsrechts gegenüber deutschen Grundrechten ab**. Damit behauptet das BVerfG im Verhältnis zum EuGH zugleich einen eigenständigen Kontrollanspruch gegenüber dem europäischen Recht am Maßstab der deutschen Grundrechte. Dieser Vorbehalt des BVerfG gegenüber dem Vorranganspruch des Unionsrechts besteht im Grundsatz bis heute fort. Auch wenn das Gericht in seiner *Solange II*-Entscheidung den **Verzicht auf die Ausübung seiner** diesem Vorrang korrespondierenden **Kontrollkompetenz** erklärt, solange der Grundrechtsschutz in der Gemeinschaft bzw. Union dem grundgesetzlichen im Wesentlichen entspricht, bleibt der prinzipielle Vorbehalt gegenüber einem umfassenden Unionsrechtsvorrang bestehen.

18   Ergänzt wird der Grundrechtsvorbehalt durch einen auf die Einhaltung der Kompetenzordnung (Art. 5 EUV, dazu oben Teil 3, C, Rn. 44 ff.) gerichteten **Ultra-Vires-Vorbehalt** und einen **Identitätsvorbehalt**, der insbesondere in der neueren Rechtsprechung des BVerfG seit der *Lissabon*-Entscheidung an Relevanz gewonnen hat: Da „der Anwendungsvorrang des Unionsrechts nur kraft und im Rahmen der fortbestehenden verfassungsrechtlichen Ermächtigung" gelte (BVerfGE 123, 267, 354), müsse er seine Grenze in dem unantastbaren Kerngehalt der Verfassungsidentität des Grundgesetzes finden (zu den **drei Kontrollvorbehalten** ausführlich unten Teil 3, D, Rn. 73 ff.).

19   Obwohl die Kontroll- oder auch Vorrangvorbehalte in den verfassungsrechtlichen Integrationsklauseln (zunächst in Art. 24 Abs. 1 GG, heute in Art. 23 Abs. 1 GG) verankert werden und der Vorrang damit als **national-verfassungrechtlich bedingt** angesehen wird, lässt das BVerfG die unionsrechtliche Vorrangkonzeption nicht gänzlich unbeachtet. In seiner *Kloppenburg*-Entscheidung stellt es klar, dass der Vorrang des Unionsrechts aus mitgliedstaatlicher Perspektive nicht unmittelbar durch Art. 24 GG selbst geregelt wird. Vielmehr erkennt es diesem die Natur eines **unionsrechtlichen Prinzips** zu, das über die national-verfassungsrechtliche Öffnungsklausel **in den mitgliedstaatlichen Rechtsraum einwirkt**. So führt das Gericht aus:

„Dieser Anwendungsvorrang gegenüber späterem wie früherem nationalem Gesetzesrecht **beruht auf einer ungeschriebenen Norm des primären Gemeinschaftsrechts**, der durch die Zustimmungsgesetze zu den Gemeinschaftsverträgen in Verbindung mit Art. 24 Abs. 1 GG der innerstaatliche Rechtsanwendungsbefehl erteilt worden ist […]. Art. 24 Abs. 1 GG enthält die verfassungsrechtliche Ermächtigung für die Billigung dieser Vorrangregel durch den Gesetzgeber und ihre Anwendung durch die rechtsprechende Gewalt im Einzelfall […]." (BVerfGE 75, 223, 244)

D. Rechtsanwendung im Europ. Staaten- und Verfassungsverbund

In Anknüpfung daran formulierte das BVerfG jüngst in seinem 20
Honeywell-Beschluss:

„Der Anwendungsvorrang **folgt aus dem Unionsrecht**, weil die Union als Rechtsgemeinschaft nicht bestehen könnte, wenn die einheitliche Wirksamkeit des Unionsrechts in den Mitgliedstaaten nicht gewährleistet wäre (vgl. grundlegend EuGH, Urteil vom 15. Juli 1964, Rs. 6/64, Costa/ENEL, Slg. 1964, S. 1251, Rn. 12). Der Anwendungsvorrang entspricht auch der verfassungsrechtlichen Ermächtigung des Art. 23 Abs. 1 GG, wonach Hoheitsrechte auf die Europäische Union übertragen werden können [...]. Art. 23 Abs. 1 GG erlaubt mit der Übertragung von Hoheitsrechten – soweit vertraglich vorgesehen und gefordert – zugleich deren unmittelbare Ausübung innerhalb der mitgliedstaatlichen Rechtsordnungen. Er enthält somit ein **Wirksamkeits- und Durchsetzungsversprechen, dem der unionsrechtliche Anwendungsvorrang entspricht.**" (BVerfGE 126, 286, 301 f.)

Die Kontrollvorbehalte des BVerfG gegenüber dem Vorrang des 21
Unionsrechts bilden den Ausgangspunkt für die Herausbildung eines mit Blick auf die Rechtseinheit in der EU sensiblen verfassungsgerichtlichen Sonderverhältnisses zwischen BVerfG und EuGH, dem – vermittelt über den vom BVerfG im Maastricht-Urteil (BVerfGE 89, 155) geprägten Begriff des **Kooperationsverhältnisses** – die Schärfe genommen werden soll. Die Praxis anderer nationaler Verfassungsgerichte ist insoweit bislang zurückhaltender (*Ley*, JZ 2010, 165 ff.; *Wendel*, Der Staat 52 (2013), 339 ff.) gleichwohl die europäische „Vorbildrolle" des BVerfG nicht zu unterschätzen ist und bereits Nachahmer gefunden hat. Im Staaten- und Verfassungsverbund der EU sind solche Kontrollvorbehalte nicht per se problematsch. Dies macht Art. 4 Abs. 2 EUV mit der Pflicht der EU-Institutionen deutlich, die **nationale Identität** der Mitgliedstaaten zu achten. Gleichwohl macht nicht zuletzt Art. 4 Abs. 3 EUV deutlich, dass die Kontrollvorbehalte im Hinblick auf den die Rechtseinheit in Europa sichernden Vorrang des Unionsrechts im Lichte **loyaler und konstruktiver Zusammenarbeit** auszuüben sind.

Literatur: *Beljin*, Die Zusammenhänge zwischen dem Vorrang, den Instituten der innerstaatlichen Beachtlichkeit und der Durchführung des Gemeinschaftsrechts, EuR 2002, 351; *Frank*, Altes und Neues zum Vorrang des Gemeinschaftsrechts vor staatlichem Recht, ZÖR 55 (2000), 1; *Funke*, Der Anwendungsvorrang des Gemeinschaftsrechts, DÖV 2007, 733; *Hasselbach*, Der Vorrang des Gemeinschaftsrechts vor dem nationalen Verfassungsrecht nach dem Vertrag von Amsterdam, JZ 1997, 942; *Isensee*, Vorrang des Europarechts und deutsche Verfassungsvorbehalte – offener Dissens, FS-Stern, 1997, S. 1239; *Jarass/Beljin*, Die Bedeutung von Vorrang und Durchführung des EG-Rechts für die nationale Rechtsetzung und Rechtsanwendung, NVwZ 2004, 1; *Kahl*, Bewältigung der Staatsschuldenkrise unter Kontrolle des Bundesverfassungsgerichts, DVBl. 2013, 197 ff.; *Klatt*, Die praktische Konkordanz von Kompetenzen, 2014, S. 118 ff., 380 ff.; *Kruis*, Der Anwendungsvorrang des EU-Rechts in Theorie und Praxis, 2013; *Niedobitek*, Kollisionen zwischen EG-Recht und nationalem Recht, VerwArch 92 (2001), 58; *Terhechte*, Grundwissen – Öffentliches Recht: Der Vorrang des Unionsrechts, JuS 2008, 403; *Wendel*, Permeabilität im europäischen Verfassungsrecht, 2011, S. 415 ff.

III. Innerstaatlicher Vollzug des Unionsrechts

22 Der Vollzug des Unionsrechts fällt wegen des in Art. 5 Abs. 2 EUV verankerten Prinzips der begrenzten Einzelermächtigung (vgl. dazu oben Teil 3, C, Rn. 45) grundsätzlich in die **Zuständigkeit der Mitgliedstaaten**. Gemäß Art. 197 AEUV ist die für das ordnungsgemäße Funktionieren der Union entscheidende effektive Durchführung des Unionsrechts durch die Mitgliedstaaten als Frage von gemeinsamem Interesse anzusehen. Deshalb kann die Union die Mitgliedstaaten in ihren Bemühungen um eine Verbesserung der Fähigkeit ihrer Verwaltung zur Durchführung des Unionsrechts unterstützen.

1. Grundprinzip der Unionstreue (Art. 4 Abs. 3 EUV)

23 Art. 197 AEUV ist eine besondere Ausprägung von Art. 4 Abs. 3 EUV, demzufolge die Mitgliedstaaten alle geeigneten Maßnahmen allgemeiner oder besonderer Art zur **Erfüllung ihrer Verpflichtungen ergreifen**, die sich aus den Verträgen oder den Handlungen der Organe der Union ergeben. Außerdem **unterstützen** sie die Union bei der Erfüllung ihrer Aufgaben und **unterlassen** alle Maßnahmen, welche die Verwirklichung der Ziele der Union gefährden könnten. Diese Verpflichtungen konkretisieren die verfahrensrechtliche (prozedurale) Ausprägung des europäischen Solidaritätsprinzips (siehe oben unter Teil 3, B, Rn. 40), das insoweit über das völkerrechtliche Verbot des Rechtsmissbrauchs hinausgeht, als in ihm ein **Grundsatz loyalen Zusammenarbeit** – sozusagen als „Geschäftsgrundlage" des Staaten- und Verfassungsverbunds – enthalten ist. Der Grundsatz basiert einerseits auf der Überlegung, dass die EU auf eine einheitliche Umsetzung ihres selbst gesetzten Rechts durch die untergeordneten Einheiten und insbesondere die Mitgliedstaaten im Interesse eines höchstmöglichen Wirkungsgrades des Unionsrechts angewiesen ist

(EuGH, Slg. 1986, 1339, Rn. 23). Zugleich ist dieser Grundsatz ausweislich des Wortlauts in Art. 4 Abs. 3 UAbs. 1 EUV auf **Gegenseitigkeit** angelegt. Wegen der darin zum Ausdruck kommenden Verwandtschaft zum grundgesetzlichen Prinzip der Bundestreue spricht das überwiegende deutsche Schrifttum vom Grundsatz der Gemeinschafts- bzw. Unionstreue (vgl. etwa *Calliess*, AöR 121 (1996), 509; *ders.*, ZEuS 2011, 213). Diese Bezeichnung wird zwar wegen des fehlenden bundestaatlichen Charakters der EU kritisiert (*Hatje*, Loyalität als Rechtsprinzip in der Europäischen Union, 2001, S. 36f.), soll aber im Folgenden aufgrund ihrer Plastizität und der weitgehenden Parallelen beibehalten werden.

Da Art. 4 Abs. 3 EUV seinem Wortlaut nach recht offen gehalten 24 ist, bedarf es einer Konkretisierung seines Inhalts. Auch wenn die unionsrechtliche Rechtsprechung sich insoweit meist mit pauschalen Verweisen auf diese Vorschrift behilft (EuGH, Rs. C-475/98, Slg. 2002, I-9797, Rn. 124), lassen sich aus dem prozeduralen Solidaritätsprinzip bei näherer Betrachtung vor allem Kooperationsgebote ableiten. Sie sind zum einen als **Unterlassungspflichten** im Sinne des Art. 4 Abs. 3 UAbs. 3 EUV konzipiert und verlangen dann die Vermeidung von Maßnahmen, die wie z. B. Marktabschottungen die praktische Wirksamkeit des Unionsrechts beeinträchtigen können. Zum anderen existieren gemäß Art. 4 Abs. 3 UAbs. 2 EUV **Handlungspflichten** im Sinne von Pflichterfüllungs- oder Erleichterungsgeboten, die z. B. die ordnungsgemäße Anwendung des Unionsrechts betreffen. Insoweit bestehen z. B. Informations-, Konsultations- und Stillhalteverpflichtungen im Zusammenhang mit der Kompetenzausübung. Schließlich ergeben sich aus dem Grundsatz der Unionstreue gemäß Art. 4 Abs. 3 UAbs. 1 EUV Pflichten zur **gegenseitigen Rücksichtnahme** im Rahmen der Kompetenzausübung. Etwaige **Pflichten zu materieller Solidarität**, die beispielsweise auf Beistand bei unterschiedlichem sozio-ökonomischen Entwicklungsstand angelegt sind, lassen sich dieser Norm allgemein nicht entnehmen, sie bedürfen einer expliziten Kompetenzgrundlage in den Verträgen (hierzu mit Blick sog. auf die sog. Rettungschirme im Rahmen der Krise im Euroraum *Calliess*, ZEuS 2011, 213 ff.).

Verpflichtungsadressaten der über Art. 4 Abs. 3 EUV geschulde- 25 ten prozeduralen Solidarität sind in erster Linie die **Mitgliedstaaten**. Dies bringt eine Bindung der gesamten öffentlichen Gewalt mit sich, und zwar unabhängig von der Art des Verwaltungsträgers oder dessen staatlicher Zuordnung. Daher sind in Deutschland die Exekutive, Legislative und Judikative von Bund und Ländern, aber auch etwaige Selbstverwaltungskörperschaften wie Kommunen oder Kammern sowie öffentliche Unternehmen an die Unionsstreue gebunden. Alle diese Institutionen haben im Hinblick auf die vertraglich vereinbarten Ziele und insoweit das Funktionieren und den Erhalt der EU nicht nur im Alltag, sondern gerade auch in Krisensituationen loyal und konstruktiv zusammenzuarbeiten (vertiefend *Calliess*, ZEuS 2011, 213 ff.). Des Weiteren sind aber **auch die Institutionen der EU** Verpflichtungsadressaten der Unionstreue. Ihnen obliegt insbesondere ein Gebot der Rücksichtnahme auf identitätsbestimmende Verfassungsstrukturen der Mitgliedstaaten. (vgl. etwa *Calliess*, AöR 121 (1996), 509 ff.; kritisch dazu aber *Schroeder*, AöR 129 (2004), 3, 33 f.). Dieses wird in Art. 4 Abs. 2 EUV unter dem Aspekt der Achtung der **nationalen Identität** konkretisiert (dazu bereits oben Teil 3, B, Rn. 39 ff.). Daraus lässt sich zum Beispiel eine Pflicht der EU-Organe zur Berücksichtigung der nationalen Spezifika des Verfassungsrechts wie z. B. des Bundesstaatsprinzips oder des Prinzips kommunaler Selbstverwaltung ableiten. Derartige Besonderheiten müssen somit im Kollisionsfalle mit dem Ziel des Erhalts der Funktionsfähigkeit der EU in Ausgleich gebracht werden. Ähnliche Rücksichtnahmepflichten existieren bei Interaktionen zwischen den Unionsorganen und im Falle rechtlicher Implikationen unter den Mitgliedstaaten. Gerade der letztgenannte Fall scheint für das Recht des offenen Verfassungsstaates besonders relevant. Denn er zwingt nationale Behörden ggf. in Verbindung mit spezielleren Vorschriften wie den grundfreiheitlichen Bestimmungen z. B. dazu, dem nationalen Recht anderer Mitgliedstaaten Vertrauen entgegenzubringen und dort erstellte Expertisen oder Kontrollstandards anzuerkennen (EuGH, Rs. 45/76, Slg. 1977, 5, Rn. 22/25).

26 Trotz der allgemeinen Fassung des Art. 4 Abs. 3 EUV wird dieser Vorschrift nach überwiegender Ansicht und in Übereinstimmung mit der Rechtsprechung des EuGH mittlerweile **unmittelbare Wirkung** zugesprochen (*Kahl*, in: Calliess/Ruffert, EUV/AEUV, Art. 4 EUV, Rn. 43; EuGH, Rs. C-285/96, Slg. 1998, I-5935, Rn. 19 f.). Diese Rechtsfolge ist allerdings wegen des Erfordernisses hinreichender Bestimmtheit an die Voraussetzung gebunden, dass dem jeweiligen Adressaten kein Ermessensspielraum hinsichtlich seiner Pflicht zum Handeln bleibt, während bezogen auf die möglichen Varianten des Tätigwerdens durchaus verschiedene Optionen bestehen dürfen. Soweit speziellere Regelungen (wie z. B. Art. 197 AEUV) einschlägig sind,

kommt der Grundsatz der Unionstreue nicht zur Anwendung, es sei denn, diese Normen sind ihrerseits nicht abschließend. In diesem Falle ist Art. 4 Abs. 3 EUV ergänzend heranzuziehen, weil davon auszugehen ist, dass das Unionsrecht die Kooperationspflichten der Mitgliedstaaten nicht durch die spezifische Ausgestaltung einzelner Obliegenheiten verengen wollte (EuGH, Rs. C-374/89, Slg. 1991, I-367, Rn. 13).

2. Vollzug des Unionsrechts durch die Verwaltung

Soweit die Verwaltung das Unionsrecht ausführt, ist nach den Akteuren zu unterscheiden. Der Vollzug kann je nach Kontext sowohl durch die Organe der EU als auch durch die mitgliedstaatlichen Behörden erfolgen. 27

a) **Vollzug durch Unionsorgane.** Der sog. **unmittelbare Vollzug** betrifft den Fall, dass die Unionsorgane und insbesondere die Kommission ausführungsverantwortlich sind. Diese sog. EU-Eigenverwaltung ist vergleichsweise **selten** gegeben, weil insoweit auf EU-Ebene regelmäßig entsprechende Kompetenzen fehlen und die Ressourcen dort relativ knapp sind. Als Beispiele für einen unmittelbaren Vollzug können jedoch das EU-Wettbewerbsrecht (vgl. Art. 105 und 108 AEUV) und die Unionsbedienstetenverwaltung herangezogen werden. 28

Die nationalen Behörden sind im Falle des unmittelbaren Vollzugs zwar nicht selbst zur Ausführung von Unionsrecht berufen. Aus Art. 4 Abs. 3 EUV lassen sich allerdings **Kooperations- bzw. Amtshilfepflichten** gegenüber den zuständigen EU-Organen ableiten, die in verschiedenen spezielleren Vorschriften (in der Regel aus dem Sekundärrecht) konkretisiert sind. So ist es z. B. denkbar, dass vor Ort Auskünfte eingeholt, Nachprüfungen angestellt oder Durchsuchungen von Geschäftsräumen unterstützt werden müssen. Etwaige Erfordernisse des nationalen Rechts sind dann aber nicht entbehrlich. Insbesondere bedarf es wegen des rechtsstaatlich garantierten Vorbehalts des Gesetzes (Art. 20 Abs. 3 GG) einer Befugnisnorm. 29

b) **Vollzug durch mitgliedstaatliche Behörden.** Im Falle des sog. **mittelbaren Vollzugs** von Unionsrecht sind demgegenüber die Mitgliedstaaten ausführungsbefugt und -verpflichtet. Sie wenden insoweit ihr nationales Verwaltungsverfahrens- und organisationsrecht an. Ihre darin zum Ausdruck kommende sog. **Verwaltungsautonomie** wird aber durch die **Unionstreue** gem. Art. 4 Abs. 3 EUV begrenzt. 30

31 **aa) Vollzugsformen.** Die nationalen Behörden können direkt aufgrund von Unionsrecht oder indirekt auf Basis eines durch Unionsrecht veranlassten, aber nationalen Rechtsakts tätig werden.

32 Geht es um die direkte Ausführung von Verordnungen oder Beschlüssen (**direkter Vollzug**), wird die mitgliedstaatliche Verwaltung als Unterbau der Union instrumentalisiert (sog. Grundsatz der vertikalen Funktionenteilung; dazu *Götz*, in: Schwarze (Hrsg.), Der Verfassungsentwurf des Europäischen Konvents, 2004, S. 43, 57f.). Die Durchführung des Unionsrechts erfolgt, soweit dort keine spezielleren primär- oder sekundärrechtlichen Regelungen bestehen, nach nationalem Recht. Die allgemeinen Rechtsgrundsätze des Unionsrechts verdrängen die mitgliedstaatlichen Regelungen somit nicht. Insofern ist der Vollzug des Unionsrechts durch die Mitgliedstaaten durch den **Grundsatz der Verfahrensautonomie** geprägt.

33 Den mitgliedstaatlichen Behörden sind insoweit allerdings aus der Unionstreue gem. Art. 4 Abs. 3 EUV im Interesse des Vorrangs des Unionsrechts, der die einheitliche Rechtsanwendung und –durchsetzung und damit die Gleichbehandlung aller Wirtschaftsteilnehmer gewährleisten soll, **Grenzen** gesetzt. Diese konkretisieren sich nach der Rechtsprechung des EuGH (Rs. 205/82, Slg. 1983, 2633, Rn. 17, 22f.) zum einen darin, als das nationale Recht auf Sachverhalte mit Bezug zum EU-Ausland genauso angewendet werden muss wie auf rein innerstaatliche Fälle (Diskriminierungsverbot bzw. **Äquivalenzprinzip**). Zum anderen darf das mitgliedstaatliche Recht nicht die praktische Wirksamkeit (effet utile) der unionsrechtlichen Regeln vereiteln bzw. wesentlich erschweren (Beeinträchtigungsverbot bzw. **Effektivitätsprinzip**). So kann einem Unternehmer z. B. kein Vollstreckungsschutz gegen einen auf Basis von Unionsrecht ergangenen Verwaltungsakt zur Seite gestellt werden, falls sich die unionsrechtlich motivierte Entscheidung dadurch erledigen würde (EuGH, Rs. C-217/88, Slg. 1990, I-2879, Rn. 25f.). Abgesehen von diesen das nationale Recht überformenden Grenzen bleibt die Gestaltung des Verwaltungsverfahrens bzw. der Verwaltungsorganisation indes den Mitgliedstaaten vorbehalten, so dass zumindest insoweit ein gewisses Maß an Autonomie besteht (dazu *Potacs*, EuR 2004, 595, 596f.; *Sydow*, JuS 2005, 97).

34 Effektivitäts- und Äquivalenzprinzip sind zum Beispiel bei der **Rückforderung von Beihilfen** relevant geworden, wobei zwei Fälle zu differenzieren sind:

- Soweit die Kommission die Unionsrechtswidrigkeit einer **aus mitgliedstaatlichen Mitteln gewährten Subvention** in einem bestandskräftigen Beschluss nach Art. 108 AEUV festgestellt und deren Rückforderung angeordnet hat, ist dem zwingend Folge zu leisten. Vertrauensschützende Aspekte zugunsten des Beihilfeempfängers – also etwa verstrichene Ausschlussfristen nach nationalem Recht, der Wegfall der Bereicherung aufgrund gutgläubigen Verbrauchs oder eine behördliche Fehlinformation bzw. begünstigende Ermessensentscheidung (z. B. ein Rückforderungsverzicht; vgl. *Scheuing*, Die Verwaltung 34 (2001), 107, 132 f.) – sind nicht einzubeziehen. Denn es ist einem sorgfältigen Gewerbetreibenden zuzumuten, sich über die Einhaltung des europarechtlich geforderten Beihilfeaufsichtsverfahrens zu informieren. Aus diesem Grunde überwiegt stets das Rückforderungsinteresse der Union zur Gewährleistung eines unverfälschten Wettbewerbs (EuGH, Rs. C-5/89, Slg. 1990, I-3437, Rn. 13 f.) – es sei denn, es liegen außergewöhnliche Umstände wie eine Zusage oder Falschauskunft der Kommission vor.
- Im Gegensatz dazu sind vertrauensschützende Aspekte auf Seiten des Begünstigten durchaus beachtenswert, wenn es um eine **Beihilfe aus EU-Mitteln** geht, die eine mitgliedstaatliche Behörde auf Basis einer Kommissionszuweisung zunächst weitergeleitet hat und später zurückfordern soll. Dann ist dem Unionsinteresse aber vollständig Rechnung zu tragen, indem es mit dem ebenfalls im Unionsrecht verankerten Grundsatz des Vertrauensschutzes in Einklang gebracht wird. Unter Berücksichtigung dessen ist es z. B. denkbar, auf die Erkennbarkeit etwaiger Unionsrechtsverstöße aus Sicht des Beihilfeempfängers abzustellen, wobei dann die Größe und Branchenzugehörigkeit des Unternehmens über dessen Schutzwürdigkeit entscheidet (vgl. dazu auch BVerwGE 92, 81, 84.).

Beim **indirekten Vollzug** wird nationales Recht vollzogen, das seinen Ursprung aber im Unionsrecht hat. So etwa im Fall einer in mitgliedstaatliches Recht umgesetzten Richtlinie. Hier agiert die Verwaltung unmittelbar auf der Basis des nationalen Rechts, indirekt vollzieht sie aber die Richtlinie. Der zusätzliche Transformationsakt ändert entgegen teilweise vertretener Ansicht (*Borchardt*, Die rechtlichen Grundlagen der Europäischen Union, 2012, S. 278) jedoch nichts daran, dass auch insoweit das **Effektivitäts- und Äquivalenzprinzip** Anwendung finden. Denn es ist kein Grund dafür ersichtlich, dass das Interesse der Union an der einheitlichen und wirksamen Beachtung ihres Rechts bei der direkten und indirekten Ausführung von Unionsrecht unterschiedlich stark ausgeprägt sein sollte.

36 **bb) Behördliche Mitwirkungs- und Aufhebungspflichten.** Bei beiden Vollzugsformen treffen die mitgliedstaatlichen Behörden eine Vielzahl von **Informations-, Konsultations-, Genehmigungs- bzw. Geheimhaltungspflichten** gegenüber bestimmten Unionsorganen (in der Regel die Kommission, seltener das EuG bzw. der EuGH). Diese Obliegenheiten ergeben sich aus dem jeweiligen Sekundärrecht in Verbindung mit Art. 4 Abs. 3 EUV. Etwaige Verpflichtungen sind so zu erfüllen, dass die Kommission ihrer Kontrollaufgabe als Hüterin der Verträge und der EuGH seiner Rechtsbewahrungsfunktion angemessen nachkommen können.

37 Schließlich leitet der EuGH aus dem Grundsatz der loyalen Zusammenarbeit nach Art. 4 Abs. 3 UAbs. 1 EUV eine **Verpflichtung** der nationalen Behörden ab, unter bestimmten Umständen **bestandskräftige Verwaltungsentscheidungen aufzuheben**. Die damit verbundene Abweichung vom Grundsatz der Rechtssicherheit ist aber nur zulässig, wenn (1) die Behörde nach nationalem Recht befugt ist, die Entscheidung zurückzunehmen, (2) die Entscheidung infolge eines Urteils eines mitgliedstaatlichen Gerichts bestandskräftig geworden ist, (3) dieses Urteil – wie eine spätere Entscheidung des EuGH zeigt – unter Verstoß gegen Unionsrecht ergangen, aber trotz Vorliegens der Voraussetzungen des Art. 267 AEUV nicht vorgelegt worden ist und schließlich (4) sich der Betroffene unmittelbar nach Kenntnisnahme von der ihm günstigen Entscheidung des EuGH an die Verwaltungsbehörde gewandt hat (EuGH, Rs. C-453/00, Slg. 2004, I-837, Rn. 26).

38 Diese Rechtsprechung gilt jedoch nur bei bestandskräftigen Entscheidungen der Verwaltung, die gerichtlich bestätigt worden sind, aber gegen Unionsrecht verstoßen. Auf eine **unionsrechtswidrige Verurteilung** in einem mittlerweile **rechtskräftigen Zivilrechtsstreit** sind die obigen Grundsätze nach der Rechtsprechung des EuGH **nicht übertragbar** (EuGH, Rs. C-234/04, Slg. 2006, I-2585, Rn. 23). Denn mangels Verfügung fehlt es schon an einer behördlichen Aufhebungsmöglichkeit. Für die Richtigkeit dieser **Differenzierung zwischen zivilrechtlichen und verwaltungsrechtlichen** Streitigkeiten spricht entgegen teilweise vertretener Ansicht (so vor allem *Kenntner*, EuZW 2005, 235, 237) die Tatsache, dass der Rechtsfrieden unter na-

türlichen Personen weitaus schützenswerter erscheint als bei behördlicher Beteiligung. Dies gilt vor allem dann, wenn allein die öffentliche Hand auf ihr günstige Positionen verzichten muss.

cc) **Verwaltungszuständigkeit für den innerstaatlichen Vollzug des Unionsrechts im Bundesstaat.** Die beschriebenen europarechtlichen Anforderungen an den nationalen Vollzug von Unionsrecht beantworten indes noch nicht die für föderal strukturierte Mitgliedstaaten wie die Bundesrepublik Deutschland besonders bedeutsame Frage, **welche Ebene**, Bund oder Länder, insoweit in der Verantwortung steht. Die europäischen Verträge sind in dieser Hinsicht indifferent, sie interessieren sich nicht dafür, wie das Unionsrecht in einem Mitgliedstaat vollzogen wird, sondern nur dafür, ob es vollzogen wird. Kommt es zu einer Verletzung von Unionsrecht und wird von der Kommission ein Vertragsverletzungsverfahren gem. Art. 258 AEUV eingeleitet, so ist insoweit die Bundesrepublik Deutschland als Mitgliedstaat verantwortlich. Diese wird durch die Bundesregierung repräsentiert, im Rahmen derer wiederum das Referat „EA4 – Recht der EU" im Bundeswirtschaftsministerium (dazu *Pickartz*, Ad Legendum 2/2014, 161 ff.) die Federführung innehat. 39

(1) **EU-Eigenverwaltung und indirekter Vollzug von Unionsrecht.** Unproblematisch sind zunächst die Konstellationen, die in die Verantwortung der **Eigenverwaltung der EU** fallen wie z. B. in Teilen des Beihilfen- bzw. Kartellrechts, weil nationale Behörden insoweit schon dem Grunde nach unzuständig sind. 40

Aber auch der **indirekte Vollzug** des Unionsrechts stellt keine besonderen Anforderungen. Insoweit ist immer ein nationaler Umsetzungsakt erforderlich, für den die innerstaatliche Kompetenzverteilung maßgebend ist. Ist eine **Richtlinie** umzusetzen, so richtet sich die Gesetzgebungszuständigkeit nach dem von ihr geregelten Gegenstand, der im Rahmen der Art. 70 ff. GG in **direkter** (so die h.M, vgl. nur *Degenhart*, in: Sachs, GG, Art. 70, Rn. 25, a. A. etwa *Ehlers*, JURA 2000, 323, 325: **analoger**) Anwendung die Weiche in Richtung Bundes- oder Landeszuständigkeit stellt. Damit besteht zugleich auch ein Anknüpfungspunkt für die Verteilung der Verwaltungsverantwortung. Wird eine Richtlinie nach den Art. 70 ff. GG durch Landesgesetze umgesetzt, so sind nach Art. 30 GG ausschließlich die Bundesländer zuständig und verantwortlich. Wird eine Richtlinie hingegen nach den Art. 70 ff. GG durch ein Bundesgesetz umgesetzt, so finden die Art. 83 ff. GG direkt Anwendung. Hier ist die Verwal- 41 tungsverantwortung nur grundsätzlich den Bundesländern zugewiesen, während der Bund unter den Voraussetzungen der Art. 83 ff. GG entweder bestimmte Aufsichtsrechte hat (Länderverwaltung unter Bundesaufsicht), den Vollzug teilweise an sich ziehen (Bundesauftragsverwaltung) oder sogar selbst wahrnehmen kann (Bundeseigenverwaltung).

42 **(2) Direkter Vollzug von Unionsrecht.** Derartige Anhaltspunkte fehlen jedoch im Falle des **direkten** Vollzugs von Unionsrecht, weil eine auf Art. 288 Abs. 2 AEUV basierende **Verordnung** oder ein aufgrund von Art. 288 Abs. 4 AEUV ergangener **Beschluss** keines nationales Umsetzungsaktes bedarf und sich daher nicht ohne weiteres in die Kategorien Bundes- oder Landesrecht einordnen läßt. Folglich passen die Art. 30, 83 ff. GG nicht, so dass mangels anderweitiger einschlägiger Rechtsgrundlagen im Hinblick auf die Zuständigkeitsverteilung eine **Regelungslücke** gegeben ist. Da dem Verfassungsgeber das Problem des direkten Vollzugs von Unionsrecht bei Inkrafttreten des Grundgesetzes noch nicht bekannt war, ist zudem von deren Planwidrigkeit auszugehen, so dass eine **analoge Anwendung der Art. 30, 83 ff. GG** in Betracht kommt. Die dazu ebenfalls erforderliche Vergleichbarkeit der Fälle lässt sich damit begründen, dass diesen Vorschriften gleichermaßen das Ziel einer ökonomisch ausgeglichenen und den Einfluss der Entscheidungsträger ausbalancierenden Kompetenz- bzw. Lastenverteilung zugrunde liegt. Denn dieses Ansinnen ist unabhängig davon, ob nun nationales oder direkt wirkendes Unionsrecht vollzogen wird, so dass die Voraussetzungen für eine Analogie zu den Art. 30, 83 ff. GG grundsätzlich vorliegen.

43 Unter Berücksichtigung dessen sind **in analoger Anwendung des Art. 30 GG grundsätzlich die Bundesländer für den direkten Vollzug von Unionsrecht zuständig.** Dem Bund stehen in **analoger Anwendung der Art. 83 ff. GG** die dort näher umschriebenen Einwirkungsmöglichkeiten zu, wenn der Regelungsgegenstand des europäischen Rechtsakts bei innerstaatlicher Betrachtung der ausschließlichen oder konkurrierenden Gesetzgebungskompetenz zuzuordnen wäre, weil nur dann ein Bundesgesetz im Sinne der Art. 83 ff. GG – und damit die Analogie im Hinblick auf den europäischen Rechtsakt – denkbar ist. Demgegenüber befürworten Teile der Literatur eine **generelle Einwirkungsmöglichkeit des Bundes,** um seiner alleinigen Verantwortung gegenüber der EU für die Sicherstellung eines ordnungsgemäßen und effektiven Vollzugs des Unionsrechts gerecht zu

werden (*Dittmann*, in: Sachs, GG, Art. 83, Rn. 20). Dieser Ansatz beschränkt sich auf eine analoge Anwendung der Art. 83 ff. GG, indem er den dortigen Begriff „Bundesgesetz" durch das Merkmal „unmittelbar wirkendes Unionsrecht" ersetzt, lässt aber Art. 30 GG dabei völlig außer Betracht. Da beide Normenkomplexe jedoch nur zusammen ihre ausbalancierende Wirkung zwischen den Interessen des Bundes und der Länder entfalten können, erscheint dieses Vorgehen zu einseitig. Vor diesem Hintergrund ist auch im Bereich des direkten Vollzugs von Unionsrecht der Kompetenzordnung des Grundgesetzes so weit wie möglich zu entsprechen, so dass die Art. 30, 83 ff. GG insgesamt analog anzuwenden sind, wenn z. B.: eine Verordnung der EU zu vollziehen ist. In diesem Kontext lässt sich die **Garantenstellung des Bundes für einen ordnungsgemäßen Vollzug des Unionsrechts über den Grundsatz der Bundestreue** ggf. in Verbindung mit den Mitteln des Bundeszwangs nach Art. 37 GG verwirklichen, so dass letztlich kein Grund für eine analoge Anwendung allein der Art. 83 ff. GG besteht.

(3) Auswirkungen der Bundestreue. Im Verhältnis zur EU ist allein der Bund für den ordnungsgemäßen Vollzug des Unionsrechts verantwortlich, weil völkerrechtliche Verpflichtungen immer an den Gesamtstaat anknüpfen (vgl. z. B. *Krieger*, JuS 2004, 855, 858). 44

Deshalb sind die **Bundesländer** sowie etwaige **verselbstständigte Verwaltungsträger** auf Basis des aus Art. 20 Abs. 1 GG ableitbaren Grundsatzes des bundesfreundlichen Verhaltens (sog. **Bundestreue**) zur Rücksichtnahme und Mitwirkung verpflichtet, falls sie innerstaatlich für den Vollzug des Unionsrechts verantwortlich sind. Daraus folgt z. B. eine Meldepflicht der Kommunen über die Bundesländer an den Bund, wenn sie die Vergabe solcher Beihilfen beabsichtigen, die ihrer Struktur und Höhe nach in den Anwendungsbereich der Art. 107 ff. AEUV fallen könnten. 45

Kommen die Bundesländer ihren Mitwirkungspflichten beim Vollzug des Unionsrechts nicht nach, hat der Bund verschiedene Reaktionsmöglichkeiten. Wenn es um den Vollzug von Rechtsakten gem. Art. 288 AEUV geht, so stehen dem Bund – wie gezeigt – die Aufsichtsmittel des **Art. 84 GG in direkter bzw. analoger Anwendung** zur Verfügung. Geht es nicht um den Vollzug von Rechtsakten, so greift die **Bundestreue** ein, etwa wenn es um die Umsetzung eines Urteils des EuGH, das Länderzuständigkeiten betrifft, geht. Als letztes Mittel steht dem Bund die Möglichkeit zur Verfügung, die Länder 46 über Art. 37 GG zur Erfüllung ihrer Pflichten im Wege des **Bundeszwangs** anzuhalten. Denn die in dieser Norm vorausgesetzte „Verletzung einer Bundespflicht nach dem Grundgesetz" ist gegeben, wenn ein Land seinen aus dem Grundsatz der Bundestreue resultierenden Mitwirkungsobliegenheiten nicht nachkommt. Die im Einzelfall zu bestimmenden Mittel müssen verhältnismäßig sein und bedürfen der Zustimmung des Bundesrats.

47 Daneben können dem Bund **Ersatzansprüche** gegenüber den Ländern für etwa entstandene Schäden nach Art. 104a Abs. 5 S. 1 Alt. 2 GG zustehen. Das in dieser Haftungsnorm niedergelegte Tatbestandsmerkmal der „(nicht) ordnungsgemäße(n) Verwaltung" ist erfüllt, wenn der Exekutive des jeweiligen Bundeslandes ein Fehlverhalten vorgeworfen werden kann. Liegt diese Voraussetzung vor, besteht grundsätzlich ein verschuldensunabhängiger Anspruch. Jedoch können Mitverursachungsbeiträge des Bundes die Anspruchshöhe mindern (BVerfGE 116, 271, 309 ff.). Eine solche Konstellation liegt z. B. vor, wenn ein Land in seinem Zuständigkeitsbereich ein Urteil des EuGH nicht umsetzt und im Zuge dessen gegenüber der Bundesrepublik Deutschland als Gesamtstaat ein **Zwangsgeld nach Art. 260 AEUV** festgesetzt wird. Hier hat der Bund dann zwar das vom EuGH gem. Art. 260 Abs. 2 AEUV festgesetzte Zwangsgeld zu zahlen, kann dann aber Ersatz vom verantwortlichen Land verlangen.

Der Vollzug des Unionsrechts

Direkter Vollzug (durch die Union)
- als Ausnahmefall nur bei vertraglicher Ermächtigung (Prinzip der begrenzten Einzelermächtigung)
- Unionsorgane vollziehen selbst das Unionsrecht

Indirekter Vollzug (durch die Mitgliedstaaten)
- Regelfall
- mitgliedstaatliche Verwaltungsorgane setzen unionsrechtliches Primär- und Sekundärrecht um

unmittelbarer mitgliedstaatlicher Vollzug

betrifft **unmittelbar anwendbares** Unionsrecht: soweit vorhanden nach unionsrechtlichen Vorgaben, sonst richten sich Verfahren und Kompetenzverteilung nach nationalem Recht

mittelbarer mitgliedstaatlicher Vollzug

betrifft **nicht unmittelbar anwendbares** Unionsrecht (Umsetzung von Unionsrecht, insb. Richtlinien, durch nationale Rechtsetzung mittels eigener nationaler Durchführungsvorschriften): nach nationalen Vorschriften

Literatur: *von Danwitz,* Europäisches Verwaltungsrecht, 2008; *Dederer,* Regress des Bundes gegen ein Land bei Verletzung von EG-Recht, NVwZ 2001, 258; *Due,* Der Grundsatz der Gemeinschaftstreue in der EG nach der neueren Rechtsprechung des Gerichtshofs, 1992; *Ehlers,* Die Einwirkungen des Rechts der Europäischen Gemeinschaft auf das Verwaltungsrecht, DVBl. 1991, 605; *Hatje,* Loyalität als Rechtsprinzip in der Europäischen Union, 2001; *Huber,* Das Kooperationsverhältnis von Kommission und nationalen Verwaltungen beim Vollzug des Unionsrechts, FS-Brohm, 2002, S. 127; *Kahl,* Der Europäische Verwaltungsverbund – Strukturen – Typen – Phänomene, Der Staat 50 (2011), 352; *Lück,* Die Gemeinschaftstreue als allgemeines Rechtsprinzip im Recht der Europäischen Gemeinschaft, 1992; *Pickartz,* Europarecht im BMWi – Einblicke in die Arbeit eines Referenten im Referat Europarecht des Bundesministeriums für Wirtschaft und Energie, Ad Legendum 2/2014, 161; *Potacs,* Bestandskraft staatlicher Verwaltungsakte oder Effektivität des Gemeinschaftsrechts?, EuR 2004, 595; *Pühs,* Der Vollzug von Gemeinschaftsrecht, 1997; *Scheuing,* Europäisierung des Verwaltungsrechts, Die Verwaltung 34 (2001), 107; Schmidt-Aßmann/Schöndorf-Haubold (Hrsg.), Der Europäische Verwaltungsverbund, 2005; *Schoch,* Die Europäisierung des Allgemeinen Verwaltungsrechts und der Verwaltungsrechtswissenschaft, Die Verwaltung 1999, Beiheft 2, 135; *Schroeder,* Nationale Maßnahmen zur Durchführung von EG-Recht und das Gebot der einheitlichen Wirkung, AöR 129 (2004), 3; *Schröder,* Effektiver Vollzug des Unionsrechts durch die Mitgliedstaaten als „Frage von gemeinsamem Interesse" – Bemerkungen zu Art. 197 AEUV, DVBl 2011, 671; *Siegel,* Entscheidungsfindung im Verwaltungsverbund, 2009; *Stelkens*, Art. 291 AEUV, das Unionsverwaltungsrecht und die Verwaltungsautonomie der Mitgliedstaaten, EuR 2012, 511; *Sydow*, Europäisierte Verwaltungsverfahren, JuS 2005, 97, 202; *ders.*, Vollzug des europäischen Unionsrechts im Wege der Kooperation nationaler und europäischer Behörden, DÖV 2006, 66; *Trüe*, Auswirkungen der Bundesstaatlichkeit Deutschlands auf die Umsetzung von EG-Richtlinien und ihren Vollzug, EuR 1996, 179; *Unruh*, Die Unionstreue, EuR 2002, 41; *Wille*, Die Pflicht der Organe der Europäischen Gemeinschaft zur loyalen Zusammenarbeit mit den Mitgliedstaaten, 2003; *Wuermeling*, Die Gemeinschaftstreue und die Rechtsakte der Gesamtheit der Mitgliedstaaten der EG, EuR 1987.

IV. Unionsrecht und nationale Gerichte

1. Rolle des nationalen Richters für die Anwendung des Unionsrechts – Vorlageverfahren gem. Art. 267 AEUV

48 Die EU ist eine Rechtsgemeinschaft (vgl. Art. 2 EUV und oben Teil 3, B, Rn. 33). Art. 47 GRCh garantiert den Unionsbürgern effektiven Rechtsschutz. Diesen hat der EuGH nach Art. 19 Abs. 1 S. 2 EUV im Rahmen seiner Zuständigkeiten und Möglichkeiten zu gewähren. Art. 19 Abs. 1 UAbs. 2 EUV macht jedoch deutlich, dass im europäischen Staaten- und Verfassungsverbund, der zugleich ein **Gerichtsverbund** ist, auch die Mitgliedstaaten in der Verantwortung stehen. Die mitgliedstaatlichen Gerichte haben im Anwendungsbereich des Unionsrechts, insbesondere im Wege des Vorabentscheidungsverfahrens nach Art. 267 AEUV, zur Gewährleistung eines effektiven Rechtsschutzes kooperativ und konstruktiv mit dem EuGH zusammenzuwirken. **Rechtsschutzlücken** sind im Lichte des Art. 47 GRCh im Rahmen des Gerichtsverbunds zu schließen; insoweit sind über **Art. 267 AEUV vermittelter indirekter und über Art. 263 Abs. 4 AEUV vermittelter direkter Rechtsschutz** durch den EuGH in einem Zusammenhang zu sehen (vertiefend *Calliess*, NJW 2002, 3577). Notfalls sind insoweit auch die Gesetzgeber der Mitgliedstaaten gem. Art. 19 Abs. 1 UAbs. 2 EUV gefordert: Sie haben die erforderlichen Rechtsbehelfe zu schaffen, „damit ein wirksamer Rechtsschutz in den vom Unionsrecht erfassten Bereichen gewährleistet ist".

49 **Indirekte Rechtsschutzmöglichkeiten** des Unionsbürgers gegen Unionsrechtsakte eröffnen sich durch das in Art. 267 AEUV geregelte **Vorabentscheidungsverfahren**. Es ermächtigt (ähnlich wie die in Art. 100 GG normierte abstrakte Normenkontrolle) die nationale

D. Rechtsanwendung im Europ. Staaten- und Verfassungsverbund 315

Judikative im Interesse der Koordinierung der (mitgliedstaatlichen) Rechtsprechung, einen anhängigen Rechtsstreit auszusetzen und der Unionsgerichtsbarkeit vorzulegen. Dort kann dann das nationale Gericht – also im Gegensatz zum direkten Rechtsschutz nicht der Einzelne – entscheidungserhebliche unionsrechtliche Fragen stellen, etwa zur **Auslegung** des Unionsrechts oder zur **Primärrechtskonformität von Sekundärrechtsakten**. Letzteres ist z. B. der Fall, wenn ein nationales Gericht Zweifel an der Vereinbarkeit einer Verordnung mit Grundrechten hat. Aufgrund des Vorrangs des Unionsrechts kann die Verordnung nur an europäischen Grundrechten gemessen werden, zumal dem EuGH insoweit ein sog. Verwerfungsmonopol zukommt.

Derartige Ersuchen um Vorabentscheidung sind nach Ansicht des 50 EuGH Teil der Zusammenarbeit der mitgliedstaatlichen und unionalen Rechtsprechung. Daraus folgen verschiedene Grundsätze eines funktional arbeitsteiligen Kooperationsverfahrens, in dem die beteiligten Gerichte gleich geordnet sind und in einen **richterlichen Dialog** treten sollen. Aus diesem Grunde ist z. B. der sachnäheren nationalen Judikative die Einschätzung der Entscheidungserheblichkeit bzw. der Erforderlichkeit einer Vorlage überlassen (EuGH, Rs. 244/80, Slg. 1981, 3045, Rn. 14 ff.). Insofern besteht ein Beurteilungsspielraum des befassten Gerichts, der nur bei objektiv willkürlicher Einstufung verletzt ist und dann zu einer Beeinträchtigung der Art. 267 AEUV i. V. m. Art. 4 Abs. 3 EUV führt. Aus Art. 267 Abs. 2 und 3 AEUV ergibt sich aber, dass diejenigen Gerichte, deren Urteile selbst nicht mehr mit Rechtsmitteln des innerstaatlichen Rechts anfechtbar sind, mithin also die **im konkreten Fall letztinstanzlichen Gerichte** in jedem Fall eine **Vorlagepflicht** trifft.

Von der Vorlagepflicht nationaler Gerichte **im Hinblick auf Aus-** 51 **legungsfragen** (nicht aber für Gültigkeitsfragen) hat der EuGH jedoch **drei Ausnahmetatbestände** anerkannt (vgl. *Broberg/Fenger*, EuR 2010, 835 ff.; *Calliess*, NJW 2013, 1905). Ein Vorabentscheidungsverfahren ist dann nicht erforderlich,

- wenn die Rechtsfrage des Ausgangsverfahrens bereits in einem gleichgelagerten Fall vorgelegt und durch den EuGH entschieden worden ist (EuGH Rs. 28 bis 30/62, Slg. 1963, 63, 80);
- oder bereits eine gesicherte Rechtsprechung des Gerichtshofs vorliegt, durch die die betreffende Rechtsfrage gelöst ist, gleich in welcher Art von Verfahren sich diese Rechtsprechung gebildet hat, und selbst dann, wenn die strittigen Fragen nicht vollkommen

identisch sind (sog. *acte éclairé*; EuGH, Rs. 283/81, Slg. 1982, 3415, Rn. 14);
- oder die richtige Anwendung des Unionsrechts derart offenkundig ist, dass keinerlei Raum für einen vernünftigen Zweifel an der Entscheidung der gestellten Frage bleibt und das innerstaatliche Gericht überzeugt ist, dass auch für die Gerichte der übrigen Mitgliedstaaten und den Gerichtshof die gleiche Gewissheit bestünde (sog. *acte clair*; EuGH, Rs. 283/81, Slg. 1982, 3415, Rn. 16).

In allen genannten Fallgruppen ist bereits ohne Befassung des EuGH die Antwort auf die (potentielle) Vorlagefrage **offensichtlich**. Sie ergibt sich entweder aus der vorgelagerten Rechtsprechung des EuGH oder aus der Natur der Rechtsfrage selbst.

52 Im Hinblick auf die Gültigkeit von Rechtsakten der EU stellt sich die Situation jedoch anders dar. Wenn insoweit nur letztinstanzliche Gerichte eine Vorlagepflicht träfe, dann könnten alle vorinstanzlichen Gerichte Unionsrecht im Falle einer von ihnen **unterstellten Unwirksamkeit** außer Acht lassen, ohne dem EuGH vorzulegen. Dafür spricht der Wortlaut von Art. 267 Abs. 2 und 3 AEUV. Hiermit, so wurde vertreten, sei eine für alle Instanzen geltende **Vorlagepflicht**, selbst wenn die Gültigkeit von Unionsrecht in Rede stehe, nicht zu vereinbaren.

53 Der **EuGH** ist diesem Verständnis jedoch nicht gefolgt, sondern hält alle nationalen Instanzen für vorlagepflichtig, sofern sie ihrer Auffassung nach ungültiges Unionsrecht unangewendet lassen wollen. Andernfalls seien der Vorrang, die **einheitliche Anwendung des Unionsrechts** und in der Folge die Rechtssicherheit in der EU gefährdet. Zudem fordere die Kohärenz zwischen Nichtigkeitsklage gem. Art. 263 AEUV und Vorabentscheidungsverfahren gem. Art. 267 AEUV, dass allein die Unionsgerichtsbarkeit zur Nichtigerklärung von Unionsrecht berufen sei, zumal das Verfahren vor dem Gerichtshof eine Beteiligung der Rechtsetzungsorgane ermögliche (EuGH, Rs. C-314/85, Slg. 1987, 4199, Rn. 16 ff. – Foto Frost). Vor diesem Hintergrund ist allein der EuGH berechtigt, einen Unionsrechtsakt für ungültig zu erklären, so dass ihm insoweit ein **Normverwerfungsmonopol** zukommt (*Calliess*, NJW 2002, 3578, 3579; *Pernice*, EuR 1996, 27, 35). Im Ergebnis sind daher **alle nationalen Gerichte** verpflichtet, eine Rechtsfrage dem EuGH nach Art. 267 AEUV vorzulegen, wenn sie Sekundärrechtsakte der EU für primärrechtswidrig erachten und diese daher unangewendet lassen wollen.

D. Rechtsanwendung im Europ. Staaten-und Verfassungsverbund 317

Würde man allerdings das Normverwerfungsmonopol zugunsten 54
der Unionsgerichtsbarkeit auch auf Verfahren des einstweiligen
Rechtsschutzes übertragen, bestünde die Gefahr, dass der Kläger bis
zum Abschluss des Vorabentscheidungsverfahrens und damit über
eine erhebliche Zeit rechtsschutzlos stünde. Dies widerspräche nicht
nur dem Wesen des vorläufigen Rechtsschutzes, sondern auch dem
Grundrecht auf effektiven Rechtsschutz gem. Art. 47 GRCh. Deshalb hat sich der EuGH im Falle **vorläufiger Rechtsschutzverfahren** für eine Kompromisslösung im Sinne einer **vorübergehenden Verwerfungskompetenz** entschieden, um das Interesse an einem effektiven Rechtsschutz mit dem Ziel der einheitlichen Anwendung des Unionsrechts in Einklang zu bringen (ausführlich unten Teil 3, D, Rn. 61).

Verfassungsrechtlich ist die bundesdeutsche Judikative wegen ih- 55
rer Bindung an Recht und Gesetz zur Prüfung des einschlägigen Unionsrechts verpflichtet. Nach der Rechtsprechung des BVerfG (vgl.
nur BVerfGE 73, 339, 366 f.) ist der EuGH anerkanntermaßen Teil
der prozessrechtlichen Zuständigkeitsordnung deren Einhaltung das
Recht auf den gesetzlichen Richter nach Art. 101 Abs. 1 S. 2 GG
garantiert. Der Gewährleistungsgehalt der Garantie des gesetzlichen
Richters ist daher berührt, wenn ein deutsches Gericht seiner nach
Maßgabe des Art. 267 AEUV bestehenden Pflicht zur Vorlage an
den EuGH nicht nachkommt. Ob eine solche Nichtvorlage eine Verfassungsrechtsverletzung darstellt, beurteilt das BVerfG anhand eines
Willkürmaßstabes (vgl. dazu auch *Roth*, NVwZ 2009, 345 ff.; *Bäcker*,
NJW 2011, 270 ff.; *Calliess*, NJW 2013, 1905 ff.). In Konkretisierung
dessen sind **drei Fallgruppen in der Kasuistik des BVerfG** anerkannt, in denen insbesondere von einer **willkürlichen Handhabung
der Zuständigkeitsnorm des Art. 267 AEUV** auszugehen ist (vgl.
BVerfGE 82, 159, 195 f.; BVerfG, NJW 2001, 1267, 1268; BVerfGE
126, 286, 315 ff.). *Erstens* liegt eine Verletzung des Rechts auf den gesetzlichen Richter vor, wenn das Ausgangsgericht seine Vorlagepflicht grundsätzlich verkennt, also eine Vorlage trotz bestehender
Entscheidungserheblichkeit überhaupt nicht in Erwägung zieht, obwohl es selbst Zweifel hinsichtlich der richtigen Beantwortung der
unionsrechtlichen Frage hegt. *Zweitens* ist von willkürlicher Handhabung auszugehen, wenn das Ausgangsgericht von der Rechtsprechung des EuGH abweicht und dennoch bewusst nicht vorlegt.
Drittens ist von Willkür auszugehen, wenn hinsichtlich der entscheidungserheblichen unionsrechtlichen Frage eine Rechtsprechung des

EuGH gar nicht bzw. nur unvollständig vorliegt und das Ausgangsgericht den ihm in solchen Fällen notwendigerweise zukommenden Beurteilungsrahmen in unvertretbarer Weise überschritten hat.

Literatur: *Bäcker*, Altes und Neues zum EuGH als gesetzlichem Richter, NJW 2011, 270; *Broberg/Fenger*, Theorie und Praxis der Acte-clair-Doktrin des EuGH, EuR 2010, 835; *Calliess*, Kohärenz und Konvergenz beim europäischen Individualrechtsschutz, Der Zugang zum Gericht im Lichte des Grundrechts auf effektiven Rechtsschutz, NJW 2002, 3577; *ders.*, Der EuGH als gesetzlicher Richter im Sinne des Grundgesetzes – Auf dem Weg zu einer kohärenten Kontrolle der unionsrechtlichen Vorlagepflicht?, in: NJW 2013, 1905; *Cremer*, Vorabentscheidungsverfahren und mitgliedstaatliche Verfassungsgerichtsbarkeit, BayVBl. 1999, 266; *Fastenrath*, Der Europäische Gerichtshof als gesetzlicher Richter, in: Bröhmer u. a. (Hrsg.), Internationale Gemeinschaft und Menschenrechte, 2005, FS für Georg Ress, S. 461; *Germelmann*, Wie weit reicht die Wirkung von Ungültigkeitserklärungen im Vorabentscheidungsverfahren?, EuR 2009, 254; *Hänsle*, Der Willkürmaßstab bei der Garantie des gesetzlichen Richters bei Nichtvorlagen – bewährter Maßstab oder gemeinschaftsrechtliche Notwendigkeit einer Neuausrichtung?, DVBl. 2011, 811; *Herrmann*, Die Reichweite der gemeinschaftsrechtlichen Vorlagepflicht in der neueren Rspr. des EuGH, EuZW 2006, 231; *Hummert*, Neubestimmung der acte-clair-Doktrin im Kooperationsverhältnis zwischen EG und Mitgliedstaat, 2006; *Kokott/Henze/Sobotta*, Die Pflicht zur Vorlage an den Europäischen Gerichtshof und die Folgen ihrer Verletzung, JZ 2006, 633; *Rodi*, Vorlageentscheidungen, gesetzlicher Richter und Willkür, DÖV 1989, 750; *Roth*, Verfassungsgerichtliche Kontrolle der Vorlagepflicht an den EuGH, NVwZ 2009, 345; *Schima*, Das Vorabentscheidungsverfahren vor dem EuGH, 2. Aufl. 2004; *Schröder*, Die Vorlagepflicht zum EuGH aus europarechtlicher und nationaler Perspektive, EuR 2011, 808; *Skouris*, Stellung und Bedeutung des Vorabentscheidungsverfahrens im europäischen Rechtsschutzsystem, EuGRZ 2008, 343; *Thüsing/Pötters/Traut*, Der EuGH als gesetzlicher Richter i. S. von Art. 101 I 2 GG, NZA 2010, 930; *Tillmanns*, Durchsetzung der Pflicht zur Vorlage an den EuGH im Wege des Art. 101 Abs. 1 Satz 2 GG, BayVBl 2002, 723; *Wernsmann*, § 11 – Vorabentscheidungsverfahren, in: Ehlers/Schoch (Hrsg.), Rechtsschutz im Öffentlichen Recht, 2009.

2. Grundsätze der Effektivität und Äquivalenz

56 Nicht zuletzt wegen des Verwerfungsmonopols der Unionsgerichtsbarkeit für primärrechtswidriges Sekundärrecht ist der nationale Rechtsschutz strikt subsidiär gegenüber demjenigen der EU (EuGH, Rs. C-68/95, Slg. 1996, I-6065, Rn. 53 ff.). Die Mitgliedstaaten haben aber in ihrem Recht ein hinreichendes **System von Rechtsbehelfen und Verfahren** vorzusehen. Dies fordert nicht nur Art. 19 Abs. 1

UAbs. 2 EUV, sondern auch das im Rahmen der „Durchführung" von Unionsrecht über Art. 51 Abs. 1 GRCh anwendbare Grundrecht auf effektiven Rechtsschutz gem. Art. 47 GRCh von den Mitgliedstaaten ein. Sie müssen die gerichtliche Überprüfung jeder europarechtlich motivierten Entscheidung eines nationalen Organs oder ein gerichtliches Vorgehen im Falle von Zivilrechtsstreitigkeiten mit Unionsrechtsbezug ermöglichen. Denn nur dann ist dem Gebot wirksamen Rechtsschutzes genüge getan, weil sich der Einzelne vor dem nationalen Gericht auf einen Verstoß gegen Unionsrecht berufen und indirekten Rechtsschutz durch die Unionsgerichtsbarkeit über Art. 267 AEUV erlangen kann. Aus demselben Grunde muss dem Einzelnen die vorläufige Sicherung seiner Rechte möglich sein, so dass mitgliedstaatliche Normen, die die Durchführung einstweiliger Rechtsschutzverfahren hindern, unangewendet zu bleiben haben (EuGH, Rs. C-213/89, Slg. 1990, I-2433, Rn. 19 – Factortame). Dieser europarechtlichen Forderung wird die deutsche Verwaltungsgerichtsordnung bei belastenden Verwaltungsakten durch die §§ 80 Abs. 5, 80a Abs. 3 VwGO gerecht. Hinzu tritt das einstweilige Verfahren nach § 123 Abs. 1 VwGO.

Das Erfordernis eines umfassenden Rechtsschutzsystems verbunden mit einer Pflicht der nationalen Gerichte zur Außerachtlassung etwaiger entgegenstehender Normen des mitgliedstaatlichen Rechts findet seine normative Verortung nicht nur im Vorrang des Unionsrechts, sondern auch in dem aus Art. 4 Abs. 3 EUV ableitbaren **Effektivitätsprinzip**. Dieses bindet nicht nur die Verwaltung, sondern auch die nationale Judikative und verlangt insoweit insbesondere, die gerichtliche Verwirklichung unionaler Rechtspositionen praktisch nicht unmöglich zu machen. Das **Äquivalenzprinzip** drängt in diesem Kontext demgegenüber darauf, dass bei der Verfolgung der Unionsrechte die gleichen prozessualen Vorgaben angewendet werden wie bei der Geltendmachung mitgliedstaatlicher Rechte. 57

Zur Verwirklichung dieser Grundsätze ist es z. B. geboten, den **verwaltungsgerichtlichen Rechtsschutz** des Einzelnen gem. § 42 Abs. 2 VwGO nicht auf eine Verletzung von Normen zu beschränken, die dem Einzelnen ein subjektives Recht verleihen bzw. ihn als Teil eines abgrenzbaren Personenkreises schützen (sog. Schutznormtheorie). Die darüber definierte Verletztenklage ist schon mit Blick auf die Mobilisierung bzw. Funktionalisierung des Bürgers für die Durchsetzung des Unionsrechts aus europarechtlicher Perspektive zu eng gefasst. Denn das Unionsrecht folgt insoweit dem Ansatz der 58

Interessentenklage. Insoweit reicht es für die Klagebefugnis aus, wenn der Einzelne aus dem Unionsrecht, also z. B. aus einer Richtlinie, ein rechtlich geschütztes Interesse herleiten kann. Im Hinblick hierauf lässt es der EuGH genügen, wenn eine Richtlinie auf den Schutz von **allgemeinen Rechtsgütern** (wie z. B. die „menschliche Gesundheit") zielt, an denen der Einzelne teilhaben kann und hinsichtlich derer er zum betroffenen Personenkreis gehört (am Beispiel des Umweltschutzes, konkret der „Feinstaubproblematik": *Calliess*, NVwZ 2006, 1, 3; BVerwG NVwZ 2007, 695; EuGH C-237/07, Slg. 2008, I-6221 und wiederum BVerwG NVwZ 2014, 64).

59 Zudem fordern der Effektivitäts- bzw. Äquivalenzgrundsatz eine innerstaatliche Durchsetzungsmöglichkeit der aus Art. 267 Abs. 3 AEUV resultierenden Vorlagepflicht. Daher kann der Einzelne sein grundrechtsgleiches Recht aus Art. 101 Abs. 1 S. 2 GG auf den gesetzlichen Richter bemühen, wenn sich ein vorlageverpflichtetes Gericht dem Vorabentscheidungsverfahren verweigert (dazu bereits oben Teil 3, D, Rn. 55).

60 In bestimmten Konstellationen kommt ein (vorläufiger) **Rechtsschutz vor den nationalen Gerichten** demgegenüber **nicht** in Betracht. Dies ist z. B. der Fall, wenn im einschlägigen Unionsrecht für die Begehr des Antragstellers ein Beschluss durch ein Unionsorgan – wie z. B. eine Schutzmaßnahme der Kommission – vorgesehen ist, aber bisher noch nicht vorgenommen wurde. Denn dann hat der Betroffene zunächst einen entsprechenden Antrag beim zuständigen EU-Organ zu stellen. Bleibt er insoweit ohne Erfolg, kann er im Anschluss daran eine Untätigkeitsklage nach Art. 265 AEUV erheben und diese gem. Art. 279 AEUV mit einem Antrag auf einstweilige Anordnung koppeln, so dass für eine Zuständigkeit der nationalen Judikative kein Raum bleibt (EuGH, Rs. C-68/95, Slg. 1996, I-6065, 57 ff.). Diese Rechtsprechung ist Konsequenz der strengen Subsidiarität etwaiger Verfahren vor den nationalen Gerichten. Sie kommen grundsätzlich nicht als Anlaufstation in Frage, wenn auf EU-Ebene Abhilfemöglichkeiten bestehen. In diesem Falle müssen aber auch Effektivitäts- und Äquivalenzprinzip zurückstehen.

3. Einstweiliger Rechtsschutz

61 Einen Sonderfall im Umgang der nationalen Gerichte mit dem Unionsrecht stellt der einstweilige Rechtsschutz gegen Verwaltungsakte, die auf Unionsrecht beruhen, dar. Wie der EuGH in seiner Entscheidung *Zuckerfabrik Süderdithmarschen* festgestellt hat, dürfen

die nationalen Gerichte den Vollzug beschwerender Maßnahmen (**§§ 80 V, 80a III VwGO**; EuGH, verb. Rs. C-143/88 u. C-92/88, Slg. 1991, I-415, Rn. 33) aussetzen oder auch einstweilige Maßnahmen zum Schutz des Einzelnen (**§ 123 VwGO**; EuGH, Rs. C-465/93, Slg. 1995, I-3761, Rn. 51) erlassen und somit (vermeintlich) unwirksames Unionsrecht vorübergehend bis zu einer Entscheidung des EuGH außer Acht lassen. Vor dem Hintergrund, dass auch im Unionsprozessrecht die Möglichkeit vorgesehen ist, einstweiligen Rechtsschutz gegen einen Unionsrechtsakt zu erlangen, sei dies im Sinne einer Kohärenz des Systems des vorläufigen Rechtsschutzes geboten. Darüber hinaus sei zu berücksichtigen, dass der unionsrechtlich gewährleistete Rechtsschutz in den Fällen, in denen die verwaltungsmäßige Durchführung von Unionsverordnungen nationalen Stellen obliegt, das Recht der Bürger umfasst, die Rechtmäßigkeit dieser Verordnungen vor dem nationalen Gericht inzident zu bestreiten und dieses zur Befassung des Gerichtshofes mit Vorlagefragen zu veranlassen. Dieses Recht wäre gefährdet, wenn der Bürger bis zur Entscheidung des EuGH über die Ungültigkeit der Verordnung eine Aussetzung der Vollziehung nicht erreichen könnte.

Allerdings gilt dies nur, wenn **bestimmte Voraussetzungen** erfüllt sind, die partiell denjenigen des vorläufigen Rechtsschutzverfahrens auf Unionsebene (Art. 278, 279 AEUV) entsprechen. Insoweit ist es erforderlich, dass (1) **erhebliche Zweifel** an der Rechtmäßigkeit des Unionsrechtsakts bestehen, (2) die Frage nach dessen Gültigkeit über Art. 267 AEUV **vorgelegt** wird, (3) dem Antragsteller **schwere und irreversible Schäden** drohen und (4) das **Interesse der Union** an einer einheitlichen Rechtsanwendung angemessen beachtet wird. Es versteht sich von selbst, dass die einstweilige Maßnahme soweit nötig im Nachhinein an das Ergebnis des durchgeführten Vorlageverfahrens anzupassen ist. 62

4. Richtlinienkonforme Auslegung nationalen Rechts

Als Folge des Anwendungsvorrangs des Unionsrechts sind die mitgliedstaatliche Judikative und Exekutive verpflichtet, das nationale Recht unangewendet zu lassen, wenn es mit dem vorrangigen Unionsrecht kollidiert. Diese Konstellation ist allerdings nur gegeben, wenn sich die jeweilige mitgliedstaatliche Vorschrift **nicht unionsrechtskonform auslegen** lässt. Den **wichtigsten Anwendungsfall** dieser Interpretationsmethode bildet nach herrschender Ansicht die 63 richtlinienkonforme Auslegung (vgl. zum Streitstand *Roth*, EWS 2005, 385, 386.). Sie ist nach der Rechtsprechung des EuGH (vgl. z. B. EuGH, Rs. 14/83, Slg. 1984, 1891, Rn. 26) und der herrschenden Lehre ein Gebot des Art. 4 Abs. 3 EUV i. V. m. Art. 288 Abs. 3 AEUV. Infolgedessen handelt es sich um eine spezifisch unionsrechtliche Verpflichtung der Mitgliedstaaten im Sinne einer verbindlichen Anleitung zur Erlangung eines Interpretationsergebnisses, das dem Richtlinienziel entsprechen muss und so deren Umsetzung konkretisiert. Diese Sichtweise ist aber nicht unumstritten und wird z. B. wegen der Rechtsnatur von Richtlinien, die wegen der nötigen Transformation in das nationale Recht prinzipiell auf eine Schonung der mitgliedstaatlichen Rechtsordnungen angelegt sein sollen, kritisiert oder abgelehnt (*Di Fabio*, NJW 1990, 947, 951; *Scherzberg*, JURA 1993, 225, 231 f.). Von **Bedeutung** ist die in Rede stehende Interpretationsmethode vor allem, wenn die Normen der Richtlinie zu unbestimmt oder bedingt sind bzw. die Umsetzungsfrist noch läuft und deshalb deren unmittelbare Anwendung ausscheidet.

64 a) **Voraussetzungen.** Das Gebot der richtlinienkonformen Auslegung ist unabhängig vom Zeitpunkt des Erlasses der auszulegenden nationalen Norm (EuGH, Rs. C-106/89, Slg. 1990, I-4135, Rn. 8). Es bedarf jedoch einer **unmissverständlichen Verpflichtung** der Mitgliedstaaten aus der Richtlinie, die mit einer nationalen Vorschrift kollidiert. Liegen diese Voraussetzungen vor, muss die Interpretation nach der Rechtsprechung des EuGH „unter voller Ausschöpfung des Beurteilungsspielraums, den (…) das nationale Recht einräumt", vorgenommen werden. Daraus folgt, dass die nach mitgliedstaatlichem Verständnis zulässigen Auslegungsmethoden, aber auch gesetzesimmanente Fortbildungen des nationalen Rechts wie Analogiebildungen und Erst-Recht-Schlüsse Anwendung finden (EuGH, Rs. 14/83, Slg. 1984, 1891, Rn. 28). Zugleich muss aber das relevante nationale Recht überhaupt Auslegungsspielräume bieten, in deren Rahmen sich die richtlinienkonforme Auslegung entfalten kann.

65 Die mitgliedstaatliche Exekutive bzw. Judikative ist **erst mit Ablauf der Umsetzungsfrist** verpflichtet, die genannten Prinzipien zu wahren. Denn es widerspräche dem Gebot der Rechtssicherheit, wenn die Obliegenheiten der nationalen Gerichte und Behörden vor denen der Legislative beginnen. Zumindest ein Recht zur richtlinienkonformen Auslegung besteht indes auch schon im Übergangszeitraum.

Sieht man Art. 288 Abs. 3 AEUV, Art. 4 Abs. 3 EUV als Rechts- 66
grundlage der richtlinienkonformen Auslegung an, so lässt sich auch
die Frage beantworten, ob diese Interpretationsmethode sogar dann
greift, wenn ein Mitgliedstaat eine nicht unter die Richtlinie fallende
Konstellation in Anknüpfung an dortige Bestimmungen regelt (sog.
überschießende Umsetzung). Denn in diesem Falle fehlt es an einem
Beitrag der richtlinienkonformen Auslegung zur Verwirklichung des
Richtlinienziels. Folglich besteht insoweit zumindest keine unionsrechtliche Obliegenheit, da die Auslegungsverpflichtung aus der
Richtlinie nicht weiter reichen kann als die konkrete Umsetzungsver-
pflichtung.

b) Grenzen. Die Grenzen einer richtlinienkonformen Auslegung 67
ergeben sich aus dem Umstand, dass sie „in Übereinstimmung mit
den Anforderungen des Unionsrechts" vorgenommen werden muss
(EuGH, Rs. 14/83, Slg. 1984, 1891, Rn. 28). Daraus folgt zunächst
eine Bindung der nationalen Exekutive und Judikative an die **allgemeinen Rechtsgrundsätze** des Unionsrechts sowie die Grundrechte
der **Charta der Grundrechte**. In Konsequenz dessen ist etwa eine
strafrechtliche Sanktion auf der Grundlage einer richtlinienkonforme
Auslegung unzulässig, da Verurteilungen nach Art. 49 GRCh auf Basis des (inter-)nationalen Rechts vorhersehbar sein müssen (vgl. dazu
EuGH, verb. Rs. C-74/95 u. C-129/95, Slg. 1996, I-6609, Rn. 24 ff.).
Zudem ist der **Wortsinn der mitgliedstaatlichen Vorschrift als absolute Grenze** der richtlinienkonformen Auslegung anzusehen. Andernfalls würden die nationalen Gerichte eine Rechtsfortbildung
Contra Legem vornehmen und so im Auftrag des Unionsrechts zum
nationalen „Ersatzgesetzgeber" werden. Ein solches Vorgehen wäre
jedoch wegen des in Art. 20 Abs. 3 GG verankerten Gewaltentei-
lungsgrundsatzes unzulässig und liegt damit außerhalb des „Möglichen" im Sinne der Rechtsprechung des EuGH (anders aber die Entscheidung des BGH im *Quelle*-Fall, in dem sich der Gerichtshof von
der Bindung an den Wortlaut der nationalen Norm gelöst hat, vgl.
BGH, NJW 2009, 427; dazu *Pfeiffer*, NJW 2009, 412 ff.).

Sieht man die Grenze der richtlinienkonformen Auslegung dort, wo 68
die Zuständigkeit der nationalen Gerichte endet, so zeigt sich, dass
diese Interpretationsmethode entgegen teilweise vertretener Ansicht
(*Ress*, DÖV 1994, 489, 493 ff.) auch eine **belastende Wirkung für Pri-
vatrechtssubjekte** entfalten kann, obwohl der EuGH eine solche im
Zusammenhang mit der Frage nach einer horizontalen Direktwirkung

von Richtlinien kategorisch ablehnt. Denn die jeweilige Verpflichtung entsteht nicht unmittelbar durch die Richtlinie, sondern aufgrund einer im Lichte der Richtlinie ausgelegten mitgliedstaatlichen Bestimmung, die auch nach der Rechtsprechung des EuGH als Basis für unionsrechtlich motivierte, aber eben nicht unmittelbar bewirkte Belastungen taugt (EuGH, Slg. 1990, I-4135, Rn. 8 ff.; Rs. C-106/89, verb. Rs. C-397/01 bis C-403/01, Slg. 2004, I-8835, Rn. 110 ff.).

Literatur: *Brechmann*, Die richtlinienkonforme Auslegung, 1994; *Canaris*, Die richtlinienkonforme Auslegung und Rechtsfortbildung im System der juristischen Methodenlehre, FS-Bydlinski, 2002, S. 47; *Di Fabio*, Richtlinienkonformität als ranghöchstes Normauslegungsprinzip, NJW 1990, 947; *Ehricke*, Die richtlinienkonforme und die gemeinschaftsrechtskonforme Auslegung nationalen Rechts, RabelsZ 59 (1995), 598; *Gänswein*, Der Grundsatz unionsrechtskonformer Auslegung nationalen Rechts, 2009; *Kaiser*, Richtlinienkonforme Rechtsfortbildung – unionsrechtliche und nationale Methodik der Rechtsfindung, ZEuS 2010, 219; *Pfeiffer*, Richtlinienkonforme Auslegung gegen den Wortlaut des nationalen Gesetzes – Die Quelle-Folgeentscheidung des BGH, NJW 2009, 412; *Ress*, Die richtlinienkonforme „Interpretation" innerstaatlichen Rechts, DÖV 1994, 489; *Roth*, Die richtlinienkonforme Auslegung, in: Riesenhuber (Hrsg.), Europäische Methodenlehre, 2010, § 14, *Thüsing*, Zu den Grenzen richtlinienkonformer Auslegung, ZIP 2004, 2301; *Siegel*, Europäisierung des Öffentlichen Rechts, 2012.

5. Sonderverhältnis BVerfG – EuGH

69 **a) Verhältnis im Allgemeinen.** Das BVerfG ist im Hinblick auf die europäische Integration „Hüter des Grundgesetzes". Die einschlägige Maßstabsnorm ist insoweit Art. 23 Abs. 1 GG, der in seinem Satz 3 zugleich auf Art. 79 Abs. 3 GG verweist. Der EuGH ist gem. Art. 19 Abs. 1 S. 2 EUV für die „Wahrung des Rechts bei der Auslegung und Anwendung der Verträge" zuständig. Er ist Hüter der „europäischen Rechtsgemeinschaft", die sich durch eine einheitliche Anwendung und Duchsetzung des Unionsrechts in allen Mitgliedstaaten definiert. Normenkollisionen werden am Maßstab des Vorrangs des Unionsrechts gelöst. Wenn es also in materieller Hinsicht um den **Vorrang des Unionsrechts** und seine Reichweite geht (dazu oben Teil 3, D, Rn. 11 ff.), dann steckt dahinter immer zugleich auch eine Kompetenzfrage zwischen EuGH und BVerfG. Kompetenzfragen sind aber immer auch Machtfragen. Im Zuge dessen geht es ein Stück weit auch immer um die Deutungshoheit im Kontext der europäischen Integration. Im Bewusstsein um die daraus folgende Sensibilität seines Verhältnisses zum EuGH prägte das BVerfG in seiner für diesen Fragen-

kreis nach wie vor grundlegenden *Maastricht*-Entscheidung den Begriff des **Kooperationsverhältnisses** (vgl. BVerfGE 89, 155, 175). Der Berichterstatter in diesem Verfahren, der Richter *Paul Kirchhof*, umschrieb den diesen Platzhalter tragenden Gedanken wie folgt:
„Das BVerfG beansprucht weiterhin die Kompetenz und Befugnis deutscher Gerichtsbarkeit auch gegenüber Gemeinschaftsrecht, zieht sich aber im kooperationsbereiten Vertrauen auf die Grundrechtsgewährleistung durch den EuGH von der Ausübung des Richteramts zurzeit zurück." (*Kirchhof*, EuR Beiheft 1 (1991), 22)

Die **Kompetenzfrage** wird damit ebenso wie in materieller Hinsicht die **Vorrangfrage** „in der Schwebe" gehalten. Nachdem die umstrittene *Lissabon*-Entscheidung des BVerfG im Hinblick auf diese beiden Fragen mittels zunächst sehr unbestimmter Kontrollvorbehalte gegenüber dem Unionsrecht weitreichende Konkretisierungen vorgenommen hatte und zugleich den Begriff des Kooperationsverhältnisses nicht mehr aufgriff, wurde der Eindruck erweckt, dass es eine Neupositionierung im Hinblick auf sein Verhältnis zum EuGH und seine Kontrolle der europäischen Integration intendiert (vgl. insoweit *Calliess*, ZEuS 2009, 559 ff.). Nicht zuletzt in Reaktion auf die kontroverse Diskussion des Urteils (guter Überblick über den Meinungsstand bei *Ruffert*, ZSE 2009, 381 ff.) konkretisierte das BVerfG in der *Honeywell*-Entscheidung (BVerfGE 126, 286 ff.) seine Kontrollvorbehalte, unterstrich insoweit die Bedeutung einer Vorlage gem. Art. 267 AEUV zum EuGH und nahm vor allem auch den Begriff des Kooperationsverhältnisses explizit wieder auf.

Kern des Kooperationsverhältnisses ist ein „ruhender Kompetenzvorbehalt" (*Nunner*, Kooperation internationaler Gerichte, 2009, S. 161), der im Lichte einer vertrauensvollen Zusammenarbeit der Gerichte möglichst nicht zum Tragen kommen soll. Im Hinblick hierauf steht ein informeller und – vermittelt über das Vorlageverfahren gem. Art. 267 AEUV – formeller **Dialog der Richter** im Vordergrund. Dementsprechend ist das Verhältnis der Gerichte nicht etwa durch einen Macht- oder Konkurrenzkampf gekennzeichnet, auch wenn die Frage der Letztentscheidungskompetenz, die zwischen BVerfG und EuGH jedenfalls nach Auffassung des ersteren nicht umfassend einem der beiden Gerichte zugewiesen ist, dies vordergründig nahezulegen scheint. Vielmehr vermag gerade das Kooperationsverhältnis als Leitgedanke Konflikte zwischen deutschem Verfassungsrecht und Unionsrecht einer **konstruktiven Lösung** zuzuführen. Insoweit spielt der vom BVerfG in aktuellen Entscheidungen immer wieder hervorgehobene Grundsatz der „**Europafreundlichkeit** des Grundgesetzes", der an den Integrationsauftrag des Art. 23 Abs. 1 GG anknüpft, eine wichtige Rolle.

72 Zur Beschreibung des Verhältnisses zwischen BVerfG und EuGH wird – unter Einbeziehung des EGMR – daneben zunehmend auf die Figur eines **Verfassungsgerichtsverbundes** zurückgegriffen (*Voßkuhle*, NVwZ 2010, 1 ff.). Neben der institutionellen Stellung von BVerfG und EuGH als „Verfassungsgerichte" (vgl. *Mayer*, in: v. Bogdandy/Bast (Hrsg.), Europäisches Verfassungsrecht, 2009, S. 559 ff.) wird hiermit an die Vorstellung der EU als Staaten- und Verfassungsverbund angeknüpft (vgl. dazu auch oben Teil 3, A, Rn. 21). Auch wenn zunächst der jeweilige Rechtsschutzauftrag der Gerichte in den Blick zu nehmen ist, erscheint der Begriff des „Verbundes" dennoch geeignet, Zusammenspiel und Verschränkung der Rechtsordnungen auch mit Blick auf die Rechtsprechung zu beschreiben. Insoweit können zahlreiche Elemente eines solchen europäischen Verfassungsgerichtsverbundes ausgemacht werden. Vor allem das **Vorabentscheidungsverfahren des Art. 267 AEUV** stellt einen zentralen unionsrechtlichen Mechanismus der Verzahnung von europäischer und nationaler Rechtsprechung zur Verfügung. Aus verfassungsrechtlicher Sicht sind nicht nur die Grundsätze der Völker- und Europarechtsfreundlichkeit des Grundgesetzes (dazu oben Teil 2, B, Rn. 57 ff., Teil 3, A, Rn. 1 ff.) anzuführen. Auch die bundesverfassungsgerichtlichen Kontrollvorbehalte hinsichtlich des Grundrechtsschutzes, der Verfassungsidentität sowie Ultra-Vires-Akten stehen in diesem Kontext.

73 **b) Kontrollvorbehalte.** Zur Eröffnung der Kontrolle hat das BVerfG in **prozessualer Hinsicht** die Verfassungsbeschwerde, aber auch das Organstreitverfahren entfaltet. Im Rahmen der Ultra-Vires-Kontrolle und der Identitätskontrolle arbeitet das BVerfG seit der *Maastricht*-Entscheidung mit Art. 38 GG, den es in seiner *Lissabon*-Entscheidung (BVerfGE 123, 267, 268) und in seiner die Staatsanleihenankäufe der EZB betreffenden *OMT*-Entscheidung (2 BvR 2728/13 vom 14.01.2014) explizit zu einem „**Grundrecht auf Demokratie**" ausgebaut hat, mit dem nicht nur Kompetenzübertragungen durch Vertragsänderungen, sondern auch die Ausübung übertragener Kompetenzen durch die EU einer beständigen Kontrolle durch das BVerfG unterworfen werden können. Ansatzpunkt ist das Argument, dass der Bundestag durch vertragliche Kompetenzübertragungen auf

D. Rechtsanwendung im Europ. Staaten-und Verfassungsverbund

die EU, aber auch durch etwaige Kompetenzüberschreitungen der EU-Organe an Zuständigkeiten und Gestaltungsmöglichkeiten verliert, so dass das Wahlrecht des Bürgers und damit seine Teilhabe an der demokratischen Gestaltung Gefahr läuft, entleert zu werden. Freilich ist die auf diese Argumentation gegründete Beschwerdebefugnis zuletzt immer weiter in Richtung einer Popularklage geöffnet worden (vgl. insoweit auch die Sondervoten der Richter *Gerhard* und *Lübbe-Wolff* in 2 BvR 2728/13 vom 14.01.2014 – OMT). Dies mag auch eine Reaktion darauf sein, dass der Gesetzgeber die Anregung des *Lissabon*-Urteils, im Hinblick auf die Kontrollvorbehalte neue Verfahren zu etablieren, nicht aufgegriffen hat (BVerfGE 123, 267, 353; dazu *Sauer*, ZRP 2009, 195).

aa) Grundrechtskontrolle. Der erste Kontrollvorbehalt des BVerfG betrifft den Grundrechtsschutz. Dieser ist in der Rechtsprechung Stück für Stück seit dem *Solange I*-**Urteil** konkretisiert worden (BVerfGE 37, 271). In dieser Entscheidung hatte sich das BVerfG eine Überprüfung von Unionsrecht am Maßstab der deutschen Grundrechte vorbehalten, solange ein dem nationalen Grundrechtsschutz im Wesentlichen vergleichbarer supranationaler Grundrechtsschutz nicht gewährleistet ist, **solange** also

„der Integrationsprozeß der Gemeinschaft nicht so weit fortgeschritten ist, daß das Gemeinschaftsrecht auch einen **von einem Parlament beschlossenen** und in Geltung stehenden formulierten **Katalog von Grundrechten** enthält, der dem Grundrechtskatalog des Grundgesetzes adäquat ist […]."

Während ein entsprechendes Niveau des Grundrechtsschutzes für die Gemeinschaft in der *Solange I*-Entscheidung noch verneint wurde, fiel das Urteil des Gerichts in der *Solange II*-**Entscheidung** unter Berücksichtigung der Rechtsprechung des EuGH großzügiger aus (BVerfGE 73, 339, 387):

„**Solange** die Europäischen Gemeinschaften, insbesondere die Rechtsprechung des Gerichtshofs der Gemeinschaften einen **wirksamen** Schutz der Grundrechte gegenüber der Hoheitsgewalt der Gemeinschaften generell gewährleisten, der dem **vom Grundgesetz als unabdingbar gebotenen Grundrechtsschutz im wesentlichen gleichzuachten** ist […], wird das Bundesverfassungsgericht seine Gerichtsbarkeit über die Anwendbarkeit von abgeleitetem Gemeinschaftsrecht, das als Rechtsgrundlage für ein Verhalten deutscher Gerichte und Behörden im Hoheitsbereich der Bundesrepublik Deutschland in Anspruch genommen wird, **nicht mehr ausüben** und dieses Recht mithin nicht mehr am Maßstab der Grundrechte des Grundgesetzes überprüfen."

76 Dieser Vorbehalt findet sich heute in der Formulierung des Art. 23 Abs. 1 Satz 1 GG wieder, nach der die Europäische Union einen „**im wesentlichen vergleichbaren Grundrechtsschutz**" zu gewährleisten hat. Was unter „im wesentlichen vergleichbar" zu verstehen ist, hat das BVerfG in einem von Schwankungen nicht freien Diskurs mit dem Schrifttum von seiner *Solange I-* und *Solange II*-Entscheidung, über seine *Maastricht*-Entscheidung bis hin zur *Bananenmarktordnungs*-Entscheidung (BVerfGE 102, 147, 167) konkretisiert. So hatte das Gericht zuletzt klargestellt, dass der Grundrechtsvorbehalt nur greift, eine Grundrechtskontrolle also nur ausgeübt wird, wenn „der jeweils als unabdingbar gebotene Grundrechtsschutz **generell** nicht gewährleistet ist". Ein fehlender Grundrechtsschutz im Einzelfall reicht dagegen nicht aus. Damit wird dem EuGH im Grundrechtschutz eine singuläre Abweichung vom Standard und damit eine gewisse Fehlertoleranz im Einzelfall zugestanden, die im Falle ihrer Verfestigung den Kontrollvorbehalt des BVerfG auslöst und damit eine Überprüfung der europäischen Maßnahme am Maßstab der Grundrechte des Grundgesetzes ermöglicht.

77 Zusammenfassend lässt sich sagen, dass das BVerfG sich insoweit eine **Reserve- oder auch Notkompetenz** zuweist, von der es im Falle eines generell – also unabhängig von einzelnen Entscheidungen – nicht mehr vergleichbaren Grundrechtschutz durch den EuGH Gebrauch machen kann. Diese Formel, die auch nach Art. 23 Abs. 1 Satz 1 GG den Integrationsauftrag des Grundgesetzes im Hinblick auf den Grundrechtsschutz begrenzt, formuliert eine Art **Auffangverantwortung** des BVerfG, die im Staaten- und Verfassungsverbund der EU gerade mit Blick auf die gemeinsamen Werte des Art. 2 EUV und die in Art. 4 Abs. 2 EUV verbürgte nationale Identität auch europarechtlich legitim ist. Denn im Staaten- und Verfassungsverbund der EU sind die Verfassungsebenen miteinander verzahnt, was in der Praxis bedeutet, dass EuGH und – notfalls – auch nationale Verfassungsgerichte um grundlegende Verfassungsfragen ringen. Auffangverantwortung bedeutet aber immer auch, dass der EuGH seiner Verantwortung insoweit nicht gerecht geworden sein darf, obwohl er dazu Gelegenheit hatte. Mithin darf das BVerfG also erst dann einschreiten, wenn der EuGH Gelegenheit hatte, den Fall gerade auch im Lichte der Bedenken des BVerfG zu prüfen, was **im Zweifel eine Vorlage** gem Art. 267 AEUV durch das BVerfG im Sinne des zum EuGH bestehenden Kooperationsverhältnisses voraussetzt.

D. Rechtsanwendung im Europ. Staaten-und Verfassungsverbund 329

bb) Ultra-Vires-Kontrolle. Bereits unter dem Begriff des „ausbrechenden Rechtsakts" im *Maastricht*-Urteil angedacht (BVerfGE 89, 155, 188, 209 f.), wurde die Ultra-Vires-Kontrolle im *Lissabon*-Urteil (BVerfGE 123, 267) als echter Kontrollvorbehalt, mit dem das BVerfG eine Zuständigkeit zur Kontrolle europäischer Kompetenzausübung (vgl. Art. 5 EUV, dazu oben Teil 3, C, Rn. 44 ff.) für sich in Anspruch nimmt, etabliert und entfaltet. Das BVerfG prüft, ob Rechtsakte der europäischen Organe und Einrichtungen sich unter Wahrung des unionsrechtlichen Subsidiaritätsprinzips in den Grenzen der ihnen im Wege der begrenzten Einzelermächtigung eingeräumten Hoheitsrechte halten (BVerfGE 123, 267, 353). Unionsrechtsakte, die sich **außerhalb der der EU zugewiesenen Kompetenzen** bewegen, sog. Ultra-Vires-Akte bzw. „ausbrechende Rechtsakte", werden vom Gericht für in Deutschland unanwendbar erklärt. 78

Die diesbezügliche Entscheidung ist, wie das *Lissabon*-Urteil im Unterschied zum *Maastricht*-Urteil klarstellt, beim BVerfG monopolisiert. Wenn überhaupt, dann entscheidet also das BVerfG. Allein bei ihm liegt das **Kontrollmonopol** hinsichtlich der Ultra-Vires-Kontrolle. Jedoch ist die Ultra-Vires-Kontrolle im *Lissabon*-Urteil nicht hinreichend im Sinne der vom BVerfG selbst postulierten „Europafreundlichkeit des Grundgesetzes" und insoweit als Auffangverantwortung, die in Kooperation mit dem EuGH wahrzunehmen ist, ausgestaltet worden. Insbesondere blieben ihre Voraussetzungen zu unbestimmt (vgl. *Calliess*, Die neue EU, S. 264 ff. m. w. N.). 79

Mit der **Honeywell-Entscheidung** hat das BVerfG jedoch **Klarstellungen** vorgenommen und **Kriterien** aufgestellt, die für die Durchführung einer Ultra-Vires-Kontrolle erfüllt sein müssen (BVerfGE 126, 286, 304). Danach ist vor der Annahme eines Ultra-Vires-Akts der europäischen Organe und Einrichtungen dem EuGH zunächst im Rahmen eines **Vorabentscheidungsverfahrens** nach Art. 267 AEUV die Gelegenheit zur Vertragsauslegung sowie zur Entscheidung über die Gültigkeit und die Auslegung der fraglichen Rechtsakte zu geben. Das BVerfG dürfe solange keine Unanwendbarkeit des Unionsrechts feststellen, wie der EuGH keine Gelegenheit hatte, über die aufgeworfenen unionsrechtlichen Fragen zu entscheiden. Eine Ultra-Vires-Kontrolle komme darüber hinaus nur in Betracht, wenn ersichtlich ist, dass Handlungen der europäischen Organe und Einrichtungen außerhalb der übertragenen Kompetenzen ergangen sind. **Ersichtlich** sei ein Verstoß gegen das Prinzip der begrenzten Einzelermächtigung nur dann, wenn die europä- 80 ischen Organe und Einrichtungen die Grenzen ihrer Kompetenzen in einer das Prinzip der begrenzten Einzelermächtigung spezifisch verletzenden Art überschritten haben, der Kompetenzverstoß mit anderen Worten hinreichend qualifiziert ist. Dazu müsse das kompetenzwidrige Handeln der Unionsgewalt **offensichtlich** sein und der angegriffene Akt im Kompetenzgefüge zwischen Mitgliedstaaten und Union im Hinblick auf das Prinzip der begrenzten Einzelermächtigung und die rechtsstaatliche Gesetzesbindung **erheblich** ins Gewicht fallen, mithin eine **strukturelle Kompetenzverschiebung** mit sich bringen.

81 Angesichts der Tatsache, dass die europäischen Akteure die Kompetenzordnung einschließlich des Subsidiaritätsprinzips nicht immer ernst genug nehmen, ist die vom BVerfG beanspruchte Kompetenzkontrolle von ihrem Ansatz her im Europäischen Staaten- und Verfassungsverbund legitim. Im Hinblick auf die im föderalen Verbund notwendige loyale Kooperation der höchsten Gerichte, die im Interesse der einheitlichen Anwendung und Geltung des Europarechts in der europäischen Rechtsgemeinschaft unabdingbar ist, ist die Ultra-Vires-Kontrolle nunmehr durch das BVerfG auch **hinreichend europarechtsfreundlich ausgestaltet** worden. Denn die insoweit klaren „Honeywell-Kriterien" stellen sicher, dass nicht bereits eine einzelne die Kompetenzordnung verletzende Maßnahme der europäischen Institutionen, die vom EuGH nicht korrigiert wird, ausreicht, um den Vorrang und damit die einheitliche Geltung des Unionsrechts in den Mitgliedsstaaten seitens des BVerfG in Frage zu stellen. Vielmehr ist es erforderlich, dass die Kompetenzordnung in einer Vielzahl von Fällen, mithin im Sinne einer strukturellen Verletzung, missachtet wurde.

82 Eine erstmalige **Anwendung** haben die Honeywell-Kriterien in der **OMT-Entscheidung** des BVerfG gefunden (2 BvR 2728/13 vom 14.01.2014, vgl. dazu Sonderheft GLJ 15 (2014); kritisch *Heun*, JZ 2014, 331 ff.). In dieser historischen Entscheidung wandte sich das Gericht zum ersten Mal in einem Vorabentscheidungsersuchen an den EuGH, um die Frage nach einem potentiellen Ultra-Vires-Handeln der EZB im Hinblick auf deren Programm zum unbegrenzten Ankauf von Staatsanleihen, dem sog. Outright Monetary Transactions (OMT), klären zu lassen.

83 cc) **Identitätskontrolle.** Einen dritten Kontrollvorbehalt formulierte das BVerfG in Gestalt der sog. Identitätskontrolle. Mit dieser

will das Gericht prüfen, ob der **unantastbare Kerngehalt der Verfassungsidentität** des Grundgesetzes nach Art. 23 Abs. 1 S. 3 i. V. m. Art. 79 Abs. 3 GG gewahrt ist (BVerfGE 123, 267, 353 ff.). Kommt das Gericht zu dem Schluss, dass dies in der konkreten Konstellation nicht der Fall ist, kann dies wie bei der Ultra-Vires-Kontrolle dazu führen, dass ein mit einer Vertragsänderung verbundener Kompetenztransfer für verfassungswidrig oder aber konkrete Maßnahmen der EU in Deutschland für unanwendbar erklärt werden.

Die inhaltliche **Reichweite** der Identitätskontrolle ließ das BVerfG in der *Lissabon*-Entscheidung **zunächst offen** (dazu *Calliess*, Die neue EU, S. 267 ff. m. w. N.). Im Urteil waren folgende zwei Interpretationsmöglichkeiten angelegt: 84

Die **erste Variante** wird durch eine Identitätskontrolle definiert, die sich eindeutig „nur" auf den von **Art. 79 Abs. 3 GG geschützten Inhalt** bezieht. Diese Form der Identitätskontrolle ist unproblematisch, wenn hier nicht mehr gefordert und geprüft wird als im Hinblick auf innerstaatlich veranlasste Verfassungsveränderungen. Eine als Auffangverantwortung konzipierte Kontrolle im Hinblick auf die Menschenwürde und die Beachtung der Kerngehalte der Verfassungsstrukturprinzipien des Art. 20 GG (gemeint sind die Kernbereiche von Demokratie, Rechtsstaatlichkeit, Bundestaatlichkeit und Sozialstaatlichkeit) ist im europäischen Verbundsystem schon mit Blick auf die über Art. 4 Abs. 2 EUV geschützte nationale Identität (siehe oben Teil 3, B, Rn. 39 ff.) legitim. 85

Bedenklich wäre freilich eine **zweite Variante** der Identitätskontrolle, die im *Lissabon*-Urteil angelegt ist (BVerfGE 123, 267, 356 ff.). So formulierte das Gericht, dass die „Vertragsunion souveräner Staaten" nicht so verwirklicht werden dürfe, dass in den Mitgliedstaaten kein ausreichender Raum zur politischen Gestaltung der wirtschaftlichen, kulturellen und sozialen Lebensverhältnisse mehr bleibt (BVerfGE 123, 267, 357 f.). Daran anschließend wurden von den Richtern des Zweiten Senats konkrete Bereiche (sog. „Staatsaufgaben"), wie die Staatsbürgerschaft, das Gewaltmonopol, fiskalische Grundentscheidungen einschließlich der Kreditaufnahme, das Strafrecht und kulturelle Fragen beispielhaft aufgezählt und nachfolgend als **identitätsbestimmende Staatsaufgaben** im Detail konkretisiert (zur Kritik an dieser Aufzählung vgl. nur *Ruffert*, DVBl. 2009, 1202, 1204 f.). Zwar blieb das Urteil hinsichtlich der konkreten Reichweite dieser über Art. 79 Abs. 3 GG hinausreichenden Kontrolle unklar. Es war jedoch nicht auszuschließen, dass alle Rechts- 86 akte der EU, die einen der genannten Bereiche auch nur berühren, die Identitätskontrolle auslösen könnten (dafür zum Beispiel *Schorkopf*, EuZW 2009, 718, 722; dagegen *Calliess*, ZEuS 2009, 559, 569 ff.). **In seiner ESM-Entscheidung** vom 18.03.2014 hat das BVerfG nun jedoch die Reichweite der Identitätskontrolle klargestellt und sie unmissverständlich **auf Art. 79 Abs. 3 GG begrenzt.** Explizit heißt es dort, dass Art. 38 Abs. 1 Satz 1 GG nur insoweit einen „Anspruch auf Demokratie" jenseits von Ultra-Vires-Konstellationen vermittle, als durch einen Vorgang im Rahmen der europäischen Integration demokratische Grundsätze berührt werden, die Art. 79 Abs. 3 GG auch dem Zugriff des verfassungsändernden Gesetzgebers entziehe (vgl. 2 BvR 1390/12, Rn. 125). Damit etabliert das Gericht eine Parallelität der Grenzen rein innerstaatlich motivierter Verfassungsänderungen und solchen, die durch den Prozess der europäischen Integration initiiert werden. Gleichwohl sollen von der Identitätskontrolle offenbar **nicht nur Vertragsänderungen** erfasst sein, sondern auch bloße **Veränderungen im Kompetenzgefüge** durch Maßnahmen der Unionsorgane. In diese Richtung scheint nunmehr auch explizit der die Staatsanleihenkäufe der EZB betreffende Vorlagebeschluss des BVerfG zum OMT-Programm (2 BvR 2728/13 vom 14.01.2014) zu weisen, der insoweit freilich Fragen der Identitätskontrolle mit Fragen der Ultra-Vires-Kontrolle kombiniert.

87 In Anknüpfung an den durch die Identitätskontrolle geschützten, absolut unverfügbaren Bereich des Art. 79 Abs. 3 GG hat das BVerfG zudem bereits in seinen Entscheidungen zu den finanziellen Belastungen Deutschlands im Rahmen der sog. **Rettungsschirme** EFSF und ESM präzisierend klargestellt, dass die **Übertragung wesentlicher Bestandteile des Budgetrechts** verfassungsrechtlich gesperrt ist (BVerfGE 129, 124, 177 ff.). Danach bestehe eine notwendige Bedingung für die Sicherung politischer Freiräume im Sinne des Identitätskerns der Verfassung darin, dass der Haushaltsgesetzgeber seine Entscheidungen über Einnahmen und Ausgaben frei von Fremdbestimmung seitens der Organe und anderer Mitgliedstaaten der Europäischen Union trifft und dauerhaft „Herr seiner Entschlüsse" bleibt. So liege eine Verletzung jedenfalls dann vor, wenn die Festlegung über Art und Höhe der den Bürger treffenden Abgaben in wesentlichem Umfang supranationalisiert und damit der Dispositionsbefugnis des Bundestages entzogen wird. Im Vorfeld dieses integrationsfesten Kerns hat das BVerfG die Zulässigkeit von Belastungen des Haushalts unter dem Stichwort der Budgetverantwortung an die vor-

D. Rechtsanwendung im Europ. Staaten- und Verfassungsverbund 333

herige Zustimmung des Bundestages gekoppelt, im Rahmen derer die wesentlichen Entscheidungen über das „Ob" und „Wie" im Plenum getroffen werden müssen (siehe bereits oben Teil 3, B, Rn. 49 ff.).

Auf den ersten Blick **korrespondiert** die verfassungsgerichtliche Identitätskontrolle dem durch den Vertrag von Lissabon neu eingefügten **Art. 4 Abs. 2 EUV**, demzufolge die Union die jeweilige nationale Identität der Mitgliedsstaaten achtet, wie sie in ihren grundlegenden politischen und verfassungsmäßigen Strukturen einschließlich der regionalen und lokalen Selbstverwaltung zum Ausdruck kommt (siehe bereits oben Teil 3, B, Rn. 43 ff.). Insoweit folgt aus dem Grundprinzip der loyalen Kooperation in Art. 4 Abs. 3 EUV, dass das BVerfG auch die Identitätskontrolle im Dialog mit dem EuGH ausüben, ihm also die jeweils relevanten Fragen gem. Art. 267 AEUV vorlegen müsste. 88

Diese Konsequenz zieht das BVerfG indes nicht. Bislang hat sich das BVerfG hinsichtlich der Frage, ob auch die Identitätskontrolle eine Vorlage an den EuGH erfordert, bedeckt gehalten. In seinem die Staatsanleihenkäufe der EZB betreffenden Vorlagebeschluss zum OMT-Programm vom 14.01.2014 koppelt es die Identitätskontrolle nunmehr ausdrücklich von der unionsrechtlichen Bestimmung des Art. 4 Abs. 2 EUV ab (2 BvR 2728/13, Rn. 29). Denn als abwägungsfähiger Belang genüge die nach Art. 4 Abs. 2 Satz 1 EUV gebotene Achtung der nationalen Identität nicht dem Anspruch auf Schutz des unantastbaren und nicht abwägungsfähigen Kernbestands des Grundgesetzes im Sinne von Art. 79 Abs. 3 GG; dieser **obliege allein dem BVerfG**. Da sich im OMT-Verfahren jedoch Fragen der Ultra-Vires-Kontrolle mit solchen der Identitätskontrolle vermischen und sich das BVerfG hier für eine Vorlage an den EuGH entscheiden hat, muss diese Frage – wie manche andere Frage hinsichtlich der Identitätskontrolle auch – als nach wie vor nicht eindeutig geklärt gelten. 89

Literatur: *Barden*, Solange IV – Das Ende des Bananenstreits?, VBlBW 2000, 425; *Bergmann/Karpenstein*, Identitäts- und Ultra-vires-Kontrolle durch das Bundesverfassungsgericht – Zur Notwendigkeit einer gesetzlichen Vorlageverpflichtung, ZEuS 2009, 529; *Calliess*, Das Ringen des Zweiten Senats mit dem Europäischen Union: Über das Ziel hinausgeschossen …, ZEuS 2009, 559; *Funke*, Virtuelle verfassungsgerichtliche Kontrolle von EU-Rechtsakten – der Schlussstein?, ZG 2011, 166; *Hirsch*, Kompetenz und Identitätskontrolle von Europarecht nach dem Lissabon-Urteil, ZRP 2009, 250; *Kahl*, Bewältigung der Staatsschuldenkrise unter Kontrolle des Bundesverfassungsgerichts, DVBl. 2013, 197 ff.; *Klatt*, Die praktische Konkordanz von Kompetenzen, 2014; *Kottmann/Wohlfahrt*, Der gespaltene Wächter? – Demokratie, Verfassungsidentität und Integrationsverantwortung im Lissabon-Urteil, ZaöRV 2009, 443; *Michels*, Die dreidimensionale Reservekompetenz des BVerfG im Europarecht – Von der Solange-Rechtsprechung zum Honeywell-Beschluss, JA 2012, 515; *van Ooyen*, Mit „Mangold" zurück zu „Solange-II"?, Der Staat 50 (2011), 45; *Pötters/Traut*, Die ultra-vires-Kontrolle des BVerfG nach „Honeywell" – Neues zum Kooperationsverhältnis von BVerfG und EuGH?, EuR 2011, 580; *Proelß*, Zur verfassungsgerichtlichen Kontrolle der Kompetenzmäßigkeit von Maßnahmen der Europäischen Union: Der „ausbrechende Rechtsakt" in der Praxis des BVerfG, EuR 2011, 241; *Ruffert*, Nach dem Lissabon-Urteil des Bundesverfassungsgerichts – zur Anatomie einer Debatte, ZSE 2009, 381; *Sauer*, Kompetenz- und Identitätskontrolle von Europarecht nach dem Lissabon-Urteil – Ein neues Verfahren vor dem Bundesverfassungsgericht?, ZRP 2009, 195; *Streinz*, Bundesverfassungsgerichtlicher Grundrechtsschutz und Europäisches Gemeinschaftsrecht, 1987; *Walter*, Integrationsgrenze Verfassungsidentität – Konzept und Kontrolle aus europäischer, deutscher und französischer Perspektive, ZaöRV 2012, 177; *Wendel*, Permeabilität im europäischen Verfassungsrecht, 2011, S. 415 ff.

Sachverzeichnis

A

Abgestufte Integration, siehe Integration
Abstimmung im Rat, siehe Europäischer Rat
Acte-Claire Doktrin, siehe Vorlagepflicht
Aggressionsdefinition 2, B, Rn. 98; 2, B, Rn. 119
Allgemeines Gewaltverbot 1, B, Rn. 97; 2, B, Rn. 102; 2, B, Rn. 115 ff.
Allgemeine Rechtsgrundsätze des Unionsrechts, siehe Unionsrecht
Allgemeine Rechtsgrundsätze des Völkerrechts, siehe Völkerrecht
Angriffskrieg, siehe Verbot des Angriffskriegs
Anwendungsvorrang, siehe Unionsrecht
Äquivalenz- und Effektivitätsprinzip 3, D, Rn. 33; 3, D, Rn. 35; insb. 3, D, Rn. 56 ff.
Ausbrechender Rechtsakt, siehe Ultra-Vires-Akt und Ultra-Vires-Kontrolle
Auffangverantwortung, 3, D, Rn. 77, siehe auch Grundrechts-, Identitäts- und Ultra-Vires-Kontrolle
Auslandseinsätze der Bundeswehr
– Parlamentsvorbehalt 2, B, Rn. 68 f.; 2, B, Rn. 87
– verfassungsrechtliche Grundlagen 2, B, 155 ff.
– Verteidigungsfall 2, B, Rn. 164 ff.
Auslegung
– menschenrechtskonforme 2, B, Rn. 58 f.
– richtlinienkonforme 3, D, Rn. 63 ff.
– unionsrechtskonforme 3, A, Rn. 12
Ausschließliche Zuständigkeiten der Union, siehe Kompetenzen
Ausschüsse
– Ausschuss der Regionen (AdR) 2, A, Rn. 76
– EU-Ausschuss des Deutschen Bundestages 3, C, Rn. 21
Außenbeziehungen, siehe Auswärtiges Handeln der Union
Auswärtiges Handeln der Union 1, B, Rn. 145
Auswärtige Gewalt 2, A, Rn. 1 ff.

B

Begrenzte Einzelermächtigung, siehe Prinzip der begrenzten Einzelermächtigung
Beitritt
– der EU zur EMRK, siehe Europäische Konvention für Menschenrechte
– eines Staates zur Union, siehe Mitgliedstaaten
Beschluss, siehe Unionsrecht
Bestimmtheitsgrundsatz, siehe Rechtsstaatsprinzip
Brückenklausel 3, C, Rn. 34
Budgetverantwortung, siehe Bundestag
Bundeskanzler 2, A, Rn. 14 ff.
Bundespräsident 2, A, Rn. 8 ff.
Bundesrat
– Beteiligungsrechte in Angelegenheiten der Europäischen Union, 3, C, Rn. 39 ff.; siehe auch Gesetz über die Zusammenarbeit von Bund und Ländern in Angelegenheiten der Europäischen Union

- Integrationsverantwortungsgesetz, siehe Bundestag
Bundesregierung 2, A, Rn. 14 ff.; 2, B, Rn. 82; 3, C, Rn. 23
Bundesstaat, europäischer 3, B, Rn. 71 f.
Bundestag
- parlamentarische Kontrolle 2, A, Rn. 20 ff.; 2, B, Rn. 68
- Beteiligungsrechte in Angelegenheiten der Europäischen Union, 3, C, Rn. 26 ff.; siehe Gesetz über die Zusammenarbeit von Bundesregierung und Deutschem Bundestag in Angelegenheiten der Europäischen Union
- Budgetverantwortung 3, B, Rn. 49; 3, D, Rn. 87
- Integrationsverantwortung 3, B, Rn. 5 ff.; insb. 3, B, Rn. 46 ff.; 3, B, Rn. 61; 3, C, Rn. 33; 3, C, Rn. 36
- Integrationsverantwortungsgesetz (IntVG) 3, C, Rn. 32 ff.; 3, C, Rn. 74
Bundesverfassungsgericht (BVerfG)
- *AWACS*-Urteile 2, B, Rn. 158; 2, B, Rn. 161
- *Bananenmarkt*-Beschluss 3, D, Rn. 76
- *ESM*-Urteil 3, B, Rn. 57; 3, C, Rn. 21; 3, D, Rn. 86 f.
- *Eurocontrol*-Entscheidung 2, B, Rn. 67; 3, B, Rn. 56
- *Görgülü*-Entscheidung 2, B, Rn. 49; 2, B, Rn. 58 f.
- *Honeywell*-Beschluss 3, D, Rn. 20; 3, D, Rn. 70; 3, D, Rn. 80
- Kontrollkompetenzen, siehe Grundrechts-, Identitäts und Ultra-vires-Kontrolle
- *Lissabon*-Urteil 3, B, Rn. 5 f.; 3, B, Rn. 31; 3, B, Rn. 46; 3, B, Rn. 49; 3, B, Rn. 51; 3, B, 57; 3, B, Rn. 61; 3, B, Rn. 65
- *Nato*-Beschluss 2, B, Rn. 68

- *Maastricht*-Urteil 2, B, Rn. 75; 3, A, Rn. 7; 3, A, Rn. 15; 2, ‚B, Rn. 57; 3, B, Rn. 60; 3, B, Rn. 62; 3, C, Rn. 17; 3, D, Rn. 21; 3, D, Rn. 69 ff.
- *OMT*-Beschluss 3, A, Rn. 64; 3, D, Rn. 82; 3, D, Rn. 87
- *Sicherungsverwahrungs*-Entscheidung 2, B, Rn. 59
- *Rettungsschirm*-Urteil 3, B, Rn. 50 f.; 3, C, 21; 3, D, 83
- *Solange I*-Entscheidung 2, B, Rn. 75; 3, D, Rn. 17; 3, D, Rn. 74 f.
- *Solange II*-Entscheidung 2, B, Rn. 75; 3, B, Rn. 21; 3, B, Rn. 52; 3, B, Rn. 56; 3, D, Rn. 17; 3, D, Rn. 75
- Verhältnis zum Europäischen Gerichtshof, 3, D, Rn. 69 ff.; siehe auch Kooperationsverhältnis, Grundrechts-, Identitäts-, sowie Ultra-Vires-Kontrolle, Verfassungsgerichtsverbund
Bundeswehr, siehe Auslandseinsätze der Bundeswehr

C

Charta der Grundrechte der Europäischen Union 1, B, Rn. 133; 1, B, Rn. 144; insb. 3, C, Rn. 105 ff.
- Bindungswirkung für die Europäische Union 3, C, Rn. 116
- Bindungswirkung für die Mitgliedstaaten 3, C, Rn. 117 ff.; 3, C, Rn. 122 ff.
- Gewährleistungen 3, C, Rn. 108 ff.
- Rang 3, C, Rn. 5; 3, C, Rn. 107
- Verhältnis zu den Grundfreiheiten 3, C, Rn. 127 ff.
Costa /E.N.E.L.-Urteil, siehe Europäischer Gerichtshof

D

Demokratieprinzip
- allgemein 2, A, Rn. 20; 3, B, Rn. 31 ff.; 3, B, Rn. 51; 3, C, Rn. 12 ff.

- als Grenze der europäischen Integration **3**, B, Rn. 60 ff.
- Demokratiedefizit in der Europäischen Union **3**, C, Rn. 15
- demokratischer Kerngehalt **3**, A, Rn. 60; siehe auch nationale Identität
- duale Legitimation **3**, C, Rn. 14 ff.
- Grundrecht auf Demokratie **3**, B, Rn. 61 f.

diplomatischer Schutz **1**, B, Rn. 69 ff.
Drei-Elemente-Lehre **1**, B, Rn. 28; **3**, A, Rn. 28
Drei-Säulen-Modell **1**, B, Rn. 129
Durchgriffswirkung, siehe Unionsrecht

E

EGKS, siehe Europäische Gemeinschaft für Kohle und Stahl
Einheitliche Europäische Akte (EEA) **1**, B, Rn. 127
Einzelermächtigung, siehe Prinzip der begrenzten Einzelermächtigung
EMRK, siehe Europäische Menschenrechtskonvention
Empfehlungen der EU, siehe Unionsrecht
ESM-Urteil, siehe Bundesverfassungsgericht
Europa der Bürger **3**, C, Rn. 2
Europa der Regionen **3**, A, Rn. 74 ff.
Europäische Atomgemeinschaft (EAG) **1**, B, Rn. 6; **1**, B, Rn. 125 f.
Europäischer Auswärtiger Dienst (EAD) **3**, A, Rn. 62
Europäische Gemeinschaft für Kohle und Stahl (EGKS) **1**, B, Rn. 123 f.
Europäischer Gerichtshof (EuGH)
- *Akerberg-Fransson*-Urteil **3**, C, Rn. 125
- als gesetzlicher Richter **3**, D, Rn. 55
- *Bosman*-Urteil **3**, D, Rn. 102
- *Cassis de Dijon*-Urteil **3**, C, Rn. 102
- *Costa/E.N.E.L*- Urteil **3**, C, Rn. 1; **3**, D, Rn. 11; **3**, D, Rn. 15
- *Dassonville*-Entscheidung **3**, C, Rn. 103
- effektiver Rechtschutz **3**, C, Rn. 97; **3**, C, Rn. 56 ff.
- *Faccini Dori*-Entscheidung **3**, D, Rn. 10
- Individualrechtsschutz **3**, A, Rn. 59; **3**, D, Rn. 48 ff.; **3**, D, Rn. 61 ff.
- *Internationale Handelsgesellschaft*-Entscheidung **3**, D, Rn. 13
- *Meroni*-Entscheidung **3**, C, Rn. 87
- *Omega*-Entscheidung **3**, C, Rn. 122; **3**, C, Rn. 129
- *Rottmann*-Entscheidung **3**, C, Rn. 9
- *Schmidberger* Entscheidung **3**, C, 122
- *Ruiz-Zambrano*-Entscheidung **3**, C, Rn. 9
- *Simmenthal II* Entscheidung **3**, D, Rn. 14
- *Van Gend & Loss*-Urteil **3**, C, Rn. 1; **3**, C, Rn. 99; **3**, D, Rn. 2
- Vorabentscheidungsverfahren **3**, A, Rn. 59; **3**, D, Rn. 48 ff.; **3**, D, Rn. 72
- Vorlagepflicht **3**, D, Rn. 51 ff.; **3**, D, Rn. 77; **3**, D, Rn. 80; **3**, D, Rn. 89

Europäisches Gericht erster Instanz **3**, A, Rn. 56
Europäisches Gesetz, siehe Unionsrecht
Europäischer Gerichtshof für Menschenrechte (EGMR)
- Individualbeschwerde **1**, B, Rn. 82; **1**, B, Rn. 144 ff.
- innerstaatliche Urteilswirkung **2**, B, Rn. 58

Europäische Grundrechtecharta, siehe Charta der Grundrechte der Europäischen Union
Europäische Kommission 3, A, Rn. 43 ff.
Europäische Menschenrechtskonvention (EMRK)
– allgemein 1, B, Rn. 81 ff.; 1, B, Rn. 110 ff.
– innerstaatliche Geltung 2, B, Rn. 49 ff.; 2, B, Rn. 58 f.
– Individualbeschwerde, siehe Europäischer Gerichtshof für Menschenrechte
Europäischer Rat 3, A, Rn. 32 ff.
– Präsident 3, A, Rn. 36; 3, A, Rn. 63
Europäisches Parlament 3, A, Rn. 49 ff.; 3, B, Rn. 31
Europäischer Rechnungshof 3, A, Rn. 65
Europäische Wirtschaftsgemeinschaft (EWG) 1, B, Rn. 6; 1, B, Rn. 125 f.
Europäische Zentralbank 3, A, Rn. 64
Europarat 1, B, 108 f.; 1, B, Rn. 43 f.; 3, A, Rn. 37
Europarecht, siehe Unionsrecht
Europarechtsfreundlichkeit des Grundgesetzes 1, B, Rn. 9; 3, B, Rn. 2; 3 , B, Rn. 22; 3, D, Rn. 71; 3, D, Rn. 81
EUZBBG, siehe Gesetz über die Zusammenarbeit von Bundesregierung und Deutschem Bundestag in Angelegenheiten der Europäischen Union
EUZBLG, siehe Gesetz über die Zusammenarbeit von Bund und Ländern in Angelegenheiten der Europäischen Union
Ewigkeitsgarantie, siehe nationale Identität und Identitätskontrolle
EZB, siehe Europäische Zentralbank

F
Failed State 1, B, Rn. 42
Flexibilitätsklausel, 3, C, Rn. 37; 3, C, Rn. 53
Friedensbegriff 2, B, Rn. 99; 2, B, Rn. 149; siehe auch System völkerrechtlicher Friedenssicherung
Friedenssicherungsmechanismen, siehe System völkerrechtlicher Friedenssicherung
Frühwarnmechanismus, siehe nationale Parlamente

G
Gemeinsame Außen- und Sicherheitspolitik (GASP) 3, A, Rn. 62
Gesetz über die Zusammenarbeit von Bundesregierung und Deutschem Bundestag in Angelegenheiten der Europäischen Union (EUZBBG) 3, C, Rn. 24; insb. 3, C, Rn. 26 ff.
Gesetz über die Zusammenarbeit von Bund und Ländern in Angelegenheiten der Europäischen Union (EUZBLG) 3, C, Rn. 24; insb. 3, C, Rn. 39 ff.
Gesetzgebungsakte, siehe Unionsrecht
Gewohnheitsrecht, siehe Völkerrecht
Görgülü-Entscheidung, siehe Bundesverfassungsgericht
Griechenlandhilfen, siehe Bundesverfassungsgericht
Grundfreiheiten, siehe Unionsrecht
Grundgesetz
– Einbindung Deutschlands in die EU 3, B, Rn. 3 ff.
– *Lissabon*-Urteil des BVerfG, siehe Bundesverfassungsgericht
– *Maastricht*-Urteil des BVerfG, siehe Bundesverfassungsgericht
– Übertragung von Hoheitsrechten 2, B, Rn. 60 ff.; 2, B, Rn. 74; 2, B, Rn. 80 ff.; 3, B, Rn. 3 ff.; 3, B, Rn. 61 ff.

Sachverzeichnis 339

– verfassungsgerichtliche Kontrolle, siehe Grundrechts-, Identitäts- und Ultra-Vires-Kontrolle
Grundrecht auf Demokratie, siehe Demokratieprinzip
Grundrechtecharta, siehe Charta der Grundrechte der Europäischen Union
Grundrechtskontrolle, Grundrechtsstandard 2, B, Rn. 75; 3, B, Rn. 21; 3, C, Rn. 98 ff.; 3, C, Rn. 117; 3, D, Rn. 17; insb. 3, D, Rn. 74 ff.

H
Handlungsformen, siehe Unionsrecht
Haushaltsautonomie des Deutschen Bundestages, siehe Bundestag
Hoheitsrechte, siehe Grundgesetz
Hoher Vertreter der Union für Außen- und Sicherheitspolitik 3, A, Rn. 60 ff.
Honeywell-Beschluss, siehe Bundesverfassungsgericht
Homogenität 3, A, Rn. 3; 3, B, Rn. 11; 3, B, Rn. 25; 3, B, Rn. 35 f.
Humanitäre Intervention 2, B, Rn. 55 ff.

I
Identität, europäische 3, B, Rn. 6
Identität, nationale 3, B, Rn. 39 ff.; 3, B, Rn. 53 ff.; 3, B, Rn. 63; 3, D, Rn. 21; 3, D, Rn. 25; 3, D, Rn. 83; 3, D, Rn. 88
Identitätsbestimmende Staatsaufgaben 3, B, Rn. 62; 3, B, Rn. 67
Identitätskontrolle 3, B, Rn. 45; 3, D, Rn. 18; insb. 3, D, Rn. 83 ff.
Individualrechtsschutz, siehe Europäischer Gerichtshof oder Europäischer Gerichtshof für Menschenrechte

Individuelle und kollektive Selbstbestimmung 2, B, Rn. 129 ff.; 2, B, Rn. 165
Innerstaatliche Geltung
– von Beschlüssen internationaler Organisationen 2, B, Rn. 52 ff.
– von Beschlüssen des Sicherheitsrates 2, B, Rn. 55 ff.; 2, B, Rn. 79
– von Unionsrecht, siehe Unionsrecht
– von Völkergewohnheitsrecht und allgemeinen Rechtsgrundsätzen 2, B, Rn. 33 ff.; 2, B, Rn. 36 ff.
– von Völkervertragsrecht 2, B, Rn. 43 ff.
Interventionsverbot 2, B, Rn. 123 ff.
Institutionelles Gleichgewicht 3, C, Rn. 86 ff.
Integration 2, A, Rn. 5; 2, B, Rn. 60 ff.; 2, B, Rn. 79; 2, B, Rn. 88; insb. 3, A, Rn. 1 ff.; 3, A, Rn. 73; 3, B, Rn. 2 ff.; 3, B, Rn. 41; 3, B, Rn. 52 ff.
Integrationsverantwortung, siehe Bundestag
Integrationsverantwortungsgesetz (IntVG), siehe Bundestag
Internationale Organisation 1, B, Rn. 4; 1, B, Rn. 54; 1, B, Rn. 97 ff.; 2, B, Rn. 78 f.; 3, A, Rn. 4
Implied-Powers-Lehre 1, B, Rn. 57
Immunität, siehe Staatlichkeit
Ius cogens, siehe Völkrrecht

K
Kernbereich exekutiver Eigenverantwortung 3, C, Rn. 29
Konsularischer Schutz, siehe diplomatischer Schutz
Kompetenzen 3, C, Rn. 45 ff.
– ausschließliche 3, C, Rn. 47
– geteilte 3, C, Rn. 48
– Maßnahmen zur Unterstützung, Koordinierung und Ergänzung 3, C, Rn. 50; 3, C, Rn. 53; siehe auch Flexibilitätsklausel

– Schrankentrias **3**, C, Rn. 54
Kompetenz-Kompetenz **3**, A, Rn. 25; **3**, C, Rn. 45
Kompetenzverteilung, vertikale **3**, C, Rn. 87
Kooperationsverhältnis **3**, A, Rn. 22; **3**, B, Rn. 45; **3**, D, Rn. 21; **3**, D, Rn. 26; **3**, D, Rn. 69 ff.

L
Legitimation, siehe Demokratieprinzip
Letztentscheidungsrecht
– des Bundesverfassungsgerichts, siehe Grundrechts-, Identitäts- und Ultra-Vires-Kontrolle
– des Bundesrates **3**, C, Rn. 42
– des Bundestages, siehe Parlamentsvorbehalt
Lindauer Abkommen **2**, B, Rn. 55 ff.
Lissabon-Urteil des BVerfG, siehe Bundesverfassungsgericht
Loyale Zusammenarbeit, siehe Mitgliedstaaten

M
Maastricht-Urteil des BVerfG, siehe Bundesverfassungsgericht
Mangold-Urteil, siehe Bundesverfassungsgericht
Marktbürger **3**, C, Rn. 1 f.; **3**, C, Rn. 104
Marktfreiheiten, siehe Unionsrecht
Mehrheitsentscheidungen **3**, B, Rn. 4 f.; **3**, C, Rn. 15; siehe auch Rat der Europäischen Union
Menschenrechte **1**, B, Rn. 71 f.; **1**, B, Rn. 74 ff.; **1**, B, Rn. 81 ff.; **1**, B, Rn. 83
Mitgliedstaaten
– als Herren der Verträge (siehe auch Kompetenz-Kompetenz) **3**, A, Rn. 66 ff.
– Beitritt eines neuen Mitgliedstaates zur EU **3**, B, Rn. 36
– Loyalitätspflicht **3**, A, Rn. 30; **3**, A, Rn. 72; **3**, B, Rn. 39 ff.; **3**, C, Rn. 9; **3**, D, Rn. 21; insb. **3**, D, Rn. 23 ff.; **3**, D, Rn. 44 ff.

N
Nationale Parlamente
– als zweiter Legitimationsstrang der EU **3**, B, Rn. 31; **3**, C, Rn. 14 ff.
– Beteiligungs- und Mitwirkungsrechte, siehe Bundestag und Bundesrat
– Frühwarnmechanismus **3**, C, Rn. 28; **3**, C, Rn. 69
– Informationsrechte, siehe Bundestag und Bundesrat
– Subsidiaritätsklage **3**, A, Rn. 69; insb. **3**, C, Rn. 76 ff.
– Subsidiaritätsrüge **3**, A, Rn. 69, insb. **3**, 3, Rn. 65 ff.
Nato, siehe *Nato*-Beschluss des Bundesverfassungsgerichts und Systeme der kollektiven Sicherheit
Naturrechtslehre **1**, B, Rn. 16
Normenhierarchie, siehe Unionsrecht
Notbremsemechanismus **3**, C, Rn. 38

O
Offener Verfassungsstaat **1**, B, Rn. 1 f.; **1**, B, Rn. 9 ff.; **2**, A, Rn. 1 ff.; **2**, B, Rn. 60 ff.; **2**, B, Rn. 84 ff.
Öffentlichkeit, europäische **3**, C, Rn. 16
Öffnungsklauseln, nationale **1**, B, Rn. 9; **2**, B, Rn. 60 ff.
Organe der Union, siehe die einzelnen Organe

P
Parlamentsvorbehalt,
– in Angelegenheiten der Europäischen Union **3**, C, Rn. 31, siehe auch Bundestag

– in Bezug auf die Bundeswehr, siehe Auslandseinsätze der Bundeswehr
Parlamentarische Kontrollfunktion, siehe Bundestag
Primärrecht, siehe Unionsrecht
Prinzip der begrenzten Einzelermächtigung 3, A, Rn. 34; 3, B, Rn. 46 3, C, Rn. 45

R
Rat der Europäischen Union 3, A, Rn. 37 ff.
– Mehrheitsentscheidungen 3, A, Rn. 40 f.
– Zusammensetzung 3, A, Rn. 38 ff.; 3, A, Rn. 68
Rechtsakte ohne Gesetzescharakter, siehe Unionsrecht
Rechtsanwendungsbefehl 2, B, Rn. 44 ff.
Rechtsquellen, siehe Unionsrecht und Völkerrecht
Rechtsschutz, siehe Europäischer Gerichtshof und Europäischer Gerichtshof für Menschrechte
Rechtsstaatsprinzip
– Bestimmtheitsgrundsatz 3, C, Rn. 94
– in der EU 3, C, Rn. 80 ff.
– ne bis in idem 3, C, Rn. 95
– Rechtssicherheit 3, C, Rn. 91 ff.
– Rückwirkungsverbot, siehe Vertrauensschutz
– Verhältnismäßigkeitsprinzip 2, B, Rn. 134; 3, C, Rn. 62 f.; insb. 3, C, Rn. 88
Responsibility to protect 2, B, Rn. 139 ff.
Richtlinien,
– allgemein, siehe Unionsrecht
– Drittwirkung, 3, D, Rn. 8 ff.
– Grundrechtsbindung der Mitgliedstaaten bei der Umsetzung, siehe Unionsrecht; Grundrechtskontrolle sowie Charta der Grundrechte der Europäischen Union
– richtlinienkonforme Auslegung, siehe Auslegung
Rückforderung von Beihilfen 3, D, Rn. 34

S
Säulenstruktur, siehe Drei-Säulen-Modell
Sekundäres Unionsrecht, siehe Unionsrecht
Selbstverteidigung, siehe individuelle und kollektive Selbstverteidigung
Sicherheitsrat, siehe Vereinte Nationen
Solange I-Entscheidung des BVerfG, siehe Bundesverfassungsgericht
Solange II-Entscheidung des BVerfG, siehe Bundesverfassungsgericht
Solidarität 3, B, Rn. 41
Souveränität 2, B, Rn. 62 ff.; 2, B, Rn. 108 ff.; 3, A, Rn. 10 ff.; 3, A, Rn. 24 ff.; 3, B, Rn. 60; 3, B, Rn. 63; 3, C, Rn. 45
Staatenbund 1, B, Rn. 43
Staatenverbund 3, A, Rn. 7 f.; 3, A, Rn. 11 f.; 3, B, Rn. 2
Staaten- und Verfassungsverbund 3, A, Rn. 7 ff.; insb. 3, A, Rn. 10 ff.; 3, A, Rn. 78; 3, B, Rn. 1; 3, B, Rn. 26; 3, C, Rn. 127; 3, D, Rn. 21
Staatlichkeit
– Anerkennung von Staaten 1, B, Rn. 44 ff.
– Begriff 1, B, Rn. 27 ff.
– Geburt und Untergang von Staaten 1, B, Rn. 39 ff.
– Immunität 1, B, 46 ff.; 2, B, Rn. 113
– souveräne Gleichheit 2, B, Rn. 108 ff.
– souveräne Staatlichkeit, siehe Souveränität

Staatsangehörigkeit 1, B, Rn. 32 ff.;
3, C, Rn. 7 f.
Subsidiarität
– Klage, siehe nationale Parlamente
– Prinzip 3, A, Rn. 78; 3, B, Rn. 13;
3, B, Rn. 20; 3, C, Rn. 47; 3, C,
Rn. 64; 3, C, Rn. 72
– Rüge, siehe nationale Parlamente
Supranationalität 1, B, Rn. 62; 1, B,
Rn. 103; 1, B, Rn. 139 ff.; 2, B,
Rn. 68; 2, B, Rn. 86
Systeme gegenseitiger kollektiver Sicherheit 2, B, Rn. 84 ff.; 2, B,
Rn. 93 ff.; 2, B, Rn. 165
Systeme völkerrechtlicher Friedenssicherung 2, B, Rn. 92 ff.

T
Transformationslehre 2, B, Rn. 44 ff.

U
Überstaatlichkeit, siehe Supranationalität
Übertragung von Hoheitsrechten, siehe Grundgesetz
Ultra-Vires-Akt 3, D, Rn. 78; 3, D, Rn. 80
Ultra-Vires-Kontrolle 3, A, Rn. 64; 3, D, Rn. 18; 3, D, Rn. 53; insb. 3, D, Rn. 78 ff.
Unionsbürgerschaft
– allgemein 3, A, Rn. 19; 3, A, Rn. 26; 3, B, Rn. 32; insb. 3 C, Rn. 1 ff.; 3, C, Rn. 99
– Akzessorietät 3, C, Rn. 7 f.; 3, C, Rn. 11
– Kernbestand 3, C, Rn. 9
– subjektive Rechte, siehe Unionsrecht
Unionsrecht
– allgemeine Rechtsgrundsätze 1, B, Rn. 146; 3, C, Rn. 83
– als autonome Rechtsordnung 1, B, Rn. 140; 3, D, Rn. 12; 3, D, Rn. 67

– begrenzte Einzelermächtigung, siehe Prinzip der begrenzten Einzelermächtigung
– Begriff 1, B, Rn. 101 ff.
– Beschluss 1, B, Rn. 156; 3, D, Rn. 7
– Durchgriffswirkung 3, B, Rn. 41; 3, D, Rn. 1 f.
– Empfehlungen und Stellungnahmen 1, B, Rn. 157
– Grundfreiheiten 3, C, Rn. 100 f.; 3, C, Rn. 122 ff.
– nationaler Vollzug 3, B, Rn. 41; 3, C, Rn. 117 ff.; 3, C, Rn. 122 ff.; insb. 3, D, Rn. 27 ff.
– Normenhierarchie 1, B, Rn. 141 ff.; 3, A, Rn. 19; insb. 3, C, Rn. 85
– primäres Unionsrecht 1, B, Rn. 142 ff.
– Rechtsakte ohne Gesetzescharakter 1, B, Rn. 151
– Richtlinien 1, B, Rn. 153 ff.; 3, C, Rn. 117 ff.; 3, D, Rn. 8 ff.
– sekundäres Unionsrecht 1, B, Rn. 148 ff.
– subjektives Recht 3, C, Rn. 1; 3, C, Rn. 5; 3, C, Rn. 99; 3, C, Rn. 127; 3, D, Rn. 3
– unmittelbare Wirkung 1, B, Rn. 107; insb. 3, D, Rn. 2 ff.
– Unionsverträge als Verfassung 3, A, Rn. 14 ff.
– Verhältnis zum Völkerrecht 1, B, Rn. 106 ff.
– Verordnung 1, B, Rn. 152; 3, D, Rn. 6
– Vertrauensschutz 1, B, Rn. 139 ff.; 3, C, Rn. 92
– Vorrang 3, D, Rn. 11 ff.
Unionstreue, siehe Mitgliedstaaten

V
Van Gend & Loos, siehe Europäischer Gerichtshof

Sachverzeichnis

Verbot des Angriffskrieges 2, B, Rn. 98 ff.; 2, B, Rn. 148 ff.
Vereinte Nationen (siehe auch Systeme gegenseitiger kollektiver Sicherheit)
– allgemein 1, B, Rn. 73 ff.; 2, B, Rn. 79
– Sicherheitsrat 1, B, Rn. 55 ff.; 2, B, Rn. 94 ff.; 2, B, Rn. 118;
– Generalversammlung 2, B, Rn. 96; 2, B, Rn. 107; 2, B, Rn. 133
Verfahrensautonomie 3, A, Rn. 70; 3, D, Rn. 32
Verfassungsablösung 3, B, Rn. 68 ff.
Verfassungsgerichtsverbund 3, D, Rn. 48; 3, D, Rn. 72
Verfassungsidentität, siehe nationale Identität und Identitätskontrolle
Verfassungsstaat, siehe offener Verfassungsstaat
Verfassungsverbund 3, A, Rn. 8 ff.; insb. 3, A, Rn. 13 ff
Verhältnismäßigkeitsprinzip, siehe Rechtsstaatsprinzip
Verordnung, siehe Unionsrecht
Vertrag von Amsterdam 1, B, Rn. 131
Vertrag von Lissabon 1, B, Rn. 135 ff.; 1, B, Rn. 143; 3, A, Rn. 78; 3, B, Rn. 2
Vertrag von Maastricht 1, B, Rn. 128 ff.; 3, B, Rn. 2; 3, C, Rn. 99
Vertrag von Nizza 1, B, Rn. 123
Vertrag über eine Verfassung für Europa 1, B, Rn. 134; 3, A, Rn. 17
Vertrauensschutz, siehe Unionsrecht
Verwerfungsmonopol, siehe Grundrechts-, Identitäts- und Ultra-Vires-Kontrolle
Vetorecht der nationalen Parlamente, siehe Parlamentsvorbehalt
Völkerrecht
– allgemeine Rechtsgrundsätze und Völkergewohnheitsrecht 2, B, Rn. 134
– Begriff 1, B, Rn. 12 ff.
– Durchsetzung 1, B, Rn. 14 ff.
– innerstaatliche Geltung und Rang, siehe innerstaatliche Geltung und Rang
– Kompetenzverteilung zwischen Bundestag und Bundesregierung bei Abschluss völkerrechtlicher Verträge 2, A, Rn. 14 ff.
– parlamentarische Zustimmungsbedürftigkeit zu völkerrechtlichen Verträgen 2, A, Rn. 21 ff.
– Rechtsquellen 1, B, Rn. 84 ff.; 1, B, Rn. 92 ff.
– Verhältnis zum Unionsrecht, siehe Unionsrecht
– völkerrechtskonforme Auslegung, siehe Auslegung
– Völkerrechtssubjekte 1, B, Rn. 21 ff.; 1, B, Rn. 53 ff.; 1, B, Rn. 63 ff.
Völkerrechtliche Verträge der Union, siehe auswärtiges Handeln der Union
Völkerrechtsfreundlichkeit 2, B, Rn. 57 ff.
Vollzugslehre 2, B, Rn. 44 ff.
Vorabentscheidungsverfahren, siehe Europäischer Gerichtshof
Vorlagepflicht, siehe Europäischer Gerichtshof
Vorrang, siehe Unionsrecht

W

Wahlrechtsgleichheit 3, A, Rn. 51
Werte
– der Union 3, B, Rn. 23 ff.
– Verbund 3, B, Rn. 35
– Verletzung 3, B, Rn. 38 ff.
Wertende Verfassungsvergleichung 3, A, Rn. 27

Z

Zuständigkeiten, siehe Kompetenzen
Zwischenstaatliche Einrichtung 2, B, Rn. 67 ff.; 2, B, Rn. 78